HEATH

DISCOVERING FRENCH

BLANC

Jean-Paul Valette
Rebecca M. Valette

Teacher Consultant
T. Jeffrey Richards

EURO € EDITION

Introduction to **DISCOVERING FRENCH** p. 4
Unit Walkthrough p. 8

Contents

  ✔TPR, ✔Cooperative Learning,
  ✔Critical Thinking, ✔Portfolio Assessment,
  ✔The Euro Currency,
  ✔Cultural Reference Guide and more!

McDougal Littell

Evanston, Illinois • Boston • Dallas

DEDICATION

In the spring of 1858, a teenage immigrant by the name of Julien Berbigier reached the small town of Frenchville after enduring a long transatlantic voyage and an even more arduous trek on foot across mountains and forests into central Pennsylvania. In search of a new and better life, he settled in this new land, toiling hard first on the lumber rafts of the Susquehannah River, and then as store clerk in a small Ohio village. In March 1865, Private Berbigier of the Ohio 17th Regiment died at the age of 23 in a military hospital in Savannah, Georgia. He is buried there alone, in an unmarked grave, and far from his native village of central France.

This book is dedicated to the memory of my great-grand-uncle Julien Berbigier, and to his unfulfilled dream.

McDougal Littell wishes to express its heartfelt appreciation to **Gail Smith**, Supervising Editor for *DISCOVERING FRENCH*. Her creativity, organizational skills, determination and sheer hard work have been invaluable in all aspects of the program, including the award winning *DISCOVERING FRENCH* CD-ROM.

Copyright © 2001 by D.C. Heath and Company, a division of Houghton Mifflin Company

Printed in the United States of America
International Standard Book Number: 0-618-03510-9
1 2 3 4 5 6 7 8 9 10—VHP—05 04 03 02 01

Dear French Teachers,

We take this opportunity to welcome you to our new level two program, **Discovering French–Blanc**. In fact, this is really your program, for it has taken shape thanks to the suggestions, critiques, and encouragement we have received from the many hundreds of secondary school teachers who, over the years, have enjoyed success getting their students to communicate through *French for Mastery*.

Discovering French–Blanc emphasizes communication and stresses interpersonal relationships in meaningful cultural contexts. Some of the key features, which many of you requested, are:

- Integrated technology to accompany each unit
- Emphasis on daily life themes
- A wide variety of readings
- Active encouragement of cooperative learning
- Ample opportunity for self-expression
- Use of euro currency in activities

There are, of course, many more new features which you will discover as you look through the book.

In conclusion, we should stress that our program is a *flexible* one which allows teachers to take into account the needs of their students and build their own curriculum focusing on specific skills or topics.

We wish you the best of success with **Discovering French**! It is our hope that for you and your students, teaching and learning French with this program will be an enjoyable as well as a rewarding experience.

Jean-Paul Valette   *Rebecca M. Valette*

 **Merci!**

We would like to express our appreciation to the many **French for Mastery** teachers who responded to our surveys and who sent us suggestions for designing this new program. In particular, we would like to thank the following people who carefully read the manuscript and ancillaries as they were being developed and provided us with guidance and encouragement:

Kay Dagg
Washburn Rural High School
Kansas

Dianne Hopen
Humboldt High School
Minnesota

Lynette Emanuel
Bloomer High School
Wisconsin

T. Jeffrey Richards
Roosevelt High School
South Dakota

Pamela Knapp
Acton-Boxborough High School
Massachusetts

Sheila Hutchinson
Kimball High School
Texas

Patricia McCann
Lincoln-Sudbury Regional High School
Massachusetts

Casey Handrop
South West High School
California

Melanie Rose
L. D. Bell High School
Texas

First level:
DISCOVERING FRENCH–BLEU

DISCOVERING FRENCH BLEU–
Première partie

DISCOVERING FRENCH BLEU–
Deuxième partie

Discovering French will help you

A Practical Approach to Proficiency

■ **Comprehension of Authentic Language**
Discovering French–Blanc brings into the classroom the voices and faces of dozens of young people, their families and their friends, introducing useful communicative phrases and expressions.

■ **Awareness of Structure**
In **Discovering French**, grammar, pronunciation, and spelling patterns are not only taught as an instructional goal, but rather are presented to help the students express themselves more clearly and correctly.

■ **Guided Practice for Building Accuracy**
Discovering French provides numerous opportunities for practice in guided communicative activities, carefully graded from easier to more challenging, thus letting the students gradually build up accurate language habits.

■ **Cooperative Learning in Meaningful Context**
Discovering French has been designed for pair and small-group work so that students can learn together.

■ **Frequent Opportunity for Self-Expression**
Students are given frequent opportunity to express themselves creatively with the language they have learned.

DISCOVERING FRENCH

Second level:
DISCOVERING FRENCH–BLANC

Third level:
DISCOVERING FRENCH–ROUGE

revitalize your French program!

Technology you and your students will want to use

 Completely integrated video

 Choice of Laserdisc or Videocassette
Bar-coded access in TAE
for Laserdisc

 CD-ROM program
CD-ROM student discs can be used
for individual practice at school or
at home

 Test Bank

 Writing Templates

A program that allows you to reach <u>all</u> your students

 Multiple Intelligences

 Multicultural/ Global Awareness

 Interdisciplinary Connections

 Cooperative Practice and Learning Activities

 Varied Reading Materials

 TPR Total Physical Response Suggestions

 Cyclical Re-entry and Review

 Language Games

PRINT

Student Text

Extended Teacher's Edition
A complete resource for point-of-use warm-ups, teaching notes, ancillary keying, multicultural expansion, lesson planning, TPR, critical thinking, cooperative learning and more.

Additional information on "What's New for Level 2" on pages 24–26

Europak
Activities, games, maps, and overhead transparencies are provided to engage students in learning about the introduction of the euro.

Student Activity Book
Listening, speaking, reading and writing activities are provided to increase student time on task and reinforce classroom presentations.

Student Activity Book TAE

Video Activity Book
Activities for all video modules provide both reinforcement and extension to encourage active viewing and focus on higher order thinking skills.

Communipak Copymasters
Pair/group communication activities in five different formats designed to encourage open-ended and spontaneous conversations.

Teaching Resources
Supplementary teaching support:

Internet Connections
Use the online activities on the McDougal Littell website (www.mcdougallittell.com) and see Internet Project suggestions throughout the Teacher's Edition.

Teaching to Multiple Intelligences
Specialized activities for encouraging success for all students, and professional development essays to expand the methodology of teaching to multiple intelligences in the modern language classroom.

Teacher-to-Teacher (Copymasters)
Classroom-proven games, puzzles, extension activities, technology resource suggestions and teaching tips in an easy-to-use format.

Lesson Plans
Suggestions for lesson planning, including block scheduling options.

Interdisciplinary/Community Connections
Thematically grouped interdisciplinary projects, including suggestions for connecting English/Language Arts, History, Math, Art, Music, Science, Technology, and the community.

Overhead Visual Copymasters
Complete blackline versions of all four-color overhead visuals, plus the new Situational/Conversation overheads. Suggested activities are also included.

Also included:

Answer Key to the Student Text and Communipak, Complete Video Script, Complete Cassette Script, Student Activity Book TAE

Components

Integrated Video/Audio Videodisc/Audio

Complete integrated video, one module for each vidéo-scène lesson. Audio cassettes contain pronunciation, listening and speaking activities, and the sound-track of the video.

Also available in the following configurations:

 Videodisc/Audio CD Program

 Video/Audio CD Program

 Cassette Program only

 Audio CD Program only

 Video Program only

 Videodisc Program only

 Overhead Visuals and Copymasters

DF interactive CD-ROM Parts A, B and C
(Mac and Windows)

The only program to have won 4 national awards for excellence. Contains video, record/compare, journal, and creative dialogs and activities for expansion and review, using the medium to its fullest extent.

 ### Test Bank
(Mac and Windows)

Lesson Quizzes, Unit Tests and Comprehensive Tests (Semester Tests) in an easy-to-use computerized format, including A/B versions. Items may be modified, and new items or complete tests created.

Writing Templates
(Mac and Windows)

Writing Templates keyed to the Student Text provide additional writing practice including pre- and post-writing activities, and process writing skills development.

ASSESSMENT OPTIONS

Testing and Assessment Kit

ACHIEVEMENT TESTS

 Lesson Quizzes

Unit Tests

PROFICIENCY TESTS

 Listening Comprehension Performance Tests

 Speaking Performance Test

 Reading Performance Test

 Writing Performance Test

 Test Bank

 CD-ROM Cahier, Exploration

Portfolio Assessment

DISCOVERING FRENCH

■ The **Table of Contents** provides quick access to the organization and structure of *DISCOVERING FRENCH*.

➤ Reprise

The opening unit provides a quick contextual review of the core material of *DISCOVERING FRENCH–Bleu*.

➤ Unité 1

Every unit develops a daily-life theme of interest to young people. Language is taught <u>in context</u>, enabling students to communicate with confidence about the theme. Students practice real-life interaction and purposeful communication.

➤ Leçon 1

The first lesson, *Le français pratique*, introduces the unit theme and vocabulary in an illustrated cultural reading. Each *Français pratique* ends with a cultural reading section, *Au jour le jour*.

➤ Leçons 30, 31, 32

 **VIDEODISC** The three *vidéo-scène* lessons **CD-ROM** activate the basic vocabulary and structures in a variety of communicative contexts. Each lesson ends with the *Lecture*, an entertaining short reading selection.

➤ Cultural Photo Essay

  Images du monde francophone: L'Afrique focuses on the history and culture of francophone Africa, developing multicultural awareness and interdisciplinary connections.

➤ Interlude

Longer reading selections at the end of every unit recycle previously presented material and provide skill and strategy development in a cultural context.

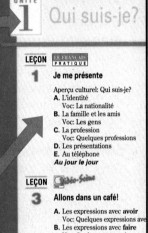

■ The **Unit Opener** presents the unit theme and learning objectives.

Thème et Objectifs

In **Reprise**, you will meet new friends who live in different regions of France.

You will also have the opportunity to activate some of the basic communication skills that you learned last year. In particular, you will review . . .

- how to count
- how to give the date and tell time
- how to talk about the weather
- how to describe various things you own
- how to talk about places where you often go
- how to talk about your daily activities
- how to say what you like and don't like to do
- how to ask and answer questions

➤ Unité 6 Chez nous

Realia and photos of people and places illustrate the unit theme of home and family.

➤ Lessons

There are four thematically-linked lessons in each unit. Vocabulary presented in the first lesson (*Le français pratique*) is then used throughout the next three *vidéo-scène* lessons as structure is taught, reinforcing the unit theme.

➤ Thème et objectifs

Students anticipate goals and outcomes in functions that relate to their daily lives. This anticipatory set allows students to see what they will later produce.

▶ Faisons connaissance

The *Faisons connaissance* reintroduces students to the cultural and linguistic diversity of France and the francophone world.

Faisons *connaissance!*

À quelle école vas-tu?
Quelles sont tes matières préférées?
Qu'est-ce que tu fais quand tu n'études pas?
Quel rêve° est-ce que tu aimerais° réaliser?
Nous avons posé° ces questions à quatre jeunes Français.
Voici leurs réponses.

Frédéric Chauveau, 16 ans

Je vais au lycée Schoelcher à Fort-de-France. Mes matières préférées sont l'histoire et les langues. J'étudie l'anglais et l'espagnol. J'étudie aussi la bio parce que je veux être médecin.° J'étudie beaucoup, mais je n'étudie pas tout le temps.° Quand je n'étudie pas, j'écoute mes compacts. J'aime toutes° sortes de musique: le rock, le rap, le jazz . . . et même° la musique classique. Je joue de la guitare dans un orchestre de rock. Mon rêve? Faire un voyage autour du monde,° mais d'abord,° je dois réussir mon bac!°

Stéphanie Delage, 14 ans

Je vais au collège Émile Zola à Toulouse. À l'école, j'aime tout° sauf° les maths. (Le professeur est trop strict!)
En dehors de° mes études, j'aime surtout° le sport. En hiver, je fais du ski, généralement avec ma famille. En été, je fais

Corinne Van Dinh, 15 ans

Je vais au lycée Saint-Grégoire à Tours. Je suis assez bonne en maths. J'aime aussi l'informatique et l'économie.
Qu'est-ce que je fais quand je n'étudie pas? Ça dépend! À la maison, j'aime jouer avec mon ordinateur. (C'est un cadeau° de mon oncle qui travaille dans une boutique d'informatique.) Le weekend, j'aime faire des promenades à vélo avec mes copines. J'aime aussi danser. Malheureusement,° mes parents sont assez stricts. Alors, je ne sors° pas très souvent.
Mon rêve? Visiter les États-Unis et passer six mois dans une famille américaine.

cadeau *present* Malheureusement *Unfortunately* sors *go out*

Vocabulaire: La vie scolaire *(School life)*

les écoles *(schools)*	
un collège *junior high school*	une école privée *private school*
un lycée *(senior) high school*	une école publique

les études *(f.) (studies),* **les matières** *(f.) (school subjects)*

FLASH d'information

1. Fort-de-France is the main city of Martinique, a French island in the Caribbean West Indies.
2. French schools are often named after famous people.
   • Victor Schoelcher (1804–1893) helped to abolish slavery in the French colonies (1848).
   • Émile Zola (1840–1902) was a writer and journalist known for his defense of civil liberties.
3. The **baccalauréat** (or **bac**) is awarded to students who pass a national examination at the end of their secondary school studies. This diploma allows students to enter the university.

Faisons connaissance 5

Rappel 1 — Les nombres, la date, l'heure, et le temps

QUATRE-VINGT-SEPT...

② Un jeu
Le professeur va choisir des nombres entre 0 et 100. Écoutez chaque nombre et indiquez si ce nombre est sur la carte A, sur la carte B, ou sur ni l'une ni l'autre *(neither).*

▶ trois — Oui, A.
trente — Non.
onze — Oui, B.

A   B

RÉVISION
If you want to review the seasons and the weather, turn to Appendix A, p. R3.

⑦ Quel temps fait-il?

Rappel 2 — Les choses de la vie courante

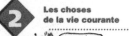

RÉVISION
If you want to review the definite and indefinite articles, turn to Appendix A, pp. R4 and R5.

How to talk about things:

Qu'est-ce que c'est?	What's that? What is it?	C'est un walkman.
C'est . . .	That is . . .	Ce sont des cassettes.
Ce sont . . .	Those are . . .	Voici ma maison et . . .
Voici/voilà . . .	This (Here) is . . .	voilà la maison de mon copain.
	These (Here) is/are . . .	
Qu'est-ce qu'il y a . . . ?	What is there . . . ?	Qu'est-ce qu'il y a dans le garage?
Il y a . . .	There is (are) . . .	Il y a une voiture.
Il n'y a pas . . .	There is (are) no . . .	Il n'y a pas de moto.
Est-ce qu'il y a . . . ?	Is (Are) there . . . ?	Est-ce qu'il y a des vélos?

④ Qu'est-ce qu'il y a?
Pour chaque illustration, nommez au moins quatre objets.

1. Sur le bureau, il y a . . .   2. Dans la chambre, il y a . . .

① Mes préférences
Dites ce que vous préférez.

▶ la gymnastique ou le jogging?
Je préfère le jogging. (Je préfère la gymnastique.)

1. le foot ou le basket?
2. le cinéma ou le théâtre?
3. l'histoire ou les sciences?
4. le rock ou la musique classique?
5. le jus d'orange ou la limonade?
6. les pizzas ou les hamburgers?
7. la glace à la vanille ou la glace au chocolat?
8. la cuisine chinoise ou la cuisine mexicaine?

RAPPEL In French, the DEFINITE ARTICLE (**le, la, l', les**) is used with nouns taken in a general sense.
J'aime **les sports et la musique.**
I like sports and music.

RÉVISION
If you want to review the names of everyday objects and clothes, turn . . .

▶ Rappel: Individualized Review

The four *Rappel* lessons provide a quick contextualized review of the basic conversational and communicative skills from *DISCOVERING FRENCH–Bleu.* Students can individualize their review by using the Appendix references. The *DFi Bleu* CD-ROM may be used to expand the review process where needed.

Rappel 2 — Les choses de la vie courante

A. Les articles

In French, articles and adjectives agree with the nouns they introduce. They are MASCULINE or FEMININE, SINGULAR or PLURAL.

Definite Articles *(the)*

	SINGULAR	PLURAL		
MASCULINE	le (l')	les	le garçon, l'ami	les garçons, les amis
FEMININE	la (l')	les	la fille, l'amie	les filles, les amies

Élision and Liaison
• Before a vowel sound, **le** and **la** become **l'** and **ne** becomes **n'.**
This is called ELISION.
L'appareil-photo n'est pas sur la table.

• Before a vowel sound, the final **s** of **les** is pronounced.
This is called LIAISON.
Où sont **les** affiches?

Quelques objets

un objet		un vélo	bicycle
un crayon	pencil	un VTT	mountain bike
un stylo	pen	(vélo tout terrain)	
un livre	book	une chose	thing
un sac	bag	une montre	watch
un bureau	desk	des lunettes	glasses
un ordinateur	computer	des lunettes de soleil	sunglasses
un appareil-photo	camera	une table	table
un disque	record	une chaise	chair
un (disque) compact	compact disc, CD	une affiche	poster
un CD		une caméra	camera
un disque optique	CD-ROM disc	une cassette	cassette
une disquette	floppy disc	une chaîne-stéréo	stereo
un vidéo disque	video disc, laser disc	une chaîne hi-fi	hi-fi
un CD vidéo		une mini-chaîne	compact stereo

Vocabulaire supplémentaire

un lecteur de (disque)	CD player	un téléviseur	TV set
compact, de CD		un jeu électronique	computer game
un lecteur	cassette player	le courrier	e-mail, electronic mail
de cassettes		électronique, le-mail	
un lecteur	laser disc player	le tapis (de) souris	mousepad
de CD vidéo		un casque	headphones
un lecteur optique	internal CD-ROM drive	le clavier	keyboard
interne			
un magnétoscope	VCR	une imprimante	printer
un logiciel	software	la souris	mouse (computer)

R4

Indefinite Articles *(a, an; some + noun)*

	SINGULAR	PLURAL		
MASCULINE	un	des	un sac, un ordinateur	des sacs, des ordinateurs
FEMININE	une	des	une table, une affiche	des tables, des affiches

→ **Des** often corresponds to the English *some.* Although the word *some* may be omitted in English, the article **des** must be used in French.
J'ai des cousins à Québec. *I have (some) cousins in Quebec.*

→ After a NEGATIVE verb (other than **être**), **un, une,** and **des** become **de (d').**
Philippe a un vélo. Alice n'a pas de vélo. *Alice doesn't have a bike.*
J'ai des amis à Paris. Je n'ai pas d'amis à Rome. *I don't have any friends in Rome.*

Quelques vêtements

des vêtements	clothes		
un pantalon	pants	une chemise	shirt
un pull	sweater	une cravate	tie
un sweat	sweatshirt	une veste	jacket
un survêtement (un survêt)	jogging suit		
un chemisier	blouse	une jupe	skirt
un maillot de bain	bathing suit	une robe	dress
un blouson	windbreaker	des chaussettes	socks
un manteau	coat	des chaussures	shoes
un imperméable (un imper)	raincoat		

Vocabulaire supplémentaire
un jogging *jogging suit*
des baskets *high tops, "Pump" sneakers*
des tennis *sneakers, running shoes*

Appendix A, Rappel 2 R5

Note that in Fre[...]
and the "7" is [...]

FLASH d'information

① C'est combie[...]

1. Le café coûte .
   ◆ six francs
   ◆ huit francs
   ◆ dix francs

5. La cassette cou[...]
   ◆ quarante fran[...]
   ◆ soixante fran[...]
   ◆ soixante-dix [...]

FLASH d'inform[...]

French time is six ho[...]
New York time and [...]
ahead of California[...]

⑥ Quelle heure est[...]

② Qu'est-ce que c'est?
Identifiez les choses suivantes. Pour cela, complétez le[...]

C'est . . .

C'est . . . /
Ce sont . . .

[...] portent?
[...]ments des personnes suivantes.

[...]orte . . .   3. L'élève à ma droite [...]
[...]orte . . .   4. L'élève à ma gauche[...]

■ The **Lesson Opener** provides cultural and linguistic background through text and photos from the video, a visual briefing of the communicative contents of the lesson.

➤ **Le français pratique**

This lesson presents the communicative focus and functional language of the lesson. Students immediately get and give information in French.

➤ **Aperçu culturel**

The illustrated cultural reading serves as an anticipatory set, introducing students to the lesson content.

---

21 LE FRANÇAIS PRATIQUE

LEÇON

La maison

Aperçu culturel... Chez nous

Les Français qui habitent dans les grandes villes vivent en général en appartement. Dans le centre-ville, les immeubles ont un maximum de six étages. Dans la banlieue, les «grands ensembles» ont parfois vingt-cinq étages ou plus.

Dans les petites villes et à la campagne, les gens préfèrent habiter dans des maisons individuelles.

1. En France, les maisons individuelles sont généralement entourées d'un mur. À l'intérieur, il y a souvent un petit jardin avec des fleurs au printemps et en été. (Les Français aiment beaucoup cultiver les fleurs!)

2. Le salon, salle de séjour ou «living» est souvent la plus grande pièce de la maison. Il y a un sofa, des fauteuils et d'autres meubles modernes ou anciens. Beaucoup de familles françaises ont des meubles anciens qui sont transmis de génération en génération.

298 Unité 6

CULTURE

3. Dans beaucoup d'appartements modernes, la salle à manger est une extension du salon.

4. Les cuisines françaises sont généralement plus petites et moins bien équipées que les cuisines américaines. C'est dans la cuisine qu'on prend le petit déjeuner le matin.

5. Les jeunes Français aiment décorer leur chambre avec des photos ou des posters. Cette chambre est leur domaine privé où ils étudient, écoutent de la musique et invitent leurs amis.

6. La majorité des maisons françaises ont seulement une ou deux salles de bains. Ainsi, les jeunes Français doivent partager la salle de bains avec leurs frères et soeurs, et parfois avec leurs parents. En général, les toilettes et la salle de bains sont séparées.

Leçon 21 299

➤ **Extended Teacher's Edition/TRP**

In the **Extended Teacher's Edition**, you'll find additional photo culture notes, critical thinking questions, and teaching strategies.

The **Teacher's Resource Package** provides additional games and activities, Interdisciplinary and Community Connections, suggestions and activities for teaching to Multiple Intelligences, and Internet Connection Notes.

■ The **Vie pratique** sections of the *Français pratique* lessons present new conversational patterns in context.

C. Quelques actions

S'il te plaît, est-ce que tu peux . . .

ouvrir la fenêtre?	Ouvre la fenêtre!
fermer la porte?	Ferme la porte!
allumer	la télé?	Allume	la télé!
mettre		Mets	

Où est Papa?

Il est dans le salon.

B. Le mobilier *(furniture)* et l'équipement de la maison

Dans le salon/le living	**Dans la salle à manger**

des rideaux *(m.)*

À quel étage habites-tu?   Au rez-de-chaussée.

A. La résidence

—Où habites-tu?

J'habite | **dans une ville.**
dans le centre-ville
dans un quartier | moderne / ancien
dans la banlieue
dans un village
à la campagne

| **le centre-ville:** *downtown* |
| **un quartier:** *district, section, part* |
| **ancien(ne):** *old* |
| **la banlieue:** *suburbs* |

—Dans quel genre de maison?

J'habite | **dans un immeuble.**
dans un appartement
dans une maison individuelle
dans une ferme

| **un immeuble:** *apartment building* |
| **un appartement:** *apartment* |

—À quel **étage** habites-tu?

J'habite | **au rez-de-chaussée.**
au premier (1er) étage
au troisième (3e) étage
au neuvième (9e) étage

| **un étage:** *floor* |
| **le rez-de-chaussée:** *ground floor* |

> ## Vocabulary contextualized in dialogue format

MULTIPLE INTELLIGENCES

New vocabulary and related conversational patterns are introduced in thematic context. All vocabulary is coded in yellow.

> ## Activities to encourage success for all students

 TPR

MULTIPLE INTELLIGENCES

Student-centered activities practice new vocabulary in contexts ranging from structured to open-ended self-expression. Additional practice is provided in the interactive video and video book, CD-ROM program, audio program, *Activity Book*, and *Communipak*. The Teacher's Edition indicates the focus for each activity (Communication: indicating preferences), and adds additional TPR and pair/group activities.

> ## Note culturelle

Cultural expansion is provided at point-of-use, allowing students to appreciate diversity and compare their own and other cultures.

---

1 Questions personnelles

1. Dans quelle ville (ou quel village) habites-tu? Depuis combien de temps est-ce que tu habites là?
2. Si tu habites dans une grande ville, est-ce que tu habites dans le centre ou dans un autre quartier?
3. Dans quel genre de maison habites-tu?
4. Si tu habites un immeuble, à quel étage est ton appartement? Si tu habites une maison, à quel étage est ta chambre?
5. Combien de pièces est-ce qu'il y a chez toi? Combien de chambres à coucher?
6. Quelle est la pièce la plus *(most)* confortable? la plus grande? Quelle est la pièce où vous passez le plus de temps en famille?
7. Est-ce que votre cuisine est grande? De quelle couleur sont les murs? De quelle couleur est le sol? et le plafond?
8. Est-ce qu'il y a un grenier chez toi? Qu'est-ce qu'il y a dans ce grenier?

■NOTE■ CULTURELLE

Il y a une différence d'un étage entre les étages français et les étages américains.

- Le rez-de-chaussée correspond au premier étage américain.
- Le premier étage français correspond au deuxième étage américain.
- Le deuxième étage français correspond au troisième étage américain.

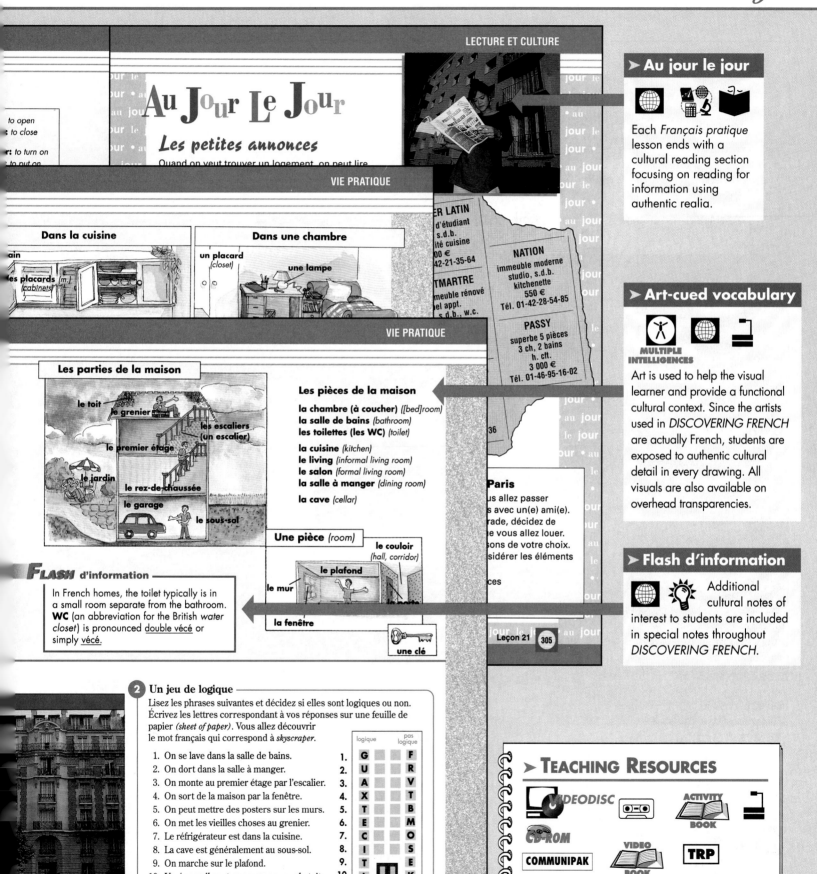

LECTURE ET CULTURE

Au JoUr Le JoUr

Les petites annonces

Quand on veut trouver un logement, on peut lire...

VIE PRATIQUE

Dans la cuisine

Dans une chambre

un placard
(closet)

une lampe

les placards (m.)
cabinets

➤ Au jour le jour

Each *Français pratique* lesson ends with a cultural reading section focusing on reading for information using authentic realia.

VIE PRATIQUE

Les parties de la maison

le toit
le grenier
les escaliers
(un escalier)
le premier étage
le jardin
le rez-de-chaussée
le garage
le sous-sol

Les pièces de la maison

la chambre (à coucher) *([bed]room)*
la salle de bains *(bathroom)*
les toilettes (les WC) *(toilet)*

la cuisine *(kitchen)*
le living *(informal living room)*
le salon *(formal living room)*
la salle à manger *(dining room)*

la cave *(cellar)*

Une pièce *(room)*

le couloir
(hall, corridor)
le plafond
le mur
la fenêtre

une clé

QUARTIER LATIN
d'étudiant
s.d.b.
té cuisine
00 €
42-21-35-64

NATION
immeuble moderne
studio, s.d.b.
kitchenette
550 €
Tél. 01-42-28-54-85

PASSY
superbe 5 pièces
3 ch, 2 bains
h. cft.
3 000 €
Tél. 01-46-95-16-02

MONTMARTRE
meuble rénové
el appt.
s.d.b., w.c.

Leçon 21 305

➤ Art-cued vocabulary

MULTIPLE INTELLIGENCES

Art is used to help the visual learner and provide a functional cultural context. Since the artists used in *DISCOVERING FRENCH* are actually French, students are exposed to authentic cultural detail in every drawing. All visuals are also available on overhead transparencies.

➤ Flash d'information

Additional cultural notes of interest to students are included in special notes throughout *DISCOVERING FRENCH*.

FLASH d'information

In French homes, the toilet typically is in a small room separate from the bathroom. **WC** (an abbreviation for the British *water closet*) is pronounced <u>double vécé</u> or simply <u>vécé</u>.

2 Un jeu de logique

Lisez les phrases suivantes et décidez si elles sont logiques ou non. Écrivez les lettres correspondant à vos réponses sur une feuille de papier *(sheet of paper)*. Vous allez découvrir le mot français qui correspond à *skyscraper*.

1. On se lave dans la salle de bains.
2. On dort dans la salle à manger.
3. On monte au premier étage par l'escalier.
4. On sort de la maison par la fenêtre.
5. On peut mettre des posters sur les murs.
6. On met les vieilles choses au grenier.
7. Le réfrigérateur est dans la cuisine.
8. La cave est généralement au sous-sol.
9. On marche sur le plafond.
10. Un écureuil peut se promener sur le toit.

	logique	pas logique
1.	G	F
2.	U	R
3.	A	V
4.	X	T
5.	T	B
6.	E	M
7.	C	O
8.	I	S
9.	T	E
10.	L	K

1	2	3	4	5	6	-	7	8	9	10

Leçon 21 301

➤ TEACHING RESOURCES

VIDEODISC

ACTIVITY BOOK

CD-ROM

COMMUNIPAK

VIDEO BOOK

TRP

LEÇON 22 Vidéo-scène

C'est quelqu'un que tu connais

Tu

je pe...

Oui, bien sû...

Et bien, c'est moi quand j'avais sept ans.

306 Unité 6

LEÇON 23 Vidéo-scène

À Menthon-Saint-Bernard

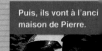

Puis, ils vont à l'anci... maison de Pierre.

Il y a un vieux château . . .

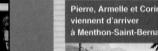

Pierre, Armelle et Cori... viennent d'arriver à Menthon-Saint-Berna...

Il paraît que tu étais une vraie terreur!

Au contraire! J'étais... élève-modèle!

...é 6

LEÇON 24 Vidéo-scène

Montrez-moi vos papiers!

Dans l'épisode précédent, Pierre a montré à Armelle et à sa cousine Corinne la maison où il habitait quand il était petit.

Mais quand il a voulu ouvrir la porte de la cuisine, l'alarme s'est déclenchée.

L'alarme a alerté un gendarme qui passait dans le quartier.

Oh, non . . . !

Les amis montrent leurs papiers d'identité.

Le gendarme a l'air sévère.

Montrez-moi vos papiers. Qu'est-ce que vous faisiez ici?

326 Unité 6

➤ Téléroman format

  VIDEODISC

CD-ROM

The three *vidéo-scène* openers in each unit present a thematically integrated continuous story that encourages student interest while activating vocabulary and structures.

DISCOVERING FRENCH *Unit Walkthrough*

■ **Vidéo-scène** lesson openers present reading and culture as they re-cycle the communicative functions of the *Français pratique* vocabulary and provide grammar support and explanation.

VIDÉO-SCÈNE

mment?
reconnais pas?

VIDÉO-SCÈNE

Et voilà la maison
où nous habitions.
Tu veux la voir?

Dis donc,
elle a beaucoup changé,
ta maison.

VIDÉO-SCÈNE

Pierre explique ce
qu'ils faisaient.

Pourquoi cette maison?

Euh, nous nous promenions . . .
Je voulais montrer cette maison
à ma copine.

Vous ne saviez pas que
c'était une propriété privée?

Euh, si . . .
mais il n'y avait personne . . .
Alors, on est entré.

Euh, c'est la maison où
j'habitais quand j'étais petit.

Bon, ça va pour cette fois . . .
Mais ne recommencez pas!

Le gendarme est parti. . . . Les trois amis
retrouvent leur bonne humeur.

Compréhension
1. Qui arrive sur
   la scène?
2. Qu'est-ce qu'il
   demande?
3. Comment Pierre
   explique-t-il
   sa présence ici?
4. Que fait le gendarme
   à la fin de la scène?

FIN

Leçon 24 **327**

➤ Anticipatory Set: Lesson opener/video dialogue

The opening *téléroman* reading and/or video dialog provides an anticipatory set for the communicative functions and presentation of linguistic structures. You may vary your presentation of the new language according to the needs of your students, addressing a variety of learning styles.

➤ Comprehension checks

Students can self-check their comprehension (both reading and listening) as receptive skills are developed.

8 Qu'est-ce qu'ils font?

Des amis sont allés en ville cet après-midi. Dites ce qu'ils font maintenant.

▶ Alice / regarder le magazine / acheter
Alice regarde le [...]
qu'elle a acheté [...]

1. Frédéric / écouter [...]
   acheter
2. Pauline / lire le liv[...]
   prendre à la biblio[...]
3. Marc / téléphoner [...]
   rencontrer au café[...]
4. nous / dîner avec l[...]
   retrouver
5. tu / parler du film [...]
6. Catherine / mettre [...]
   choisir
7. mes copains / regarder la vidéo[...] louer *(rent)*
8. je / manger la pizz[...] commander

9 La visite de la ville

Jean-Pierre montre sa ville à un copain américain. Complétez les phrases de Jean-Pierre avec **qui** ou **que**.

Voici le bus [...]

10 Commentaires p[...]

Complétez les phras[...]

▶ J'ai un copain qui [...]
   J'ai un copain q[...]
   (qui habite à Ch[...])
▶ J'ai une copine q[...]
   J'ai une copine [...]
   (que mes paren[...])

À votre tour!

1 Une devinette *(A[...])*

Choisissez une pers[...] vous décrivez ce qu[...] cette devinette à vo[...]

C'est une ville qui e[...]
monuments. C'est u[...]

312 Unité 6

C. Le pronom relatif *qui*

RELATIVE PRONOUNS are used to CONNECT, or RELATE, sentences to one another. Note below how the two sentences on the left are joined into a single sentence on the right with the relative pronoun **qui**.

| J'ai des copines. | J'ai des copines **qui** habitent à Paris. |
| Elles habitent à Paris. | |

J'habite dans un imme[...]
Il a 20 étages.

The relative pronoun [...]
SUBJECT of the verb th[...]

4 En ville

Mélanie est en ville. E[...]

▶ Je rencontre un co[...]
   Je rencontre un [...]

1. Je parle à une dame [...]
2. Je regarde des mais[...] une architecture in[...]
3. Je rends visite à un[...] dans la banlieue.
4. Je vais dans un café [...] d'excellents sandwi[...]

5 Au choix

Pour chaque catégori[...]

▶ une station de radi[...] de la musique clas[...]

1. une maison / avoir [...]
2. un quartier / êtr[...]
3. une ville / a[...] bea[...] un gran[...] arc?
4. des[...] sins / être sy[...]
5. [...] magasins / ven[...] bon marché?
6. des copains / aim[...]
7. un appartement / ê[...]
8. des professeurs / d[...] [...]s conseils [...]

D. Le pronom re[...]

Note below how the tw[...]
a single sentence on th[...]

J'ai des voisins.
Je les invite souvent[...]

PARDON, MONSIEUR, C'EST VOUS QUI HABITEZ ICI?

FLASH d'information

La France a un très grand nombre de châteaux historiques qu'on peut visiter en été. Le plus célèbre de ces châteaux est le château de Versailles, près de Paris. C'est ici qu'a vécu Louis XIV° ou «Roi Soleil»° (1638–1715), l'un des grands rois de l'histoire de France.

Louis XIV = Louis Quatorze   Roi Soleil *Sun King*

A. Le verbe *vivre*

Note the forms of the irregular verb **vivre** *(to live)*.

INFINITIVE	**vivre**	
PRESENT	Je **vis** à Paris.	Nous **vivons** à la campagne.
	Tu **vis** à Québec.	Vous **vivez** simplement.
	Il/Elle/On **vit** bien en France.	Ils/Elles **vivent** bien.
PASSÉ COMPOSÉ	J'**ai vécu** deux ans à Toulouse.	

➡ Both **vivre** and **habiter** mean *to live*. **Habiter** is used only in the sense of *to live in a place*. Compare:

Alice **lives** in Paris.	She **lives** well.
Alice **vit** à Paris.	Elle **vit** bien.
Alice **habite** à Paris.	—

JE VIS POUR MANGER!

PROVERBE
Il faut manger pour vivre
et non pas vivre pour manger.

1 Expression personnelle

1. J'habite . . . (dans une grande ville? dans une petite ville? à la campagne? . . . ??)
2. Nous vivons dans notre maison (appartement) depuis . . . (un an? cinq ans? . . . ??)
3. Avant, nous avons vécu . . . (dans une autre ville? dans un autre état? . . . ??)
4. Dans ma région, on vit . . . (assez bien? bien? assez mal? . . . ??)
5. L'état où on vit le mieux *(the best)* est . . . (la Californie? le Texas? . . . ??)
6. Un jour, je voudrais vivre . . . (à Québec? à Paris? . . . ??)
7. Pour vivre bien, il faut . . . (être riche? avoir beaucoup de vacances? . . . ??)

308 Unité 6

Quatre personnes font des achats dan[...]

➤ Structures

Coded in green, the structure sections clearly and concisely summarize essential grammar points. Sample sentences are provided to present material in a meaningful context.

■ *Langue et communication* pages present grammatical structures in a variety of formats appropriate to varied learning styles, including model sentences, visual representations, cartoons, summary boxes, and charts.

LECTURE

...'ils achètent?

...ntre

LANGUE ET COMMUNICATION

...ue

...ces on the left are joined into
...ith the RELATIVE PRONOUN **que.**

...i des voisins **que** j'invite souvent.
...*ue neighbors **whom (that)** I often invite*

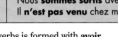

Nous allons dans un café que je ne connais pas.

► Visual Learning

Whenever possible, authentic French cartoons, drawings, photos, and realia are used to increase comprehension and success for all students.

MULTIPLE INTELLIGENCES

B. Révision: Le passé composé

The PASSÉ COMPOSÉ is used to describe past actions and events.
...the passé composé in the following sentences.

Où est-ce que tu es allé?

Je suis allé à Québec.

WITH **avoir**	WITH **être**
J'**ai visité** le Canada.	Je **suis allé(e)** à Québec.
Stéphanie **a pris** le bus.	Elle **est descendue** au centre-ville.
Les touristes **ont visité** Paris.	Ils **sont montés** à la Tour Eiffel.
Nous **n'avons pas étudié.**	Nous **sommes sortis** avec des copains.
Éric m'**a téléphoné.**	Il **n'est pas venu** chez moi.

⟹ The passé composé of most verbs is formed with **avoir.**

⟹ The passé composé of several verbs of MOTION (going, coming, staying) is formed with **être.** (The past participles of these verbs agree with the subject.)

aller (allé)	**rester (resté)**	**partir (parti)**
entrer (entré)	**monter (monté)**	**sortir (sorti)**
passer (passé)	**descendre (descendre)**	**venir (venu)**

⟹ The passé composé of REFLEXIVE verbs is formed with **être.**
Alice **s'est promenée** en ville.   Paul et Marc **se sont reposés.**

2 **À Montréal**
Les personnes suivantes habitent à Montréal. Dites ce qu'elles ont fait hier.

▶ mes parents (aller à l'Opéra de Montréal / voir «Carmen»)
Mes parents sont allés à l'Opéra de Montréal. Ils ont vu «Carmen».

1. moi (sortir / prendre le bus / faire une promenade dans le Vieux Montréal)
2. Stéphanie (passer à la Place Ville Marie / acheter des vêtements / choisir un jean)
3. toi (passer à la bibliothèque municipale / rendre les livres / choisir d'autres livres)
4. nous (prendre le métro / monter à Bonaventure / descendre à Mont-Royal)
5. les touristes (visiter le Parc Olympique / monter à la Tour Olympique / acheter des souvenirs)
6. Jean-Paul (venir chez moi / étudier avec moi / partir à six heures)
7. Claire et Sophie (faire une promenade / s'arrêter dans une crêperie / manger une crêpe)
8. nous (se promener / s'arrêter au Parc du Mont-Royal / se reposer)

► Pair/group activities

VIDEODISC
CD-ROM
Students communicate to exchange information while practicing new structures in both guided and open-ended activities. Video and CD-ROM provide authentic models.

3 **Conversations**
Des copains discutent de ce qu'ils ont fait.
Jouez les rôles en faisant les substitutions suggérées.

Qu'est-ce que tu as fait <u>samedi soir</u>?

Et après?

Je <u>suis allé au cinéma</u>.

J'<u>ai dîné chez ma cousine</u>.

1. hier après-midi faire des achats rentrer chez moi	3. après le dîner finir mes devoirs se coucher	5. dimanche soir aider ma mère voir un film à la télé
2. à midi passer à la bibliothèque déjeuner à la cantine	4. samedi après-midi acheter des vêtements sortir avec des copains	6. samedi matin ranger ma chambre se promener

309

➤ Presentations for all learning styles

MULTIPLE INTELLIGENCES

After students have become comfortable with material in context, formal charts help them analyze forms and structure.

D. L'usage de l'imparfait: actions progressives

Compare the uses of the IMPERFECT and the PASSÉ COMPOSÉ in the following sentences.

À sept heures, je **regardais** un film.   *At seven, I was watching a movie.*
Après le film, je **suis sorti**.   *After the movie, I went out.*

Nous **attendions** Marc au café.   *We were waiting for Marc at the café.*
Finalement, il **est arrivé**.   *Finally, he arrived.*

> The **IMPERFECT** is used to describe **actions that were in progress** at a certain point in time. It describes what **WAS GOING ON**, what people **WERE DOING**.

> À sept heures, je **faisais** mes devoirs.   *At seven, I was doing my homework.*

⇒ The imperfect is used to express the English construction *was/were + . . . ing.*

> The **PASSÉ COMPOSÉ** is used to describe **specific actions that occurred at a specific time**. It describes what **TOOK PLACE**, what people **DID**.

> À sept heures, quelqu'un **a téléphoné**.   *At seven, someone phoned.*

10 À ce moment-là . . .

Décrivez ce que les personnes faisaient quand les choses suivantes

1. Quelqu'un a téléphoné après le dîner.
   - mes parents / regarder la télé
   - moi / faire la vaisselle
   - ma soeur / ranger sa chambre
2. Ce matin, le principal est venu dans notre classe.
   - le professeur / raconter une histoire
   - nous / écouter
   - toi / prendre des notes

3. Il y a eu un tremblement
   - nous / jouer aux carte
   - les voisins / dîner
   - mon grand-père / dor
4. Le weekend dernier, j'ai v *(flying saucer)*.
   - moi / être avec mes c
   - nous / faire une prome
   - on / regarder le ciel *(s*

11 Conversations

Hier Isabelle a téléphoné à ses copains mais personne n'a répondu.
   Maintenant elle veut savoir où chacun était et ce qu'il faisait.
   Jouez les dialogues.

> Où étais-tu à midi?

> Qu'est-ce qu tu faisais?

> J'étais <u>au café</u>.

> J'attend ma copi

1. après le déjeuner
   au garage
   réparer mon vélo
   faire une promenade
2. à quatre heures
   dans le jardin
   aider mon père
   sortir
3. avant le dîner
   dans la rue
   faire du jogg
   finir mes dev

➤ Written Self-expression

Students express thoughts and ideas in written form, providing material for their portfolios, and discovering how their knowledge of French has increased.

À votre tour!

1 Situation: Samedi dernier

Last Saturday, as you were on the bus going downtown, you saw your partner walking in the street with someone else.

Ask your partner . . .
- who was with him/her
- where they were going
- what they did

2 Une enquête *(A survey)*

Vous êtes un(e) journaliste français(e) qui fait une enquête sur les jeunes Américains. Vous voulez savoir comment ils occupent leurs soirées.

Choisissez quatre camarades et demandez à chacun

3 No

Ave
enf
suiv

La vi
- Da

6 Il y a cent ans

Dites si oui ou non on faisait les choses suivantes il y a cent ans.

▶ on / travailler avec des ordinateurs?
   On ne travaillait pas avec des ordinateurs.

1. beaucoup de gens / habiter à la campagne?
2. on / vivre dans des gratte-ciel *(skyscrapers)?*
3. on / manger des produits naturels?
4. on / voyager en train?
5. on / aller en France en avion?
6. les gens / avoir des réfrigérateurs?
7. les maisons / avoir l'air conditionné?
8. les gens / travailler beaucoup?
9. tout le monde / aller à l'université?
10. on / regarder les nouvelles *(news)* à la télé?

7 Un millionnaire

Monsieur Michel a gagné dix millions de francs à la loterie. Cet événement a changé sa vie *(life)*. Décrivez sa vie maintenant et sa vie avant. Utilisez les phrases suggérées et votre imagination.

MAINTENANT   AVANT

▶ Maintenant, Monsieur Michel vit à la campagne. Il habite . . .

▶ Avant, Monsieur Michel vivait en ville. Il habitait . . .

- dans quel genre de maison / habiter?
- quelle voiture / avoir?
- quels vêtements / porter?
- dans quel restaurant / dîner?
- quels sports / faire?
- comment / voyager?
- où / passer ses vacances?

ANGUE ET COMMUNICATION

...ance *(Our childhood)*

...amarade discutez de votre
...s pouvez parler des sujets

...enne
...ville habitiez-vous?

► What have students learned?

Culminating the lesson, the *À votre tour* activities provide opportunities for self/peer assessment of learning objectives in a variety of contextualized formats.

► Vocabulary at Point of Use

Supplementary vocabulary, coded in yellow, offers students communicative functions for immediate implementation in dialogues. Inductive discovery teaching suggestions and supplementary vocabulary are provided in the Teacher's Edition.

► Authentic realia

MULTIPLE INTELLIGENCES

Authentic realia reinforces reading for information skills while increasing multicultural awareness.

ANGUE ET COMMUNICATION

Vocabulaire: Quelques expressions de temps

Événements spécifiques		Événements habituels	
un soir	one evening	le soir	in the evening
		tous les soirs	every evening
mardi	Tuesday	le mardi	on Tuesdays
un mardi	one Tuesday	tous les mardis	every Tuesday
un jour	one day	chaque jour	every day
le 4 mai	on May 4	tous les jours	every day
une fois	once	d'habitude	usually
deux fois	twice	habituellement	usually
plusieurs fois	several times	autrefois	in the past
		parfois	sometimes

8 En vacances

Décrivez les vacances des personnes suivantes. Pour cela, complétez les phrases avec **allait** ou **est allé(e)**.

► Un dimanche, Frédéric **est allé** chez sa tante.
► Le dimanche, Isabelle **allait** au restaurant.

Le cœur de l'Afrique
Spécialités africaines
3 rue Française (1er)
Tél: (1) 45.08.81.41- M. É. Marcel.

1. L'après-midi, Philippe . . . à la . . .
2. Tous les . . . Mélanie . . . à un concert . . . jazz.
3. Le matin, Vincent . . . au marché.
4. Plusieurs fois, Paul . . . au concert.
5. D'habitude, Marc . . . à la plage.
6. Le samedi soir, Pauline . . . à la discothèque.
7. Le 3 août, Sylvie . . . à Monaco.
8. Un jour, Anne . . . chez sa grand-mère.
9. Une fois, mon cousin . . . au cirque.
10. Le 14 juillet, Claudine . . . voir le feu d'artifice *(fireworks)*.

9 Une fois n'est pas coutume *(Once does not make a habit.)*

Hélène demande à Patrick s'il faisait les choses suivantes tous les jours pendant les vacances. Patrick dit qu'un jour il a fait des choses différentes. Jouez les deux rôles.

► aller à la piscine (à la plage)

1. jouer au volley (au rugby)
2. déjeuner chez toi (au restaurant)
3. dîner à sept heures (à neuf heures)
4. sortir avec Monique (avec Sylvie)
5. aller à la discothèque (à un concert)
6. danser le rock (le cha-cha-cha)
7. rentrer à onze heures (à minuit)
8. se lever à neuf heures (à midi)

Tu allais tous les jours à la piscine?

Oui, mais un jour je suis allé à la plage.

► Assessment Options

The variety of assessment options provides opportunity for success for all students and all learning styles.

 TEST Lesson Quizzes

 Unit Tests

PROFICIENCY **TEST**

 Listening Comprehension Performance Tests

 Speaking Performance Test

 Reading Performance Test

 Writing Performance Test

 Portfolio Assessment

 CD-ROM Cahier, Exploration

 Test Bank

LECTURE — Au voleur!

Philippe est au café avec sa copine Martine. Il raconte une histoire curieuse.

— C'était jeudi dernier. Comme il pleuvait, je me suis arrêté dans ce café. Il était une heure de l'après-midi. J'étais assis° ici, à la même table qu'aujourd'hui. Je mangeais un sandwich.

Tout à coup,° j'ai entendu du bruit. J'ai regardé à la fenêtre. J'ai vu un homme qui courait. Il portait une casquette et des lunettes noires, et à la main, il avait un sac de dame. Il courait très, très vite . . .

Derrière, il y avait une [...] aussi. Mais elle ne cou[...] le voleur. Elle criait: «A[...] Arrêtez-le! Arrêtez-le!»

J'ai entendu une sirène [...] de police qui venait e[...] de police s'est arrêtée. [...] sont descendus pour b[...] au bandit.

assis *seated* **Tout à coup** *All* [...]
en sens inverse *from the oppo*[...]

Un policier a so[...] en l'air. Le voleu[...] dans la rue. Je m[...] ce qui se passait[...]

— Bravo, c'est parfait!

C'est alors que j[...] de très curieux. [...] la main du polic[...]

LECTURE — À l'école autrefois

Juliette passe souvent des vacances chez son grand-père. Celui-ci° habite dans un petit village où il a toujours vécu. Il aime raconter à Juliette la vie° du village autrefois. Aujourd'hui il décrit l'école où il allait.

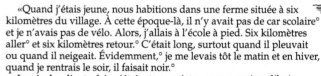

«Quand j'étais jeune, nous habitions dans une ferme située à six kilomètres du village. À cette époque-là, il n'y avait pas de car scolaire° et je n'avais pas de vélo. Alors, j'allais à l'école à pied. Six kilomètres aller° et six kilomètres retour.° C'était long, surtout quand il pleuvait ou quand il neigeait. Évidemment,° je me levais tôt le matin et en hiver, quand je rentrais le soir, il faisait noir.°

Les écoles d'autrefois n'étaient pas mixtes comme aujourd'hui. Il y avait une école pour les garçons et une école pour les filles. Moi, évidemment, j'allais à l'école de garçons. En classe, nous portions tous un tablier° gris. (À leur école, les filles portaient des tabliers bleus.) C'était obligatoire!

Nous arrivions à l'école à huit heures. Une cloche° annonçait le commencement des classes. (Quand on arrivait en retard, on était puni!) À dix heures, il y avait une grande récréation.° Souvent mes camarades et moi, on se battait° pendant la récréation, mais après on était amis.

Il y avait un seul° maître pour toute l'école. C'était un homme petit, mais très costaud.° Il n'hésitait pas à nous tirer° les oreilles quand on parlait en classe ou quand on faisait des bêtises.° C'est vrai, il était sévère, mais il était juste et avec lui on apprenait beaucoup. Tout le monde le respectait. Les gens du village l'ont beaucoup regretté° quand il a pris sa retraite.°

À quatorze ans, j'ai passé mon certificat et j'ai quitté l'école. Je suis allé en ville où j'ai trouvé un travail dans une usine.° Je n'aimais pas ce travail. Alors, je me suis engagé° sur un bateau qui faisait le commerce avec l'Amérique du Sud. Mais ça, c'est une autre histoire . . .»

celui-ci *the latter* **la vie** *life* **car scolaire** *school bus* **aller** = *pour aller à l'école*
retour = *pour rentrer à la maison* **Évidemment = Bien sûr** **il faisait noir** *it was dark* **tablier** *smock*
cloche *bell* **récréation** *recess* **se battait** *used to fight* **seul** *only one* **costaud** *strong* **tirer** *to pull*
bêtises *silly things* **ont regretté** *missed* **a pris sa retraite** *retired* **usine** *factory*
je me suis engagé *I signed on*

LECTURE

■ The **Lecture** reading section, at the end of every lesson, develops reading skills, cultural awareness, and vocabulary expansion in context.

evolver et il a tiré
ès peur et il est tombé
vé pour voir

elque chose
t s'est levé, il a serré
i a dit: «Brave, c'est

LECTURE

▌Note culturelle ▌

Les écoles françaises d'autrefois

Autrefois, l'école était obligatoire jusqu'à l'âge de 14 ans.
À la fin de leur scolarité, les élèves des écoles primaires passaient un examen et recevaient un diplôme appelé le «certificat d'études».
En général, la discipline était très stricte et les élèves devaient étudier beaucoup pour obtenir leur certificat.

Le maître était sévère mais il était juste.

En classe, les élèves portaient des tabliers.

À dix heures, il y avait une grande récréation.

▌Vrai ou faux? ▌

1. Autrefois, les enfants allaient à l'école en car scolaire, c'est à-dire en bus.
2. Autrefois, les écoles étaient mixtes, c'est-à-dire les filles et les garçons allaient en classe ensemble.
3. Autrefois, les filles portaient des tabliers bleus et les garçons portaient des tabliers gris.
4. Autrefois, dans les villages, le maître était très respecté.
5. Autrefois, on pouvait quitter l'école à quatorze ans.

➤ Lecture: Development of Reading Skills

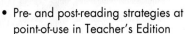

- Pre- and post-reading strategies at point-of-use in Teacher's Edition
- Reading comprehension hints
- Vocabulary enrichment techniques, including cognate patterns
- Short readings in a wide variety of formats encourage critical thinking and build rapid reading and information gathering skills
- Reading for pleasure and deriving meaning by word association build critical thinking skills

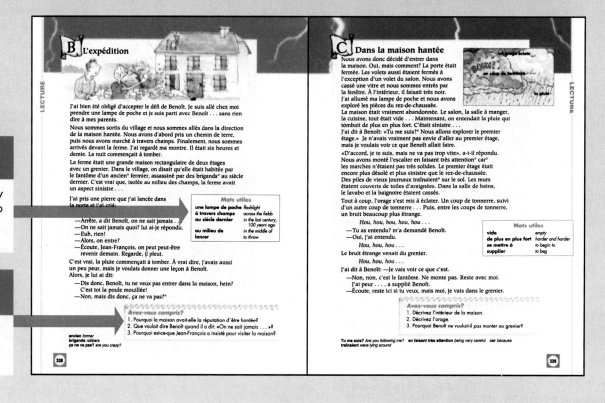

■ The extended *Interlude* reading section, at the end of every unit, develops reading skills and encourages reading for pleasure.

> ## ➤ Avant de lire

Each *Interlude* story begins with a pre-reading section to encourage the development of critical thinking skills as well as reading skills.

> ## ➤ Success for all learners

MULTIPLE INTELLIGENCES

Visual learners are encouraged to acquire new vocabulary presented in drawings that enhance meaning.

> ## ➤ Vocabulary at point-of-use

Additional useful vocabulary is available at point-of-use to encourage continuous reading.

> ## ➤ Comprehension Checks

Short self-checks help students to focus on the important plot elements.

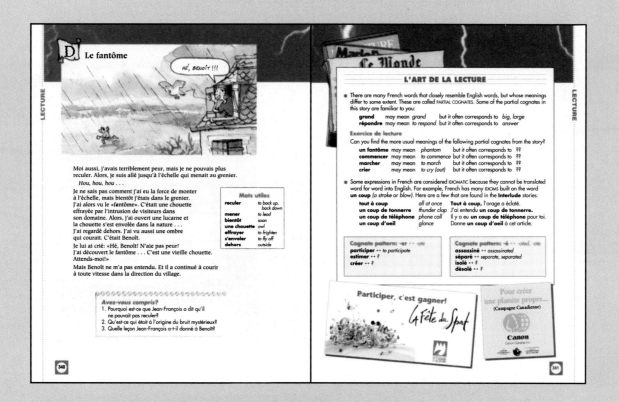

➤ L'Art de la lecture: Development of Reading Skills

Every *Interlude* ends with a skill-building section that helps students strengthen their reading skills. Writing skills are developed using the Writing Templates.

- Pre- and post-reading strategies and skill-building activities
- Vocabulary enrichment techniques
- Authentic documents to encourage critical thinking and build rapid reading and information gathering skills.

Special Focus:
What's New at Level Two?

The focus of the second level of *DISCOVERING FRENCH* is on:
- Developing longer conversational exchanges
- Reading for meaning and pleasure.

Developing Longer Conversational Exchanges

In *DISCOVERING FRENCH-Blanc*, students are introduced to more complex conversational exchanges in which French participants are speaking at a normal conversational speed. As students develop their listening comprehension skills, their productive skills increase. Being able to <u>understand</u> French as spoken by native speakers prepares students to be able to <u>speak</u> so that they will be understood by native speakers.

The Role of Comprehensible Input

In linguistic terms, "input" is the spoken language that the learner listens to or the written language that the learner reads. This input is "comprehensible" if the learner is able to understand most, if not all, of the material. For American students, French "input" that is initially some-what difficult can be made "comprehensible" in a variety of ways:

- contextualization: advance organizers that set the scene
- visual supports: gestures, pictures, video
- paraphrase in French
- English equivalents

Depending on the preferred learning mode of the students, and teaching mode of the teacher, any or all of these techniques can be used to increase comprehensibility.

The *DISCOVERING FRENCH-Blanc* video, CD-ROM, and Cassette Programs provide varied formats for students to develop the listening skills they need to move into the productive conversational skills.

From "Sentence-level" to "Paragraph-level"

In the *Français pratique* lessons, students are given conver-sational guidelines for longer exchanges. After listening to the video and cassette conversations, they are able to expand these contextualized listening comprehension dialogs to suit their own individual needs. New material is integrated into a variety of daily life situations: discussing plans, inviting friends, buying tickets, and shopping. Students progress from "sentence-level" dialogs to "paragraph-level" conversations as they continue through *DISCOVERING FRENCH-Blanc*.

Reading for Meaning and Pleasure

Students reaching Level Two need extensive reading practice in order to internalize what they have learned and to become comfortable reading longer texts. Just as the receptive skill of listening develops speaking proficiency, so reading as a receptive skill also enables students to express themselves more naturally and correctly in the productive skill of writing.

Student Interest

As reading specialists in any language agree, the student must <u>want</u> to read before any development of reading performance can be accomplished. Since the affective domain plays such an important role, *DISCOVERING FRENCH* provides reading selections that follow a natural progression from short, easy-to-read realia pieces, games, and stories to longer, more complex readings. Selections such as these, which students find interesting, are much more effective in developing intermediate level language than readings that are less accessible, either because of their uninviting content or level of difficulty. The challenge is to encourage students to read fluently and with enjoyment.

Reading for Information

Each *Français pratique* lesson ends with a cultural reading activity entitled *Au jour le jour*. Students are asked to read and interpret realia, thus expanding cultural as well as linguistic knowledge.

le carnet du jour

naissances

Yves et Catherine JAMIN
ont la joie d'annoncer
la naissance de
Anne-Sophie
à Paris, le 5 novembre 2000.

Mme Pierre DELAFON
est heureuse de faire part
de la naissance de sa petite fille
Coralie
chez
Vincent DELAFON
et Pascale, née Lescure,
Toulon, le 29 octobre 2000.

LE FRANÇAIS PRATIQUE
LEÇON 9
La nourriture et les boissons

Aperçu culturel · Où faites-vous les courses?

Quand on est pressé,° on peut faire les courses au supermarché. Là, on trouve tous les produits° nécessaires à la préparation des repas. Quand on a le temps, on peut acheter ces produits dans des boutiques spécialisées. Dans chaque quartier,° il y a une boulangerie, une pâtisserie, une boucherie, une crémerie et une épicerie.

pressé in a hurry · produits products · quartier neighborhood

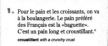

Une boulangerie

1. Pour le pain et les croissants, on va à la boulangerie. Le pain préféré des Français est la «baguette».° C'est un pain long et croustillant.°
croustillant with a crunchy crust

Une pâtisserie

2. Les pâtisseries vendent toutes sortes de gâteaux: tartes, brioches, éclairs, etc. Certaines pâtisseries vendent aussi des glaces et des bonbons.

142 · Unité 3

CULTURE

3. Pour la viande (boeuf, veau, poulet), on va à la boucherie. Pour le porc, les saucisses et les plats préparés, on va à la charcuterie.

Une boucherie · Une charcuterie

4. Pour le lait, le beurre et les oeufs, on va à la crémerie. Les crémeries vendent aussi des fromages. La France produit 400 différentes sortes de fromage. Quand on aime le fromage, on a le choix!°
choix choice

Reading for Knowledge

DISCOVERING FRENCH-Blanc contains nine illustrated *Aperçu culturel* sections and three cultural photo essays. Students increase their understanding and appreciation of the francophone world as they activate their reading skills.

Images d'Afrique

84% des Sénégalais sont Musulmans. À l'heure de la prière,° les fidèles° s'agenouillent° en direction de la Mecque, la ville sainte° de l'Islam.

Les Dakaroises ont la réputation d'être très élégantes. Ces jeunes femmes portent un «boubou» qui est le costume traditionnel du pays. C'est une longue tunique généralement ornée° de broderies.°

Un marché à Abidjan, Côte d'Ivoire. La Côte d'Ivoire produit toutes sortes de produits agricoles: bananes, plantains, ananas,° patates douces,° maïs,° riz, café, etc.

Le baobab est éternel comme l'Afrique. (Certains baobabs peuvent vivre° jusqu'à° 5 000 ans!) C'est un arbre très utile. On mange ses fruits. On utilise son écorce° pour faire des cordes. On utilise ses feuilles° dans la préparation de certains plats et de certains médicaments.

Les Touareg sont les hommes du désert. Ces courageux nomades accompagnent les caravanes qui traversent° le Sahara. À cause de la couleur de leurs vêtements, on les appelle les «hommes bleus».

LECTURE ET CULTURE

Sur les distances moyennes,° l'athlète marocain Saïd Aouita est l'homme le plus rapide du monde. Il a quatre records du monde: le 1 500 mètres, le 2 000 mètres, le 3 000 mètres et le 5 000 mètres. Quand il est sur le stade, il est imbattable.°

L'Algérie est membre de l'OPEP (Organisation des Pays Exportateurs de Pétrole). Elle exporte son pétrole et son gaz naturel en France et aussi aux États-Unis.

Abidjan est la capitale économique de la Côte d'Ivoire. Elle avait 120 000 habitants. Aujourd'hui, elle en a 2 500 000. C'est une des villes les plus modernes et dynamiques d'Afrique.

En 1989, le Pape Jean-Paul II a inauguré la basilique Notre-Dame-de-la-Paix° à Yamoussoukro, la nouvelle capitale de la Côte d'Ivoire. C'est l'une des plus grandes églises du monde.

moyennes middle · imbattable unbeatable · Paix Peace

395

LECTURE · Nourriture et langage

Qu'est-ce qu'un «navet»? Cela dépend à qui ou de quoi vous parlez. Pour le cuisinier,° un navet est un légume, mais pour le cinéphile,° c'est un très mauvais film. Une «patate» est le terme familier qu'on emploie pour désigner une pomme de terre, mais c'est aussi une personne stupide et maladroite.° Une «bonne poire» peut être servie au dessert, mais c'est aussi une personne généreuse, mais naïve.

Il existe beaucoup d'expressions françaises qui utilisent le vocabulaire de l'alimentation. Voici certaines de ces expressions. Est-ce que vous pouvez deviner leur sens?°

navet turnip · cuisinier cook · cinéphile movie lover · maladroite clumsy · deviner leur sens guess what they mean

1. Jean-Claude dit à ses copains: «Ce weekend j'ai vu un navet.» Qu'est-ce qu'il veut dire?
• Je suis allé à la campagne.
• J'ai acheté des légumes.
• J'ai vu un mauvais film.

2. Corinne dit à son cousin: «Tu racontes° des salades.» Qu'est-ce qu'elle veut dire?
• Tu manges trop.
• Tu es végétarien.
• Tu ne dis pas la vérité.
racontes are telling

3. Cécile dit à sa copine: «Je n'ai pas un radis.» Qu'est-ce qu'elle veut dire?
• Je n'ai pas d'argent.
• Je n'ai pas de copain.
• Je ne veux pas aller au supermarché.

172 · Unité 3

4. Guillaume dit à ses copains. «Mon oncle Gérard a du pain sur la planche.»° Qu'est-ce qu'il veut dire?
• Mon oncle est très riche.
• Mon oncle a beaucoup de travail.
• Mon oncle est boulanger.
planche board

MON ONCLE GÉRARD A DU PAIN SUR LA PLANCHE!

CE N'EST PAS DU GÂTEAU!

5. Mélanie dit à Claire: «Ce n'est pas du gâteau.» Qu'est-ce qu'elle veut dire?
• C'est mauvais.
• C'est difficile.
• Ce n'est pas intéressant.

Reading for Pleasure

Each *Vidéo-scène* lesson ends with an entertaining *Lecture* that encourages students to read for pleasure. Many of the readings call on students to use their problem-solving and critical thinking skills. Others are short magazine-type articles, humorous scenes, dialogs, or self-tests. The readings also re-enter the new structures that students have just been practicing.

LECTURE · Un déjeuner gratuit

Un jeune homme et une jeune fille sont dans un restaurant. Ils viennent de déjeuner. Qui va payer le repas?° «C'est simple, dit le jeune homme, nous allons jouer à un jeu.° Regardons les personnes qui passent dans la rue. Nous allons essayer de deviner° où vont aller ces personnes. Si je devine correctement leur destination, c'est toi qui paies. Si tu devines correctement, c'est moi qui paie.» «D'accord!» répond la jeune fille.

Cinq personnes passent dans la rue.
• La première personne est un homme avec un paquet.°
• La seconde personne est une dame très élégante.
• La troisième personne est un jeune homme aux cheveux longs.°
• La quatrième personne est une petite fille de douze ans.
• La cinquième personne est une vieille dame avec une canne.

«Puisque° j'ai inventé le jeu, c'est moi qui vais commencer,» dit le jeune homme. «Bon, d'accord, dit la jeune fille. Quels sont tes pronostics?»

«Eh bien, voilà, répond le jeune homme, ce n'est pas très difficile.
• L'homme avec le paquet va aller à la poste.
• La dame élégante va aller à la parfumerie.
• Le jeune homme aux cheveux longs va aller chez le coiffeur.
• La petite fille va aller à la pâtisserie.
• La vieille dame va aller à la pharmacie.»

«Tes choix sont logiques, dit la jeune fille, mais je crois° que tu as tort. Voici mes pronostics:
• L'homme avec le paquet va aller à la pâtisserie.
• La dame élégante va aller à la pharmacie.
• Le jeune homme aux cheveux longs va aller à la parfumerie.
• La petite fille va aller chez le coiffeur.
• La vieille dame va aller à la poste.»

repas meal · jeu game · essayer try · deviner to guess · paquet package · aux cheveux longs with long hair · Puisque Since · crois believe

72 · Unité 1

«Tu as vraiment beaucoup d'imagination, dit le jeune homme à la jeune fille. J'espère° que tu as assez d'argent pour payer mon repas!»

«Tu es vraiment très sûr de toi, répond la jeune fille. Avant de° déclarer victoire, regarde donc où vont les cinq passants!»

Le jeune homme et la jeune fille regardent les cinq personnes aller à leur destination. Comme° la jeune fille l'a prédit,° l'homme avec le paquet va à la pâtisserie. La dame élégante va à la pharmacie. Le jeune homme aux cheveux longs va à la parfumerie. La petite fille va chez le coiffeur. La vieille dame va à la poste.

«Alors, qui a gagné?» demande la jeune fille.

«Euh . . . eh bien, c'est toi. Mais vraiment, tu as une chance extraordinaire! Comment est-ce que tu as pu deviner correctement la destination de chaque personne?»

«Ce n'est pas par chance. J'habite dans ce quartier° depuis dix ans. Alors, je connais° tout le monde° ici . . . L'homme avec le paquet est allé à la pâtisserie parce que c'est lui le pâtissier. La dame élégante est allée à la pharmacie parce que son fils est malade. La petite fille est allée chez le coiffeur pour voir son père qui est le propriétaire° de la boutique. La vieille dame est allée à la poste parce qu'elle écrit° tous les jours à son petit-fils qui habite au Japon.»

«Et le jeune homme aux cheveux longs?»

«Ah oui, le jeune homme aux cheveux longs . . . Et bien, c'est mon fiancé et demain, c'est mon anniversaire. Alors, j'ai pensé° qu'il m'achèterait° un petit cadeau . . . Voilà, c'est très simple. Et merci pour cet excellent repas!»

espère hope · Avant de Before · Comme As · a prédit predicted · quartier neighborhood · connais know · tout le monde everyone · propriétaire owner · écrit writes · al pensé thought · achèterait would buy

Avez-vous compris?

Qui sont ces personnes?

1. L'homme avec le paquet est . . .
a. le pâtissier
b. le coiffeur
c. un étudiant

2. La dame très élégante va acheter . . .
a. des croissants
b. des médicaments
c. des timbres *(stamps)*

3. Le jeune homme aux cheveux longs est . . .
a. le fils de la dame élégante
b. le fiancé de la jeune fille
c. le pâtissier

4. La petite fille de douze ans est . . .
a. la soeur du jeune homme
b. la nièce de la dame élégante
c. la fille du coiffeur

5. La vieille dame a un petit-fils qui . . .
a. est au Japon
b. travaille à la poste
c. est malade

Leçon 4 · 73

Reading for Meaning

Each unit ends with an *Interlude* that contains a longer illustrated fictional piece, usually a short story. Once students begin a story, they are eager to continue reading to solve the mystery, misunderstanding, or intrigue. This involvement in plot helps students to read French <u>naturally</u>, as they would English. These selections are always introduced by a pre-reading activity, *Avant de lire*. Students are encouraged to read for meaning (<u>and</u> pleasure!) as they become involved in the plot and try to anticipate the dénouement. The *Art de la lecture* section at the end of the *Interlude* helps students strengthen their reading skills.

DISCOVERING FRENCH-Blanc encourages success for all students as it develops their ability to engage in longer conversational exchanges and increase reading skills. As students progress through Level Two, they are able to appreciate their own increased proficiency and enjoyment in learning French.

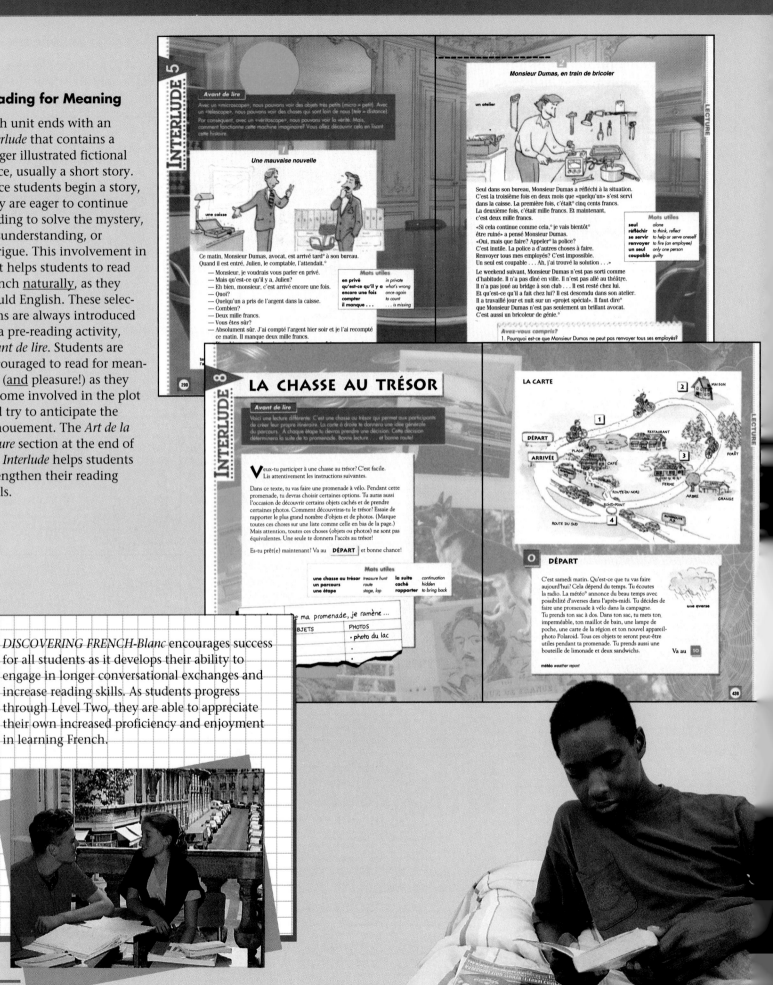

26

Teaching with *DISCOVERING FRENCH*–**BLANC**

Here's what teachers using *DISCOVERING FRENCH* are saying . . .

"The best materials I have seen for multicultural instruction!"
—A. Burns, St. Thomas, V.I.

"My students have become revitalized by your exciting new program. They instantly commented on the clarity of presentation. I am particularly thrilled with summary work presented in the À votre tour pages. It's exciting to have students work with one another, then proudly and eagerly present what they have created in these exercises... I'm so glad that there is a text like this available."
—V. Sachs, Morgan Hill, CA

"...my teaching and my students' proficiency in French have been totally revitalized."
—F. Amo, Marquette, MI

"After 28 years of teaching, this is the first program I've used that is really complete, that has everything at hand, that doesn't require hours of preparing 'fun' and diverse activities or hours of test preparation. My students are enthusiastic and, even in level one, I'm so impressed with their confidence and willingness to speak French."
—P. Price, Sioux City IA

Discovering French Teacher Network

If you would like to talk to a current **Discovering French** teacher, or become a member yourself, write to:
World Languages Product Manager
McDougal Littell
1560 Sherman Avenue
Evanston, Il 60201
or e-mail: Lori_Diaz@hmco.com

World Connections Newsletter

As a **Discovering French** teacher, you are eligible to receive, free of charge, copies of our newsletter. The newsletter includes information articles on current pedagogical trends, new program features, teaching tips, and more. Sign up by writing to the address listed to the left.

Articulation Between Levels with DISCOVERING FRENCH

Discovering French–Bleu and **Discovering French–Blanc** are carefully articulated. At the level of communicative functions, the articulation is primarily sequential, with the review lesson and first unit of **Discovering French–Blanc** reviewing the core material of Niveau A and Niveau B (Units 1 to 7) of **Discovering French–Bleu**. However, at the level of communication themes, this articulation is cyclical, in that the major themes are regularly re-entered and expanded in the course of the program.

■ **Articulation of Functions**

For students of French, the acquisition of communicative functions normally follows a sequential pattern:

   Greeting people and socializing at a simple level
   Communicating with learned phrases (e.g., numbers, time, dates)

   Asking and answering questions about daily life activities
   Describing people, places, things, and events in the present

   Narrating past events and past activities
   Describing past circumstances and conditions

   Talking about future events and future conditions

   Discussing hypothetical future events

   Expressing wishes, obligations, and opinions

However, since language acquisition is a complex process, these functions are not simply introduced in a linear fashion, but are regularly re-entered and expanded upon from unit to unit, and level to level.

The following articulation chart shows how this sequential pattern of communicative functions is developed in the first two levels of **Discovering French**.

FUNCTION	DISCOVERING FRENCH–BLEU	DISCOVERING FRENCH–BLANC
Greeting people and socializing	Niveau A: Units 1, 2, 3	Reprise: Rappel 1
Talking about the present Describing people, places, and things	Niveau B: Units 4, 5, 6, 7	Reprise: Rappels 2, 3 Unit 1
Narrating past events	Niveau C: Unit 8	Unit 2
Talking about the present and narrating past events	Niveau C: Unit 9	Units 3, 4
Talking about the present and narrating past events		Unit 5
Narrating past events and describing past conditions		Unit 6
Describing people, places, and things	Niveau B: Unit 7	Unit 7
Discussing future events		Unit 8
Discussing hypothetical events		Unit 8
Expressing wishes and obligations		Unit 9

DISCOVERING FRENCH

■ Articulation of Themes

The order of presentation of communicative themes is more flexible than that of functions. In **Discovering French** the main focus is on daily life themes of particular interest to adolescents. These themes are cyclically re-entered so that students can expand their vocabulary base and learn to communicate in increasingly complex conversational situations.

The following chart shows when and where the principal communication themes are first entered and then subsequently re-entered and expanded.

THEME	DISCOVERING FRENCH–BLEU	DISCOVERING FRENCH–BLANC
Greeting and meeting people	Niveau A: Unit 1	Reprise: Rappel 1
Family and friends	Niveau A: Unit 2	Unit 1
Food and eating out	Niveau A: Unit 3 Niveau C: Unit 9	Unit 1 Unit 3
Money and shopping	Niveau A: Unit 3	Reprise: Rappel 2
School	Niveau A: À l'école en France	Reprise: Faisons connaissance!
Daily activities	Niveau B: Unit 4	Reprise: Rappel 3
Getting around the city	Niveau B: Unit 4 Niveau B: Unit 6	Unit 2
Describing oneself	Niveau B: Unit 5	Unit 1 Unit 7
Home and rooms	Niveau B: Unit 5 Niveau B: Unit 6	Unit 6
Possessions	Niveau B: Unit 5	Reprise: Rappel 2 Unit 2
Sports and health Daily routine	Niveau B: Unit 6	Unit 5
Clothes and shopping	Niveau B: Unit 7	Unit 7
Leisure activities, music, and entertainment	Niveau C: Unit 8	Unit 4
Vacation and travel	Niveau C: Unit 8	Unit 8
Professions	— —	Unit 1
Automobiles and driving	— —	Unit 9

Organization of DISCOVERING FRENCH-BLANC

Basic Structure

The Student Text contains nine units plus a brief review section and three illustrated photo essays. These may be grouped in three levels.

REPRISE Entre amis

UNITÉ 1 Qui suis-je?

Cultural Photo Essay 1
Images du monde francophone: La France et l'Europe

UNITÉ 2 Le weekend, enfin!

UNITÉ 3 Bon appétit!

UNITÉ 4 Les loisirs et les spectacles

Cultural Photo Essay 2
Images du monde francophone: L'Amérique et la France d'outre-mer

UNITÉ 5 Les sports et la vie quotidienne

UNITÉ 6 Chez nous

UNITÉ 7 Soyez à la mode!

Cultural Photo Essay 3
Images du monde francophone: L'Afrique

UNITÉ 8 Bonnes vacances!

UNITÉ 9 Bonne route

DISCOVERING FRENCH

REVIEW

This section reviews the basic communicative structures contained in the Core Material of **Discovering French–Bleu**. In addition there is some expansion of thematic vocabulary.

Reprise: Rappel 1   Review of Niveau A
Reprise: Rappel 2, Rappel 3; Unité 1   Review of Niveau B

Communicative focus: Asking and answering questions about oneself, one's friends, and one's daily activities

Communication themes: School, selecting a profession; daily life, making phone calls, introducing people, inviting friends

CORE MATERIAL

This section expands on the last two units of **Discovering French–Bleu** and focuses on the more challenging communicative skills to be developed in Level Two. Corresponding thematic vocabulary is re-entered and expanded.

Unité 2, Unité 3, Unité 4   Expansion of Niveau C
Unité 5, Unité 6, Unité 7   New communicative structures

Communicative focus:
- Narrating past events, orally and in writing
- Describing daily activities in more detail
- Engaging in longer communicative exchanges
- Reading a wide variety of texts and stories

Communication themes: Weekend activities and entertainment, public transportation; food and meals, eating out; sports and health; clothes and fashion; the home

Cultural focus: The richness of the French-speaking world

FURTHER DEVELOPMENT

This section introduces more complex language functions. (Although it is desirable to present these units, it is not critical to finish them since the material is reviewed and expanded in the first part of **Discovering French–Rouge**.)

Communicative focus:
- Discussing future events and future conditions
- Talking about hypothetical situations
- Expressing wishes and obligations

Communication themes: Travel abroad; driving a car; camping

Focus on:

Technology and Video Resources in *DISCOVERING FRENCH*

Introduction

Technology—whether software, CD-ROM, video or videodisc—provides additional resources, enrichment and excitement to the French classroom. *DISCOVERING FRENCH-Blanc* provides the most extensive technology resources currently available to make your teaching easier, more effective, and more enjoyable. Components include:

- Video/Audio Program
- Laserdisc Program
- Cassette or Audio CD Program
- CD-ROM Program
- Test Bank Program
- Writing Templates
- TRP: Internet Connection Notes

In order to select technology products that enhance and complement your own teaching style, consider the following checklist. Technology should always be the ***means*** to a more effective language presentation, and not an end in itself. In addition, good technology products should never be intimidating!

- ✔ Easy to use
- ✔ Fully integrated into the student text and teacher's materials
- ✔ Offer full use of the strongest features of each particular medium
- ✔ Interactive to motivate student interest
- ✔ Flexibly structured for individual and pair/group use
- ✔ Suitable for your particular teaching style

Integrating ***well-designed*** technology into the French curriculum gives both students and teachers access to the French-speaking world no matter ***where*** their classroom is located! The *DISCOVERING FRENCH* program provides technology components that are fun, practical, focused, and easy to use.

CD-ROM

A well-produced CD-ROM program provides multimedia integration of all the best elements of a complete French program. Thus the linear access provided by using a textbook, a video segment, realia, or audio cassettes is combined into a single unified environment with simultaneous access to all these sources at once. Students are free to control the pace and sequence of instruction.

DISCOVERING FRENCH Interactive (Bleu) provides a blend of video, interactive activities, record features, and writing all in one simple format for review at Level 2. This award-winning program is being used for individual, pair/group, and whole class work. Because of CD-ROM's unique combination of features, students are highly motivated to spend extra time in self-assessment activities, as well as creative development and extension of their listening, writing, and speaking skills. CD-ROM for Level 2 students is particularly useful for personalized practice of listening and speaking skills as students are able to use language creatively.[1]

---

[1] A useful general introduction to CD-ROM (hardware, software, general terminology) may be found in *CD-ROM for Schools, A Directory and Practical Handbook for Media Specialists*, Berger and Kinnell, Eight Bit Books, Wilton, CT ©1994

> Unit–level Internet Projects can be found at the end of each unit on the following pages in Level 2: T27, T79, T139, T189, T239, T295, T341, T389, T453, T493.

Internet

Access to the Internet, and the World Wide Web, opens an exciting new environment for language teaching and learning. There are many Internet service providers in all areas of the country. Most of these services offer a trial period free of charge. Many universities also offer access to educational users.

The *DISCOVERING FRENCH* Teacher's Resource Package offers a unique feature: *Internet Connection Notes*, which contains practical technical information, useful addresses, and specially-designed Internet activities. You and your students can enjoy the benefits of being part of the global society, contacting schools and information sources throughout the French-speaking world.

Integrating the wide range of technology resources available in *DISCOVERING FRENCH* into your classroom can revitalize your teaching and provide you and your students with a personalized connection to French speakers worldwide.

DISCOVERING FRENCH

 Test Banks

Test banks or test generators allow teachers to compose or modify testing materials to accommodate individual needs as well as provide a source for "A" and "B" versions of tests and exams. The *DISCOVERING FRENCH Test Bank* provides copymaster A and B versions of the Lesson Quizzes, Unit Tests, and Comprehensive (Semester) Tests as well as the software capability to edit, create new items or create whole tests. Teachers may thus use the existing tests, adapt them by adding, deleting or changing items, or create a completely personalized testing program. This flexibility provides for the individual needs of many learning styles and helps to insure success for all students.

 Writing Templates

The development of writing skills is an important step in preparing students to function in a multilingual society. The ability to express personal thoughts and feelings allows students to grow and mature intellectually. Cross-disciplinary connections to English, literature, history, math, art and music courses can be fostered as students develop their organizational, research, and writing skills.

The *DISCOVERING FRENCH* Writing Templates provide process writing development in many different formats. Materials are keyed to the unit themes of *DISCOVERING FRENCH,* and are appropriate to the language level of the students. The use of writing template software also encourages the inclusion of technology across the curriculum, and helps build life-long learning skills.

 **Video and Videodisc**

The Video Program that accompanies **Discovering French–Blanc** was filmed entirely on location in the area around Annecy, France, with a short segment filmed in Geneva, Switzerland. In the video, the students meet four French young people and watch as they interact with one another and with other friends and relatives.

Video and Videodisc in the Classroom

The **Discovering French–Blanc** Video is a flexible pedagogical tool that can be introduced at different points in the unit. In fact, multiple viewings significantly increase its effectiveness.

■ **Listening and watching for the gist.** Students can view the three modules comprising the unit video before they begin the actual unit. At this initial viewing, they will be focusing on the movement and the story line. They will probably find that the dialogue is spoken at a rapid pace that they find difficult to understand. Students should be encouraged to guess what is happening. Often a second and third initial viewing will let them discover that they can grasp the gist of what is going on even if they do not understand every word.

■ **Listening and watching for full comprehension.** As students begin to study each corresponding lesson, have them read the dialogue in their textbooks as a pre-listening activity. Then have them watch the module several times until they can easily follow the conversations. Since the conversations often contain samples of the structures they will be learning, this careful listening is excellent preparation for the rest of the lesson.

■ **Watching for cross-cultural similarities and differences.** As students view the video, have them take note of cross-cultural features: exterior aspects of the locations (street scenes, parks, homes, stores, cafés, the train station, etc.), as well as interpersonal relationships, styles of clothing, and body language. You may want to list the students' observations on the board as a point of departure for developing greater cross-cultural understanding.

■ **Listening and watching for review.** Upon completion of a unit, have the students review the entire episode once more. They will be pleasantly surprised to discover how much better they can understand the dialogues, and to realize the progress they have made in improving their comprehension skills.

The appropriate video segment may be easily accessed whether you are using videotape or videodisc. For videotapes, simply consult the frame numbers indicated by the on-screen "clock" or counter; these segments are keyed in your Teacher's Edition. For videodiscs, use your barcode reader to scan the barcodes appearing in your Teacher's Edition. These barcodes reference a specific frame on your videodisc, just as the counter numbers indicate a specific frame on a videotape. Either method provides you with quick and easy access to a specific video segment.

Organization of the Video

The Video Program is divided into nine episodes, which are closely integrated with the nine units of the Student Text. Each episode is divided into three modules or *vidéo-scènes*, which introduce the second, third, and fourth lessons of the unit. The dialogues of each *vidéo-scène*, presented in a *téléroman* format, function as a motivating lesson opener.

The chart lists the module, its lesson number, a brief synopsis, and the corresponding communication topics.

MODULE	LESSON	SYNOPSIS	COMMUNICATION / LANGUAGE USAGE
1-A	2	Armelle tells her friend Corinne that she has a new boyfriend, but does not reveal his name.	Describing people
1-B	3	Armelle meets her friend Pierre in town and they go to a café; they see someone in the street.	Ordering in a café
1-C	4	Armelle discovers that Corinne is Pierre's cousin, and Corinne discovers the identity of Armelle's boyfriend.	Finding out where people have been; introducing people
2-A	6	Pierre wants to go out, but his mother first wants to know if he has done his homework and his chores.	Talking about what people have done or not done; discussing household chores
2-B	7	Pierre and Armelle go to the movies, and then they meet Corinne at a café. Corinne gives Pierre a present.	Talking about movies; giving presents
2-C	8	It is dinner time and Pierre's father is upset that his son is late. Pierre comes home and all is well.	Explaining where one has been; talking about exams
3-A	10	Pierre, Armelle, and Corinne shop at the supermarket for tomorrow's picnic.	Shopping for food
3-B	11	That evening, Jérôme and his friends eat the food Pierre has just bought.	Talking about food preferences
3-C	12	Jérôme feels guilty about having eaten everything and invites the three friends to a restaurant.	Discussing quantities; paying the bill
4-A	14	Pierre borrows money from his brother so he can take Armelle to a concert.	Asking for favors
4-B	15	After the concert, the two go to a music store, where Armelle buys a CD.	Discussing preferences; talking about music
4-C	16	Pierre and Armelle go to Armelle's to listen to the CD; neighbors call to complain about the stereo volume.	Reporting what people said
5-A	18	Pierre and Armelle are out jogging and meet Jérôme, who announces that he will be participating in a parasailing competition.	Discussing sports and daily practice routines
5-B	19	On the morning of the competition, Jérôme oversleeps and has to hurry to get ready. On his way out, he falls down the stairs.	Describing one's morning routine
5-C	20	Pierre and Armelle come to visit Jérôme, who has his leg in a cast.	Describing an accident and how it occurred

DISCOVERING FRENCH

MODULE	LESSON	SYNOPSIS	COMMUNICATION / LANGUAGE USAGE
6-A	22	Armelle is looking at Pierre's photo album with Corinne. The three plan to visit the town where Pierre grew up.	Describing people and past events depicted in photographs
6-B	23	The three go to Menthon-Saint-Bernard, where they accidently set off a burglar alarm.	Talking about what one used to do as a child, and pointing out where one used to live
6-C	24	A local policeman arrives, asks for their papers, and lets them off with a warning.	Explaining the circumstances of a past event
7-A	26	Armelle wants to get a new dress for Pierre's party, but she does not have much money.	Talking about money; describing clothes
7-B	27	Armelle and Corinne go shopping, but the dresses are very expensive.	Comparing items in a dress shop as to style and price
7-C	28	The two visit Corinne's grandmother, who has saved some old-style dresses in a trunk in her attic. The girls are the hit of the party.	Picking out what to wear
8-A	30	Pierre and Armelle go to visit Jérôme. Armelle is impressed by Jérôme's exotic collections.	Describing artifacts and where they are from
8-B	31	Jérôme, Pierre, and Armelle decide to visit Geneva. Jérôme offers to get the tickets.	Discussing future plans
8-C	32	At the train station the next day, Jérôme is late, and they miss their train.	Discussing what would occur if one did certain things; making suggestions
9-A	34	Jérôme invites Pierre to join him for a ride in his new car. Pierre agrees, if his brother will let him drive.	Giving a driving lesson; explaining why certain things should be done
9-B	35	When they get to a small country road, Pierre has his chance at the wheel, but discovers the car is out of gas. Pierre phones Armelle, with whom he has a date.	Talking about what one has to do to get out of a difficult situation
9-C	36	Armelle comes on her scooter to pick up Pierre. Together, they go get gas for Jérôme and then return to Annecy.	Expressing necessity; telling others what you would like them to do

NOTE:

Additional activities are also available in the *Video Activity Book* (copymasters).

Easy access is provided by barcodes (for videodisc) and frame numbers (for videotapes) at point of use in the Extended Teacher's Edition, *Video Scripts*, and *Video Activity Books*.

General Background: Questions and Answers

■ What are the Goals and Standards for Foreign Language Learning?

Over the past several years, the federal government has supported the development of Standards in many K-12 curriculum areas such as math, English, fine arts, and geography. These Standards are "content" standards and define what students "know and are able to do" at the end of grades 4, 8 and 12. Moreover, the Standards are meant to be challenging, and their attainment should represent a strengthening of the American educational system.

In some subject matter areas, these Standards have formed the basis for building tests used in the National Assessment of Education Progress (NAEP). At that point, it was necessary to develop "performance" standards which define "how well" students must do on the assessment measure to demonstrate that they have met the content standards.

As far as states and local school districts are concerned, both implementation of the Standards and participation in the testing program are voluntary. However, the very existence of these standards is seen as a way of improving our educational system so as to make our young people more competitive on the global marketplace.

■ How have the Goals and Standards for Foreign Language Learning been developed?

In fall 1992, representatives of ACTFL (American Council on the Teaching of Foreign Languages), AATF (American Association of Teachers of French), AATG (American Association of Teachers of German), and AATSP (American Association of Teachers of Spanish and Portuguese) met to formulate a proposal for the establishment of Standards in foreign languages. In 1993, a joint proposal to create student standards at the K-12 level received funding from the U.S. Department of Education and the National Endowment for the Humanities, and the first part of the project to develop Goals and Standards for Foreign Language Learning was underway.

The K-12 Student Standards Task Force was formed and assigned the charge of creating generic foreign language standards. They prepared a comprehensive draft document which underwent several subsequent revisions, based on input from teachers across the country. In 1994, these new draft standards were piloted in six school districts across the United States, and the results of these programs were analyzed in the preparation of a final draft. In November 1995, the National Standards Project released its final report: **Standards for Foreign Language Learning: Preparing for the 21st Century**.[1] The chart below delineates the **Standards for the Learning of French.**

GOAL 1: COMMUNICATION Communicate in French	Standard 1.1	Students engage in conversations or correspondence in French to provide and obtain information, express feelings and emotions, and exchange opinions.
	Standard 1.2	Students understand and interpret spoken and written French on a variety of topics.
	Standard 1.3	Students present information, concepts, and ideas in French to an audience of listeners or readers.
GOAL 2: CULTURES Gain Knowledge and Understanding of the Cultures of the Francophone World	Standard 2.1	Students demonstrate an understanding of the relationship between the practices and perspectives of the cultures of the francophone world.
	Standard 2.2	Students demonstrate an understanding of the relationship between the products and perspectives of the cultures of the francophone world.
GOAL 3: CONNECTIONS Use French to Connect with Other Disciplines and Expand Knowledge	Standard 3.1	Students reinforce and further their knowledge of other disciplines through French.
	Standard 3.2	Students acquire information and recognize the distinctive viewpoints that are only available through francophone cultures.
GOAL 4: COMPARISONS Develop Insight through French into the Nature of Language and Culture	Standard 4.1	Students demonstrate understanding of the nature of language through comparisons of French and their native language.
	Standard 4.2	Students demonstrate understanding of the concept of culture through comparisons of francophone cultures and their own.
GOAL 5: COMMUNITIES Use French to Participate in Communities at Home and Around the World	Standard 5.1	Students use French both within and beyond the school setting.
	Standard 5.2	Students show evidence of becoming lifelong learners by using French for personal enjoyment and enrichment.

[1] For more information on the National Standards project and its publications, contact: National Standards in Foreign Language Education, 6 Executive Plaza, Yonkers, NY 10701-6801; phone: (914) 963-8830

DISCOVERING FRENCH

■ **How are the Goals and Standards for Foreign Language Learning defined?**

The Goals and Standards for Foreign Language Learning contain five general goals which focus on communication, culture, and the importance of second language competence in enhancing the students' ability to function more effectively in the global community of the 21st century. These five goals, each with their accompanying standards, are shown in the chart on page 34. In the formal report, these standards are defined in greater detail with the addition of sample "progress indicators" or learning outcomes for grades 4, 8 and 12, and are illustrated with sample learning scenarios.

■ **How are these Standards for Foreign Language Learning being implemented?**

In March 1994, the "Goals 2000: Educate America Act" reaffirmed a core curriculum for American schools, and, more importantly, specifically listed foreign languages as one of ten "core" subject areas. The existence of Standards for Foreign Language Learning has encouraged states and school districts to strengthen their foreign language offerings and lengthen their course sequences. Although implementation is voluntary, many teachers are modifying their curricula so as to take into account those goals and standards which are most relevant to their programs.

Teaching to the Standards

The new Standards for Foreign Language Learning focus on the outcomes of long K-12 sequences of instruction. In most schools, however, French programs begin at the Middle School or Secondary level. With the **Discovering French** program, teachers can effectively teach towards these goals and standards while at the same time maintaining realistic expectations for their students.

Goal One: Communicate in French

From the outset, **Discovering French** students learn to communicate in French. In Niveau A of **DF-Bleu**, the focus is on understanding what French young people are saying (on video, cassette, and CD-ROM) and on exchanging information in simple conversations. In Niveau B of **DF-Bleu**, the oral skills are supplemented by the written skills, and students learn to read and express themselves in writing.

As students progress through **DF-Blanc** and **DF-Rouge**, they learn to engage in longer conversations, read and interpret more challenging texts, and understand French-language films and videos. Teachers who incorporate portfolio assessment into their programs will have the opportunity to keep samples of both written and recorded student presentations.

Goal Two: Gain Knowledge and Understanding of the Cultures ot the Francophone World

In **Discovering French**, students are introduced to the diversity of the French-speaking world. In **DF-Bleu**, the emphasis is on contemporary culture — in France, of course, but also in Quebec, the Caribbean, and Africa. Students learn to observe and analyze cultural differences in photographs and on the video program.

In **DF-Blanc**, the cultural material is expanded to include brief historical overviews, as well as presentations of contemporary reality. Cultural notes in the student text are expanded upon in the Extended Teacher Edition. In **DF-Rouge**, the cultural scope is significantly enlarged, since students have a much stronger command of French.

In the Student Text, they are introduced to historical background, literary works, artistic achievements, and contemporary problems (such as ecological and humanitarian concerns). Feature-length films also help students expand their cultural understanding.

Goal Three: Use French to Connect with Other Disciplines and Expand Knowledge

It is especially in **DF-Rouge** that students have the opportunity to use the French language to learn about history, art, music, social concerns and civic responsibilities. Topics suggested in the student text can be coordinated with colleagues across the school curriculum.

Goal Four: Develop Insight into the Nature of Language and Culture

From the outset, **Discovering French** draws the students' attention to the way in which French speakers communicate with one another, and how some of these French patterns differ from American ones (for example, shaking hands or greeting friends with a *bise*). Notes in the Extended Teacher Edition provide suggestions for encouraging cross-cultural observation. English and French usage is also compared and contrasted, as appropriate.

Goal Five: Use French to Participate in Communities at Home and Around the World

In **Discovering French**, beginning students are invited to exchange letters with French-speaking penpals. In addition, students are encouraged to participate in international student exchanges. The Extended Teacher Edition has a listing of addresses of organizations that can provide these types of services. In addition, teachers are given information on where to obtain French-language publications for their classes, and where to find French-language material on the Internet. In **DF-Rouge**, students are invited to discover French-language videos which in many parts of the country can be found in a local video store. As students experience the satisfaction of participating in authentic cultural situations, they become more confident in their ability to use their skills in the wider global community.

Scope and Sequence

The students' unit-by-unit progression through **Discovering French–Blanc** is represented on the following Scope and Sequence chart.* This chart identifies the cultural theme of each unit and lists the main communication functions and activities, correlating them with the corresponding communication topics (thematic vocabulary) and linguistic goals (accuracy of expression). In addition, the chart shows which reading skills are developed in the corresponding *Interlude* selection.

Reprise Entre amis	**CULTURAL CONTEXT** Getting acquainted	
COMMUNICATION FUNCTIONS AND ACTIVITIES Comprehension and Self-expression	**COMMUNICATION TOPICS** Thematic Vocabulary	**LINGUISTIC GOALS** Accuracy of Expression
■ *Talking about school and classes (Faisons connaissance!)*	• School subjects (Faisons connaissance!)	
■ *Expressing oneself on familiar topics* • Giving the date (R-1) • Telling time (R-1) • Describing the weather (R-1)	• Review: numbers 1–100 (App. A) • Review: days, months (App. A) • Review: times of day (App. A) • Review: weather (App. A)	
■ *Talking about places and things* • Describing things you own (R-2) • Saying where things are (R-2) • Pointing things out (R-2) • Expressing preferences (R-2)	• Review: common objects and items of clothing (App. A) • Prepositions of location (R-2) • Review: place names (App. A)	• Review: articles and contractions, **ce** and **quel** (App. A) • Review: possessive adjectives (App. A)
■ *Carrying out simple conversations* • Asking and answering questions (R-3) • Talking about daily activities (R-3) • Talking about places where you go (R-3) • Saying what you like (R-3)	• Review: question words (R-3) • Review: common **-er**, **-ir**, **-re** verbs (App. A)	• Review: present tense of regular verbs (App. A) • Review: interrogative and negative constructions (App. A) • Review: subject pronouns and stress pronouns (R-3) • Review: the imperative (App. A)

Unité 1 Qui suis-je?	**CULTURAL CONTEXT** Oneself and others	
COMMUNICATION FUNCTIONS AND ACTIVITIES Comprehension and Self-expression	**COMMUNICATION TOPICS** Thematic Vocabulary	**LINGUISTIC GOALS** Accuracy of Expression
■ *Presenting oneself and others* • Providing personal data (1) • Identifying one's family (1) • Talking about professions (1)	• Adjectives of nationality (1) • Family and friends (1) • Professions (1)	• The verb **être** (2) • **C'est** and **il est** (2)
■ *Interacting with others* • Introducing people (1) • Making phone calls (1) • Reading birth and wedding announcements (1)		
■ *Talking about oneself and others* • Describing looks and personality (2) • Talking about age (3) • Describing feelings and needs (3)	• Descriptive adjectives (2) • Expressions with **avoir** (3) • Expressions with **faire** (3)	• Regular and irregular adjectives (2) • The verb **avoir** (3) • The verb **faire** (3) • Inverted questions (3)
■ *Describing one's plans* • Saying where people are going and what they are going to do (4) • Saying where people are coming from (4) • Saying how long people have been doing things (5)	• Expressions with **depuis** (4)	• The verb **aller** (4) • The construction **aller** + infinitive (4) • The verb **venir** (4) • The present with **depuis** (4)

Reading: Getting the gist

*Note: For Units 1 through 9, the numbers in parentheses refer to the lesson numbers. For the Reprise Unit, the indications in parentheses refer either to the Rappel lesson numbers (R-1, R-2, R-3) of the unit or to Appendix A (App. A), which is at the back of the Student Text.

DISCOVERING FRENCH

Unité 2 Le weekend, enfin!	CULTURAL CONTEXT	**Weekend activities**
COMMUNICATION FUNCTIONS AND ACTIVITIES **Comprehension and Self-expression**	**COMMUNICATION TOPICS** **Thematic Vocabulary**	**LINGUISTIC GOALS** **Accuracy of Expression**
■ *Talking about weekend plans* • Describing weekend plans in the city (5) • Planning a visit to the country (5)	• Going out with friends (5) • Helping at home (5) • The country and the farm (5) • Domestic and other animals (5) • Expressions of present and future time (7)	• The verbs **mettre**, **permettre**, and **promettre** (6) • The verb **voir** (7) • The verbs **sortir**, **partir**, and **dormir** (8)
■ *Getting from one place to another* • Getting around in Paris (5) • Visiting the countryside (5)	• Getting around by subway (5)	• The verb **prendre** (6)
■ *Narrating past weekend activities* • Talking about where one went (7, 8) • Talking about what one did and did not do (6, 7, 8)	• Expressions of past time (6)	• The passé composé with **avoir** (6, 7) • The passé composé with **être** (7, 8) • Impersonal expressions: **quelqu'un**, **quelque chose**, **personne**, **rien** (7) • **Il y a** + elapsed time (8)
Reading: Recognizing word families		

Unité 3 Bon appétit!	CULTURAL CONTEXT	**Meals and food shopping**
COMMUNICATION FUNCTIONS AND ACTIVITIES **Comprehension and Self-expression**	**COMMUNICATION TOPICS** **Thematic Vocabulary**	**LINGUISTIC GOALS** **Accuracy of Expression**
■ *Planning a meal* • Talking about where to eat (9) • Setting the table (9)	• Meals (9) • Place setting (9)	
■ *Going to a café* • Ordering in a café (9)	• Café foods and beverages (9)	• The verb **boire** (11)
■ *Talking about favorite foods* • Discussing preferences (9) • Expressing what one wants (12)	• Mealtime foods and beverages (9) • Fruits and vegetables (9)	• The verb **préférer** (11) • The verb **vouloir** (10)
■ *Shopping for food at a market* • Interacting with vendors and asking prices (9) • Asking for specific quantities (9) • Discussing what one can get (12) • Talking about what one should buy or do (12)	• Common quantities (12) • Expressions of quantity (12)	• Partitive article (10) • The verbs **acheter** and **payer** (11) • Expressions of quantity with **de** (12) • The adjective **tout** (12) • The verbs **devoir** and **pouvoir** (10) • The expression **il faut** (12)
Reading: Reading by phrase groups		

Unité 4 Les loisirs et les spectacles

CULTURAL CONTEXT Free time and entertainment

COMMUNICATION FUNCTIONS AND ACTIVITIES Comprehension and Self-expression	COMMUNICATION TOPICS Thematic Vocabulary	LINGUISTIC GOALS Accuracy of Expression
■ *Planning one's free time* • Going out with friends (13) • Extending, accepting, and turning down invitations (13) • Talking about concerts and movies (13)	• Places to go and things to do (13) • Types of movies (13)	
■ *Talking about your friends and your neighborhood* • Describing people and places you know (15)		• The verb **connaître** (15) • Object pronouns **le, la, les** (15) • The verb **savoir** (16)
■ *Discussing relations with others* • Asking others for assistance (14) • Describing services of others (16)	• Verbs asking for a service (14) • Verbs using indirect objects (16)	• Object pronouns **me, te, nous, vous** (14) • Object pronouns **lui, leur** (16) • Object pronouns in commands (14) • Double object pronouns (16)
■ *Reading and writing about daily events* • Writing a letter to a friend (14) • Discussing what you like to read (16) • Talking about what others have written or said (16)	• Expressions used in letters (14) • Reading materials (16)	• The verbs **écrire**, **lire**, and **dire** (16)
■ *Narrating what happened* • Talking about losing and finding things (15)	• Verbs used to talk about possessions (15)	• Object pronouns in the passé composé (15)

Reading: Inferring meaning

Unité 5 Les sports et la vie quotidienne

CULTURAL CONTEXT Sports and health

COMMUNICATION FUNCTIONS AND ACTIVITIES Comprehension and Self-expression	COMMUNICATION TOPICS Thematic Vocabulary	LINGUISTIC GOALS Accuracy of Expression
■ *Discussing sports* • Finding out what sports your friends like (17) • Talking about where you practice sports and when (18) • Giving your opinion (18)	• Individual sports (17) • Adverbs of frequency (18) • Expressions of opinion (18)	• The verb **courir** (17) • The expression **faire du** (17) • The pronouns **en** and **y** (18)
■ *Discussing fitness and health* • Describing exercise routines (17) • Describing common pains and illnesses (17)	• Parts of the body (17) • Health (17)	• The expression **avoir mal à** (17) • Definite article with parts of the body (19)
■ *Talking about one's daily activities* • Describing the daily routine (19) • Caring for one's appearance (19) • Giving others advice (20) • Asking about tomorrow's plans (20)	• Daily occupations (19) • Hygiene and personal care (19)	• Reflexive verbs: present tense (19) • Reflexive verbs: imperative (20) • Reflexive verbs: infinitive constructions (20)
■ *Narrating past activities* • Describing one's routine activities in the past (20)	• Common activities (20)	• Reflexive verbs: passé composé (20)

Reading: Recognizing prefixes

DISCOVERING FRENCH

Unité 6 Chez nous — CULTURAL CONTEXT House and home

COMMUNICATION FUNCTIONS AND ACTIVITIES Comprehension and Self-expression	COMMUNICATION TOPICS Thematic Vocabulary	LINGUISTIC GOALS Accuracy of Expression
■ *Discussing where you live* • Describing the location of your house or apartment (21) • Explaining what your house or apartment looks like (21)	• Location of one's home (21) • Rooms of the house (21) • Furniture and appliances (21)	• The verb **vivre** (22)
■ *Renting an apartment or house* • Reading classified ads (21) • Asking about a rental (21) • Giving more complete descriptions (22)		• Relative pronouns **qui** and **que** (22)
■ *Talking about the past* • Explaining what you used to do in the past and when (23) • Describing ongoing past actions (23) • Giving background information about specific past events (24)	• Prepositions of time (23) • An accident (24)	• The imperfect (23) • Contrasting the imperfect and the passé composé (23, 24)

Reading: Recognizing partial cognates

Unité 7 Soyez à la mode! — CULTURAL CONTEXT Clothes and accessories

COMMUNICATION FUNCTIONS AND ACTIVITIES Comprehension and Self-expression	COMMUNICATION TOPICS Thematic Vocabulary	LINGUISTIC GOALS Accuracy of Expression
■ *Talking about clothes* • Saying what people are wearing (25) • Describing clothes and accessories (25)	• Clothes and accessories (25) • Colors (25) • Fabric, design, materials (25)	
■ *Shopping for clothes* • Talking with the sales clerk (25) • Expressing opinions (25)	• Types of clothing stores (25) • Sizes, looks, and price (25) • Numbers 100–1,000,000 (26) • Adjectives **beau**, **nouveau**, **vieux** (26)	
■ *Comparing people and things* • Ranking items in a series (26) • Expressing comparisons (27) • Saying who or what is the best (27) • Referring to specific items (28)	• Descriptive adjectives (27)	• Ordinal numbers (26) • Comparisons with adjectives (27) • Superlative constructions (27) • Pronouns **lequel?** and **celui** (28)
■ *Talking about how things are done* • Describing how things are done (26) • Comparing how things are done (27)	• Common adverbs (27)	• Adverbs ending in **-ment** (26) • Comparisons with adverbs (27)

Reading: Understanding the context

Unité 8 Bonnes vacances! CULTURAL CONTEXT Travel and summer vacation

COMMUNICATION FUNCTIONS AND ACTIVITIES Comprehension and Self-expression	COMMUNICATION TOPICS Thematic Vocabulary	LINGUISTIC GOALS Accuracy of Expression
■ *Discussing summer vacations* • Talking about vacation plans (29) • Planning a camping trip (29)	• Destinations, lodging, travel documents (29) • Foreign countries (29) • Camping equipment (29)	• Prepositions with names of countries (30) • The verbs **recevoir** and **apercevoir** (30)
■ *Making travel arrangements* • Buying tickets (29) • Checking schedules (29) • Expressing polite requests (32)	• At the train station, at the airport (29)	• The use of the conditional to make polite requests (32)
■ *Talking about what you would do under various circumstances (31)*	• Verbs followed by infinitives (30)	• The constructions verb + **à** + infinitive, verb + **de** + infinitive (30)
■ *Making future plans* • Talking about the future (31) • Setting forth conditions (31)		• The future tense (31) • The future with **si**-clauses (31) • The future with **quand** (31)
■ *Talking about what one would do under certain circumstances* • Discussing what would occur (32) • Describing conditions (32)		• The conditional (32) • The conditional with **si**-clauses (32)

Reading: Recognizing false cognates

Unité 9 Bonne route CULTURAL CONTEXT Getting around by car

COMMUNICATION FUNCTIONS AND ACTIVITIES Comprehension and Self-expression	COMMUNICATION TOPICS Thematic Vocabulary	LINGUISTIC GOALS Accuracy of Expression
■ *Talking about cars* • Describing cars (33) • Having one's car serviced (33) • Getting one's license (33) • Rules of right of way (33)	• Types of vehicles (33) • Parts of a car (33) • Car maintenance (33)	• The verbs **conduire** and **suivre** (33)
■ *Expressing how one feels about certain events (34)*		• Adjective + **de** + infinitive (34)
■ *Talking about past and present events* • Describing purpose and sequence (34) • Describing simultaneous actions and cause and effect (34)	• Prepositions **pour, sans, avant de,** and **en** (34)	• Preposition + infinitive (34) • Present participle constructions (34)
■ *Discussing what has to be done* • Expressing necessity and obligation (35) • Letting others know what you want them to do (36)	• **Il faut que** (35) • **Je veux que** (36)	• Present subjunctive: regular forms (35) • Present subjunctive: irregular forms (36)

Reading: Recognizing figures of speech

Pacing Suggestions

General Guidelines

This section answers some of the questions which are frequently raised by teachers using the program for the first time.

■ *At what pace should my classes proceed through* **Discovering French–Blanc?**

There is no single answer to this question. Your optimum pacing will depend on many factors, including the age of the students, their language aptitude, and the preparation they received prior to beginning this second level.

■ *Can you recommend a time budget for classes that meet five times a week?*

The typical school year consists of 180 class days. However, it is more realistic to plan on only 160 full periods of French instruction to make allowance for semester exams and for the less productive days before and after vacations, as well as field days, fire drills, and other unpredictable events.

The charts on pages 44–45 show three suggested time budgets.

- *Formula 1* for classes that completed **Discovering French–Bleu** last year, and that plan to finish **Discovering French–Blanc** this year. This schedule begins with a quick review of the level one core material (Reprise and Unit 1), and then moves at a normal pace through the subsequent units: description and narration of past events, future events, with an introduction to expressing conditions and obligations.
- *Formula 2* for classes that completed Niveau A and Niveau B of **Discovering French–Bleu** last year, and that plan to cover only the core material of **Discovering French–Blanc**. This schedule begins with a more intensive review of level one core material (Reprise and Unit 1), and then focuses on the description and narration of past events (Units 2 through 7).
- *Formula 3* for classes that completed **Discovering French–Bleu** last year, and that plan to finish **Discovering French–Blanc** while incorporating additional enrichment activities. This schedule moves at a more rapid pace than that of Formula 1, allowing the teacher time for the inclusion of enrichment materials.

■ *What types of lesson plans fit with these suggested time budgets?*

These time budgets are based on the premise that the typical class lesson plans will include a 5 to 10 minute warm-up (video viewing, conversation activity, etc.), a brief presentation of new material, and three to five learning activities of various sorts. It may not always be possible, or even advisable, to do every activity in the program. However, since the emphasis in **Discovering French** is on the cyclical re-entry of high-frequency vocabulary, structures, and conversation patterns, students will always have the opportunity to consolidate their mastery of new material in subsequent lessons.

■ *What if students say the pace is too fast?*

Student performance tends to rise to meet teacher expectations. (If the athletic coach did not push the players to do rapid push-ups and running drills, the team would never be in shape to win a game.) By encouraging students to move ahead a bit more quickly, we actually will enhance their sense of accomplishment.

REVIEW MATERIAL CORE MATERIAL FURTHER DEVELOPMENT	Formula 1 (days)	Formula 2 (days)	Formula 3 (days)
	For classes planning a quick review and completion of Units 1–9.	For classes needing intensive review of Reprise–Unit 1 (level one core material) and planning to finish	For classes planning to complete Reprise–Unit 9 and add additional enrichment activities.
Total Days	158	162	145

F Suggested Time Budgets

REVIEW MATERIAL

REVIEW	Formula 1 (days)	Formula 2 (days)	Formula 3 (days)
	For classes planning a quick review and completion of Units 1–9.	For classes needing intensive review of Reprise–Unit 1 (level one core material) and planning to finish Units 2–7.	For classes planning to complete Reprise–Unit 9 and add additional enrichment activities.
REPRISE			
Faisons connaissance!	1	1	1
Rappel 1	1	1	1
Rappel 2	1	2	1
Rappel 3	2	2	1
À votre tour!	1	1	1
Reprise Total	**6**	**7**	**5**
UNITÉ 1			
Leçon 1	3	4	2
Leçon 2	3	4	2
Leçon 3	2	4	2
Leçon 4	2	4	2
Review	1	2	1
Unit Test 1	1/2	1	1/2
Interlude 1	1/2	1	1/2
Unité 1 Total	**12**	**20**	**10**
Review Material Total	18	27	15

CORE MATERIAL

REVIEW	Formula 1 (days)	Formula 2 (days)	Formula 3 (days)
	For classes planning a quick review and completion of Units 1–9.	For classes needing intensive review of Reprise–Unit 1 (level one core material) and planning to finish Units 2–7.	For classes planning to complete Reprise–Unit 9 and add additional enrichment activities.
PHOTO ESSAY 1: La France et l'Europe	**2**	**2**	**2**
UNITÉ 2			
Leçon 5	3	4	3
Leçon 6	4	5	3
Leçon 7	3	4	3
Leçon 8	3	4	3
Review	1	2	1
Unit Test 2	1	1	1
Interlude 2	1	1	1
Unité 2 Total	**16**	**21**	**15**
UNITÉ 3			
Leçon 9	5	6	4
Leçon 10	3	4	3
Leçon 11	3	4	3
Leçon 12	4	4	3
Review	1	2	1
Unit Test 3	1	1	1
Interlude 3	1	1	1
Unité 3 Total	**18**	**22**	**16**
UNITÉ 4			
Leçon 13	3	4	3
Leçon 14	3	4	3
Leçon 15	3	4	3
Leçon 16	4	5	3
Review	1	2	1
Unit Test 4	1	1	1
Interlude 4	1	1	1
Unité 4 Total	**16**	**21**	**15**
PHOTO ESSAY 2: L'Amérique et la France d'outre-mer	**2**	**2**	**2**

REVIEW	Formula 1 (days)	Formula 2 (days)	Formula 3 (days)
	For classes planning a quick review and completion of Units 1–9.	For classes needing intensive review of Reprise—Unit 1 (level one core material) and planning to finish Units 2–7.	For classes planning to complete Reprise—Unit 9 and add additional enrichment activities.
UNITÉ 5			
Leçon 17	4	5	3
Leçon 18	3	4	3
Leçon 19	3	4	3
Leçon 20	4	5	3
Review	1	2	1
Unit Test 5	1	1	1
Interlude 5	1	1	1
Unité 5 Total	**17**	**22**	**15**
UNITÉ 6			
Leçon 21	3	5	3
Leçon 22	3	4	3
Leçon 23	4	5	4
Leçon 24	4	5	4
Review	1	2	1
Unit Test 6	1	1	1
Interlude 6	1	1	1
Unité 6 Total	**17**	**23**	**17**
UNITÉ 7			
Leçon 25	5	5	4
Leçon 26	4	4	3
Leçon 27	3	4	3
Leçon 28	2	3	2
Review	1	2	1
Unit Test 7	1	1	1
Interlude 7	1	1	1
Unité 7 Total	**17**	**20**	**15**
PHOTO ESSAY 3: L'Afrique	**2**	**2**	**2**
Core Material Total	107	135	99

REVIEW	Formula 1 (days)	Formula 2 (days)	Formula 3 (days)
	For classes planning a quick review and completion of Units 1–9.	For classes needing intensive review of Reprise—Unit 1 (level one core material) and planning to finish Units 2–7.	For classes planning to complete Reprise—Unit 9 and add additional enrichment activities.
UNITÉ 8			
Leçon 29	4	—	4
Leçon 30	3	—	3
Leçon 31	4	—	3
Leçon 32	3	—	3
Review	1	—	1
Unit Test 8	1	—	1
Interlude 8	2	—	1
Unité 8 Total	**18**	**—**	**16**
UNITÉ 9			
Leçon 33	3	—	3
Leçon 34	3	—	3
Leçon 35	3	—	3
Leçon 36	3	—	3
Review	1	—	1
Unit Test 9	1	—	1
Interlude 9	1	—	1
Unité 9 Total	**15**	**—**	**15**
Further Development Total	33		31

F Pedagogical Resource Guide

This part of the front matter focuses on some current educational approaches and indicates how they can be implemented with **Discovering French**. These include: TPR (Total Physical Response), Cooperative Learning, Critical Thinking, Portfolio Assessment, and the French Spelling Reform of 1990.

Using TPR in the Classroom

General Background: Questions and Answers

■ *What is TPR?*

TPR (or Total Physical Response) is an approach to second language learning developed by James Asher over twenty-five years ago.[1] The key premise of the TPR approach is that listening comprehension provides the most effective introduction to second-language learning. More specifically, TPR proponents point out that listening activities in which students respond physically in some way (moving around, pointing, handling objects, etc.) are not only excellent ways of establishing comprehension of new phrases, but material learned in this manner is remembered longer. This explains why students learn the parts of the body more quickly by playing "Simon Says" than by repeating the same vocabulary words after the teacher.

■ *How is a typical TPR activity structured?*

In a typical TPR activity, the teacher gives commands to the students, either as a full class, a small group, or individually. Traditionally, the TPR activity consists of four steps:

Step 1. Group performance with a teacher model The teacher gives a command and then performs the action. The students listen, watch, and imitate the teacher. Three to five new commands are presented in this way.

Step 2. Group performance without a teacher model When the teacher feels the students understand the new phrases, he or she gives the command without moving. It is the students who demonstrate their comprehension by performing the desired action. If the students seem unsure about what to do, the teacher will model the action again.

Step 3. Individual performance without a teacher model Once the group can perform the new commands easily, the teacher gives these commands to individual students. If an individual student does not remember a given command, the teacher calls on the group to perform the command. It is important to maintain a relaxing atmosphere where all students feel comfortable.

Step 4. Individual performance of a series of commands When the class is comfortable with the new commands, the teacher gives an individual student a series of two or more commands. This type of activity builds retention and encourages more careful listening.

These four steps are repeated each time new commands are introduced. As the TPR activities progress, the new commands are intermingled with those learned previously.

■ *How many new commands are introduced at any one time?*

Generally three to five new commands are introduced and then practiced. It is important not to bring in new items until all the students are comfortable with the current material. Practice can be made more challenging by giving the commands more rapidly.

■ *Is it necessary to have everyone perform all the commands?*

In a regular classroom, it is sometimes difficult to have an entire class performing all the commands. It may be easier to have smaller groups of students take turns coming to the front of the room to learn the new commands and have the rest of the class observe. (Asher found that by actively watching others perform the commands, students would also develop their listening comprehension.)

---

[1] For a complete introduction, consult James J. Asher, **Learning Another Language Through Actions: The Complete Teacher's Guidebook**, 2nd ed., 1983 (Sky Oaks Productions, P.O. Box 1102, Los Gatos, CA 95031).

■ Must TPR activities relate directly to the content of the lesson?

Since TPR activities develop listening comprehension skills through movement and the use of props, they can be planned independently of the lesson content.

■ How are TPR activities usually scheduled into the lesson plan?

TPR activities can be planned at the beginning of the hour as a warm-up, or may be introduced in the middle or at the end of the period as a change of pace. It is usually best to use TPR for no more than ten minutes per class period.

■ How do I prepare for a TPR activity?

Before beginning a TPR activity, it is very important to plan which commands you are going to use and what new vocabulary you are going to introduce. You may want to write these out on an index card or on self-adhesive note paper which you can stick into your textbook. As you lead the activity, you will need to be able to vary the sequence of the commands and give them rapidly and fluidly. If students have difficulty with certain commands, be sure to repeat them frequently.

■ How and when do I use TPR with my level two students?

TPR activities can be effectively used from the first day of class as you rapidly assess how much the students have remembered. (Refer to your Teacher's Edition of **Discovering French– Bleu** for many specific TPR suggestions.) Typically, TPR activities are used to introduce and practice concrete vocabulary: clothing, rooms of the house, parts of the car, etc.

You may also use TPR activities to introduce and practice new verb forms, as in the following examples.

- PASSÉ COMPOSÉ

  Have a student carry out a command, and then ask the class what the student did.

  "Paul, donne le stylo bleu à Nicole." [Paul gives the pen to Nicole.]
  "Qu'est-ce que Paul a fait? Il a donné le stylo à Nicole."
  "Christine, va à la porte." [Christine goes to the door.]
  "Qu'est-ce que Christine a fait? Elle est allée à la porte."
  "Richard, lève-toi!" [Richard stands up.]
  "Qu'est-ce que Richard a fait? Il s'est levé." etc.

  You may also ask questions about actions that students did not carry out.

  "Est-ce que Christine est allée à la fenêtre? Non, elle n'est pas allée à la fenêtre."

  Similarly, you may give students commands and word your follow-up questions in the near past.

  "Michelle, prends mon crayon." [Michelle takes the pencil.]
  "Qu'est-ce que Michelle vient de faire? Elle vient de prendre mon crayon."

- FUTURE

  Tell the student to carry out an action, and then, before it is performed, ask the class what the student will do.

  "Stéphanie, dessine une maison au tableau. Attends un moment!
  Qu'est-ce que Stéphanie fera? Est-ce qu'elle dessinera un garage? Non, elle dessinera une maison. Alors, Stéphanie, maintenant va au tableau et dessine une maison."

- SUBJUNCTIVE

  Word your TPR commands in the subjunctive.

  "Nicole, je veux que tu ailles à la porte."
  "Thomas, regarde ces deux livres. Je veux que tu choisisses le livre rouge et que tu le donnes à Barbara."

2 For helpful classroom advice, consult Ramiro Garcia, **Instructor's Notebook: How to Apply TPR for Best Results**, 1985. See also Francisco L. Cabello, **Total Physical Response in First Year Spanish**, 1985. (Both available from Sky Oaks Productions.)

F TPR Review Activities

The following three TPR activities are designed to reintroduce students to this type of listening comprehension activity.

TPR ACTIVITY 1
Comprehension-expansion: movements

PROPS: Several chairs

■ Tell the class: "Listen and see how much you understand of what I am saying.
Levez-vous. Asseyez-vous. Levez-vous. Marchez. Arrêtez. Sautez. Tournez-vous. Marchez. Asseyez-vous."

■ Bring out a chair, sit down, and instruct the students: "Listen carefully and do what I do. Do not speak. Just try to understand."
"Levez-vous." [Teacher gets up. If necessary, motions to class to get up.]
"Asseyez-vous." [Teacher sits down.]
"Levez-vous." [Teacher stands up again.]
"Sautez." [Teacher jumps in place.]
"Sautez." [Teacher jumps again.]
"Asseyez-vous." [Teacher sits down.]
Repeat the sequence for the class to perform but do not move unless the class seems to need the action modelled again.

■ Place several chairs in the front of the classroom and call for volunteers. This time only the volunteers respond while the others watch. Three new commands are added. The teacher models the actions.
"Levez-vous." [Teacher gets up.]
"Marchez." [Teacher walks.]
"Arrêtez." [Teacher stops.]
"Marchez." [Teacher walks again.]
"Arrêtez." [Teacher stops.]
"Sautez." [Teacher jumps.]
"Tournez-vous." [Teacher makes a half turn.]
"Marchez." [Teacher walks back to chair.]
"Arrêtez." [Teacher stops in front of chair.]
"Tournez-vous." [Teacher makes a half turn.]
"Asseyez-vous." [Teacher sits down.]
Repeat the new commands and have the volunteers act them out. Then call on other volunteers. Vary the order of the commands and increase the pace as students show that they understand. For variety, unexpected commands can be given, such as **"asseyez-vous"** where there is no chair and students have to sit on the floor.

TPR ACTIVITY 2
Comprehension-expansion: classroom and furniture

PROPS: Classroom furniture

■ Begin TPR Activity 2 by reviewing the commands of TPR Activity 1. If necessary, model the actions again.

■ Introduce new movements, telling students to go to the door, to the desk, to the window, etc.
"Allez à la porte."
"Allez à la table."
"Allez à la fenêtre."
"Allez au tableau."

■ Tell the whole class to point out the new objects.
"Montrez la porte."
"Montrez le tableau." etc.

TPR ACTIVITY 3
Comprehension-expansion: classroom objects

PROPS: Classroom objects (books, notebooks, pencils, pens, etc.)

Place several objects on a table in full view of the class. Call up two or three student volunteers and tell them to point out and touch various objects.
"Montrez le livre."
"Touchez le cahier."
"Montrez le crayon."
"Touchez le stylo." etc.

■ Have students put similar objects on their desks and follow the commands together with the volunteers.

■ At the end of the TPR activity, give individual students some simple series of commands drawing from all expressions they have learned so far.
"Pierre, lève-toi, va à la table et touche le cahier." etc.

Sample TPR Commands

Here is a listing of some sample commands in both the **"tu"** and the **"vous"** forms. As a teacher, you have two options:

- You can use the formal **"vous"** form for both group and individual commands.
- You can address the class and small groups with the plural **"vous"** form and then address individual students as **"tu."**

MOVEMENTS

Stand up.	Lève-toi.	Levez-vous.
	Debout.	Debout.
Sit down.	Assieds-toi.	Asseyez-vous.
Walk.	Marche.	Marchez.
Jump.	Saute.	Sautez.
Stop.	Arrête.	Arrêtez.
Turn around.	Tourne-toi.	Tournez-vous.
Turn right/left.	Tourne à droite/à gauche.	Tournez à droite/à gauche.
Go . . .	Va (au tableau).	Allez (à la fenêtre).
Come . . .	Viens (au bureau).	Venez (au tableau).
Raise . . .	Lève (la main).	Levez (le bras).
Lower . . .	Baisse (la tête).	Baissez (les yeux).

POINTING OUT AND MANIPULATING OBJECTS

Point out . . .	Montre (le cahier).	Montrez (le livre).
Touch . . .	Touche (la porte).	Touchez (la fenêtre).
Pick up / Take . . .	Prends (le crayon).	Prenez (le stylo).
Put . . .	Mets (le livre sur la table).	Mettez (le cahier sous la chaise).
Take away . . .	Enlève (le livre).	Enlevez (le cahier).
Empty . . .	Vide (le sac).	Videz (la corbeille).
Give . . .	Donne (la cassette à Anne).	Donnez (le disque à Paul).
Give back . . .	Rends (la cassette à Marie).	Rendez (le disque à Michel).
Pass . . .	Passe (le stylo à Denise).	Passez (le crayon à Marc).
Keep . . .	Garde (la cassette).	Gardez (la cassette).
Open . . .	Ouvre (la porte).	Ouvrez (le livre).
Close . . .	Ferme (la fenêtre).	Fermez (le cahier).
Throw . . .	Lance (la balle à Jean).	Lancez (le ballon à Claire).
Bring me . . .	Apporte-moi (la balle).	Apportez-moi (le ballon).

ACTIVITIES WITH PICTURES AND VISUALS

Look at . . .	Regarde (la carte).	Regardez (le plan de Paris).
Look for/Find . . .	Cherche (la Suisse).	Cherchez (la Tour Eiffel).
Show me . . .	Montre-moi (Genève).	Montrez-moi (Notre-Dame).

PAPER OR CHALKBOARD ACTIVITIES

Draw . . .	Dessine (une maison).	Dessinez (un arbre).
Write . . .	Écris (ton nom).	Écrivez (votre nom).
Erase . . .	Efface (le dessin).	Effacez (la carte).
Color . . .	Colorie (le chat en noir).	Coloriez (le chien en jaune).
Put an "x" on . . .	Mets un "x" sur (le garçon).	Mettez un "x" sur (la fille).
Circle . . .	Trace un cercle autour de (la chemise rouge).	Tracez un cercle autour de (la jupe blanche).
Cut out . . .	Découpe (un coeur).	Découpez (un cercle).

Cooperative Learning and Cooperative Practice

General Background: Questions and Answers

■ What is Cooperative Learning?

The term Cooperative Learning is used to describe classroom environments where students work together in small groups to accomplish specific objectives. Rather than studying alone and competing for grades assigned on a curve, students help one another attain group goals. In addition to mastering new subject matter, students also acquire social skills and learn to assess how well their group is functioning.[1]

■ What are the basic elements of Cooperative Learning?

Although there are several models for Cooperative Learning, they all tend to share the following features:

- *Mutual goals.* Students in small groups work together to attain a common goal. Each student within a group may have different tasks and/or responsibilities, but they all receive the same reward (grade, certificate, bonus points, etc.) at the end of the project.
- *Heterogeneous grouping.* Groups contain students of differing abilities. High achievers and low achievers both try to do their best because they are interdependent with one another.
- *Individual accountability.* Students in the group are also held individually accountable for learning material presented. There may be individual exams or grading of individual assignments.
- *Social interaction.* By working together, students learn to communicate effectively and to share responsibility.

■ Can the basic Cooperative Learning model be applied to French classes?

This is an important question. As has historically been the case with many educational innovations, the research studies in Cooperative Learning have focused on subject matter areas such as math, social studies, and language arts, where students communicate with one another in English. Moreover, it is in English that students read material from various reference sources and acquire additional knowledge. In first- and second-year French classes, on the other hand, students are dependent on the teacher to provide the basic instruction. It is the teacher who knows the language, who models the phrases to be learned, who selects comprehensible input (videos, tapes, readings, realia), and who plans activities at the linguistic level of the students.

Since the goal of the French course is to have students communicate in French, the Cooperative Learning model is most appropriate at the advanced levels, once students have the needed linguistic skills. At the early levels, students will tend to interact in English, and therefore Cooperative Learning activities must be carefully selected.

The section on page 51 suggests some sample Cooperative Learning activities that can be used effectively with **Discovering French–Blanc**.

■ Can paired activities and small group work be considered Cooperative Learning?

Not really. Paired activities and small group work are usually examples of *Cooperative Practice*.

■ What is Cooperative Practice?

Cooperative Practice is a term used to describe language practice and language acquisition activities in which students interact with one another. These activities take place after the teacher has presented the new material. Cooperative Practice activities are usually much narrower in scope than the traditional Cooperative Learning activities. The group goal may simply be to complete a specific exercise or brief communication task. For certain types of activities, there may be differentiation of tasks. There is usually no group grade given. Individual assessment in the form of a quiz may be delayed until the end of a lesson.

■ What is the advantage of Cooperative Practice?

The advantage of Cooperative Practice is that students are directly involved in French language activities. Whereas during traditional practice activities it is the teacher who elicits responses, either chorally or individually, during Cooperative Practice it is the students themselves who ask and answer questions. During Cooperative Practice activities, the teacher can circulate, offering assistance and making corrections privately rather than publicly.

■ How can Cooperative Practice be incorporated into Discovering French classes?

The section on page 51 gives suggestions for introducing Cooperative Practice activities into the classroom.

---

[1] For an excellent introduction to this topic, see the 1990 monograph by Eileen Veronica Hilke entitled **Cooperative Learning.** This publication (subtitled Fastback 299) can be obtained from the Phi Delta Kappa Educational Foundation, P. O. Box 789, Bloomington, IN 47402-0789 ($.90).

Types of Cooperative Learning Activities

This section describes three types of Cooperative Learning activities which can be used effectively with **Discovering French–Blanc**. Further suggestions are found in the Extended Teacher's Edition preceded by the symbol:

Small group homework correction

Students get together in heterogeneous groups of four or five to check the homework assignment. Each student is responsible for correcting his or her own paper. If the group cannot decide on the right response, they can ask the teacher for help. Students receive full homework credit if all team members have corrected all their errors. Points are taken off for uncorrected mistakes.

Note: To be sure that students do not do their homework during class or copy it from a teammate during the correction activity, the teacher can check that the homework sheets have been completed as the students enter the classroom.

Group homework correction has several advantages:
- Students learn from correcting their own work. In small groups they are more willing to ask their peers for explanations. Since all members of the group have a stake in getting the assignment right, they are not reluctant to request help when necessary.
- By relegating the homework correction activity to the last five or ten minutes of the class hour, the teacher has more class time available for communication activities.
- The teacher's out-of-class homework correction work is reduced to simply glancing over each paper and entering a notation in the grade book.

Team games

Certain sentence-building activities in the Student Text can be easily adapted to Cooperative Learning. The students are randomly divided into teams of three or four. (This may be done numerically by counting off in French, alphabetically by middle initial, sequentially by month of birth, etc.) Each team is given a sheet of paper. When the signal to begin is given, the first student on the team writes a sentence incorporating the suggested phrases. Teammates check to be sure the sentence is correct. Then the paper is passed to the next student, who writes the second sentence, and so forth. At the end of the time limit, the team that has the most correct sentences is declared the winner and receives a small reward (such as less homework or extra credit points).

Cross-cultural observation

Students are divided into teams of three or four. The teacher plays a segment of a **Discovering French** video module, and asks the students to look for cross-cultural similarities and differences between what they see and similar situations in the United States. Each team puts together a list of what the members have observed. If time allows, the video may be shown several times. Then the teams take turns sharing the observations they have noted. The team with the highest number of correct observations wins a reward.

Note: To encourage individual accountability, the teacher may give a brief follow-up quiz where students list as many observations as they can remember.

Types of Cooperative Practice Activities

There are many possibilities for incorporating Cooperative Practice into the French classroom. Here are a few guidelines and suggestions. Activities which lend themselves readily to Cooperative Practice are indicated in the Extended Teacher's Edition with the symbol:

Cooperative pair activities

Students each team up with a partner to do the speaking exercises in the textbook.

- For the dialogue activities, each partner plays a role.
- For the practice activities, one person gives the cue and the other supplies the response.
- For personal questions, one student reads the question, and the other student replies.

Halfway through the cooperative pair activity, roles are reversed.

Note: Pair activities work best when students know exactly what is expected of them. It is often effective to go over an activity rapidly with everyone, eliciting full-class or half-class choral responses, and then have students practice the entire exercise once more in pairs.

Cooperative practice in trios

In trio activities, students divide into groups of three. Two students engage in a paired speaking activity, such as a role-play exercise or a dialogue. The third student is given a copy of the corresponding answers (taken from the **Discovering French** Answer Key) and makes sure the others respond accurately. Then roles are rotated for the next activity.

Note: In trio activities, students take the responsibility for correcting one another in a supportive way. While two students focus on speaking, the third student practices reading and critical listening skills.

F Critical Thinking

General Background: Questions and Answers

■ *What is meant by the term Critical Thinking?*

Critical Thinking, which some proponents trace back to John Dewey in the early part of this century, is an educational trend that has elicited a great deal of interest in recent years.[1] Typically, the teaching of Critical Thinking is divided into two areas: skills and dispositions.

■ *What are Critical Thinking skills?*

Critical Thinking skills or abilities relate to the cognitive functions of analysis, synthesis, and evaluation. Some commonly cited Critical Thinking skills are the ability to formulate questions, to observe patterns, to identify assumptions, to clarify problems, to use logic, and to weigh judgments.

■ *What are Critical Thinking dispositions?*

Dispositions or attitudes constitute the affective aspect of Critical Thinking. They include using one's critical thinking skills, being open-minded, remaining impartial, suspending judgment, questioning one's own views, and recognizing the complexity of the real world and its problems.

■ *How can the teaching of Critical Thinking be incorporated in foreign language classes?*

As one would expect, current educational research has focused on the teaching of logic and the introduction of Critical Thinking skills into subject areas taught in English, such as math, science, social studies, reading, and writing. However, even though the main focus of first- and second-year language classes is the acquisition of basic communication skills, students can be introduced to Critical Thinking skills as they make cross-cultural comparisons and as they learn to analyze how language functions. Once their linguistic base is broadened, they can sharpen their Critical Thinking skills while increasing their reading and listening comprehension and learning to express themselves with greater precision in speaking and writing.

■ *How does* **Discovering French** *encourage the teaching of Critical Thinking?*

The manner in which **Discovering French– Blanc** fosters the development of both Critical Thinking skills and dispositions is described in the next two sections. Specific suggestions for Critical Thinking activities are given in the Extended Teacher's Edition preceded by the symbol:

Strengthening Critical Thinking Skills

Discovering French–Blanc uses four main types of activities to develop Critical Thinking skills. (Since Critical Thinking is an open-ended process, suggestions for these activities are often given in the Teacher's Edition rather than in the Student Text.)

Observing Cross-Cultural Similarities and Differences

With **Discovering French** students have frequent opportunity to observe aspects of another culture with which they are unfamiliar.

- Obviously, the richest point of departure for cross-cultural observations is the **Discovering French Video**. Suggestions for activities of this type are given in the Extended Teacher's Edition.
- In the Student Textbook, the cultural notes and numerous photographs can also lead to reflection and analysis.

Noticing Linguistic Similarities and Differences

The study of a second language helps students think critically about how English works. As they compare English and French, they begin to recognize that concepts exist independently of the words with which they are expressed.

Where appropriate, English and French are contrasted graphically to show that there is not a word-for-word correspondence between the two languages. (See Student Text, p. 217.)

---

[1] For an informative overview, see Mellen Kennedy, Michelle B. Fisher and Robert H. Ennis, "Critical Thinking: Literature Review and Needed Research" in Lorna Idol and Beau Fly Jones, eds., **Educational Values and Cognitive Instruction: Implications for Reform**, North Central Regional Educational Laboratory, 1990, pp. 11–40. (Published by Lawrence Erlbaum Assoc., 365 Broadway, Hillsdale, NJ)

Using Logic

Certain types of activities in **Discovering French–Blanc** require the students to use logic to arrive at the appropriate responses. For example, often completion activities ask the students to think logically as they select an appropriate response. (See Student Text, p. 22, Act. 10.)

Many of the end-of-lesson *Lectures* invite the students to engage in problem-solving activities in French. Here are some examples of the types of readings that require critical thinking:

- Students read sets of clues to determine the identities of the speakers. (See *Un jeu—Qui est-ce?*, pp. 52–53.)
- Students read a set of sentences and place them in chronological order to reconstitute a logical paragraph. (See *Dans l'ordre, s'il vous plaît!*, pp. 112–113.)
- Students read letters and determine to whom they are addressed. (See *Le courrier du coeur*, pp. 210–211.)

Developing Reading Skills

In the *Interlude* sections, students have the opportunity to work with a variety of different types of readings.

- Critical thinking skills are often incorporated into the pre-reading and post-reading activities.
- The *Art de la lecture* sections encourage students to use critical thinking skills as they learn to read French for comprehension.

Strengthening Critical Thinking Dispositions

Although it is difficult to change attitudes through teaching materials alone, **Discovering French–Blanc**, with the support and guidance of the teacher, encourages students to broaden their views.

Developing a Multi-Cultural World View

Film is a powerful medium for expanding student horizons. Through multiple critical viewings of the **Discovering French** video modules, students will become more open-minded and less judgmental about cross-cultural differences between France and the United States. They will slowly begin to shed a mono-cultural world view and become more accepting of cultural diversity.

Breaking Away from a Monolingual Mode of Expression

As students continue to observe how the French language works and how it compares to English, they will see that similar concepts are expressed differently in the two languages. Moreover, they will realize that to make oneself understood in a second language, one must adopt the characteristics of that language.

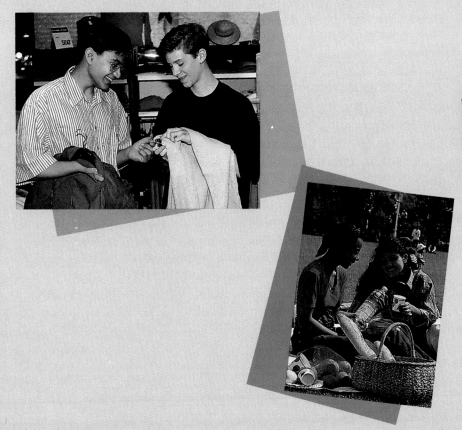

Portfolio Assessment

General Background: Questions and Answers

■ *What is Portfolio Assessment?*

Portfolio Assessment is a means of evaluating academic progress by collecting the best work a student has produced in the course of the term. This portfolio of material is kept on file in the school to be used as the basis for final grades and other evaluation.

■ *What are the key features of Portfolio Assessment?*

Although the features of Portfolio Assessment vary somewhat from program to program, the following are quite characteristic:

- Students are given clear instructions as to the steps required in the preparation of the portfolio piece or pieces.
- Students maintain a formal log or notebook which contains outlines and early drafts of the written work.
- Students are encouraged to work cooperatively in pairs or teams to edit and polish their final pieces.
- The final portfolio piece is presented in a "formal" format (e.g., written in ink, typed, printed by computer).
- Students often have the opportunity to read one another's pieces.
- Students may be graded on the "process" (that is, how carefully they have gone through the suggested steps in preparing their piece) as well as the "product" (the piece itself).

■ *What are the benefits of Portfolio Assessment?*

Since traditional tests, be they achievement tests or proficiency tests, evaluate performance at a specific point in time, they are often associated with a feeling of pressure which may affect how well a student does. Even if pressure is not a factor, the grades on traditional tests are always subject to Standard Error, that is, some students do better than expected on a test while others do worse.

With Portfolio Assessment, students have longer periods of time to work on the material for which they will be evaluated and therefore they feel less overwhelmed. In selecting pieces for their portfolios, they each have the opportunity to interact with the teacher, who helps them choose their best work.

The Portfolio itself is of educational benefit. As students compare portfolio pieces done early in the year with work produced later, they see their own improvement and can take pride in their progress. Furthermore, with the Portfolio pieces, the teacher also has a selection of carefully prepared language samples to show families on Parent-Teacher night.

Finally, a system of Portfolio Assessment helps schools evaluate their programs because it provides a basis of comparing learning outcomes over time as well as between classes.

■ *Does Portfolio Assessment replace traditional assessment?*

Usually Portfolio Assessment is used to supplement, but not replace traditional assessment, which usually includes formal tests, quizzes, class participation, homework, and so forth. In classes that have adopted Portfolio Assessment, a given percent of the student's grade is determined by the portfolio pieces.

■ *In what form can Portfolio Assessment be adapted to French classes?*

Traditionally, Portfolio Assessment procedures have been developed for language arts and social studies classes, where students prepare written reports and essays in English. In French classes, Portfolio Assessment would ideally contain examples of both oral and written French, since there is an emphasis on speaking as well as writing skills.

Implementing Portfolio Assessment

The **Discovering French Testing and Assessment Kit** contains a special booklet on Portfolio Assessment. In copymaster format, this booklet provides student instruction sheets for oral and written portfolio pieces, together with portfolio record sheets and guidelines for Portfolio Assessment.

If you wish to implement Portfolio Assessment, you can ask your students to prepare one piece for every unit (or every other unit). The *À votre tour!* activities often lend themselves well to this type of activity. Obviously these pieces will be brief and limited to known vocabulary and structures. However, over the course of the year, the pieces will become more complex and students will have the satisfaction of seeing how much progress they have made.

Preparing the Oral Portfolio

The preparation of an oral portfolio piece requires careful planning.

- The first step is to decide on format: whether to record the oral portfolio on audiocassette or videocassette. This decision will obviously depend on the audio-visual support available. It is also possible to use audiocassettes for some units and videocassettes for others.
- The next step is the selection of the specific conversation to be prepared and recorded. Depending on the level of the class, you may opt for a structured conversation (where there is a recorded model in the Cassette Program) or a more open-ended one (for which there is no recorded model).
- The third step is to match each person with a conversational partner. You may let students select their own partners, you may assign them by pairing stronger students with weaker students, or you may determine the pairs randomly by picking numbers.

Once the task has been assigned and the partners selected, the students work together to prepare and record a "preliminary draft" of their conversation. (Even if the final version is to be on videocassette, this preparatory step can be done on audiocassette.)

Then students get together in groups of four and take turns listening to and correcting their two recorded conversations. If they have questions, they can ask the teacher's advice. The purpose of this step is to suggest ways of improving the final portfolio recording, which will be graded.

Finally, the students in pairs make their final recordings, which are then placed in the portfolio.

Preparing the Written Portfolio

The preparation of a piece for the written portfolio is similar, in its general outline, to that of the recorded portfolio piece, but with two major differences: (1) there is no need for audiovisual logistics, and (2) students submit their pieces individually, rather than in pairs.

For each unit, the teacher will select one topic (or a choice of two or three) for the portfolio piece. Students prepare their first drafts, and then work in small groups editing and correcting one another's work. If necessary, they may ask the teacher for assistance. (If desired, the students may prepare a second modified draft, which is turned in to the teacher for correction.)

Each student then incorporates the suggestions received into a final draft, which is rewritten in formal form and placed, together with the early drafts, in the individual portfolio.

Sharing the Portfolio Contents

An important by-product of Portfolio Assessment is that students can share their work with others. There are many ways this can be done.

- Videotaped portfolio pieces can be shown to the entire class. If appropriate, classes in a school system can exchange video portfolios.
- Written portfolio pieces can be "published" in a class newsletter. If appropriate, certain pieces can be selected for a school-wide newsletter or a department bulletin board.
- Portfolio pieces can be the basis of penpal exchanges or class correspondence with a matched school in a French-speaking country.

The Euro Currency

When did France adopt the euro?

France officially changed its currency system on January 1, 1999. It replaced the franc, the monetary unit which it had been using for about 200 years, by the **euro**, the common currency adopted by eleven different European countries. The fixed conversion rate between the two currencies was set at:

1 euro = 6.56 francs (more precisely, 6.55957 francs)
To help French people adjust to this major change in their habits, the French government decided that its citizens could use both the old franc and the new euro for a period of three years.

During this transition period, bills and coins denominated in francs would remain in use, but French people could choose to pay their bills either in francs or euros when using their checkbooks or their credit cards. In shops, every price had to be labeled both in francs and in its equivalent in euros, and every invoice had to be written in both currencies. For certain transactions, however, such as the purchase of stocks and bonds, prices would be given only in euros. The new euro bills and coins would be issued on January 1, 2002, and the old franc currency would be completely withdrawn from circulation on July 1, 2002. After that date, the euro would be the only legal currency of France.

What is the value of the euro?

The euro has the same value in every European country where it has been adopted; that is, one euro in France is the same as one euro in Germany or Italy or Spain. However, the euro fluctuates in value against the other currencies of the world. As of January 1, 2000, the value of the euro was about 1.1 US dollar. For classroom activities, students can be told roughly to equate 1 euro to 1 dollar (unless the exchange rather between the two currencies deviates substantially from this parity).

How is the Euro symbolized and what are its divisions?

The euro is abbreviated EUR and its symbol resembles the Greek letter epsilon (for "Europa"), crossed by two horizontal bars: €
The euro is divided into 100 cents which, in France, can be called **cents** or **centimes**.

What does the euro currency consist of and what do the bills and coins look like?

The euro currency consists of 7 different bills and 8 different coins, as depicted on the facing page.

- The 7 bills are of different colors and different sizes, with the size increasing with the value of each bill: 5 euros (gray), 10 euros (red), 20 euros (blue), 50 euros (orange), 100 euros (green), 200 euros (yellow), 500 euros (purple). The design of the euro bills was created by an Austrian artist and is identical for all countries using the euro.
  The doors, windows and archways pictured on the front (or recto) of the bills symbolize economic opportunity and the opening to new ideas. The bridges which constitute the main motif of the back (or verso) of the bills evoke the strong ties between the European countries represented on the right. These architectural and engineering features are not real buildings or bridges, but rather represent different styles from the oldest (5 euros) to the most modern (500 euros) associated with the various periods in European history.

- The 8 coins (1, 2, 5, 10, 20, 50 cents and 1 and 2 euros) have the same image on the recto (or "head") side in all the countries using the euro currency. The verso (or "tail") side, however, features national symbols typical of the country in which they are minted. For the French coins, the 1, 2 and 5 cent coins represent the face of "**Marianne**," symbol of the French Republic. The 10, 20 and 50 cent coins bear the letters "**RF**" (for **République Française**) and an effigy of "**La Semeuse**" (a woman sowing seeds) who has traditionally been another symbol of France. The 1 and 2 euro coins feature a tree of life together with the letters "**RF**" and the French motto "**Liberté, Egalité, Fraternité.**"

■ *How does one pronounce prices in euros?*

In French, the word **euro** is pronounced /øro/. When counting, the usual rules of liaison apply. The basic liaison patterns are as follows:

un/n/ euro	six/z/ euros	vingt/t/ euros
deux/z/ euros	sept/t/ euros	cent/t/ euros
trois/z/ euros	huit/t/ euros	deux cents/z/ euros
quatre euros	neuf/v/ euros	mille euros
cinq/k/ euros	dix/z/ euros	deux mille euros

■ *Where can I get more information on the euro?*

The official French information site for the euro is to be found on the Internet at:

www.elysee.fr/euro/index.htm

Another informative site is maintained at:

www.laposte.fr/euro

■ *What about the "old" franc?*

Students should be familiar with the franc since they will discover its existence in texts and films prior to the year 2000, which, of course, includes the bulk of French literature and cinema. For this reason, while we have updated the student text to the new euro standard, we have kept the use of the franc in the video. As the occasions arise, students should be encouraged to convert francs into euros. To arrive at a close approximation, the following simple arithmetic operation may be used:

EXAMPLE: What is the euro equivalent of 240 francs?

a) write down the price in francs:	240
b) divide the price by 2:	+ 120
c) add the two sums:	360
d) divide the result by 10:	36
ANSWER	240 francs = 36 euros

■ *How can one use the euro in the classroom?*

Because the creation of the euro represents a significant development on the international economic scene, students should be encouraged to use it as early as possible. A special transparency featuring the euro currency has been prepared and should be used to familiarize the students with the design of the bills and the coins. This transparency can also be used as a copymaster to create black-and-white "paper money" which can be distributed to the students and used in traditional classroom activities, such as shopping, buying food, auctioning possessions, guessing the prices of items, etc.

F Reference Information

Brief Directory of Useful Addresses

From time to time, classroom teachers of French find themselves in need of professional support. This section gives the names and addresses of selected organizations and the type of assistance they might be able to provide.

Professional Language Organizations

Professional language organizations offer a wide variety of services and support to their membership.

■ *AATF (American Association of Teachers of French)*

As an AATF member:
- you will receive subscriptions to the *French Review* and the *AATF National Bulletin.*
- you will be able to attend local, regional and national AATF meetings where you can share ideas and meet new colleagues.
- you have the opportunity to apply for one of the many summer scholarships to France and Quebec offered to AATF members.
- you may sponsor a chapter of the *Société Honoraire de Français* at your school so that your students will then be eligible to compete for the ten annual $500 study abroad travel grants and participate in the SHF creative writing contest.
- you can have your students participate in the National French Contest and be considered for local, regional and national awards.
- you can obtain pen pals for your students through the *Bureau de Correspondance Scolaire.*

For membership information, contact:
AATF–Mailcode 4510
Department of Foreign Languages
Southern Illinois University
Carbondale, IL 62901-4510
Phone: (618) 453-5731
http://aatf.utsa.edu

■ *ACTFL (American Council on the Teaching of Foreign Languages)*

As an ACTFL member:
- you will receive subscriptions to the *Foreign Language Annals* and the *ACTFL Bulletin.*
- you will be able to attend the annual ACTFL convention where you can share ideas and meet new colleagues.
- you have the opportunity to apply for one of the ACTFL summer scholarships to France.

For membership information, contact:
ACTFL, 6 Executive Plaza
Yonkers, NY 10701-6801
Phone: (914) 963-8830
http://www.actfl.org
The ACTFL office will also be able to let you know whom to contact to join your local state foreign language association, and how you can get information about regional language meetings.

Governmental Organizations

■ *Alliance Française*

The Alliance Française is a French organization dedicated to the promotion of French language and culture. In addition to language courses, most Alliance Française centers sponsor a variety of cultural and educational events.

To locate the Alliance Française nearest you, contact:
Alliance Française, Délégation générale
2819 Ordway St., NW
Washington, DC 20008-1346
Phone: (888) 9-FRENCH
         (202) 966-9740
http://www.francedc.org

■ *French Cultural Services*

The French Cultural Services are very supportive of French teaching in the United States. For more information, contact the French Cultural Officer at the French Consulate nearest you or write the New York office.

To obtain information about available French cultural materials, contact:
Services Culturels de France
934 Fifth Avenue
New York, NY 10021
Phone: (212) 606-3688
http://www.franceconsulatny.org

■ *Quebec Delegation*

The Province of Quebec has official delegations in many of the large cities. Many of these Delegations are eager to work with French teachers to promote the teaching of French and closer contacts with Quebec.

Publications

■ *News from France*

News from France is a biweekly English-language publication containing a review of news and trends from France. It is distributed free of charge.

To be placed on the mailing list, write:
French Embassy Press and Information Service
4101 Reservoir Road, NW
Washington, DC 20007-2182
Phone: (202) 944-6000

■ *Update*

Update is a publication of the Quebec Government which appears every three months. It is distributed free of charge.

Contact your regional delegation to be placed on the mailing list.

■ *Journal français d'Amérique*

The *Journal français d'Amérique* is a biweekly French-language newspaper published in San Francisco. Special group subscription rates are available to schools.

To receive a sample issue which also contains subscription information, contact:
Journal français d'Amérique
P.O. Box 1522
Martinez, CA 94553-6500
Phone (800) 851-7785
http://www.france.com/medias/JFA.english.html

Other Useful Addresses

■ *Sister Cities International*

If your town has a Sister City in a French-speaking country, you might want to explore the possibility of initiating a youth or education exchange program. If your town does not yet have a French-speaking Sister City, you might want to encourage your community to set up such an affiliation.

For information on both youth exchanges and the establishment of a sister-city association, contact:
Sister Cities International
Suite 250
1300 Pennsylvania Ave. NW
Washington, DC 20004
Phone: (202) 312-1200
http://www.sister-cities.org

■ *Nacel International Cultural Exchanges*

If you have students who would like to host a French-speaking student for a month during the summer, or who would themselves like to stay with a family in France or Senegal, have them contact the non-profit organization **Nacel**.

For information on summer homestays, contact:
Nacel Cultural Exchanges
3410 Federal Drive, Suite 101
St. Paul, MN 55122
Phone: (612) 686-0080
http://www.nacel.org

Cultural Reference Guide

Topic	Student text page	ETE note page	Video module
Agriculture	81, 83, 100, 394	T100, T134, T135, T297	
Animals	100, 370, 493, R14	T100, T370	
Arts		T15, T25, T194	
African art	396–397, 411	T396	V8-A
poetry	245, 398		
la Maison des Jeunes	95	T95	
See also: Cinema, Museums, Music and concert halls			
Attitudes and values	476–477		
cars	456, 457		
family relations	102, 124	T102, T124	V2-A, V2-C, V7-C
fashion	344–345, 354–355		V7-A, V7-B
formality		T221	
money	345, 354–355		V7-A
Cafés	94	T95, T146	V1-B, V2-B
ordering food and beverages	55, 146, 147, 162		
tipping	146		
Cars and driving	371, 456–457, 458, 460, 469	T454, T456, T457, T460, T462, T471	
driver's license	459		
learning to drive	456, 459, 461, 462–463, 468–469, 470–471	T459	V9-A, V9-B
les 24 heures du Mans	457		
road signs	314	T314, T461	V6-B
Casual speech		T5, T65, T96, T115, T155, T174, T175, T178, T203, T315, T351, T363, T411	
Châteaux	81, 308, 314	T424–T425	V-Intro, V6-B
Amboise	424	T425	
Chambord	82	T425	
Langeais	424	T424	
Versailles	308		
Villandry	424	T424	
Cinema			
ciné-clubs	193	T196	
French actors and actresses	192–193	T193	
French cinema	192, 193, 196		
going to the movies	95, 192, 196–197, 201, 235–236	T131, T195, T197, T236	V2-B
Cities			
Abidjan, Côte d'Ivoire	394, 395	T410	
Albertville, France		T83	
Algiers, Algeria		T393	

Topic	Student text page	ETE note page	Video module
Annecy, France	42, 262	T42, T114, T263, T307	V-Intro, V2-B
Artenay, France	31		
Basse-Terre, Guadeloupe	248		
Bergerac, France	30		
Biarritz, France		T11	
Brussels, Belgium	88	T88	
Cayenne, French Guiana	248		
Chamonix, France	66, 255	T66	
Cherbourg, France		T134	
Dakar, Senegal	394		
Deauville, France		T134	
Fort-de-France, Martinique	4, 5, 248		
Geneva, Switzerland	89, 418–419	T419	V-Intro, V8-C
Giverny, France	135	T135	
Grasse, France	83		
Le Havre, France		T134	
Lille, France		T30	
Lyon, France	30	T30	V-Intro
Marseille, France		T30	
Menthon-Saint-Bernard	307, 314–315	T307	V6-B
Mont-Saint-Michel, France	82		
Montpellier, France	31	T31	
Montreal, Canada	242, 309, 413	T141, T143, T191, T240, T241, T250, T309, T413	
New Orleans, United States	241, 247	T85	
Nice, France	85		
Nîmes, France		T83	
Orléans, France	31	T31	
Ottowa, Canada		T24	
Papeete, Tahiti	248		
Paris, France	98–99, 305, 312	T30, T305	
Quebec, Canada	152, 207, 209, 242	T207, T209, T241, T347	
Sète, France		T403	
Strasbourg, France	30, 81, 90	T30, T88	
Talloires, France		T42, T262	
Toronto, Canada		T24	
Toulouse, France		T403	
Tours, France	424		
Vauville, France	135	T135	
Verneuil-sur-Seine, France	254	T254	
Versailles, France	308		
Yamoussoukro, Côte d'Ivoire	395		
City life			
city halls		T31	
libraries	42		V1-A
mailboxes		T167	
la Maison des Jeunes	95	T95	
neighborhoods	298, 300	T305	
police	326–327, 329	T326	V6-C
le syndicat d'initiative		T54	

60

Topic	Student text page	ETE note page	Video module
le Parc de la Villette	192	T192, T218	
le Parc des Princes	254		
Roland-Garros stadium	255	T255	
la Tour Eiffel	98, 99, 371, R14	T370	
People			
Aouïta, Saïd	395		
Armstrong, Lance	87		
Astérix		T225	
Audubon, John James	247		
Beau de Rochas, Alphonse	456		
Berthollet, Claude		T42	
Bonaly, Surya	255		
Cacharel, Jean		T344	
Cadillac		T247	
Cardin, Pierre	344		
Cartier, Jacques		T241, T413	
Cézanne, Paul	198	T198	
Champlain, Samuel de		T209, T241, T247	
Chanel, Coco	344		
Chao, Manu		T198	
Chevrolet, Louis	89		
Clovis		T81	
Courrèges, André		T344	
Delpy, Julie	193	T193	
Depardieu, Gérard	193	T193	
Destivelle, Catherine	255		
Dior, Christian	344, 345		
Du Luth, Daniel		T247	
Dunant, Henri	89		
Du Pont de Nemours, E. Irénée	246		
Évangeline	245		
François Ier	82	T425	
Frémont, John Charles	247	T247	
Fressange, Inès de la	31		
Garros, Roland		T255	
Gaulle, Charles de		T98	
Givenchy, Hubert de		T344	
Goldman, Jean-Jacques	193	T109, T193	
Grasse, de		T247	
Grimké, Angélina	247		
Grimké, Archibald	247	T247	
Grimké, Sarah	247		
Joan of Arc		T135	
John Paul II, Pope	395		
Jolliet, Louis		T241, T247	
Julius Caesar		T81	
Lacroix, Christian		T344	
La Fayette, le Marquis de	246	T246	
Laffite, Jean	247	T247	
Lagerfeld, Karl		T344	
Lapidus, Ted		T344	
La Salle, Robert	241	T247	
Longo, Jeannie	87	T87	
Louis XIV	241, 308		
Louverture, Toussaint	241		
Lumière brothers	193		
Mano negra	203, 212	T203	
Marquette, Jacques		T241	
Missolz, Jérôme de	31		
Mitterrand, François		T146	
Modigliani	396	T396	
Monet, Claude		T135	
Mugler, Thierry		T344	
Philombe, René	398		
Picasso	396	T396	
Pioline, Cédric	255		
Point du Sable, Jean-Baptiste	246	T246	
Pompidou, Georges		T192	
Prévert, Jacques		T29	
Revere, Paul	246	T246	
Riedle, Sylvie	87		
Rochambeau, de		T247	
Rykiel, Sonia		T344	
Saint Laurent, Yves	344		
Scherrer, Jean-Louis		T344	
Schoelcher, Victor	5		
Senghor, Léopold	396	T396	
Valéry, Paul		T215	
Van Gogh, Vincent	371		
William the Conqueror		T135	
Zola, Émile	5		
Population	393	T366	
France	30, 80	T30	
Professions	36, 37	T37, T194	
Reading and literature	225	T225	
Regions and departments of France	80, 81	T81	
Alsace	81	T30	
Auvergne	81		
Bretagne	81	T11, T296	
Champagne	81		
D.O.M. / T.O.M.	240, 241, 248	T248	
French Guyana	248, 249	T248	
French Polynesia	248, 249	T248, T249	
Guadeloupe	241, 248	T248	
Haute-Savoie		T42	
l'Île de la Réunion		T248	
Martinique	5, 241, 248, 249	T248	
Mayotte		T248	
New Caledonia		T248	
Normandie	81, 135	T134–T135	
Provence	81, 85		
Savoie	81		
St-Pierre-et-Miquelon		T248	
Tahiti	249	T249	
Terres australes et antarctiques		T248	
Touraine	81, 424		
Wallis and Futuna		T248	
Religion			
Huguenots	246	T246	
Muslims	394		
religion in Africa	394, 396–397	T395	
religious holidays	84, 85	T84, T85	
Restaurants			
menus	153, 171	T171	
ordering and paying for food	175	T171	V3-C
types of restaurants		T141, T321	
School	4, 5, 324–325	T325	V1-A, V6-B
le baccalauréat	5	T5, T434	
cafeteria	144		
le certificat d'études	325		
les ciné-clubs	192		
le collège		T28	
four-day week		T95	
French handwriting	8		
getting to school	324	T284	
school on Saturday	94	T95	
school subjects	5	T5	
Shopping for clothes	344–345, 351, 353, 362–363, 378–379		V7-B
department stores	360	T360	
discount stores	344, 345, 362–363		
flea market	345, 411	T345	
Les Galeries Lafayette		T360	
Shopping for food	142–143, 150,	T143, T175,	V3-B

F

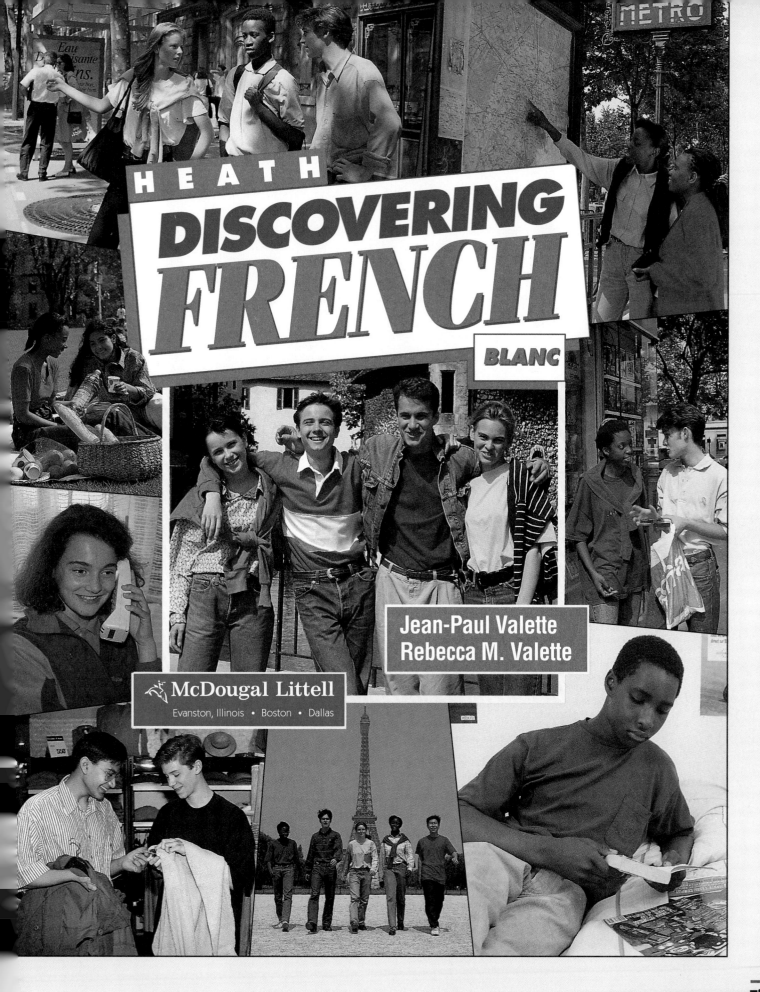

HEATH
DISCOVERING FRENCH
BLANC

Jean-Paul Valette
Rebecca M. Valette

McDougal Littell
Evanston, Illinois • Boston • Dallas

Teacher Review Board

Kay Dagg, *Washburn Rural High School, Kansas*
Lynette Emanuel, *Independence High School, Wisconsin*
Casey Handrop, *South West High School, California*
Dianne Hopen, *Humboldt High School, Minnesota*
Sheila Hutchinson, *Kimball High School, Texas*
Pamela Knapp, *Acton-Boxborough High School, Massachusetts*
Patricia McCann, *Lincoln-Sudbury High School, Massachusetts*
T. Jeffrey Richards, *Roosevelt High School, South Dakota*

McDougal Littell wishes to express its heartfelt appreciation to **Gail Smith**, Supervising Editor for *DISCOVERING FRENCH*. Her creativity, organizational skills, determination and sheer hard work have been invaluable in all aspects of the program, including the award winning *DISCOVERING FRENCH* CD-ROM.

Illustrations

Yves Calarnou
Véronique Deiss
Jean-Pierre Foissy
Élisabeth Schlossberg

Contents

UNITÉ 1
Qui suis-je?   **28**

iii

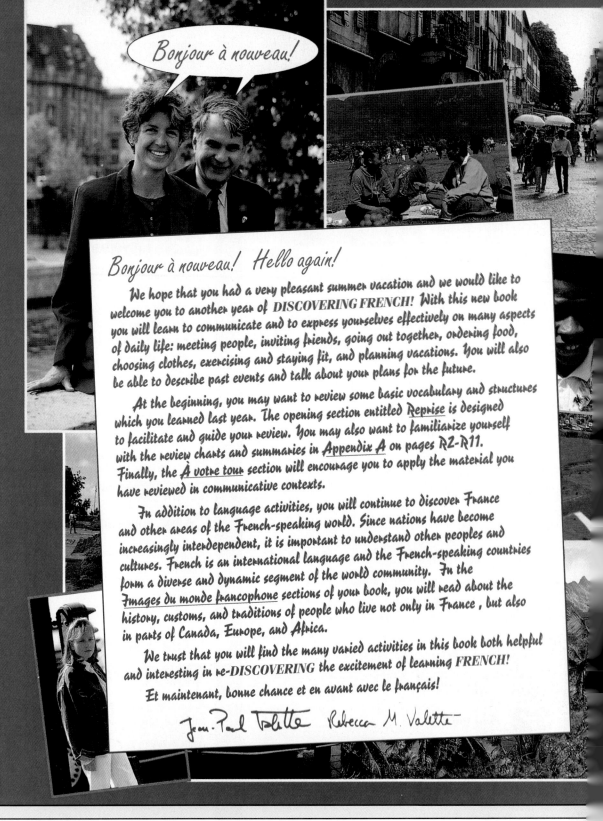

Teaching note: Your choice of activities and the amount of time you spend on the lessons of *Reprise* and Unit 1 will depend on how many units of **Discovering French–*Bleu*** your students completed and how well they have remembered and can use the material. In Section 7 of the ETE Front Matter, you will find three different pacing strategies.

Bonjour à nouveau!

Bonjour à nouveau!   Hello again!

We hope that you had a very pleasant summer vacation and we would like to welcome you to another year of DISCOVERING FRENCH! With this new book you will learn to communicate and to express yourselves effectively on many aspects of daily life: meeting people, inviting friends, going out together, ordering food, choosing clothes, exercising and staying fit, and planning vacations. You will also be able to describe past events and talk about your plans for the future.

At the beginning, you may want to review some basic vocabulary and structures which you learned last year. The opening section entitled *Reprise* is designed to facilitate and guide your review. You may also want to familiarize yourself with the review charts and summaries in *Appendix A* on pages R2–R11. Finally, the *À votre tour* section will encourage you to apply the material you have reviewed in communicative contexts.

In addition to language activities, you will continue to discover France and other areas of the French-speaking world. Since nations have become increasingly interdependent, it is important to understand other peoples and cultures. French is an international language and the French-speaking countries form a diverse and dynamic segment of the world community. In the *Images du monde francophone* sections of your book, you will read about the history, customs, and traditions of people who live not only in France, but also in parts of Canada, Europe, and Africa.

We trust that you will find the many varied activities in this book both helpful and interesting in re-DISCOVERING the excitement of learning FRENCH!

Et maintenant, bonne chance et en avant avec le français!

Jean-Paul Valette   Rebecca M. Valette

Introductory note

The *Reprise* and Unit 1 of **Discovering French–*Blanc*** review, practice, and expand on the basic vocabulary and structures of Niveau A and Niveau B (Units 1 to 7) of **Discovering French–*Bleu***.

Since the material presented in these opening units of **Discovering French–*Blanc*** is frequently re-entered in subsequent lessons, it is recommended that you cover it SELECTIVELY, omitting some of the activities, and moving at a fairly rapid pace.

La nouvelle monnaie française

In 1999, France and ten other European countries adopted the **euro** as their common currency. The euro, which is represented by the symbol **€**, is divided into 100 **cents** or **centimes** (or **eurocentimes**). The euro bills and coins, which have the same value in the eleven countries which use them, are shown below:

Overview

The purpose of the *Reprise* unit is to reactivate the basic communication skills that students acquired in their prior study.

The emphasis is on:
- everyday expressions
- asking and answering questions
- simple description

■ **Realia note:** The European Community, proposed initially in the Treaty of Rome in 1957, has been officially in place since January 1, 1993. Fifteen European countries have united to form an economic whole (similar to the United States). Since 1985, Europeans have been using a European passport for travel outside that continent. For travel within Europe, since it has no more boundaries, no passport is needed. Each country issues its own European passport, so that the French one is marked **République française** under **Communauté Européenne**. The bill shown here is the front of a 50€ note.

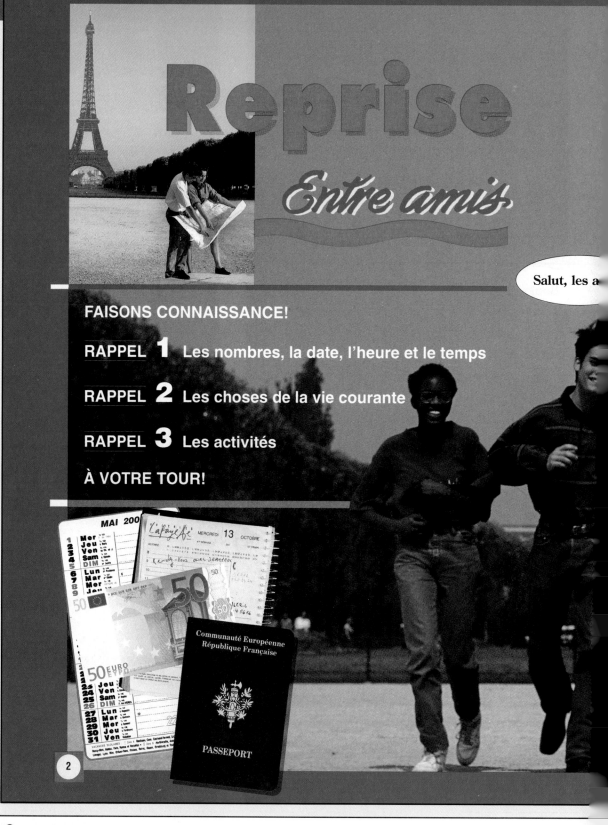

Reprise

Entre amis

Salut, les a

FAISONS CONNAISSANCE!

RAPPEL 1 Les nombres, la date, l'heure et le temps

RAPPEL 2 Les choses de la vie courante

RAPPEL 3 Les activités

À VOTRE TOUR!

Description of *Reprise*

- **Faisons connaissance!** focuses on the students' reading and listening comprehension skills as they meet four French-speaking students.

- The **Rappel** lessons briefly review some of the key concepts and vocabulary presented in Niveau A and Niveau B of **Discovering French–Bleu**.

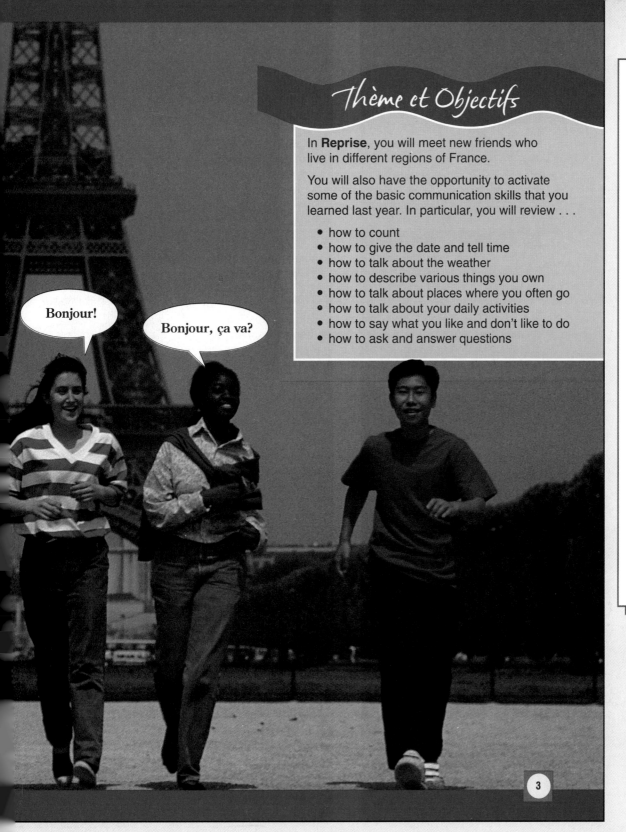

Thème et Objectifs

In **Reprise**, you will meet new friends who live in different regions of France.

You will also have the opportunity to activate some of the basic communication skills that you learned last year. In particular, you will review . . .

- how to count
- how to give the date and tell time
- how to talk about the weather
- how to describe various things you own
- how to talk about places where you often go
- how to talk about your daily activities
- how to say what you like and don't like to do
- how to ask and answer questions

Bonjour!

Bonjour, ça va?

Communicative objectives

RAPPEL 1
- counting
- telling the date and time
- talking about weather

RAPPEL 2
- talking about people, places, and things

RAPPEL 3
- asking and answering questions about daily and leisure activities
- describing likes, dislikes, wishes, and obligations

Linguistic objectives

RAPPEL 1
—

RAPPEL 2
- nouns and articles
- **ce, quel, mon**

RAPPEL 3
- present and imperative of regular verbs (**-er, -ir, -re**)
- infinitive constructions

- **À votre tour!** encourages students to express themselves both orally and in writing on a variety of topics related to their own personal experience.

Reprise

■ **Frédéric Chauveau**

Questions sur le texte
1. À quelle école va Frédéric?
2. Quelles langues est-ce qu'il étudie?
3. Quelles sortes de musique est-ce qu'il aime?
4. De quel instrument est-ce qu'il joue?

Questions personnelles
1. À quelle école vas-tu?
2. Quelles langues est-ce que tu étudies?
3. Quelles sortes de musique aimes-tu?
4. Est-ce que tu joues d'un instrument?

■ **Stéphanie Delage**

Questions sur le texte
1. Quelle matière est-ce que Stéphanie n'aime pas?
2. Quels sont ses sports préférés?
3. Comment est-ce qu'elle joue au tennis?

Questions personnelles
1. Quelle(s) matière(s) est-ce que tu n'aimes pas?
2. Quels sont tes sports préférés?

■ **Jean-Philippe Pons**

Questions sur le texte
1. Qu'est-ce que Jean-Philippe aime faire avec ses copains?
2. Où est-ce qu'il va le samedi?
3. Quel est son rêve?

Questions personnelles
1. Est-ce que tu aimes sortir avec tes copains?
2. Où allez-vous?

Faisons *connaissance!*

À quelle école vas-tu?
Quelles sont tes matières préférées?
Qu'est-ce que tu fais quand tu n'étudies pas?
Quel rêve° est-ce que tu aimerais° réaliser?
   Nous avons posé° ces questions à quatre jeunes Français.
Voici leurs réponses.

Frédéric Chauveau, 16 ans

Je vais au lycée Schoelcher à Fort-de-France. Mes matières préférées sont l'histoire et les langues. J'étudie l'anglais et l'espagnol. J'étudie aussi la bio parce que je veux être médecin.°
   J'étudie beaucoup, mais je n'étudie pas tout le temps.° Quand je n'étudie pas, j'écoute mes compacts. J'aime toutes° sortes de musique: le rock, le rap, le jazz . . . et même° la musique classique. Je joue de la guitare dans un orchestre de rock.
   Mon rêve? Faire un voyage autour du monde,° mais d'abord,° je dois réussir mon bac!°

Stéphanie Delage, 14 ans

Je vais au collège Émile Zola à Toulouse. À l'école, j'aime tout° sauf° les maths. (Le professeur est trop strict!)
   En dehors de° mes études, j'aime surtout° le sport. En hiver, je fais du ski, généralement avec ma famille. En été, je fais de la planche à voile et je joue au tennis. Je ne suis pas une championne, mais je joue assez bien.
   Mon rêve? Aller au Tibet et faire l'ascension° de l'Himalaya.

Jean-Philippe Pons, 14 ans

Je vais au collège des Barattes à Annecy. Mes matières préférées? Euh . . . je n'ai pas de matière préférée sauf le sport et le dessin.
   J'aime sortir° avec mes copains. Le samedi on va au cinéma. Quand il y a un concert à la Maison des Jeunes,° on va au concert. Parfois° quelqu'un° organise une soirée. Alors, on va chez ce copain (ou cette copine) et on danse . . .
   Mon rêve? Gagner à «La roue° de la fortune»!

rêve *dream* **aimerais** *would like* **posé** *asked* **médecin** *doctor* **tout le temps** *all the time* **toutes** *all* **même** *even* **autour du monde** *around the world* **d'abord** *first* **bac** *high school diploma* **tout** *everything* **sauf** *except* **En dehors de** *Outside of* **surtout** *especially* **l'ascension** *climb* **sortir** *to go out* **Maison des Jeunes** *Youth Center* **Parfois** *Sometimes* **quelqu'un** *someone* **roue** *wheel*

 Reprise

Lesson overview

This is a short introductory lesson.
- The first spread (pp. 4–5) focuses on reading proficiency.
- The second spread (pp. 6–7) focuses on comprehension and guided self-expression.

As the students do this lesson, you can begin to see how well they remember what they learned last year.

If the students have no difficulty with these four pages, you may skip the *Rappel* lessons and go directly to the *À votre tour!* section.

Corinne Van Dinh, 15 ans

Je vais au lycée Saint Grégoire à Tours. Je suis assez bonne en maths. J'aime aussi l'informatique et l'économie.

Qu'est-ce que je fais quand je n'étudie pas? Ça dépend! À la maison, j'aime jouer avec mon ordinateur. (C'est un cadeau° de mon oncle qui travaille dans une boutique d'informatique.) Le weekend, j'aime faire des promenades à vélo avec mes copines. J'aime aussi danser. Malheureusement,° mes parents sont assez stricts. Alors, je ne sors° pas très souvent.

Mon rêve? Visiter les États-Unis et passer six mois dans une famille américaine.

cadeau *present*　**Malheureusement** *Unfortunately*　**sors** *go out*

Vocabulaire: La vie scolaire (School life)

les écoles *(schools)*

un collège *junior high school*	**une école privée** *private school*
un lycée *(senior) high school*	**une école publique**

les études *(f.) (studies)*, **les matières** *(f.) (school subjects)*

un cours *class, course*	**une classe** *class*
les langues *(f.) languages*	**l'histoire** *(f.)*
le français	**la géographie (la géo)**
l'anglais *(m.)*	**l'économie** *(f.)*
l'espagnol *(m.)*	**l'instruction** *(f.)* **civique** *civics*
l'allemand *(m.) German*	**la philosophie** *(f.)* **(la philo)**
les maths *(f.)*	
les sciences *(f.)*	**la musique**
la physique	**le dessin** *art, drawing*
la chimie *chemistry*	
la biologie (la bio)	**le sport**
l'informatique *(f.) computer science*	**l'éducation** *(f.)* **physique**

➡ In casual speech, French people often shorten certain words. For example, they say:

   la géo for **la géographie**　**la philo** for **la philosophie**

                             la bio for **la biologie**

 FLASH **d'information**

1. Fort-de-France is the main city of Martinique, a French island in the Caribbean West Indies.

2. French schools are often named after famous people.
   • Victor Schoelcher (1804–1893) helped to abolish slavery in the French colonies (1848).
   • Émile Zola (1840–1902) was a writer and journalist known for his defense of civil liberties.

3. The **baccalauréat** (or **bac**) is awarded to students who pass a national examination at the end of their secondary school studies. This diploma allows students to enter the university.

Faisons connaissance 5

■ Corinne Van Dinh
Questions sur le texte
1. Quelles matières est-ce que Corinne aime étudier?
2. Qu'est-ce qu'elle aime faire à la maison?
3. Qu'est-ce qu'elle aime faire le weekend?
4. Quel est le rêve de Corinne?

Questions personnelles
1. Est-ce que tu étudies l'informatique?
2. Est-ce que tu as un vélo?
3. Est-ce que tu fais souvent des promenades à vélo?
4. Est-ce que tu veux visiter la France? Pourquoi?

▷ **Vocabulaire**

▨ **Teaching note:** This vocabulary can be taught for recognition.

■ **Pronunciation:** Schoelcher /ʃœlʃɛr/

Supplementary vocabulary

le latin
l'italien (m.)
l'algèbre (f.)
la géométrie
la technologie (la techno)　*shop, technical education*

▨ **Casual speech:** Other shortened words are:
le foot, le basket, le volley;
la télé; le prof

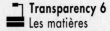 **Transparency 6**
Les matières

■ Using the transparency, ask questions about school subjects.
Qu'est-ce que X étudie?
Est-ce que tu étudies [l'anglais]?
Est-ce que tu aimes [l'anglais]? Pourquoi ou pourquoi pas?
Est-ce que tu es bon(ne) en [anglais]?
Quelle est ta matière préférée?
Qu'est-ce que tu aimes mieux, les maths ou les sciences?, etc.

🔲 Using the audio cassettes

As an introduction to the lesson, play the audio cassette with the four interviews.

Then work with each interview separately.
• Have students listen with books closed.
• Ask the *Questions sur le texte*. Play the interview again so they can listen for answers.

• Ask the questions again and have students respond.
• Play the interview a third time as students follow along with their books open.
• As a follow-up, ask the *Questions personnelles*.

ET VOUS?

Maintenant, parlez de vous. Pour cela, complétez les phrases avec l'une des expressions suggérées, ou avec une expression de votre choix.

1 Je vais dans . . .
- un collège
- un lycée
- une école privée

2 Je vais à l'école . . .
- à pied *(on foot)*
- à vélo
- en voiture
- en car scolaire *(school bus)*
- en bus

3 Ma matière préférée est . . .
- le français
- l'anglais
- l'histoire
- les maths
- l'informatique
- le dessin
- la musique
- l'éducation physique
- ?

4 J'ai parfois *(sometimes)* des difficultés avec . . .
- le français
- les maths
- ?

5 En général, je pense *(think)* que les professeurs de mon école sont . . .
- sympathiques
- amusants
- intéressants
- patients
- stricts
- ?

QUELLE EST TA MATIÈRE PRÉFÉRÉE?

TU VOIS, C'EST LA CHIMIE!

6 À la maison, quand je n'étudie pas, je préfère . . .
- regarder la télé
- écouter mes cassettes
- téléphoner à mes copains
- ?

7 Le weekend, je préfère . . .
- rester chez moi
- aller en ville avec mes copains
- pratiquer mon sport favori
- ?

8 Quand je reste à la maison, je dois *(have to)* . . .
- étudier
- nettoyer *(clean)* ma chambre
- aider mes parents
- ?

9 Quand je suis en ville avec mes copains, je préfère . . .
- aller au cinéma
- aller dans les magasins
- aller au restaurant
- ?

10 Quand je suis à une boum, je préfère . . .
- danser
- manger
- parler avec mes copains
- écouter la musique

Teaching strategies: Et vous?

☀ Full class introduction
First go over the 18 statements with the entire class, calling on individuals to give their responses.

👥 Cooperative pair practice
Have students share their responses with each other, recording their partner's answers.

11 Quand je suis en vacances,
je préfère . . .
- rester chez moi
- travailler pour gagner
de l'argent
- voyager avec ma famille
- aller en colonie
de vacances *(camp)*
- aller à la plage avec
mes copains
- ?

12 Quand je vais au cinéma,
je préfère voir *(see)* . . .
- un film d'aventures
- un film de science-fiction
- un film policier
- une comédie
- un drame psychologique
- ?

13 À la télévision, je préfère
regarder . . .
- les sports
- les comédies
- les feuilletons
(soap operas, series)
- les jeux télévisés *(game
shows)*
- les clips *(music videos)*
- ?

14 Ma musique préférée est . . .
- le rock
- le rap
- la musique classique
- le jazz
- ?

15 Quand je suis à la plage,
je préfère . . .
- nager
- jouer au volley
- faire du jogging
- bronzer *(get a tan)*
- ?

16 Mon sport préféré est . . .
- le basket
- le volley
- le football américain
- le tennis
- le snowboard
- la natation *(swimming)*
- ?

17 Avec mon argent,
je préfère acheter . . .
- des compacts
- des magazines
- des livres
- des albums de bandes
dessinées *(comics)*
- des vêtements
- ?

18 Un jour, j'espère . . .
- gagner à «La roue de
la fortune»
- faire un voyage autour
du monde *(around the
world)*
- avoir une voiture
de sport
- ?

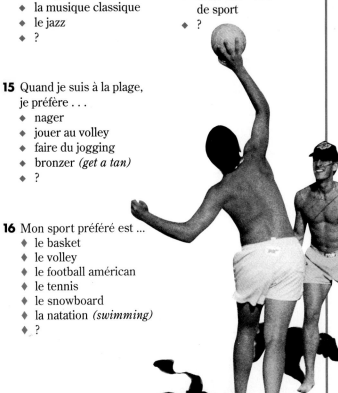

7

Classroom Notes

Expansion
Call on students to find out their
partner's preferences.
- **X, quelle est la matière préférée
de Z?**
- **La matière préférée de Z est
l'histoire.**

Composition
Have students write a brief **autoportrait** in which they respond to all 18
items. They should begin their paragraph
with:
Je m'appelle . . . J'ai . . . ans.

Rappel 1

COMMUNICATIVE FUNCTIONS:
Counting, telling time,
discussing weather

■ **Révision:** Be sure students
know how to find the reference
charts in Appendix A, pp.
R1–R11.

■ **Teaching note:** Students should
be able to understand and use
numbers orally. At this level, they
do not need to write out and spell
numbers beyond 20. The French,
like the Americans, generally use
digits to write the higher numbers.

■ **Language note:** You can tell
students how to say the Year
2000 in French:
l'an 2000 (deux mille)

1 DESCRIPTION: giving prices

↻ **Review:** numbers

■ **Variation:** Have students cover
the text and give the prices
according to the illustrations.
– **Combien coûte le sandwich?**
– **Le sandwich coûte quatre euros.**

■ **Expansion:** Bring in catalogs
or ads showing prices (under
$1000) for common objects and
ask students to say what each item
costs.
– **Combien coûte le vélo?**
– **Le vélo coûte [190 dollars].**

▛ **Transparency 7**
Quelques objets

■ On the transparency, write in
prices in dollars or euros, and ask
what the items cost.
Combien coûte [la télé]?

Rappel 1 — Les nombres, la date, l'heure, et le temps

QUATRE-VINGT-SEPT.... QUATRE-VINGT-HUIT.... QUATRE-VINGT-NEUF.... QUATRE-VINGT-DIX..... QUATRE-VINGT-ONZ

FLASH **d'information**

Note that in French script, the "1" is written with an upstroke,
and the "7" is written with a bar across the stem.

1 11
7 77

RÉVISION ►

If you want to review
French numbers, turn to
Appendix A, p. R2.

1 C'est combien?

4€

1. Le sandwich coûte…
◆ deux euros
◆ quatre euros
◆ huit euros

15€

2. Le livre coûte…
◆ onze euros
◆ treize euros
◆ quinze euros

35€

3. Le jean coûte…
◆ dix-sept euros
◆ vingt-cinq euros
◆ trente-cinq euros

60€

4. Le walkman coûte…
◆ seize euros
◆ soixante euros
◆ soixante-dix euros

95€

5. La montre coûte…
◆ quatre-vingt-quinze euros
◆ soixante-quinze euros
◆ cent quinze euros

330€

6. Le vélo coûte…
◆ trois cents euros
◆ cent trente-trois euros
◆ trois cent trente euros

2,000€

7 L'ordinateur coûte…
◆ deux cents euros
◆ deux mille euros
◆ cent vingt euros

140€

8. L'appareil-photo coûte…
◆ quatorze euros
◆ quatre-vingts euros
◆ cent quarante euros

8 Reprise

Teaching note: Mini-Tests

Have students take the written diagnostic
Mini-Tests in the student Activity Book.
By analyzing the results of these tests,
you can determine:
• which *Rappel* sections to emphasize
• which *Rappel* sections can be omitted

2 Un jeu

Le professeur va choisir des nombres entre 0 et 100. Écoutez chaque nombre et indiquez si ce nombre est sur la carte A, sur la carte B, ou sur ni l'une ni l'autre *(neither)*.

▶ trois   Oui, A.
  trente   Non.
  onze   Oui, B.

A

76 34 18
51 15 22 3
85 93 27 68

B

11 39 98 82
16 45 84 6
67 42 71

3 Les séries

Continuez chaque série en ajoutant deux nombres.

a. 4, 8, 12 . . .   c. 11, 22, 33 . . .   e. 110, 220, 330 . . .

b. 5, 10, 15 . . .   d. 50, 60, 70 . . .

4 Joyeux anniversaire!

1. L'anniversaire de Patrick, c'est . . .
2. L'anniversaire de Christine, c'est . . .
3. L'anniversaire de Sophie, c'est . . .
4. L'anniversaire de Jean-Claude, c'est . . .
5. L'anniversaire d'Isabelle, c'est . . .
6. L'anniversaire d'Aïcha, c'est . . .

RÉVISION

If you want to review dates and days of the week, turn to Appendix A, p. R2.

janvier 12 Christine
avril 6 Patrick
octobre 1 Sophie
mars 1 Aïcha
juillet 18 Isabelle
août 23 Jean-Claude

5 Questions personnelles

1. Quel jour est-ce aujourd'hui? Et demain?
2. Quel est ton jour préféré?
3. Quel est ton mois préféré?
4. Quand est-ce, ton anniversaire?
5. Quand est-ce, l'anniversaire de ton meilleur *(best)* copain ou ta meilleure copine?

Rappel 1   9

---

2 COMPREHENSION: understanding numbers

↻ Review: numbers

■ **Teacher script:** Read out the following numbers:

85 (A)	18 (A)	11 (B)
79 (–)	22 (A)	45 (B)
88 (–)	16 (B)	84 (B)
6 (B)	94 (–)	15 (A)
3 (A)	71 (B)	92 (–)
27 (A)	61 (B)	93 (A)
66 (–)	42 (B)	51 (A)
83 (–)	34 (A)	39 (B)
76 (A)	43 (–)	98 (B)
68 (A)	100 (–)	82 (B)

3 LOGICAL THINKING: analyzing series of numbers

↻ Review: numbers

a. add "4": 16, 20
b. add "5": 20, 25
c. add "11": 44, 55
d. add "10": 80, 90
e. add "110": 440, 550

4 DESCRIPTION: giving birthdays

↻ Review: dates

■ **Pronunciation**
Aïcha /aiʃa/

5 COMMUNICATION: talking about certain dates

↻ Review: days, months, and dates

Answers:
1. C'est le [2 octobre 2000].
2. C'est le [lundi].
3. C'est [janvier].

■ **Variation:** Use questions 2 and 3 to run a class poll.
Les élèves qui préfèrent le lundi, levez la main!
(Have the class count the raised hands in French.)
Les élèves qui préfèrent janvier, levez la main!

Pacing

The material of the *Rappel* sections is frequently re-entered in subsequent units. Try to move through these lessons as rapidly as possible.

For pacing suggestions, see Section 7 of the ETE Front Matter (pp. 43–45).

■ **Cultural activity:** Have one student say a time in your time zone. Then have another student give the corresponding time in France.
– Ici il est onze heures du matin.
– En France il est [cinq] heures de l'après-midi.

$\mathscr{F}$**LASH** d'information

French time is six hours ahead of New York time and nine hours ahead of California time.

RÉVISION

If you want to review how to tell time, turn to Appendix A, p. R3.

6 DESCRIPTION: telling time

↻ **Review:** clock time

1. Il est une heure.
2. Il est deux heures et demie.
3. Il est quatre heures dix.
4. Il est cinq heures et quart.
5. Il est huit heures moins le quart.
6. Il est minuit.

■ **Variation** (pair activity in dialogue form):
– Quelle heure est-il?
– Il est une heure.

6 **Quelle heure est-il?**

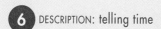

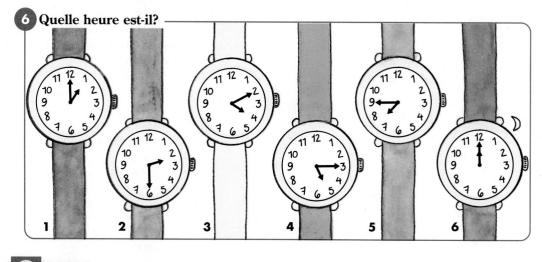

TPR 🏃 **Telling time** REVIEW

PROP: Clock with movable hands

Move the hands of the clock to show the hours and give the corresponding times.

Quelle heure est-il? Il est une heure.
Il est deux heures., etc.

Call on individual students to move the hands of the clock as you give the time.

Il est cinq heures.
X, viens ici. Montre-nous cinq heures.

RÉVISION

If you want to review the seasons and the weather, turn to Appendix A, p. R3.

7 **Quel temps fait-il?**

1. Selon *(According to)* vous, quel est le mois?
2. Est-ce que c'est l'été ou l'automne?
3. Est-ce qu'il fait beau ou mauvais?
4. Est-ce qu'il fait chaud ou froid?

5. Selon vous, quel est le mois?
6. Est-ce que c'est l'hiver ou le printemps?
7. Est-ce qu'il fait chaud ou froid?
8. Est-ce qu'il pleut ou est-ce qu'il neige?

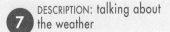

7 DESCRIPTION: talking about the weather

⟲ **Review:** seasons and weather

◼ **Photo culture notes**
- **Biarritz** (top left) is a popular resort city on the Atlantic coast near the Spanish border. The coast along the Bay of Biscay is known as the **Côte d'Argent.**
- **Bretagne** (top right), with its many beaches and fishing towns, is another popular vacation destination. One can rent kayaks at many of the beaches.
- **Les Alpes** (bottom left and right) is where many French young people go to learn how to ski. Shown here is a ski school in the northern Alps.

Classroom Notes

Transparency 7
Quelques objets

■ Transparency 7 shows items
that are listed in Appendix A,
p. R4.

1 COMMUNICATION: expressing
preferences

↻ **Review:** use of the definite
article

■ **Variation** (pair activity in
dialogue form):
– **Est-ce que tu préfères la
gymnastique ou le jogging?**
– **Je préfère le jogging
(la gymnastique).**

2 DESCRIPTION: identifying
objects

↻ **Review:** common objects

1. C'est une voiture.
2. C'est un appareil-photo.
3. C'est un stylo.
4. C'est une montre.
5. C'est un bureau.
6. C'est une chemise.
7. C'est un blouson.
8. C'est un manteau.
9. Ce sont des chaussures.
10. Ce sont des lunettes de soleil.

3 DESCRIPTION: describing what
people are wearing

↻ **Review:** clothing

Rappel **2**

Les choses
de la vie courante

RÉVISION
If you want to review the
definite and indefinite
articles, turn to Appendix A,
pp. R4 and R5.

1 **Mes préférences**

Dites ce que vous préférez.   ▶ la gymnastique ou le jogging?
Je préfère le jogging. (Je préfère la gymnastique.)

1. le foot ou le basket?
2. le cinéma ou le théâtre?
3. l'histoire ou les sciences?
4. le rock ou la musique classique?

5. le jus d'orange ou la limonade?
6. les pizzas ou les hamburgers?
7. la glace à la vanille ou la glace au chocolat?
8. la cuisine chinoise ou la cuisine mexicaine?

RAPPEL! In French, the DEFINITE ARTICLE (**le, la, l', les**)
is used with nouns taken in a general sense.

J'aime **les sports et la musique.**
I like **sports and music.**

RÉVISION
If you want to review the
names of everyday
objects and clothes, turn
to Appendix A, pp. R4
and R5.

2 **Qu'est-ce que c'est?**

Identifiez les choses suivantes. Pour cela, complétez les phrases avec les noms de la liste.

C'est ...

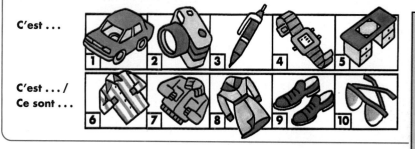

C'est ... /
Ce sont ...

un appareil-photo
un blouson
un bureau
des chaussures
une chemise
des lunettes de sole[il]
un manteau
une montre
un stylo
une voiture

3 **Qu'est-ce qu'ils portent?**

Décrivez les vêtements des personnes suivantes.

1. Aujourd'hui, je porte ...
2. Le professeur porte ...
3. L'élève à ma droite *(right)* porte ...
4. L'élève à ma gauche *(left)* porte ...

👥👥 **Speaking activity: Qu'est-ce qu'ils portent?**

PROPS: an ad from a fashion magazine and
a blank sheet of paper for each student

In pairs, students sit back to back.
Student 1 (S1) describes his/her fashion ad
to Student 2 (S2), who draws a picture of
the person and clothing S1 describes.
Then S2 describes his/her fashion ad to
S1, who draws a picture. Finally, students

compare the ads to their drawings—in
French.
**L'homme porte une chemise, une
veste, une cravate, un pantalon, des
chaussures et un manteau.**
SUGGESTION: You may wish to have each
student bring his/her own fashion ad to
class.

How to talk about things:

> **Qu'est-ce que c'est?**
>
> **C'est un walkman.**

Qu'est-ce que c'est?	*What's that? What is it?*	
C'est . . .	*That is . . .*	**C'est** un walkman.
Ce sont . . .	*Those are . . .*	**Ce sont** des cassettes.
Voici/voilà . . .	*This (Here) is . . .*	**Voici** ma maison et . . .
	These (Here) is/are . . .	**voilà** la maison de mon copain.
Qu'est-ce qu'il y a . . . ?	*What is there . . . ?*	**Qu'est-ce qu'il y a** dans le garage?
Il y a . . .	*There is (are) . . .*	**Il y a** une voiture.
Il n'y a pas . . .	*There is (are) no . . .*	**Il n'y a pas** de moto.
Est-ce qu'il y a . . . ?	*Is (Are) there . . . ?*	**Est-ce qu'il y a** des vélos?

4 **Qu'est-ce qu'il y a?**

Pour chaque illustration, nommez au moins quatre objets.

1. Sur le bureau, il y a . . .

2. Dans la chambre, il y a . . .

3. Dans la valise bleue, il y a . . .

4. Dans la valise rouge, il y a . . .

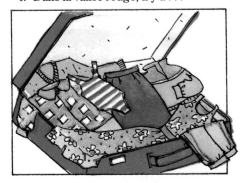

Rappel 2 13

Vocabulary note: French young people call a portable stereo **un walkman**. The official generic term is **un baladeur**, but this is not generally used in conversation.

4 DESCRIPTION: naming common objects

↺ **Review:** use of indefinite article

- Sur le bureau, il y a une radiocassette, un ordinateur, des livres, un stylo, des cassettes, un lecteur optique externe, les disques optiques, et une souris.
- Dans la chambre, il y a une affiche, un vélo, une table, une chaîne stéréo, une chaise, un imper(méable) et un sac.
- Dans la valise bleue, il y a une veste, une cravate, un pull, des chemises, un pantalon et des chaussettes.
- Dans la valise rouge, il y a un pull, un chemisier, un maillot de bain, une jupe, un survêtement et une robe.

⌐ **Transparency 8**
Possessions

■ Make several statements about each picture. Students indicate whether the statement is true or false.

Sur le bureau,
  il y a un sac. (F)
  il y a une chaîne stéréo. (F)
  il y a un appareil-photo. (F)
Dans la chambre,
  il y a une radiocassette. (F)
  il y a une chaîne stéréo. (V)
  il y a un vélo. (V)
Dans la valise bleue,
  il y a une cravate. (V)
  il y a des chemises. (V)
  il y a des chaussures. (F)
Dans la valise rouge,
  il y a des lunettes de soleil. (F)
  il y a un maillot de bain. (V)
  il y a un imperméable. (F)

Rappel 2 T13

Left margin notes

Language note: There is no change after **être.**
Ce n'est pas un ordinateur.

5 COMMUNICATION: describing possessions

↻ **Review:** affirmative and negative indefinite articles

Language note: There are no contractions with **l'** and **la.**

6 DESCRIPTION: describing what people are doing

↻ **Review:** contractions with **à** and **de**

1. Il va au café.
2. Elles sont au stade.
3. Elle vient de la plage.
4. Il rentre du supermarché.
5. Ils jouent aux cartes.
6. Elle joue de la guitare.

■ **Variation**
Paul va au café. Il ne va pas à l'école.

⌷ **Transparency 9**
Quelques endroits

■ Transparency 9 shows the places that are listed in Appendix A, p. R6.

7 COMPREHENSION: making logical statements about where people are going

↻ **Review:** place names and contractions with **à**

■ **Variation** (with **venir**): Dites d'où viennent les personnes suivantes.
Le docteur vient de l'hôpital.

Main content

RAPPEL! In negative sentences, **un, une, des** become **de (d').**

Le professeur porte **une** cravate. Philippe **ne** porte **pas de** cravate.
Anne a **un** ordinateur. Je **n'**ai **pas d'**ordinateur.
J'ai **des** amis à Paris. Je **n'**ai **pas d'**amis à Québec.

5 **Et vous?**

Complétez les phrases suivantes avec une expression de votre choix.

1. J'ai . . . Je n'ai pas . . .
2. Pour mon anniversaire, je voudrais . . .
3. Dans ma chambre, il y a . . . Il n'y a pas . . .
4. Mon copain (ma copine) a . . . Il (elle) n'a pas . . .
5. Mes parents ont . . . Ils n'ont pas . . .
6. Dans la classe, il y a . . . Il n'y a pas . . .

RAPPEL! The DEFINITE ARTICLES **le** and **les** contract with **à** *(to, at)* and **de** *(of, from).*

| à + le → au | de + le → du |
| à + les → aux | de + les → des |

RÉVISION
If you want to review contractions, turn to Appendix A, p. R6.

RAPPEL! There are two constructions with **jouer** *(to play).*

jouer à + sport, game Est-ce que tu **joues au tennis?**
jouer de + musical instrument Mon cousin **joue de la clarinette.**

6 **Qu'est-ce qu'ils font?**

| Paul | Christine et Sophie | Pauline | Monsieur Durand | Olivier et Christophe | Catherine |

1. Est-ce que Paul va à l'école ou au café?
2. Est-ce que Christine et Sophie sont au stade ou à la piscine?
3. Est-ce que Pauline vient de la plage ou de la bibliothèque?
4. Est-ce que Monsieur Durand rentre du restaurant ou du supermarché?
5. Est-ce qu'Olivier et Christophe jouent au Nintendo ou aux cartes?
6. Est-ce que Catherine joue de la guitare ou du banjo?

RÉVISION
If you want to review the names of places, turn to Appendix A, p. R6.

7 **Où vont-ils?**

Dites où vont les personnes suivantes. Soyez logique.

▶ **Le docteur va à l'hôpital.**

le docteur		le stade
les élèves		la pharmacie
les touristes	va	le musée
la chimiste	vont	l'hôpital
la pharmacienne		le laboratoire
les athlètes		l'école

How to indicate where things are located:

sur

devant

sous

derrière

à gauche (de) *

à droite (de) *

près (de) *

dans

entre

à côté (de) *

loin (de) *

> Nous sommes devant le musée.

➡ The expressions marked with an asterisk are used with **de** when followed by a noun.
Compare:

Le stade est **loin.**	The stadium is **far (away).**
Le stade est **loin de** l'école.	The stadium is **far from** the school.

---

8 Pas de chance (Bad luck)

Décrivez la scène. Pour cela, complétez les phrases avec les expressions de lieu (place) qui conviennent.

1. L'homme est . . . la voiture.
2. Le chien est . . . la voiture.
3. La caravane est . . . la voiture.
4. Les vélos sont . . . la voiture.
5. L'agent de police est . . . la voiture.
6. Les outils sont . . . la voiture.

9 En ville

Vous visitez une petite ville française. Demandez à un(e) camarade où sont les endroits suivants. Il (Elle) va répondre en utilisant une expression de lieu.

▶ la bibliothèque? (l'église)
—Pardon, monsieur (mademoiselle), où est la bibliothèque?
—Elle est derrière l'église.
—Merci.

1. la statue? (l'église)
2. le musée? (le Café des Artistes)
3. l'Hôtel du Parc? (le café et le supermarché)
4. le cinéma? (le supermarché)
5. le cinéma? (la bibliothèque)

Teaching strategy: Où est Maurice?

Activate the vocabulary by placing a stuffed animal (e.g., Maurice the moose) in various locations throughout the classroom.
Est-ce que Maurice est sur la chaise ou sous la chaise?, etc.

After either/or questions, put the animal in various places and ask:
Où est Maurice?
   [Il est derrière la porte.], etc.

▷ **Vocabulaire**

★ **New material:** The following are new expansion vocabulary:
entre, à gauche de, à droite de, à côté de, près de, loin de

■ **Photo culture note**
Located in the Centre Pompidou, the **Musée National d'Art Moderne** houses a wide variety of painting and sculpture. It traces the evolution of western art in the 20th century from Fauvism and Cubism to contemporary works.

⌐ **Transparency 10**
Les prépositions

DESCRIPTION: describing
8 location

↻ **Review and practice:** prepositions of place

1. sous
2. dans
3. derrière
4. sur
5. devant
6. à côté de (près de)

ROLE PLAY: getting around
9 town

↻ **Review and practice:** locations

1. Elle est devant l'église.
2. Il est à gauche (à côté, près) du Café des Artistes.
3. Il est entre le café et le supermarché.
4. Il est à droite (à côté, près) du supermarché.
5. Il est loin de la bibliothèque.

Cooperative pair practice
Activity 9

RÉVISION

If you want to review the forms of the possessive adjectives, turn to Appendix A, p. R7.

RAPPEL! To express POSSESSION or relationship, we use POSSESSIVE ADJECTIVES, such as **mon, ma, mes,** etc.

ROLE PLAY: identifying one's possessions

10

🔄 **Review:** possessive adjectives

1. Ce n'est pas mon stylo.
   Mon stylo est blanc.
2. Ce n'est pas ma montre.
   Ma montre est verte.
3. Ce n'est pas mon sac.
   Mon sac est orange.
4. Ce ne sont pas mes lunettes de soleil. Mes lunettes de soleil sont jaunes.
5. Ce ne sont pas mes chaussures.
   Mes chaussures sont noires.
6. Ce n'est pas ma chemise.
   Ma chemise est rouge.

10 **Dialogue**

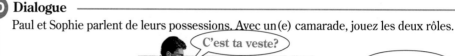

Paul et Sophie parlent de leurs possessions. Avec un(e) camarade, jouez les deux rôles.

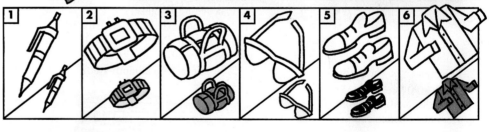

Cooperative pair practice
Activities 10, 13

☀ **Warm-up and review: Colors**

PROPS: Colored pencils and squares of colored paper

Before doing Act. 10, you may want to quickly review the colors.
Montrez-moi un crayon bleu, un crayon vert, un crayon blanc . . .

Then practice the feminine forms.
Montrez-moi une carte bleue, une carte verte, une carte blanche . . .
Remind students that adjectives agree with the noun they modify.

11 **À qui est-ce?** *(Whose is it?)*

Complétez les dialogues avec **son, sa** ou **ses**.

> C'est la maison de Thomas?
>
> Oui, c'est sa maison.

1. —C'est la maison de Claire?
   —Non, ce n'est pas . . . maison.
2. —C'est l'appareil-photo de Marc?
   —Oui, c'est . . . appareil-photo.
3. —Ce sont les cousines d'Éric?
   —Non, ce ne sont pas . . . cousines.
4. —C'est le copain de Thomas?
   —Oui, c'est . . . copain.
5. —C'est l'amie de Patrick?
   —Non, ce n'est pas . . . amie.
6. —Ce sont les livres du professeur?
   —Oui, ce sont . . . livres.
7. —C'est l'ordinateur de ta copine?
   —Oui, c'est . . . ordinateur.

12 **Relations personnelles**

On fait beaucoup de choses avec ses amis ou sa famille. Exprimez cela en utilisant les adjectifs possessifs qui conviennent.

▶ Paul et Marc invitent / des copains   **Paul et Marc invitent leurs copains.**

1. J'invite / une amie française
2. Nathalie invite / un cousin
3. Alice et Stéphanie vont au cinéma avec / un cousin
4. François et Thomas dînent avec / des amies
5. Nous téléphonons à / une grand-mère
6. Vous rendez visite à / un oncle
7. Nous voyageons avec / des parents
8. Vous jouez au foot avec / des copains

RAPPEL! To point out specific objects or people, the French use DEMONSTRATIVE ADJECTIVES (**ce, cette, . . .**).
To ask about specific objects or people, they use INTERROGATIVE ADJECTIVES (**quel, quelle, . . .**).

RÉVISION
If you want to review the forms of **ce** and **quel**, turn to Appendix A, p. R7.

13 **Au grand magasin**

Vous êtes dans un grand magasin avec un(e) ami(e) français(e). Jouez les dialogues d'après le modèle.

▶ —Combien coûte cette veste?
  —Quelle veste?
  —Cette veste-ci!
  —Elle coûte cent cinquante euros.

150€ 1 80€ 2 25€ 3 230€ 4 18€ 5 30€ 6 75€

Rappel 2 **17**

---

11 COMPREHENSION: describing relationships

↩ Review: son, sa, ses

1. sa
2. son
3. ses
4. son
5. son
6. ses
7. son

12 DESCRIPTION: talking about interpersonal activities

↩ Review: possessive adjectives

13 ROLE PLAY: discussing what things cost

↩ Review: ce, quel, and numbers

1. Combien coûte ce sac? . . .
   Il coûte quatre-vingts euros.
2. Combien coûte cette cravate? . . .
   Elle coûte vingt-cinq euros.
3. Combien coûte cet imperméable? . . .
   Il coûte deux cent trente euros.
4. Combien coûte cette affiche? . . .
   Elle coûte dix-huit euros.
5. Combien coûtent ces lunettes? . . .
   Elles coûtent trente euros.
6. Combien coûtent ces chaussures? . . .
   Elles coûtent soixante quinze euros.

■ Variations (without numbers):
(1) – Tu aimes cette veste?
    – Quelle veste?
    – Cette veste-ci.
    – Non, je préfère cette veste-là.
(2) – Quelle veste préfères-tu?
    – Je préfère cette veste-ci. Et toi?
    – Moi, je préfère cette veste-là.

☀ **Warm-up: À qui est-ce?**

PROP: Transparency 8 (Possessions)

Questions similar to those in Act. 11 can be used with Transparency 8:
– C'est l'ordinateur de Marc?
– Non, ce n'est pas son ordinateur.

🌐 **Global Awareness**

PROP: Transparency 3 (L'Europe)

Have students identify those countries which use the Euro.
[l'Allemagne, l'Autriche, la Belgique, l'Espagne, la Finlande, la France, l'Irlande, l'Italie, le Luxembourg, les Pays-Bas, le Portugal]

Rappel 3

COMMUNICATIVE FUNCTION:
Describing activities

---

1 DESCRIPTION: describing what people are doing

↻ **Review:** present of -er verbs

1. Elle mange une glace.
2. Il achète un sandwich.
3. Ils habitent à Paris.
4. Ils visitent la France.
5. Ils voyagent en voiture.
6. Ils écoutent la radio.
7. Ils jouent au volley.
8. Elle porte un short.
9. Il porte un survêtement.

⊟ **Transparencies 11a & 11b**
Quelques activités:
Les verbes en **-er**

■ Transparencies 11a and 11b show verbs that are listed in Appendix A, pp. R8–R9. Use the transparencies to ask what people are doing or not doing.

T18 Reprise

Rappel **3** Les activités

1 Qu'est-ce qu'ils font?

1. Est-ce qu'elle mange une glace ou un croissant?
2. Est-ce qu'il achète une pizza ou un sandwich?
3. Est-ce qu'ils habitent à Québec ou à Paris?

4. Est-ce qu'ils visitent l'Italie ou la France?
5. Est-ce qu'ils voyagent en voiture ou en avion?
6. Est-ce qu'ils écoutent la radio ou un disque?

7. Est-ce qu'ils jouent au volley ou au tennis?
8. Est-ce qu'elle porte un short ou un maillot de bain?
9. Est-ce qu'il porte un survêtement ou un tee-shirt?

RAPPEL! To describe what people do, we use VERBS. Many French verbs end in **-er.**

RÉVISION
If you want to review common **-er** verbs and their forms, turn to Appendix A, p. R8.

18 Reprise

TPR **Everyday activities** REVIEW

PROPS: Transparencies 11a & 11b
Develop a gesture for each verb. Model the verbs shown on the transparency and have the class mimic the action with you.
J'aime manger. [Gesture "eating"]
J'aime téléphoner. [Gesture "dialing"]
J'aime jouer au foot. [Gesture "kicking"]

Say sentences with students acting out verbs. Have students point out the actions on the transparency:
X, montre-nous l'action: J'aime chanter., etc.
Have students repeat each sentence with you as they gesture the action. Do the action and have the class say the sentence.

2 Les voisins *(Neighbors)*
Décrivez les activités
des personnes suivantes.

1. Béatrice . . .
2. Les copains . . .
3. Vous . . .
4. Tu . . .
5. Les Thomas . . .
6. Tu . . .
7. Nous . . .
8. Vous . . .
9. Monsieur Carton . . .

2 DESCRIPTION: describing what people are doing

⤺ **Review:** present of **-er** verbs

1. Béatrice joue de la guitare.
2. Les copains dansent.
3. Vous chantez.
4. Tu joues du piano.
5. Les Thomas regardent la télé.
6. Tu écoutes la radio.
7. Nous étudions.
8. Vous téléphonez.
9. M. Carton dîne (mange).

RAPPEL! To make a sentence NEGATIVE, use the following pattern:

ne + VERB + **pas** ↓ **n'** (+ VOWEL SOUND)	Je **ne** parle **pas** italien. Je **n'**habite **pas** en France.	Vous **ne** travaillez **pas**. Nous **n'**étudions **pas**.

3 Oui ou non?

Dites si oui ou non les autres personnes et vous faites les choses suivantes.

▶ Mes grands-parents . . .
  • habiter en France?

Mes grands-parents habitent en France.

Mes grands-parents n'habitent pas en France.

1. À la maison, je . . .
  • téléphoner souvent?
  • aider mes parents?
  • préparer le dîner?

2. En classe, nous . . .
  • écouter toujours le professeur?
  • parler français?
  • manger des sandwichs?
  • apporter nos disques?

3. Le weekend, je . . .
  • étudier?
  • rester à la maison?
  • retrouver *(meet)* mes copains?
  • acheter des vêtements?

4. Mon copain / Ma copine . . .
  • parler espagnol?
  • jouer au tennis?
  • danser bien?

5. Mes cousins . . .
  • habiter au Canada?
  • voyager souvent?
  • téléphoner tous les weekends *(every weekend)?*

6. Pendant les vacances, mes copains et moi, nous . . .
  • travailler?
  • nager?
  • organiser des boums?

7. En général, les jeunes Américains . . .
  • étudier beaucoup?
  • aimer la musique classique?
  • rester à la maison pendant les vacances?

8. En France, on . . .
  • parler anglais?
  • manger bien?
  • jouer au baseball?

COMMUNICATION: describing the actions of friends and family

3

⤺ **Review:** affirmative and negative of **-er** verbs

Challenge activity

Have students give original affirmative or negative completions to each item in Act 3.

**À la maison, j'étudie.
En classe, nous ne préparons pas le dîner.**

▷ Vocabulaire

■ **Supplementary vocabulary:**
Est-ce que tu sais [nager]?
Do you know how to [swim]?
Oui, je sais [nager].
Non, je ne sais pas [nager].

**Cooperative
pair practice
Activities 5, 6, 7**

How to talk about what you like, want, can do, and must do:

Qu'est-ce que tu aimes faire?

J'aime le tennis mais je préfère le volley.

Qu'est-ce que tu aimes faire?	**Qu'est-ce que tu peux faire?**
J'aime ... *I like ...*	**Je peux ...** *I can, I am able to ...*
Je n'aime pas ...	**Je ne peux pas ...**
Je préfère ... *I prefer ...*	
Qu'est-ce que tu veux faire?	**Qu'est-ce que tu dois faire?**
Je veux ... *I want ...*	**Je dois ...** *I must, I should, I have to ...*
Je ne veux pas ...	
Je voudrais ... *I would like ...*	**Je ne dois pas ...**

➡ Note the use of **je veux bien** as an answer to an invitation.
—Tu veux jouer au volley?   —Oui, **je veux bien** *(I would, I'd like to).*

---

4 COMMUNICATION: expressing one's preferences

↺ Review: infinitive constructions

4 Et toi?

Indiquez vos préférences en complétant les phrases avec une expression de votre choix.

En général,
Avec mes amis,
Avec ma famille,
Le weekend,
Pendant les vacances,
Quand je suis seul(e) *(by myself),*

j'aime ...
je n'aime pas ...
je préfère ...

RAPPEL! The most common way to form a YES/NO QUESTION is to put **est-ce que** at the beginning of the sentence.

RÉVISION
If you want to review questions formed with **est-ce que,** turn to Appendix A, p. R10.

---

5 EXCHANGES: offering, accepting, and declining invitations

↺ Review: yes/no questions and infinitive constructions

5 Invitations

Choisissez une activité et invitez vos camarades à faire cette activité avec vous. Ils vont accepter ou refuser. S'ils refusent, ils vont donner une excuse.

▶ —Est-ce que tu veux jouer au volley avec moi?
—Oui, je veux bien.
(Je regrette, mais je ne peux pas. Je dois rester à la maison.)

INVITATIONS	EXCUSES
dîner	étudier
jouer au foot	travailler
jouer au volley	rentrer
écouter des cassettes	aider mon frère
regarder la télé	préparer le dîner
acheter des compacts	retrouver *(meet)* mon copain
visiter le musée	retrouver ma copine
	rester à la maison

6 Conversations

Demandez à vos camarades s'ils font les choses suivantes.

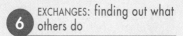

Est-ce que tu organises souvent des fêtes?

Oui, j'organise souvent des fêtes.

(Non, je n'organise pas souvent de fêtes.)

▶ organiser souvent des fêtes?

1. parler italien?
2. jouer du banjo?
3. chanter dans une chorale?
4. rester à la maison le samedi?
5. travailler le weekend?
6. apporter ton walkman en classe?
7. dîner souvent au restaurant?
8. manger à la cantine (school cafeteria)?
9. aimer marcher?

RAPPEL To ask for SPECIFIC INFORMATION, use the following construction:

QUESTION WORD + **est-ce que** + rest of sentence
Où est-ce que tu habites?   *Where do you live?*

RÉVISION

If you want to review how to form questions with question words, turn to Appendix A, p. R10.

How to ask for information:

Qu'est-ce que vous achetez?

où?	*where?*	**Où** est-ce que ta mère travaille?
quand?	*when?*	**Quand** est-ce que vous jouez au foot?
comment?	*how?*	**Comment** est-ce que tu chantes? Bien ou mal?
pourquoi?	*why?*	**Pourquoi** est-ce que tu étudies le français?
à quelle heure?	*at what time?*	**À quelle heure** est-ce qu'on dîne?
qui?	*who(m)?*	**Qui** est-ce que tu invites à la boum?
à qui?	*to whom?*	**À qui** est-ce que Marc téléphone?
avec qui?	*with whom?*	**Avec qui** est-ce que tes amis jouent au basket?
qu'est-ce que	*what?*	**Qu'est-ce que** vous achetez?
de quoi?	*about what?*	**De quoi** est-ce que tu parles?

➡ To ask WHO DOES SOMETHING, the construction is **qui** + VERB:

Qui téléphone?   **Qui** parle espagnol?

7 Conversations

Posez des questions à vos camarades sur leurs activités.

▶ rentrer à la maison (comment?)
—Comment est-ce que tu rentres à la maison?
—Je rentre à la maison en bus (à vélo, à pied . . .).

1. habiter (où?)
2. rentrer à la maison (à quelle heure?)
3. dîner (à quelle heure?)
4. jouer au volley (avec qui?)
5. regarder la télé (quand?)
6. acheter tes vêtements (où?)
7. retrouver (meet) tes copains (quand?)
8. voyager (avec qui?)

---

6 EXCHANGES: finding out what others do

↩ **Review:** asking yes/no questions

▷ **Vocabulaire**

▪ **Supplementary vocabulary:** quel (+ noun)
Quel film est-ce que tu regardes?

▪ **If students ask:** Since qu'est-ce que consists of que + est-ce que, the expression est-ce que is not repeated.

▪ **Supplementary vocabulary:** qui est-ce que

7 EXCHANGES: finding out how others do things

↩ **Review:** asking information questions

Language note: Interrogative expressions

Remind students that, contrary to English, interrogative expressions can NEVER be separated in French, even in casual speech.

<u>What</u> are you talking <u>about</u>?
De quoi est-ce que tu parles?
Tu parles **de quoi?** (*casual speech*)

8 Au téléphone

Complétez la conversation suivante avec les expressions interrogatives qui conviennent. Ensuite, jouez cette conversation avec un(e) camarade.

▶ —**À quelle heure** est-ce que tu dînes aujourd'hui?   —À huit heures.

1. —Et . . . tu vas manger?
   —Euh, une omelette.
2. —Dis, . . . tu fais samedi soir?
   —Je vais aller à une boum.
3. —Oh? . . . organise la boum?
   —C'est ma cousine Corinne.

4. —. . . est-ce que tu invites à la boum?
   —J'invite Christine.
5. —Et . . . est-ce que tu vas danser?
   —Avec toutes (all) mes copines.

6. —. . . est-ce que tu ne vas pas au concert le weekend prochain?
   —Parce que je n'ai pas de billet (ticket).

9 Qui?

Répondez aux questions en donnant le nom de la personne.

| Mme Caron | M. Lemaigre | M. Laplanche | Véronique | Jean-Pierre | Alice |

1. Qui entend le téléphone?   3. Qui choisit une veste?   5. Qui attend un taxi?
2. Qui vend des glaces?   4. Qui répond au téléphone?   6. Qui grossit?

RAPPEL! A few French verbs end in **-ir** and **-re**. Many of these verbs follow a regular pattern.

RÉVISION If you want to review **-ir** and **-re** verbs, turn to Appendix A, p. R10.

10 Quel verbe?

Complétez les phrases suivantes avec les verbes de la liste. Soyez logique.

1. Hélène travaille dans un magasin. Elle . . . des cassettes.
2. Tu joues mal. Tu . . . ton match.
3. Vous étudiez beaucoup. Vous . . . toujours aux examens.
4. Nous sommes au régime (on a diet). Nous . . .
5. Éric et Marc sont en vacances. Ils . . . à leurs grands-parents.
6. Madame Leduc est à l'arrêt de bus (bus stop). Elle . . . l'autobus.
7. Philippe achète des vêtements. Il . . . un pantalon bleu.
8. Ces personnes mangent trop (too much). Elles . . .
9. Je suis dans ma chambre. Je . . . mes devoirs et après je regarde la télé.
10. S'il te plaît, parle plus fort (louder). Mon grand-père n' . . . pas très bien.
11. Nous sommes de bons élèves. Nous . . . toujours aux questions du professeur.
12. Les vacances commencent en juin. Elles . . . en septembre.

choisir
finir
grossir
maigrir
réussir

attendre
entendre
perdre
rendre visite
répondre
vendre

22 Reprise

Language notes
• One can also reinforce the subject as follows:
Je parle français, moi.
Vous parlez anglais, vous.
• The stress form of **que** *(what)* is **quoi**.
It is used:
– alone: **Quoi?**
– after a preposition:
   De quoi est-ce que tu parles?
– in casual questions:
   Tu fais **quoi**?

RAPPEL! When we talk to or about others, or about ourselves, we use PRONOUNS. Review the forms of SUBJECT and STRESS PRONOUNS in the sentences on the right.

SUBJECT PRONOUNS	STRESS PRONOUNS	
je (j')	moi	**Moi, je** parle français.
tu	toi	**Toi, tu** étudies l'espagnol.
il	lui	**Lui, il** habite en France.
elle	elle	**Elle, elle** aime voyager.
nous	nous	**Nous, nous** jouons bien au tennis.
vous	vous	**Vous, vous** chantez mal.
ils	eux	**Eux, ils** aiment danser.
elles	elles	**Elles, elles** ne voyagent pas souvent.

➡ Stress pronouns are used:
• in sentences with no verb   Qui parle français? **Moi! Pas toi!**
• after **c'est** and **ce n'est pas**   **C'est lui. Ce n'est pas moi.**
• to reinforce the subject   **Eux, ils** voyagent souvent.
• before and after **et** and **ou** *(or)*   **Eux et moi,** nous sommes amis.
• after prepositions such as:
   pour *(for)*   Je travaille **pour lui.**
   avec *(with)*   Vous étudiez **avec eux.**
   chez *(home, at home;*   Tu ne vas pas **chez toi.**
      to or at someone's house)   Tu vas **chez nous.**

11 **Questions et réponses**

Répondez aux questions en utilisant des pronoms.

▶ Patrick dîne avec Corinne? (non)
   Non, il ne dîne pas avec elle.

1. Marc étudie avec Caroline? (oui)
2. Alice danse avec François? (non)
3. Paul joue au tennis avec sa copine? (oui)
4. Philippe voyage avec ses parents? (non)
5. Michèle dîne chez ses cousines? (oui)
6. Hélène travaille pour Monsieur Moreau? (non)
7. Thomas travaille pour son oncle? (oui)
8. Monsieur Denis travaille pour ses clients? (oui)

12 **L'orage** *(The storm)*

Il y a un orage et tout le monde reste à la maison. Exprimez cela en utilisant la construction **chez** + pronom accentué.

▶ je / dîner
   Je dîne chez moi.

1. tu / étudier
2. nous / dîner
3. Monsieur Leblanc / travailler
4. vous / regarder la télé
5. Patrick et Marc / jouer au ping-pong
6. mes copines / préparer l'examen
7. je / écouter la radio
8. Florence / jouer au Nintendo

11 DESCRIPTIONS: saying what others are and are not doing

↻ **Review:** using personal pronouns

12 DESCRIPTION: saying that people are staying home

↻ **Review: chez** + stress pronouns

☀ **Warm-up: Stress pronouns**   REVIEW

PROP: Transparency R (Subject pronouns)

• Use the transparency to introduce stress pronouns, writing the corresponding pronoun in the box below each drawing.
• Erase the words from the transparency.
• Then point to the pronouns and let the students respond.

Qui parle français?
[point to "je"] **Moi.**
Qui parle anglais?
[point to "il"] **Lui.**, etc.

RAPPEL! To make SUGGESTIONS or to give ADVICE or ORDERS, we use the IMPERATIVE form of the verb.

RÉVISION
If you want to review the forms of the imperative, turn to Appendix A, p. R11.

RAPPEL! Note the use of **moi** in affirmative commands:

Téléphone-moi!	**Call me!**
Apporte-moi ce livre!	**Bring me** that book!

EXCHANGES: asking people to do things for you 13

↺ **Review:** familiar commands

■ **If students ask:** In French there are two ways to say *please:*
S'il te plaît! (informal **tu**-form)
S'il vous plaît! (formal **vous**-form)

13 S'il te plaît ————

Vous êtes dans les circonstances suivantes. Demandez à un(e) camarade de faire certaines choses pour vous.

▶ J'ai soif. (donner de la limonade)

1. J'ai des difficultés avec le problème de maths. (aider)
2. Je suis seul(e) ce weekend. (inviter à ta boum)
3. Je voudrais téléphoner à ton cousin Alain. (donner son numéro de téléphone)
4. J'ai faim. (apporter un sandwich)
5. Je suis seul(e) *(alone)* ce soir. (téléphoner)

Donne-moi de la limonade, s'il te plaît!

■ **Realia note:** Have students translate the slogans.
Les téléphones amusants *(fun telephones)*
Invite-moi à voyager. *(Invite me on a trip.)*
Des premiers pas sur Internet *(First steps, venture onto the Internet)*
un enregistrement sonore *(audio clip)*
Passe-moi le mot! *(Pass the word.)*
Then have them identify the two imperative forms (**invite, passe**).

🌐 **Cultural note: Canada**

Canada is officially a bilingual country; documents published by the federal government in Ottawa are printed in both English and French. Since the majority of the French-speaking population is located in the provinces of Quebec, New Brunswick, and Ontario, most of the French services are located there.

Ontario is the largest of the ten Canadian provinces. Its capital is Toronto. Ottawa, the seat of the federal government, is also located in Ontario.

14 **Bons conseils** *(Good advice)*

Donnez des conseils ou des ordres aux personnes suivantes. (Vos conseils peuvent être affirmatifs ou négatifs.)

Joue bien!

Ne restez pas dehors.

1. Votre copain va jouer au tennis.

   ▶ • jouer bien
      • gagner ton match
      • perdre

2. Il pleut et vos deux petits frères sont dehors *(outside)*.

   ▶ • rester dehors
      • jouer au basket
      • rentrer à la maison

3. Votre copine a un examen important demain.

   • étudier
   • regarder la télé
   • écouter tes cassettes

4. Vous faites du baby-sitting pour les enfants des voisins.

   • manger vos spaghetti
   • finir votre dîner
   • jouer avec les allumettes *(matches)*

15 **C'est le weekend**

Proposez à un(e) camarade de faire les choses suivantes. Il (Elle) va accepter.

▶ visiter le musée

1. jouer au basket
2. jouer au tennis
3. inviter des copains
4. rendre visite à nos amis
5. dîner au restaurant
6. organiser une fête

On visite le musée?

D'accord!
Visitons le musée.

14 COMPREHENSION: giving advice

↻ **Review:** affirmative and negative commands

15 EXCHANGES: making suggestions

↻ **Review:** *nous*-form imperative

■ **Variation:** Answer *no* and suggest another activity.
– On visite le musée?
– Non, ne visitons pas le musée! Allons à la plage!

■ **Photo culture note**
Le Musée du Petit Palais is located in the **Petit Palais** exhibition hall. The museum houses medieval and Renaissance paintings and drawings, 18th century furniture and art objects, and 19th century collections from the city of Paris.

Ask questions about the sign:
Comment s'appelle ce musée?
   [Le Musée du Petit Palais]
Quelles collections est-ce qu'on peut voir ici? [art ancien, peinture et sculpture]
Quel jour est-ce que le musée est fermé? [le lundi]

Cooperative
pair practice
Activity 15

À votre tour!

1 ROLE PLAY: short conversations

Classroom Notes

1 Situations

Imagine you are in the following situations. Your partner will take the other role and answer your questions.

1. You meet a friend at the tennis club. Ask your friend . . .
   • if he / she likes tennis
   • how well he / she plays
   • if he / she wants to play with you

2. You want to give a party for the members of the French Club, but you need help. Ask a friend . . .
   • if he / she has a boom box
   • if he / she can bring some cassettes
   • if he / she wants to organize the party with you

3. You meet a French student on the bus. Ask this student . . .
   • where he / she lives
   • if he / she studies English at school
   • if he / she likes to travel
   • which cities he / she wants to visit

4. You are new at school. Ask another student . . .
   • if he / she likes his / her teachers
   • where the library is
   • at what time the French class ends

5. You are new in the neighborhood and don't know your way around. Ask your neighbor . . .
   • if there is a shopping center
   • in which store he / she buys his / her clothes
   • what his / her favorite restaurant is

6. You are hosting a French exchange student at your home. Ask this student . . .
   • at what time he / she wants to have dinner
   • if he / she wants to eat a pizza
   • what he / she wants to watch on TV after **(après)** dinner

7. Your French pen pal is visiting you this summer. Ask your pen pal . . .
   • if he / she likes to swim
   • if he / she has a swimming suit
   • if he / she has sunglasses
   • if he / she wants to go **(aller)** to the pool with you

26 **Reprise**

À votre tour!

The communicative activities in this section give students the opportunity to express themselves orally and in writing.

Select those activities which are most appropriate for your students. You may or may not wish to do them all.

2 L'horaire des classes

Write out your class schedule in French. Give the following information:

- the days of the week
- the periods and their times
- your classes and other school activities

	lundi	mardi			
8h15 – 9h05	anglais				

2 WRITTEN SELF-EXPRESSION: writing a class schedule

Transparency 6
Les matières

■ Project Transparency 6 as students are doing Act. 2, to help them remember the names of school subjects.

3 En vacances en France

You are going to go to France this summer. Make a list of eight things (clothes or other items) that you want to take along.

> mes lunettes de soleil
> mon appareil-photo

3 WRITTEN SELF-EXPRESSION: packing for a trip

4 Mes préférences

Write five things you like to do and four things you do not like to do.

> J'aime
> Je n'aime pas

4 WRITTEN SELF-EXPRESSION: expressing preferences

5 Une lettre à Christine

Write a letter to your French pen pal, Christine, telling her about yourself. (You might even try to contact your pen pal by Minitel or on the Internet!)

➡ Give the date.
➡ Tell Christine . . .
- your name
- where you live
- what school you go to
- what subjects you study
- what sports you play
- what other things you like to do

> le 7 mai
> Chère Christine,
> Je m'appelle

5 WRITTEN SELF-EXPRESSION: writing a letter

À votre tour 27

REPRISE INTERNET PROJECT After students read about the students on pages 4–5 of their Student Texts, perhaps they would like to meet a real French student! Students can search the Internet to find sites which offer exchanges and other educational resources. Students can use the following keywords with the search engine of their choice: **"échanges éducatifs"; enseignement; pédagogie**

Address Book

Use this space to keep track of your favorite websites.

Unité 1

MAIN THEME:
Describing oneself to others

➤ Teaching Resources

Technology/Audio Visual

VIDEO/VIDEODISC

Unité 1, Modules A–C
1-A. Armelle a un nouveau copain
1-B. Allons dans un café
1-C. Ça, c'est drôle!

CD-ROM

Writing Template
Unité 1

CD
Unité 1, Leçons 1, 2, 3, 4

1, 1(o), 2a, 2b, 2c, 3, 5, 8, 9, 11a, 11b, 13, 14, 15, 16, 17, 18
Situational S3, S4

Print

Answer Key, Cassette Script, Video Script, Overhead Visuals Copymasters

Activity Book, pp. 11–20; 105–118; 245–256
Activity Book TAE

Video Activity Book pp. 1–16

Communipak, pp. 1–26

Teacher's Resource Package

Games, Additional Activities

Interdisciplinary Connections

Multiple Intelligences

Internet Connections
www.mcdougallittell.com

LEÇON 1 Le français pratique: Je me présente

LEÇON 2 Vidéo-scène: Armelle a un nouveau copain

LEÇON 3 Vidéo-scène: Allons dans un café!

LEÇON 4 Vidéo-scène: Ça, c'est drôle!

Teaching strategies

This is a light unit. In particular, it reviews **avoir** and **être** in the preparation for Unit 2, which focuses on the passé composé.

Like the Reprise, this unit should be covered as quickly as possible.

- With fast-paced classes, concentrate on the new "expansion" material.
- With average and slower-paced classes, emphasize the "review" material.

For pacing suggestions, turn to Section 7 of the ETE Front Matter (pp. 43–45).

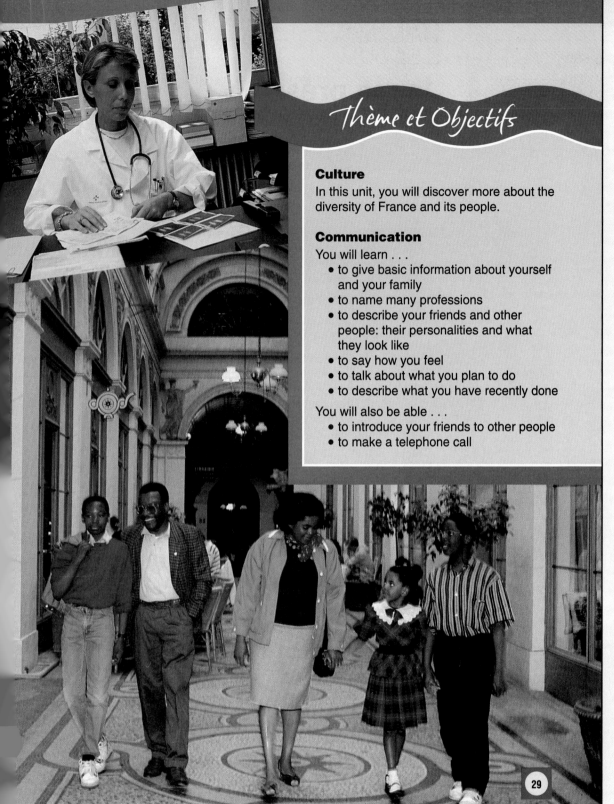

Thème et Objectifs

Culture
In this unit, you will discover more about the diversity of France and its people.

Communication
You will learn . . .
- to give basic information about yourself and your family
- to name many professions
- to describe your friends and other people: their personalities and what they look like
- to say how you feel
- to talk about what you plan to do
- to describe what you have recently done

You will also be able . . .
- to introduce your friends to other people
- to make a telephone call

Linguistic objectives

REVIEW
- **être, avoir, aller, venir**

SECONDARY
- idiomatic expressions with these verbs
- **venir de**
- irregular adjectives

■ **Realia notes**
- The French word **un collège** is different from its English cognate: it refers to the school years just preceding high school. Students in **collège** are generally from 11 to 15 years old.
- Jacques Prévert (1900–1977) was a French writer known for his humorous, satirical, and tender poems, songs, and screenplays.
- **Un demi-pensionnaire** is a day-boarder who eats lunch at school but who goes home for dinner and to sleep.

Ask questions about the student's identification card:
Quel est le prénom de l'élève?
 [Jean-François]
Comment s'appelle son père?
 [Guillaume André Fournier]
Où habite-t-il? [à Annecy]
Où étudie-t-il? [au Collège Jacques Prévert]

➤ Assessment Options

ACHIEVEMENT TESTS	PROFICIENCY TESTS	
Lesson Quizzes 1–4, pp. 43-50 Test Cassette A, Side 1	Listening Comprehension Performance Test, pp. 27-28 Test Cassette C, Side 1	Writing Performance Test, pp. 35-36
Unit Test 1		Test Bank, Unit 1 Version A or B
Portfolio Assessment pp. T50–T51, Activities 1–3; T61, Activities 1–3; T71, Activities 1–4	Speaking Performance Test, pp. 9-12 Reading Comprehension Performance Test, pp. 13-15	CD-ROM

MAIN TOPICS:

Presenting oneself, making introductions

VIDEO PROGRAM
The video program for **Discovering French–Blanc** consists of nine episodes which correspond to the nine units of the text.

Each episode is divided into three parts or *Vidéo-scènes*, which accompany the second, third, and fourth lesson of each unit.

There is no video to accompany the first lesson of the unit, *Le français pratique*.

🔊 **Leçon 1, Section 1**

■ **Cultural note:** France's four largest cities are Paris, Lyon, Marseille, and Lille.

■ **Cultural note:** Strasbourg is the capital of Alsace. It is also the seat of the Council of Europe (**le Conseil de l'Europe**) and the European Parliament (**le Parlement européen**).

LE FRANÇAIS PRATIQUE

LEÇON 1 Je me présente

Aperçu culturel . . . Qui suis-je?

La France a une population de 60 millions d'habitants. Les Français sont d'origines très diverses. La majorité sont d'origine européenne, mais beaucoup sont d'origine africaine et asiatique. La France a aussi un grand nombre d'immigrés. Ces immigrés viennent principalement d'Afrique du Nord (Algérie, Maroc, Tunisie), et aussi d'autres pays européens (Portugal, Italie, Espagne, Turquie).

La majorité des Français habitent dans les villes, mais 20 pour cent de la population habitent à la campagne ou dans des villages de moins de 2 000 habitants.

1. Vincent Dulac habite à Bergerac, une petite ville de 30 000 habitants dans le sud de la France. Son père travaille dans un supermarché. Sa mère est comptable.

2. Mylène Boudjema est née en France, mais ses parents sont d'origine algérienne. Elle habite avec sa famille dans la banlieue de Lyon, la deuxième ville française.

3. Juliette Weil a dix-neuf ans. Elle est originaire de Strasbourg où sa famille habite depuis des générations. Elle habite maintenant à Paris où elle est étudiante à l'Académie Julian, une école d'art.

30 Unité 1

Teaching strategy

Have students read this **Aperçu culturel** twice:
- at the beginning of the unit—quickly for general information
- at the end of the lesson—with greater attention to details

4. **Jean-François Dumas** a 21 ans. Il habite à Montpellier où il est étudiant en médecine. Il est originaire de la Guadeloupe où il compte retourner après ses études.

5. **Jérôme de Missolz** est cinéaste. Il fait des films documentaires pour la télévision. Il est marié et père de deux enfants. Sa femme est artiste.

6. **Inès de la Fressange** est mannequin. Elle a aussi sa propre marque de vêtements. En France, elle est très célèbre pour une autre raison: elle a été choisie pour être le modèle de Marianne, symbole de la République française.

7. **Monsieur Nguyen** habite à Paris dans le quatorzième arrondissement. Il est originaire du Vietnam. Il possède un restaurant (vietnamien, bien sûr!) où il travaille avec sa femme et ses enfants.

8. **Monsieur et Madame Laroche** ont une ferme à Artenay, un petit village de 2 000 habitants, près d'Orléans. Leurs enfants et leurs petits-enfants habitent en ville, mais ils viennent chez eux pendant les vacances pour profiter de l'air de la campagne.

Leçon 1 **31**

■ **Cultural notes**
• Montpellier's School of Medicine dates back to 1221.
• In every French city hall (**mairie**) there is a bust of Marianne, often draped in a broad ribbon in the French colors **bleu-blanc-rouge**.
• Vietnam, Laos, and Cambodia are former French colonies.
• Orléans, the city of roses (**la ville des roses**), is located on the Loire River. It is an important administrative and university center.

■ **Questions sur le texte**
1. Qui étudie à l'Académie Julian?
2. Qui a sa propre marque de vêtements?
3. Qui habite une petite ville dans le sud de la France?
4. Qui fait des films documentaires pour la télévision?
5. Qui est étudiant en médecine à Montpellier?
6. Qui a des parents d'origine algérienne?
7. Qui possède un restaurant vietnamien à Paris?
8. Qui a une ferme près d'Orléans?

Un jeu: Qui est-ce?

PROPS: Index cards numbered from 1–8 for each group

In small groups, students draw cards so that no cards remain. Each student writes a short description of the person whose number he/she draws. One at a time, students read their descriptions and the others guess the identity of the person described.

(6) **Elle a été choisie pour être le modèle de Marianne. Qui est-ce?**
[Inès de la Fressange]

Leçon 1 **T31**

 **Leçon 1, Section 2**

■ **Expansion** (formal questions):
Comment vous appelez-vous?
Quelle est votre nationalité?
De quelle nationalité êtes-vous?
Où habitez-vous?
Quelle est votre adresse?
Quel est votre numéro de
   téléphone?
Quel âge avez-vous?
Où/Quand êtes-vous né(e)?

■ **Cultural note:** In October
of 1996, France Telecom added
two digits to phone numbers
throughout France. French phone
numbers now consist of ten digits,
read in groups of two: **zéro deux,
quarante-sept, cinquante-quatre,
trente-six, zéro neuf.**
   In the provinces, the first four digits
indicate the area: **02 47 = Tours.**

■ **Pronunciation:** 1986 =
dix-neuf cent quatre-vingt-six or
mille neuf cent quatre-vingt-six

1 COMMUNICATION: introducing
oneself

■ **Realia note:** From 11 years of
age, all French citizens have to
carry identification papers with
them at all times. **La carte
nationale d'identité** has the
citizen's picture, name, address,
date and place of birth,
description, and signature.

2 EXCHANGES: getting to know
other people

 Cooperative
pair practice
Activities 2, 3

A. L'identité

le PRÉNOM et le NOM	Comment t'appelles-tu?	*Je m'appelle Véronique Tessier.*
la NATIONALITÉ	Quelle est ta nationalité? De quelle nationalité es-tu?	*Je suis française.*
le DOMICILE	Où habites-tu? Quelle est ton adresse? Quel est ton numéro de téléphone?	*J'habite à Tours. J'habite 45, rue Jeanne d'Arc C'est le 02.47.54.36.09.*
l'ÂGE	Quel âge as-tu?	*J'ai quinze ans.*
le LIEU et la DATE de NAISSANCE	Où es-tu né(e)? Quand es-tu né(e)?	*Je suis née à Paris. Je suis née le 18 août 1986.*

le prénom: *first name*   **le numéro de téléphone:**   **la date:** *date*
le nom: *name, last name*   *phone number*   **la naissance:** *birth*
l'adresse: *address*   **le lieu:** *place*   **je suis né(e):** *I was born*

1 ● **Et vous?**
Présentez-vous à la classe. Donnez votre
nom et votre prénom, votre nationalité,
votre adresse et votre âge.

2 ● **Le club français**
Vous êtes secrétaire du club français.
Choisissez un(e) camarade et
demandez-lui les renseignements
(information) suivants:

- son nom
- son âge
- son lieu de naissance
- sa date de naissance

32   Unité 1

 **Cooperative practice: Des portraits**

Act. 1 and 2 may be combined into one
activity. Have pairs of students interview
each other, with each student recording
the information about his/her partner on
an index card. Students then introduce
their partners to the whole class or to
other students in small groups. As a
follow-up activity, have them use their
notes to write a "portrait" of their classmate. You may wish to have students
attach their photos to the portraits and
display the completed projects on the
bulletin board.
**Ma camarade s'appelle Colette
   Johnson. Elle est américaine et elle
   habite à Minneapolis.,** etc.

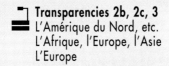

J'ai une copine canadienne.

Vocabulaire: La nationalité

J'ai un copain (une copine) . . .

anglais(e)	**belge** *(Belgian)*	**canadien (canadienne)**
français(e)	**suisse** *(Swiss)*	**italien (italienne)**
	russe *(Russian)*	
américain(e)		**israélien (israélienne)**
mexicain(e)	**espagnol(e)** *(Spanish)*	**égyptien (égyptienne)**
cubain(e)	**allemand(e)** *(German)*	
portoricain(e)		**vietnamien (vietnamienne)**
		cambodgien (cambodgienne)
japonais(e)		**indien (indienne)**
chinois(e)		**coréen (coréenne)** *(Korean)*

---

3 **Au club international**

Il y a beaucoup de jeunes de nationalités différentes au club international.
Faites la connaissance des personnes suivantes d'après le modèle.

▶ Erika (Berlin)

Comment t'appelles-tu?

Je m'appelle Erika.

Où habites-tu?

J'habite à Berlin.

Tu es allemande?

Oui, je suis allemande.

1. Nicole (Genève)

2. David (Tel Aviv)

3. Silvia (Rome)

4. Michiko (Tokyo)

5. Lin (Beijing)

6. José (San Juan)

7. Luísa (Acapulco)

8. Olga (Moscou)

Leçon 1 **33**

▷ **Vocabulaire**

🔲 **Transparencies 2b, 2c, 3**
L'Amérique du Nord, etc.
L'Afrique, l'Europe, l'Asie
L'Europe

⬜ **Looking ahead:** Names of
countries are presented in
Lesson 29.

Supplementary vocabulary

hollandais(e) *Dutch*
irlandais(e) *Irish*
portugais(e)

danois(e) *Danish*
norvégien (norvégienne)
suédois(e) *Swedish*

grec (grecque) *Greek*
turc (turque) *Turkish*

argentin(e)
brésilien (brésilienne)

nigérien (nigérienne)
sénégalais(e)
sud-africain(e)

libanais(e) *Lebanese*
syrien (syrienne)

philippin(e)

⬛ **Extra practice:** Have students
identify nationalities of famous
people.
la princesse Diana (anglaise)
Julio Iglesias (espagnol)
Michael J. Fox (canadien)
Ann Landers (américaine)
Jean-Claude van Damme (belge)
Boris Yeltsin (russe), etc.

3 ROLE PLAY: talking about
nationalities

1. suisse	5. chinois
2. israélien	6. portoricain
3. italienne	7. mexicaine
4. japonaise	8. russe

⬛ **Expansion**
Paco (La Havane) *(cubain)*
Ana (Madrid) *(espagnole)*
Brigitte (Bruxelles) *(belge)*
Kim (Séoul) *(coréenne)*
Pradip (Calcutta) *(indien)*
Michelle (Montréal) *(canadienne)*

Teaching note: *tu* vs. *vous*

In **Discovering French,** the INSTRUC-
TIONS to the activities are given in the
vous-form.

In PAIRED ACTIVITIES, however, students
address one another as **tu**.

Similarly, individual students are
addressed as **tu** in the *Questions
personnelles.*

Leçon 1, Section 2

Supplementary vocabulary

un **fils unique** *only son*
une **fille unique** *only daughter*

le frère **aîné** *older brother*
la soeur **aînée** *older sister*

le frère **cadet** *younger brother*
la soeur **cadette** *younger sister*

veuf (**veuve**) *widowed*

▷ **Vocabulaire**

If students ask: The prefix
beau-/belle- also refers to
in-laws:
le **beau-père** *father-in-law*
la **belle-mère** *mother-in-law*
 Also:
le **parrain** *godfather*
la **marraine** *godmother*

Tu as des frères et des soeurs?

Oui, j'ai une soeur.

B. La famille et les amis

—Tu as des frères et des soeurs?
   Non, je suis **enfant unique.**
   Oui, j'ai un frère./J'ai une soeur.

—Comment s'appelle-t-il/elle?
   Il s'appelle Philippe.
   Elle s'appelle Véronique.

—Est-ce qu'il/elle est **plus jeune** que toi?
   Non, il/elle est **plus âgé(e).**

—Quel âge a-t-il/elle?
   Il/Elle a dix-sept ans.

—Est-ce que ton oncle est **marié?**
   Non, il est | **célibataire.**
                 | **divorcé.**

un(e) enfant unique: *only child*

plus jeune: *younger*
plus âgé(e): *older*

marié: *married*
célibataire: *single*
divorcé: *divorced*

Vocabulaire: Les gens

La famille
un parent *(parent, relative)*   **un enfant** *(child)*

le père	**la mère**	**le frère**	**la soeur**
le beau-père	**la belle-mère**	**le demi-frère**	**la demi-soeur**
(stepfather, father-in-law)	*(stepmother, mother-in-law)*	*(stepbrother, half brother)*	*(stepsister, half sister)*
le mari *(husband)*	**la femme** *(wife)*	**le fils** *(son)*	**la fille** *(daughter)*
le grand-père	**la grand-mère**	**le petit-fils** *(grandson)*	**la petite-fille**
l'oncle	**la tante** *(aunt)*	**le cousin**	**la cousine**
		le neveu *(nephew)*	**la nièce**

Les amis

un ami	**une amie**	**le meilleur** *(best)* **ami**	**la meilleure amie**
un copain	**une copine**	**le meilleur copain**	**la meilleure copine**
un camarade	**une camarade**		
un voisin *(neighbor)*	**une voisine**		

Les personnes
une personne   **les gens** *(people)*

➡ **Une personne** is always feminine.
   Des gens is masculine plural.

Teaching note: Plural forms

As you present the sample questions and
answers, you may want to review the
plural forms:
J'ai deux frères.
Comment s'appellent-ils?
Est-ce qu'ils sont plus jeunes que toi?
Quel âge ont-ils?, etc.

4 **Questions personnelles**

1. Est-ce que tu es enfant unique?
2. Est-ce que tu as des frères et des soeurs? Combien? Comment s'appellent-ils/elles?
   Quel âge ont-ils/elles?
3. Comment s'appelle ton meilleur copain? Es-tu plus jeune ou plus âgé(e) que lui?
   Es-tu plus jeune ou plus âgé(e) que ta meilleure copine?
4. As-tu des oncles et des tantes? Est-ce qu'ils sont mariés, célibataires ou divorcés?
5. As-tu des cousins et des cousines? Est-ce qu'ils habitent près d'ici? Est-ce que tu vas
   chez eux pendant les vacances?
6. Où habitent tes grands-parents? Quel âge a ton grand-père? Et ta grand-mère?
7. Est-ce que tes voisins ont des jeunes enfants? Est-ce que tu fais du baby-sitting pour eux?

5 **La famille Moreau**

Lisez le texte suivant. Puis, sur une feuille
de papier, établissez l'arbre généalogique
de la famille Moreau.

> Albert Moreau a 66 ans.
> Sa femme Monique a 58 ans.
> Ils ont deux enfants, Françoise (32 ans) et Jean-Pierre (41 ans).
> Françoise Moreau est célibataire.
> Jean-Pierre Moreau est marié. Sa femme et lui ont un fils, Éric
>   (12 ans) et une fille, Véronique (10 ans).
> La femme de Jean-Pierre s'appelle Élisabeth. Elle a 39 ans.
>   Elle est enfant unique. Elle a une fille Sandrine (16 ans)
>   de son premier mariage.

Albert   **Monique**

Françoise   **Jean-Pierre**   **Élisabeth**   **Éric**   **Véronique**   **Sandrine**

(a) Sur la base de l'arbre généalogique que vous avez établi, déterminez si les phrases
suivantes sont vraies ou fausses.

1. Éric est le petit-fils d'Albert et
   de Monique Moreau.
2. Françoise Moreau a un neveu
   et une nièce.
3. La tante d'Éric est mariée.
4. Élisabeth Moreau a un frère.
5. Sandrine est la demi-soeur d'Éric.
6. Éric et Véronique n'ont pas de cousins.
7. Sandrine a un demi-frère.
8. Jean-Pierre Moreau est le beau-père de Sandrine.

(b) Expliquez la relation familiale qui existe entre les personnes suivantes.

▶ Françoise / Monique   **Françoise est la fille de Monique.**

1. Élisabeth / Jean-Pierre
2. Élisabeth / Véronique
3. Albert / Véronique
4. Éric / Sandrine
5. Monique / Éric
6. Jean-Pierre / Sandrine

COMMUNICATION: talking
4 about one's family

■ **Expansion**

2. Also: **Est-ce que tu as des
   demi-soeurs? des demi-frères?**
6. If students ask, you may
   introduce:
   Mon grand-père est mort.
   Ma grand-mère est morte.

 COMPREHENSION: describing
5 family relationships

(a)
1. vrai	5. vrai
2. vrai	6. vrai
3. faux	7. vrai
4. faux	8. vrai

(b)
1. Élisabeth est la femme de
   Jean-Pierre.
2. Élisabeth est la mère de
   Véronique.
3. Albert est le grand-père de
   Véronique.
4. Éric est le demi-frère de
   Sandrine.
5. Monique est la grand-mère
   d'Éric.
6. Jean-Pierre est le beau-père de
   Sandrine.

■ **Expansion:** Have students
choose someone from the family
tree and see how many different
ways they can describe that
person's relationship to the others.
**Éric est le fils de Jean-Pierre
  Moreau.**
**C'est le neveu de Françoise
  Moreau.**, etc.

📑 **Transparency 13**
  La famille

Cooperative practice activity

Divide the class into small groups. Have
the groups draw their version of the
Moreau family tree, labeling each person's
name and age

   Ask the recorder (**le/la secrétaire**) of
the first group done to put its tree on the
board. Then use Transparency 13 to have
the groups check their work.

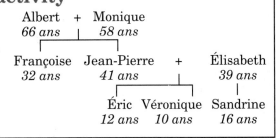

```
Albert   +   Monique
66 ans   |   58 ans
     ┌───────┴───────┐
Françoise   Jean-Pierre   +   Élisabeth
  32 ans       41 ans          39 ans
              ┌────┴────┬──────────┐
            Éric   Véronique   Sandrine
           12 ans   10 ans      16 ans
```

Leçon 1, Section 2

COMPREHENSION: identifying
professions
6

1. comptable
2. infirmier
3. avocate
4. écrivain
5. mannequin
6. informaticienne
7. vendeur

■ **Realia notes**
S.A. = société anonyme
(incorporated/limited company)
What company is looking for an
  accountant? [Berney Conseil]
Where is the company located?
  [Geneva, Switzerland]
What company is looking for an
  employee who speaks English?
  [Hella]
What professional are they
  looking for? (an engineer)
If you wanted to work nights,
  which company would you write
  to? [M.L. Dubreas]
Which ad would be of most
  interest to people who want to
  get into management? [F.E.C.]

C. La profession

—Que fait ta mère?
  Elle est photographe.

—Que fait ton père?
  Il est comptable.
  Il travaille dans **un bureau.**

—Qu'est-ce que tu voudrais faire **plus tard?**
  Je voudrais être ingénieur.

> **un bureau:** *office*
>
> **plus tard:** *later on*

➡ After **être,** the French do <u>not</u> use **un / une** with the name of a profession.

Ma tante est **médecin.**	*My aunt is **a doctor.***
Je voudrais être **acteur.**	*I would like to be **an actor.***

EXCEPTION: **un / une** are used when the profession is modified by an adjective.
  Kevin Costner est **un excellent acteur.**

---

6 **Quelle est leur profession?**

Informez-vous sur les personnes suivantes et dites quelle est
leur profession.

1. Madame Simon travaille dans un bureau, mais elle n'est pas
   secrétaire. Dans son travail, elle fait des additions et
   des soustractions. Elle est . . .
2. Monsieur Lemay travaille dans un hôpital. Il aide
   les malades *(patients),* mais il n'est pas médecin. Il est . . .
3. Madame Sanchez représente ses clients en justice. Elle est
   spécialiste en droit *(law)* international. Elle est . . .
4. Monsieur Montel travaille chez lui. Dans son travail il utilise
   un ordinateur et beaucoup de papier. Son rêve *(dream)* est
   de recevoir le prix Nobel de littérature. Il est . . .
5. En ce moment, ma cousine travaille pour un magazine, mais
   elle n'est pas journaliste. Elle n'est pas photographe, mais
   les photographes prennent beaucoup de photos d'elle.
   Elle est . . .
6. Madame Durand travaille pour une compagnie spécialisée
   dans l'électronique. Elle travaille sur les plans d'un nouvel
   ordinateur. Elle est . . .
7. Mon oncle travaille dans un magasin. Il vend des radios et
   des télés. Il est . . .

Vocabulaire: Quelques professions

Les professions médicales
un(e) dentiste
un médecin *(doctor)*
un docteur
un infirmier (une infirmière) *(nurse)*
un pharmacien (une pharmacienne) *(pharmacist)*

Les professions techniques
un ingénieur *(engineer)*
un programmeur (une programmeuse)
un technicien (une technicienne)
un informaticien (une informaticienne) *(computer specialist)*

Les professions légales et commerciales
un avocat (une avocate) *(lawyer)*
un vendeur (une vendeuse) *(salesperson)*
un homme (une femme) d'affaires *(businessperson)*

Les professions administratives
un(e) comptable *(accountant)*
un employé (une employée) de bureau *(office worker)*
un patron (une patronne) *(boss)*
un(e) secrétaire

Les professions artistiques et littéraires
un acteur (une actrice)
un(e) cinéaste *(filmmaker)*
un(e) photographe
un(e) journaliste
un écrivain *(writer)*
un dessinateur (une dessinatrice) *(designer, draftsperson)*
un mannequin *(fashion model)*

Je suis médecin.

Je suis dentiste.

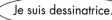

Je suis employée de bureau.

Je suis dessinatrice.

7 Expression personnelle
Complétez les phrases suivantes avec le nom d'une profession.

1. Je voudrais être . . .
2. Mon copain veut être . . .
3. Ma copine veut être . . .
4. Quand on est bon en maths, on peut être . . .
5. Quand on aime le théâtre, on peut être . . .
6. Quand on a du talent artistique, on peut être . . .
7. Quand on veut être riche, on peut être . . .
8. Quand on a un bon style, on peut être . . .

SANS EMPLOI! UN JOB?
VENEZ NOUS VOIR
VENDEUSES - VENDEURS
débutant(es) accepté(es)
Formation assurée - Produit nouveau
MINIMUM GARANTI PAR CONTRAT
02 43 74 04 26

un(e) vétérinaire

Leçon 1 **37**

Language note: Professions

Most names of professions have masculine and feminine forms.

Some names of professions, however, are always masculine, whether they apply to men or women: **un médecin, un professeur, un ingénieur, un écrivain, un mannequin.**

Some new feminine forms have begun to appear, especially in Quebec and Belgium, e.g.,
un écrivain → une écrivaine.

Leçon 1 **T37**

EXCHANGES: introducing
8 people

D. Les présentations

Éric présente son copain Marc
à sa cousine Isabelle.

ÉRIC: Isabelle, **je te présente**
mon copain Marc.
ISABELLE: **Enchantée.** *(Glad to meet you.)*
MARC: **Enchanté.**

Éric présente Isabelle à son voisin,
Monsieur Vidal.

ÉRIC: Monsieur Vidal, **je voudrais
vous présenter** ma cousine
Isabelle.
M. VIDAL: **Enchanté.**
ISABELLE: **Enchantée.**

8 **Présentez vos copains!**

1. Choisissez deux camarades de classe et présentez-les l'un à l'autre.
2. Choisissez un(e) camarade de classe et présentez-le (la) à votre professeur.

E. Au téléphone

Patrick Legrand téléphone à sa copine Christine Duval.
C'est le père de Christine qui répond.

M. DUVAL: Allô!
PATRICK: Allô! Bonjour, monsieur. Ici Patrick Legrand.
M. DUVAL: Bonjour, Patrick.
PATRICK: Est-ce que **je pourrais** *(could I)* parler à Christine?
M. DUVAL: Oui, bien sûr. Un instant. **Ne quittez pas.** *(Hold on.)*

(Si Christine n'est pas là.)

M. DUVAL: Je suis **désolé** *(sorry)*. Christine n'est pas à la maison.
PATRICK: Merci. **Je rappellerai** *(I'll call back)* plus tard.
M. DUVAL: Au revoir, Patrick.
PATRICK: Au revoir, monsieur.

Allô! Bonjour, monsieur.

Teaching note: Introductions

You may wish to expand on formulas used
for introductions.

VERY INFORMAL (with gestures):
Isabelle, Marc. Marc, Isabelle.

STANDARD:
Je te/vous présente . . .

MORE POLITE:
J'aimerais te/vous présenter . . .
Je voudrais te/vous présenter . . .

9 Conversation dirigée

Philippe veut téléphoner à sa copine Catherine. C'est Mylène, la soeur de Catherine, qui répond. Jouez les deux rôles.

Philippe			Mylène
Say hello to Mylène. Say who you are. Ask how she is.	↗	Answer that you are fine.	
Ask if you can speak to Catherine.	→	Say you are sorry. She is not home.	
Ask where she is.	↗	Say that she is in town.	
Thank Mylène and say that you will call later.	→	Say good-bye to Philippe.	

Au Jour Le Jour

Qui: *Marc Blomet*

Quand: *samedi 18h 30*

Numéro de téléphone: *01.42.22.65.31*

Message: *Confirme rendez-vous de demain après-midi.*

Qui: *Brigitte Duchemin*

QUAND: *ce matin / 11 h*

NUMÉRO DE TÉLÉPHONE: *02.35.67.12.49*

MESSAGE: *Boum chez elle samedi à 16 h. Répondre avant vendredi.*

Messages téléphoniques

1. Qui a téléphoné?
2. À quelle heure est-ce qu'il a téléphoné?
3. Pourquoi est-ce qu'il a téléphoné?
4. Est-ce qu'il a laissé son numéro de téléphone?

1. Qui a téléphoné?
2. Quand est-ce qu'elle a téléphoné?
3. Pourquoi est-ce qu'elle a téléphoné?
4. Qu'est-ce qu'on doit faire pour accepter l'invitation?

ROLE PLAY: making a phone call

9

P: Allô? Bonjour, Mylène. Ici Philippe. Ça va?
M: Ça va bien, merci.
P: Est-ce que je pourrais parler à Catherine?
M: Je suis désolée. Elle n'est pas à la maison.
P: Où est-elle?
M: Elle est en ville.
P: Merci, Mylène. Je rappellerai plus tard.
M: Au revoir, Philippe.

Au Jour le Jour

OBJECTIVE
• Reading authentic realia

■ **If students ask:**
Au jour le jour means *every day.*

▶ **Messages téléphoniques**

■ **Réponses**
Message N° 1
1. Marc Blomet
2. à 18 h 30
3. Il confirme le rendez-vous de demain après-midi.
4. Oui–c'est le 01.42.22.65.31.

Message N° 2
1. Brigitte Duchemin
2. ce matin à 11 heures
3. Il y a une boum chez elle samedi.
4. On doit répondre avant vendredi.

Cooperative pair practice

PROPS: Two play telephones, blank message pads like the ones above

Have students prepare a telephone call in which they leave a **message téléphonique.** (Pre-teach **Est-ce que je pourrais laisser un message?**) In pairs, S1 calls S2, who records the information on a message pad. Then S2 calls S1.

Students should not rehearse their calls in advance. You may wish to have students tape their conversations and submit the recording and messages as a portfolio assignment. (See Section 11 in the ETE Front Matter, pp. 54–55.)

Cooperative pair practice
Activity 9

▶ Un faire-part

■ Le mariage

Qui va se marier? [Isabelle et Marc]

Où le mariage va-t-il avoir lieu *(take place)*? [en l'Église de la Madeleine]

Comment s'appelle le père d'Isabelle? [Jean-Pierre Lacaze]

À votre avis *(in your opinion)*, qui est Mme Philippe Lavie? [la grand-mère de Marc]

Dans quel arrondissement *(Paris ward)* habitent les Masson et les Lacaze? [dans le 16ᵉ]

■ Cultural Note:
Normally, in everyday life, one uses the phrase **à l'église**—as in **à l'hôpital, à l'école**, etc. However, in formal announcements (such as wedding or funeral announcements), one uses the traditional expression **en l'église**.

■ La naissance

Have students guess the meaning of **Devinez qui est là . . .** *(Guess who is here . . .)*

Qui est né? [Nicolas]

Comment s'appellent ses parents? [Jean-Michel et Annick Vergne]

Quelle est sa date de naissance? [le 25 novembre 2000]

Quel jour est-il né? [mardi]

Un faire-part

Isabelle et Marc

vous invitent à venir célébrer leur mariage

le 4 juin, à 18 heures 30, en l'Église de la Madeleine

Monsieur et Madame Jean-Pierre LACAZE ont la joie de vous faire part du mariage d'Isabelle, leur fille, avec Marc MASSON.

29, Rue de Passy ● Paris 16

Madame Philippe LAVIE
Monsieur et Madame François MASSON ont la joie de vous faire part du mariage de Marc avec Isabelle LACAZE.

12, Rue Paul Valéry ● Paris 16
45, Avenue Victor Hugo ● Paris 16

Devinez qui est là...

Jean-Michel et Annick Vergne ont la joie de vous annoncer la naissance de Nicolas, mercredi 25 novembre 2000.

19, rue Fourcroy, 75017 Paris

Le carnet du jour

Quand on veut annoncer un événement familial important (naissance, mariage, anniversaire, etc.), on peut mettre une annonce dans «Le carnet du jour». Choisissez une des annonces et répondez aux questions.

le carnet du jour

naissances

Yves et Catherine JAMIN

ont la joie d'annoncer
la naissance de

à Paris, le 5 novembre 2000.

Mme Pierre DELAFON

est heureuse de faire part
de la naissance de sa petite fille

Coralie
chez
Vincent DELAFON

et Pascale, née Lescure,
Toulon, le 29 octobre 2000.

mariages

Mme Jacques PARISOT

est heureuse d'annoncer
le mariage de son fils

Fabrice
avec
Isabelle ROCHÉ

la cérémonie religieuse
a eu lieu le 6 novembre 2000
en l'église Saint-Martin de Masie.

M. et Mme Paul BOUVIER
M. et Mme Pierre LACONDE

sont heureux de vous faire part
du mariage de leurs enfants

Laurent et Julie

célébré ce samedi 20 novembre 2000
en l'église Saint-Vigor de Marly-le-Roi.

- Quel événement est annoncé?
- Où est née Anne-Sophie?
- Quel jour est-elle née?
- Quel âge a-t-elle aujourd'hui?
- Comment s'appellent ses parents?

- Quel événement est annoncé?
- Où est née Coralie?
- Quel jour est-elle née?
- Comment s'appelle sa grand-mère?
- Comment s'appellent ses parents?

- Quel événement est annoncé?
- Comment s'appelle le marié?
- Comment s'appelle sa mère?
- Comment s'appelle la mariée?
- Quelle est la date du mariage?

- Quel événement est annoncé?
- Comment s'appelle la mariée?
- Comment s'appellent ses parents?
- Comment s'appelle le marié?
- Comment s'appellent ses parents?
- Où et quand a eu lieu le mariage?

Leçon 1 41

▶ **Le carnet du jour**

■ **Cultural notes**
- These ads appeared in *Le Figaro*, a Paris newspaper with a national readership.
- Point out the French way of putting surnames in capital letters.

■ **Naissances**
(a)
- la naissance d'Anne-Sophie Jamin
- à Paris
- le 5 novembre 2000
- (Answers will vary)
- Yves et Catherine Jamin

(b)
- la naissance de Coralie Delafon
- à Toulon
- le 29 octobre 2000
- Mme Pierre Delafon
- Vincent et Pascale Delafon

■ **Mariages**
(a)
- un mariage
- Fabrice Parisot
- Mme Jacques Parisot
- Isabelle Roché
- le 6 novembre 2000

(b)
- un mariage
- Julie Laconde
- M. et Mme Pierre Laconde
- Laurent Bouvier
- M. et Mme Paul Bouvier
- le 20 novembre 2000, à Marly-le-Roi

Cultural project: Un faire-part

Have students prepare a birth or marriage announcement, using real or imaginary people. They should illustrate their announcements with photos, pictures from magazines, or original drawings.

Display the students' projects on the bulletin board. Encourage students to refer to the announcements in *Le carnet du jour* for a model.

MODULE 1-A
Introduction
Armelle a un
nouveau copain

Total time: 4:47 min.
(Counter: 00:00–04:47 min.)

VIDEODISC Disc 1, Side 1
25 to 4775

VIDEODISC Disc 1, Side 1
4775 to 8600

🔊 **Leçon 2, Section 1**

■ **Cultural notes**
• **Annecy** is the capital of Haute-Savoie. A beautiful Alpine city, Annecy is located at the western tip of Lac d'Annecy. Canals wind in and out of the old part of the city, **la vieille ville.**
• **Lycée Berthollet** is named after Claude Berthollet (1748–1822), a French chemist who discovered bleach. He was born in Talloires, a small town on Lac d'Annecy.

🖥 **Transparencies 1 & 1a**
La France
Transparency 5
Annecy

■ Have students locate Annecy and Lac d'Annecy on a map of France. Point out Annecy's proximity to Mont Blanc, the highest peak in Western Europe.

2 *Vidéo-scène*

LEÇON 2 Armelle a un nouveau copain

Cette jeune femme s'appelle Claire. C'est elle qui va vous présenter les différentes scènes de la vidéo. Écoutez bien ce qu'elle dit!

Dans le premier épisode, nous allons rencontrer Armelle et Corinne.

Armelle et Corinne sont deux copines. Elles ont quinze ans. Elles vont au lycée Berthollet à Annecy.

Cet après-midi, Corinne est à la bibliothèque municipale. Sa copine Armelle arrive.

Salut, Corinne

Tiens, salut, Armelle. Ça va?

Oui, ça va.

Qu'est-ce que tu fais?

Eh bien, tu vois, je suis en train de préparer mon cou[rs] d'histoire . . . Et toi?

J'ai un rendez-vous.

Avec qui?

Eh bien, avec mon nouveau copain.

Tiens, tu as un nouveau copain? . . . Dis moi, comment est-il ton copain? Je parie qu'il est blond et grand!

Eh bien, non. Il n'est pas blond. Il est brun et il n'est pas très grand.

42 Unité 1

🖥 Teaching the *Vidéo-scène*

• If you are using the video, have students watch the scene with their books closed. Then ask the comprehension questions. If necessary, play the scene over several times until students can understand the scene and answer the questions.

NOTE: If you do not have the video, do a similar comprehension presentation with the cassette program. (Use either Activity A, which is recorded at slow conversational speed, with the direction lines, or Activity C, which is the actual video sound track).

Corinne reste à la bibliothèque pour étudier.

à suivre° . . .

à suivre . . . *to be continued*

Compréhension

1. Où se passe la scène?
2. Qui sont Armelle et Corinne?
3. Qu'est-ce qu'Armelle annonce à Corinne?
4. Comment est le nouveau copain d'Armelle?
5. Qu'est-ce que Corinne veut aussi savoir?
6. Où va Armelle à la fin de la scène?

se passe *takes place* **savoir** *to know* **la fin** *end*

Leçon 2 **43**

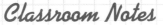

Classroom Notes

COMPREHENSION

1. À la bibliothèque municipale.
2. Ce sont des copines.
3. Elle a un nouveau copain.
4. C'est un garçon brun, pas très grand, assez mignon et très sympathique.
5. Elle veut savoir comment il s'appelle.
6. Elle va à son rendez-vous.

• Then have students open their books and read along as you play the video sound track (Cassette Program, Activity C).

• For speaking practice, pause after each line so that students can repeat what they have heard (Cassette Program, Activity A).

• For additional comprehension practice, have students do Activity B in the Cassette Program.

A. Les expressions avec *être*

Review the forms of the verb **être** *(to be)*.

Je	**suis**	d'accord.		Nous	**sommes**	à l'heure.
Tu	**es**	au lycée.		Vous	**êtes**	en avance.
Il/Elle/On	**est**	au café.		Ils/Elles	**sont**	en retard.

➡ The imperative forms of **être** are irregular.

Sois logique.	***Be*** *logical.*
Soyez généreux.	***Be*** *generous.*
Soyons optimistes.	***Let's be*** *optimistic.*

➡ Note how **être** is used in the following constructions.

▶ *How to agree with someone:*

être d'accord (avec)
Vous **êtes d'accord avec** moi?   ***Do*** you ***agree with*** me?

▶ *How to say what someone is currently (busy) doing:*

être en train de + INFINITIVE
Nous **sommes en train d'**étudier.   *We **are busy** studying.*

Qu'est-ce que vous faites?

Nous somme… en train d'étud…

▶ *How to say what belongs to someone:*

être à + NAME OF PERSON (or STRESS PRONOUN)
À qui est cette montre?

À qui est cette montre?	***Who(m) does*** this watch ***belong to?***
	Whose watch ***is*** this?
Elle **est à** Patrick.	***It belongs*** to Patrick.
Elle **n'est pas à** moi.	*It **doesn't belong** to me.*

Elle es… à Patri…

▶ *How to talk about being on time:*

être à l'heure	*to be on time*	Je **suis** toujours **à l'heure.**
être en avance	*to be early*	Mes amis **sont** souvent **en avance.**
être en retard	*to be late*	Aujourd'hui tu **es en retard.**

44   Unité 1

Section A

COMMUNICATIVE FUNCTION:
Saying where people are and what they are like

🔊 **Leçon 2, Section 2**

↻ **Review:** present tense of **être**

★ **New material:** imperative of **être**

■ **Looking ahead:** The mastery of **être** is essential for the formation of the passé composé, which is the topic of the next unit.

■ **Pronunciation:** Be sure students pronounce the imperative forms correctly.
sois /swa/
soyez /swaje/
soyons /swajɔ̃/

■ **Expansion:** You may wish to introduce the negative forms:
Ne sois pas en retard.
Ne soyez pas ridicules.
Ne soyons pas trop pessimistes.

▱ **Transparency 8**
Possessions

■ Ask students to whom the items in the four pictures belong.
À qui sont les crayons?

Teaching strategy: Être en train de

PROPS: Transparencies 11a, 11b (Quelques activités)

Label each drawing with a different subject. Have students give the corresponding sentences with **être en train de** + infinitive.

▶ **ils / jouer au foot**
Nous sommes en train de jouer au foot.

T44   Unité 1

1 Où sont-ils? Que font-ils?

Pour chaque personne, choisissez un endroit et dites où cette personne est. Dites aussi ce qu'elle est en train de faire.

PERSONNES	ENDROITS	ACTIVITÉS
je	dans la cuisine	dîner
tu	à la bibliothèque	étudier
vous	dans un magasin	organiser une fête
nous	au garage	préparer le dîner
Stéphanie	au stade	acheter des vêtements
Alice et Paul	au restaurant	jouer au foot
	chez un copain	réparer le vélo

▶ **Je suis chez un copain.**
Je suis en train d'organiser une fête.
(Je suis en train d'étudier.)

COMPREHENSION: making
logical statements about
current activities

2 À qui est-ce? (Whose is it?)

Demandez à qui sont les objets suivants. Un(e) camarade va répondre de façon logique. (Attention: **à + le = au.**)

À qui est l'appareil-photo?

Il est au photographe.

l'appareil-photo
la caméra (movie camera)
le dictionnaire
l'ordinateur
le stylo
le stéthoscope

le médecin
l'écrivain
l'ingénieur
l'interprète
le cinéaste
le photographe

COMPREHENSION: asking who
owns what

3 Questions personnelles

1. Es-tu toujours d'accord avec tes copains? avec tes parents? avec tes professeurs?
   Quand est-ce que tu n'es pas d'accord avec eux?
2. En général, est-ce que les élèves sont à l'heure pour la classe de français? Et le professeur?
   Et toi, es-tu toujours à l'heure?
3. Quand tu as un rendez-vous, est-ce que tu es généralement en retard ou en avance?
   Et le copain (ou la copine) avec qui tu as rendez-vous, est-ce qu'il/elle est à l'heure?
   Qu'est-ce que tu fais quand tes amis ne sont pas à l'heure?

À L'HEURE

• **Bleu, blanc, rouge.** (en trois couleurs)
Une montre dynamique
qui plaît aux jeunes Prix spécial: 15 Euros

45

COMMUNICATION: answering
personal questions

Un jeu: Où sont-ils? Que font-ils?

You can do Act. 1 as a game. Divide the class into teams of three. Each team chooses a person (PERSONNE) and decides where that subject is (ENDROIT) and what he/she is doing (ACTIVITÉ). All team members write down the same sentences.

Then the group chooses another subject and two other elements. All three members write down the next two sentences.

The game is played against the clock. For example, you may set a 5-minute time limit. The team that has the most correct sentences in that time is the winner.

Cooperative
pair practice
Activities 2, 3

FORMS

Review the endings of regular adjectives:

	SINGULAR	PLURAL		
MASCULINE	—	-s	**petit**	**petits**
FEMININE	-e	-es	**petite**	**petites**

⇒ Adjectives that end in **-e** in the masculine singular do not add another **-e** in the feminine singular.

Marc est **dynamique**.　　　Hélène est **dynamique** aussi.

⇒ Adjectives that end in **-s** in the masculine singular remain the same in the masculine plural.

Philippe est **français**.　　　Éric et Patrick sont **français** aussi.

⇒ Adjectives that do not follow the above patterns are IRREGULAR.

Alain est **beau**.　　　　Stéphanie est **belle**.
Mon grand-père est **vieux**.　　Ma tante est **vieille**.
J'ai un **nouveau** copain.　　Qui est ta **nouvelle** copine?

POSITION

Most adjectives come AFTER the noun they modify.

J'ai des amis **sympathiques**.　　Mes parents ont une voiture **japonaise**.

⇒ The following adjectives, however, usually come BEFORE the noun:

grand ≠ **petit**	big ≠ small	Mes voisins ont une **petite** voiture.
bon (bonne) ≠ **mauvais**	good ≠ bad	Claire est une **bonne** élève.
beau (belle)	beautiful	Vous avez une **belle** maison.
nouveau (nouvelle)	new	Paul a un **nouveau** scooter.
vieux (vieille)	old	J'ai un **vieux** vélo.
joli	pretty	Tu as une **jolie** montre.
jeune	young	Nous avons un **jeune** professeur.

46

Vocabulaire: Quelques descriptions

ADJECTIFS

riche ≠ pauvre	rich ≠ poor	sensible	sensitive
content ≠ triste	happy ≠ sad	sympathique (sympa)	nice
juste ≠ injuste	fair ≠ unfair	aimable	pleasant, nice
poli ≠ impoli	polite ≠ impolite	bête	dumb, silly
drôle ≠ pénible	funny ≠ boring	égoïste	selfish
		timide	shy

ADVERBES

très	very	Ma tante Lucie est **très** sympa.
trop	too	Ne sois pas **trop** triste.
assez	rather, pretty	Mon petit frère est **assez** drôle.

MON CHIEN EST BÊTE!

4 Comment sont-ils?

Complétez les descriptions avec un adjectif du **Vocabulaire.**

1. Marc n'aime pas aider ses copains. C'est un garçon . . .
2. Alice invite ses copains chez elle. C'est une amie . . .
3. Mes voisins sont millionnaires. Ce sont des gens . . .
4. Stéphanie a beaucoup d'humour. C'est une fille . . .
5. Isabelle n'aime pas parler en public. C'est une fille . . .
6. Madame Labalance donne le même *(same)* salaire aux employés qui font le même travail. C'est une patronne . . .
7. Florence dit *(says)* toujours «s'il vous plaît» et «merci». C'est une fille . . .
8. Le petit garçon pleure *(cries)* beaucoup. C'est un garçon . . .

5 L'idéal

Décrivez l'idéal pour les personnes suivantes. Utilisez les adjectifs suggérés dans des phrases affirmatives ou négatives.

1. le copain idéal
2. la copine idéale
3. un bon professeur
4. une bonne secrétaire
5. une bonne patronne
6. un bon avocat
7. les bons employés
8. les bons élèves

▶ une bonne vendeuse
   Une bonne vendeuse est polie et aimable.
   Elle n'est pas impatiente.

amusant	bête	optimiste
compétent	efficace *(efficient)*	pessimiste
distant	dynamique	idéaliste
intéressant	juste	
indifférent	injuste	poli
intelligent	aimable	impoli
patient	honnête	
impatient	malhonnête	spontané
tolérant	sévère	réservé
strict	sincère	organisé

6 Descriptions

Utilisez les adjectifs du **Vocabulaire** et de l'exercice précédent dans des phrases affirmatives et négatives pour décrire les personnes suivantes.

- mon meilleur copain
- ma meilleure copine
- mon professeur favori
- mes voisins
- mon cousin / ma cousine
- mes camarades de classe
- le directeur (la directrice) de l'école

Language note
Shortened adjectives like **sympa (sympathique)** and **extra (extraordinaire)** are usually invariable.

4 COMPREHENSION: describing people

1. égoïste
2. sympathique / aimable
3. riches
4. drôle
5. timide
6. juste
7. polie
8. triste

5 COMMUNICATION: describing people

■ **If students ask:** The adjectives are grouped as follows:
Col. 1: require an -**e**; masculine and feminine forms sound different
Col. 2 and top of col. 3: do not require an -**e**; masculine and feminine forms sound the same
Rest of col. 3: require an -**e**; masculine and feminine forms sound the same

6 COMMUNICATION: describing people

Pacing

With Act. 5 and 6, do only one in class and assign the other as homework or extra practice for students who need it.

Many irregular adjectives follow predictable patterns:

■ Adjectives in **-eux**

SINGULAR	MASCULINE	FEMININE		
	-eux	**-euse**	Alain est **sérieux.**	Alice est **sérieuse.**
PLURAL	**-eux**	**-euses**	Ses amis sont **sérieux.**	Ses amies sont **sérieuses.**

■ Adjectives in **-al**

SINGULAR	MASCULINE	FEMININE		
	-al	**-ale**	Paul est **original.**	Valérie est **originale.**
PLURAL	**-aux**	**-ales**	Il a des amis **originaux.**	Elle a des amies **originales.**

■ Adjectives with irregular feminine forms.

MASCULINE	FEMININE		
-if	**-ive**	Paul est **actif.**	Sylvie est **active.**
-el	**-elle**	Éric est **ponctuel.**	Sa soeur est **ponctuelle.**
-on	**-onne**	Ce sandwich est **bon.**	Cette glace est **bonne.**
-en	**-enne**	Marc est **canadien.**	Alice est **canadienne.**

Vocabulaire: La personnalité

[-eux/-euse]	**ambitieux**	**ennuyeux** *(boring)*	**heureux** *(happy)*
	consciencieux	**généreux**	**malheureux** *(unhappy)*
	curieux	**sérieux**	**paresseux** *(lazy)*
[-if/-ive]	**actif**	**impulsif**	**naïf**
	imaginatif	**intuitif**	**sportif** *(athletic)*
[-on/-onne]	**mignon** *(cute)*		
[-el/-elle]	**intellectuel**	**ponctuel**	
	naturel	**spirituel** *(witty)*	
[-en/-enne]	**musicien** *(musical)*		

Je suis sportif.

Je suis sportive aussi.

48 Unité 1

7 Substitutions

Remplacez les noms soulignés par les noms entre parenthèses. Faites les changements nécessaires.

▶ <u>Mon oncle</u> n'est pas toujours ponctuel. (mes cousines)
Mes cousines ne sont pas toujours ponctuelles.

1. Je vais inviter <u>un copain</u> canadien à ma boum. (des copines / mes cousins)
2. Philippe a <u>une cousine</u> italienne. (des grands-parents / un ami / des copines)
3. <u>La secrétaire</u> de Madame Lebeau est très sérieuse. (les employés / le patron / les filles)
4. <u>Cette actrice</u> est très originale. (cet écrivain / ces dessinateurs / ces artistes françaises)
5. <u>Votre voisine</u> n'est pas très sportive. (tes soeurs / mon frère / nos cousins)
6. <u>Ton frère</u> est très mignon. (la nouvelle élève / tes copines / le copain d'Isabelle)

 7 PRACTICE: adjective agreement

8 Préférences personnelles

Demandez à vos camarades quelles qualités ils préfèrent.

▶ impulsif ou patient?
—**Préfères-tu les personnes impulsives ou les personnes patientes?**
—**Je préfère les personnes impulsives. (Je préfère les personnes patientes.)**

1. sportif ou intellectuel?
2. imaginatif ou réaliste?
3. actif ou paresseux?
4. intuitif ou logique?
5. calme ou ambitieux?
6. heureux ou malheureux?
7. consciencieux ou négligent?
8. ennuyeux ou intéressant?

8 EXCHANGES: discussing preferences

■ **Language note:** Remind students that since **personne** is always feminine, the accompanying adjectives must also be feminine.

9 Une question de personnalité

Ces filles sont vos amies. Décrivez la personnalité de chacune *(each one)*. Pour cela, utilisez un adjectif du **Vocabulaire**.

▶ Corinne prépare toujours ses devoirs avant le dîner.

▶ Elle est consciencieuse.

1. Béatrice est toujours à l'heure à ses rendez-vous.
2. Stéphanie adore nager. Elle skie, fait du jogging et joue au tennis.
3. Hélène adore raconter *(to tell)* des histoires drôles.
4. Alice aide toujours ses amis.
5. Valérie chante dans la chorale. Elle joue aussi de la guitare.
6. Charlotte déteste étudier. Elle préfère regarder la télé . . . ou dormir *(sleep)*.
7. Après le lycée, Isabelle veut créer sa propre *(own)* compagnie.
8. Nathalie a un copain sympathique et des parents généreux. Elle est toujours contente.

 9 COMPREHENSION: describing people's personality

1. ponctuelle
2. sportive, active
3. spirituelle
4. généreuse
5. musicienne
6. paresseuse
7. ambitieuse
8. heureuse

Leçon 2 **49**

 ### Creative writing activity

Have students use the letters of their French **prénom** and select appropriate adjectives to create a descriptive "acrostic."

Be sure that girls use feminine forms and boys use masculine forms of the adjectives.

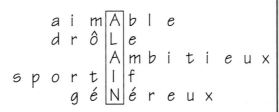

a i m **A** b l e
d r ô **L** e
A m b i t i e u x
s p o r t **I** f
g é **N** é r e u x

Cooperative pair practice
Activity 8

🔲 **Leçon 2, Section 2**

↻ Review: c'est vs. il est

■ **Teaching note:** You may want to have students give the English equivalents of the sentences in the chart.
Have them notice that:
C'est can mean *it is, he is, she is.*
Il est can mean *he is, it is.*
Elle est can mean *she is, it is.*

🔲 **Transparency 15**
Comment sont-ils?

■ Have students form sentences about the people and possessions in the transparency, contrasting **c'est** and **il est**.
C'est M. Duval.
Il est heureux.
M. Duval a un vélo.
C'est un Peugeot.
Il est grand.
C'est un nouveau vélo., etc.

À votre tour!

---

① EXCHANGES: describing friends

D. *C'est* ou *il est*

Compare the use of **c'est** and **il/elle est** to describe people or things.

C'est + NAME **C'est** + ARTICLE + NOUN + (ADJECTIVE) **C'est** + ARTICLE + ADJECTIVE + NOUN	**Il/Elle est** + ADJECTIVE
C'est Marc. **C'est** un copain. **C'est** un copain généreux.	**Il est** sympathique.
C'est Stéphanie. **C'est** une cousine. **C'est** une fille très drôle.	**Elle est** intelligente.
🚲 **C'est** le vélo de Paul. **C'est** un bon vélo.	**Il est** vieux.
🚗 **C'est** une Toyota. **C'est** une petite voiture.	**Elle est** rapide *(fast).*

➡ **C'est** is also used with **mon** and **ma**.

C'est **mon copain.**   C'est **ma cousine.**

➡ Note the negative and plural forms of **c'est:**

C'est Paul.   **Ce n'est pas** Éric.
Ce sont mes copains.   **Ce ne sont pas** mes cousins.

➡ Note the two ways of referring to professions:

Voici Madame Rémi.   **Elle est** architecte.
      C'est une architecte.

À votre tour!

① Situation

At a party, your partner met an interesting French-speaking student. You want to know more about your partner's new friend.

Ask your partner . . .

- if it is a girl or a boy
- if he / she is French or Canadian
- if he / she is tall or short
- if he / she is a nice person
- if he / she is funny
- if he / she is a good student

 📁 **Portfolio assessment**

Depending on your goals and objectives, you may or may not wish to assign all of the activities in the *À votre tour!* section.

You will probably choose only one oral and one written activity to go into the students' portfolios for Unit 1.

The following activities are good portfolio topics:

ORAL: Activity 1
WRITTEN: Activity 2

For a general discussion of Portfolio Assessment, refer to Section 11 in the Front Matter of the Extended Teacher's Edition (pp. 54–55).

10 **Présentations**

Philippe présente certaines personnes
et montre certaines choses à ses amis.
Jouez le rôle de Philippe.

- Pauline
- une cousine
- canadienne
- une fille sympathique

C'est Pauline. C'est ma cousine.
Elle est canadienne.
C'est une fille sympathique.

10 ROLE PLAY: describing people and things

- ma mère
- pharmacienne
- généreuse

- Monsieur Sanchez
- mon prof d'espagnol
- mexicain
- très strict
- un bon prof

2

- mes voisins
- des gens intéressants
- aimables et polis

3

- Attila
- mon chien
- un terrier
- très intelligent

- mon vélo
- anglais
- un Raleigh
- trop petit pour moi

5

- la voiture de mon oncle
- une Renault
- une voiture française
- confortable
- économique

6

---

2 **Autoportrait** *(Self-portrait)*

Faites votre autoportrait dans une
lettre à un(e) correspondant(e)
français(e). Mentionnez
les aspects positifs et aussi
négatifs de votre personnalité. Si
possible, donnez des exemples.

3 **La personne mystérieuse**

En groupe de trois ou quatre, choisissez
une personne connue *(famous)*, par exemple,
un chanteur/une chanteuse, un acteur/
une actrice, un/une athlète . . . Faites
la description de cette personne.

Puis, lisez cette description au reste de
la classe. Qui va découvrir l'identité de cette
personne mystérieuse?

WRITTEN SELF-EXPRESSION: describing oneself **2**

COMMUNICATION: describing famous people **3**

Leçon 2 **51**

OBJECTIVES
• Reading for pleasure
• Reading for information

 Leçon 2, Section 4

LECTURE — Un jeu: Qui est-ce?

Quatre amies sont à la table d'un café à Paris.
Ces amies sont de quatre nationalités différentes. Il y a . . .

| une Française | une Américaine | une Anglaise | une Allemande |

Lisez ce que disent ces quatre amies et déterminez par déduction logique la nationalité et la profession de chacune.

> J'habite à Paris. Je parle très bien français, mais je ne suis pas française. En fait, je ne suis pas européenne. J'aime cependant l'histoire européenne, mais je ne suis pas étudiante.

Pauline

> Je suis à Paris parce que je suis en vacances. Je parle assez bien français. À l'école, c'est ma matière favorite. Je parle aussi allemand, mais ce n'est pas ma langue maternelle.

Olga

■ Solution: Les nationalités

• Pauline n'est pas européenne. Donc, elle est <u>américaine</u>.
• Olga n'est pas française. (Elle parle français seulement assez bien.) Elle n'est pas allemande. Elle n'est pas américaine. (C'est Pauline qui est américaine.) Donc, elle est <u>anglaise</u>.
• Sylvie n'est pas allemande. Donc, elle est <u>française</u>.
• Christine est <u>allemande</u>.

Suggestions:

■ Copiez les grilles° à la droite sur une feuille de papier.
■ Pour trouver la solution, procédez par élimination successive. (Par exemple: Pauline dit qu'elle n'est pas française. Mettez un «X» dans la case° «française».)

grilles *grids*   **case** *box*

	française	américaine	anglaise	allemande
Pauline	X			
Olga				
Sylvie				
Christine				

Pre-reading activity

Have students read the title and skim over the format of the reading.
What does it remind them of?
   [a reading game, matching each person with a profession and a nationality]
What kind of reading is required?
   [careful reading and logical thinking]

Observation activity: Have students reread the text, looking for nouns used with descriptive adjectives:

déduction logique
l'histoire européenne
matière favorite
langue maternelle
élimination successive

a) Do the adjectives come before or after the nouns?
b) Can they tell if the adjectives are masculine or feminine?

Elles ont aussi des professions différentes. Il y a . . .

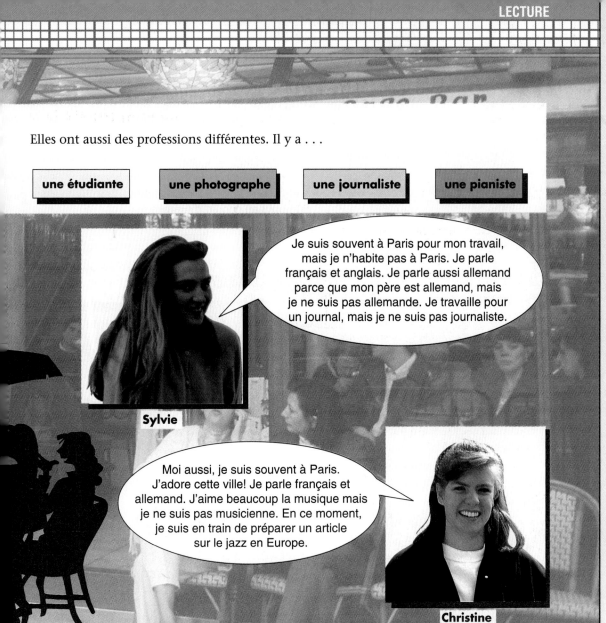

| une étudiante | une photographe | une journaliste | une pianiste |

Sylvie

Je suis souvent à Paris pour mon travail, mais je n'habite pas à Paris. Je parle français et anglais. Je parle aussi allemand parce que mon père est allemand, mais je ne suis pas allemande. Je travaille pour un journal, mais je ne suis pas journaliste.

Moi aussi, je suis souvent à Paris. J'adore cette ville! Je parle français et allemand. J'aime beaucoup la musique mais je ne suis pas musicienne. En ce moment, je suis en train de préparer un article sur le jazz en Europe.

Christine

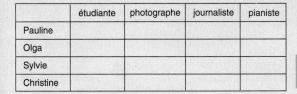

	étudiante	photographe	journaliste	pianiste
Pauline				
Olga				
Sylvie				
Christine				

Si vous avez des difficultés, regardez la solution à la page R12.

Solution: Les professions
- Olga va à l'école. Donc, elle est <u>étudiante</u>.
- Sylvie n'est pas journaliste, mais elle travaille pour un journal. Elle est donc <u>photographe</u>.
- Christine n'est pas musicienne. Elle est donc <u>journaliste</u>.
- Pauline est <u>pianiste</u>.

 ## Cooperative reading practice

Have students work in small groups to try to identify the four people.

The recorder **(le/la secrétaire)** will make a copy of the two grids, or use the grids in the Activity Book.

(After the group has come up with its solution, it can check it in Appendix B.)

MODULE 1-B
Allons dans un café!

Total time: 2:02 min.
(Counter: 04:49–06:51 min.)

Disc 1, Side 1
8645 to 12355

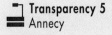

▭ **Leçon 3, Section 1**

Transparency 5
Annecy

■ Use the transparency to show the location of the café and the lake.

■ **Cultural notes**
• **Le Lac d'Annecy** is a beautiful clear-water lake surrounded by mountains. There is a bicycle path around the lake, and in Annecy there is a park on the lake shore with walking paths and benches for people-watching. Steamboats (**les bateaux à vapeur**) offer different types of excursions with stops at several ports around the lake.
• Point out the "i" sign in the photo on the bottom left. Many cities in France have central bureaus (**le syndicat d'initiative**) where one can get tourist information, including maps (**un plan de la ville**), a listing of cultural activities in the area, and information on lodging.

Vidéo-scène

LEÇON 3

Allons dans un café!

Dans l'épisode précédent, Armelle a parlé de son nouveau copain. Dans cet épisode, nous allons faire la connaissance du nouveau copain d'Armelle. Il s'appelle Pierre et il a quinze ans et demi.

Près du lac d'Annecy

Armelle arrive à son rendez-vous. Pierre l'attend.

Salut, Pierre! Ça va?

Oui, ça va. Et toi?

Ça va.

Qu'est-ce qu'on fait?

Alors, . . . euh . . . allons dans un café.

Il y a un café là-bas.

Tu sais, je suis un peu fatiguée.

Je ne sais pas . . . on peut faire une promenade?

D'accord, allons-y!

Les deux amis traversent la rue.

Il y a beaucoup de circulation aujourd'hui.

Fais attention!

 54   Unité 1

Au café

Tu as soif?

Oui, et j'ai faim aussi.

Tu veux un sandwich?

Non, j'ai plutôt envie d'une glace . . .

Pierre appelle le garçon.

Vous désirez?

S'il vous plaît . . .

Une glace à la framboise et un diabolo-menthe . . .

Et pour vous, monsieur?

Le garçon apporte les boissons et la glace.

Une orange pressée. Merci!

Soudain, Pierre voit quelqu'un.

Tiens, regarde là-bas!

Qui est-ce?

à suivre . . .

Compréhension

1. Comment s'appelle le nouveau copain d'Armelle?
2. Où vont Pierre et Armelle?
3. Pourquoi est-ce que Pierre doit faire attention?
4. Qu'est-ce qu'Armelle commande ?
5. Qu'est-ce que Pierre commande?
6. Qu'est-ce qui se passe à la fin de la scène?

commande *orders*
se passe *happens*

■ **Cultural note: Un diabolo-menthe** is made by adding green mint syrup (**du sirop de menthe**) to lemon-flavored soda (**une limonade**).
Une orange pressée is freshly squeezed orange juice served with water and sugar on the side.

● COMPREHENSION

1. Il s'appelle Pierre.
2. Ils vont dans un café.
3. Pierre doit faire attention parce qu'il y a beaucoup de circulation.
4. Elle commande une glace à la framboise et un diabolo-menthe.
5. Il commande une orange pressée.
6. Pierre voit quelqu'un dans la rue.

■ **Additional questions**
1. Qu'est-ce que Pierre propose d'abord *(at first)* à Armelle?
2. Qu'est-ce qu'il propose ensuite?

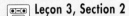 Leçon 3, Section 2

■ **Vocabulary note:** La grippe is a *grippe* or *flu.*

↺ **Review:** forms of **avoir**

■ **Looking ahead:** The mastery of **avoir** is essential for the formation of the passé composé, which is the topic of the next unit.

■ **Language note:** The imperative of **avoir** is not used frequently. You may wish to introduce it with the following expressions:
N'**aie** pas peur.
Ayez confiance.
N'**ayons** pas l'air ridicule.
Be sure students pronounce these forms correctly.
aie /e/
ayez /eje/
ayons /ejõ/

▤ **Transparency 16**
Expressions avec **avoir**

★ **New material:**
avoir peur, avoir sommeil, avoir l'air

■ **If students ask:** The questions that correspond to these expressions are:
De quoi avez-vous besoin?
What do you need?
De quoi avez-vous envie?
What do you feel like having, doing?

■ **Language note:** After **avoir l'air,** the adjective usually agrees with the subject:
Philippe **a l'air heureux.**
Mélanie **a l'air heureuse.**
It may also remain in the masculine singular to agree with l'air:
Mélanie **a l'air heureux.**

A. Les expressions avec *avoir*

Review the forms of the verb **avoir** *(to have).*

J'	**ai**	une classe.	Nous	**avons**	un rendez-vous.
Tu	**as**	un problème.	Vous	**avez**	une nouvelle voiture.
Il/Elle/On	**a**	un examen.	Ils/Elles	**ont**	beaucoup de copains.

➔ Note how **avoir** is used in the following expressions.

How to talk about age:

Quel âge as-tu?	*How old are you?*
Ma mère **a 39 ans.**	*My mother is 39 (years old).*

How to describe certain feelings and states:

avoir faim/soif	*to be hungry/thirsty*	Tu **as faim?**
avoir chaud/froid	*to be hot, warm/cold*	Nous **avons froid.**
avoir raison/tort	*to be right/wrong*	Les élèves **ont tort.**
avoir peur	*to be afraid*	Je n'**ai pas peur.**
avoir sommeil	*to be sleepy, tired*	Mon frère **a sommeil.**
avoir de la chance	*to be lucky*	Vous **avez de la chance.**

How to express needs and desires:

avoir besoin de + NOUN OR INFINITIVE
  J'ai besoin d'argent.   *I **need** money.*
  Nous **avons besoin de** travailler.   *We **need** to work.*

avoir envie de + NOUN OR INFINITIVE
  Alice **a envie d'**une glace.   *Alice **wants** an ice cream.*
  Qu'est-ce que tu **as envie de** manger?   *What **do** you **feel like** eating?*

How to say what someone or something looks like:

avoir l'air + ADJECTIVE
  Marc **a l'air** fatigué.   *Marc **seems (looks)** tired.*

➔ Note also the following expressions:

Qu'est-ce que tu as?	*What's wrong (with you)?*
Qu'est-ce qu'il/elle a?	*What's wrong (with him/her)?*
Qu'est-ce qu'il y a?	*What's the matter?*

56

Language note: Expressions with *avoir*

Remind students that French uses **avoir** in many expressions where English uses the verb *to be.*
  Point out that the words following **avoir** are *nouns,* not adjectives:
  J'ai faim. [= *I have <u>hunger</u>.*]
  J'ai peur. [= *I have <u>fear</u>.*]

Remind students that when talking about age, the word **ans** is <u>never</u> left out.
  J'ai dix <u>ans</u>.
  [= *I have ten years (of age).*]

1 Le bonheur *(Happiness)*

Expliquez pourquoi les personnes suivantes sont heureuses.

▶ nous / un bon prof de français
Nous avons un bon prof de français.

1. vous / des parents généreux
2. moi / des copains sympathiques
3. toi / un vélo tout terrain *(mountain bike)*
4. Éric / une nouvelle copine
5. nous / une grande maison
6. les profs / des élèves intelligents
7. les Lacour / des voisins aimables
8. ma soeur / un job intéressant

2 Oh là là!

Que disent les personnes suivantes?

J'ai faim!

4+4=5

3 Projets

Dites ce que les personnes suivantes ont envie de faire. Dites aussi de quoi elles ont besoin.

une raquette	un maillot de bain
un job	un walkman
un vélo	un télescope
un passeport	dix dollars
une batte	

▶ Philippe / jouer au baseball
Philippe a envie de jouer au baseball.
Il a besoin d'une batte.

1. nous / aller à la campagne
2. Mme Lasalle / visiter l'Égypte
3. vous / nager
4. toi / écouter tes cassettes
5. moi / jouer au tennis
6. Hélène / regarder les étoiles *(stars)*
7. Patrick / gagner de l'argent
8. mes copains / manger une pizza.

Leçon 3 (57)

Personalization: Projets

Use the cues in Act. 3 to ask individual students similar questions.

Bob, est-ce que tu as envie de jouer au baseball?
[if so] **Alors, de quoi as-tu besoin?**
Anne et Barbara, avez-vous envie de jouer au baseball aussi?, etc.

---

1 DESCRIPTION: saying what people have

■ **Vocabulary note:**
Un vélo tout terrain is also referred to as **un VTT.**

■ **Expansion** (using **parce que**):
Nous sommes heureux parce que nous avons un bon prof de français.

2 COMPREHENSION: describing feelings and conditions

1. J'ai chaud.
2. J'ai peur.
3. J'ai tort.
4. J'ai sommeil.
5. J'ai de la chance.
6. J'ai froid.
7. J'ai soif.

■ **Expansion** (to activate **avoir l'air**):
Point to the following drawings and ask:
(3) **Est-ce qu'il a l'air content?**
(4) **Est-ce qu'il a l'air fatigué?**
(5) **Est-ce qu'elle a l'air heureuse ou malheureuse?**

3 COMPREHENSION: expressing wishes and needs

1. Nous avons envie d'aller à la campagne. Nous avons besoin d'un vélo.
2. Mme Lasalle a envie de visiter l'Égypte. Elle a besoin d'un passeport.
3. Vous avez envie de nager. Vous avez besoin d'un maillot de bain.
4. Tu as envie d'écouter tes cassettes. Tu as besoin d'un walkman.
5. J'ai envie de jouer au tennis. J'ai besoin d'une raquette.
6. Hélène a envie de regarder les étoiles. Elle a besoin d'un télescope.
7. Patrick a envie de gagner de l'argent. Il a besoin d'un job.
8. Mes copains ont envie de manger une pizza. Ils ont besoin de dix dollars.

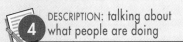 Leçon 3, Section 2

↻ Review: present tense of **faire**

■ Pronunciation
faisons /fəzɔ̃/

▮▮ French connection:
faire (**faisable**) → *feasible*

⬛ Transparency 17
Expressions avec **faire**

↻ Review: Remind students that **faire** is used in many weather expressions:
Il fait beau.   Il fait froid.

★ New material: **faire la cuisine, faire la vaisselle.**

↻ Review: Ask students if they remember other expressions with **faire:**
**faire un match
faire un voyage
faire un pique-nique
faire des achats**

4 DESCRIPTION: talking about what people are doing

1. faites / faisons les courses
2. fais / fais la cuisine
3. fait / fait la vaisselle
4. font / font leurs devoirs

B. Les expressions avec *faire*

Review the forms of the verb **faire** *(to do)*.

Je **fais**	un sandwich.	Nous **faisons**	attention.
Tu **fais**	tes devoirs.	Vous **faites**	un voyage.
Il/Elle/On **fait**	une promenade.	Ils/Elles **font**	la vaisselle.

Faire is one of the most common French verbs. Its basic meaning is *to do, to make.*

　Qu'est-ce que **tu fais?**   **What are you doing?**

⇒ Note how **faire** is used in the following constructions.

▶ *How to talk about activities one is engaged in:*

| **faire** { **du** / **de la** / **des** } | + SCHOOL SUBJECT + SPORT OR PASTIME | *to study* / *to be active in, to do* | Nous **faisons de l'anglais.** / Mes amis **font du ski.** / Il **fait de la photo.** |

⇒ In negative sentences, **faire du, de la, des (de l')** become **faire de (d').**
　—Vous **faites de la** gymnastique aujourd'hui?
　—Non, nous **ne faisons pas de** gymnastique.

▶ *How to talk about many common activities:*

Qu'est-ce que vous faites?

Nous faisons la cuisine.

faire attention	to pay attention, be careful	**Fais attention!**
faire ses devoirs	to do one's homework	Tu **fais tes devoirs.**
faire une promenade	to go for a walk, ride	Je **fais une promenade.**
faire la cuisine	to cook, to do the cooking	Nous **faisons la cuisine.**
faire la vaisselle	to do the dishes	Qui **fait la vaisselle?**
faire les courses	to do the (food) shopping	Papa **fait les courses.**

4 **Qu'est-ce qu'ils font?**
　Complétez les dialogues et dites ce que font les personnes suivantes.

1. —Qu'est-ce que vous . . . ?
—Nous . . .

2. —Qu'est-ce que tu . . . ?
—Je . . .

3. —Qu'est-ce qu'il . . . ?
—Il . . .

4. —Qu'est-ce qu'elles . . . ?
—Elles . . .

5 Études professionnelles

Pour chaque personne, choisissez un sujet d'étude et une profession.

PERSONNES	SUJETS D'ÉTUDE	PROFESSIONS
Éric	l'informatique	artiste
Véronique	la biologie	avocat(e)
Sylvie	le dessin	chimiste
mon copain	l'allemand	interprète
ma copine	la chimie	programmeur (programmeuse)
la fille des voisins	le droit *(law)*	médecin

▶ **Éric fait de la chimie. Il veut être chimiste.**

COMPREHENSION: making logical statements about people's studies

■ **Expansion** (alternate response format):
Éric veut être chimiste.
Il fait de la chimie et de l'informatique.
Il ne fait pas de droit.

6 Conversation

Demandez à vos camarades s'ils font les choses suivantes. (Vous pouvez continuer la conversation avec des questions comme **où? quand? avec qui?**)

▶ le ski

1. le jogging
2. la gymnastique
3. la photo
4. le camping
5. le vélo
6. le ski nautique *(waterskiing)*
7. l'aérobic
8. le théâtre
9. la danse

Tu fais du ski?

Oui, je fais du ski.

(Non, je ne fais pas de ski.)

Quand?

Pendant les vacances d'hiver.

Où?

Dans le Colorado.

EXCHANGES: discussing leisure activities

7 Questions personnelles

1. Fais-tu des maths? de l'espagnol? de la chimie? de l'informatique?
2. En général, quand fais-tu tes devoirs, avant ou après le dîner?
3. Est-ce que tu fais attention quand le professeur parle? quand tu as un examen? quand tu traverses *(cross)* la rue?
4. Qui fait les courses dans ta famille? dans quel supermarché?
5. Est-ce que tu aimes faire la cuisine? Quelles sont tes spécialités?
6. Est-ce que tu fais la vaisselle de temps en temps *(from time to time)*? Généralement, qui fait la vaisselle chez toi?
7. Est-ce que tu aimes faire des promenades? Quelles sortes de promenades fais-tu? des promenades à pied? à vélo? en voiture?

COMMUNICATION: answering personal questions

■ **Language note:** Point out that if the verb ends in **-d** or **-t**, there is no need to insert a **-t-**.
Répond-elle au téléphone?
Est-elle à la maison?

■ **Pronunciation:** The final "**d**" of singular verbs is pronounced as a /t/ in inversion.
/t/
Vend-elle des ordinateurs?

EXCHANGES: getting to know one's classmates

8

■ **Teaching note:** You may want to review the forms of **préférer** for item 8: **je préfère, tu préfères**

C. Les questions avec inversion

There are several ways of asking questions in French. When the <u>subject</u> of the sentence is a <u>pronoun</u>, questions can be formed by INVERTING (that is, *reversing the order* of) the subject and the verb.

Compare the two ways of asking the same question:

WITH INTONATION	WITH INVERSION
Tu as un vélo?	**As-tu** un vélo?
Vous êtes français?	**Êtes-vous** français?
Elle vend des ordinateurs?	**Vend-elle** des ordinateurs?
Ils habitent à Québec?	**Habitent-ils** à Québec?

YES / NO QUESTIONS can be formed with inversion according to the pattern:

> VERB + SUBJECT PRONOUN (+ REST OF SENTENCE)
>
> **Parlez-vous** français?

⟹ In inverted questions, the verb and the subject pronoun are joined with a hyphen.
⟹ In inverted questions, the sound / t / is pronounced between the verb and the subject pronouns **il, elle, ils, elles,** and **on.**

Note that if the **il/elle/on**-form of the verb ends in a vowel, the letter **-t-** is inserted between the verb and the pronoun.

Il a un job.	**A-t-il** un bon job?
Elle travaille.	**Travaille-t-elle** beaucoup?

INFORMATION QUESTIONS are formed with inversion according to the pattern:

> INTERROGATIVE EXPRESSION + VERB + SUBJECT PRONOUN (+ REST OF SENTENCE)
>
> Où **habites-tu?**   Avec qui **dînez-vous** ce soir?
> Quand **travaille-t-il?**   Pourquoi **sont-ils** en retard?

8 **Conversation**
Posez des questions à vos camarades.
Utilisez l'inversion.

▶ où / habiter?

1. dans quelle rue / habiter?
2. combien de frères et de soeurs / avoir?
3. à quels sports / jouer?
4. quels programmes / regarder à la télé?
5. quel type de musique / aimer?
6. dans quel magasin / acheter tes cassettes?
7. quand / faire tes devoirs?
8. quelle classe / préférer?

Où habites-tu?

J'habite à Chicago (à Memphis . . .).

 Cooperative
pair practice
Activities 8, 9

9 Conversation

Demandez à vos camarades de parler des personnes suivantes en utilisant l'inversion.

▶ ton copain
- aimer la musique?
—Parle-moi de ton copain.
—D'accord!
—Aime-t-il la musique?
—Oui, il aime la musique.
(Non, il n'aime pas
la musique.)

1. ta copine
- être sportive?
- faire du jogging?
- avoir un vélo?

2. tes voisins
- être sympathiques?
- avoir des enfants?
- parler français?

3. ta tante
- habiter à Denver?
- parler français?
- être professeur?

4. tes cousins
- aimer le rock?
- avoir beaucoup
de cassettes?

À votre tour!

1 Situation: Au café

You are in a café in Paris with your partner.
Ask your partner . . .
- if he/she is thirsty
- if he/she is hungry
- if he/she feels like eating a sandwich
- if he/she feels like going for a walk afterwards **(après)**
- what he/she feels like doing tonight **(ce soir)**

2 Sondage *(Survey)*

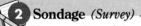

You are a French journalist researching an article on how American teenagers help out at home. Interview several classmates in French and find out . . .
- how many do the dishes
- how many cook
- how many do the food shopping

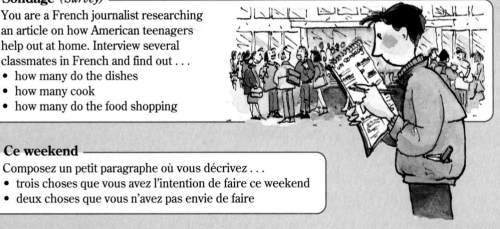

3 Ce weekend

Composez un petit paragraphe où vous décrivez . . .
- trois choses que vous avez l'intention de faire ce weekend
- deux choses que vous n'avez pas envie de faire

Leçon 3 **61**

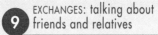

Portfolio assessment

Depending on your goals and objectives, you may or may not wish to assign all of the activities in the *À votre tour!* section.

You will probably choose only one oral and one written activity to go into the students' portfolios for Unit 1.

The following activities are good portfolio topics:
ORAL: Activity 1
WRITTEN: Activity 3

LECTURE Les objets parlent!

Il est minuit. Est-ce que tout le monde° dort?° Non, les différents objets de la maison n'ont pas sommeil aujourd'hui. Ils parlent de leur travail. Chacun° décrit ce qu'il fait d'une façon° humoristique. Lisez ce qu'il dit. Pouvez-vous deviner° quel est l'objet qui parle?

tout le monde *everyone*   dort *is asleep*   Chacun *Each one*   d'une façon *in a manner*   deviner *guess*

1. la voiture

2. le téléviseur

3. le réfrigérateur

4. le lave-vaisselle

5. la cuisinière

6. le radiateur

Pre-reading question

Have students read the title and skim over the format of the reading.

Can they guess what they will do with this reading?

[match each object with what it is saying]

Classroom Notes

■ **Solution: Les objets parlent**
A. le refrigérateur (3)
B. le radiateur (6)
C. le téléviseur (2)
D. la cuisinière (5)
E. le lave-vaisselle (4)
F. la voiture (1)

Observation activity:
Have students reread the descriptions to find expressions with **avoir** and **faire**.

Si vous n'avez pas trouvé la solution, allez à la page R12.

Cooperative reading

Divide the class into pairs.
See how quickly each pair can match the six descriptions with the corresponding pictures.
When a pair is finished, have it check its work in Appendix B, p. R12.
Ont-ils trouvé les bonnes réponses?

MAIN TOPICS:

**Going to places
Talking about past
actions and future plans**

MODULE 1-C
Ça, c'est drôle!

Total time: 1:43 min.
(Counter: 06:53–08:36 min.)

Disc 1, Side 1
12394 to 15500

🔲 Leçon 4, Section 1

4 *Vidéo-scène*
LEÇON Ça, c'est drôle!

Dans l'épisode précédent,
Pierre et Armelle sont allés dans
un café. Pendant la conversation,
Pierre a remarqué quelqu'un
dans la rue.

Qui est la personne que Pierre a vue?
C'est Corinne qui revient de la bibliothèque.

Tu vois la fille qui vient
là-bas? C'est ma cousine.

Ça, par exemple!
Corinne est ta cousine?

Ouais.
Tu connais Corinne?

Bien sûr!
C'est ma meilleure amie.

Ça, c'est drôle!
On invite Corinne?

Oui, si tu veux.

Pierre traverse la rue pour
retrouver Corinne.

Attends une minute.
Je vais la chercher.

 64   Unité 1

🌐 **Cross-cultural observation**

Point out the way Pierre and Corinne
greet each other and remind students
that **la bise** is a common form of greeting
among French people.

**Comment saluez-vous vos amis?
Quelle est la différence entre la
salutation des amis en France et
aux États-Unis?**

■ **Language note: Tu viens prendre un pot?** *(Do you want to come have something to drink?)* is a familiar expression, often used as an invitation.

Compréhension

1. Qui est la personne qui passe dans la rue?
2. Pourquoi est-ce qu'Armelle est surprise?
3. Que fait Pierre ensuite?
4. Qu'est-ce que Pierre propose à Corinne? Est-ce que Corinne accepte?
5. Pourquoi est-ce que Corinne est surprise quand elle voit Armelle?

ensuite *next*

COMPREHENSION

1. C'est Corinne.
2. Parce que Corinne est la cousine de Pierre.
3. Il va chercher Corinne.
4. Il propose à Corinne de prendre un pot avec lui. Oui, elle accepte.
5. Elle est surprise parce que le nouveau copain d'Armelle est son cousin Pierre.

Section A

COMMUNICATIVE FUNCTION:
Talking about where one is going and what one is going to do

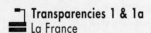 Leçon 4, Section 2

↺ Review: present tense of **aller; aller** + infinitive

■ **Transparencies 1 & 1a**
La France

■ Use the map of France to practice the forms of **aller.** Have students come to the front and point out a destination on the map.
T: **X, où est-ce que tu vas?**
X: **Je vais à Nice.**
T: **Où va X?**
Class: **Elle va à Nice.**

FLASH d'information

Pendant les vacances d'hiver, beaucoup de jeunes Français vont faire du ski. Chamonix est une station de ski située dans les Alpes.

A. Le verbe *aller*; la construction *aller* + infinitif

Review the forms of the verb **aller** *(to go)* in the following sentences.

aller		aller + INFINITIVE	
Je **vais** à la plage.		Je **vais nager.**	
Tu **vas** chez toi.		Tu **vas dîner.**	
Alice **va** au stade.		Il **va regarder** un match de foot.	
Nous **allons** à Paris.		Nous **allons visiter** le musée d'Orsay.	
Vous **allez** au musée.		Vous **allez regarder** des sculptures.	
Mes amis **vont** au café.		Ils **vont rencontrer** des copains.	

To express what they ARE GOING (OR NOT GOING) TO DO, the French use the construction:

aller + INFINITIVE

Je **vais jouer** au foot.   *I am going to play soccer.*
Nous **n'allons pas étudier.**   *We are not going to study.*

➡ Note the expression:
aller chercher *to go get* Alice **va chercher** son cousin à l'aéroport.
to pick up Je dois **aller chercher** un livre à la bibliothèque.

Language note: Indicating place

In French, the PLACE one is going must always be expressed with the verb **aller.**
In English the place name is often left out.
Ils vont <u>au lycée</u> en voiture.
(or **Ils y vont en voiture.** *They go by car.)*
The pronoun **y** is presented in Lesson 18.

1 **Où et comment?**

Dites où vont les personnes suivantes. Dites aussi comment elles vont à chaque endroit en utilisant l'une des expressions à droite.

| à pied | à vélo | en bus | en taxi |
| en voiture | en métro | en avion |

▶ les élèves / au lycée
Les élèves vont au lycée.
Ils vont au lycée en bus (à vélo, en métro . . .).

1. moi / en ville
2. mon copain / à l'école
3. nous / à la campagne *(countryside)*
4. les voisins / au supermarché
5. les touristes / à l'aéroport
6. ma mère / à son travail
7. vous / à Fort-de-France
8. toi / en France

2 **Conversation**

Demandez à vos camarades s'ils vont faire certaines choses. En cas de réponse négative, demandez ce qu'ils vont faire.

1. jouer au volley avant le dîner?
2. faire une promenade après la classe?
3. dîner au restaurant demain?
4. visiter un musée samedi?
5. rendre visite à tes grands-parents dimanche?
6. rester chez toi ce weekend?
7. travailler cet été?
8. aller à l'université après le lycée?

▶ étudier ce soir?

Tu vas étudier ce soir?

Oui, je vais étudier.

Tu vas étudier ce soir?

Non, je ne vais pas étudier.

Qu'est-ce que tu vas faire?

Je vais regarder la télé (aller au cinéma . . .).

3 **Bonnes décisions**

Pour le premier janvier, les personnes suivantes prennent de bonnes décisions. Dites si oui ou non elles vont faire les choses suivantes.

▶ Monsieur Laboule / grossir?
Il ne va pas grossir.

1. moi / réussir à mes examens?
2. toi / être en retard?
3. les élèves / étudier?
4. nous / écouter le prof?
5. Monsieur Nicot / fumer *(smoke)*?
6. vous / faire attention en classe?
7. Christine / regarder des films stupides?
8. la secrétaire / perdre *(waste)* son temps?

4 **Qu'est-ce qu'ils vont aller chercher?**

Dites ce que les personnes suivantes vont aller chercher.

▶ J'ai soif.
Je vais aller chercher un jus de fruit.

1. Tu as froid.
2. Nous organisons une soirée.
3. François va aller au Japon.
4. Vous allez au concert.
5. Les enfants ont faim.

| les billets |
| *(tickets)* |
| son passeport |
| des cassettes |
| de rock |
| un pull |
| un sandwich |
| un jus de fruit |

Leçon 4 67

COMPREHENSION: describing where people are going and how they get there

■ **Language note:** En is used for transportation you get *into:* **en taxi, en bus,** etc.
À is used for transportation you ride *on:* **à moto, à vélo,** etc.

2 **EXCHANGES:** talking about one's plans

3 **COMPREHENSION:** describing New Year's resolutions

4 **COMPREHENSION:** describing what people are getting

Classroom Notes

Personalization: Qu'est-ce qu'ils vont aller chercher?

Ask students under what circumstances they go get the items listed in the box in Act. 4.
– **Philippe, quand vas-tu aller chercher un pull?**
– **Je vais aller chercher un pull quand j'ai froid.,** etc.

Cooperative pair practice Activity 2

Review the forms of **venir** *(to come)* in the following sentences.

PRESENT	Je **viens** du café.	Nous **venons** du restaurant.
	Tu **viens** de la plage.	Vous **venez** de l'hôtel.
	Alice **vient** de Lyon.	Mes amis **viennent** du stade.

⇒ The following verbs are conjugated like **venir:**

devenir	to become	Vous **devenez** très bons en français! Bravo!
revenir	to come back	Ma copine **revient** de Monaco demain!

To express what they HAVE JUST DONE, the French use the construction:

venir de + INFINITIVE

Je **viens de rencontrer** Marc.	*I (have) just met Marc.*
Ton frère **vient de téléphoner.**	*Your brother (has) just called.*
Mes copains **viennent d'arriver.**	*My friends (have) just arrived.*

MES AMIS VIENNENT DU STADE.   MES COPAINS VIENNENT D'ARRIVER.

5 Qui vient?

Philippe veut savoir qui vient à sa boum. Complétez les dialogues avec les formes appropriées de **venir.**

1. —Est-ce que tu . . . ?
   —Bien sûr, je . . .

2. —Et vous, est-ce que vous . . . ?
   —Non, nous ne . . . pas. Nous allons chez nos cousins ce jour-là.

3. —Marc et Véronique . . . , n'est-ce pas?
   —Bien sûr, ils . . . Ils aiment danser.

4. —Est-ce que Pauline . . . ?
   —Non, elle ne . . . pas. Elle est malade *(sick).*

Section B sidebar:

COMMUNICATIVE FUNCTION:
Talking about where one is coming from and what one has just done

🔊 **Leçon 4, Section 2**

↺ **Review:** present tense of **venir**

▭ **Transparency 18**
Où vont-ils? D'où viennent-ils?

■ Have students make up sentences about people in the transparency.
To practice **aller:**
  Pierre et Alain vont au stade.
To practice **revenir:**
  Sophie et Hélène reviennent de la bibliothèque.

★ **New material: venir de**

■ **Teaching note:** If students have difficulty remembering the meaning of **venir de** + infinitive, tell them that it literally means *to come from* doing something.
Je viens de rencontrer Marc.
(I'm coming from meeting Marc.)

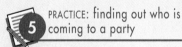

5 PRACTICE: finding out who is coming to a party

1. viens / viens
2. venez / venons
3. viennent / viennent
4. vient / vient

↺ **Review and re-entry: Times**

PROP: Clock with movable hands

Use a clock to review times and practice the forms of **revenir.**

▶ **Mélanie** [clock at 10:00]
  Mélanie revient à dix heures.

toi [clock at 11:00]
  Tu reviens à onze heures.
nous [clock at 9:30]
  Nous revenons . . . , etc.

6 Avant et après

Dites ce que les personnes de la colonne A viennent de faire en choisissant une activité de la colonne B. Dites ce qu'elles vont faire après, en choisissant une activité de la colonne C.

A	B	C
moi	dîner	nager
toi	mettre (*set*) la table	dîner
nous	faire les courses	regarder la télé
Monsieur Leblanc	arriver à la plage	acheter les billets de train
mes copains	arriver à la gare	téléphoner à la police
vous	avoir un accident	préparer le dîner
	gagner à la loterie	acheter une moto
	finir ses devoirs	aller au cinéma
		rentrer à la maison

▶ Je viens de dîner. Je vais aller au cinéma (regarder la télé).

7 Qu'est-ce qu'ils viennent de faire?

Regardez les illustrations et dites ce que les personnes viennent de faire. Utilisez votre imagination!

▶ Éric vient de jouer au tennis.
(Éric vient de perdre son match.)

▶ Éric

1. Christine

2. M. Lebrun

3. Sabine

4. M. et Mme Masson

5. mes copains

Possible answers:
1. Christine vient de téléphoner (de parler à sa copine).
2. M. Lebrun vient d'acheter des vêtements (de faire les courses).
3. Sabine vient de rencontrer un garçon sympathique (d'avoir un rendez-vous).
4. M. et Mme Masson viennent de dîner (de rencontrer leurs amis au restaurant).
5. Mes copains viennent de réussir à l'examen (de gagner un match de foot).

Leçon 4 **69**

 Un jeu: Avant et après

You can use Act. 6 as a game.
Divide the class into teams of three or four students. Each team takes a sheet of paper and a pencil.

At a given signal, the first student in each team writes two sentences using elements from Columns A, B, and C. (**Tu viens de mettre la table. Tu vas dîner.**)

The second student then writes another pair of sentences and passes the paper to the third student, etc.

The game is played against the clock. For example, you may set a 5-minute time limit. When the time is up, the groups exchange papers for peer correction. The team with the most correct sentences is the winner.

COMMUNICATIVE FUNCTION:
Discussing how long things
have been going on

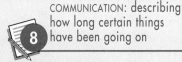 **Leçon 4, Section 2**

★ **New material:** use of **depuis**

■ **Expansion:** You may also wish
to teach the expression **depuis
quelle heure?** *(since what time?)*.

COMMUNICATION: describing
how long certain things
8 have been going on

DESCRIPTION: saying how long
people have been doing
9 things

C. Le présent avec *depuis*

Read the following pairs of sentences. In each pair, the first sentence describes what people
are doing. The second sentence describes how long they have been doing this. Compare
the verbs in French and English:

Nous **habitons** à Genève.	We **live** in Geneva.
Nous **habitons** à Genève **depuis mai.**	We **have been living** in Geneva **since May.**
J'**étudie** le français.	I **am studying** French.
J'**étudie** le français **depuis deux ans.**	I **have been studying** French **for two years.**

To express what people have been doing <u>since</u> or <u>for</u> a certain time, the French use
the construction:

PRESENT + **depuis** + {	DURATION OF ACTIVITY	Je **travaille** ici **depuis** cinq jours.
	STARTING POINT IN TIME	Je **travaille** ici **depuis** lundi.

➡ Note the interrogative expressions:

depuis quand?	*since when?*	**Depuis quand** es-tu ici?
depuis combien de temps?	*how long?*	**Depuis combien de temps** attends-tu le bus?

8 **Expression personnelle** ——
Complétez les phrases suivantes
avec l'une des expressions suggérées.

1. Je fais du français . . .
2. Je vais dans ce lycée . . .
3. Je connais mon meilleur copain
   (ma meilleure copine) . . .
4. Nous habitons dans notre maison
   (notre appartement) . . .
5. Mes voisins habitent ici . . .
6. J'ai un vélo . . .

❑ depuis moins *(less)* d'un an
❑ depuis plus *(more)* d'un an
❑ depuis plus de deux ans
❑ depuis plus de cinq ans
❑ depuis plus de dix ans

9 **Depuis quand?** ——
Dites depuis quand les personnes suivantes
font certaines choses.

▶ vous / attendre le bus / dix minutes

J'attends le bus
depuis dix minutes.

1. ma cousine / être infirmière / décembre
2. Monsieur Arnaud / travailler pour IBM /
   deux ans
3. vous / utiliser cet ordinateur /
   six semaines
4. nous / faire de l'informatique / trois mois
5. ma tante / être avocate / six ans
6. nos voisins / venir dans ce club /
   l'année dernière

 Unité 1

👥 Cooperative pair practice

Have students complete the expressions
in Act. 8 in pairs. They may want to use
expressions like:
   Moi aussi, je . . .
   Nous aussi, nous . . .
   Mes voisins aussi, ils . . .

– **Je fais du français depuis plus d'un
an.**
– **Moi aussi, je fais du français depuis
plus d'un an.**

À votre tour!

1 Conversation dirigée

Vincent rencontre sa cousine Florence dans un café. Jouez les deux rôles.

Vincent		**Florence**
Says hello to Florence and asks her what she is doing.	→ ←	Says that she is waiting for her friend Philippe.
Asks her how long she has been waiting.	→	Answers since 3 o'clock.
Asks her what she is going to do if (**si**) Philippe does not come.	→	Says that she is going to go to the movies.
Asks if he can come with her.	→	Says of course and suggests that they go to the movies now.

2 Dans la rue

It is Saturday afternoon. You meet your partner in town. Ask your partner . . .

- where he/she is coming from
- what he/she has just been doing
- where he/she is going to go now
- what he/she is going to do

3 Depuis quand?

Demandez à cinq personnes différentes depuis combien de temps elles habitent dans votre ville. Donnez les résultats de votre enquête oralement ou par écrit.

Ma ville: _____

Nom: habite ici depuis...

1.

2.

4 Le weekend prochain

Dans un court paragraphe, décrivez vos projets pour le weekend prochain. Ensuite, comparez vos réponses avec les réponses de vos camarades. Vous pouvez mentionner . . .

- où vous allez aller (quand et avec qui)
- ce que vous allez faire
- ce que vous n'allez pas faire

À votre tour!

1 ROLE PLAY: acting out a conversation

V: Salut, Florence! Qu'est-ce que tu fais?
F: J'attends mon copain Philippe.
V: Depuis quand est-ce que tu attends?
F: Depuis trois heures.
V: Qu'est-ce que tu vas faire si Philippe ne vient pas?
F: Je vais aller au cinéma.
V: Est-ce que je peux venir avec toi?
F: Bien sûr! Allons au cinéma maintenant!

2 EXCHANGES: talking about recent activities and future plans

3 INTERVIEWING: taking a poll

4 WRITTEN SELF-EXPRESSION: describing weekend plans

Cooperative pair practice
Activities 1, 2

OBJECTIVES
• Reading for pleasure
• Drawing logical conclusions

 Leçon 4, Section 4

LECTURE Un déjeuner gratuit

Un jeune homme et une jeune fille sont dans un restaurant. Ils viennent de déjeuner. Qui va payer le repas?° «C'est simple, dit le jeune homme, nous allons jouer à un jeu.° Regardons les personnes qui passent dans la rue. Nous allons essayer° de deviner° où vont aller ces personnes. Si je devine correctement leur destination, c'est toi qui paies. Si tu devines correctement, c'est moi qui paie.» «D'accord!» répond la jeune fille.

Cinq personnes passent dans la rue.
◆ La première personne est un homme avec un paquet.°
◆ La seconde personne est une dame très élégante.
◆ La troisième personne est un jeune homme aux cheveux longs.°
◆ La quatrième personne est une petite fille de douze ans.
◆ La cinquième personne est une vieille dame avec une canne.

«Puisque° j'ai inventé le jeu, c'est moi qui vais commencer,» dit le jeune homme. «Bon, d'accord, dit la jeune fille. Quels sont tes pronostics?»

«Eh bien, voilà, répond le jeune homme, ce n'est pas très difficile.
◆ L'homme avec le paquet va aller à la poste.
◆ La dame élégante va aller à la parfumerie.
◆ Le jeune homme aux cheveux longs va aller chez le coiffeur.
◆ La petite fille va aller à la pâtisserie.
◆ La vieille dame va aller à la pharmacie.»

«Tes choix sont logiques, dit la jeune fille, mais je crois° que tu as tort. Voici mes pronostics:
◆ L'homme avec le paquet va aller à la pâtisserie.
◆ La dame élégante va aller à la pharmacie.
◆ Le jeune homme aux cheveux longs va aller à la parfumerie.
◆ La petite fille va aller chez le coiffeur.
◆ La vieille dame va aller à la poste.»

repas *meal* **jeu** *game* **essayer** *try* **deviner** *to guess* **paquet** *package*
aux cheveux longs *with long hair* **Puisque** *Since* **crois** *believe*

📖 Pre-reading activity

Have students look at the drawing. Can they guess where each of the five people is going?
Où va l'homme avec le paquet?
Où va la dame élégante?
Où va le jeune homme aux cheveux longs?

Où va la petite fille?
Où va la vieille dame avec la canne?
Have students write their guesses on a piece of paper.

Classroom Notes

«Tu as vraiment beaucoup d'imagination, dit le jeune homme à la jeune fille. J'espère° aussi que tu as assez d'argent pour payer mon repas!»

«Tu es vraiment très sûr de toi, répond la jeune fille. Avant de° déclarer victoire, regarde donc où vont les cinq passants!»

Le jeune homme et la jeune fille regardent les cinq personnes aller à leur destination. Comme° la jeune fille l'a prédit,° l'homme avec le paquet va à la pâtisserie. La dame élégante va à la pharmacie. Le jeune homme aux cheveux longs va à la parfumerie. La petite fille va chez le coiffeur. La vieille dame va à la poste.

«Alors, qui a gagné?» demande la jeune fille.

«Euh . . . eh bien, c'est toi. Mais vraiment, tu as une chance extraordinaire! Comment est-ce que tu as pu deviner correctement la destination de chaque personne?»

«Ce n'est pas par chance. J'habite dans ce quartier° depuis dix ans. Alors, je connais° tout le monde° ici . . . L'homme avec le paquet est allé à la pâtisserie parce que c'est lui le pâtissier. La dame élégante est allée à la pharmacie parce que son fils est malade. La petite fille est allée chez le coiffeur pour voir son père qui est le propriétaire° de la boutique. La vieille dame est allée à la poste parce qu'elle écrit° tous les jours à son petit-fils qui habite au Japon.»

«Et le jeune homme aux cheveux longs?»

«Ah oui, le jeune homme aux cheveux longs . . . Et bien, c'est mon fiancé et demain, c'est mon anniversaire. Alors, j'ai pensé° qu'il m'achèterait° un petit cadeau . . . Voilà, c'est très simple. Et merci pour cet excellent repas!»

espère *hope* **Avant de** *Before* **Comme** *As* **a prédit** *predicted*
quartier *neighborhood* **connais** *know* **tout le monde** *everyone*
propriétaire *owner* **écrit** *writes* **ai pensé** *thought*
achèterait *would buy*

Avez-vous compris?

Qui sont ces personnes?

1. L'homme avec le paquet est . . .
   a. le pâtissier
   b. le coiffeur
   c. un étudiant

2. La dame très élégante va acheter . . .
   a. des croissants
   b. des médicaments
   c. des timbres *(stamps)*

3. Le jeune homme aux cheveux longs est . . .
   a. le fils de la dame élégante
   b. le fiancé de la jeune fille
   c. le pâtissier

4. La petite fille de douze ans est . . .
   a. la soeur du jeune homme
   b. la nièce de la dame élégante
   c. la fille du coiffeur

5. La vieille dame a un petit-fils qui . . .
   a. est au Japon
   b. travaille à la poste
   c. est malade

■ **Avez-vous compris?**
1. a
2. b
3. b
4. c
5. a

 📖 **Post-reading activity**

Have students take out their papers and read their answers.

How many made the same guesses as **le jeune homme?**

Did any of them guess all the destinations correctly?

💡 **Observation activity**

Have the students reread the story, finding examples of:
(a) **aller** + infinitive,
(b) **venir de** + infinitive,
(c) present tense with **depuis**.

OBJECTIVES:

- Reading a longer text for enjoyment
- Vocabulary expansion in context

Pronunciation
Diplodocus /diplɔdɔkys/

LE CONCERT DES
Diplodocus

Avant de lire

Before you begin reading an article in a magazine, you probably glance at the title and the illustrations to get a general idea about the topic. Use this same approach when reading French. For example, with this story . . .
- First, look at the title and study the headings and the four cartoons.
- Then, with a partner, try to guess what will happen in the story.
- Finally, as you read, see how many of your guesses are right.

Expressions utiles

To talk about when things happen:

tôt ≠ **tard**	*early ≠ late*	Catherine doit rentrer **tôt** ce soir.
la première fois	*the first time*	C'est **la première fois** qu'elle rentre **tard.**
la troisième fois	*the third time*	C'est **la troisième fois** qu'elle entend ce groupe.
la dernière fois	*the last time*	C'est **la dernière fois** qu'elle va au concert.
la prochaine fois	*next time*	**La prochaine fois** elle va préparer son examen.

Diplodocus

EN CONCERT À BERCY
3, 4, 5 octobre

74

Pre-reading questions

Introduce the topic of the story by asking:
Aimez-vous la musique?
Avez-vous un groupe favori?
Allez-vous souvent au concert?
À quelle heure devez-vous rentrer après un concert?

SCÈNE 1

Chez les Lagrange: *7 heures et demie*

Les Lagrange viennent de dîner. Catherine, la fille aînée,° met son manteau. Sa mère veut savoir où elle va ce soir.

  —Dis donc, Catherine, où vas-tu?

  —Je vais chez Suzanne.

  —Chez Suzanne? Mais c'est la troisième
   fois que tu vas chez elle cette semaine.
   Qu'est-ce que tu vas faire là-bas?

  —Euh . . . , je vais étudier avec elle.
   Nous allons préparer ensemble
   l'examen de maths.

  —Dans ce cas, d'accord. Mais promets-moi
   de rentrer tôt à la maison.

  —Sois tranquille, Maman. Je vais revenir
   à onze heures.

Mots utiles	
ensemble ≠ seul	*together ≠ alone*
être tranquille	*to relax, be calm*

aînée *older*

Avez-vous compris?
1. Qu'est-ce que Catherine va faire chez Suzanne?
2. À quelle heure est-ce qu'elle doit rentrer?

75

■ **Avez-vous compris?**
1. Elle va étudier avec elle.
2. Elle doit rentrer à onze heures.

Avant de lire

As students look at the illustrations and try to figure out what will happen in the story, you can list their guesses on the board.

  Then, as they read each scene, you can check off which ones were correct.

SCÈNE 2

Au Café de l'Esplanade: *8 heures*

TU VIENS?

JE VOUDRAIS BIEN VENIR, MAIS . . .

En réalité Catherine ne va pas chez Suzanne. Elle va au Café de l'Esplanade. Pourquoi va-t-elle là-bas? Parce que ce soir elle a rendez-vous avec son copain Jean-Michel.

Catherine arrive au café à huit heures. Jean-Michel est là depuis dix minutes.

—Salut, Catherine, ça va?

—Oui, ça va.

—Dis, j'ai une surprise!

—Ah bon? Quoi?

—Je viens d'acheter deux billets pour
le concert des Diplodocus.

—Pour ce soir?

—Oui, pour ce soir. Tu viens?

—Euh . . . Je voudrais bien venir, mais . . .
j'ai un problème.

Catherine explique la situation à Jean-Michel. Elle explique en particulier qu'elle doit être chez elle à onze heures.

—Ce n'est pas un problème. J'ai ma moto. Je vais
te ramener chez toi après le concert.

—Bon, alors d'accord.

Et Catherine et Jean-Michel vont au concert sur la moto de Jean-Michel.

Mots utiles	
avoir rendez-vous	to have a date
un billet	ticket
ramener	to bring back, take home

■ **Avez-vous compris?**

1. Non. Elle a rendez-vous avec son copain Jean-Michel au Café de l'Esplanade.

2. Il a deux billets pour le concert des Diplodocus.

3. Elle doit rentrer chez elle à onze heures.

Avez-vous compris?

1. Est-ce que Catherine va chez Suzanne pour étudier? Pourquoi pas?
2. Quelle est la surprise de Jean-Michel?
3. Quel est le problème de Catherine?

76

SCÈNE 3

Au concert: *9 heures moins le quart*

VOUS ÊTES UNE FAN DES DIPLODOCUS ?

OUI, ILS SONT SUPER-COOLS !

Ce soir les Diplodocus vont donner leur grand concert de l'année. Il y a beaucoup de monde dans la salle. Il y a aussi la télévision. Jean-Michel et Catherine viennent d'arriver. Une journaliste s'approche de° Catherine.

—Bonjour, mademoiselle, vous êtes une fan des Diplodocus?

—Oui, ils sont super-cools! J'ai tous leurs disques.

—Vous venez souvent ici?

—Non, je ne viens pas très souvent. C'est la première fois que je viens cette année.

—Merci, mademoiselle.

Le concert commence. Tout le monde crie et applaudit. C'est vraiment un concert extraordinaire.

Mots utiles	
beaucoup de monde	*a lot of people*
la salle	*concert hall*
crier	*to shout, scream*

s'approche de *comes over to*

Avez-vous compris?
1. Avec qui est-ce que Catherine parle dans la salle?
2. Qu'est-ce que Catherine pense des Diplodocus?
3. Comment est le concert?

77

■ **Avez-vous compris?**
1. Elle parle avec une journaliste.
2. Elle pense qu'ils sont super-cools.
3. Le concert est extraordinaire.

LECTURE

SCÈNE 4
Chez les Lagrange: *11 heures*

Jean-Michel vient de raccompagner
Catherine. Catherine rentre chez elle.
Elle regarde sa montre. Ouf! Il est
exactement onze heures.

Catherine va dans le salon.
Ses parents sont en train de
regarder la télé. En exclusivité,
il y a justement° un reportage° sur
le concert des Diplodocus.

> —D'où viens-tu, Catherine?
> —Euh . . . eh bien, je viens de chez
> Suzanne.

(En ce moment apparaît l'interview de Catherine.)

REGARDE CETTE FILLE! TU NE TROUVES PAS QUE VOUS VOUS RESSEMBLEZ?

EUH, C'EST QUE . . .

> —Tiens, c'est curieux . . .
> Regarde cette fille. Tu ne trouves pas
> que vous vous ressemblez comme
> deux gouttes d'eau?
> —Euh . . . c'est que . . .
> —Inutile d'insister. La prochaine
> fois, dis la vérité.° C'est plus simple.

Ils se ressemblent comme deux gouttes d'eau.

Mots utiles
apparaître *to appear*
confus *ashamed*
mentir *to lie*

Confuse, Catherine va dans sa chambre. Cette expérience
lui a donné° une bonne leçon. C'est la première fois
qu'elle a menti à ses parents. C'est aussi la dernière.

justement *at that moment*
reportage *news story*
dis la vérité *tell the truth*
lui a donné *gave her*

■ **Avez-vous compris?**
1. Elle rentre à l'heure.
2. Ils ne sont pas contents.
3. Elle décide qu'elle ne va jamais mentir à ses parents.

Avez-vous compris?
1. Est-ce que Catherine rentre à l'heure ou en retard?
2. Quelle est la réaction de ses parents quand ils regardent l'interview de Catherine à la télé?
3. Qu'est-ce que Catherine décide?

78

More on reading vocabulary

In later units, students will learn about partial cognates and false cognates. You may want to point out the following:
• partial cognate (in Scene 3)
  commencer *to commence, to begin*
• false cognate (in Scene 3)
  crier *to yell,* NOT *to cry*

The text also has some words borrowed from English: **interview, fan, cool.**

L'ART DE LA LECTURE

When you read a new selection in French, you should first go through it quickly to get the general meaning. Then you can go back and work out the meanings of new words and expressions. Some of these may be so unfamiliar that you will need to look them up: these words and expressions are glossed for you or listed in the **Mots utiles** boxes.

Sometimes, though, you will not need a dictionary to find out the meanings of unfamiliar French words. You will be able to guess them because they look like English words. For example, it is not hard to understand **un concert** or **une surprise.**

Words that look alike in French and English and have similar meanings are called COGNATES or **mots apparentés** *(related words)*. French-English cognates help make reading easier, but they present certain problems:

• They are never pronounced the same in French and English.
• They are often spelled somewhat differently in the two languages.
• They may not have quite the same meaning in the two languages.

Exercice de lecture

Make a list of ten cognates that you encountered in the reading.

• Which words are spelled exactly the same in French and English?
• Which words are spelled differently?

▪ Exercice de lecture
• arrive, minutes, surprise, concert, situation, commence, moment, simple, parents
• préparer, examen, maths, tranquille, réalité, problème, en particulier, télévision, journaliste, s'approche, applaudit, extraordinaire, raccompagner, exclusivité, curieux, ressemblez, insister, expérience, leçon

ROCK & FOLK
Millenium
Essentiel pour les Fans des BACKSTREET BOYS!
Spécial Hors-Série

79

UNITÉ 1 INTERNET PROJECT Francophone links aren't hard to find on the Internet. Students can use the following keywords with the search engine of their choice: **francophonie; "la culture francophone."**

Address Book

Use this space to keep track of your favorite websites.

⌐ Transparencies 1, 3
▤ La France, L'Europe

■ **Compréhension du texte:**
Vrai ou faux?

1. Les Français sont 57 millions. [V]
2. La fête nationale de la France est le 15 juin. [F]
3. La devise de la France est «Justice et Liberté». [F]
4. Un autre nom pour Paris est «la Ville éternelle». [F]
5. En France, le président est élu pour sept ans. [V]
6. La Provence est une province française. [V]
7. En hiver, on fait du ski en Savoie. [V]
8. Le champagne est un vin français. [V]
9. Strasbourg est en Normandie. [F]

■ **Challenge activity:**
Identifiez . . .
1. le 14 juillet
2. la «Ville lumière»
3. les départements français
4. Strasbourg
5. la Provence
6. le «Jardin de la France»

IMAGES DU MONDE FRANCOPHONE

LA FRANCE ET L'EUROPE

La France et ses Régions

- La France est un pays° de l'Europe de l'ouest.
- Elle a une population de 57 millions d'habitants.
- C'est une république avec un président élu° pour sept ans.
- Le drapeau° français est bleu, blanc et rouge.
- La fête nationale est le 14 juillet.
- La devise° de la France est «Liberté, Égalité, Fraternité».

La France est divisée° administrativement en 22 grandes régions et 96 départements. Les grandes régions correspondent plus ou moins° aux anciennes° provinces françaises. Chaque° province a son histoire, ses coutumes° et ses traditions.

Paris est la capitale de la France. C'est une très grande ville. Dix millions de personnes (c'est-à-dire, presque° un Français sur six) habitent dans la région parisienne. Avec ses parcs, ses jardins, ses grandes avenues, ses musées et ses monuments, Paris est une très belle ville. C'est aussi un grand centre artistique et intellectuel. Voilà pourquoi on appelle souvent Paris la «Ville lumière».°

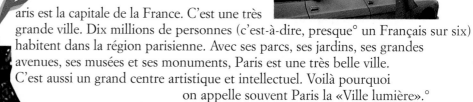

pays *country* **élu** *elected* **drapeau** *flag* **devise** *motto*
divisée *divided* **plus ou moins** *more or less* **anciennes** *former*
Chaque *Each* **coutumes** *customs* **presque** *almost*
«Ville lumière» *"City of Light"*

Teaching note: Checking comprehension

For each spread of the cultural essays, the Extended Teacher's Edition contains two reading comprehension activities. Choose the one best fitted to the needs of your class.

- *Compréhension du texte: Vrai ou faux?* With regular classes you may read the true-false questions aloud to check whether students have understood.

- *Challenge activity* With faster-paced classes, you may prefer to do the identification questions and have the students generate the responses.

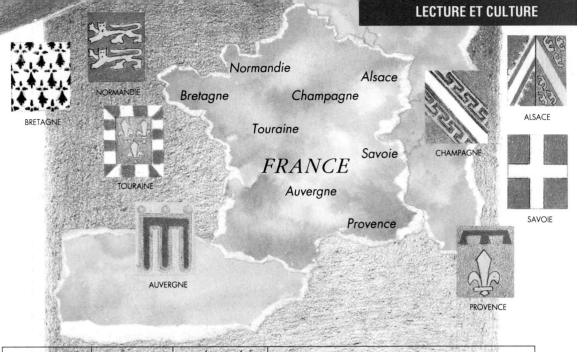

FRANCE

Normandie
Alsace
Bretagne
Champagne
Touraine
Savoie
Auvergne
Provence

NORMANDIE
BRETAGNE
TOURAINE
AUVERGNE
ALSACE
CHAMPAGNE
SAVOIE
PROVENCE

PROVINCE*	GÉOGRAPHIE	SPÉCIALITÉS RÉGIONALES	REMARQUES
L'Alsace	montagnes° et plaines	bière,° vins,° fromages,° choucroute°	Beaucoup d'Alsaciens parlent l'alsacien, un dialecte d'origine allemande. Strasbourg, la capitale de l'Alsace, est un grand centre politique et commercial européen.
La Champagne	plaines et collines°	vins blancs	C'est en Champagne qu'on fait le champagne, un vin blanc pétillant.°
La Normandie	plaines	cidre, fromages	C'est en Normandie que les troupes américaines ont débarqué° en juin 1944.
La Bretagne	côtes° et collines	crêpes bretonnes, poissons°	Un grand nombre de Bretons parlent le breton, une langue d'origine celtique.
La Touraine	plaines	vins, fromages	C'est en Touraine qu'on parle le français le plus pur. La Touraine est une région où il y a beaucoup de châteaux.° Cette région est appelée le «Jardin° de la France».
L'Auvergne	plaines et montagnes	fromages, jambon°	L'Auvergne est la région d'origine de La Fayette, héros de l'indépendance américaine.
La Savoie	montagnes	fromages, fondue°	C'est la région des Alpes françaises. Il y a beaucoup de stations° de ski en Savoie.
La Provence	côtes, montagnes et vallées	fruits, légumes,° bouillabaisse°	Au premier siècle° avant Jésus-Christ, la Provence était° une province de l'Empire romain.° Il y a beaucoup de vestiges° romains en Provence.

montagnes *mountains* bière *beer* vins *wines* fromages *cheeses* choucroute *sauerkraut* collines *hills*
pétillant *sparkling* ont débarqué *landed* côtes *coastline* poissons *fish* châteaux *castles* Jardin *Garden*
jambon *ham* fondue *melted cheese dish* stations *resorts* légumes *vegetables* bouillabaisse *fish chowder*
siècle *century* était *was* romain *Roman* vestiges *ruins*

 81

* These names correspond to the traditional provinces. For the names of the regions of France, see map on page R15.

■ **Cultural expansion**
• **D'autres provinces françaises**
l'Aquitaine
la Bourgogne (*Burgundy*)
le Dauphiné
la Franche-Comté
le Languedoc
la Lorraine
la Picardie
le Poitou

• **La France à l'époque romaine**
The Romans occupied and colonized the French territory (then known as **la Gaule**) for a period of about 600 years.

By 121 B.C., they had conquered the southern part of Gaul, which they named **Provincia** (hence the present name **Provence**). Julius Caesar (known in French as **Jules César**) conquered the rest of Gaul in the Gallic Wars (58 to 51 B.C.).

The Romanization of Gaul led to a flourishing period in French history called **l'époque gallo-romaine**. During that period, Latin became the language of the land. (Modern French is called a Romance language because it is derived from Latin, the language of the Romans.)

Beginning shortly after 400 A.D., Germanic tribes started to invade Roman Gaul. One of these tribes was the Franks (**les Francs**). In 496, their king **Clovis** defeated the last Roman governor of Gaul and became the first king of France. (The land thus became known as France, country of the Franks.)

■ **Language note:** To make the distinction between B.C. and A.D., the French use the expressions:
avant Jésus-Christ /ʒezy kri/
après Jésus-Christ
Although they may be abbreviated (**av. J-C** and **apr. J-C**), these expressions are always spoken as words, not letters.

■ **Compréhension du texte:**
Vrai ou faux?
1. Le Mont-Saint-Michel est un château fortifié. [F]
2. Le Futuroscope est un musée très intéressant pour les gens qui aiment la technologie moderne. [V]
3. Euro Disney est situé près de Paris. [V]
4. À Chambord, il y a une très grande cathédrale. [F]
5. Le lac d'Annecy est situé dans une grande plaine. [F]
6. Le pont du Gard est un monument très ancien. [V]
7. Quand on veut voyager rapidement, on prend le TGV. [V]
8. À Grasse, il y a beaucoup de champs (fields) de fleurs. [V]

■ **Challenge activity:**
Nommez . . .
1. une région où on cultive les fleurs
2. un très grand château
3. un train très rapide
4. un musée pour les gens qui aiment la technologie et la science-fiction
5. une île avec une église fortifiée
6. un très grand parc à thème près de Paris
7. un monument construit par les Romains
8. un lac dans une région de montagne

■ **Language note:**
François Ier = François Premier

■ **Cultural note:** Le Futuroscope is located 8 km to the north of Poitiers.

Le TGV
Paris
1
8
Le Mont-
Saint-Michel
4 Disneyland Paris
2
Le château de Chambord
Le lac d'Annecy
3
5
Le Futuroscope
Le pont du Gard 6
7
Grasse
Forêt
de Berce

1 *Le Mont-Saint-Michel*

On appelle le Mont-Saint-Michel la «Merveille° de l'Occident». C'est une île où se trouve° une église protégée° par des remparts.

2 *Le château de Chambord*

Le château de Chambord est un château de la Loire. Construit° en 1519 par le roi° François Ier, ce château a 440 pièces,° 63 escaliers° et exactement 365 cheminées.° En été, il est illuminé la nuit.°

3 *Le Futuroscope*

Le Futuroscope est le musée du futur et de la science-fiction. Ici on peut anticiper comment nous vivrons° dans dix, vingt ou cent ans.

Merveille *Wonder* **se trouve** *is located* **protégée** *protected*
Construit *Built* **roi** *King* **pièces** *rooms* **escaliers** *staircases*
cheminées *fireplaces* **la nuit** *at night* **vivrons** *will live*

TOURS Vouvray Ambois

Teaching note

This double spread shows some of the most typical and better known sites of France.

You may want to expand on the topic by bringing to class your own resources: posters, pictures, travel brochures, etc.

4 Disneyland Paris

Disneyland Paris est situé à 35 kilomètres de Paris. C'est le plus grand° parc à thème d'Europe. Ce parc reçoit plus de dix millions de visiteurs par an.

5 Le lac d'Annecy

Le lac d'Annecy est situé dans les Alpes. En été, on fait de la voile et de la planche à voile. En hiver, on fait du ski dans les stations de ski de la région.

6 Le pont du Gard

Le pont du Gard a trois niveaux° différents. Construit par les Romains en l'an 19 avant Jésus-Christ, ce monument est resté° intact pendant deux mille ans.

7 Grasse

Dans la région de Grasse, on cultive des fleurs.° Ces fleurs sont utilisées par l'industrie de la parfumerie. Les parfums français sont vendus dans le monde° entier.

8 Le TGV

Le TGV traverse° la campagne française. Ce train très rapide relie° Paris aux grandes villes françaises.

le plus grand *the biggest*   **niveaux** *levels*   **est resté** *has remained*   **fleurs** *flowers*   **monde** *world*   **traverse** *crosses*   **relie** *links*

■ **Cultural expansion**

• **Les Alpes:** Les Jeux Olympiques d'Hiver 1992 ont eu lieu à Albertville dans les Alpes françaises.

• **Le pont du Gard:** In Roman times, the pont du Gard was used as an aqueduct to supply water to the city of Nîmes.

• **Le TGV (Train à Grande Vitesse):** These trains are in four colors:
— orange (**le TGV Sud-Est**): trains from the Gare de Lyon serving eastern and southeastern France
— gray and blue (**le TGV Atlantique**): trains from the Gare Montparnasse serving western and south-western France
— yellow and dark blue (**l'Eurostar**): trains from the Gare du Nord serving England
— gray and dark red (**le Thalys**): trains from the Gare du Nord serving Belgium, Germany, and the Netherlands

The maximum speed of the **TGV Sud-Est** is 270 km/h. The **TGV Atlantique, Eurostar** and **Thalys** can go up to 300 km/h.

Classroom Notes

83

Le calendrier des fêtes°

■ **Cultural notes: Les fêtes**

• Since France has historically been a Catholic country, many of these holidays have a religious origin. Now most of them have become secular holidays.

• **Le jour de l'an—Les étrennes:** It is also the custom in France to give money (**des étrennes**) to people who have been of service over the year, such as the mail carrier (**le facteur**) and the building superintendent (**le/la concierge**).

• **La fête des Rois** (Epiphany): This holiday is of Catholic origin, commemorating the arrival of the Three Kings (**les rois mages**) on the Twelfth Night of Christmas. The object that is put in the cake is known as **une fève.**

• **La Chandeleur:** Celebrated on February 2, this holiday (also of Catholic origin) commemorates the presentation of Christ in the temple and the purification of the Virgin Mary.

■ **Compréhension du texte: Vrai ou faux?**
1. Noël est le 25 décembre. [V]
2. En France, on célèbre la fête du Travail en septembre. [F]
3. L'anniversaire de l'Armistice est célébré le 11 novembre. [V]
4. En France, le premier mai est un jour de fête. [V]
5. Le jour de la Chandeleur, on fait des crêpes. [V]
6. À Mardi Gras, on mange un gâteau appelé «la galette des rois». [F]
7. Le soir du 14 juillet, beaucoup de Français dansent dans les rues. [V]
8. Le «réveillon» est un concert de musique. [F]

■ **Challenge activity:**

Identifiez . . .
1. le 14 juillet
2. le 11 novembre
3. la «galette des rois»
4. la Chandeleur
5. les «étrennes»
6. le réveillon
7. le «père Noël»

Entre le 1er janvier et le 31 décembre, on célèbre beaucoup de fêtes en France. Voici quelques-unes de ces fêtes.

DATE	FÊTE	DATE	FÊTE
1er janvier	le jour de l'an	1er mai	la fête du Travail°
6 janvier	la fête des Rois°	14 juillet	la fête nationale
2 février	la Chandeleur°	1er novembre	la Toussaint°
février ou mars (un mardi)	Mardi Gras	11 novembre	l'anniversaire de l'Armistice
mars ou avril (un dimanche)	Pâques°	25 décembre	Noël

Le jour de l'an

Ce jour-là, la coutume est de rendre visite à ses grands-parents. Les grands-parents donnent un peu d'argent à leurs petits-enfants. Cela s'appelle «les étrennes».

La fête des Rois

Pour célébrer cette fête, on mange un gâteau spécial qui s'appelle la «galette des rois». Dans ce gâteau, il y a un petit objet de porcelaine. La personne qui trouve cet objet est le roi ou la reine.° Tout le monde félicite le roi et la reine du jour.

La Chandeleur

Le jour de la Chandeleur, on fait des crêpes. Chaque° personne fait une crêpe en tenant° une pièce de monnaie° dans la main gauche. On fait sauter° la crêpe. Si la crêpe tombe bien° dans la poêle,° c'est bon signe. Cela signifie qu'on aura° de l'argent toute l'année.°

---

fêtes *holidays* **les Rois** *Three Kings* **Chandeleur** *Candlemas* **Pâques** *Easter* **fête du Travail** *Labor Day* **Toussaint** *All Saints' Day* **reine** *queen* **Chaque** *Each* **en tenant** *while holding* **pièce de monnaie** *coin* **fait sauter** *flips* **tombe bien** *lands right* **poêle** *frying pan* **aura** *will have* **toute l'année** *all year long*

Cultural note: D'autres fêtes

• **Le premier mai:** On this holiday people traditionally buy a small bouquet of lilies of the valley (**un bouquet de muguet**).

• **Le premier novembre:** In many French families, it is traditional to go to the cemetery on this day to place flowers on the graves of one's family and relatives.

• **Le onze novembre:** This holiday, with its military parade, commemorates the end of World War I (**le 11 novembre 1918**). In the United States it is celebrated as Veterans' Day.

Mardi Gras

Cette fête s'appelle aussi le Carnaval.
Elle a lieu° 40 jours avant Pâques.
C'est une fête très joyeuse. Le Carnaval
de Nice, en Provence, est très célèbre.°
Il y a des défilés° de chars,° des bals
masqués et on danse dans les rues.

Le 14 juillet

Les Français célèbrent leur fête nationale
le 14 juillet. Cette fête commémore le
commencement de la Révolution française
en 1789. À Paris, il y a un défilé militaire
sur les Champs-Élysées. Le soir, il y a
des orchestres dans les rues et
tout le monde danse. Il y a aussi un
grand feu d'artifice.°

Noël

Noël est la fête de la famille. Dans les
familles catholiques, on va à la messe°
de minuit. Après la messe, il y a le
«réveillon». Le réveillon est un repas
léger:° huîtres,° boudin blanc°... et
champagne. Le jour de Noël, on fait
un grand repas familial.

La veille° de Noël, les petits enfants
mettent leurs chaussures devant°
la cheminée.° Est-ce que le père Noël va
passer cette nuit? Et qu'est-ce qu'il va
mettre dans leurs chaussures?

Noël est là !

JOYEUX NOËL

a lieu *takes place*   **célèbre** *famous*   **défilés** *parades*   **chars** *floats*   **feu d'artifice** *fireworks*   **messe** *Mass*   **léger** *light*
huîtres *oysters*   **boudin blanc** *meatless milk-based sausage*   **veille** *night before*   **devant** *in front of*
cheminée *fireplace*

85

■ **Cultural notes**

• **Mardi Gras:** Traditionally the period of Lent (**le carême**), beginning on Ash Wednesday (**le mercredi des Cendres**), represented 40 days of penance and fasting in preparation for Easter. The last day one could celebrate and feast before Lent was "fat" Tuesday or **Mardi Gras**. **Mardi Gras** or **Carnaval** is also celebrated in other French-speaking regions as well as regions that have had historical ties to France, such as **Québec, la Nouvelle Orléans,** and **Haïti.** *(See also pp. 243 and 249.)*

• **Le 14 juillet:** In the United States, this holiday is often referred to as Bastille Day. On July 14, 1789, a Parisian mob stormed **la Bastille**, a royal fortress, where they expected to find weapons to arm themselves for an uprising.

• **Noël:** The way **Noël** is celebrated varies from family to family. Many people now have their Christmas dinner on Christmas Eve. For them, **le réveillon** is not a light meal but a hearty one.
Traditionally on Christmas Day one serves turkey (**la dinde de Noël**). There is also a special cake called **la bûche de Noël** because it is rolled up like a log (**une bûche**) and is covered with chocolate frosting.
It is only small children who leave their shoes next to the fireplace for **le père Noël** to fill. Parents place gifts (**un cadeau**) for older children under the Christmas tree (**l'arbre de Noël**).
The family may listen to carols (**un chant, un cantique de Noël**) while they all sign the New Year's greetings (**la carte de voeux**) that they will send to friends and relatives.

Cultural note: Les jours fériés

• Legal holidays (**les jours fériés**) also include:

le lundi de Pâques
le 8 mai *(the anniversary of the end of World War II in 1945)*
l'Ascension *(Ascension Day, Thursday 40 days after Easter)*

le lundi de la Pentecôte *(Pentecost, Sunday 50 days after Easter)*
l'Assomption: le 15 août

• **La fête des Rois, la Chandeleur,** and **Mardi Gras** are traditional (but not legal) holidays. Not all families celebrate them.

Le Tour de France

■ **Compréhension du texte:**
Vrai ou faux?

1. Le Tour de France est une course cycliste. [V]
2. C'est une course réservée exclusivement aux champions français. [F]
3. Cette course a lieu *(takes place)* en été. [V]
4. Il y a approximativement 200 coureurs. [V]
5. Le leader porte un maillot jaune. [V]
6. Tous les coureurs finissent la course. [F]
7. Greg LeMond est un coureur français. [F]
8. Jeannie Longo est une championne française. [V]

■ **Challenge activity:**
Identifiez . . .

1. le Tour de France
2. une étape
3. une étape contre la montre
4. le «maillot jaune»
5. Greg Lemond
6. Jeannie Longo

En juillet, un grand événement sportif passionne° les Français de tout âge. Cet événement c'est le Tour de France. Le Tour de France est la plus grande° course° cycliste du monde. C'est aussi la plus longue et la plus difficile.

Une course d'endurance

Le Tour de France est une course d'endurance. Il commence vers° le 1ᵉʳ juillet dans une ville de province. Il finit trois semaines plus tard à Paris, en général sur les Champs-Élysées. Pendant ces trois semaines, les coureurs° parcourent° environ° 3 800 kilomètres. Chaque année, l'itinéraire est un peu différent, mais il finit toujours à Paris.

Le Tour de France est divisé° en 20 étapes° environ. Chaque jour, il y a une étape. Ces étapes ont de 40 à 300 kilomètres. Les étapes les plus difficiles et les plus dangereuses sont les étapes de montagne. Beaucoup de coureurs abandonnent dans les Alpes ou les Pyrénées. Il y a aussi deux ou trois étapes «contre la montre».° Dans ces étapes, les coureurs courent° individuellement.

Le maillot° jaune

À la fin de chaque étape, les officiels établissent le classement° général. Ce classement est basé sur le temps total de tous les coureurs. Le premier au classement général est le coureur qui a le temps total minimum. Ce coureur porte le fameux «maillot jaune».

passionne *captivates the interest of* **la plus grande** *the biggest*
course *race* **vers** *around* **coureurs** *racers*
parcourent *cover* **environ** *about* **divisé** *divided*
étapes *stages* **«contre la montre»** *"against the clock"*
courent *race* **maillot** *jersey* **classement** *ranking*

📖 **Pre-reading questions**

In preparation for this reading, ask who in the class is interested in cycling and racing.

- **Qui fait du vélo?**
- **Avez-vous jamais fait une course de vélo?**
- **En été, regardez-vous le Tour de France à la télé?**

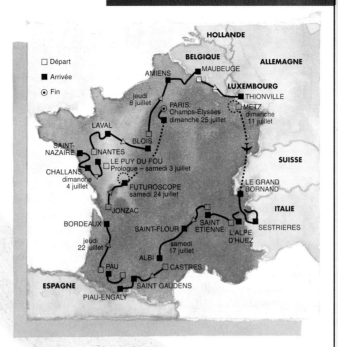

Départ
Arrivée
Fin

HOLLANDE
BELGIQUE
ALLEMAGNE
AMIENS
MAUBEUGE
LUXEMBOURG
jeudi 8 juillet
THIONVILLE
PARIS: Champs-Élysées dimanche 25 juillet
METZ dimanche 11 juillet
LAVAL
BLOIS
SAINT-NAZAIRE
NANTES
LE PUY DU FOU
Prologue – samedi 3 juillet
SUISSE
CHALLANS dimanche 4 juillet
FUTUROSCOPE samedi 24 juillet
LE GRAND BORNAND
JONZAC
ITALIE
BORDEAUX
SAINT-FLOUR
SAINT ÉTIENNE
SESTRIERES
jeudi 22 juillet
samedi 17 juillet
L'ALPE D'HUEZ
ALBI
PAU
CASTRES
ESPAGNE
SAINT GAUDENS
PIAU-ENGALY

Le Tour 1999 en chiffres

Date de départ:	le 3 juillet au Puy du Fou
Date d'arrivée:	le 25 juillet à Paris (Champs-Elysées)
Distance totale:	3 680 kilomètres environ
Nombre d'étapes:	21
Étape la plus longue:	Saint Flour — Albi: 237 kilomètres
Étape la plus courte:	Futuroscope — Futuroscope: 54.5 kilomètres
Nom du vainqueur:°	Lance Armstrong (États-Unis)

Language note:
1 kilomètre = 0.6 miles

Le Tour 1999
Nombre de coureurs 180

Cultural notes

• The official **Tour de France** web page is called **Le Web du Tour de France** and can be found at **http://www.letour.com/home.html.**

• Lance Armstrong a gagné le Tour de France en 1999.

• The photo shows Lance Armstrong carrying the American Flag at the 1999 Tour de France.

• La Grande Boucle féminine est divisé en 11 étapes sur une distance d'environ 850 kilomètres.

Les participants

Chaque année, environ 200 coureurs participent au Tour de France. Ces coureurs sont répartis° en équipes° différentes. La majorité des coureurs sont français, mais il y a aussi des Italiens, des Espagnols, des Belges, des Allemands, des Luxembourgeois, des Hollandais, des Anglais . . . et des Américains! En fait, Lance Armstrong, un américain, était° le vainqueur du Tour de France en 1999. Il a gagné malgré sa lutte° contre le cancer. C'est un vrai héros!

La Grande Boucle féminine

Il y a aussi un Tour de France féminin. La Grand Boucle féminine ne suit pas° le même° itinéraire que le Tour masculin, mais généralement il finit aussi à Paris sur les Champs-Élysées. La championne de 1997 était une Française. Elle s'appelle Sylvie Riedle.

vainqueur *winner*   répartis *divided*   équipes *teams*
était *was*   malgré sa lutte *despite his battle*
ne suit pas *does not follow*   même *same*

Supplementary vocabulary

LES PARTIES DE LA BICYCLETTE
la selle *seat*
le cadre *frame*
le guidon *handlebar*
le frein (la poignée de frein) *brake (handbrake)*
la roue *wheel*
le rayon *spoke*
le garde-boue *fender*
le pédalier *chain transmission*
la pédale *pedal*
la chaîne *chain*
le changement de vitesse (le dérailleur) *derailleur*
le porte-bagages *(luggage) rack*
le pneu *tire*
le phare *light*

87

Ici aussi, on parle français

Le français est non seulement° la langue officielle de la France. C'est aussi l'une des langues officielles dans quatre autres° pays° européens: la Belgique, le Luxembourg, la Suisse et Monaco. Dans ces pays, une partie de la population parle français.

LA BELGIQUE

La Belgique est un pays de 10 millions d'habitants, situé° au nord-est de la France. C'est une monarchie avec un roi. Le roi actuel° s'appelle Albert II. La capitale de la Belgique est Bruxelles. Bruxelles est le siège° de certaines institutions de l'Union européenne.

La Belgique a trois langues officielles: le français, le néerlandais° et l'allemand. Trente-cinq pour cent (35%) des Belges parlent français.

LE LUXEMBOURG

Le Luxembourg est un petit pays de 400 000 (quatre cent mille) habitants situé à l'est° de la Belgique. Les langues officielles sont le français, l'allemand et le luxembourgeois, qui est un dialecte allemand.

La capitale du pays s'appelle aussi Luxembourg. Comme° Bruxelles, cette ville est un centre européen important.

MONACO

Situé sur la Méditerranée près de l'Italie, Monaco est un tout petit° pays avec une population de 30 000 personnes. Les habitants de Monaco s'appellent les Monégasques. Monaco est une principauté° gouvernée par un prince, le prince Rainier. La langue officielle est le français.

Chaque année a lieu° le Grand Prix de Monaco. C'est une course automobile très difficile qui est disputée° dans les rues de la ville.

seulement *only* **autres** *other* **pays** *countries* **situé** *located* **actuel** *present* **siège** *seat* **néerlandais** *Dutch* **est** *east* **Comme** *Like* **tout petit** *very small* **principauté** *principality* **a lieu** *takes place* **disputée** *held*

■ Cultural expansion: L'Union européene

The European Union (EU) consists of fifteen member countries: France, Germany, Italy, Belgium, the Netherlands, Luxembourg, Great Britain, Ireland, Spain, Portugal, Greece, Denmark, Austria, Finland, and Sweden.

The European Union has its own institutions, including:

• a LEGISLATIVE branch (**le Parlement européen**) that has sessions for one week every month in **Strasbourg**; during the other three weeks, the working committees meet in **Brussels**; the general secretariat has its offices in **Luxembourg.**

• an EXECUTIVE branch with a cabinet (**le Conseil de l'Union Européene**) that meets nine months in **Brussels** and then three months in **Luxembourg**; and also an executive commission (**la Commission européene**).

• a JUDICIAL branch (**la Cour de Justice**), which is located in **Luxembourg.**

■ Cultural note

Le Luxembourg: In Luxembourg, French is the primary language of instruction in the high schools, while German is the language of instruction in the elementary schools.

LA SUISSE

La Suisse est un pays de 7 millions d'habitants situé à l'est de la France. La Suisse est la plus ancienne république d'Europe. C'est une république fédérale qui est divisée en 23 cantons.

Il y a quatre langues nationales en Suisse: l'allemand, le français, l'italien et le romanche. On parle français dans les cantons de l'ouest. La ville de Genève est située dans la partie française. C'est le siège de certaines agences des Nations unies et de la Croix-Rouge° Internationale.

La Suisse est un pays de vallées et de hautes° montagnes: les Alpes. En hiver, beaucoup de touristes européens et américains vont en Suisse pour faire du ski.

Quelques Faits

- La Suisse s'appelle aussi la Confédération helvétique.
- Le français qu'on parle en Belgique et en Suisse est un peu différent du français de France. Par exemple, quand on compte, on dit septante, octante et nonante (au lieu de soixante-dix, quatre-vingts et quatre-vingt-dix).
- En Belgique et au Luxembourg, on utilise les euros, comme en France. En Suisse, on utilise les francs suisses.
- C'est un Suisse, Henri Dunant, qui a fondé la Croix-Rouge en 1863.
- La voiture américaine Chevrolet porte le nom de l'ingénieur d'origine suisse, Louis Chevrolet (1879–1941).

roix *Cross*   **hautes** *high*

89

■ **Cultural note**
La Suisse: Switzerland, like France (or Gaul), was colonized by the Romans for about 500 years. You can find its Latin name, **Helvetia**, on Swiss postage stamps.

■ **Compréhension du texte: Vrai ou faux?**
1. Bruxelles est la capitale de la Belgique. [V]
2. La capitale du Luxembourg s'appelle Luxembourg. [V]
3. Au Luxembourg, on parle français et italien. [F]
4. Monaco est une petite ville suisse. [F]
5. La Suisse est gouvernée par un roi. [F]
6. La Suisse a quatre langues nationales. [V]
7. En hiver on fait du ski en Suisse. [V]
8. Les Monégasques sont les habitants de Monaco. [V]
9. Henri Dunant est le fondateur *(founder)* de la Croix-Rouge internationale. [V]
10. Les Suisses utilisent l'euro. [F]

■ **Challenge activity:**
Identifiez . . .
1. Bruxelles
2. le roi Albert
3. Luxembourg
4. la «Confédération Helvétique»
5. Henri Dunant
6. le prince Rainier
7. un(e) Monégasque
8. le Grand Prix de Monaco

■ **Compréhension du texte:
Vrai ou faux?**

1. Béatrice habite à Strasbourg. [F]
2. Sa famille est d'origine alsacienne. [V]
3. Ses parents ont six semaines de vacances par an. [V]
4. Pendant les vacances d'hiver, ils vont à la montagne. [V]
5. Béatrice pense que le système d'enseignement (education) français est parfait. [F]
6. Elle veut être pharmacienne. [F]
7. Après le bac, elle va aller à l'université. [V]
8. Elle aime voyager. [V]
9. «Médecins sans frontières» est une organisation de médecins qui aident les habitants du Tiers-Monde. [V]

Rencontre
avec Béatrice Muller

B éatrice Muller est élève au lycée Carnot à Paris. Nous l'avons rencontrée° dans un café près du lycée.

JEAN-PAUL: Comment t'appelles-tu?
BÉATRICE: Béatrice Muller.
JEAN-PAUL: Tu es alsacienne?
BÉATRICE: D'origine, oui! Ma famille est de Strasbourg, mais maintenant nous habitons à Paris.
JEAN-PAUL: Pour toi, qu'est-ce que c'est que la France d'aujourd'hui?
BÉATRICE: C'est un pays où les gens sont relativement heureux.
JEAN-PAUL: Qu'est-ce que tu veux dire par là?°
BÉATRICE: Je veux dire que matériellement les Français vivent° bien. Ils habitent dans des maisons généralement modernes et confortables. Ils ont des voitures, de l'argent . . . Et surtout,° ils ont beaucoup de vacances. Regarde mes parents, par exemple. Ils ont quatre semaines de vacances en été et ils prennent deux semaines en hiver pour faire du ski. Six semaines de vacances par an, c'est pas° trop mal, hein?
JEAN-PAUL: Pourquoi dis-tu que les Français ne sont que° *relativement* heureux?
BÉATRICE: Parce que ce bonheur° est un peu artificiel . . . Et puis il y a beaucoup de problèmes à résoudre° en France. Par exemple, pour nous, lycéens, il y a le problème de l'enseignement.° Nous n'avons pas assez de° professeurs, pas assez de laboratoires, pas assez d'aménagements° sportifs . . . Et puis, l'enseignement est trop traditionnel!
JEAN-PAUL: Qu'est-ce que tu vas faire après le bac?°
BÉATRICE: Je vais faire des études de médecine.
JEAN-PAUL: Tu veux être médecin à Paris?
BÉATRICE: Oui, mais d'abord,° j'ai l'intention de travailler pour «Médecins sans° frontières».°

l'avons rencontrée *met her*
Qu'est-ce que tu veux dire par là? *What do you mean by that?*
vivent *live*   **surtout** *above all*   **c'est pas = ce n'est pas*
ne . . . que *only*   **bonheur** *happiness*   **à résoudre** *to solve*
enseignement *schooling*   **assez de** *enough*   **aménagements** *facilities*
bac = baccalauréat*   **d'abord *first*   **sans** *without*   **frontières** *borders*

90

Teaching strategy: Le savez-vous?

	PAGES	CORRESPONDING ITEMS
This quiz will help students check how well they have remembered the information presented in *Images du monde francophone*.	80–81	1, 2, 3, 4
	82–83	5, 6
	84–85	7, 8
If students have only covered parts of the cultural photo essay, you may want to assign only selected items corresponding to what they have read.	86–87	9, 10, 11
	88–89	12, 13, 14, 15

JEAN-PAUL: Qu'est-ce que c'est?

BÉATRICE: C'est une organisation de médecins volontaires qui travaillent gratuitement° dans les pays du Tiers-Monde,° principalement en Asie et en Afrique.

JEAN-PAUL: Pourquoi est-ce que tu veux travailler pour cette organisation?

BÉATRICE: Parce que je pense que nous avons l'obligation d'aider les gens qui n'ont pas les mêmes° moyens° que nous . . . Et puis,° j'aime voyager.

LE SAVEZ-VOUS?

1. Les Français votent pour leur président . . .
   a tous les trois ans
   b tous les cinq ans
   c tous les sept ans

2. La fête nationale française est . . .
   a le 4 juillet
   b le 14 juillet
   c le 11 novembre

3. La Bretagne est une province . . .
   a de la Belgique
   b de la Suisse
   c de la France

4. Pour skier, les Français vont . . .
   a en Savoie
   b en Touraine
   c en Champagne

5. Les Romains ont construit *(built)* . . .
   a le château de Chambord
   b le Mont-Saint-Michel
   c le pont du Gard

6. Le TGV est . . .
   a une bicyclette
   b une voiture
   c un train très rapide

7. La «galette des rois» est . . .
   a un gâteau
   b une fête
   c un parfum

8. À Paris, il y a un grand défilé militaire . . .
   a le 1er mai
   b le 14 juillet
   c le Mardi Gras

9. Le Tour de France est . . .
   a une course automobile
   b une course cycliste
   c un match de foot

10. Le Tour de France finit . . .
    a à Paris
    b dans les Alpes
    c au Futuroscope

11. Sylvie Riedle est . . .
    a un médecin
    b une actrice de cinéma
    c une championne cycliste

12. Bruxelles est la capitale . . .
    a de la Belgique
    b de la Suisse
    c du Luxembourg

13. Le plus petit pays où on parle français est . . .
    a Monaco
    b le Luxembourg
    c la Suisse

14. Le Grand Prix de Monaco est . . .
    a une course automobile
    b un festival de cinéma
    c une décoration militaire

15. Henri Dunant est l'homme qui a fondé . . .
    a les Jeux Olympiques
    b la Croix Rouge
    c les Nations Unies

■ **Le savez-vous?**
1. c
2. b
3. c
4. a
5. c
6. c
7. a
8. b
9. b
10. a
11. c
12. a
13. a
14. a
15. b

gratuitement *for free*   **Tiers-Monde** *Third World*   **mêmes** *same*   **moyens** *resources*   **puis** *moreover*

91

Un jeu: Le savez-vous?

Divide the class into teams of two or three.

When you give the signal, have them begin the quiz. If they wish, they can refer back to the pertinent sections.

The first team to answer the 15 items correctly is the winner.

➤ Teaching Resources

Technology/Audio Visual

 VIDEO/VIDEODISC

Unité 2, Modules A–C
2-A. Pierre a un rendez-vous
2-B. Les achats de Corinne
2-C. Tu es sorti?

 CD-ROM

 Writing Template
Unité 2

Unité 2, Leçons 5, 6,
CD 7, 8

1, 1(o), 2c, 4a, 4b, 6,
7, 18, 19, 20, 21,
22, 23, 24, 25
Situational S5, S6

Print

Answer Key, Cassette Script,
Video Script, Overhead
Visuals Copymasters

Activity Book, pp. 21–32;
119–134; 257–266
Activity Book TAE

Video Activity Book
pp. 17–32

Communipak, pp. 27–50

Teacher's Resource Package

 Games, Additional
Activities

 Interdisciplinary
Connections

 Multiple Intelligences

 Internet Connections
www.mcdougallittell.com

UNITÉ

2 Le weekend, enfin!

LEÇON	**5**	**Le français pratique: Les activités du weekend**
LEÇON	**6**	**Vidéo-scène: Pierre a un rendez-vous**
LEÇON	**7**	**Vidéo-scène: Les achats de Corinne**
LEÇON	**8**	**Vidéo-scène: Tu es sorti?**

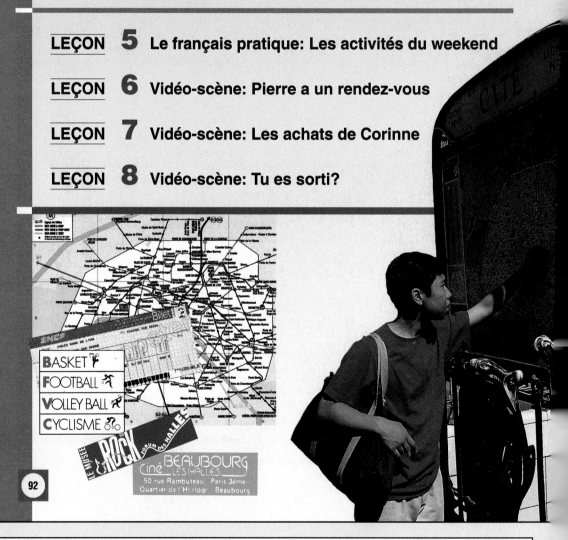

Teaching strategies

This is an important unit. It reviews and expands on the material presented in Unit 8 of **Discovering French–Bleu.**

• If students completed this unit last year, move through these lessons quickly, doing only selected activities and focusing on the expansion material:

– farm and outdoor vocabulary (L. 5)
– extended listing of verbs conjugated with **être** (L. 8)
– new expressions: **déjà, il y a** + time, etc. (L. 6, 8)

• If students did not complete Unit 8, almost everything in this unit will be new to them. Allow enough time for students to master the material.

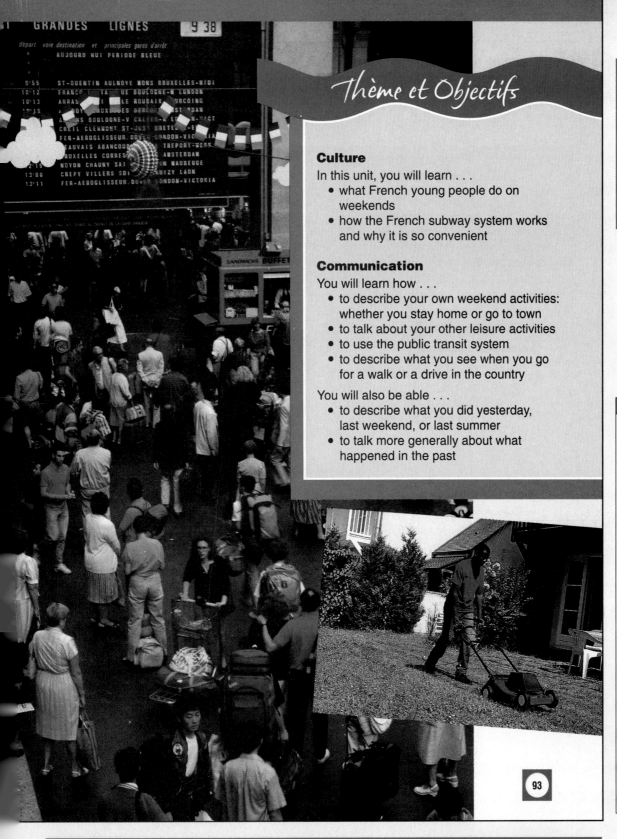

Thème et Objectifs

Culture

In this unit, you will learn . . .
- what French young people do on weekends
- how the French subway system works and why it is so convenient

Communication

You will learn how . . .
- to describe your own weekend activities: whether you stay home or go to town
- to talk about your other leisure activities
- to use the public transit system
- to describe what you see when you go for a walk or a drive in the country

You will also be able . . .
- to describe what you did yesterday, last weekend, or last summer
- to talk more generally about what happened in the past

Linguistic objectives
- PRIMARY: the passé composé
- SECONDARY: common irregular verbs— **voir, mettre, prendre, sortir, partir**

Classroom Notes

93

➤ Assessment Options

ACHIEVEMENT TESTS

Lesson Quizzes 5–8 pp. 51–58
   Test Cassette A , Side 1

Unit Test 2

 Portfolio Assessment
   pp. T111, Activities
   1–3; T121, Activities
   1–3; T130–T131,
   Activities 1–2

PROFICIENCY TESTS

 Listening Comprehension
   Performance Test, pp. 29–30
   Test Cassette C, Side 1

 Speaking Performance Test,
   pp. 13–16

Reading Comprehension
   Performance Test, pp. 16–18

 Writing Performance Test,
   pp. 37–39

 Test Bank, Unit 2
   Version A or B

 CD-ROM

Unité 2 T93

Leçon 5, Section 1

■ **Questions sur le texte**

1. Quand est-ce que le weekend commence pour Christine?
2. Qu'est-ce que Karine et Sophie adorent faire le samedi après-midi?
3. Qu'est-ce que Jean-Louis et ses copains font au café?
4. Où est-ce qu'Alice suit des cours de théâtre?
5. Qu'est-ce que les MJC offrent?
6. Avec qui est-ce que Sabine va au ciné?
7. Chez qui est-ce que Marie-Luce va souvent le dimanche?
8. Qu'est-ce que Patrick fait le dimanche après-midi?

LE FRANÇAIS PRATIQUE

LEÇON 5 Les activités du weekend

Aperçu culturel . . . **Le weekend**

Les jeunes Français profitent du weekend pour sortir. Ils sortent souvent avec leurs copains. L'après-midi, ils vont dans les magasins ou au café. Le soir, ils vont au cinéma ou au concert. Parfois, ils vont à la campagne avec leurs parents. Pour beaucoup de Français, le weekend est aussi l'occasion de rendre visite aux autres membres de la famille.

Samedi matin

1. Dans beaucoup d'écoles, il y a des classes le samedi matin. Pour Christine, le weekend commence le samedi à midi.

Samedi après-midi

2. Le samedi après-midi, Karine et Sophie adorent «faire les magasins». Cela ne signifie pas nécessairement qu'elles achètent quelque chose. Elles regardent simplement . . .

3. Quand Jean-Louis et ses copains n'ont rien de spécial à faire, ils vont au café. Là, ils discutent, ou bien ils regardent les gens qui passent dans la rue.

 Unité 2

Teaching note

Have students read this *Aperçu culturel* twice:
- at the beginning of the unit—quickly for general information
- at the end of the lesson—with greater attention to details

4. Le samedi, Alice suit des cours de théâtre à la Maison des Jeunes de la ville où elle habite. Les MJC (Maisons des Jeunes et de la Culture) offrent un grand choix d'activités artistiques et culturelles: ciné-club, photo, poterie, batik, etc. On peut aussi suivre des cours de danse, de gymnastique et de théâtre.

Samedi soir

5. Le samedi soir, les jeunes Français aiment sortir. Ce soir Sabine va au ciné avec sa bande de copains.

Dimanche

6. Le dimanche, Marie-Luce va souvent chez ses grand-parents qui ont une maison à la campagne. En été, il est toujours agréable de dîner sur la terrasse.

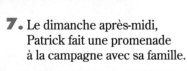

7. Le dimanche après-midi, Patrick fait une promenade à la campagne avec sa famille.

Leçon 5 **95**

■ Cultural notes

• L'école: Most French students do not have classes on Wednesday, but attend school until noon on Saturday. Some schools are currently experimenting with a four-day week in which students have classes Monday, Tuesday, Thursday, and Friday for longer periods of time.

• Le café: The café is a popular meeting place for French teenagers. When the weather is nice, they prefer talking and studying **à la terrasse.** When it is not, they meet inside, **à l'intérieur.**

• La Maison des Jeunes: Because of strong support by the central government, even small towns in France have a **Maison des Jeunes et de la Culture.** The MJC offers French students some of the same activities that are offered as extracurricular activities in American schools.

• Le dimanche en famille: In France, Sunday is traditionally reserved for family gatherings which may include grandparents, uncles, aunts, and cousins. There is usually a carefully prepared **déjeuner,** which may last for two hours.

🔈 Leçon 5, Section 2

📇 Transparencies 19, 20
Activités du weekend
À la maison

▷ **Vocabulaire**

Supplementary vocabulary

faire les magasins *to go shopping*
faire du shopping

■ **Language note:** In French Canada, *to go shopping* = **magasiner** or **faire du magasinage**.

■ **Casual speech: Cinéma** is often shortened to **ciné**.

■ **Language note:** Compare:
rencontrer *to meet (by chance)*
retrouver *to meet (as planned)*

■ **Pronunciation**
flipper /flipɛr/

■ **Looking ahead:** Verbs like **nettoyer** are formally reviewed in Lesson 11.

■ **Language note: Ranger** is conjugated like **nager**. Note the form **nous rangeons**.

■ **Looking ahead:** The following irregular verbs are reviewed or presented in this unit:
prendre (Lesson 6)
voir (Lesson 7)
sortir (Lesson 8)

Qu'est-ce que tu vas faire ce weekend?

Je vais rester à la maison.

A. Un weekend en ville

—Qu'est-ce que tu vas faire ce weekend?

Je vais | **sortir** avec des copains. | **sortir:** *to go out*
     | **travailler**
     | **rester** à la maison

Activités de weekend

	OÙ?	POUR FAIRE QUOI?	
On va ...	en ville	aller dans les magasins. **faire des achats** *(to go shopping)*	
	au ciné	**voir** un film.	**voir:** *to see*
	au café	**rencontrer** des copains. **retrouver** des amis **jouer au flipper** *(pinball machine)*	
	au stade	**assister à** | un match de foot. | un concert de rock	**assister à:** *to attend*
	à la piscine à la plage	**nager.** **prendre** un bain de soleil *(sunbath)* **bronzer**	**bronzer:** *to get a tan* **prendre:** *to take*
On reste ... à la maison		**aider** ses parents. **laver** la voiture **nettoyer** le garage **ranger** sa chambre **ranger** ses affaires *(things)*	**laver:** *to wash* **nettoyer*:** *to clean* **ranger:** *to pick up* **ranger:** *to put away*

*Note the forms of **nettoyer** in the present tense: **je nettoie, tu nettoies, il nettoie, nous nettoyons, vous nettoyez, ils nettoient**

96   Unité 2

1 Et toi?

Indique tes préférences en complétant les phrases suivantes.

1. Le weekend, je préfère . . .

- rester à la maison
- sortir avec mes copains
- faire du baby-sitting
- ?

2. Quand je sors avec mes copains, je préfère . . .

- aller dans les magasins
- voir un film
- dîner dans un restaurant
- ?

3. En général, je préfère assister à . . .

- un concert de jazz
- un concert de rock
- un concert de musique classique
- ?

4. Quand je vais à la plage ou à la piscine, je préfère . . .

- nager
- rencontrer d'autres *(other)* gens
- prendre un bain de soleil
- ?

5. En général, je préfère faire mes achats . . .

- dans un grand centre commercial
- dans le quartier où j'habite
- au centre-ville *(downtown)*
- ?

6. Quand je veux être utile *(helpful)* à la maison, je préfère . . .

- nettoyer le grenier *(attic)*
- nettoyer la cuisine
- ranger ma chambre
- ?

2 Conversation

Avec vos camarades de classe, faites des conversations selon le modèle.

> Où vas-tu ce weekend?
>
> Je vais à la piscine.

> Qu'est-ce que tu vas faire là-bas?
>
> Je vais nager.
>
> (Je vais retrouver mes copains.)

Leçon 5 **97**

1 COMMUNICATION: describing weekend activities

■ **Variation: challenge level**
• Paired interview activity
– **Dis, Frank, qu'est-ce que tu préfères faire le weekend?**
– **Je préfère sortir avec mes copains. Et toi, Sylvia?**
You may first want to practice the corresponding questions for each item:
2. **Qu'est-ce que tu préfères faire quand tu sors avec tes copains?**
3. **En général, à quelle sorte de concert est-ce que tu préfères assister?**
4. **Quand tu vas à la plage ou à la piscine, qu'est-ce que tu préfères faire?**
5. **En général, où est-ce que tu préfères faire tes achats?**
6. **Quand tu veux être utile à la maison, qu'est-ce que tu préfères faire?**

• Reporting activity
Teacher asks students about the results of their interviews.
– **Dis-nous, Sylvia, qu'est-ce que Frank préfère faire le weekend?**
– **Il préfère sortir avec ses copains.**

2 COMMUNICATION: discussing weekend plans

Sample answers:
1. Je vais au café.
   Je vais rencontrer mes copains (jouer au flipper).
2. Je vais en ville.
   Je vais aller dans les magasins (faire des achats).
3. Je vais rester à la maison.
   Je vais aider mes parents (nettoyer/ranger ma chambre).
4. Je vais à la plage.
   Je vais bronzer (prendre un bain de soleil, nager).
5. Je vais au stade.
   Je vais assister à un match de foot (à un concert).

Cooperative pair practice
Activity 2

Cooperative group practice: Et toi?

Divide the class into groups of four or five students. Designate one person as a recorder (**un/une secrétaire**).

Individual group members take turns indicating their preferences.

Le weekend, je préfère faire du baby-sitting.

Each **secrétaire** tallies the responses of his/her group and then reports the results back to the entire class. For example:

La majorité préfère sortir avec des copains.

🔊 **Leçon 5, Section 2**

📽 **Transparency 21**
Le bus et le métro

■ **Pronunciation**
ticket /tike/

■■ **French connection:**
pied → *pedal, pedestal*
monter → *to mount (climb, go up)*
descendre → *to descend (go down)*

■ **Realia note:** The **RATP (Régie Autonome des Transports Parisiens)** and the **SNCF (Société Nationale des Chemins de Fer Français)** collaborated to form the **RER (Réseau Express Régional)**. The **RER** currently consists of four lines and will eventually expand to serve more than 200 stations.

Au Jour le Jour

Pour voyager plus économique-ment, on peut acheter:
• un carnet de 10 tickets
  (le carnet coûte 7 € 93)
• une Carte Orange *(commuter pass)* qui permet d'utiliser le métro quand on veut pour un prix forfaitaire
• une Carte Sésame *(tourist pass)* valable pour quelques jours

■ **Cultural note:** The station **Étoile** has been renamed in honor of **Charles de Gaulle**, who was President of France from 1958–1969. Places in Paris named for famous Americans include **la station** and **l'avenue Franklin D. Roosevelt**, **l'avenue du Président Kennedy**, and **la rue Franklin**.

B. Un weekend à Paris

—Qu'est-ce que tu vas faire samedi après-midi?

Je vais | voir un film au Quartier Latin.
        | assister à un concert à la Villette
        | faire une promenade sur
        | les Champs-Élysées

—Comment vas-tu aller là-bas?

Je vais | marcher.
        | **aller à pied**
        | prendre | le bus
        | | le métro

aller à pied: *to walk*

Dans le métro

Je vais acheter | **un billet** *(ticket)* de métro.
                | **un ticket** de métro

Je vais | prendre la direction Balard.
        | **monter** à Opéra
        | **descendre** à Concorde

monter: *to get on*
descendre: *to get off*

Qu'est-ce que tu vas faire samedi après-midi?

Je vais voir un film

AU JOUR LE JOUR

■ NOTE CULTURELLE

Le métro de Paris

Comment visiter Paris? C'est simple! Faites comme les Parisiens. Prenez le métro! Le métro de Paris est pratique et très économique. Un billet de métro coûte deux euros. Avec ce billet vous pouvez° aller où vous voulez.°

Le métro de Paris est très étendu.° Il y a 15 lignes différentes et 368 stations. Pour savoir° comment aller à votre destination, vous devez° consulter le plan° du métro. Dans beaucoup de stations de métro, il y a un plan lumineux.° Ce plan indique la ligne que vous devez prendre, et si c'est nécessaire, la station où vous devez changer.

pouvez *can* **voulez** *want* **étendu** *spread out, extensive*
savoir *to know* **devez** *have to* **plan** *map*
lumineux *with lights*

Sites et monuments	Stations de métro
l'Arc de Triomphe	Étoile
la Tour Eiffel	Trocadéro
le Centre Pompidou	Châtelet
le Louvre	Louvre
le Musée d'Orsay	Solférino
les Invalides	Invalides
les Champs-Élysées	Étoile ou
	Franklin-Roosevel

 💻 **Warm-up: Dans le métro** REVIEW

Show the Vignette culturelle on using the métro from Video Module 22 of **Discovering French–*Bleu*** (Cassette 3, 13:24–14:36).

Have students narrate the action in French.

3 À Paris en métro

Regardez le plan du métro. Utilisez ce plan pour répondre aux questions suivantes.

1. Béatrice habite près de l'Arc de Triomphe. Où est-ce qu'elle prend le métro pour aller à l'école?
a. à Étoile
b. à Montparnasse Bienvenüe
c. à Trocadéro

2. Des touristes veulent visiter le Centre Pompidou. Où est-ce qu'ils vont descendre?
a. à l'Opéra
b. à République
c. à Châtelet

3. Isabelle a rendez-vous avec un copain dans un café des Champs-Élysées. Elle prend le métro. À quelle station est-ce qu'elle va descendre?
a. à Invalides
b. à Franklin-Roosevelt
c. à Bastille

4. Thomas et Christine vont aller voir une exposition. Ils descendent du métro à Solférino. Quel musée est-ce qu'ils vont visiter?
a. le Louvre
b. le Centre Pompidou
c. le Musée d'Orsay

5. Des étudiants américains sont dans un hôtel du Quartier Latin. Ce matin, ils prennent le métro et descendent à Trocadéro. Quel monument est-ce qu'ils vont visiter?
a. la Tour Eiffel
b. l'Opéra de la Bastille
c. l'Arc de Triomphe

6. Madame Bellin va prendre un train à la Gare Montparnasse. Elle est à la station de métro Concorde. Quelle direction est-ce qu'elle va prendre?
a. Mairie d'Issy
b. Pont de Neuilly
c. Château de Vincennes

7. Delphine et Lucie viennent de voir un film aux Champs-Élysées. Elles vont dîner dans un restaurant près de l'Opéra. Elles prennent le métro à Franklin-Roosevelt. À quelle station est-ce qu'elles vont changer de métro?
a. à Concorde
b. à l'Opéra
c. à Étoile

8. Jérôme habite près de la station Trocadéro. Il a une copine qui habite à la République. Combien de fois (times) est-ce qu'il doit changer de métro quand il va chez elle?
a. une fois
b. deux fois
c. trois fois

GARE ST-LAZARE · Porte de la Chapelle · LA VILLETTE · Saint Lazare · L'ARC DE TRIOMPHE · L'OPÉRA · Pont de Neuilly · Champs-Élysées · Étoile · Franklin D. Roosevelt · Opéra · LE LOUVRE · République · Trocadéro · Concorde · Invalides · LE CENTRE POMPIDOU · Louvre · L'OPÉRA DE LA BASTILLE · LA TOUR EIFFEL · LE MUSÉE D'ORSAY · Châtelet · Bastille · Nation · Solférino · INVALIDES · NOTRE-DAME · Gare de Lyon · Château de Vincennes · La Motte-Picquet · QUARTIER LATIN · GARE DE LYON · Montparnasse Bienvenüe · Balard · Créteil-Préfecture · Mairie D'Issy · GARE MONTPARNASSE · **99**

🌐 Using the métro map

Have students describe how to get from one station to another.
▶ la Gare de Lyon → la Tour Eiffel
1. la Tour Eiffel → le Centre Pompidou
2. le Centre Pompidou → l'Opéra
3. l'Opéra → l'Arc de Triomphe, *etc.*

▶ **À la Gare de Lyon, nous prenons la ligne 1 direction Pont de Neuilly. Nous descendons à Étoile où nous faisons une correspondance. À Étoile, nous prenons la ligne 6 direction Nation et nous descendons à Trocadéro. Nous sommes à la Tour Eiffel.**

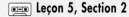 **Leçon 5, Section 2**

Transparency 22
Un weekend à la campagne

Looking ahead: The irregular verb **partir** is presented in Lesson 8.

▷ **Vocabulaire**

Transparency 23
À la campagne

Supplementary vocabulary

un champ de blé *wheat field*
un champ de maïs *cornfield*

un âne *donkey*
une chèvre *goat*
un mouton *sheep*

un cygne *swan*
un dindon *turkey*

C. Un weekend à la campagne

—Où allez-vous **passer** le weekend?
  Nous allons passer le weekend **à la campagne** (in the country).

  Nous allons | **partir** samedi matin.
              | **rentrer** dimanche soir

—Quand on est à la campagne, on peut . . .

  faire un pique-nique

  faire | **une promenade** (walk, ride) | **à pied**
           | **un tour** (walk, ride) | **à vélo**
           | **une randonnée** (hike, long ride) | **à cheval** (on horseback)

  aller à la pêche (to go fishing)

> Où allez-vous passer le weekend?

> Nous allons passer le weekend à la campagne.

passer:	to spend (time)

partir:	to leave
rentrer:	to come back

Vocabulaire: À la campagne

Quelques endroits   **Quelques animaux**

➡ Note the following irregular plurals.

-al	→	-aux	un animal	des animaux
			un cheval	des chevaux
-eau	→	-eaux	un oiseau	des oiseaux

Extra practice: À la campagne

PROP: Transparency 23

Ask comprehension questions about the animals shown on the transparency.

Quels animaux savent nager?
  [le poisson, le canard]
Quels animaux savent voler (to fly)?
  [l'oiseau, le canard]

Quel animal nous donne du lait?
  [la vache]
Quels animaux habitent dans les arbres? [l'écureuil, l'oiseau]

4 Questions personnelles

1. Est-ce que tu vas de temps en temps *(from time to time)* à la campagne? Où? Avec qui?
2. En général, qu'est-ce que tu fais quand tu vas à la campagne?
3. Où est-ce que tu préfères nager? dans un lac? dans une rivière? dans une piscine?
4. Est-ce que tu vas souvent à la pêche? Où? Quand tu vas à la pêche, est-ce que tu attrapes *(catch)* beaucoup de poissons?
5. Connais-tu des gens qui habitent dans une ferme? Est-ce qu'ils ont des animaux? Quels animaux?
6. Est-ce qu'il y a un parc dans la ville (ou le quartier) où tu habites? Est-ce qu'il y a beaucoup d'arbres? Est-ce qu'il y a des fleurs? Quels animaux est-ce qu'on peut voir dans ce parc?
7. Est-ce que tu élèves *(raise)* des animaux? Quels animaux?

5 Les photos de Jean-Claude

Quand il va à la campagne, Jean-Claude aime prendre des photos. Regardez ces photos et faites correspondre chaque photo avec le commentaire de Jean-Claude.

1. Cet homme sur le lac, c'est mon oncle Édouard. Il adore aller à la pêche, mais il n'a pas de chance. En général, il ne prend pas de poissons.
2. C'est le printemps. Il y a des fleurs dans les champs. Ce lapin n'a pas peur de moi.
3. C'est l'automne. Les arbres perdent leurs feuilles. Devant l'arbre, il y a un écureuil.
4. Pendant les vacances d'été, je rends souvent visite à mes grands-parents. Ils ont une ferme en Normandie. Dans la prairie à côté de leur ferme il y a un cheval et des vaches.
5. Le fermier vient de passer. Les poules mangent. Les oiseaux aussi. L'écureuil sur la branche attend son tour *(turn)*.

---

4 COMMUNICATION: answering personal questions

■ **If students ask:** Present supplementary vocabulary for the following items:
6. **un pigeon**
7. **un cochon d'Inde** *(guinea pig)*, **un hamster** / ɛ̃ amstɛr/

5 COMPREHENSION: matching photos and descriptions

1. D
2. E
3. B
4. A
5. C

Classroom Notes

📝 Cooperative writing practice

As a follow-up to Act. 5, divide the students into five groups. Label five sheets of paper from A to E and give one sheet to each group. Passing the paper from one student to another, each group writes a description of the illustration corresponding to the letter on the paper.

Students may not look at the descriptions on the bottom of the page. When they have finished, you may have the groups turn in their papers to you or exchange their descriptions for peer correction.

Leçon 6

MAIN TOPIC:

Describing what happened in the past

MODULE 2-A
Pierre a un rendez-vous

Total time: 1:23 min.
(Counter: 08:40–10:03 min.)

VIDEODISC Disc 1, Side 1
15600 to 18100

 Leçon 6, Section 1

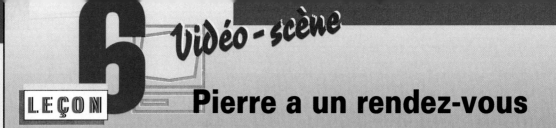

Vidéo-scène

LEÇON 6 Pierre a un rendez-vous

Dans cette unité, nous allons faire la connaissance de Madame et Monsieur Duval, les parents de Pierre. Nous sommes samedi aujourd'hui. Pierre est chez lui.

Cet après-midi, Pierre a rendez-vous avec Armelle. Il s'apprête à partir quand sa mère lui demande ce qu'il va faire . . .

Dis donc, Pierre, pourquoi est-ce que tu mets ta veste?

Où vas-tu?

Je vais sortir.

J'ai rendez-vous avec Armelle. . . Nous allons aller au cinéma.

Une seconde . . . Dis-moi, est-ce que tu as fini ton travail?

Mais oui, tu sais bien, je l'ai fini hier soir.

102 Unité 2

🌐 Cross-cultural understanding

Have students compare the questions asked by Pierre's mother with those typically asked by American parents. Are they similar or different?

Remind students that many French schools have classes on Saturday morning.

Et tu as rangé ta chambre?

Bien sûr que j'ai rangé ma chambre. J'ai même passé l'aspirateur.

Est-ce que tu as téléphoné à ta tante Caroline? C'est son anniversaire aujourd'hui.

T'en fais pas, je n'ai pas oublié. Je lui ai téléphoné hier soir.

Dis, Maman, je peux partir?

Pierre embrasse sa mère. Puis, il sort et va à son rendez-vous avec Armelle . . .

Mais oui! Amuse-toi bien.

à suivre . . .

Compréhension

1. Où et quand se passe la scène?
2. Qu'est-ce que Madame Duval veut savoir?
3. Qu'est-ce qu'elle demande aussi?
4. Qu'est-ce que Pierre a fait hier soir?
5. Où va Pierre à la fin de la scène?

Leçon 6 **103**

■ **Language note**
passer l'aspirateur = *to vacuum*

■ **Language note:** The expressions **(ne) t'en fais pas** and **(ne) vous en faites pas** *(don't worry)* come from **s'en faire.** In casual spoken French, the **ne** of negative expressions is often omitted.

COMPREHENSION

1. La scène se passe samedi, chez Pierre.
2. Elle veut savoir où Pierre va.
3. Elle demande s'il a fini son travail.
4. Il a fini son travail et il a téléphoné à sa tante Caroline.
5. Il va à son rendez-vous avec Armelle.

Section A

COMMUNICATIVE FUNCTION:
Talking about what happened in the past

Leçon 6, Section 2

Review: passé composé with avoir

Transparency 2c
L'Afrique, l'Europe, l'Asie

■ Have students point to places on the map and say that they have visited them.
J'ai visité [Dakar].

Classroom Notes

To describe past actions, the French use a past tense called the PASSÉ COMPOSÉ. Note the forms of the passé composé in the following sentences.

J'**ai acheté** un jean.	I **bought** a pair of jeans.
Marc **a choisi** une veste.	Marc **chose** a jacket.
Nous **avons attendu** nos copains.	We **waited for** our friends.

FORMS

The passé composé consists of two words. For most verbs, the passé composé is formed as follows:

> PRESENT of **avoir** + PAST PARTICIPLE

PASSÉ COMPOSÉ	=	PRESENT of **avoir** + PAST PARTICIPLE	
J'**ai visité** Paris.		j' **ai**	
Tu **as visité** Québec.		tu **as**	
Il/Elle/On **a visité** un musée.		il/elle/on **a**	**visité**
Nous **avons visité** Dakar.		nous **avons**	
Vous **avez visité** Genève.		vous **avez**	
Ils/Elles **ont visité** Monaco.		ils/elles **ont**	

104 Unité 2

☀ **Warm-up: Qu'est-ce que tu as acheté?**

PROP: Transparency 7 (Quelques objets)

Have students stand if they recently bought one of the items shown on the transparency. Ask them what they bought, where they bought it, for what price, etc.

Levez-vous si vous avez acheté un de ces objets.
– **Qu'est-ce que tu as acheté, X?**
– **J'ai acheté une cassette.**
– **Où est-ce que tu as acheté cette cassette?**
– **Chez Dayton's., etc.**

The past participle of regular verbs ending in **-er, -ir,** and **-re** is formed by replacing the infinitive ending as follows:

	INFINITIVE ENDING		PAST PARTICIPLE ENDING		
VERBS IN **-er**	**-er**	→	**-é**	travailler	J'ai **travaillé.**
VERBS IN **-ir**	**-ir**	→	**-i**	finir	Nous avons **fini.**
VERBS IN **-re**	**-re**	→	**-u**	attendre	Sophie a **attendu.**

USES

The passé composé is used to describe actions and events that *took place in the past.*
It has several English equivalents.

J'ai visité Montréal.
- *I visited Montreal.*
- *I have visited Montreal.*
- *I did visit Montreal.*

1 Au grand magasin

Dites ce que chacun a acheté le weekend dernier *(last weekend)*.

▶ Stéphanie

Stéphanie a acheté un jean.

1. Isabelle

2. nous

3. moi

4. toi

5. on

6. Alice

7. mes cousins

8. M. Simard

2 La fête

Ce weekend, Éric et Corinne organisent une fête. Jouez les deux rôles.

▶ choisir des cassettes de rock

As-tu choisi des cassettes de rock?

Oui, j'ai choisi des cassettes de rock.

1. décorer le salon
2. ranger les magazines
3. acheter les pizzas
4. préparer les sandwichs
5. inviter nos copains
6. téléphoner aux voisins
7. apporter la chaîne stéréo
8. nettoyer la maison

Leçon 6 **105**

1 DESCRIPTION: saying what people bought

1. Isabelle a acheté un maillot de bain.
2. Nous avons acheté des compacts.
3. J'ai acheté une cassette.
4. Tu as acheté un vélo.
5. On a acheté des chaussures.
6. Alice a acheté une raquette.
7. Mes cousins ont acheté un appareil-photo.
8. M. Simard a acheté un imper(méable).

2 ROLE PLAY: discussing party preparations

■ **Variation** (in plural): Mme Simard asks Eric and Corinne the questions.
– Avez-vous choisi des cassettes de rock?
– Oui, nous avons choisi des cassettes de rock., etc.

Personalization: La boum

Ask students to discuss a recent party they planned or attended.
Tu es allé(e) à une boum récemment.
Est-ce que tu as apporté des cassettes?
Est-ce que quelqu'un a apporté des compacts?

Est-ce que quelqu'un a joué de la guitare?
Qui a acheté les pizzas?
Qui a nettoyé la maison?, etc.

Cooperative pair practice Activity 2

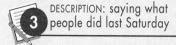

Transparency 24
Chez les Durand

■ Review the times. Then have students relate the sequence of events shown on the transparency, using the new adverbs.

3 DESCRIPTION: saying what people did last Saturday

4 COMMUNICATION: describing what one did at certain times in the past

---

Section B

COMMUNICATIVE FUNCTION:
Talking about what did not happen in the past

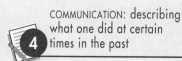 Leçon 6, Section 2

↻ Review: passé composé in the negative

Vocabulaire: Quand?

hier	yesterday	**Hier,** nous avons joué au volley.
samedi dernier	last Saturday	**Samedi dernier,** nous avons joué au foot.
avant	before	J'ai fait mes devoirs **avant** le weekend.
après	after	Vous avez lavé la vaisselle **après** le dîner?
pendant	during	**Pendant** les vacances, nous avons voyagé.
d'abord	first	**D'abord,** j'ai acheté du pain *(bread).*
ensuite	then	**Ensuite,** j'ai préparé des sandwichs.
finalement	finally	**Finalement,** nous avons mis *(set)* la table.
enfin	at last	**Enfin,** nous avons dîné.

> Pendant les vacances, nous avons voyagé.

---

3 **Samedi dernier**

Dites ce que les personnes suivantes ont fait samedi dernier.

	Claire	Paul et Vincent	nous	vous
samedi matin	• ranger sa chambre	• nettoyer le garage	• travailler dans le jardin	• aider vos parents
samedi après-midi	• attendre une copine • assister à un concert avec elle	• jouer au tennis • perdre	• rencontrer des amis • visiter un musée	• acheter des vêtements • choisir un imper
samedi soir	• finir ses devoirs • répondre à une lettre	• écouter la radio • entendre un concert	• préparer le dîner • manger une pizza	• rendre visite à des amis • dîner chez eux

▶ **Samedi matin, Claire a rangé sa chambre.** **Samedi après-midi, elle a . . .**

---

4 **Et vous?**

Dites ce que vous avez fait. Si possible, décrivez deux ou trois activités pour chaque moment.

1. Hier, avant le dîner, j'ai . . .
2. Hier, après le dîner, . . .
3. Ce matin, pendant la classe, . . .
4. Hier, après l'école, . . .

B. Le passé composé: forme négative

Compare the affirmative and negative forms of the passé composé in the sentences below.

AFFIRMATIVE	NEGATIVE	
J'ai **invité** Paul.	Je **n'ai pas invité** Marc.	*I **did not invite** Marc.*
Éric **a vendu** sa guitare.	Il **n'a pas vendu** son vélo.	*He **did not sell** his bike.*

 Un jeu: Samedi dernier

PROPS: 4 index cards labeled **Claire, Paul et Vincent, nous, vous** for each group

Divide the students into groups of four. Give an index card (in order above) to each student in the group. At a given signal, S1 writes the first sentence in Act. 3, using the subject on his/her card: **(Claire [a rangé sa chambre].)**

At the same time, the other three students write the first sentence using the subjects on their cards. S1 then passes his/her card to S2, S2 passes his/her card to S3, etc. Students continue until they have written five sentences on each card. The first group finished with the most correct sentences is the winner.

In the negative, the passé composé is formed as follows:

PASSÉ COMPOSÉ (negative)	=	PRESENT of **avoir** (negative)	+ PAST PARTICIPLE
Je **n'ai pas étudié.**		je **n'ai pas**	
Tu **n'as pas étudié.**		tu **n'as pas**	
Il/Elle/On **n'a pas étudié.**		il/elle/on **n'a pas**	**étudié**
Nous **n'avons pas étudié.**		nous **n'avons pas**	
Vous **n'avez pas étudié.**		vous **n'avez pas**	
Ils/Elles **n'ont pas étudié.**		ils/elles **n'ont pas**	

5 Conversation

Demandez à vos camarades s'ils ont fait
les choses suivantes le weekend dernier.

▶ jouer au basket?   ▶ étudier?

1. travailler?
2. nager?
3. jouer au tennis?
4. organiser une soirée?
5. assister à un match de foot?
6. ranger ta chambre?

7. rencontrer des amis?
8. finir un livre?
9. choisir des vêtements?
10. perdre *(waste)* ton temps *(time)*?
11. rendre visite à un copain?
12. rendre visite à tes cousins?

 Tu as joué au basket?

Tu as étudié?

Oui, j'ai joué au basket.

 Non, je n'ai pas étudié.

6 Tant pis! *(Too bad!)*

Les personnes suivantes n'ont pas certaines choses. Expliquez
ce qu'elles n'ont pas fait.

▶ Françoise n'a pas sa raquette.   **Elle n'a pas joué au tennis.**

1. Vous n'avez pas de chaîne stéréo.
2. Nous n'avons pas nos maillots de bain.
3. Vous n'avez pas de billets.
4. Les élèves n'ont pas de chance.

5. Marc n'a pas de patience.
6. Tu n'as pas de télé.
7. Caroline n'a pas de livres.
8. Je n'ai pas faim.

dîner
nager
étudier
jouer au tennis
réussir à l'examen
attendre son copain
écouter vos compacts
regarder le match de foot
assister au concert

7 Oui ou non?

Lisez ce que les personnes suivantes ont fait. Dites si oui ou non elles ont fait les choses
entre parenthèses.

▶ Frédéric a mangé beaucoup de spaghetti. (maigrir?)   **Il n'a pas maigri.**

Les élèves ont étudié. (réussir à l'examen?)
Patrick a dîné dans un restaurant végétarien.
(manger un steak?)
Anne a aimé le dessert. (finir le gâteau?)
Hélène et Paul ont joué très mal au tennis.
(perdre le match?)

5. Olivier a aidé ses parents. (retrouver ses copains?)
6. Monsieur Camus a travaillé dans le jardin.
   (entendre le téléphone?)
7. Véronique a écouté la radio. (entendre un bon concert?)
8. Sophie et Michèle ont regardé la télé après le dîner.
   (finir leurs devoirs?)

107

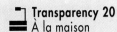

 Pacing

Depending on your time schedule, you
may decide to do only <u>two</u> of Act. 5, 6, and
7. The remaining exercise may be used as
a warm-up activity at a later time.

 **Cooperative
pair practice**
Activity 5

Leçon 6, Section 2

↩ **Review:** questions in the
passé composé

C. Les questions au passé composé

Note how questions are asked in the passé composé.

Tu as travaillé ce weekend?	*Did you work this weekend?*
Est-ce que Paul a travaillé aussi?	*Did Paul work too?*
Qu'est-ce que tu as acheté?	*What did you buy?*
Où est-ce qu'Alice a acheté cette veste?	*Where did Alice buy that jacket?*

Questions in the passé composé are formed according to the following pattern:

> INTERROGATIVE FORM of **avoir** + PAST PARTICIPLE

YES / NO QUESTIONS

INTONATION WITH **est-ce que**	**Tu as . . . ?** **Est-ce que tu as . . . ?**	**Tu as** travaillé? **Est-ce que tu as** travaillé?

INFORMATION QUESTIONS

WITH **est-ce que**	**Quand** **Pourquoi** } **est-ce que tu as . . . ?** **Qu'est-ce que tu as . . . ?**	**Quand est-ce que tu as** dîné? **Pourquoi est-que tu as** travaillé? **Qu'est-ce que tu as** mangé?

⇒ When the subject of the question is a pronoun, inversion may be used.

As-tu . . . ?	**As-tu** dîné?	**A-t-il . . . ?**	**A-t-il** travaillé?
Avez-vous . . . ?	**Avez-vous** fini?	**A-t-elle . . . ?**	**A-t-elle** étudié?

COMMUNICATION: finding out
8 what others did yesterday

■ **Variation** (with inversion):
À qui as-tu téléphoné?

■ **Vocabulary expansion**
une émission [radio/TV] program

8 **Conversation**

Demandez à vos camarades
ce qu'ils ont fait hier. Si c'est
nécessaire, imaginez une réponse.

▶ à qui / téléphoner?

1. avec qui / étudier?
2. qui / rencontrer après la classe?
3. où / dîner?
4. à quelle heure / dîner?
5. quel programme / regarder à la télé?
6. quelle station de radio / écouter?
7. quel magazine / regarder?
8. quand / préparer tes devoirs?

À qui est-ce que
tu as téléphoné?

J'ai télépho[n]
à mon onc[le]
(à une copi[ne]
aux voisins .[..])

ROLE PLAY: asking about past
9 activities

■ **Variation** (with inversion):
– Ah bon! Avec qui a-t-elle joué?

9 **Bavardages**

Lisez ce que les personnes suivantes ont fait. Avec un(e) camarade, parlez de leurs activités.

▶ Christine a joué au tennis.
(avec qui? avec Vincent)

—Christine a joué au tennis.
—Ah bon! Avec qui est-ce qu'elle a joué?
—Elle a joué avec Vincent.

1. Caroline a visité Genève. (quand? en octobre)
2. Corinne a téléphoné. (à quelle heure? à six heures)
3. Françoise a voyagé au Canada. (comment? en train)
4. Pauline a acheté un manteau. (où? au Bon Marché)
5. Thomas a visité Moscou. (avec qui? avec ses parents)
6. Isabelle a trouvé un job. (où? dans une boutique)
7. Éric et Stéphanie ont dîné en ville. (où? à l'Écluse)
8. Les voisins ont téléphoné. (quand? lundi)
9. Nos copines ont organisé une soirée. (quand? samedi)

**Cooperative
pair practice**
Activities 8, 9, 10,
11, 12

Language note: Inversion

Inversion may also be used with
information questions:

Où as-tu dîné?
À quelle heure avez-vous fini?
Pourquoi a-t-il travaillé?
Avec qui a-t-elle étudié?

10 Un weekend à Paris

Des camarades de classe ont passé un weekend à Paris.
Posez-leur des questions sur leur voyage.

▶ quand / visiter Paris?   en avril

1. comment / voyager?
   en métro
2. où / dîner?
   au Pied de Cochon
3. qui / rencontrer?
   beaucoup de gens sympathiques

4. quel musée / visiter?
   le Musée d'Orsay
5. quel souvenir / acheter?
   des posters de la Tour Eiffel
6. à quel concert / assister?
   à un concert de Jean-Jacques Goldman

Quand est-ce que vous avez visité Paris?

Nous avons visité Paris en avril.

11 Questions et réponses

Nathalie demande à Patrick ce qu'il a fait samedi dernier. Jouez les deux rôles
avec un/une camarade. Posez des questions et choisissez une réponse logique.

Qu'est-ce que . . .

▶ acheter à la librairie
  (bookstore)
• regarder à la télé
• écouter à la radio
• acheter pour l'anniversaire
  de ton père
• choisir à Mod'Shop

• apporter à la fête
• vendre à ton cousin
• manger au restaurant

une pizza	des CDs de rock
une cravate	un dictionnaire
des tee-shirts	un film d'aventures
un concert de jazz	ma raquette de tennis

▶ NATHALIE: **Qu'est-ce que tu as acheté à la librairie?**
  PATRICK: **J'ai acheté un dictionnaire.**

Expressions pour la conversation

How to ask people if they have ever done something:

déjà	*ever, already*	—Est-ce que tu as **déjà** visité Paris?
		—Oui, j'ai **déjà** visité Paris.
ne . . . jamais	*never*	—Non, je n'ai **jamais** visité Paris.

12 Conversation

Demandez à vos camarades s'ils ont déjà fait
les choses suivantes. (S'ils répondent
affirmativement, demandez des précisions
avec des questions comme **quand? où?
avec qui? pourquoi?** etc.)

▶ visiter Québec?

1. voyager en avion?
2. dîner dans un restaurant vietnamien?
3. manger des escargots *(snails)*?
4. gagner à la loterie?

5. jouer dans un film?
6. participer à un marathon?
7. visiter Disney World?
8. assister à un concert de rock?

Tu as déjà visité Québec?

Quand?

Oui, j'ai déjà visité Québec.

(Je n'ai jamais visité Québec.)

Pendant les vacances.

Leçon 6   **109**

Pacing

Depending on your time schedule, you
may decide to do only three of Act. 8, 9,
10, 11, and 12.
    The others may be assigned for extra
practice for students who need it.

🔊 **Leçon 6, Section 2**

◻ **Looking ahead:** The passé composé of **prendre** and **mettre** is presented in Lesson 7.

■ **Pronunciation:** Be sure students pronounce the plural forms of **prendre** correctly:
prenons /prənɔ̃/
prenez /prəne/
prennent /prɛn/

⌐ **Transparency 6**
Les matières

■ Have students say which subjects they are studying. You could also have students take a survey to find out who's studying which subjects.

■■ **French connection:**
apprendre → *apprentice*
comprendre → *comprehend*
promettre (promis) → *promise*

◻ **If students ask:** The French equivalent of *to permit/promise someone to do something* is **permettre/promettre à** quelqu'un **de** faire quelque chose.

COMPREHENSION: making
logical statements

1. comprennent
2. prend
3. prennent
4. promets
5. permets
6. mettons
7. apprenez
8. comprends

T110 Unité 2

D. Les verbes *prendre* et *mettre*

Review the forms of the verbs **prendre** *(to take)* and **mettre** *(to put, put on)*.

INFINITIVE	prendre		mettre	
PRESENT	Je **prends**	un taxi.	Je **mets**	ma veste.
	Tu **prends**	ton vélo.	Tu **mets**	un pull.
	Il/Elle/On **prend**	le métro.	Il/Elle/On **met**	un disque.
	Nous **prenons**	nos livres.	Nous **mettons**	la télé.
	Vous **prenez**	le bus.	Vous **mettez**	la radio.
	Ils/Elles **prennent**	des photos.	Ils/Elles **mettent**	une cassette.

Prendre

⟹ When used with meals, foods, and beverages, **prendre** means *to have.*

Qu'est-ce que **tu prends?**   *What* **are you having?**
Je prends un café et un croissant.   ***I'm having*** *a cup of coffee and a croissant.*

⟹ The following verbs are conjugated like **prendre:**

apprendre	*to learn*	Nous **apprenons** le français.
apprendre à + INFINITIVE	*to learn how to*	Charlottte **apprend à** danser.
comprendre	*to understand*	Les élèves **comprennent** le prof.

Mettre

⟹ **Mettre** has the following meanings:

to put on, wear (clothes)	Tu **mets** ta nouvelle veste?
to turn on (the radio, TV)	**Mets** la radio, s'il te plaît.
to set (the table)	Qui va **mettre** la table?

⟹ The following verbs are conjugated like **mettre:**

permettre	*to let, allow, permit*	**Permets**-tu à ton frère d'écouter tes cassettes?
promettre	*to promise*	Je **promets** d'être patient.

13 **Quel verbe?**

Complétez les phrases avec l'un des verbes suggérés. Soyez logique.

1. Les élèves ne . . . pas la question du professeur.
2. Philippe . . . des photos avec son nouvel appareil-photo.
3. Les touristes . . . un taxi pour aller au musée.
4. Je . . . d'être sérieux et de travailler plus.
5. Pourquoi est-ce que tu ne . . . pas à ton frère d'écouter tes disques?
6. Quand il pleut, nous . . . un imper.
7. Est-ce que vous . . . à faire du ski?
8. Je ne . . . pas pourquoi tu es fâché *(upset).*

apprendre
comprendre
prendre

mettre
permettre
promettre

14 Questions personnelles

1. Quand tu vas à l'école, est-ce que tu prends le bus? Et tes copains?
2. Est-ce que tu comprends toujours quand le professeur parle français?
3. Est-ce que tu comprends l'espagnol? le russe? le vietnamien? Et tes parents?
4. Est-ce que tu apprends à jouer du piano? à jouer de la guitare? à jouer au tennis?
5. Qu'est-ce que tu apprends à l'école?
6. Quels vêtements est-ce que tu mets quand il fait chaud? quand il fait froid? quand tu vas à la plage? quand tu vas à un concert?
7. Quand tu étudies, est-ce que tu mets la radio? la télé? une cassette?
8. Quel programme de télé vas-tu mettre ce soir? En général, quels programmes est-ce que tu mets le dimanche?
9. Est-ce que tu permets à tes copains d'utiliser ton vélo? tes notes de français? Est-ce que tu permets à ton frère ou à ta soeur de regarder ton journal *(diary)*?

14 COMMUNICATION: answering personal questions

À votre tour!

1 Situation: Un voyage au Canada

Your partner is back from a short trip to French-speaking Canada. Ask your partner . . .
- how he / she traveled
- if he / she visited Montreal or Quebec
- if he / she met any Canadian students
- if he / she spoke French or English
- if he / she attended a hockey game (**un match de hockey**)
- if he / she bought souvenirs (**des souvenirs**), and if so, what

2 Interviews: Hier soir

Faites une liste de cinq choses que vous avez faites hier soir. Interviewez deux ou trois camarades et demandez-leur s'ils ont fait ces choses.

Est-ce que quelqu'un a fait exactement les mêmes choses que vous?

Florence, as-tu regardé la télé hier soir?

Oui, j'ai regardé la télé.

As-tu aidé ta mère?

Non, je n'ai pas aidé ma mère.

Mes activités	Florence	
regarder la télé	✓	
aider ma mère	✗	
ranger ma chambre		
téléphoner à un copain		
étudier		

3 Le weekend dernier

Écrivez un petit paragraphe où vous décrivez plusieurs choses que vous avez faites le weekend dernier. Donnez des détails. Vous pouvez utiliser les suggestions suivantes.

- téléphoner (à qui? quand?)
- rencontrer (qui? où?)
- visiter (quoi? quand? avec qui?)
- acheter (quelles choses? où?)
- regarder (quels programmes? quand?)
- dîner (où? avec qui? quand?)

Ensuite, comparez vos réponses aux réponses de vos camarades.

À votre tour!

1 GUIDED CONVERSATION: discussing a trip

2 INTERVIEWING: taking a poll

3 WRITTEN SELF-EXPRESSION: describing weekend activities

Leçon 6 **111**

📁 Portfolio assessment

Depending on your goals and objectives, you may or may not wish to assign all of the activities in the *À votre tour!* section. You will probably choose only one oral and one written activity to go into the students' portfolios for Unit 2.

The following activities are good portfolio topics:

ORAL: Activity 1
WRITTEN: Activity 3

Cooperative pair practice
Activity 14

LECTURE — Dans l'ordre, s'il vous plaît!

Les paragraphes suivants décrivent certains événements passés. Malheureusement,° l'ordre logique des phrases n'a pas été respecté. Reconstituez les paragraphes en mettant les phrases dans l'ordre logique.

Malheureusement *Unfortunately*

A. Un dîner entre copains

Nous avons dîné.

Ma copine a préparé le repas.

Mon copain a fait les courses.

Après le dîner, j'ai fait la vaisselle.

B. LE CONCERT

a. Elles ont regardé la page des spectacles.

b. Nicole a acheté les billets.

c. Hélène et Nicole ont acheté le journal.°

d. Elles ont assisté au concert.

e. Après le concert, ils ont dîné ensemble.

f. Elles ont choisi un concert très intéressant.

g. Pendant le concert, elles ont rencontré des copains.

journal *newspaper*

C. UN MATCH DE TENNIS

a. Nous avons fini le match à quatre heures.

b. J'ai gagné le deuxième set et le match.

c. Pascal a perdu le premier set.

d. Nous avons fait un match.

e. Après le match, nous avons fait une promenade à vélo.

f. Hier après-midi, j'ai joué au tennis avec mon cousin Pascal.

 Pre-reading question

Have students read the title and skim over the format of the reading.
Can they guess what they will be doing? [reorganizing the sequence of the sentences for each short reading]

D. *Une invitation*

Sa soeur Françoise a répondu. a

Nous avons dîné dans un restaurant japonais. b

Samedi, j'ai téléphoné à Marie-Laure. c

Alors, j'ai invité Françoise au restaurant. d

Elle a accepté mon invitation. e

Elle a dit que Marie-Laure n'était° pas à la maison. f

était *was*

E. Les photos

J'ai acheté une pellicule.° a

J'ai pris° des photos. b

J'ai cherché mon appareil-photo. c

J'ai développé les photos. d

J'ai mis° les photos dans un album. e

J'ai mis la pellicule dans l'appareil-photo. f

pellicule *roll of film* **ai pris** *took* **ai mis** *put*

F. Un job d'été

J'ai trouvé un job dans un supermarché. a

Avec l'argent que j'ai gagné, j'ai acheté une radiocassette. b

L'été dernier, je n'ai pas voyagé. c

J'ai travaillé là-bas pendant deux mois. d

J'ai cherché un job. e

Réponses à la page R12.

D. Une invitation
Samedi, j'ai téléphoné à Marie-Laure.
Sa soeur Françoise a répondu.
Elle a dit que Marie-Laure n'était pas à la maison.
Alors, j'ai invité Françoise au restaurant.
Elle a accepté mon invitation.
Nous avons dîné dans un restaurant japonais.

E. Les photos
J'ai cherché mon appareil-photo.
J'ai acheté une pellicule.
J'ai mis la pellicule dans l'appareil-photo.
J'ai pris des photos.
J'ai développé les photos.
J'ai mis les photos dans un album.

F. Un job d'été
L'été dernier, je n'ai pas voyagé.
J'ai cherché un job.
J'ai trouvé un job dans un supermarché.
J'ai travaillé là-bas pendant deux mois.
Avec l'argent que j'ai gagné, j'ai acheté une radiocassette.

Observation activity: Have students reread their paragraphs, paying attention to the passé composé forms of the verbs.

OPTIONAL: Have students reword their paragraphs in the present tense.

Cooperative reading practice

Read the instructions with the entire class. Then divide the students into pairs or small groups, and see how many paragraphs each group can unscramble within a given time limit.

MAIN TOPICS:

Describing what happened in the past

MODULE 2-B
Les achats de Corinne

Total time: 2:28 min.
(Counter: 10:05–12:33 min.)

VIDEODISC   Disc 1, Side 1
18147 to 22590

Leçon 7, Section 1

■ **Photo culture note:** Because of the many canals criss-crossing the medieval center of town, Annecy is known as "the Venice of France." The numerous cafés and restaurants along the banks of the canals are a favorite gathering place for people of all ages.

7 Vidéo-scène
LEÇON 7   Les achats de Corinne

Samedi dernier, Pierre est allé à un rendez-vous avec Armelle. Il est parti de chez lui à deux heures.

Pierre a retrouvé Armelle. Puis ils sont allés au cinéma. Là, ils ont vu *"L'Homme invisible."*

Après le film, ils ont fait une promenade en ville.

Ça va?

Ensuite, ils sont allés dans un café. Là, ils ont vu Corinne.

Au café, les trois amis parlent de leurs activités.

D'où venez-vous comme ça?

Nous sommes allés au ciné.

Qu'est-ce que vous avez vu?

"L'Homme invisible."

114   Unité 2

🌐 Cross-cultural observation

Dating, as an institution, does not exist in France. Young people tend to go out in groups (**la bande des copains**) rather than in pairs. In fact, there is no equivalent of the verb "to date," and the noun for it, **un rendez-vous,** is the same as the word used for an appointment with the dentist or other business appointment.

Moi, je l'ai vu la semaine dernière.
C'est super, hein?

Oui, c'est pas mal!

Et toi,
qu'est-ce que tu as fait?

Eh bien, tu vois,
j'ai fait des achats.

Qu'est-ce que
tu as acheté?

Ah tiens . . . j'ai acheté
quelque chose de marrant!

C'est un crocodile!

Ben, tu vois,
j'ai acheté un tee-shirt . . .
J'ai aussi acheté des magazines . . .

Qu'est-ce que c'est?

C'est vrai,
c'est marrant!

Tu le veux?
Je te le donne.

Pierre a accepté le cadeau
de sa cousine. Puis, vers sept
heures, Pierre, Armelle et
Corinne sont rentrés chez eux.

Corinne et Armelle ont pris
le bus.

Pierre est rentré
chez lui à pied.

à suivre . . .

Compréhension

1. Où sont allés Pierre et Armelle samedi après-midi?
2. Où sont-ils allés après? Qui ont-ils rencontré?
3. Qu'est-ce que Corinne a acheté?
4. Qu'est-ce qu'elle a donné à Pierre?

Leçon 7 **115**

■ Language notes

- Note the omission of **ne** in **c'est pas mal.**

- The adjective **marrant** (amusing, funny) is frequently used by French young people. **C'est marrant!**
Il est marrant, ce crocodile!

COMPREHENSION

1. Ils sont allés au cinéma.
2. Ils sont allés dans un café. Ils ont rencontré Corinne.
3. Corinne a acheté un tee-shirt, des magazines . . . et un crocodile.
4. Elle a donné le crocodile à Pierre.

■ Additional questions

1. Qu'est-ce que Pierre et Armelle ont vu au cinéma?
2. À quelle heure les amis sont-ils rentrés chez eux?

Leçon 7, Section 2

↻ Review: the verb **voir**

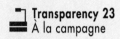 Transparency 23
À la campagne

■ Practice the verb **voir** with various farm animals on the transparency.
Michelle [point to cow]
  Michelle voit une vache.
Nous [point to horse]
  Nous voyons un cheval., etc.

■ Language note: Aller voir, rendre visite à, and faire une visite à mean *to visit people.* Visiter means *to visit a place.*

■■■ French connection:
vue → *view*
vision → *vision*

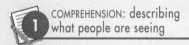 COMPREHENSION: describing what people are seeing

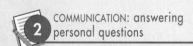 COMMUNICATION: answering personal questions

A. Le verbe *voir*

Note the forms of the irregular verb **voir** *(to see).*

INFINITIVE	**voir**	
PRESENT	Je **vois** le prof.	Nous **voyons** un western.
	Tu **vois** ta copine.	Vous **voyez** une comédie.
	Il/Elle/On **voit** un film.	Ils/Elles **voient** souvent leurs copains.

➡ Note the expression **aller voir** *(to go see).*
  —Tu vas **aller voir** le film?   *Are you going **to go see** the movie?*
  —Je ne peux pas. Je dois **aller voir** ma tante.   *I can't. I have **to go see** my aunt.*

1 Qu'est-ce qu'on voit?
Dites ce que les personnes voient dans les circonstances suivantes.

▶ Patrick est au cinéma.
  Il voit un film d'aventures.

1. Nous sommes à Paris.
2. Les touristes visitent New York.
3. Tu es à l'aéroport.
4. Je nage dans une rivière.
5. Vous faites une promenade dans la forêt.
6. Mélanie visite une ferme.
7. On est au jardin botanique.

> des avions
> des poissons
> des plantes et des fleurs
> des oiseaux et des écureuils
> des lapins et des poules
> la Statue de la Liberté
> la Tour Eiffel
> un film d'aventures

2 Questions personnelles
1. Est-ce que tu vois bien? Est-ce que tu as besoin de lunettes? Est-ce que tu portes des verres de contact *(contact lenses)*?
2. Est-ce que tu vois souvent tes cousins? tes grands-parents? Quand?
3. Est-ce que tu vas voir un film le weekend prochain *(next)*? Où? Avec qui? Quel film est-ce que tu vas voir?

 116 Unité 2

 Cooperative pair practice
Activities 2, 4

👥 Cooperative pair practice

The *Questions personnelles* activities lend themselves to cooperative pair practice. Have students in pairs or in small groups take turns asking each other the questions.

As a follow-up, students can report to the class what they have found out about their partner.

B. Quelques participes passés irréguliers

Many irregular verbs have irregular PAST PARTICIPLES. Note the PAST PARTICIPLES of the following verbs.

avoir	**eu**	Cet hiver, Cécile **a eu** la grippe *(flu)*.
être	**été**	Moi, **j'ai été** malade *(sick)*.
faire	**fait**	Nous **n'avons pas fait** nos devoirs.
mettre	**mis**	Est-ce que tu **as mis** la table?
prendre	**pris**	Je **n'ai pas pris** ton appareil-photo.
voir	**vu**	Nous **n'avons pas vu** François après la classe.

⇒ The verb **être** has two meanings in the passé composé. Compare:

Juliette **a été** malade.   *Juliette **has been** sick.*
Elle **a été** à l'hôpital.   *She **went** to the hospital.*

⇒ Verbs conjugated like **mettre** and **prendre** have similar past participles.

promettre	**promis**	**J'ai promis** d'aider mon grand-père.
comprendre	**compris**	Nous **n'avons pas compris** la question.

⇒ The passé composé of **il y a** is **il y a eu.**

Il y a eu un bon film à la télé.   ***There was** a good movie on TV.*

---

3 **Qu'est-ce qu'ils ont fait?**
Expliquez ce que les personnes suivantes ont fait le weekend dernier.

▶ Caroline (prendre le métro / être en ville)
Caroline a pris le métro.
Elle a été en ville.

1. vous (être dans les magasins / faire des achats / voir beaucoup de choses intéressantes)
2. nous (mettre des jeans / être à la campagne / faire un pique-nique)
3. les touristes (prendre un taxi / voir l'Arc de Triomphe / prendre des photos)
4. moi (mettre mon maillot de bain / être à la piscine / prendre un bain de soleil)
5. toi (faire une promenade à vélo / avoir un accident / être à l'hôpital)
6. Philippe (avoir envie de sortir *(go out)* / mettre son nouveau costume / être au théâtre)

4 **Conversation**
Demandez à vos camarades s'ils ont fait les choses suivantes le weekend dernier. En cas de réponse affirmative, vous pouvez continuer le dialogue avec des questions comme **où? quand? comment? pourquoi? avec qui?**

▶ faire un pique-nique?

Tu as fait un pique-nique?
Oui, j'ai fait un pique-nique.
(Non, je n'ai pas fait de pique-nique.)
Où?
À la campagne.
Avec qui?
Avec ma famille.

1. faire un tour en voiture?
2. faire des achats?
3. avoir rendez-vous avec un(une) ami(e)?
4. avoir une bonne surprise?
5. être à un match de basket?
6. être en ville?
7. prendre des photos?
8. voir un film?
9. voir tes cousins?
10. mettre tes plus beaux *(nicest)* vêtements?

Section B

COMMUNICATIVE FUNCTION:
Talking about the past

 Leçon 7, Section 2

 Review: irregular past participles

3 DESCRIPTION: saying what people did last weekend

4 EXCHANGES: talking about last weekend's activities

■ **Language note:** Remind students to use **pas de** in the negative for items 1–4, 7, and 8.

Language note: The imperfect

In past tense narration, the verbs **être** and **avoir** (and **faire** in expressions of weather) are usually used in the imperfect to describe background conditions.

J'étais au café.
J'avais rendez-vous avec un copain.
Il faisait beau.

(The imperfect is formally presented in Unit 6, but you may wish to introduce the forms here for recognition.)

In the exercises of this unit, **être** and **avoir** are used in the passé composé to describe past events.

Section C

COMMUNICATIVE FUNCTION:
Identifying people
and things

▭▭ **Leçon 7, Section 2**

↻ Review: quelqu'un, quelque
chose, ne . . . personne,
ne . . . rien

★ **New material:**
ne . . . personne and ne . . . rien
in the passé composé

■ **Language note:** You may want
to point out the use of **de** after
these expressions.
**J'ai acheté quelque chose
de marrant.**

C. *Quelqu'un, quelque chose* et leurs contraires

Note how the following expressions are used in the present and the passé composé.

quelqu'un *(somebody, someone)*	**ne . . . personne** *(nobody, not anyone)*
J'invite **quelqu'un**.	Je **n'**invite **personne**.
J'ai invité **quelqu'un**.	Je **n'**ai invité **personne**.

quelque chose *(something)*	**ne . . . rien** *(nothing, not anything)*
Je fais **quelque chose**.	Je **ne** fais **rien**.
J'ai fait **quelque chose**.	Je **n'**ai **rien** fait.

➡ The above expressions can be the subject of the sentence.

Quelqu'un a téléphoné.   **Personne** n'a travaillé.

❙ **Ne . . . personne** and **ne . . . rien** are negative expressions that require **ne** before the verb.

➡ In one-word answers, **personne** and **rien** can stand alone.

—Qui as-tu rencontré?   —Qu'est que tu as fait?
—**Personne.**   —**Rien.**

➡ In the passé composé, the word order is :

ne + **avoir** + PAST PARTICIPLE + **personne**	Je **n'**ai vu **personne**.
ne + **avoir** + **rien** + PAST PARTICIPLE	Je **n'**ai **rien** vu.

5 **Un cambriolage** *(A burglary)*

Le weekend dernier, l'appartement de Monsieur Dupont a été cambriolé *(burglarized)*. L'inspecteur de police pose certaines questions à Monsieur Dupont, qui répond négativement. Jouez les deux rôles.

▶ voir quelqu'un?

Non, je n'ai vu personne.

Vous avez vu quelqu'un?

1. voir quelque chose?
2. entendre quelqu'un?
3. entendre quelque chose?
4. parler à quelqu'un?
5. observer quelque chose?
6. téléphoner à quelqu'un?
7. faire quelque chose?

118   Unité 2

Language note: Prepositions

The expressions **quelque chose** and
quelqu'un can also be used after
prepositions:
– Tu penses **à quelque chose**?
– Je ne pense **à rien**.

– Vous avez parlé **à quelqu'un**?
– Non, nous n'avons parlé **à personne**.

D. Le passé composé du verbe *aller*

Note the forms of the passé composé of the verb **aller** in the sentences below. Pay attention to forms of the past participle.

Samedi, Éric **est allé** au musée.   *On Saturday, Eric **went** to the museum.*
Dimanche, Anne et Alice **sont allées**   *On Sunday, Anne and Alice **went** to*
   à une fête.   *a party.*

The passé composé of **aller** is formed with **être** according to the pattern:

> PRESENT of **être** + PAST PARTICIPLE

■ The past participle takes endings to agree with the subject.

	MASCULINE	FEMININE
AFFIRMATIVE	je suis allé tu es allé il est allé nous sommes allés vous êtes allés ils sont allés	je suis allée tu es allée elle est allée nous sommes allées vous êtes allées elles sont allées
NEGATIVE	je ne suis pas allé	je ne suis pas allée
INTERROGATIVE	tu es allé? es-tu allé? est-ce que tu es allé?	tu es allée? es-tu allée? est-ce que tu es allée?

➡ When **vous** is used to address one person, the past participle remains in the singular: **allé(e)**.
   Madame Dupont, est-ce que vous êtes **allée** à Québec en juin?

6 Qui est allé où?

Ces jeunes ont décidé de faire des choses différentes ce weekend. Dites où chacun est allé en complétant les phrases suivantes.

Philippe	Mélanie	Éric et Marc	Alice et Christine

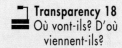

▶ <u>Éric et Marc sont</u> allés au musée.

SAMEDI MATIN	SAMEDI SOIR	DIMANCHE
1. . . . allé en ville.	5. . . . allée au cinéma.	9. . . . allées à une boum.
2. . . . allées au stade.	6. . . . allés à un concert.	10. . . . allé au restaurant.
3. . . . allée à la plage.	7. . . . allées à un rendez-vous.	11. . . . allée à la campagne.
4. . . . allés à la pêche.	8. . . . allé chez Corinne.	12. . . . allés au café.

119

🎭 Personalization: Qui est allé où?

Have students keep a weekend journal in which they list where they and their friends and relatives went. Encourage them to use as many forms of **aller** as possible.

Samedi matin, je suis allé(e) à la bibliothèque.
Ma mère est allée en ville.
Dimanche, nous sommes allés au restaurant., etc.

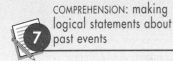
7 Où et quoi?

Pour chaque personne, choisissez un endroit où elle est allée et dites ce qu'elle a fait là-bas. Soyez logique!

▶ Juliette est allée dans une discothèque.
Elle a dansé.

QUI?	OÙ?	QUOI?
moi	au café	nager
Jérôme	au ciné	bronzer
Juliette	au stade	danser
nous	à l'aéroport	acheter un imper
vous	au supermarché	faire des achats
M. Renaud	au centre commercial	voir un film
les touristes	à la plage	faire les courses
toi	dans une discothèque	faire du baby-sitting
	dans un magasin	rencontrer des copains
	de vêtements	voir un match de foot
	chez les voisins	prendre l'avion

▷ **Vocabulaire**

↻ **Review:** expressions of time

▨ **Language note:** Point out that **un an** *(year)* is used when years are considered as units to be counted:
Nathalie a seize <u>ans</u>.
In other cases, **une année** is generally preferred.
Ma cousine a passé <u>une année</u> entière en France.

Vocabulaire: Quelques expressions de temps

maintenant	avant	après
aujourd'hui	hier	demain
ce matin	hier matin	demain matin
cet après-midi	hier après-midi	demain après-midi
ce soir *(tonight)*	hier soir	demain soir
lundi	lundi dernier *(last)*	lundi prochain *(next)*
ce weekend	le weekend dernier	le weekend prochain
cette semaine	la semaine dernière	la semaine prochaine
ce mois-ci	le mois dernier	le mois prochain
cet été	l'été dernier	l'été prochain
cette année *(year)*	l'année dernière	l'année prochaine

8
EXCHANGES: finding out what classmates did and what they plan to do

8 Conversation

Demandez à vos camarades de décrire ce qu'ils ont fait et ce qu'ils vont faire.

Qu'est-ce que tu as fait . . . ?

▶ ce matin

Qu'est-ce que tu as fait ce matin?

Je suis allée à l'école.

Qu'est-ce que tu vas faire . . . ?

▶ ce soir

Qu'est-ce que tu vas faire ce soir?

Je vais téléphon à une cop

1. hier soir
2. dimanche après-midi
3. samedi soir
4. la semaine dernière
5. l'été dernier

6. demain matin
7. demain soir
8. le weekend prochain
9. le mois prochain
10. l'été prochain

Cooperative pair practice
Activities 8, 9

TPR 🏃 Time expressions

To review the meanings of time expressions, introduce the following gestures:
maintenant (students point down to floor)
avant (students point backwards over their shoulders)
après (students point forward)

Give an expression of time and have students give the appropriate gesture.
<u>Hier soir, j'ai regardé la télé.</u> (students point backwards)
<u>Cette semaine, je reste chez moi.</u> (students point down)
<u>Demain matin, je vais nettoyer ma chambre.</u> (students point forward), etc.

9 Occupations

Composez des dialogues en faisant les substitutions suggérées.

▶ voir le prof après la classe?
aller à la bibliothèque

Tu as vu le prof après la classe?

Ah non, je n'ai pas eu le temps.

Qu'est-ce que tu as fait alors?

Je suis allée à la bibliothèque.

1. faire tes devoirs?
   aller au ciné
2. ranger ta chambre?
   aller en ville
3. faire les courses?
   aller à un rendez-vous
4. aider ton petit frère?
   aller au café
5. rendre visite à ta grand-mère?
   ??
6. préparer l'examen?
   ??

9 EXCHANGES: talking about past activities

■ **Teaching note:** The abbreviation "**??**" means that students should provide an original response.

À votre tour!

1 **Situation: Au cinéma**

Your partner went to a movie last weekend with a friend. You want to know what they did.

Ask your partner . . .
- with whom he/she went to the movies
- to which movie theater they went
- which movie they saw
- what they did afterwards

2 **Conversation**

Demandez à un(e) camarade où il/elle est allé(e) aux moments indiqués. Demandez aussi ce qu'il/elle a fait.

- hier entre midi et deux heures
- hier après la classe
- samedi avec ses copains (copines)
- l'été dernier

À votre tour!

1 GUIDED CONVERSATION: talking about going to the movies

2 GUIDED CONVERSATION: talking about past activities

3 **Une carte postale**

Lisez la carte postale de Philippe.

Route du Pont - 74290 Talloires (Haute-Savoie)
Tél. 04 50 60 77 33 - Télex 385307

0,46€

Ma chère Christine,
Il a fait très beau ce weekend. Nous sommes allés à la campagne. Nous avons fait une promenade à pied. Nous avons vu beaucoup d'animaux. J'ai pris des photos. Ce soir, nous sommes allés dans un restaurant.
Je t'embrasse,
Phillippe

Mademoiselle Christine Lukas
146, rue Jeanne d'Arc
37000 Tours
FRANCE

Maintenant, écrivez une carte postale à un copain (une copine). Dans cette carte, décrivez votre weekend. Dites où vous êtes allés et ce que vous avez fait.

3 WRITTEN SELF-EXPRESSION: writing a postcard

📁 Portfolio assessment

Depending on your goals and objectives, you may or may not wish to assign all of the activities in the *À votre tour!* section. You will probably choose only one oral and one written activity to go into the students' portfolios for Unit 2.

The following activities are good portfolio topics:
ORAL: Activities 1, 2
WRITTEN: Activity 3

OBJECTIVES
- Reading for pleasure
- Developing logical thinking

LECTURE Quatre amies

Quatre amies sont dans un café. Elles s'appellent:

Ariane, Béatrice, Florence et Michèle.

Ces filles parlent de ce qu'elles ont fait samedi dernier. Écoutez bien ce qu'elles disent. Pouvez-vous trouver le nom de chaque fille?

Qui est Ariane?
Qui est Béatrice?
Qui est Florence?
Qui est Michèle?

fille numéro un

Samedi après-midi, j'ai fait des achats. Je suis d'abord allée au Printemps où j'ai acheté une robe. J'ai aussi acheté une cravate pour l'anniversaire de mon père. Ensuite, je suis allée à la Boîte à Musique où j'ai écouté des compacts, mais là je n'ai rien acheté. Après, j'ai téléphoné à mon copain Jean-Luc. Nous sommes allés Chez Luigi, un très bon restaurant italien. Après, nous sommes allés à un concert de jazz.

Cette fille s'appelle . . .

fille numéro deux

Samedi matin, j'ai fait les courses. Samedi après-midi, je suis allée au cinéma. J'ai vu une comédie américaine très très drôle. Au cinéma, j'ai retrouvé mon cousin Laurent. Après le film, nous sommes allés dans un café. À six heures, Laurent est allé à un rendez-vous. Moi, je suis allée à la boum de ma copine Isabelle. Là, j'ai beaucoup dansé. J'ai aussi fait la connaissance d'un garçon très sympathique!

Cette fille s'appelle . . .

 Pre-reading question

Have students look over the format of the reading.

Can they guess what they are going to be asked to do? [use the information given to discover the identities of each of the four people at the table]

Classroom Notes

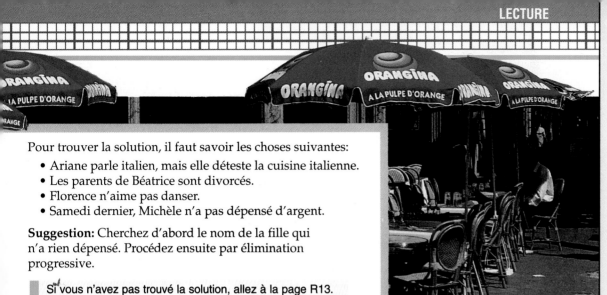

Pour trouver la solution, il faut savoir les choses suivantes:
- Ariane parle italien, mais elle déteste la cuisine italienne.
- Les parents de Béatrice sont divorcés.
- Florence n'aime pas danser.
- Samedi dernier, Michèle n'a pas dépensé d'argent.

Suggestion: Cherchez d'abord le nom de la fille qui n'a rien dépensé. Procédez ensuite par élimination progressive.

Si vous n'avez pas trouvé la solution, allez à la page R13.

Samedi après-midi, j'ai fait un tour en ville. D'abord, je suis allée à la bibliothèque. J'ai pris un livre sur l'art mexicain. Ensuite, je suis allée chez ma cousine Frédérique. J'ai dîné chez elle. Après le dîner, nous sommes allées au théâtre. C'est Frédérique qui a payé les billets.

fille numéro trois

Cette fille s'appelle . . .

Samedi matin, je suis allée à mon cours de gym avec Amélie. À midi, nous sommes allées dans un restaurant où nous avons mangé une excellente pizza. Après, nous sommes allées au musée voir une exposition° de photos. Ensuite, je suis rentrée chez moi° et j'ai dîné avec mes parents. Après le dîner, je suis allée dans ma chambre et j'ai commencé mes devoirs. J'ai beaucoup de travail pour lundi!

fille numéro quatre

Cette fille s'appelle . . .

exposition *exhibit*   **je suis rentrée chez moi** *I went home*

Leçon 7 123

■ **Solution: Quatre amies**
a. Les filles numéros 1, 2 et 4 ont dépensé de l'argent. La fille numéro 3 n'a rien dépensé. C'est Michèle.
b. Les filles numéros 1 et 4 aiment la cuisine italienne. Ariane, qui n'aime pas la cuisine italienne, est donc la fille numéro 2.
c. La fille numéro 4 qui a dîné avec ses parents ne peut pas être Béatrice parce que les parents de Béatrice sont divorcés. C'est donc Florence.
d. Béatrice est la fille numéro 1.

Observation activity: Have the students reread the fourth monologue, finding examples of the passé composé. Indicate:
(a) which ones are formed with **avoir**,
(b) which are formed with **être**.

Cooperative reading practice
Go over the instructions carefully with the entire class.
    Then have students work in groups of two or three to find the solution.

MODULE 2-C
Tu es sorti?

Total time: 1:50 min.
(Counter: 12:35–14:25 min.)

Disc 1, Side 1
22630 to 25950

■□■ **Leçon 8, Section 1**

■ **Looking ahead:** Students will encounter reflexive verbs formally in Lesson 19. Help them understand:
M. Duval s'impatiente *(is getting impatient).*
Ne te fâche pas *(don't get angry).*

8 Vidéo-scène
LEÇON
Tu es sorti?

Dans l'épisode précédent, Pierre est allé au cinéma avec Armelle. Après le film, ils sont allés dans un café où ils ont rencontré Corinne. Corinne a donné quelque chose à Pierre.

Il est maintenant sept heures et demie. Les Duval sont prêts à dîner, mais Pierre n'est pas rentré.

Monsieur Duval s'impatiente un peu.

Tu sais où est Pierre?

Mais oui, il est sorti . . .

Il est sorti, il est sorti . . . Mais il sort tout le temps en ce moment . . . Quand est-ce qu'il est parti?

Je ne sais pas, moi . . . Vers deux heures . . .

Il est parti à deux heures et il n'est pas encore rentré!?

Ne te fâche pas, Jacques! C'est samedi aujourd'hui . . .

À ce moment, la porte s'ouvre. C'est Pierre qui rentre.

Tiens, le voilà!

Bonsoir, Maman . . . Bonsoir, Papa . . .

 124 Unité 2

🌐 Cross-cultural understanding

Have students discuss similarities and differences in parental attitudes in France and the United States.

Are family dinner hours the same or different?

Would their parents get angry if they were gone between 2:00 and 7:30 P.M. on a Saturday?

Is their parents' concern about homework the same or different?

M. Duval n'est pas très content.
Il veut savoir où est allé Pierre.

Alors, tu es sorti, comme ça?

Eh ben, oui . . . Je suis allé au ciné avec Armelle.

Tu es allé au cinéma? C'est bien joli ça, mais je parie que tu as oublié ton examen!

Quel examen?

Mais non, Papa. C'est toi qui as oublié! Tu sais bien que je l'ai passé la semaine dernière et que j'ai eu la meilleure note de la classe.

Eh bien, ton examen de maths!

Ah oui, c'est vrai.

On a rencontré Corinne. Regarde ce qu'elle m'a donné!

C'est marrant!

Monsieur Duval a retrouvé sa bonne humeur . . .
La famille passe à la salle à manger pour le dîner.

Bon! Passons à table!

FIN

Compréhension

1. Où se passe la scène?
2. Pourquoi M. Duval est-il impatient?
3. Qu'est-ce qu'il demande à sa femme?
4. Qu'est-ce qu'il demande à Pierre?
5. Que répond Pierre?
6. Qu'est-ce qu'il montre à son père?
7. Que font Pierre et ses parents après?

Leçon 8 **125**

■ **Pronunciation:**
examen /egzamɛ̃/

■ **Looking ahead:** The superlative (**la meilleure note**) is presented in Lesson 27.

● COMPREHENSION

1. La scène se passe chez les Duval.
2. M. Duval est impatient parce que Pierre n'est pas encore rentré.
3. Quand est-ce que Pierre est parti?
4. Il demande à Pierre s'il a oublié son examen de maths.
5. Il a passé l'examen la semaine dernière et il a reçu la meilleure note de la classe.
6. Il montre le crocodile à son père.
7. Ils passent à la salle à manger.

⊡▭⊡ **Leçon 8, Section 2**

⭐ **New material:** verbs conjugated like **sortir** and **partir**

◼ **Teaching note:** Point out that in the passé composé, the past participles **sorti** and **parti** agree with the subject.

◼ **Teaching note:** Be sure students notice that in the passé composé the verb **dormir** (as well as the verbs listed below) is conjugated with **avoir**.

Supplementary vocabulary

Others verbs like **dormir:**
mentir *to lie, to tell lies*
sentir *to feel, to smell*
servir *to serve*

① COMMUNICATION: answering personal questions

◼ **If students ask:** Point out the difference between:
partir à *to leave for*
    Papa **part à** son bureau
    à 7 heures.
partir de *to leave (from)*
    Je **pars de** la maison
    à 7 heures 30.

LE LIÈVRE ET LA TORTUE

DÉPART

IL EST DESCENDU CHEZ UN COPAIN.

ELLE EST ALLÉE DIRECTEMENT AU BUT.

IL EST SORTI APRÈS LE DÉJEUNE

IL EST RESTÉ POUR DÉJEUNER.

LE LIÈVRE ET LA TORTUE SONT PARTIS ENSEMBLE.

A. Les verbes comme *sortir* et *partir*

A few verbs ending in **-ir** are conjugated like **sortir** *(to go out, get out)* and **partir** *(to leave)*.

INFINITIVE	sortir	partir	ENDINGS
PRESENT	Je **sors** avec un ami.	Je **pars** à midi.	-s
	Tu **sors** demain soir?	Tu **pars** dimanche?	-s
	Éric **sort** avec Sophie.	Il/Elle/On **part** dans une heure.	-t
	Nous **sortons** ce soir.	Nous **partons** en voiture.	-ons
	Vous **sortez** souvent?	Vous **partez** en vacances?	-ez
	Ils/Elles **sortent** samedi.	Ils/Elles **partent** en juillet.	-ent
PASSÉ COMPOSÉ	Je **suis sorti(e)**.	Je **suis parti(e)**.	

➡ The passé composé of **sortir** and **partir** is formed with **être**.

➡ **Dormir** *(to sleep)* follows the same pattern. However, its passé composé is formed with **avoir**.

PRESENT	je **dors**	nous **dormons**
	tu **dors**	vous **dormez**
	il/elle/on **dort**	ils/elles **dorment**
PASSÉ COMPOSÉ	j'**ai dormi**	

① **Questions personnelles**

1. En général, à quelle heure est-ce que tu pars à l'école?
2. À quelle heure est-ce que tu es parti(e) ce matin?
3. En général, est-ce que tes parents partent de la maison avant ou après toi?
4. Est-ce que tu vas partir en vacances cet été? Où vas-tu aller?
5. Est-ce que tu es parti(e) en vacances l'été dernier? Où es-tu allé(e)?
6. Est-ce que tu sors souvent le weekend? Avec qui?
7. Est-ce que tu es sorti(e) le weekend dernier? Où es-tu allé(e)?
8. En général, est-ce que tu dors bien? Combien d'heures dors-tu?
9. Combien d'heures as-tu dormi la nuit dernière?

Language note: Present tense stems

Point out that in the present, verbs of this type have two stems.
    singular stem: **sor-, par-, dor-**
    plural stem: **sort-, part-, dorm-**
Note: The plural stem is the infinitive minus **-ir**.

You may also wish to have your students conjugate the present tense forms of **mentir, sentir,** and **servir.**

IL EST MONTÉ DANS UN ARBRE POUR VOIR OÙ ÉTAIT LA TORTUE.

IL EST TOMBÉ.

ELLE EST PASSÉE DEVANT L'ARBRE AVANT LE LIÈVRE.

LE LIÈVRE EST ARRIVÉ LE DERNIER.

ARRIVÉE

LA TORTUE EST ARRIVÉE LA PREMIÈRE.

Section B

COMMUNICATIVE FUNCTION:
Talking about the past

▭ Leçon 8, Section 2

↩ Review: passé composé with être

COMPREHENSION: saying who went out last weekend

B. Le passé composé avec *être*

Note the forms of the passé composé in the following sentences:

Olivier **est allé** au cinéma.   *Olivier **went** to the movies.*
Laure **est sortie** avec un copain.   *Laure **went out** with a friend.*
Claire et Hélène **ne sont pas parties**   *Claire and Hélène **did not leave***
  à la campagne.   *for the country.*

The passé composé of certain verbs of motion like **aller**, **sortir**, and **partir** is formed according to the pattern:

> PRESENT of **être**
> (affirmative or negative)   + PAST PARTICIPLE

⇒ When the passé composé is formed with **être**, the past participle agrees with the subject.

Claire et Hélène ne sont pas parties à la campagne.

Classroom Notes

---

2   **Qui est sorti?**

Dites qui est sorti et qui n'est pas sorti ce weekend.

▶ Charlotte a vu un film à la télé.
  Elle n'est pas sortie.

1. Nous avons étudié.
2. Michèle et Monique ont dîné au restaurant.
3. Vous avez fait une promenade à vélo.
4. Jacqueline a fait du baby-sitting.
5. Monsieur Dupont a travaillé dans le jardin.
6. Tu as vu un copain au café.
7. J'ai organisé une soirée chez moi.
8. François et Vincent sont allés au ciné.
9. Vous avez dormi.
10. Les voisins ont fait un pique-nique.

Leçon 8   **127**

TPR **Destinations and arrival times**   REVIEW

PROPS: Map (or transparency) of France, clock with movable hands

Imagine that the class is visiting France.
Je suis allé(e) à Dijon. [point to Dijon]
Je suis arrivé(e) à midi. [move clock to 12]
Have pairs of students come up to show

where they went and when they arrived.
X et Y, vous êtes allé(e)s à Dijon.
Vous êtes arrivé(e)s à 2h35.
Venez nous montrer la ville et l'heure.

■ See activity at bottom of page. Note that **devenir** is not included on the transparency.

▓ **Looking ahead:** In Level Three students will learn that some of these verbs can be used both transitively (+ direct object) and intransitively (with no direct object).
When used transitively, they are always conjugated with **avoir:**
 Paul **a monté** les valises.
 Nous **avons passé** un examen hier.

▓ **Language note: Entrer** may also be followed by:
à Elle **est entrée à** l'hôtel.
chez Qui **est entré chez** moi?

▓ **If students ask: Rentrer** and **revenir** mean *to return* in the sense of *to come back.*
However, *to return an object* is expressed by **rendre:**
Je dois **rendre** ces livres à la bibliothèque.

▓ **Teaching note:** Be sure students note that the past participles of **venir, revenir,** and **devenir** end in **-u** (not **-i**).

▓ **Supplementary vocabulary:**
You may wish to present the following passé composé expressions with **être:**
être né
 Annie **est née** à Montréal.
 Annie **was born** in Montreal.
être mort
 Ma tante **est morte** en 1995.
 My aunt **died** in 1995.

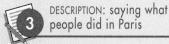

③ DESCRIPTION: saying what people did in Paris

⬛ Transparency 4a
Paris

■ Use the transparency to point out the places mentioned.

Vocabulaire

Les verbes conjugués avec *être*

Je suis allée au cinéma.

aller	**allé**	*to go*	Je **suis allée** au cinéma.
sortir	**sorti**	*to go out, get out*	Mélanie **est sortie** avec Christophe.
partir	**parti**	*to leave*	Mes parents **sont partis** en vacances.
arriver	**arrivé**	*to arrive*	Vous **êtes arrivés** à midi.
entrer	**entré**	*to enter, come in*	Nous **sommes entrés** dans le café.
rentrer	**rentré**	*to return, go home, get back*	Nous **sommes rentrés** lundi.
monter	**monté**	*to go up* *to get on*	Alice **est montée** dans sa chambre. Les touristes **sont montés** dans le bus.
descendre	**descendu**	*to go down* *to get off*	Anne **est descendue** dans la cave *(cellar)*. Je **suis descendu** de l'avion à Nice.
passer	**passé**	*to pass, go by*	Cécile **est passée par** *(by)* le parc.
rester	**resté**	*to stay*	Les touristes **sont restés** à l'hôtel.
tomber	**tombé**	*to fall*	L'enfant **est tombé** dans la rue.
venir	**venu**	*to come*	Quand est-ce que vous **êtes venus?**
revenir	**revenu**	*to come back*	Paul **est revenu** hier.
devenir	**devenu**	*to become*	Christine **est devenue** très pâle.

➡ Note how **entrer** is used with a PREPOSITION in French.

Nous **sommes entrés**	**dans**	le restaurant.
We **entered**	—	the restaurant.

➡ When **passer** means *to spend (time)*, it is conjugated with **avoir.**
 J'**ai passé** une semaine à Lyon. I *spent* a week in Lyon.

➡ The verb **arriver** may also mean *to happen* as in the following expression:
 Qu'est-ce qui est arrivé? **What happened?**

---

③ **Un weekend à Paris**

Des copains ont passé un weekend à Paris. Dites ce que chacun a fait.

1. nous / arriver à Paris à neuf heures
2. mes copains / monter à la Tour Eiffel
3. Catherine / descendre dans le métro
4. vous / passer par l'Arc de Triomphe
5. Éric / rester une heure dans un café
6. Nathalie / venir au Musée d'Orsay avec nous
7. Isabelle et Christine / sortir avec des copains
8. moi / rentrer à l'hôtel en taxi
9. nous / partir dimanche soir

128 Unité 2

⬛ ## Teaching note: *Être* verbs

Use Transparency 25 to practice **être** verbs with a series of related sentences and accompanying gestures. Have students perform the gestures as you say the sentences. For example:
Ce matin, je suis allé(e) au stade. (walking)
Je suis arrivé(e). (stop walking)

Je suis entré(e). (opening door)
Je suis resté(e) là-bas trois heures. (sit down, mime watching game)
Je suis sorti(e) du stade. (waving backwards)
Je suis rentré(e) à la maison. (waving hello)

4 Oui ou non?

Lisez ce que les personnes ont fait et dites si oui ou non elles ont fait les choses entre parenthèses.

Nous ne sommes pas restés à la maison.

▶ Nous avons fait une promenade. (rester à la maison?)

1. Philippe a travaillé l'été dernier. (partir en vacances?)
2. Claire est restée chez elle. (sortir?)
3. Les touristes ont pris un taxi. (arriver à l'heure à l'aéroport?)
4. Ma cousine a eu la grippe *(flu)*. (venir chez nous?)
5. Vous avez rendu *(returned)* les livres. (passer à la bibliothèque?)
6. Mes copains ont raté *(missed)* le dernier bus. (rentrer à pied?)
7. Jean-François est resté dans sa chambre. (descendre pour le dîner?)
8. Ma grand-mère a eu un accident. (tomber dans les escaliers *[stairs]?*)

COMPREHENSION: drawing logical conclusions about past events
4

5 Un séjour à Paris

Béatrice a visité Paris. Dans son calendrier elle a pris quelques notes. Regardez bien ses notes et répondez aux questions.

1. Quel jour est-ce que Béatrice est arrivée à Paris?
2. Quel jour est-ce qu'elle est partie de Paris?
3. Combien de temps est-elle restée?
4. Comment est-elle arrivée à Paris?
5. Comment est-elle partie?
6. Dans quel hôtel est-elle restée?
7. Quel jour est-ce qu'elle est montée à la Tour Eiffel?
8. Quel jour est-ce qu'elle a visité le Louvre? Quel autre *(other)* musée a-t-elle visité?
9. Quel jour est-ce qu'elle a fait des achats? Où est-elle allée? Qu'est-ce qu'elle a acheté? Combien d'argent a-t-elle dépensé?
10. Où a-t-elle dîné le premier jour?
11. Avec qui a-t-elle dîné le deuxième jour?
12. Quand est-ce qu'elle a dîné avec Marc? Qu'est-ce qu'ils ont fait après?

mercredi 18 juin	arrivée–gare de Lyon, 8h30 hôtel Esmeralda visite du Louvre dîner à l'Hippopotame
jeudi 19 juin	matin: visite du musée Picasso midi: rendez-vous avec Claudine cinéma soir: dîner chez Claudine
vendredi 20 juin	matin: tour Eiffel après-midi: Bon Marché pantalon, 2 chemises (60 euros) soir: dîner avec Marc, discothèque
samedi 21 juin	départ–aéroport d'Orly 11h 15

COMPREHENSION: describing a visit to Paris
5

1. mercredi (le 18 juin)
2. samedi (le 21 juin)
3. quatre jours
4. en train
5. en avion
6. à l'hôtel Esmeralda
7. vendredi (le 20 juin)
8. mercredi (le 18 juin) / le Musée Picasso
9. vendredi (le 20 juin) / au Bon Marché / un pantalon et deux chemises / 60 euros
10. à l'Hippopotame
11. avec Claudine
12. vendredi (le 20 juin) / ils sont allés à la discothèque

6 Conversation

Demandez à vos camarades si oui ou non ils ont fait les choses suivantes.

▶ aller au Japon

Est-ce que tu es allée au Japon?

Oui, je suis allée au Japon.

(Non, je ne suis pas allée au Japon.)

1. aller au Tibet
2. visiter Beijing
3. monter dans un hélicoptère
4. faire un voyage en ballon
5. descendre dans un sous-marin *(submarine)*
6. voir les pyramides d'Égypte
7. dîner dans un restaurant japonais
8. sortir avec une personne célèbre *(famous)*

EXCHANGES: finding out about the backgrounds of one's classmates
6

■ **Variation** (with **ne . . . jamais**): **Non, je ne suis jamais allé(e) au Japon.**

Leçon 8 **129**

Pacing

CHALLENGE ACTIVITY: Have small groups of students invent an original series of sentences/gestures and teach them to the rest of the class.

In Act. 5–9, students will be narrating past events using the passé composé with both **être** and **avoir** verbs. Depending on your time schedule, you may present only three of these activities now and come back to the others at a later time for review.

Cooperative pair practice
Activities 5, 6

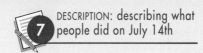
7 Le 14 juillet

Le 14 juillet est le jour de la fête nationale en France. Dites ce que les personnes suivantes ont fait ce jour-là.

1. nous / sortir avec nos copains
2. Paul / regarder le défilé *(parade)* sur les Champs-Élysées
3. Marc / écouter la musique militaire
4. vous / aller au concert public
5. Hélène et Alice / faire une promenade à pied
6. toi / acheter des souvenirs
7. nous / voir le feu d'artifice *(fireworks)*
8. mes copains / danser dans la rue
9. moi / rentrer très tard *(late)*

■ **Variation:** Have groups prepare similar dialogues in the plural, using **vous** and **nous** and making all necessary modifications.

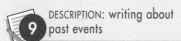

Transparency 19
Activités du weekend

■ Have students work in pairs. S1 identifies with a person on the transparency. S2 asks where he/she went and what he/she did.

8 Qu'est-ce que tu as fait?

Composez des dialogues en faisant les substitutions suggérées.

Qu'est-ce que tu as fait samedi soir?

Je suis sorti.

Tu es allé au ciné?

Non, j'ai dîné avec un copain.

1. • hier après-midi
   • aller en ville
   • faire des achats?
   • voir un film

2. • hier soir
   • rester chez moi
   • regarder la télé?
   • faire mes devoirs

3. • dimanche matin
   • aller chez ma grand-mère
   • rentrer en bus?
   • prendre un taxi

4. • le weekend dernier
   • partir à la campagne
   • déjeuner *(have lunch)* dans un bon restaurant?
   • faire un pique-nique

5. • l'été dernier
   • visiter Paris
   • monter à la Tour Eiffel?
   • avoir le vertige *(feel dizzy)*

6. • pendant les vacances
   • aller dans l'Arizona
   • descendre dans le Grand Canyon?
   • être trop fatigué(e)

suis allée; avons joué; sommes sorties; avons pris; sommes allées; avons rencontré; sommes allées; sommes restés; sommes partis; sommes allés; avons mangé; sommes allés; avons vu; est restée; (j')ai pris; suis rentrée

9 Une lettre

Complétez la lettre de Véronique à Frédéric avec le passé composé des verbes suggérés.

Cher Frédéric,
Le weekend dernier, je ___(aller)___ chez ma cousine Nathalie qui habite à Versailles. Nous ___(jouer)___ au ping-pong et après, nous ___(sortir)___. Nous ___(prendre)___ le bus et nous ___(aller)___ en ville pour faire des achats. Nous ___(rencontrer)___ des copains et nous ___(aller)___ au café avec eux. Nous ___(rester)___ une heure là-bas. Après, nous ___(partir)___ et nous ___(aller)___ dans un restaurant italien où nous ___(manger)___ une excellente pizza. Ensuite, nous ___(aller)___ au cinéma où nous ___(voir)___ un western. Nathalie ___(rester)___ en ville, mais moi, je ___(prendre)___ le train et je ___(rentrer)___ chez moi.
Je t'embrasse,
Véronique

Maintenant composez une lettre où vous décrivez votre weekend.

Cooperative pair practice
Activity 8

■ Portfolio assessment

You will probably choose only one oral and one written activity to go into the students' portfolios for Unit 2. The following **À votre tour!** activities are good portfolio topics:

ORAL: Activity 1
WRITTEN: Activity 2

C. L'expression *il y a*

Note the use of **il y a** *(ago)* in the following sentences.

Marc a téléphoné **il y a une heure.**	*Marc called **an hour ago.***
Je suis allé à Paris **il y a six mois.**	*I went to Paris **six months ago.***

To express how long ago a certain event took place, the French use the expression:

> **il y a** + ELAPSED TIME

10 Quand?

Dites quand les personnes suivantes ont fait certaines choses.

Nicolas a acheté un chien il y a un mois.

▶ Nicolas / acheter un chien / un mois

1. Annette / téléphoner / une semaine
2. Isabelle / organiser une soirée / dix jours
3. Pauline / partir en Italie / deux jours
4. Christine / téléphoner / deux heures
5. Thomas / rentrer de Québec / cinq jours
6. Jérôme / venir / deux jours

À votre tour!

1 Situation: Lundi matin

It is Monday morning. With your partner, talk about what you both did last weekend.

You may ask each other . . .
• if you went out Saturday night
• where you went and what you did
• at what time you came home
• if you stayed home on Sunday (if not, where you went and what you did)

2 Racontez une histoire

Choisissez l'une des histoires suivantes. Utilisez votre imagination et complétez cette histoire. Ajoutez un minimum de cinq phrases.

• Dimanche dernier, je ne suis pas resté(e) chez moi. J'ai pris le bus et je suis allé(e) en ville. Dans la rue, j'ai rencontré Philippe, mon copain français. Nous sommes allés dans un café. Ensuite, . . .

• Le weekend dernier, j'ai été invité(e) par mes cousins qui habitent à la campagne. Je suis arrivé(e) chez eux vendredi soir. Samedi matin, nous . . .

• La nuit dernière, j'ai entendu un bruit *(noise)* très très étrange. Je suis sorti(e) de mon lit. J'ai mis mes vêtements. Ensuite, . . .

• L'été dernier, mes parents ont acheté une caravane *(camping trailer)*. Alors, évidemment nous ne sommes pas restés chez nous. Nous avons fait un grand voyage. Nous sommes partis le . . . et nous . . .

Leçon 8 **131**

🧠👥 Cooperative writing practice

Divide the class into groups of four to six students. Assign each group a story from Act. 2 to complete.

Once the assignment is completed, each group will elect a spokesperson (**un porte-parole**) who will read the story aloud.

LECTURE — Ici tout va bien!

Monsieur Petit travaille pour une compagnie internationale. Dans son travail, il voyage beaucoup. Cette année, il est allé au Canada. Il est resté deux mois là-bas. Sa femme est allée avec lui, mais leur fils Antoine, 18 ans, est resté à la maison. Un jour ils ont reçu° la lettre suivante.

ont reçu *received*

Chers parents,

J'espère que votre voyage est agréable. Ici tout va bien. Samedi dernier je suis allé déjeuner chez ma nouvelle copine, Véronique, et ensuite nous sommes sortis. Véronique et sa soeur Annick sont venues à la maison. Je leur ai proposé de faire une promenade dans votre nouvelle voiture. (J'ai trouvé les clés sur le bureau de Papa.) Nous sommes d'abord allés à la campagne. Ensuite, nous sommes allés au restaurant. Après, nous sommes allés écouter du jazz dans un club. Finalement, à minuit, j'ai raccompagné Véronique et Annick chez elles.

132 Unité 2

 Pre-reading activity

Have students read the title: **Ici tout va bien!** *(Here everything's fine!)*

Then have them look at the illustration. Does it fit with the title? What kind of news do they think the letter will contain?

Classroom Notes

J'ai eu un petit problème avec la voiture, mais heureusement ce n'est pas très grave. Voilà ce qui s'est passé.° Quand je suis arrivé chez Véronique, sa soeur a crié: «Attention, il y a un chat!» J'ai vu le chat, mais je n'ai pas vu le mur. Alors, BANG, je suis rentré dans le mur de la maison de Véronique. Rassurez-vous, nous sommes sortis indemnes° de cet accident. C'est l'essentiel, n'est-ce pas?

Je vous embrasse et je vous attends avec impatience.

Antoine

P.S. Les parents de Véronique ne sont pas très contents. Ils vous attendent aussi avec impatience.

ce qui s'est passé *what happened*   **sommes sortis indemnes** *came out OK*

Mots utiles

heureusement	*fortunately*	**Heureusement**, Antoine n'a pas fait de mal *(did not hurt)* au chat.
malheureusement	*unfortunately*	**Malheureusement**, il est rentré dans le mur.

Vrai ou faux?

1. Les parents d'Antoine sont au Canada.
2. La nouvelle copine d'Antoine s'appelle Annick.
3. Le père d'Antoine a une nouvelle voiture.
4. Antoine, Véronique et Annick sont sortis samedi soir.
5. Ils sont rentrés à onze heures.
6. Avec la voiture, Antoine est rentré dans un arbre.
7. Les jeunes sont sortis indemnes de l'accident.
8. La voiture est sortie indemne de l'accident.

■ **Pronunciation:**
indemne /ɛ̃dɛm/

☼ **Observation activity:** Have students reread the letter, finding examples of verbs in the passé composé. Which ones are formed with **être**? Note the forms of the past participles for these verbs.

■ **Looking ahead:** Formation of adverbs is introduced in Lesson 26.

■ **Vrai ou faux?**
1. vrai
2. faux
3. vrai
4. vrai
5. faux
6. faux
7. vrai
8. faux

Post-reading pair activities

- Imaginez la conversation entre Monsieur et Madame Petit quand ils ont lu (*read*) la lettre d'Antoine.

- Monsieur (ou Madame) Petit décide de téléphoner immédiatement à Antoine. Imaginez la conversation.

Interlude 2

OBJECTIVES:

- Reading a longer text for enjoyment
- Vocabulary expansion in context

■ **Cultural background:**
For many French young people, camping is an inexpensive way to spend a vacation.
Most people go to public campgrounds. Some, however, prefer to find a campsite in an isolated area **(le camping sauvage).** In some areas, camping in the wild is now forbidden.

Avant de lire

The title of the reading is easy to understand. This is a story about camping in the springtime. Have you ever been camping? What are some of the things one can enjoy on a camping trip? Can you think of any possible discomforts or problems one might encounter?

As you will see, this is a story about three boys who set out on a peaceful weekend trip only to find some unexpected excitement.

A. Les préparatifs

le casque · l'itinéraire · la carte · la tente

Il a fait très froid ce printemps et Jean-Christophe n'a pas encore° eu l'occasion d'utiliser la tente de camping qu'il a reçue° pour son anniversaire. Finalement, la semaine dernière, la météo° a annoncé du beau temps pour toute la semaine. Jean-Christophe a donc décidé de faire du camping ce weekend. Il a proposé à Vincent et à Thomas, deux copains de lycée, de venir avec lui. Les deux garçons ont accepté avec plaisir l'invitation de Jean-Christophe. Oui, mais où aller?

pas encore *not yet*   **a reçue** *received*   **météo** *weather report*

Mots utiles	
utiliser	*to use*
donc	*therefore, so*
seulement	*only*
puisque	*since*
prêt(e)	*ready*

134

Setting the scene

Have students look at the photographs and the map of Normandy on the facing page.

Some facts about this region:
GEOGRAPHY
Shipping Ports: Le Havre, Cherbourg
Atlantic Resorts: Deauville
Agriculture: butter, cheese, apples

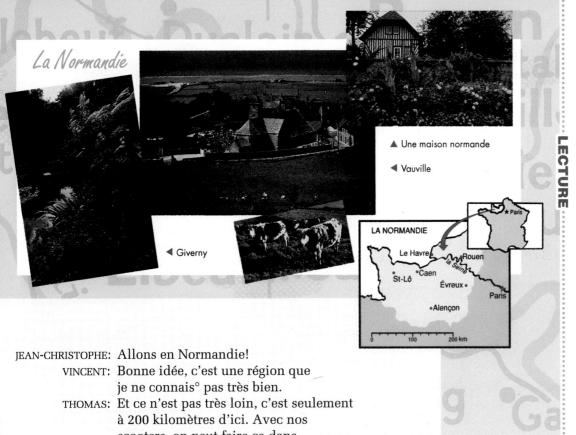

La Normandie

▲ Une maison normande

◀ Vauville

◀ Giverny

LA NORMANDIE

Le Havre • Rouen
St-Lô • Caen *la Seine*
Évreux •
• Paris
• Alençon

0   100   200 km

Cultural notes
- Giverny is the former home and garden of the impressionist painter, Claude Monet (1840–1926). In his later years, he created many paintings of the gardens at Giverny. This sumptuously beautiful site is open to the public and easy to get to from Paris.
- Vauville is a village at the tip of the Cotentin peninsula in the Manche region.
- Normandy is responsible for more than a quarter of the dairy and beef production in France. One of the most famous French cheeses, **le Camembert,** comes from the Auge region of Normandy, to the southeast of Caen.

JEAN-CHRISTOPHE: Allons en Normandie!

VINCENT: Bonne idée, c'est une région que je ne connais° pas très bien.

THOMAS: Et ce n'est pas très loin, c'est seulement à 200 kilomètres d'ici. Avec nos scooters, on peut faire ça dans la journée.

JEAN-CHRISTOPHE: Bon, puisque vous êtes d'accord, je vais préparer l'itinéraire. Rendez-vous samedi matin chez moi à huit heures. D'accord?

VINCENT: D'accord!

THOMAS: D'accord, et à samedi.

le porte-bagages

le scooter

Vendredi soir après le dîner, Jean-Christophe a pris une carte et il a choisi un itinéraire qu'il a marqué au crayon rouge. Ensuite, il est allé dans sa chambre et il a choisi quelques vêtements qu'il a mis dans un grand sac avec sa tente. Puis, il est allé au garage et il a mis le sac sur le porte-bagages de son scooter. Tout est maintenant prêt pour le départ.

connais *know*

Avez-vous compris?
1. Pourquoi est-ce que Jean-Christophe veut faire du camping?
2. Où est-ce que les trois garçons ont l'intention d'aller? Est-ce loin?
3. Comment vont-ils voyager?

(135)

Avez-vous compris?
1. Il veut utiliser sa nouvelle tente de camping et il va faire beau ce weekend.
2. Ils veulent aller en Normandie. Ce n'est pas très loin.
3. Ils vont prendre leurs scooters.

HISTORY
- 9th century: arrival of Vikings (Norsemen)
- 1066: the Normans under **Guillaume le Conquérant** invaded England
- 1431: **Jeanne d'Arc** burned at the stake in Rouen
- 16th century: Norman settlers set out for **La Nouvelle-France** (now eastern Canada)
- 1944: Allies landed on Normandy beaches on D-Day **(le Jour J),** June 6, 1944

B. Une longue journée

Samedi matin à huit heures, Vincent et Thomas sont arrivés en scooter chez Jean-Christophe. Jean-Christophe a mis son casque. Il est monté sur° son scooter et les trois garçons sont partis en direction de la Normandie . . .

À midi, ils se sont arrêtés° et ils ont fait un pique-nique, puis ils sont remontés sur leurs scooters et ils ont continué leur route. En fin d'après-midi, ils sont arrivés en Normandie. Vers six heures, Jean-Christophe a donné le signal de l'arrêt.°

JEAN-CHRISTOPHE:	On s'arrête ici pour la nuit?
VINCENT:	Oui, je suis fatigué.
THOMAS:	Moi aussi. Où est-ce qu'on va camper?

Jean-Christophe a regardé la carte.

JEAN-CHRISTOPHE:	Il y a une rivière près d'ici. Ça vous va?
VINCENT:	Oui, bien sûr.
THOMAS:	Allons-y.

Quelques minutes plus tard, les garçons sont arrivés au bord de la rivière. Ils sont descendus de leurs scooters et ils ont commencé à préparer le terrain pour la nuit. Malheureusement, ce n'est pas l'endroit idéal pour camper.

THOMAS:	Zut! Un moustique!
VINCENT:	Aïe! Moi aussi, je me suis fait piquer° par un moustique.
JEAN-CHRISTOPHE:	Aïe! Et moi aussi!
VINCENT:	C'est la rivière qui attire° ces sales bêtes° . . . Si nous restons ici, nous allons être dévorés.°
JEAN-CHRISTOPHE:	Tu as raison. Allons un peu plus loin.

Mots utiles

en fin de	at the end of
vers	toward, around
fatigué(e)	tired
au bord de	at the edge of
un moustique	mosquito

est monté sur *got on*
se sont arrêtés *stopped*
le signal de l'arrêt *the sign to stop*
je me suis fait piquer *I got stung*
attire *attracts*
sales bêtes *nasty beasts*
dévorés *eaten up*

Avez-vous compris?
1. Ils ont déjeuné à midi.
2. Ils ont décidé de s'arrêter vers six heures.
3. Il y a beaucoup de moustiques.

Avez-vous compris?
1. À quelle heure est-ce que les garçons ont déjeuné?
2. À quelle heure est-ce qu'ils ont décidé de s'arrêter pour la nuit?
3. Pourquoi est-ce que le bord de la rivière n'est pas l'endroit idéal?

136

du bois
un taureau

C. Un endroit tranquille

Jean-Christophe et ses deux copains ont pris leur matériel de camping et ils sont remontés sur leurs scooters. Quelques kilomètres plus loin, ils ont trouvé une prairie isolée° et ils ont décidé de s'arrêter là pour la nuit. Jean-Christophe et Thomas ont commencé à monter° la tente. Vincent est allé chercher du bois pour faire un feu. Il est vite revenu avec une nouvelle° pour ses copains.

Mots utiles	
chercher	*to look for*
un feu	*fire*
courir	*to run*
il vaut mieux	*it is better*
au moins	*at least*
allumer	*to light*
tout le monde	*everyone*

VINCENT: Regardez, il y a une vache là-bas.

JEAN-CHRISTOPHE: Ce n'est pas une vache. C'est un taureau.

THOMAS: Est-ce qu'il est dangereux?

JEAN-CHRISTOPHE: Euh . . . je ne sais pas.

Brusquement, le taureau s'est mis à° courir dans la direction des garçons.

VINCENT: Il n'a pas l'air très content.

THOMAS: C'est vrai! Il n'est certainement pas très heureux qu'on occupe son territoire.

VINCENT: On reste ici?

JEAN-CHRISTOPHE: Non, il vaut mieux partir!

Et, à nouveau,° les trois garçons ont pris leur matériel et ils sont repartis. Finalement, à huit heures, ils sont arrivés près d'une forêt.

THOMAS: Ici, au moins, il n'y a pas de taureau furieux.

VINCENT: Et pas de moustiques.

JEAN-CHRISTOPHE: Alors, c'est ici que nous allons camper.

Jean-Christophe a vite installé la tente. Vincent a allumé un feu et Thomas a préparé un excellent dîner. Tout le monde a mangé avec appétit. Après le dîner, Vincent a pris sa guitare et ses copains ont chanté avec lui. Enfin, à dix heures et demie, les trois garçons sont allés dans la tente, heureux d'avoir trouvé un endroit si tranquille pour passer la nuit.

isolée *isolated* **monter** *to put up, pitch*
une nouvelle *news* **s'est mis à** *began to*
à nouveau *again*

Avez-vous compris?

1. Pourquoi est-ce que les garçons n'ont pas fait de camping dans la prairie isolée?
2. Quels sont les avantages de l'endroit près de la forêt?
3. Comment ont-ils passé la soirée?

■ **Avez-vous compris?**

1. Il y a un gros taureau dans la prairie.
2. Il n'y a pas de taureau et pas de moustiques.
3. Ils ont mangé un excellent dîner. Vincent a joué de la guitare et ils ont chanté.

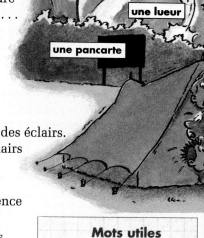

le ciel

une lueur

une pancarte

D. Une nuit mouvementée

Cette nuit-là, Vincent n'a pas très bien dormi. Vers trois heures du matin, il est sorti de la tente pour prendre l'air. Soudain, il a vu une lueur bleue dans le ciel . . . Puis une lueur rouge . . . Puis une lueur verte . . . Il est rentré dans la tente pour alerter ses copains.

VINCENT: Dites, les gars,° je viens de voir quelque chose d'extraordinaire.

JEAN-CHRISTOPHE: Quoi?

VINCENT: Il y a des lueurs dans le ciel.

THOMAS: Mais, mon pauvre vieux, ce sont des éclairs.

VINCENT: Des éclairs? Tu as déjà vu des éclairs bleus, rouges et verts, toi?

JEAN-CHRISTOPHE: Tu as rêvé!

Tout à coup, des explosions ont interrompu le silence de la nuit. Bang! Poum! Bang! Bang! Poum!

Jean-Christophe a ouvert° la tente. Il a entendu des bruits étranges, puis des voix humaines très près. Bientôt° une douzaine d'hommes armés ont encerclé la tente. Les garçons sont sortis de la tente en vitesse.

Mots utiles

un éclair	(flash of) lightning
rêver	to dream
tout à coup	suddenly
un bruit	noise
en vitesse	very quickly, fast
fou (folle)	crazy

L'ART DE LA LECTURE

You may have noticed that in French, as in English, certain words are related to one another: they belong to the same WORD FAMILY. For instance:

une soirée (evening)	is related to	**un soir** (evening)
la fin (end)	is related to	**finir** (to finish)
en vitesse (very quickly)	is related to	**vite** (quickly)

Often you will discover the meaning of a word or expression you have not seen before if you can relate it to a word you already know.

Exercice de lecture

Can you guess the meanings of these words from the story? What words that you recognize are they related to?

- Jean-Christophe a mis le sac sur **le porte-bagages** de son scooter.
- On peut faire 200 kilomètres dans **la journée.**
- Vincent est revenu avec **une nouvelle** pour ses copains.

 138

■ Pronunciation
les gars /le ga/

■ Exercice de lecture
Answers
luggage rack (baggage-carrier) [**porter**: to carry; **le bagage**: baggage]
day [**le jour**: day]
news [**nouveau, nouvelle**: new]

Le chef de la bande d'hommes a demandé à Jean-Christophe:

LE CHEF: Qu'est-ce que vous faites ici?

JEAN-CHRISTOPHE: Euh, eh bien, nous faisons du camping.

LE CHEF: Du camping? Mais vous êtes complètement fous. Vous voulez mourir?°

JEAN-CHRISTOPHE: *(tremblant)* Euh, non, pourquoi?

LE CHEF: Comment? Vous n'avez pas vu la pancarte quand vous êtes entrés dans cette forêt?

JEAN-CHRISTOPHE: Euh, non.

LE CHEF: Regardez-la quand vous partirez.° Et maintenant, décampez° en vitesse.

Les trois garçons ont vite démonté° la tente, puis ils ont quitté les lieux° précipitamment.° Quand ils sont sortis de la forêt, ils ont vu une énorme pancarte avec cette inscription:

Dimanche soir, Jean-Christophe est rentré chez lui, fatigué, mais content d'avoir utilisé sa tente.

DANGER
TERRAIN MILITAIRE
MANOEUVRES DE PRINTEMPS
DÉFENSE ABSOLUE D'ENTRER°

gars = garçons   **a ouvert** *opened*   **Bientôt** *Soon*   **mourir** *to die*
partirez *will leave*   **décampez** *break camp and leave*
ont démonté *took down*   **ont quitté les lieux** *left*
précipitamment *very quickly*
défense absolue d'entrer *absolutely no trespassing*

Avez-vous compris?

1. Qu'est-ce que Vincent a vu à trois heures du matin?
2. Pourquoi est-ce que le chef dit que les garçons sont complètement fous?
3. Que dit la pancarte?

■ **Avez-vous compris?**

1. Il a vu des lueurs dans le ciel.
2. Parce qu'ils ont fait du camping dans un terrain militaire.
3. La pancarte dit qu'il y a des manoeuvres de printemps et qu'il est dangereux d'entrer.

Many French-English cognates follow predictable patterns. Knowing the patterns will make it easier for you to recognize new words. From time to time in the readings, cognate patterns will be introduced in small boxes, like the ones below.

Cognate pattern: -ant ↔ -ing
tremblant ↔ *trembling*
amusant ↔ *?*
intéressant ↔ *?*

Cognate pattern: -ment ↔ -ly
certainement ↔ *certainly*
complètement ↔ *?*
brusquement ↔ *?*

Cognate pattern: é- ↔ s-
étrange ↔ *strange*
un état ↔ *?*
étudier ↔ *?*

Cognate pattern: -x ↔ -ce
une voix ↔ *voice*
un choix ↔ *?*
un prix ↔ *?*

■ **Cognate patterns**
amusant ↔ *amusing*
intéressant ↔ *interesting*

complètement ↔ *completely*
brusquement ↔ *brusquely*

un état ↔ *state*
étudier ↔ *to study*

un choix ↔ *choice*
un prix ↔ *price*

■ **Additional cognate practice**
• irritant, troublant
• calmement, rarement
• étudier, étable, étranger
• paix *(peace)*; époux *(spouse)*

(139)

🌐 **UNITÉ 2 INTERNET PROJECT** Have students make a list of five of their favorite French websites and list them in an Address Book. Then in pairs, have them ask their classmates questions (**au passé composé**) about what is happening at these sites. *Example:* **Tu as vu le site du Louvre? As-tu regardé la Joconde?** Students can use the following keywords with the search engine of their choice: **"l'annuaire électronique"; "répertoire des sites"; "sites web."**

▸ **Address Book**

Use this space to keep track of your favorite websites.

UNITÉ 3

Bon appétit!

LEÇON 9 Le français pratique:
La nourriture et les boissons

LEÇON 10 Vidéo-scène: Au supermarché

LEÇON 11 Vidéo-scène: Jérôme invite ses copains

LEÇON 12 Vidéo-scène: L'addition, s'il vous plaît!

Teaching strategies

This unit reviews and expands on material presented in Unit 9 of **Discovering French–Bleu.**

• If students finished **Discovering French–Bleu** last year, move quickly through Lessons 9, 10, and 11, doing only selected activities and concentrating on the expansion vocabulary.

Thoroughly present Lesson 12, since it introduces all new structures.

• If the students did not reach Unit 9 of **Discovering French–Bleu** last year, almost everything in this unit will be new to them. Allow enough time for students to assimilate the material.

Thème et Objectifs

Culture
In this unit, you will learn
- where French people do their shopping
- what kinds of foods are typically served in French and Québecois restaurants

Communication
You will learn how
- to describe the meals you eat
- to talk about your favorite foods and beverages
- to order in a French café or restaurant
- to shop for food in a French market

You will also be able
- to express what you want to do, what you can do and what you must do

Linguistic objectives

REVIEW
- the partitive article
- **vouloir, pouvoir, devoir**

EXPANSION
- contrastive uses of definite, indefinite, and partitive articles
- expressions of quantity
- **il faut**

■ **Realia note:** Located in old Montreal, Les Filles du Roy restaurant specializes in traditional French Canadian cuisine.

■ **Photo note:** In October of 1996, France Telecom added two digits to phone numbers throughout France. The **crémerie** featured on this page, located **à Paris,** has the **area code 01.** To phone you would dial 01.43.54.50.93.

■ **Culture note:** The prices in the photo on the left are in francs. Ask the students for approximate euro equivalents.
[1 kilo de tomatoes: 1 euro
2 kilos de tomatoes: 1,90 euros].
A quick formula for making more precise conversions is given on page T 147.

141

➤ Assessment Options

ACHIEVEMENT TESTS
Lesson Quizzes 9–12, pp. 59–66
   Test Cassette A, Sides 1–2

Unit Test 3

 Portfolio Assessment
   pp. T171,
   Activities 1–3

PROFICIENCY TESTS
 Listening Comprehension
   Performance Test, p. 31–32
   Test Cassette C, Side 1

 Speaking Performance Test,
   pp. 17–20

 Reading Comprehension
   Performance Test, pp. 19–21

 Writing Performance Test,
   pp. 41–42

 Test Bank, Unit 3
   Version A or B

CD-ROM

Leçon 9

MAIN TOPIC:

Talking about food and meals

 Leçon 9, Section 1

■ **Cultural notes**
- Other French breads are **la ficelle** (thinner than the baguette), **un épi** (a loaf shaped like a cornstalk, **le pain de campagne** (a round loaf), and **les petits pains** (rolls).
- **Une brioche** is a light sweet roll.

■ **Questions sur le texte**
1. À quelle boutique spécialisée est-ce qu'on va pour acheter le pain et les croissants?
2. Qu'est-ce que les pâtisseries vendent?
3. Pour quels produits est-ce qu'on va à la boucherie?
4. Où est-ce qu'on va pour le porc, les saucisses et les plats préparés?
5. Qu'est-ce que les crémeries vendent?
6. Qu'est-ce qu'on vend à l'épicerie?
7. Dans beaucoup de villes françaises il y a un marché en plein air. Quand est-ce que le marché a lieu?

LEÇON

La nourriture et les boissons

Aperçu culturel... Où faites-vous les courses?

Quand on est pressé,° on peut faire les courses au supermarché. Là, on trouve tous les produits° nécessaires à la préparation des repas. Quand on a le temps, on peut acheter ces produits dans des boutiques spécialisées. Dans chaque quartier,° il y a une boulangerie, une pâtisserie, une boucherie, une crémerie et une épicerie.

pressé *in a hurry* **produits** *products* **quartier** *neighborhood*

1. Pour le pain et les croissants, on va à la boulangerie. Le pain préféré des Français est la «baguette». C'est un pain long et croustillant.°

croustillant *with a crunchy crust*

Une boulangerie

Une pâtisserie

2. Les pâtisseries vendent toutes sortes de gâteaux: tartes, brioches, éclairs, etc. Certaines pâtisseries vendent aussi des glaces et des bonbons.

 142 Unité 3

Teaching note

Have students read this *Aperçu culturel* twice:
- at the beginning of the unit—quickly for general information
- at the end of the lesson—with greater attention to details

3. Pour la viande (boeuf, veau, poulet), on va à la boucherie. Pour le porc, les saucisses et les plats préparés, on va à la charcuterie.

Une boucherie

Une charcuterie

4. Pour le lait, le beurre et les oeufs, on va à la crémerie. Les crémeries vendent aussi des fromages. La France produit 400 différentes sortes de fromage. Quand on aime le fromage, on a le choix!°

choix *choice*

Une crémerie

5. L'épicerie est une sorte de petit supermarché. Ici on vend toutes sortes de produits différents: lait, fromages, riz, spaghetti, jus de fruits, eau minérale, etc. Les épiceries ont aussi un choix limité de fruits et de légumes.

Une épicerie

6. Dans beaucoup de villes françaises, il y a un marché en plein air.° Le marché a lieu un jour fixe de la semaine, le mardi ou le vendredi, par exemple. Les fermiers de la région viennent au marché vendre les produits de leurs fermes. On a, par conséquent, un grand choix de légumes et de fruits frais.°

marché en plein air *outdoor market* **frais** *fresh*

Un marché en plein air

Leçon 9 〔143〕

■ Cultural notes
- In Quebec, many people go to the local **dépanneur** when shopping for small quantities of groceries. **Le dépanneur** is similar to a French **épicerie.** One can also find numerous small multi-ethnic shops, especially in neighborhoods of Montreal. For general grocery shopping, however, super-markets are the most popular throughout Quebec.

- In small French towns, super-markets are often on the outskirts of town, since they were built more recently. The outdoor market is usually in a square in the center of town.

Leçon 9, Section 2

Review: meals, table setting

▷ **Vocabulaire**

Language note: In French Canada, the meals are **le déjeuner** (breakfast), **le dîner** (lunch), and **le souper** (dinner). The corresponding verbs are **déjeuner, dîner,** and **souper.**

Transparency 26
La table

Supplementary vocabulary

un bol *deep bowl*
une soucoupe *saucer*
une cuillère à café *teaspoon*
une cuillère à soupe *tablespoon*
une nappe *tablecloth*

■ **Cultural note:** In French table settings, the fork is often placed with the tines facing down. Similarly, the spoon is placed with the "bowl" facing down.

A. Les repas

—Où est-ce que tu vas **déjeuner?**

Je vais déjeuner | à **la cantine de l'école.**
au restaurant
chez moi

déjeuner: *to have lunch*

la cantine: *cafeteria*

Où est-ce que tu vas déjeuner?

Je vais déjeuner au restaurant.

LES RESTAURANTS
À L'HÔTEL MERIDIEN   MERIDIE
GROUPE AIR FRA

PETIT DÉJEUNER   6h – 10 h
DÉJEUNER ET DÎNER   DE MIDI À MIN

Les repas

NOMS		VERBES	
un repas	*meal*		
le petit déjeuner	*breakfast*	**prendre le petit déjeuner**	*to have breakfast*
le déjeuner	*lunch*	**déjeuner**	*to have lunch*
le dîner	*dinner*	**dîner**	*to have dinner*
la cuisine	*cooking, cuisine*		
la nourriture	*food*		

La table

Je vais mettre la table.

un verre
une cuillère
une serviette
une assiette
une tasse
une fourchette
un couteau

FLASH d'information

Les fast-foods en France

Quand ils ont faim, les jeunes Français vont souvent dans un fast-food. Ces restaurants, simples et bon marché, servent des repas à l'américaine: salades, poulet ou hamburgers, frites . . .

■ **Teaching strategy: La table**

PROP: Transparency 26

Use Transparency 26 to teach the names of the items for the place setting. Then ask what pieces are missing at each setting.
Qu'est-ce qui manque à Caroline?
[Elle n'a pas de fourchette.]

1 **Et vous?**

Indiquez vos préférences en complétant les phrases suivantes.

1. Mon repas préféré
est . . .

- le petit déjeuner
- le déjeuner
- le dîner
- . . . ?

2. Pendant la semaine,
je déjeune . . .

- à la cantine
- chez moi
- dans un fast-food
- . . . ?

3. En général, nous
dînons . . .

- entre cinq heures et six heures
- entre six heures et sept heures
- entre sept heures et huit heures
- . . . ?

4. En semaine, je prends
mon petit déjeuner . . .

- seul(e)
- avec mes frères et soeurs
- avec toute ma *(my whole)* famille
- . . . ?

5. Le weekend, je préfère
déjeuner . . .

- chez moi
- chez mes copains
- au restaurant avec ma famille
- dans un fast-food avec mes copains

6. La nourriture de la
cantine de l'école est . . .

- mauvaise
- assez bonne
- bonne
- excellente

7. Je préfère la nourriture . . .

- mexicaine
- italienne
- chinoise
- . . . ?

8. Quand je dois aider avec
le repas, je préfère . . .

- faire les courses
- mettre la table
- faire la vaisselle
- . . . ?

2 **Quels ustensiles?**

Vous avez commandé *(ordered)* les choses suivantes. Dites de quels ustensiles
vous avez besoin.

▶ Pour le steak . . .

Pour le steak,
j'ai besoin d'un couteau.

1. Pour la soupe . . .
2. Pour le beurre *(butter)* . . .
3. Pour le café . . .
4. Pour la glace . . .
5. Pour le thé . . .
6. Pour la viande *(meat)* . . .
7. Pour les spaghetti . . .
8. Pour la limonade . . .

1 COMPREHENSION: indicating one's preferences

2 COMPREHENSION: selecting appropriate tableware

1. j'ai besoin d'une cuillère (d'une assiette)
2. d'un couteau
3. d'une tasse (d'une cuillère)
4. d'une cuillère
5. d'une tasse (d'une cuillère)
6. d'un couteau et d'une fourchette (d'une assiette)
7. d'une fourchette (d'une cuillère/d'une assiette)
8. d'un verre

Classroom Notes

Teaching note: Et vous?

Act. 1 can be adapted to different formats.

- a paired activity
 – **Dis, Thérèse, quel est ton repas préféré?**
 – **C'est le petit déjeuner. Et toi?**

- a reporting activity
Teacher asks another student about the paired conversations.
 – **Philippe, dis-moi, quel est le repas préféré de Thérèse?**
- a survey activity
Les élèves qui préfèrent le petit déjeuner, levez la main.

🔲 **Leçon 9, Section 2**

🔲 **Looking ahead:** A recipe for **un croque-monsieur** appears in the *Lecture* of Lesson 12 (pp. 182–183).

🔲 **Looking ahead:** The forms of **payer** are presented in Lesson 11.

▷ **Vocabulaire**

⌐┐ **Transparency 27**
═══ Menu: Café des Hauteurs

⬛ Use Transparency 27 to have students practice vocabulary and act out dialogues like the one on this page. The waiter can also add up the bill, using prices on the menu.

⬛ **Cultural note:** The Café des Hauteurs in the Musée d'Orsay is located on the upper level near the old clock of the train station. Remodeling of the Gare d'Orsay was begun in 1980. President François Mitterrand inaugurated the new art museum on December 1, 1986.

Supplementary vocabulary

une pizza au fromage
une pizza au chorizo *pepperoni pizza*
une pizza aux champignons *mushroom pizza*

un express *expresso coffee*
un café au lait *large coffee with warm milk*

⬛ **Cultural note:** In Quebec one says:
un yogourt /jɔgur/
une crème glacée *ice cream*
une limonade *American-style lemonade*

B. Au café

▶ *Pour commander:* | **commander:** *to order* |

—S'il vous plaît, monsieur/mademoiselle!
—**Vous désirez?** *(May I help you?)*
—Je voudrais un croque-monsieur.
—Et **comme** *(for, as)* boisson?
—Donnez-moi un café, s'il vous plaît.

S'il vous plaît, monsieur.

Vous désir

Je voudrais un croque-monsieur.

▶ *Pour payer:* | **payer:** *to pay* |

—**L'addition,** s'il vous plaît.
Est-ce que **le service** est **compris?**

| **l'addition** *(f)*: check, bill |
| **le service:** *tip, service charge* |
| **compris:** *included* |

FLASH d'information

En France le service, ou **pourboire**° (15%), est compris dans l'addition. Souvent les gens laissent° quelques pièces de monnaie° comme pourboire supplémentaire.°
pourboire *tip* **laissent** *leave* **pièces de monnaie** *small change (coins)* **supplémentaire** *extra*

Vocabulaire: Au café

un plat *(dish)*
un croissant
un croque-monsieur
  (grilled ham-and-cheese sandwich)
un sandwich
  un sandwich au **saucisson** *(salami)*
  un sandwich au **fromage** *(cheese)*
  un sandwich au **jambon** *(ham)*
  un steak-frites *(steak with French fries)*

un dessert
  un yaourt *(yogurt)*
  un yaourt **nature**
  un yaourt **à la fraise** *(strawberrry)*

une boisson *(beverage)*
  un café
  un chocolat *(cocoa, hot chocolate)*
  un thé *(tea)*
    un thé glacé *(iced tea)*
  un soda *(carbonated soft drink)*

une omelette
  une omelette **nature** *(plain)*
  une omelette aux **champignons** *(mushrooms)*
une pizza
  une pizza aux **anchois** *(anchovies)*
une salade
  une salade verte
  une salade de tomates

une glace *(ice cream)*
  une glace **au chocolat**
  une glace **à la vanille**

une limonade *(lemon soda)*
une eau minérale *(mineral water)*

Language note: *à* and *de* with foods

Note the use of **à** and **de** in describing foods:

une pizza aux anchois
une tarte aux pommes

à + definite article
  (flavored) with, containing
un sandwich au jambon
une glace à la vanille

de
  made from, consisting entirely of
un jus d'orange
une salade de tomates

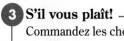

3 S'il vous plaît!

Commandez les choses suivantes. ▶ S'il vous plaît, donnez-moi un café!

4 Au «Balto»

Vous êtes dans un café qui s'appelle Le Balto. Le garçon arrive. Complétez les deux dialogues suivant les instructions. Ensuite, jouez ces dialogues avec vos camarades de classe.

A

—Bonjour, monsieur (mademoiselle). Vous désirez?
Ask for a sandwich.—

—Quelle sorte de sandwich?
Ask for a sandwich of your choice.—

—Et comme boisson?
Ask for your favorite cold drink.—

- -

You are ready to pay.
Ask for the check.—

—Voilà.
The waiter gives you the check.

Ask if the tip is included.—

—Oui, monsieur (mademoiselle). Il est compris dans le prix *(price).*

B

—Bonjour, mademoiselle (monsieur). Vous désirez?
Ask if they have ice cream.—

—Mais, bien sûr, mademoiselle (monsieur).
Ask for your favorite kind of ice cream.—

—Et comme boisson?
Ask for iced tea.—

—Je regrette, mais nous n'avons pas cela.
Ask for another beverage.—

—Très bien, mademoiselle (monsieur).

FLASH d'information

Quand on commande une boisson, on donne la marque *(brand name)* de cette boisson. Voici quelques boissons favorites des jeunes Français.

Eaux minérales:	un Perrier	un Vichy
Sodas et boissons gazeuses:	un Coca	un Fanta-Orange
	un Pepsi	un Orangina
	un Schweppes	un Gini

Leçon 9 **147**

⊕ Cross-cultural activity: Converting Francs to Euros

Use Transparency 27 to have students practice converting francs to euros.
Example: What is the euro equivalent of 18 francs?
a) write down the price in francs: 18
b) divide the price by 2:   +9
c) add the two sums: 27
d) divide the answer by 10 (and add a "0"):   2.70
ANSWER   **18 francs = 2.70 euros (2 euros, 70 centimes)**

COMMUNICATIVE FUNCTION:
Discussing food preferences

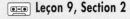 Leçon 9, Section 2

 Transparencies 28, 29
Le petit déjeuner
Le déjeuner et le dîner

■ **Looking ahead:** The vocabulary items of this section are activated using only definite and indefinite articles.
In Lessons 10, 11, and 12, these items are practiced in contexts where the partitive article is appropriate.

Supplementary vocabulary

LE PETIT DÉJEUNER
le pain grillé / un toast
un oeuf à la coque *soft-boiled egg*
des oeufs brouillés *scrambled eggs*
in Canada:
des rôties *toast*
des oeufs à la poêle *fried eggs*

LE DÉJEUNER ET LE DÎNER
hors-d'oeuvre:
le pâté

viandes:
le boeuf *beef*
un bifteck *minute steak*
un rôti de boeuf *roast beef*
un steak /stɛk/
une côtelette de porc *pork chop*

poissons:
l'espadon (m.) *swordfish*
la morue *cod*

ingrédients:
le vinaigre
l'huile (f.) *oil*
la farine *flour*

■ **Cultural note:** Unlike a typical American pie, a French **tarte** consists of a bottom crust topped with a layer of neatly arranged fruit which is sealed with an apricot glaze.

C. Un repas

> Quel est ton plat préféré?
> C'est le poulet rôti.

▶ *Pour exprimer ses préférences:*

—Quel est ton plat **préféré?**
—C'est **le poulet rôti.**

préféré: *favorite*
le poulet rôti: *roast chicken*

J'adore . . .	*I love*	**Je n'aime pas tellement . . .**	*I don't like . . . that much*
J'aime . . .	*I like*	**Je déteste . . .**	*I hate*

Les plats

Pour le petit déjeuner

le pain   **les céréales** (f.)   **la confiture**   **un oeuf**   **des oeufs sur le plat**

Pour le déjeuner et le dîner

les hors-d'oeuvre (m.) *(appetizers)*	**le jambon** *(ham)* **la soupe**	**le saucisson** *(salami)* **le céleri**	**le melon**
la viande *(meat)*	**le poulet** *(chicken)* **le porc**	**le rosbif** *(roast beef)*	**le veau** *(veal)*
le poisson *(fish)*	**le thon** *(tuna)*	**la sole**	**le saumon** *(salmon)*
les autres plats (m.)	**les spaghetti** (m.)	**les frites** (f.) *(French fries)*	**le riz** *(rice)*
la salade et le fromage	**la salade**	**le fromage** *(cheese)*	**le yaourt**
le dessert	**le gâteau** *(cake)*	**la tarte** *(pie)*	**la glace**
les boissons (f.) *(beverages)*	**l'eau** (f.) *(water)* **le jus d'orange**	**l'eau minérale** **le jus de pomme** *(apple)*	**le lait** *(milk)* **le jus de raisin** *(grape)*
les ingrédients (m.)	**le beurre** *(butter)* **la margarine**	**le sel** *(salt)* **le sucre** *(sugar)* **le poivre** *(pepper)*	**le ketchup** **la mayonnaise** **la moutarde** *(mustard)*

🌐 Cultural notes: Beverages

- French young people often order fruit and vegetable juices (e.g., **un jus d'orange, un jus de tomate**) when they go to a café or fast-food restaurant.
- French **jus de raisin** can be made from red or yellow grapes. It is lighter in taste than its American counterpart.

- In France, customers mix their own lemonade by ordering **un citron pressé.** The waiter brings them freshly-squeezed lemon juice and ice, sugar, and a pitcher of water. Similarly, one can order **une orange pressée.**

5 Préférences personnelles

Dites si oui ou non vous aimez les choses suivantes.

- J'adore . . .
- J'aime beaucoup . . .
- Je n'aime pas tellement . . .
- Je déteste . . .

▶ J'adore le poisson.
(Je n'aime pas tellement le poisson.)

6 S'il vous plaît

Vous dînez avec un(e) ami(e) français(e).
Demandez-lui de passer les choses suivantes.

S'il te plaît, passe-moi le sel.

Merci.

Tiens. Voilà le sel.

▶

7 Invités *(Guests)*

Vous avez invité des camarades chez vous.
Demandez-leur leurs préférences.

▶ poisson ou viande?

1. saumon ou thon?
2. jambon ou rosbif?
3. poulet ou veau?
4. oeufs sur le plat ou oeufs brouillés *(scrambled)?*
5. spaghetti ou frites?
6. fromage ou yaourt?
7. gâteau au chocolat ou gâteau à l'orange?
8. glace au café ou glace à la vanille?

Tu préfères le poisson ou la viande?

Je préfère la viande.

(Je préfère le poisson.)

8 Et les autres?

Complétez les phrases suivantes en indiquant les préférences alimentaires de chacun. Si c'est nécessaire, utilisez votre imagination.

Mon copain		
Ma copine	aime beaucoup	
Mon père	n'aime pas tellement	??
Ma mère	déteste	
Mon chien		
Mon chat		

lactel
LAIT
lait frais
pasteurisé
demi-écrémé

1 litre

SOUPE DE POMMES DE TERRE

Le Jambon d'Aoste

Leçon 9 **149**

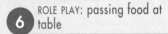

🔲 Leçon 9, Section 2

🔄 Review: fruits and vegetables

⬜ Looking ahead: Additional quantities are presented in Lesson 12, p. 176.

🗂 Transparency 30
Fruits et légumes

⬛ Cultural note: At an outdoor market, the vendor usually selects the fruits and vegetables and puts them in a bag for the customer.

Supplementary vocabulary

FRUITS
un citron *lemon*
le raisin *grapes*
une pastèque *watermelon*
une pêche *peach*

LÉGUMES
un brocoli
un chou-fleur *cauliflower*
un concombre *cucumber*
des épinards (m.) *spinach*
un poivron *green pepper*
une aubergine *eggplant*

D. Les courses *(food shopping)*

Pour faire les courses au marché:

— **Vous désirez?**
 Je voudrais | **un kilo** de tomates.
  | **une livre** de carottes

| **un kilo:** *kilo (1000 grams = 2.2 lb* |
| **une livre:** *pound (500 grams)* |

— **Et avec ça?** *(Anything else?)*
 Donnez-moi aussi **une douzaine** d'oeufs.

| **une douzaine:** *dozen* |

— **C'est tout?** *(Is that all?)*
 Oui, c'est tout.
 Ça fait combien? *(How much does that come to?)*
— Alors, ça fait huit euros cinquante.

Speech bubbles: Vous désirez? — Je voudrais un kilo de tomates.

Fruits et légumes
un fruit   un légume

Labels: une salade, une carotte, une tomate, des petits pois, des haricot..., une cerise, une fraise, une poire, une pomme, une orange, un pamplemousse, une banane, une pomme de terre

150 Unité 3

TPR 🏃 **Fruits and vegetables**   REVIEW

PROPS: Plastic fruits and vegetables

Place the items on a desk ("market stand").
Have students "buy" and distribute them.
X, viens au marché et achète une pomme.
Maintenant, donne la pomme à Y.

Frequently ask who has what.
Qui a la pomme? [Y]
Qui a l'orange? [Z]

9 Les courses

Vous allez préparer les plats suivants. Décrivez les légumes et les fruits que vous allez acheter.

▶ des frites   **Je vais acheter des pommes de terre.**

1. une salade de tomates   3. une salade de légumes   5. un repas végétarien
2. une salade de fruits   4. une tarte aux fruits

9 COMMUNICATION: preparing a shopping list

10 Au marché

Vous faites les courses au marché. Complétez le dialogue avec le marchand en suivant les instructions. Jouez ce dialogue avec un(e) camarade.

Vous désirez, mademoiselle?
🍅 *Ask for one vegetable and give the quantity you want.*

Et avec ça?
🍅 *Ask for two of your favorite fruits and specify the quantities.*

C'est tout?
🍅 *Say that is all and ask how much it will cost.*

10 ROLE PLAY: shopping in an outdoor market

Ça fait huit euros.
🍅 *Give the money to the vendor.*

Merci, et au revoir.
🍅 *Say good-bye.*

11 COMMUNICATION: expressing one's preferences

11 Qu'est-ce que vous préférez?

Indiquez vos préférences.

▶ pour le petit déjeuner: un oeuf ou des céréales?   **Je préfère des céréales (un oeuf).**

1. pour le petit déjeuner: un pamplemousse ou une orange?
2. après le déjeuner: une pomme ou une poire? des cerises ou des fraises?
3. avec le poulet: des haricots verts ou des petits pois?
4. avec le bifteck: des pommes de terre ou des carottes?
5. comme salade: une salade de tomates ou une salade de concombre *(cucumber)*?
6. pour le dessert: une tarte aux pommes ou une tarte aux poires?
7. comme glace: une glace à la vanille ou une glace à la fraise?

Leçon 9   **151**

OPTIONAL: If the fruits and vegetables are light in weight and if the class is well behaved, manipulate the props as follows: **Y, donne-moi la pomme, s'il te plaît. Attention, je vais lancer la pomme à X.** [Toss the apple to X.]

Qui a l'orange? X? Bien, lance l'orange à Y.

Classroom Notes

Cooperative pair practice Activity 10

OBJECTIVES
• Reading authentic documents
• Reading for information

▣▭ Leçon 9, Section 3

■ **Anticipatory structure: du/de la**
In the following responses, you will want to prompt the correct answers, using the partitive.
Dans une omelette western, il y a du jambon.
Dans la crêpe, il y a de la crème glacée.
Tell students that these articles will be formally presented in the next lesson.

Au Jour Le Jour
Déjeuner à Québec

Vous voyagez au Canada. Aujourd'hui vous êtes à Québec. Où allez-vous déjeuner? Si vous voulez, vous pouvez aller à l'Omelette.

Regardez le menu. Les omelettes sont évidemment la spécialité de ce restaurant, mais il y a d'autres plats au menu.

LE MENU

Les omelettes
1. Combien d'omelettes différentes y a-t-il au menu?
2. Parmi *(Among)* ces omelettes, quelle est votre omelette favorite? Combien est-ce qu'elle coûte?
3. Qu'est-ce qu'il y a dans une omelette espagnole? dans une omelette western?
4. Dans quelles omelettes est-ce qu'il y a des tomates? des pommes de terre? des oignons?

Les salades et les plats divers
1. Allez-vous prendre une salade ou une soupe? Qu'est-ce que vous avez choisi?
2. Comment dit-on «hamburger» à Québec?
3. Qu'est-ce que vous allez choisir si vous avez très faim?
4. Qu'est-ce que vous allez commander si vous n'avez pas très faim?

Les crêpes et les desserts
1. Comment dit-on «glace» à Québec?
2. Choisissez une crêpe. Qu'est-ce qu'il y a dans cette crêpe?
3. Quel dessert avez-vous choisi? Quel est son ingrédient principal?

Les boissons
1. Comment dit-on «boisson» à Québec?
2. Qu'est-ce que vous avez choisi comme boisson?

UN REPAS COMPLET
1. Imaginez que vous allez prendre un repas complet.
   • Vous voulez dépenser seulement 10 dollars. Choisissez un plat principal, un dessert et une boisson.　Qu'est-ce que vous avez choisi? Combien coûte votre repas?
   • Vous avez très faim. Choisissez un plat froid, un plat chaud, un dessert et une boisson.　Qu'est-ce que vous avez choisi? Combien coûte votre repas?
2. Avec un(e) camarade qui va jouer le serveur (la serveuse), composez et jouez un dialogue où vous commandez votre repas.

OMELETTES

Omelette nature	5,50
Plain Omelette	
Omelette aux fines herbes	5,95
Omelette with fines herbes	
Omelette aux champignons et Fromage	6,50
Omelette with mushrooms and cheese	
Omelette jambon et fromage	6,50
Omelette with ham and cheese	
Omelette Espagnole: tomates pelées, poivrons et oignons	6,50
Omelette with tomatoes, green peppers and onions	
Omelette Lyonnaise: oignons	5,95
Omelette with onions	
Omelette Niçoise: tomates pelées et fond d'artichauts	6,50
Omelette with tomatoes and artichoke hearts	
Omelette Paysanne: lardons, pommes de terre, fines herbes et oignons hachés	6,50
Omelette with thick bacon, potatoes, onions and fines herbes	
Omelette Western: jambon, pommes de terre et oignons	6,50
Omelette with ham, potatoes and onions	
Omelette Provençale: tomates pelées, ail et persil	6,50
Omelette with tomatoes, garlic and parsley	

SALADES

Salade maison	3,25
House salad	
Salade César	3,95
Caesar salad	
Salade de Poulet	6,75
Chicken salad	

DIVERS

Soupe aux pois	2,75
Canadian pea soup	
Soupe à l'oignon gratinée	4,00
Baked French onion soup	
Croque-monsieur	6,25
Grilled bread with ham and cheese	
Hambourgeois deluxe	6,75
Hamburger deluxe garnished	

CRÊPES FRANÇAISES À LA POÊLE

Fraises et crème glacée	5,50
Strawberries and ice cream	
Pêches et crème glacée	5,50
Peaches and ice cream	
Poires et crème glacée	5,50
Pears and ice cream	
Ananas et crème glacée	5,50
Pineapple and ice cream	
Bleuets et crème glacée	5,50
Blueberries and ice cream	

DESSERTS

Tarte au sucre	3,50
Sugar pie	
Tarte aux pommes	3,00
Apple pie	
Mousse au chocolat	2,95
Chocolate mousse	
Shortcake aux fraises	3,50
Strawberry shortcake	
Gâteau Forêt noire	3,50
Black Forest cake	
Gâteau au fromage	3,50
Cheese cake	
Salade de fruits	3,50
Fruit salad	
Fraises au vin	3,50
Strawberries with wine	
Cassata Maison	3,50
House Italian ice cream	

BREUVAGE

Jus d'orange	1,75
Orange juice	
Jus de pomme	1,75
Apple juice	
Jus de pamplemousse	1,75
Grapefruit juice	
Nectar de poire	1,95
Pear juice	
Nectar d'abricot	1,95
Apricot juice	
Jus de tomate ou V8	1,95
Tomato juice or V8	
Liqueurs douces	1,95
Soft drinks	

Bon appétit!

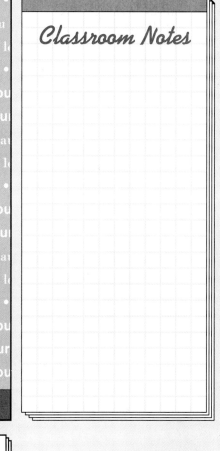

■ **Pronunciation**
la poêle /pwal/ *frying pan*

■ **Cultural note:** La soupe aux pois *(split pea soup)* and la tarte au sucre *(maple sugar pie)* are traditional French Canadian dishes.

Classroom Notes

☼ Observation activity

Have students read the menu and try to find Canadian expressions that are different from French expressions.
un hambourgeois (un hamburger)
une crème glacée (une glace)
un breuvage (une boisson)

une liqueur douce (un soda/une boisson gazeuse)
also:
un bleuet (une myrtille)

MAIN TOPIC:

Talking about food

MODULE 3-A
Au supermarché

Total time: 5:33 min.
(Counter: 14:29–20:02 min.)

VIDEODISC Disc 1, Side 1
26065 to 36065

Leçon 10, Section 1

10 LEÇON Vidéo-scène
Au supermarché

Nous sommes samedi. Pierre a décidé d'aller faire un pique-nique à la campagne demain avec sa copine Armelle et sa cousine Corinne. Cet après-midi, les trois amis vont faire les courses pour le pique-nique. Ils vont au supermarché.

D'abord, ils prennent un chariot.

Qu'est-ce qu'on achète?

Euh. . . bon, d'abord, achetons du pain.

Ils vont à la boulangerie.

Deux baguettes, s'il vous plaît. Merci.

À la charcuterie, Pierre, Armelle et Corinne décident ce qu'ils vont acheter.

Armelle, tu veux du jambon?

Qu'est-ce que je prends pour les sandwiches? Du saucisson?

Oui, j'aime mieux ça.

Bon alors, je prends du jambon.

Je prends du fromage?

Ah, non, prends plutôt du jambon!

Ah non, prends plutôt du yaourt.

À la crémerie, ils ont un grand choix de produits.

154 **Unité 3**

🌐 Cultural note: Au supermarché

- At many French supermarkets, people must insert a 2-euro (or 10-franc) coin to release their shopping cart. After they have loaded their groceries in the car, they return the shopping cart and retrieve their money.

- The departments inside the **supermarché** correspond to the traditional specialty stores (see pp. 142–143): **(la) boulangerie, (la) charcuterie, (la) crémerie,** etc.

Après, ils vont choisir leurs boissons.

Qu'est-ce que je prends comme boisson? Il y a de l'eau minérale . . . du jus d'orange et de la limonade . . . Qu'est-ce que vous voulez?

De la limonade!

D'accord pour la limonade.

On prend des fruits?

Ils pèsent les fruits sur la balance.

Oui, c'est bon pour la santé!

Enfin, ils vont à la caisse. Pierre met les provisions dans son filet.

Bon, j'emporte tout ça chez moi. On se voit demain pour le pique-nique. Allez, salut Armelle.

À la cuisine, Pierre range les provisions.

Voilà - tout est prêt pour le pique-nique!

Salut, à demain.

Oui, à demain.

à suivre . . .

Compréhension

1. Où vont Pierre, Armelle et Corinne?
2. Qu'est-ce qu'ils achètent au rayon° boulangerie?
3. Qu'est-ce qu'ils achètent au rayon charcuterie?

4. Quelles boissons achètent-ils?
5. Qu'est-ce qu'ils vont faire demain?

°**rayon** *section*

■ **Language note:** French young people often say **Salut!** instead of **Au revoir!** when saying good-bye to someone.

COMPREHENSION

1. Ils vont au supermarché.
2. Ils achètent du pain (deux baguettes).
3. Ils achètent du jambon.
4. Ils achètent de la limonade.
5. Ils vont faire un pique-nique.

Leçon 10 **155**

- In French supermarkets, customers weigh their fruits and vegetables. They place the item on the scale, push the corresponding picture, and then place the printed price sticker on the plastic bag.

- Like Pierre, many French people take their own bag (**un filet**) or basket (**un panier**) when they go shopping for groceries.

Section A

COMMUNICATIVE FUNCTION:
Talking about what one
wants, can do, or must do

🔊 Leçon 10, Section 2

↻ Review: vouloir, pouvoir, devoir

■ French connection:
vouloir → *volunteer* (volontaire)
pouvoir → *power*

■ Language note: The past participle **dû** has an accent circonflexe to distinguish it from the partitive article **du**, as in **du poulet**.

■ Supplementary vocabulary:
You may wish to introduce the expression:
vouloir dire *to mean*
Qu'est-ce que **vous voulez dire**?
Que **veut dire** ce mot?

★ New material:
devoir + noun

■ Language note: The verb **devoir** cannot stand alone.
– Est-ce que je **dois travailler** ce soir?
– Oui, tu **dois travailler**.
*Yes, you **should** (work).*
*Yes, you **have to** (work).*

A. Les verbes *vouloir, pouvoir* et *devoir*

Note the forms of the irregular verbs **vouloir, pouvoir,** and **devoir**.

INFINITIVE	vouloir	pouvoir	devoir
PRESENT	je **veux** tu **veux** il/elle/on **veut** nous **voulons** vous **voulez** ils/elles **veulent**	je **peux** tu **peux** il/elle/on **peut** nous **pouvons** vous **pouvez** ils/elles **peuvent**	je **dois** tu **dois** il/elle/on **doit** nous **devons** vous **devez** ils/elles **doivent**
PASSÉ COMPOSÉ	j'**ai voulu**	j'**ai pu**	j'**ai dû**

Vouloir means *to want*. It can be followed by a NOUN or an INFINITIVE.

| **Veux-tu** une glace? | *Do you want an ice cream cone?* |
| **Voulez-vous** déjeuner avec nous? | *Do you want to have lunch with us?* |

➡ To express a request politely, the French use **je voudrais** instead of **je veux**.

| **Je voudrais** une glace. | *I would like an ice cream cone.* |
| **Je voudrais** déjeuner. | *I would like to have lunch.* |

➡ To accept an offer, the French often use the expression **je veux bien**.

| —Tu veux déjeuner avec moi? | *Do you want to have lunch with me?* |
| —Oui, **je veux bien.** | *Yes, **I would love to.*** |

Pouvoir has several English equivalents.

can	Est-ce que tu **peux** faire les courses?	***Can** you do the food shopping?*
may	Est-ce que je **peux** entrer?	***May** I come in?*
to be able	Jacques **ne peut pas** venir ce soir.	*Jacques **is not able** to come tonight.*

Devoir is usually followed by an INFINITIVE. Note its English equivalents.

should	Nous **devons** étudier ce soir.	*We **should** study tonight.*
must	Vous **ne devez pas** sortir.	*You **must not** go out.*
have to	Je **dois** préparer le dîner.	*I **have to** fix dinner.*

➡ When **devoir** is followed by a NOUN, it means *to owe*.

Je **dois** vingt euros à mon frère. *I owe my brother 20 euros.*

156 Unité 3

 Group conversation: Samedi prochain

- Have students each write down two things that they want to do next Saturday.

- Then divide the class into groups of four or five students and let each group come to a consensus on the one thing the members want to do.

1 Le dîner

Pour le dîner, chacun veut faire une chose différente.

▶ Claire / aller dans
un restaurant chinois
**Claire veut aller dans
un restaurant chinois.**

1. nous / dîner en ville
2. Olivier / rester à la maison
3. toi / manger un steak
4. vous / commander une pizza
5. moi / aller dans un restaurant vietnamien
6. Jérôme et Patrick / faire un pique-nique
7. Isabelle / dîner à huit heures
8. David et François / dîner à sept heures

2 C'est impossible!

Les personnes suivantes n'ont pas certaines choses. Dites quelle activité de la liste elles ne peuvent pas faire.

▶ Marc n'a pas sa raquette.
**Il ne peut pas jouer
au tennis.**

1. Nous n'avons pas de vélo.
2. Je n'ai pas mon maillot de bain.
3. Éric n'a pas de couteau.
4. Tu n'as pas de fourchette.
5. Nous n'avons pas nos livres.
6. Alice n'a pas de passeport.
7. Les touristes n'ont pas d'appareil-photo.
8. Vous n'avez pas de chaussures de ski.

> **étudier
> skier
> nager
> jouer au tennis
> prendre des photos
> manger un steak
> manger des spaghetti
> faire une promenade
>   à la campagne
> aller en France**

3 Que doivent-ils faire?

Dites ce que les personnes doivent faire pour atteindre *(to reach)* leurs objectifs.

▶ Marc veut manger une pizza.   **Il doit aller dans un restaurant italien.**

1. Je veux manger des tacos.
2. Tu veux manger un hamburger.
3. Monsieur Legros veut maigrir.
4. Mes copains veulent préparer un repas.
5. Vous voulez réussir à l'examen.
6. Nous voulons gagner de l'argent.

> **étudier
> trouver un job
> aller au marché
> faire les courses
> faire des exercices
> aller dans un restaurant italien
> aller dans un restaurant mexicain
> aller dans un fast-food**

**INSTITUT
DE LANGUE
FRANÇAISE**

RESTAURANT TEXAN-MEXICAIN
À côté de la République
Chili, T-Bone, Spare Ribs, Enchiladas
 *Texas blues*
54, rue René Boulanger-10e-01.42.08.60.20-Ouv.T.L.J sf.Sam.midi et Dim,midi

Mexicaines
AZTECA, 7, rue Sauval (1er), 01 42 36 15 82
Menus dîner et Mus. le soir.
CASA MEXICO, 168, r. St-Martin (3e), 01 27 6
36 P. typ. Amb. mus.
INCA-MAYA, 94, r. Rambuteau, 01 40 26 93
Déj. dîn. Carte, musique
MEXICO CITY, 44, r. Cl.-Decaen (12e) 01 75

RISTORANTE
DA VINCI
1180, rue Bishop
Tél.: (514) 874-2001

DESCRIPTION: saying what people want to do

■ **Variation** (with the passé composé):
Claire a voulu aller dans un restaurant chinois.

COMPREHENSION: determining what people are unable to do

■ **Language note:** Be sure students use **pas de** in the following items:
3. **Il ne peut pas manger de steak.**
4. **Tu ne peux pas manger de spaghetti.**
7. **Ils ne peuvent pas prendre de photos.**

COMPREHENSION: indicating what people should do to attain a goal

Sample exchanges:
Paul: **Je veux aller à la plage samedi matin.**
Anne: **Je ne peux pas. Je dois travailler. Qui veut aller au cinéma samedi soir? . . .**

• The spokesperson (**le porte-parole**) will report back to the entire class what the group has decided.

🔊 **Leçon 10, Section 2**

↩ **Review:** partitive article with foods and beverages

■ **Looking ahead:** The use of partitive articles with nouns designating things other than foods and beverages (e.g., Tu as **de l'argent**?) is introduced in Lesson 11.

🖨 **Transparency 31**
Quel article?

Classroom Notes

B. L'article partitif: *du, de la*

Look carefully at the pictures below.

The pictures on the left represent _whole_ items: a whole chicken, a whole melon, a whole head of lettuce, a whole pie. The nouns are introduced by INDEFINITE ARTICLES: **un, une.**

The pictures on the right represent a _part_ or _some quantity_ of these items: a serving of chicken, a piece of melon, some leaves of lettuce, a slice of pie. The nouns are introduced by PARTITIVE ARTICLES: **du, de la.**

Voici . . .		Voilà . . .	
un poulet	🍗	**du** poulet	
un melon	🍈	**du** melon	
une salade	🥬	**de la** salade	
une tarte	🥧	**de la** tarte	

FORMS

The partitive article has the following forms:

MASCULINE	**du** **de l'** (+ VOWEL SOUND)	**du** fromage, **du** pain **de l'**argent
FEMININE	**de la** **de l'** (+ VOWEL SOUND)	**de la** salade, **de la** limonade **de l'**eau

USES

❙ Partitive articles are used to refer to A CERTAIN QUANTITY or A CERTAIN AMOUNT of something. Note how they are used in the sentences below.

Voici **du pain** . . .
    et voilà **de la confiture.**

*Here is **some bread** . . .*
    *and there is **some jam.***

Philippe mange **du fromage.**
Nous achetons **de l'eau minérale.**

*Philippe is eating **(some) cheese.***
*We are buying **(some) mineral water.***

—Est-ce que tu veux **de la salade?**
—Oui, donne-moi **de la salade.**

*Do you want **(any, some) salad?***
*Yes, give me **some salad.***

➡ While the words *some* or *any* are often omitted in English, the articles **du** and **de la** must be used in French.

Est-ce que tu veux de la salade?

Oui, donne... de la sal...

 Teaching strategy: L'article partitif

PROP: Transparency 31

Use Transparency 31 to practice *a whole* vs. *a part/quantity* of something. Cover up the words and have students identify the picture.

(whole chicken)   **Voilà un poulet.**
(piece of pie)   **Voilà de la tarte.**, etc.

4 Pique-nique

Corinne a invité ses copains à un pique-nique. Elle leur demande s'ils ont faim ou soif et elle leur offre quelque chose. Jouez les rôles de Corinne et de ses copains. Faites les substitutions suggérées.

Tu as soif?

Oh, là là, oui, j'ai soif.

Tu veux de la limonade?

Oui, donne-moi de la limonade, s'il te plaît.

1. faim
   du poulet
2. soif
   de l'eau minérale
3. soif
   du jus d'orange
4. faim
   de la glace
5. faim
   du jambon
6. soif
   du thé glacé
7. soif
   du jus de pomme
8. faim
   du pain et du fromage

ROLE PLAY: offering food and drink

4

Variation: Let the students vary their dialogues by choosing other foods and beverages.

5 Une invitation

Vous avez invité des copains à déjeuner chez vous. Offrez à vos copains le choix entre les choses suivantes. Ils vont indiquer leurs préférences.

▶ (le) lait ou (l')eau?

Tu veux du lait ou de l'eau?

Je voudrais de l'eau (du lait).

1. (la) soupe ou (le) melon?
2. (le) saucisson ou (le) jambon?
3. (le) poisson ou (la) viande?
4. (le) rosbif ou (le) poulet?
5. (le) saumon ou (la) sole?
6. (le) ketchup ou (la) mayonnaise?
7. (le) beurre ou (la) margarine?
8. (le) fromage ou (le) yaourt?
9. (le) gâteau ou (la) glace?
10. (le) jus d'orange ou (l') eau minérale?

EXCHANGES: offering foods and beverages and expressing preferences

5

6 Au «Petit Vatel»

Vous déjeunez au restaurant Le Petit Vatel. Vous demandez les choses suivantes au serveur (à la serveuse). Jouez les dialogues avec un(e) camarade.

—Je voudrais du pain, s'il vous plaît.
—Voilà du pain, monsieur (mademoiselle).

1 2 3 4 5 6 7

ROLE PLAY: requesting items in a restaurant

6

1. du poivre
2. de l'eau minérale
3. du fromage
4. de la salade
5. du sucre
6. de la tarte
7. du thé

Teaching project: Les repas REVIEW

PROPS: One large paper plate per student

Have students illustrate their paper plates with drawings or pictures of at least five food items for one meal of the day. (They should write their names on the back of the plate.) Then in small groups, students take turns telling what they have for the particular meal.

FOLLOW-UP: Collect the plates and redistribute them so that each student has another student's plate. Then have them write what this person is having.
For example:
Alice prend du poisson, du riz et des petits pois. Comme dessert, elle prend des fraises et de la glace.

Cooperative pair practice
Activities 4, 5, 6

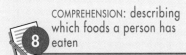
C. L'article partitif dans les phrases négatives

Note the forms of the partitive articles in the negative sentences below.

AFFIRMATIVE	NEGATIVE	
Tu veux **du pain?**	Non, merci, je **ne** veux **pas de pain.**	*I don't want (any) bread.*
Tu as pris **de la tarte?**	Non, je **n'**ai **pas** pris **de tarte.**	*I didn't have (any) pie.*
Tu bois **du café?**	Non, je ne bois **jamais de café.**	*I never drink (any) coffee.*
Il y a **de l'eau minérale?**	Non, il **n'**y a **pas d'eau minérale.**	*There is **no** mineral water.*

After negative expressions, such as **ne . . . pas** and **ne . . . jamais:**

> **du, de la (de l') → de (d')**

⇒ Note the use of **pas de** in short answers.

   Non, merci, **pas de café** pour moi.   *No coffee for me, thanks.*

ROLE PLAY: offering and requesting items in a restaurant

7

COMPREHENSION: describing which foods a person has eaten

8

7 Au café

Le serveur (La serveuse) offre certaines choses aux clients. Jouez les rôles en faisant les substitutions suggérées.

Qu'est-ce que vous désirez <u>sur votre hamburger</u>?

Je voudrais <u>de la moutarde.</u>

Voulez-vous aussi <u>du ketchup?</u>

Merci, <u>pas de ketchup.</u>

1. avec votre steak
   des frites
   de la salade

2. dans votre café
   du lait
   du sucre

3. sur votre pizza
   des olives
   du saucisson

4. dans votre sandwich
   du jambon
   du beurre

5. sur votre gâteau
   de la crème
   du chocolat

6. sur votre salade
   de la mayonnaise
   du poivre

8 Un végétarien

François est végétarien. Il ne mange pas de viande, mais il aime d'autres choses. Hier il a déjeuné au restaurant. Dites si oui ou non il a mangé les choses suivantes.

▶ le poulet?
   Non, il n'a pas mangé de poulet.

▶ la salade?
   Oui, il a mangé de la salade.

1. le thon?
2. le rosbif?
3. le veau?
4. le riz?
5. le jambon?
6. le porc?
7. la glace?
8. le gâteau?

 160 Unité 3

Cooperative pair practice
Activity 7

Teaching strategy: Les phrases négatives

PROPS: Transparencies 28, 29 (Le petit déjeuner, Le déjeuner et le dîner)

Use Transparencies 28 and 29 to practice the affirmative and negative articles. Point to an item and ask a question.

– Tu veux du café?
– Oui, je veux du café.
  (Non, je ne veux pas de café.)

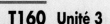

9 Les courses

Catherine a fait les courses ce matin mais elle a oublié *(forgot)* certaines choses. Comparez la liste de Catherine avec ses achats. Dites ce qu'elle a acheté et ce qu'elle n'a pas acheté.

> Catherine a acheté du pain. Elle n'a pas acheté de fromage.

pain	margarine
fromage	ketchup
riz	confiture
sel	beurre
poivre	lait
sucre	eau minérale
céleri	glace
jus d'orange	café

COMPREHENSION: saying what someone did and did not buy

9

Catherine a acheté du riz, de la confiture, du jus d'orange, de la margarine, de l'eau minérale, du céleri, du beurre.

Elle n'a pas acheté de sel, de poivre, de sucre, de ketchup, de lait, de glace, de café.

À votre tour!

1 Les repas d'hier

Demandez à plusieurs camarades ce qu'ils ont pris hier au petit déjeuner, au déjeuner et au dîner. Inscrivez les résultats de votre enquête dans un tableau.

NOM	PETIT DÉJEUNER	DÉJEUNER	DÎNER
Sylvie	des céréales, du lait,...	du poulet,...	
1.			

À votre tour!

1 INTERVIEWING: taking a poll

2 Invitation

Vous allez inviter votre partenaire à dîner chez vous.

- Faites une liste de cinq choses que vous allez servir.
- Demandez à votre partenaire s'il / si elle mange ces choses.
- Si nécessaire, modifiez votre menu.

2 WRITTEN SELF-EXPRESSION: creating a menu

Leçon 10 **161**

✎ Writing activity: Les repas d'hier

Have students use their interview charts as the basis for a written composition. Have them select one person they interviewed and write a short paragraph about what he/she had and did not have for the three meals.

Pour le petit déjeuner, Sylvie a pris des céréales et du lait. Elle n'a pas pris de café. Pour le déjeuner, ...

 **Histoire de chien**

Un chien entre dans un café. Il s'assied° à une table,
puis il appelle° le garçon. Le garçon arrive.

OBJECTIVE
• Reading for pleasure

Classroom Notes

— Vous désirez?
— Je voudrais un sandwich au jambon.
— Avec ou sans° moutarde?
— Avec de la moutarde.
— Et avec ça?
— Donnez-moi aussi une salade.
— Avec de la vinaigrette?
— Oui, avec de la vinaigrette.
— Et que voulez-vous comme boisson?
— Donnez-moi de l'eau.
— De l'eau minérale?
— Oui, de l'eau minérale.
— Je vous apporte ça tout de suite.

s'assied *sits down* **appelle** *calls* **sans** *without*

Café Le Vendôme

	PRIX
un sandwich au jambon	
moutarde	
une salade vinaigrette	
eau minérale	

Service et Taxe Compris

 Pre-reading activity

Have students read the title and look at
the cartoons.
• What do they think the dog is ordering
in the first cartoon?
• What do they think the man and the
waiter are saying in the second
cartoon?

Then let them read the story to find out if
their guesses were correct.

Un client a vu la scène. Très étonné,° il dit au garçon:

— Ça, vraiment, c'est extraordinaire!

Le garçon répond:

— Oui, vraiment, c'est extraordinaire. Ce chien vient ici depuis dix ans, et c'est la première fois qu'il commande de l'eau avec son repas. D'habitude° il prend toujours de la bière.°

étonné *astonished* **D'habitude** *Usually* **bière** *beer*

Vrai ou faux?

1. Le chien commande un sandwich au fromage.
2. Le chien veut de la moutarde.
3. Le chien prend une salade.
4. Le chien ne veut pas de vinaigrette.
5. Le chien prend de l'eau minérale.
6. D'habitude le chien commande de la bière.

■ **Vrai ou faux?**
1. faux
2. vrai
3. vrai
4. faux
5. vrai
6. vrai

 Observation activity

Have students reread the scene, finding examples of the partitive.

For each example that students find, ask them if they themselves want the item. Elicit both affirmative and negative responses.

Example: **"Avec de la moutarde."**
– **Et toi, X, avec ton sandwich, tu veux de la moutarde?**
– **Oui, je veux de la moutarde. (Non, je ne veux pas de moutarde.)**

Leçon 10 T163

Leçon 11

MAIN TOPIC:

Discussing preferences

MODULE 3-B
Jérôme invite ses copains

Total time: 2:31 min.
(Counter: 20:04–22:34 min.)

Disc 1, Side 1
36091 to 40615

Leçon 11, Section 1

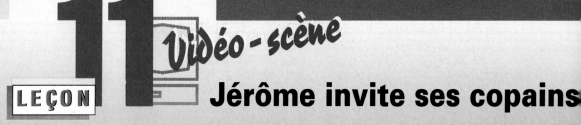

Vidéo - scène

LEÇON 11

Jérôme invite ses copains

Dans le dernier épisode, Pierre, Armelle et Corinne ont fait les courses pour un pique-nique.

Dans ce nouvel épisode, vous allez faire la connaissance de Jérôme. Jérôme est le grand frère de Pierre. Il a 19 ans. Il est étudiant à l'université. Maintenant il n'habite plus avec sa famille. Il a un appartement en ville avec d'autres étudiants. De temps en temps, il revient chez ses parents. Ce soir, par exemple . . .

Jérôme est allé au cinéma avec Bernard, son camarade de chambre, et Cécile, une copine d'université. Après le film, les trois amis sont allés chez les parents de Jérôme. Maintenant ils sont dans la cuisine.

164 Unité 3

Il y a du pain. Je peux faire des sandwichs.
Il y a du jambon et du pâté.
Qu'est-ce que vous préférez?

Et toi, Bernard?

Moi, je préfère
le jambon.

Moi aussi, je préfère
le jambon.

Les amis mangent
avec grand appétit.

Tiens, il y a des yaourts.

Apporte-les.
C'est excellent
pour la santé.

Et pour la ligne!

■ **Language note:**
la ligne *figure*
Note: **la figure** corresponds to the English *face*.

Les amis ont fini leur repas.
Bernard et Cécile partent.

Salut! Et merci pour
cet excellent repas.

Salut!

Oui, merci!

Salut! . . . À demain!
Salut, Cécile!

Jérôme reste chez ses parents
pour la nuit.

à suivre . . .

Compréhension

1. Qui est Jérôme?
2. Où habite-t-il?
3. Qu'est-ce qu'il a fait ce soir?
4. Qu'est-ce que les amis boivent?
5. Qu'est-ce qu'ils mettent dans leurs sandwichs?
6. Qu'est-ce qu'ils mangent ensuite?
7. Qu'est-ce qu'ils font après le repas?

boivent *drink*

Leçon 11 **165**

● COMPREHENSION

1. Jérôme est le frère de Pierre.
2. Il habite un appartement en ville.
3. Il est allé au cinéma avec ses copains. Après, ils sont allés chez les parents de Jérôme.
4. Ils boivent de la limonade.
5. Ils mettent du jambon dans leurs sandwichs.
6. Ils mangent des yaourts.
7. Bernard et Cécile partent. Jérôme reste chez ses parents.

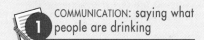 **Leçon 11, Section 2**

🔄 **Review:** present and passé
composé of **boire**

1 COMMUNICATION: saying what
people are drinking

Classroom Notes

A. Le verbe *boire*

Note the forms of the irregular verb **boire** *(to drink)*.

INFINITIVE	**boire**	
PRESENT	Je **bois** du lait.	Nous **buvons** du café.
	Tu **bois** du cidre.	Vous **buvez** du thé glacé.
	Il/Elle/On **boit** de l'eau.	Ils/Elles **boivent** du jus d'orange.
PASSÉ COMPOSÉ	J'**ai bu** de l'eau minérale.	

1 **Nous avons soif!**

Dites ce que les personnes suivantes boivent. Vous pouvez utiliser
les expressions suggérées ou autre chose *(something else)*.

1. À la boum, tu . . .
2. Au petit déjeuner, je . . .
3. Au pique-nique, nous . . .
4. À la cantine de l'école, vous . . .
5. Chez nous, nous . . .
6. Les personnes qui veulent maigrir . . .
7. Ma copine . . .
8. Mes grands-parents . . .
9. Quand il fait chaud, on . . .
10. Quand il fait froid, on . . .

du lait	de l'eau minérale	du jus d'orange
du café	de la limonade	du citron pressé
de l'eau	du thé glacé	??

 Personalization: Nous avons soif!

Ask students what they drank with their
meals recently.

**X, qu'est-ce que tu as bu au petit
déjeuner ce matin?**

**Y, qu'est-ce que tu as bu au dîner
hier soir?**

**Z, qu'est-ce que tu as bu au déjeuner
hier?**

B. Les verbes comme *acheter, préférer* et *payer*

Verbs like **acheter**, **préférer**, and **payer** have a STEM CHANGE in the **je-**, **tu-**, **il-**, and **ils-** forms of the present tense.

INFINITIVE	acheter	préférer	payer
STEM CHANGE	e → è	é → è	y → i
PRESENT	j' **achète** tu **achètes** il/elle/on **achète** nous **achetons** vous **achetez** ils/elles **achètent**	je **préfère** tu **préfères** il/elle/on **préfère** nous **préférons** vous **préférez** ils/elles **préfèrent**	je **paie** tu **paies** il/elle/on **paie** nous **payons** vous **payez** ils/elles **paient**
PASSÉ COMPOSÉ	j'**ai** acheté	j'**ai** préféré	j'**ai** payé

Vocabulaire: Quelques verbes

acheter	to buy	J'**achète** du pain et du fromage.
amener	to bring (someone)	J'**amène** un copain au pique-nique.
préférer	to prefer	Je **préfère** dîner au restaurant.
espérer	to hope	J'**espère** avoir un «A» à l'examen.
payer	to pay, pay for	Je **paie** l'addition.
envoyer	to send	J'**envoie** une invitation à mon cousin.
nettoyer	to clean	Je **nettoie** le garage.

J'envoie une invitation à mon cousin.

2 Substitutions

Faites de nouvelles phrases avec les sujets entre parenthèses.

1. Vous amenez des copains à la fête.
   (toi, François, Cécile et Christine)
2. Vous envoyez une carte au professeur.
   (moi, ma copine, les élèves)
3. Vous espérez aller à Montréal cet été.
   (le professeur, toi, mes parents)
4. Vous nettoyez le jardin.
   (moi, Marc, nous)

Bienvenue au jardin !

La tondeuse à main
A ☼ Simple, efficace et économique. Rouleau hélicoïdal à 5 lames auto-affuteuses en acier. Roues solides à bandage caoutchouc. Guidon tube acier. Démontable. Largeur de coupe : 30 cm.
698.1593

3 Questions personnelles

1. Qu'est-ce que tu achètes avec ton argent?
2. Quand tu vas au restaurant avec des copains, en général qui paie? Et quand tu vas au restaurant avec ta famille?
3. Qu'est-ce que tu espères faire ce weekend? cet été? après le lycée?
4. Quand tu vas à une soirée, est-ce que tu amènes des copains? Qui? Qui as-tu amené à la dernière soirée? Qui vas-tu amener à la prochaine soirée?
5. Quand tu es en vacances, est-ce que tu envoies des cartes postales? À qui?
6. Chez toi, qui nettoie le garage? la cuisine *(kitchen)*? le salon? ta chambre?

Leçon 11 **167**

Section B

COMMUNICATIVE FUNCTION:
Discussing purchases and preferences

🔈 Leçon 11, Section 2

🔄 **Review:** present and passé composé of **acheter, préférer,** and **payer**

▷ **Vocabulaire**

▨ **Language note:** *Amener* means *to bring someone.* *Apporter* means *to bring something.*
Je vais amener mes copains au pique-nique.
Je vais apporter des sandwichs au pique-nique.

▨ **Supplementary vocabulary**
répéter to repeat

■ **Photo culture note:** There are two kinds of mailboxes in France: one is mounted on building walls and the other is freestanding on sidewalks every few blocks. They look the same: yellow rectangular boxes at torso level with the word POSTES written in blue.

PRACTICE: using stem-changing verbs

COMMUNICATION: answering personal questions

Teaching notes: Stem-changing verbs

- Point out that the **nous-** and **vous-** forms as well as the entire passé composé are regular.

- Point out that the stem change occurs when the verb ends in a silent **e** (-e, -es, -ent).

For extra practice, have students conjugate **amener, espérer,** and **envoyer** by drawing a "boot" shape around the forms with silent endings.

j'amène	nous amenons
tu amènes	vous amenez
il/elle amène	ils/elles amènent

Section C

COMMUNICATIVE FUNCTION:
Discussing items in a general
or specific sense

[⊡⊡] **Leçon 11, Section 2**

★ **New material:** contrastive uses
of definite, indefinite, and
partitive articles

ROLE PLAY: talking about
yesterday's activities

4

■ **Language note:** Partitive
articles must be used with each
noun in a series.

**Cooperative
pair practice**
Activity 4

C. Le choix des articles

Articles are used much more frequently in French than in English. The choice of
a DEFINITE, INDEFINITE, or PARTITIVE article depends on what is being described.

USE	TO DESCRIBE	
the DEFINITE article **le, la, l', les**	a noun used in the GENERAL sense	J'aime **le** gâteau. *(As a rule) I like cake.*
	a SPECIFIC thing	Voici **le** gâteau. *Here is the cake (I baked).*
the INDEFINITE article **un, une, des**	one (or several) WHOLE item(s)	Voici **un** gâteau. *Here is a (whole) cake.*
the PARTITIVE article **du, de la, de l'**	SOME, A PORTION, or A CERTAIN AMOUNT of something	Voici **du** gâteau. *Here is some (a serving, a piece of) cake*

4 **Activités**

Jérôme et Armelle parlent de ce qu'ils ont fait.
Jouez les dialogues en faisant les substitutions suggérées.

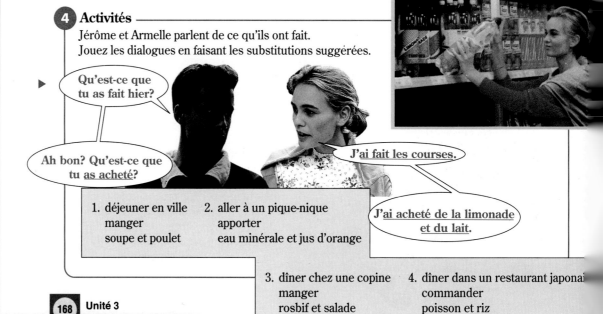

Qu'est-ce que
tu as fait hier?

Ah bon? Qu'est-ce que
tu <u>as acheté</u>?

J'ai fait les courses.

J'ai acheté de la limonade
et du lait.

1. déjeuner en ville
   manger
   soupe et poulet

2. aller à un pique-nique
   apporter
   eau minérale et jus d'orange

3. dîner chez une copine
   manger
   rosbif et salade

4. dîner dans un restaurant japona[is]
   commander
   poisson et riz

⇒ The DEFINITE article is used generally after the following verbs:

aimer   Mes amis **aiment la** glace.
préférer   Moi, je **préfère le** gâteau.

⇒ The PARTITIVE article is often (but not always) used after the following verbs and expressions:

voici	**boire**	**acheter**	**avoir**
voilà	**manger**	**vendre**	**vouloir**
il y a	**prendre**	**commander**	

Depending on the context, however, the definite and indefinite articles may also be used with the above verbs.

Je commande **la glace.**   *I am ordering **the ice cream** (on the menu).*
Je commande **une glace.**   *I am ordering **an ice cream** (= one serving).*
Je commande **de la glace.**   *I am ordering **(some) ice cream.***

⇒ The French do *not* use the partitive article with a noun that is the subject of the sentence.

       Il y a **du lait** et **de la glace** dans le réfrigérateur.
  BUT: **Le lait** et **la glace** sont dans le réfrigérateur.

⇒ The partitive article may also be used with nouns other than foods.

As-tu **de l'argent?**   *Do you have **(any, a certain amount of) money?***
Cet artiste a **du talent.**   *This artist has **(some, a certain amount of) talent.***

---

5 **Quand on aime quelque chose . . .**
Dites ce que les personnes suivantes aiment et expliquez ce qu'elles ont fait.

▶ M. Lebeuf / la viande (acheter)

1. Philippe / la salade (manger)
2. Claire / la sole (commander)
3. Madame Brochet / le poisson (acheter)
4. Marc / l'eau minérale (boire)
5. Sylvie / la confiture (prendre)
6. Mademoiselle Lafontaine / l'eau (prendre)
7. Véronique / le fromage (acheter)
8. Madame Jarret / le rosbif (commander)

**Monsieur Lebeuf aime la viande.
Alors, il a acheté de la viande.**

Leçon 11 **169**

■ **Teaching note:** Point out that **aimer** and **préférer** are used to introduce nouns in the general sense.

⌐ **Transparencies 28, 29, 30**
Le petit déjeuner
Le déjeuner et le dîner
Fruits et légumes

■ Ask questions about Transparency 30:
– Qu'est-ce que tu préfères, les tomates ou les carottes?
– Je préfère les tomates.

– Qu'est-ce que tu achètes?
– J'achète des tomates.

■ Use Transparencies 28 and 29 to practice the definite and partitive articles. Point to a food or beverage. Then have students say if they like the item and whether or not they would like some.
J'aime le jambon. Je veux du jambon.
Je n'aime pas la soupe.
Je ne veux pas de soupe.

DESCRIPTION: describing food preferences and past actions

5

DESCRIPTION: describing what people are having for lunch

6

1. Guillaume mange du fromage, de la soupe et un sandwich. Il boit de l'eau.
2. Frédéric mange du poisson, des petits pois et une orange. Il boit du jus de tomate.
3. Caroline mange du rosbif (un steak), des haricots verts et une poire. Elle boit du lait.
4. Delphine mange du poulet, de la salade et une pomme. Elle boit du thé.

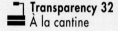

Transparency 32
À la cantine

COMMUNICATION: talking about foods and food preferences

7

---

6 À la cantine

Nous sommes à la cantine du lycée Descartes. Décrivez ce que mangent et boivent les élèves.

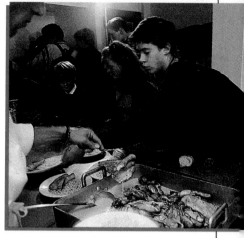

▶ Christine
Christine mange du poisson, des frites et une pomme. Elle boit du lait.

▶ **Christine**

Guillaume

Frédéric

Caroline

Delphine

7 Expression personnelle

Complétez les phrases avec le nom d'un plat ou d'une boisson.

1. J'aime . . .
2. Je n'aime pas . . .
3. Mon dessert préféré est . . .
4. À la cantine de l'école, il y a souvent . . .
5. Il n'y a pas souvent de . . .
6. Ce matin, au petit déjeuner, j'ai bu . . .
7. Hier soir, j'ai mangé . . .
8. Dans notre réfrigérateur, il y a . . .
9. Le jour de mon anniversaire, je voudrais manger . . .

 Un jeu: À la cantine

Divide students into small groups. Give them 30 seconds to study the foods and beverages in Act. 6. Then have students close their books. At a given signal, the groups list as many items as they can recall as the recorder writes them down.

After two or three minutes, call time and have the groups exchange their lists for peer correction. The winning team is the group with the most correct items.

8 Au «Relais Régal»

Vous voyagez en France avec des copains. Vous déjeunez au Relais Régal. Choisissez un menu et expliquez ce menu à vos copains.

Je vais choisir le menu . . .
Comme hors-d'oeuvre, il y a . . .
   Il y a aussi . . .
Comme plat principal, il y a . . .
   Il y a aussi . . .
Comme dessert, il y a . . .
Comme boisson, il y a . . .

Relais Régal

MENU TOURISTIQUE à 15€	MENU RÉGAL à 20€	MENU GASTRONOMIQUE à 25€
soupe à l'oignon ou melon	salade de tomates ou saucisson	jambon ou saumon fumé
poulet rôti	rôti de boeuf	rôti de porc ou sole meunière
salade	salade	salade
glace	fromage	fromage
café	tarte aux pommes	gâteau au chocolat
	café ou thé	eau minérale et café

8 DESCRIPTION: discussing menus

■ **Cultural note:** Most French restaurants offer one or more **prix fixe** menus. One can also order individual dishes **à la carte** (from the extended menu).
In Quebec, a **prix fixe** menu is called **la table d'hôte.**

■ **Expansion:** Students can explain what they like and don't like:
J'aime le melon.
Je n'aime pas tellement la soupe à l'oignon.

À votre tour!

1 Une invitation à dîner

Imagine that you are inviting a friend to dinner. Since you are a good host / hostess, you want to serve what your friend likes. Ask . . .

- at what time he / she has dinner
- if he / she eats meat
- if so, what meat he / she prefers
- if he / she likes vegetables
- what vegetables he / she prefers
- if he / she prefers cake or ice cream
- what he / she drinks

2 Un client difficile

You are a waiter/waitress in a French restaurant. Today you have a customer who is very hard to please: every time you suggest something, this customer says that he/she does not like it. With a partner, act out the skit.

3 Un repas familial *(A family meal)*

Décrivez un repas familial typique en un paragraphe de six lignes.

▶ *Chez nous, il y a souvent du poisson. Je déteste le poisson. Mais, il y a aussi . . .*

À votre tour!

1 GUIDED CONVERSATION: finding out someone's preferences

2 ROLE PLAY: ordering in a restaurant

3 WRITTEN SELF-EXPRESSION: describing a family meal

Leçon 11   171

📁 Portfolio assessment

Depending on your goals and objectives, you may or may not wish to assign all of the activities in the *À votre tour!* section. You will probably choose only one oral and one written activity to go into the students' portfolios for Unit 3.

The following activities are good portfolio topics:
ORAL: Activities 1, 2
WRITTEN: Activity 3

Cooperative pair practice
Activity 8

LECTURE — Nourriture et langage

Qu'est-ce qu'un «navet»?° Cela dépend à qui ou de quoi vous parlez. Pour le cuisinier,° un navet est un légume, mais pour le cinéphile,° c'est un très mauvais film. Une «patate» est le terme familier qu'on emploie pour désigner une pomme de terre, mais c'est aussi une personne stupide et maladroite.° Une «bonne poire» peut être servie au dessert, mais c'est aussi une personne généreuse, mais naïve.

Il existe beaucoup d'expressions françaises qui utilisent le vocabulaire de l'alimentation. Voici certaines de ces expressions. Est-ce que vous pouvez deviner leur sens?°

navet *turnip* **cuisinier** *cook* **cinéphile** *movie lover* **maladroite** *clumsy*
deviner leur sens *guess what they mean*

 Jean-Claude dit à ses copains:
«Ce weekend j'ai vu un navet.»
Qu'est-ce qu'il veut dire?
• Je suis allé à la campagne.
• J'ai acheté des légumes.
• J'ai vu un mauvais film.

TU RACONTES DES SALADES !

 Corinne dit à son cousin:
«Tu racontes° des salades.»
Qu'est-ce qu'elle veut dire?
• Tu manges trop.
• Tu es végétarien.
• Tu ne dis pas la vérité.

racontes *are telling*

JE N'AI PAS UN RADIS !

 Cécile dit à sa copine: «Je n'ai pas un radis.»
Qu'est-ce qu'elle veut dire?
• Je n'ai pas d'argent.
• Je n'ai pas de copain.
• Je ne veux pas aller au supermarché.

 Pre-reading activity

Ask students to think of English expressions in which foods are used figuratively, e.g.:

a lemon: a car that has problems
to go bananas: to go crazy
it's a piece of cake: it's very easy
he's a big cheese: he's an important person

Have them look at the pictures: can they imagine how these foods might be used in French expressions?

Classroom Notes

4 Guillaume dit à ses copains.
«Mon oncle Gérard a du pain
sur la planche.»°
Qu'est-ce qu'il veut dire?
- Mon oncle est très riche.
- Mon oncle a beaucoup de travail.
- Mon oncle est boulanger.

planche board

MON ONCLE GÉRARD A DU PAIN SUR LA PLANCHE!

CE N'EST PAS DU GÂTEAU!

5 Mélanie dit à Claire: «Ce n'est pas
du gâteau.»
Qu'est-ce qu'elle veut dire?
- C'est mauvais.
- C'est difficile.
- Ce n'est pas intéressant.

6 Carole dit à son frère: «Occupe-toi°
de tes oignons.»
Qu'est-ce qu'elle veut dire?
- Va chez le dentiste.
- Va dans la cuisine et prépare
le repas.
- Occupe-toi de tes affaires.

occupe-toi mind

OCCUPE-TOI DE TES OIGNONS!

■ **Solutions: Nourriture et langage**
1. «Ce weekend, j'ai vu
un navet.» =
J'ai vu un mauvais film.
2. «Tu racontes des salades.» =
Tu ne dis pas la vérité.
3. «Je n'ai pas un radis.» =
Je n'ai pas d'argent.
4. «Mon oncle Gérard a du pain
sur la planche.» =
Mon oncle a beaucoup de
travail.
5. «Ce n'est pas du gâteau.» =
C'est difficile.
6. «Occupe-toi de tes oignons.» =
Occupe-toi de tes affaires.

MODULE 3-C
L'addition, s'il vous plaît!

Total time: 2:20 min.
(Counter: 22:36– 24:56 min.)

Disc 1, Side 1
40643 to 44865

▭ Leçon 12, Section 1

■ **Looking ahead:** Agreement of past participles with a preceding direct object is presented in Lesson 15.

■ **Casual speech:** One often hears French people say **ben** instead of **bien** when the word is used as a filler.

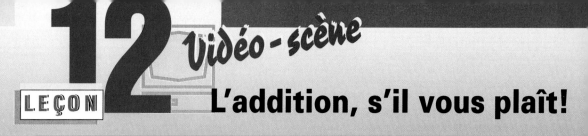

12 Vidéo-scène

L'addition, s'il vous plaît!

Hier soir, Jérôme est revenu chez ses parents avec ses copains Bernard et Cécile. Les trois copains ont mangé et bu ce que Pierre avait acheté pour le pique-nique.
Maintenant, on est dimanche matin, Pierre va à la cuisine.

Oh, excuse-moi. Je ne savais pas. Écoute, je vais te donner de l'argent pour faire les courses.

Heureusement, il y a une solution.

Quelle solution?

Pour faire les courses? Mais Jérôme, c'est dimanche et le supermarché est fermé.

Eh ben, il faut nous inviter au restaurant.

Qui, nous?

Eh ben, Corinne, Armelle et moi.

Au restaurant. Pierre, Armelle, Corinne et Jérôme ont bien mangé! Jérôme appelle le garçon.

Bon! D'accord.

Monsieur, l'addition, s'il vous plaît.

Le garçon a apporté l'addition à Jérôme.

Qu'est-ce qu'il y a?

Tout le monde remercie Jérôme pour le repas.

Eh bien, dis donc, ton pique-nique me coûte drôlement cher!

FIN

Compréhension

1. Quel jour sommes-nous aujourd'hui?
2. Quelle mauvaise surprise Pierre a-t-il?
3. Qu'est-ce que Jérôme propose d'abord à Pierre?
4. Pourquoi est-ce que cette solution ne marche pas?
5. Quelle autre solution Pierre propose-t-il?
6. Pourquoi est-ce que le pique-nique coûte cher à Jérôme?

Leçon 12 **175**

■ **Language note:**
Je ne savais pas = *I didn't know.* Treat this as an anticipatory construction. The imperfect is presented in Lesson 23.

■ **Cultural note:** Supermarkets are generally open until 10 o'clock at night. Sunday they are closed all day, as are most stores. (In Paris, small convenience stores are open longer hours and on Sundays.) In the provinces, stores are generally closed from noon until 2:00, and the farther south one goes, the longer the lunch hour will be. Sunday morning in most places, the open-air market sells fresh fruits, vegetables, and meat.

■ **Casual speech:** The expression **drôlement** often replaces **très** as an intensifier.

 COMPREHENSION

1. Aujourd'hui, c'est dimanche.
2. Jérôme et ses copains ont mangé tout ce que Pierre a acheté pour le pique-nique.
3. Il veut lui donner de l'argent pour faire les courses.
4. C'est dimanche et le supermarché est fermé.
5. Il propose d'aller au restaurant.
6. Parce que le repas au restaurant coûte cher.

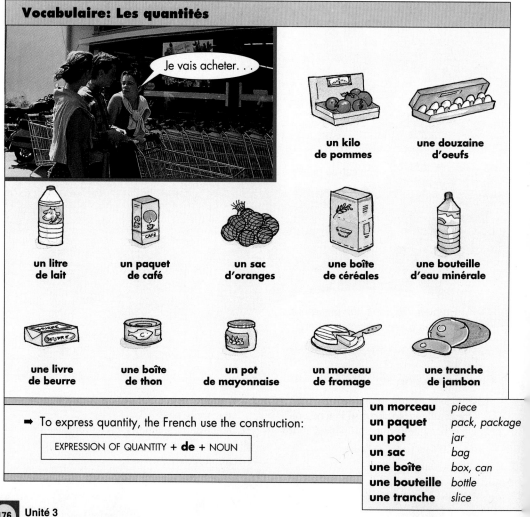

Vocabulaire: Les quantités

Je vais acheter...

un kilo de pommes

une douzaine d'oeufs

un litre de lait

un paquet de café

un sac d'oranges

une boîte de céréales

une bouteille d'eau minérale

une livre de beurre

une boîte de thon

un pot de mayonnaise

un morceau de fromage

une tranche de jambon

➡ To express quantity, the French use the construction:

EXPRESSION OF QUANTITY **+ de +** NOUN

un morceau	*piece*
un paquet	*pack, package*
un pot	*jar*
un sac	*bag*
une boîte	*box, can*
une bouteille	*bottle*
une tranche	*slice*

1 Les courses

Olivier va faire les courses. Il demande à sa mère ce qu'il faut acheter. Jouez les deux rôles.

1. des poires
   un kilo
2. du lait
   deux litres
3. des fraises
   une livre
4. des oeufs
   une douzaine
5. de la margarine
   un pot
6. du fromage
   un grand morceau
7. du jambon
   trois tranches
8. des enveloppes
   un paquet
9. de la limonade
   une bouteille
10. du thon
    deux boîtes

1 ROLE PLAY: planning a shopping list

■ **Photo note:** Point out the wicker basket (**un panier**) used for food shopping.

2 Les courses de Monsieur Finbec

Monsieur Finbec a fait les courses ce matin. Dites ce qu'il a acheté en complétant les phrases avec des quantités. Soyez logique!

1. D'abord, Monsieur Finbec est passé à la crémerie *(dairy store)*. Là, il a acheté <u>deux bouteilles (trois litres)</u> de lait, . . . de beurre, . . . de yaourt et . . . de fromage.
2. Après, il est passé chez le marchand de fruits et légumes. Il a acheté . . . de pommes, . . . de tomates et . . . d'oranges.
3. Ensuite, il est allé à l'épicerie *(grocery shop)* où il a acheté . . . de thon, . . . de café, . . . d'eau minérale et . . . de jambon.
4. Finalement, il est passé à la papeterie *(stationery store)* où il a acheté . . . d'enveloppes.

2 DESCRIPTION: determining quantities

1. . . . , une livre (un paquet) de beurre, un pot de yaourt et un morceau (deux morceaux) de fromage.
2. . . . un kilo (deux kilos, une livre) de pommes, une livre (un kilo, deux kilos) de tomates et un sac (une livre, un kilo) d'oranges.
3. . . . deux boîtes (une boîte, trois boîtes) de thon, un paquet (deux paquets) de café, trois bouteilles (deux litres, une bouteille) d'eau minérale et cinq tranches (deux tranches, une tranche, une livre) de jambon.
4. . . . un paquet (deux paquets) d'enveloppes.

Leçon 12 177

Extra practice: Le réfrigérateur

Have students make a list of food and beverages in their refrigerator at home. They should list at least six items and give a quantity for each one.

Dans mon réfrigérateur, il y a . . .
- **deux bouteilles de lait**
- **six tranches de jambon**
- **une douzaine d'oeufs**
- **une livre de beurre**
- **un sac de pommes**
- **deux pots de yaourts.**

Cooperative pair practice Activity 1

🔊 **Leçon 12, Section 2**

⭐ **New material:** expressions of quantity

◼ **Language note:** In sentences like **J'aime beaucoup la limonade**, the expression **beaucoup** modifies the verb **aime**; it does not introduce **limonade**.

▷ **Vocabulaire**

🗔 **Transparency 34**
Expressions de quantité avec **de**

◼ Use Transparency 34 to practice expressions of quantity.
– Que mange Jean-Pierre?
– Il mange trop de spaghetti et peu de cerises.

▨ **Casual speech:**
pas mal de *quite a few*

▨ **If students ask:** In the expression **combien de**, the phrase **de** + NOUN may come after the verb:
Combien as-tu **d'argent?**
Combien veux-tu **de sandwichs?**

A. Expressions de quantité

In the sentences on the right, the expression of quantity **beaucoup** *(much, many, a lot)* is used to introduce nouns.

Tu manges **du** pain?   Oui, je mange **beaucoup de** pain.
Tu as **de l'argent?**   Non, je n'ai pas **beaucoup d'**argent.

Tu bois **de la** limonade?   Oui, je bois **beaucoup de** limonade.
Tu as **des** copains?   Oui, j'ai **beaucoup de** copains.

Many, but not all, expressions of quantity introduce nouns according to the construction:

> EXPRESSION OF QUANTITY + **de** + NOUN

> Tu as de l'argent?
> Non, je n'ai p[...]
> beaucoup d'ar[...]

Vocabulaire: Expressions de quantité avec *de*

assez de	*enough*	Est-ce que tu as **assez d'**argent?
beaucoup de	*a lot, much, very much* *a lot, many*	Philippe n'a pas **beaucoup de** patience. Nous avons **beaucoup de** copains.
trop de	*too much* *too many*	M. Legros mange **trop de** viande. Nous avons **trop d'**examens.
peu de	*little, not much* *few, not many*	Tu as **peu de** patience. Vous avez **peu de** livres intéressants.
un peu de	*a little, a little bit of*	Donne-moi **un peu de** fromage.
combien de	*how much* *how many*	**Combien d'**argent as-tu? **Combien de** sandwichs veux-tu?

> Donne-moi
> un peu de fromage.

➡ When the above expressions of quantity do not introduce nouns, they are used without **de**.

> J'étudie **beaucoup**.   *I study **a lot**.*
> Vous mangez **trop**.   *You eat **too much**.*

178 **Unité 3**

Language note: Expressions of quantity

Point out that **beaucoup** and **trop** are one-word expressions that often correspond to two words in English:

> **beaucoup** = *very much*
> **trop** = *too much*

The French never say "très beaucoup" or "trop beaucoup." They do say:

> **beaucoup trop** = *much too much*

3 Réponses personnelles

Répondez aux questions suivantes en utilisant
une des expressions suggérées dans des phrases
affirmatives ou négatives.

▶ Tu as des cassettes?
Oui, j'ai beaucoup (assez) de cassettes.
(Non, je n'ai pas beaucoup de cassettes.)

assez	beaucoup	trop	peu

1. Tu as des copains sympathiques?
2. Tu as des profs intéressants?
3. Tu as des vacances?
4. Tu as des examens?
5. Tu manges du pain?
6. Tu bois du lait?
7. Tu fais des exercices?
8. Tu fais des progrès en français?

4 Conversation

Demandez à vos camarades s'ils font les choses
suivantes. Ils vont répondre en utilisant
une expression de quantité.

▶ étudier

1. travailler
2. téléphoner
3. regarder la télé
4. sortir le weekend
5. dormir
6. voyager
7. écouter la radio
8. sortir

Est-ce que tu étudies?

J'étudie beaucoup (trop, peu).

(Je n'étudie pas beaucoup [assez].)

Vocabulaire: D'autres expressions de quantité

un(e) autre	*another*	Veux-tu **un autre** croissant?
d'autres	*other*	As-tu fait **d'autres** sandwichs?
plusieurs	*several*	J'ai acheté **plusieurs** cassettes.
quelques	*some, a few*	Nous avons invité **quelques** amis.

5 Au pique-nique

Vous avez invité vos camarades à un pique-nique.
Offrez-leur une seconde fois *(another time)*
les choses suivantes. Ils vont accepter ou refuser.

1. un sandwich
2. une tranche de pizza
3. un morceau de fromage
4. une pomme
5. un verre de limonade
6. un paquet de chips

▶ une orange

Tu veux une autre orange?

Oui, merci,
donne-moi
une autre orange.

(Non, merci, je n'ai pas faim.)

Leçon 12 179

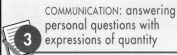

3 COMMUNICATION: answering
personal questions with
expressions of quantity

■ **Teaching note:** Be sure students use **de** and not **des** or **du**
after the expression of quantity.

4 EXCHANGES: talking about
regular activities

▷ **Vocabulaire**

■ **Language note:** Note that
these expressions of quantity do
not use **de.** They are followed
directly by a noun.

5 ROLE PLAY: offering foods

Cooperative
pair practice
Activities 4, 5

[⊙▭⊙] **Leçon 12, Section 2**

★ **New material:** the adjective **tout**

■ **Language note:** The word **toujours** (always) evolved from the expression **tous les jours** (every day).

DESCRIPTION: saying that people are finishing all the food

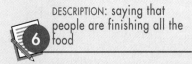

COMMUNICATION: saying how often one does certain things

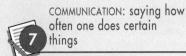

Supplementary vocabulary

tous les trois mois
 every three months
toutes les deux semaines
 every two weeks, every other week
deux fois par jour
 twice a day
trois fois par semaine
 three times a week

B. L'adjectif *tout*

The adjective **tout (le)** agrees in gender and number with the noun it introduces. Note the four forms of **tout** *(all)*:

MASCULINE	SINGULAR	PLURAL		
	tout (le)	**tous (les)**	**tout le** groupe	**tous les** garçons
FEMININE	**toute (la)**	**toutes (les)**	**toute la** classe	**toutes les** filles

➡ Note the following English equivalents:

tout le, toute la	*all the*	J'ai bu **toute la limonade.**
	the whole	Alain a mangé **tout le gâteau.**
tous les, toutes les	*all (the)*	**Tous les invités** *(guests)* sont ici.
	every	Je fais les courses **toutes les semaines.**

➡ In the above expressions, the definite article **(le, la, les)** may be replaced by a possessive or a demonstrative adjective.

J'ai invité **tous mes copains.**   *I invited **all my friends.***

➡ **Tout** is used in several common expressions:

tout le monde	*everybody, everyone*	Où est **tout le monde?**
tout le temps	*all the time*	Olivier mange **tout le temps.**

➡ **Tout** may be used alone with the meaning *all, everything.*

Tout est possible.   ***Everything** is possible.*

---

6 **La gourmandise** *(Gluttony)*
Les personnes suivantes sont des gourmands *(gluttons)*. Expliquez pourquoi.

▶ Patrick / manger / la glace
   Patrick a mangé toute la glace.

1. Valérie / manger / le fromage
2. Frédéric / finir / les gâteaux
3. Sophie / boire / le jus d'orange
4. Jean-Claude / prendre / la tarte
5. Juliette / manger / les fraises
6. Éric / boire / l'orangeade
7. Delphine / prendre / les cerises
8. Marc / finir / les desserts

7 **Quand?**
Voici certaines choses que nous faisons régulièrement. Complétez les phrases par **tous (toutes) les** + expression de temps.

▶ J'écoute mes cassettes <u>tous les jours (tous les weekends).</u>

▶ Je téléphone à mes cousins <u>toutes les semaines (tous les dimanches, tous les mois).</u>

1. Je regarde la télé . . .
2. Je fais mon lit . . .
3. Je range ma chambre . . .
4. Je vais au cinéma . . .
5. Je vais en ville . . .
6. Je vais au restaurant . . .
7. Mon père (Ma mère) fait les courses . . .
8. Le professeur donne un examen . . .

180 Unité 3

C. L'expression *il faut*

Note the use of the expression **il faut** in the following sentences.

À l'école, **il faut étudier.**	*At school,* **one has to study.**
Pour être heureux, **il faut avoir des amis.**	*To be happy,* **you (people, we) must have friends.**
Pour aller en Belgique, **il faut avoir** un passeport.	*To go to Belgium,* **it is necessary to have** *a passport.*

To express a GENERAL OBLIGATION or NECESSITY, the French use the construction:

> **il faut** + INFINITIVE

➡ To express what one SHOULD NOT do, the French use the negative construction **il ne faut pas** + INFINITIVE.

> **Il ne faut pas perdre** son temps.   ***You should not waste*** *your time.*

➡ To express PURPOSE, the French use the construction **pour** + INFINITIVE.

> **Pour réussir,** il faut travailler.   ***(In order) to succeed,*** *you have to work.*

---

8 **Oui ou non?**

Dites ce qu'il faut faire et ce qu'il ne faut pas faire.

▶ Pour réussir à l'examen . . .
- étudier   **Pour réussir à l'examen, il faut étudier.**
- être paresseux   **Il ne faut pas être paresseux.**

1. Pour être en bonne santé *(health)* . . .
   - faire des exercices
   - fumer *(smoke)*
   - manger trop de viande
2. Pour avoir des amis . . .
   - être généreux
   - être égoïste
   - être intolérant
3. Pour être heureux . . .
   - être pessimiste
   - avoir des amis sympathiques
   - avoir beaucoup d'argent
4. Quand on est pressé *(in a hurry)* . . .
   - aller à pied
   - prendre un taxi
   - prendre le bus
5. Quand on est en classe . . .
   - écouter le professeur
   - dormir
   - mâcher *(chew)* du chewing-gum
6. Quand on est invité à dîner . . .
   - être poli avec tout le monde
   - manger tous les plats
   - remercier *(thank)* l'hôtesse

À votre tour!

1 **Le pique-nique**

Avec votre partenaire, vous avez décidé d'organiser un pique-nique pour huit personnes. Décidez des choses que vous allez acheter et en quelles quantités. Écrivez votre liste de courses.

On achète du thon?

D'accord, achetons du thon.

Combien de boîtes est-ce qu'on achète?

Achetons cinq boîtes.

cinq boîtes de thon

✎ Writing project: Pour réussir . . .

PROPS: 1 large sheet of paper and 1 marker for each group

In small groups, have students give advice to first-year students on how to succeed in French class. They should write at least five sentences using the expression **il faut (il ne faut pas).**

When the groups have finished, ask a spokesperson (**un porte-parole**) to read aloud the list of recommendations. You may wish to display the projects throughout the classroom.

Pour réussir dans la classe de français,
   il faut faire attention en classe.
   il ne faut pas perdre son temps., etc.

Section C

COMMUNICATIVE FUNCTION: Expressing obligation or necessity

🔲 **Leçon 12, Section 2**

★ **New material:** il faut + infinitive

■ **Looking ahead:** il faut que + subjunctive is presented in Lesson 35.

■ **Language note:** Il faut may also be followed by a noun. **Est-ce qu'il faut du fromage?** *Do we need cheese?*

COMPREHENSION: describing what is necessary in certain situations

■ **Expansion:** Have students give appropriate advice for the following cues:
- **Pour organiser une boum (une fête d'anniversaire)** . . .
- **Pour réussir dans la vie (life)** . . .

À votre tour!

1 GUIDED CONVERSATION: creating a shopping list

LECTURE — La recette du croque-monsieur

OBJECTIVE
• Reading a recipe

■ **Photo culture note:** The menu in the photograph also lists **un croque-madame.** This sandwich is similar to a **croque-monsieur,** but with a fried egg on top.

Vous êtes dans un café en France et vous avez faim. Qu'est-ce que vous allez commander? Peut-être un sandwich ou une salade. Si vous préférez manger quelque chose de chaud, vous pouvez choisir une omelette ou une pizza. Ou bien, vous pouvez faire comme beaucoup de jeunes Français et commander un «croque-monsieur».

Les croque-monsieur sont des sandwichs chauds faits avec du jambon et du fromage. Pour manger un croque-monsieur, vous n'avez pas besoin d'aller en France. Vous pouvez le préparer chez vous. Voici une recette très simple.

Les ingrédients (pour deux croque-monsieur)

Pour faire deux croque-monsieur, il faut:°
• 4 tranches de pain
• 2 tranches de jambon
• 4 tranches de gruyère°
• un peu de beurre
• un peu de gruyère râpé°
• de la moutarde de Dijon (facultatif°)
(Les tranches de jambon et de fromage doivent avoir les mêmes dimensions que les tranches de pain.)

La recette

 1. Allumez le gril° du four.

 2. Dans une poêle,° faites fondre° un peu de beurre.

il faut *one needs* **gruyère** *a type of cheese* **râpé** *grated*   **facultatif** *optional* **gril** *broiler* **poêle** *frying pan* **fondre** *melt*

▶ **Pre-reading activity**

Have students skim the reading.
• Can they guess the meaning of the title?
[a recipe]
• How does one read a recipe—quickly or carefully?
[when cooking, one must read carefully!]

Classroom Notes

■ **Questions sur le texte**
1. À quel sandwich américain le croque-monsieur vous fait-il penser?
2. La recette vous paraît-elle difficile?

3. Avec une cuillère à café, passez le beurre fondu sur les tranches de pain.

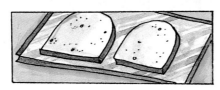

4. Sur une plaque,° mettez deux tranches de pain (côté beurré° contre° la plaque).

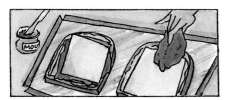

5. Sur chaque tranche, mettez successivement:
• un peu de moutarde
• une tranche de fromage
• une tranche de jambon
• une autre tranche de fromage

6. Recouvrez avec une autre tranche de pain beurré (côté beurré à l'extérieur).

7. Mettez les deux croque-monsieur au four pendant trois minutes.

8. Avec une spatule, retournez les deux croque-monsieur. Remettez° au four pendant une ou deux minutes.

9. Mettez le gruyère râpé sur les croque-monsieur. Remettez au four pendant une minute.

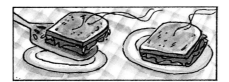

10. Retirez° du four et mettez les deux croque-monsieur sur deux assiettes. Mangez chaud. Bon appétit!

*À noter: Vous pouvez faire aussi des «croque-madame». Pour cela, mettez un oeuf frit sur chaque croque-monsieur.

plaque *baking sheet*   **côté beurré** *buttered side*   **contre** *against*   **Remettez** *Put back*   **Retirez** *Take out*

 Post-reading activity
Invite students to prepare a **croque-monsieur** at home.

Quatre surprises

OBJECTIVES:

- Reading a longer text for enjoyment
- Vocabulary expansion in context

The title of this reading is easy to understand: "Four Surprises."

Take a moment to skim over the story, reading the paragraphs below the subheads. The first section is entitled **L'invitation.** Can you figure out what kind of an invitation it is?

Now look at the pictures. What do you think the four surprises are? Write down your four guesses on a piece of paper. Then read the story to see how many you got right.

L'invitation

Paul et David sont deux étudiants américains. Avec l'argent qu'ils ont économisé cette année, ils ont décidé de passer un mois en France. Ils viennent d'arriver à Paris. Malheureusement, ils n'ont pas d'amis français.

PAUL: Tu connais des gens à Paris?
DAVID: Non, je ne connais personne. Et toi?
PAUL: Moi non plus. Attends, si! Ma soeur Christine a une correspondante° française qui habite à Paris. Je crois° que j'ai son nom dans mon carnet d'adresses.

Paul regarde dans son carnet d'adresses.

PAUL: Voilà. La copine de ma soeur s'appelle Nathalie Descroix. J'ai son numéro de téléphone . . .
DAVID: Eh bien, téléphone-lui!
PAUL: Bon, d'accord. Je vais lui téléphoner.

Paul compose° le numéro de Nathalie. Celle-ci° répond. Paul explique qu'il est le frère de Christine et qu'il est à Paris avec un copain. Nathalie propose d'inviter les deux garçons à déjeuner.

NATHALIE: Tu es libre mardi en huit?°
PAUL: Oui, bien sûr.
NATHALIE: Est-ce que tu veux déjeuner chez moi avec ton copain?
PAUL: Avec grand plaisir. Où est-ce que tu habites?
NATHALIE: J'habite une modeste chambre d'étudiante au 125, rue de Sèvres.
PAUL: À quel étage?
NATHALIE: Au sixième étage. Donc, je vous attends° mardi en huit à midi. Mais je vous préviens, ce sera° un repas très simple.
PAUL: Merci beaucoup pour ton invitation. À bientôt.
NATHALIE: Au revoir, à bientôt.

Dans son carnet, Paul note la date du 8 juillet.

correspondante pen pal   **crois** believe, think
compose dials   **Celle-ci** The latter (= Nathalie)
mardi en huit a week from Tuesday
je vous attends I'm expecting you   **sera** will be

Mots utiles

un carnet d'adresses	address book
expliquer	to explain
libre	free
un étage	floor
prévenir	to warn, tell in advance

■ **Avez-vous compris?**
1. Paul et David sont deux étudiants américains. Nathalie est la copine de la soeur de Paul.
2. Nathalie invite les deux garçons à déjeuner.
3. Elle habite une chambre d'étudiante au 125, rue de Sèvres, au sixième étage.

Avez-vous compris?
1. Qui sont Paul et David? Qui est Nathalie?
2. Quelle est l'invitation de Nathalie?
3. Où est-ce que Nathalie habite?

Première surprise

Le 8 juillet, Paul et David ont mis
leurs plus beaux vêtements.
Ils ont acheté un gros bouquet
de fleurs et il sont allés chez
Nathalie.

Arrivé devant l'immeuble° du
125, rue de Sèvres, Paul a regardé
son carnet. «Nathalie habite au
sixième étage.» Paul et David
sont entrés dans l'immeuble.
Puis ils ont monté les escaliers et
compté les étages. «Deux, trois, quatre, cinq, six.»

PAUL: Nous sommes au sixième étage.
DAVID: Et voilà la chambre de Nathalie.

Sur une porte, il y a en effet° une carte avec le nom: DESCROIX.

Paul a sonné. Pas de réponse.
Il a sonné deux fois,° trois fois, quatre fois . . .
Toujours pas de réponse.

DAVID: Tu es sûr que Nathalie habite ici?
PAUL: Mais oui. Son nom est inscrit° sur la porte.
DAVID: Regarde, il y a une enveloppe sous le tapis.
PAUL: C'est sûrement pour nous.

Paul a ouvert° l'enveloppe. Il a trouvé° des clés avec
la note suivante:°

Mots utiles	
gros, grosse	big, large
les escaliers	stairs
compter	to count
sonner	to ring (the doorbell)
un tapis	rug
une clé	key

Chers amis,
Excusez-moi si je ne suis pas ici pour
vous accueillir.° Ce matin, j'ai dû aller à
l'hôpital rendre visite à une amie qui a eu
un accident. Ce n'est pas grave, mais je ne
serai pas de retour° avant trois heures.
Entrez chez moi et faites comme chez vous.
Le déjeuner est préparé. Ne m'attendez pas.
À bientôt, N.D.

Avez-vous compris?

1. Quel jour est-ce que Paul et David sont allés chez Nathalie?
2. Comment sont-ils montés chez elle?
3. Quelle est la première surprise?

immeuble *(apartment) building* **en effet** *in fact* **fois** *times* **inscrit** *written* **a ouvert** *opened*
a trouvé *found* **suivante** *following* **pour vous accueillir** *to welcome you*
je ne serai pas de retour *I won't be back*

Avez-vous compris?

1. Paul et David sont allés chez Nathalie le 8 juillet.
2. Ils ont monté les escaliers.
3. La première surprise est que Nathalie n'est pas chez elle, mais elle a laissé une note avec des clés.

Deuxième surprise

Paul a pris les clés et il a ouvert la porte.

Une autre surprise attend les deux garçons. En effet, ce n'est pas dans «une modeste chambre d'étudiante» qu'ils sont entrés, mais dans un appartement relativement petit, mais très moderne et très confortable.

Et sur la table de la salle à manger est servi un magnifique repas froid. Il y a du saumon fumé,° du poulet rôti° avec de la mayonnaise, une salade, un grand nombre de fromages différents et, comme dessert, un énorme gâteau au chocolat.

DAVID: Nathalie a parlé d'un repas très simple, mais en réalité, elle a préparé un véritable festin.°

PAUL: C'est vrai. Nous allons nous régaler!°

DAVID: On commence?

PAUL: Non! Attendons Nathalie. C'est plus poli.

DAVID: Tu as raison. Attendons-la!

Paul et David ont attendu, mais il est maintenant une heure et Nathalie n'est toujours pas là.

DAVID: J'ai faim.

PAUL: Moi aussi, j'ai une faim de loup.°

DAVID: Alors, déjeunons! Après tout, Nathalie a dit de ne pas attendre.

Les garçons ont pris plusieurs tranches° de saumon fumé. «Hm, c'est délicieux.» Puis, ils ont mangé du poulet rôti. «Fameux° aussi!» Puis ils ont pris de la salade et ils ont goûté à tous les fromages. Finalement, ils sont arrivés au dessert. Ils ont pris un premier morceau de gâteau au chocolat, puis un deuxième, puis un autre et encore° un autre . . . Bientôt, ils ont fini tout le gâteau.

DAVID: Quel repas merveilleux! Nathalie est une excellente cuisinière.°

PAUL: C'est vrai . . . Mais, euh, maintenant je suis fatigué.

DAVID: Euh, moi aussi . . .

Paul et David ont quitté la table. Ils se sont assis° sur le sofa. Quelques minutes plus tard, ils sont complètement endormis.°

Pendant qu'ils dormaient° le téléphone a sonné plusieurs fois. Dring, dring, dring, dring, dring . . . Mais personne n'a répondu.

Mots utiles

énorme	*enormous*
commencer	*to begin*
poli(e)	*polite*
plusieurs	*several*
goûter	*to taste*

Looking ahead: The imperfect is introduced in Lesson 23.

Avez-vous compris?

1. L'appartement est très moderne et très confortable.
2. Il y a du saumon fumé, du poulet rôti avec de la mayonnaise, une salade, des fromages et un gâteau au chocolat. Ils pensent que le repas est merveilleux.
3. Ils n'ont pas répondu au téléphone parce qu'ils dormaient.

Avez-vous compris?

1. Quelle est la deuxième surprise?
2. Qu'est-ce qu'il y a pour le déjeuner? Qu'est-ce que Paul et David pensent du repas?
3. Pourquoi n'ont-ils pas répondu au téléphone?

---

du saumon fumé *smoked salmon* **rôti** *roast* **véritable festin** *real feast* **Nous allons nous régaler!** *We're going to enjoy a delicious meal!* **j'ai une faim de loup** *I'm as hungry as a wolf* **tranches** *slices* **Fameux** *Great* **encore** *still* **cuisinière** *cook* **se sont assis** *sat down* **endormis** *asleep* **dormaient** *were sleeping*

Il est maintenant trois heures. Quelqu'un est entré dans l'appartement. Paul et David se sont réveillés.°

DAVID: Tiens, voilà Nathalie.
PAUL: Bonjour, Nathalie.

Mais la personne qui est entrée n'est pas Nathalie. C'est une dame d'une cinquantaine d'années,° très élégante. Elle a l'air très surprise.

LA DAME: Qu'est-ce que vous faites ici?

Paul et David, à leur tour,° sont très surpris.

PAUL: Nous attendons notre amie Nathalie.
LA DAME: Votre amie Nathalie n'habite pas ici.
DAVID: Mais alors, chez qui sommes-nous?
LA DAME: Vous êtes chez moi.
PAUL: Mais alors, qui êtes-vous?

Maintenant la dame sourit.

LA DAME: Je suis la tante de Nathalie et vous, vous êtes certainement ses amis. À votre accent, je vois que vous êtes américains. Elle m'a parlé de vous.
PAUL: Oh, excusez-nous, madame. Nathalie s'est trompée° quand elle nous a donné son adresse. Elle a dit qu'elle habitait° au sixième étage.

La dame semble s'amuser.°

LA DAME: Mais non, elle ne s'est pas trompée. Nathalie habite bien° une chambre d'étudiante au sixième, l'étage au-dessus. C'est vous qui vous êtes trompés! Vous êtes ici au cinquième étage.
DAVID: Au cinquième étage? Je ne comprends pas! Nous avons compté les étages.
LA DAME: Votre erreur est bien excusable. Notre premier étage en France correspond au deuxième étage américain. Ainsi, vous avez pensé être au sixième étage. En réalité, vous êtes seulement au cinquième.
PAUL: Ça, par exemple!°
DAVID: Et le repas?
LA DAME: Je l'ai préparé pour des amis qui viennent passer la journée à Paris.
PAUL: Et la note sous le tapis?
LA DAME: Je l'ai écrite pour dire à mes amis que . . . Mais, au fait,° où sont-ils?

Le téléphone sonne à nouveau. La dame va répondre. Elle revient au bout de quelques minutes.

LA DAME: Ce sont justement mes amis qui viennent de téléphoner. Ils m'ont dit qu'ils ont téléphoné plusieurs fois. Ils ont eu une panne° . . .
PAUL: Tout s'explique!°
LA DAME: Pour vous et pour moi, mais pas pour Nathalie. Ma nièce vous attend certainement. Allez vite chez elle!

se sont réveillés woke up
d'une cinquantaine d'années about fifty years old
à leur tour in turn **s'est trompée** made a mistake
habitait lived **s'amuser** to be amused **bien** indeed
Ça, par exemple! What do you know! **au fait** as a matter of fact
panne breakdown **Tout s'explique!** That explains everything!

LECTURE

Mots utiles

sourire	to smile
sembler	to seem
au-dessus	above
une erreur	mistake, error
à nouveau	again
au bout de	at the end of

Avez-vous compris?

1. Qui est la personne qui est entrée dans l'appartement? Pourquoi a-t-elle l'air très surprise?
2. Quelle est la troisième surprise?
3. Pour qui le repas a-t-il été préparé?

■ **Looking ahead: Nathalie s'est trompée . . .** Reflexive verbs are introduced in Lesson 19.

■ **Looking ahead: Je l'ai écrite . . .** Agreement of past participle with a preceding direct object is presented in Lesson 15.

■ **Avez-vous compris?**
1. Ce n'est pas Nathalie. C'est une dame très élégante. C'est la tante de Nathalie. Elle est surprise de voir Paul et David chez elle.
2. La troisième surprise est qu'ils ne sont pas au sixième étage.
3. Elle a préparé le repas pour des amis qui viennent passer la journée à Paris.

 Cultural background

The typical Parisian apartment buildings, dating to the late 19th and early 20th centuries, usually have seven floors. The ground floor (**le rez-de-chaussée**) often houses shops. The next five floors (**le premier étage au cinquième étage**) have apartments.

The top floor (**le sixième étage**) originally contained maids' rooms, one for each of the apartments in the building. Most of these have now been converted to student rooms or small studios.

Quatrième et dernière surprise

Paul et David sont montés à l'étage supérieur. Ils ont sonné
à l'appartement de Nathalie. Celle-ci a ouvert la porte.

PAUL: Bonjour! Nathalie?

Nathalie a l'air étonnée.

NATHALIE: Oui, c'est moi. Et vous, vous êtes . . . ?

PAUL: Je suis Paul. Et voici mon copain David.

NATHALIE: Ah, enchantée! Quelle bonne surprise!

Paul, à son tour, est très étonné de l'air surpris de Nathalie.

PAUL: Euh . . . nous nous excusons de° . . .

NATHALIE: Ne vous excusez pas. Je suis très contente
de vous voir. Vous avez de la chance car°
j'avais l'intention d'aller au cinéma
cet après-midi.

PAUL: Au cinéma? Et l'invitation à déjeuner?

NATHALIE: Quel déjeuner? . . . Ah, oui. J'espère que
vous n'avez pas changé d'avis. Je compte
absolument sur vous mardi prochain.

DAVID: Comment? Ce n'est pas pour aujourd'hui?

PAUL: Tu as dit «mardi huit». Nous sommes bien le 8 juillet
aujourd'hui!

NATHALIE: Non, j'ai dit «mardi en huit». C'est différent. «Mardi en huit»
signifie le mardi de la semaine prochaine. Mais au fait,
vous avez probablement faim. Malheureusement,
je n'ai rien préparé. Ah, si, attendez. J'ai un gâteau au chocolat.
Je vais le chercher.°

DAVID: Euh, non merci. Pas aujourd'hui.

NATHALIE: Comment? Vous n'aimez pas le gâteau au chocolat?

DAVID: Si, mais . . .

Mots utiles

supérieur(e)	higher
étonné(e)	astonished, surprised
changer d'avis	to change one's mind
signifier	to mean

Avez-vous compris?

1. Qui habite à l'étage supérieur?
2. Quelle est la quatrième surprise de Paul et de David et la cause de leur erreur?
3. Pourquoi est-ce qu'ils ne veulent pas manger le gâteau de Nathalie?

nous nous excusons de *we're sorry to*   **car = parce que**   **Je vais le chercher.** *I'll go get it.*

◼ Avez-vous compris?

1. Nathalie habite à l'étage supérieur.
2. Nathalie a invité les garçons pour la semaine prochaine. «Mardi en huit» signifie le mardi de la semaine prochaine.
3. Ils ont déjà trop mangé.

L'ART DE LA LECTURE

By now you know that there is not always a word-for-word correspondence between French and English. For example, the French say **je m'appelle . . .** *(I call myself . . .),* whereas Americans normally say *my name is . . .* However, you can frequently guess what a French phrase means, even though in English you would express it differently.

For example, in the story you have just read, when Nathalie's aunt enters the apartment, **elle a l'air très surprise** (word-for-word: *"she has the air very surprised"*). You know what this description means, even though in normal English you would word it differently, saying: *she looks* (or *seems) very surprised.*

Exercice de lecture

How would you express the following phrases in everyday English? (You may want to go back to the story and see how they are used.)

- **mardi en huit** *("Tuesday in eight")*
- **à bientôt** *("till soon")*
- **être de retour** *("to be of return")*
- **faites comme chez vous** *("do as at your house")*

Cognate pattern: ^ ↔ -s- **un hôpital** ↔ *hospital* **une forêt** ↔ *?* **un poulet rôti** ↔ *?*	**Cognate pattern:** -té ↔ -ty **la réalité** ↔ *reality* **la société** ↔ *?* **l'autorité** ↔ *?*
Cognate pattern: -(vowel) ↔ -te **poli** ↔ *polite* **absolu** ↔ *?* **favori** ↔ *?*	**Cognate pattern:** -eur ↔ -or **une erreur** ↔ *error* **un inspecteur** ↔ *?* **un réfrigérateur** ↔ *?*

Électricité de France International

(189)

Sidebar

■ **Exercice de lecture**
mardi en huit: a week from Tuesday (p. 184)
à bientôt: see you soon (p. 184)
être de retour: to return (p. 185)
faites comme chez vous: make yourself at home (p. 185)

■ **Language note:** For the French, a week (from Tuesday to Tuesday) is considered as eight days: **huit jours.** Therefore, a week from Tuesday is **mardi en huit.**
Similarly, two weeks (from Tuesday to the Tuesday in two weeks) is considered as 15 days: **quinze jours.**

■ **Cognate patterns**
une forêt ↔ *forest*
un poulet rôti ↔ *roast chicken*

absolu ↔ *absolute*
favori ↔ *favorite*

la société ↔ *society*
l'autorité ↔ *authority*

un inspecteur ↔ *inspector*
un réfrigérateur ↔ *refrigerator*

■ **Additional cognate practice**
- une bête, une fête, un mât, un hôte
- séparé, résolu, impoli
- la liberté, la générosité, la publicité
- un professeur, un auteur

Note also: **-eur** ↔ **-er**
- un danseur
- un programmeur

UNITÉ 3 INTERNET PROJECT Have students use the Internet to identify foods and food expressions from various French-speaking parts of the world. Students can use the following keywords with the search engine of their choice: **"la cuisine"; recettes**

Address Book

Use this space to keep track of your favorite websites.

UNITÉ 4 Les loisirs et les spectacles

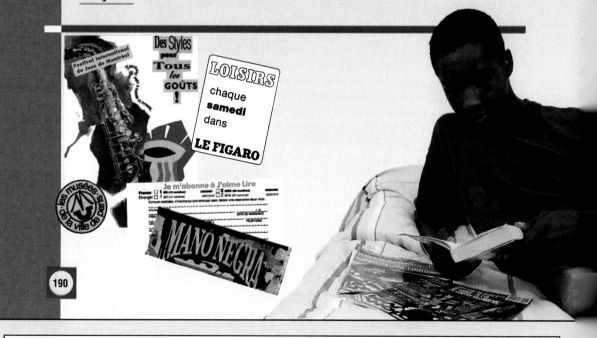

Teaching strategies

Lesson 13 contains entirely new functional vocabulary related to leisure activities. Lessons 14, 15, and 16 of this unit are a review and expansion of the last two lessons (35 and 36) of **Discovering French–Bleu**.

• If the students finished **Discovering French–Bleu** last year, emphasize Lesson 13, then move through the rest of the unit quickly, doing only selected activities and focusing on the EXPANSION material.

• If the students did not finish **Discovering French–Bleu** last year, this entire unit will be new.

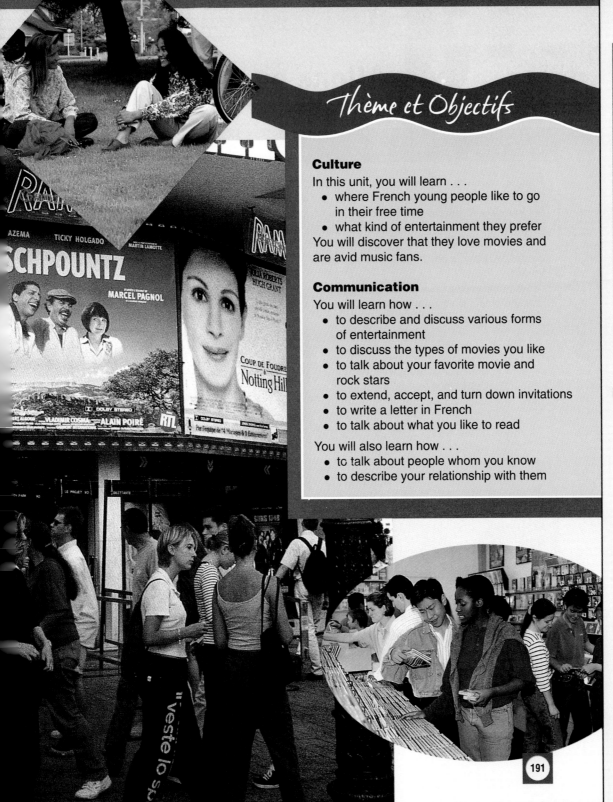

Thème et Objectifs

Culture
In this unit, you will learn . . .
- where French young people like to go in their free time
- what kind of entertainment they prefer

You will discover that they love movies and are avid music fans.

Communication
You will learn how . . .
- to describe and discuss various forms of entertainment
- to discuss the types of movies you like
- to talk about your favorite movie and rock stars
- to extend, accept, and turn down invitations
- to write a letter in French
- to talk about what you like to read

You will also learn how . . .
- to talk about people whom you know
- to describe your relationship with them

Linguistic objectives

REVIEW
- object pronouns: form and position
- **connaître**
- **lire, dire, écrire**

EXPANSION
- object pronouns in infinitive constructions (Lesson 14)
- direct object pronouns in the passé composé (Lesson 15)
- double object pronouns (Lesson 16)
- **savoir** vs. **connaître** (Lesson 16)

■ Realia notes
- Begun in 1971, Montreal's International Jazz Festival involves ten days of continuous concerts at various sites throughout the downtown area. Jazz enthusiasts from many areas come to hear artists of international renown. The advertisement reads: **«Toujours prêts à suivre le rythme.»**

- Two comedies, one French and one American, are shown on the marquee. The first is **Le Schpountz** (1999), directed by Gérard Ourya and starring Smaïn, Sabine Azema, and Ticky Holgado. It is a remake of Marcel Pagnol's film (1938), which is based on one of his stories. The other film is **Coup de Foudre à Notting Hill (Notting Hill** 1999), directed by Roger Michell and starring Julia Roberts and Hugh Grant.

191

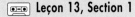 **Leçon 13, Section 1**

■ **Teaching note:** Have students read this cultural introduction twice:
- at the beginning of the unit— quickly for general information
- at the end of the lesson—with greater attention to details

By looking at the pictures, students can discover the meanings of many of the new words.

■ **Cultural notes**
- Le Zénith concert hall is used primarily for variety shows and rock concerts. The Parc de la Villette, located on the site of the old cattle market, is a dynamic new area. It combines science, technology, music, and art all within a park setting.

- In 1969, President Georges Pompidou (1911–1974) initiated a broad program to renovate the Beaubourg quarter, which included the old Les Halles market. The area was converted into a multi-purpose cultural center.

13

LE FRANÇAIS PRATIQUE

LEÇON 13 Allons au spectacle

Aperçu culturel... Le monde des spectacles

Théâtre, musique ou cinéma? Quel spectacle choisir quand on veut sortir? Pour la majorité des Français, le cinéma est de loin le spectacle favori. Les jeunes y vont généralement avec leurs copains le samedi après-midi ou le samedi soir. Leurs films préférés sont les films d'action et les films comiques.

Quand ils ont assez d'argent pour acheter des billets, les jeunes vont aussi au concert. Là, ils peuvent écouter et applaudir leurs chanteurs et leurs groupes favoris.

Les jeunes Français fréquentent les musées assez régulièrement. Ils y vont non seulement pour admirer les oeuvres des grands artistes, mais aussi pour rencontrer leurs copains.

1. Devant le cinéma Le Cézanne. Ces jeunes font la queue pour aller voir un film de Will Smith.

Devant le cinéma Le Cézanne

Devant la Villette

2. La salle de concert de la Villette a une capacité de 6 400 spectateurs. On vient ici pour écouter les grandes vedettes internationales de la chanson et du rock.

En face du Centre Pompidou

3. Sur le parvis, en face du Centre Pompidou, il y a toujours des acrobates, des jongleurs et des musiciens. Ici, le spectacle est gratuit . . .

192 Unité 4

✖ Un jeu: Vrai ou faux?

Read each of the following statements once, and have students mark them **V (vrai)** or **F (faux).** How many got all ten right?

1. Pour la majorité des Français, le théâtre est le spectacle favori. [F]
2. Les jeunes Français aiment les concerts. [V]
3. À la Villette, il y a souvent des concerts de rock. [V]
4. Pour voir les jongleurs au Centre Pompidou, il faut des billets. [F]
5. Les frères Lumière sont les inventeurs français du cinéma. [V]
6. Les jeunes français vont souvent au musée. [V]

4. Un ciné-club. Beaucoup de lycées ont un ciné-club. Là, on peut voir les grands classiques du cinéma français et étranger. Après la présentation du film, il y a généralement une discussion sur ce film.

Un ciné-club

Au Musée du Cinéma

5. Si on s'intéresse à l'histoire du cinéma, on peut visiter le Musée du Cinéma à Paris. Là, on peut voir les premiers appareils de cinéma, le «kinétoscope» d'Edison* et le «cinématographe» des frères Lumière. **

*Thomas Edison (1847-1931), inventeur américain du cinéma.
**Auguste Lumière (1862-1954) et Louis Lumière (1864-1948), inventeurs français du cinéma.

Le Musée d'Orsay

6. Devant le Musée d'Orsay. Ces jeunes attendent leurs copains. Ensuite, ils visiteront le musée.

Gérard Depardieu

■ **Cultural notes**

• The Henri Langlois Cinema Museum is housed in the Palais de Chaillot facing the Eiffel Tower. Through sixty galleries one can trace the history of motion pictures.

• Gérard Depardieu (born in 1948) has starred in *Jean de Florette*, *Cyrano de Bergerac*, and *The Man in the Iron Mask*.

• Julie Delpy (born in 1969) has appeared in *An American Werewolf in Paris*, *Les mille merveilles de l'univers*, and *Los Angeles Without a Map*.

• Jean-Jacques Goldman made his debut on French television in 1981, singing «Il suffira d'un signe». The song became an instant hit and Goldman has maintained his popularity as a French pop star ever since.

7. Grand, costaud, sympathique, Gérard Depardieu est l'acteur préféré des Français. Acteur aux multiples talents, il a joué des rôles très différents dans un grand nombre de films.

Julie Delpy

8. Julie Delpy a commencé sa carrière d'actrice à l'âge de 14 ans. Bilingue, elle joue dans des films français et américains.

Jean-Jacques Goldman

9. Inspiré par les chanteurs américains comme Eddie Cochran et Aretha Franklin, Jean-Jacques Goldman est l'un des représentants du rock français. Ses disques sont souvent en tête du «hit-parade» français.

7. Gérard Depardieu est l'acteur favori des Français. [V]
8. Isabelle Adjani est une actrice canadienne. [F]
9. Jean-Jacques Goldman est un chanteur américain. [F]

■ **Photo culture note:** The Théâtre Élysée Montmartre is a former music hall located on the Boulevard Rochechouart in the Montmartre district of Paris. The facade of the building is in the style of the **Belle Époque.**

La Belle Époque refers to the first years of the twentieth century that preceded World War I. It was a period of peace, characterized by significant advances and productivity in the arts, literature, technology, etc.

■ **Supplementary vocabulary: combien de fois?**
how often? how many times?

■ **If students ask:** Point out the two English equivalents of the expression:

par semaine $\begin{cases} \textit{per week} \\ \textit{a week} \end{cases}$

Supplementary vocabulary

un ballet
  un danseur / une danseuse
une peinture
  un peintre
un tableau
  un(e) artiste
une sculpture
  un sculpteur

📼 **Transparency 35**
Les spectacles

A. Les spectacles

—Tu sors souvent?

Oui, je sors assez souvent.

Je vais au concert | **une fois** *(once)* | **par semaine.**
| **deux fois** *(twice)* | **par mois**
| **trois fois** *(three times)* | **par an**
| **plusieurs fois** |

Tu sors souvent?

Oui, je sors assez so
Je vais au conce
trois fois par ar

On va . . .	pour . . .	
au cinéma (au ciné)	voir	**un film.** **un acteur / une actrice**
au théâtre	voir	**une pièce de théâtre** *(play).*
au concert	entendre	**un orchestre** *(band, orchestra).* **un groupe** **un chanteur/une chanteuse** *(singer)* **une chanson** *(song)*
au musée	voir	**une exposition** *(exhibit).*
au stade	assister à	**un match** *(game).*
	voir	**une équipe** *(team).* **un joueur/une joueuse** *(player)*

 Teaching strategy: Les spectacles

PROP: Transparency 35

Ask questions about the people in the transparency; ask where they are and what they are doing.

Où sont ces jeunes?
Qu'est-ce qu'ils font?

1 Conversation

Demandez à vos camarades qui sont
leurs personnes favorites.
[Attention: **favori** (m.), **favorite** (f.)]

▶ l'acteur

Qui est ton acteur favori?

C'est Kevin Costner.

1. l'actrice
2. la chanteuse
3. le chanteur
4. l'orchestre
5. le groupe
6. la chanson
7. le joueur de basket
8. la joueuse de tennis
9. le joueur de baseball
10. le joueur de football
11. l'équipe de baseball
12. l'équipe de basket

2 Combien de fois?

Décrivez vos loisirs en choisissant un élément de chaque colonne.

Je vais	au cinéma	une fois par semaine
	au théâtre	une ou deux fois par mois
	au concert	une ou deux fois par an
	au musée	plusieurs fois par an
	au stade	pratiquement jamais

stade 2
Ski • Tennis •
Sports d'Equipe •
Equitation
78250 Meulan   05 34 74 53 47

LE PASSEPORT
SPECTACLES
Théâtre • Opéra • Concert •
Danse • Cinéma • Musique
MOINS CHER
S.O.S. SPECTACLES
7 rue Neuve - 69001 LYON
Tél. 04.78.28.83.50

3 Questions personnelles

1. Est-ce qu'il y a un cinéma dans le quartier où tu habites? Comment s'appelle-t-il?
2. Es-tu allé(e) au cinéma récemment *(recently)* ? Où? Quel film est-ce que tu as vu? Quels acteurs et quelles actrices jouent dans ce film? Est-ce qu'ils jouent bien dans ce film? Dans quels autres films est-ce qu'ils ont joué?
3. Est-ce que tu vas souvent au concert? Quel genre de musique est-ce que tu préfères? (le rock? le rap? la musique classique?)
4. Est-ce que tu joues dans un orchestre? dans un groupe musical? Comment s'appelle-t-il?
5. Est-ce qu'il y a un club de théâtre à ton école? Quelle pièce est-ce qu'on a jouée récemment?
6. Est-ce que tu as joué dans une pièce de théâtre ou dans une comédie musicale? Quel rôle?
7. Est-ce que tu joues dans une équipe? Dans quelle sorte d'équipe? (basket? baseball? football?)
8. Est-ce que tu es allé(e) à une exposition récemment? Où? Qu'est-ce que tu as vu?
9. Est-ce qu'il y a un musée dans ta ville ou dans ta région? Comment s'appelle-t-il? Quel genre de musée est-ce? un musée scientifique ou historique? un musée de beaux arts *(fine arts)* ?

1 EXCHANGES: expressing preferences

■ **Teaching note:** Students should use **quel(le)** for items 4, 5, 6, 11, 12. For example:
5. **Quel est ton groupe favori?**

■ **Photo culture note:** File d'attente avec billets = *waiting line (for people) with tickets.* In France, once people have bought their tickets, they get into another line to wait to enter the theater.

2 COMMUNICATION: describing how often one attends certain events

■ **If students ask:** In conversation, one may omit the **ne** with **pratiquement jamais** *(practically never).*

■ **Realia note: Le Passeport spectacles** is a card that gives a reduction on the price of a movie or a play.

3 COMMUNICATION: answering personal questions

Cooperative pair practice Activity 1

Supplementary vocabulary

un **documentaire** *documentary*
un **film d'épouvante** *horror movie*
un **western** /wɛstɛrn/ *western*

Note culturelle

■ **Teaching note:** The **Note culturelle** may be used for reading practice and vocabulary expansion. The vocabulary in heavy print is for recognition only. Students are not responsible for using it actively in exercises.

■ **Cultural note**
Normalement, au cinéma en France il y a une séance à 2, 4, 6, 8, 10 heures, ou à 3, 5, 7, 9 heures.

B. Au cinéma

Quel film est-ce qu'on joue?

On joue «Perdus dans l'espace».

—Quel film est-ce qu'on joue?
  Qu'est-ce qu'on joue?
   On joue «Perdus dans l'espace».

—Quelle **sorte** | de film est-ce?
 Quel **genre** |
   C'est un film d'aventures.

—À quelle heure **commence** | le film?
                              | **la séance**
   Il/Elle commence à huit heures et demie.

—Combien **coûtent** | les billets?
                      | les places
   Ils/Elles coûtent 7 euros.

une sorte: *kind, sort*	
un genre: *type, kind*	

commencer: *to begin*
la séance: *show*

coûter: *to cost*
un billet: *ticket*
une place: *seat*

Quel genre de film est-ce?
C'est ...
  un film d'aventures (action movie)   **une comédie**
  un film policier (detective movie)   **une comédie musicale**
  un film d'horreur
  un film de science-fiction
  un drame psychologique
  un dessin animé (cartoon)

■ NOTE CULTURELLE

Au cinéma en France

Le cinéma est le spectacle préféré des jeunes Français.
   Pour choisir un film, on peut acheter le journal et regarder la liste des films à la page des spectacles. (À Paris on peut acheter *Pariscope* ou *l'Officiel des spectacles* qui donnent tous les spectacles de la semaine.)
   En général, on a le choix entre plusieurs séances. La séance de l'après-midi s'appelle **une matinée.** La séance du soir s'appelle **une soirée.**
   Quand il y a beaucoup de monde, on doit **faire la queue** *(wait, stand in line).* On achète les billets au **guichet** *(ticket window).*

Comprehension activity
Prepare a list of well-known French and American movies (or bring in the film section of your local newspaper).
Read the titles of the films and have the students identify the type of movie

• *La Menace fantôme*
  C'est un film de science-fiction.

• *1,001 Pattes*
  C'est un dessin animé.
• *Frankenstein*
  C'est un film d'horreur.
• *Sept ans au Tibet*
  C'est un film d'aventures.
• *Quatre mariages et un enterrement*
  C'est une comédie.

4 Au cinéma

Ce soir, vous avez décidé d'aller au cinéma. Choisissez un film de la liste. Demandez à un(e) camarade s'il (si elle) veut venir avec vous. Votre partenaire va vous demander des précisions. Composez le dialogue en suivant les instructions et jouez ce dialogue en classe.

VOUS:	Est-ce que tu veux aller au *(name of movie theater)?*
PARTENAIRE:	*Ask what is playing.*
VOUS:	. . .
PARTENAIRE:	*Ask what kind of movie it is.*
VOUS:	. . .
PARTENAIRE:	*Ask what the tickets cost.*
VOUS:	. . .
PARTENAIRE:	*Ask when the movie starts.*
VOUS:	. . .
PARTENAIRE:	*Decide whether you want to go or not and give your reasons why.*

LES FILMS DE LA SEMAINE			
cinéma	**film**	**première séance à**	**prix des billets**
Vox	**LA MENACE FANTÔME**	18 h 30	8€
Majestic	LES PIRATES DE L'ÎLE ROUGE	20h	7€
Palace	**LES EXTRA-TERRESTRES CONTRE-ATTAQUENT**	19 h 30	8€
Gaumont	**VOUS AVEZ UN MESS@GE**	19 h	7€
Studio 25	*LE RETOUR DE DRACULA*	19 h 45	8€

Dans beaucoup de cinémas, on ne peut pas choisir sa place. Une **ouvreuse** *(usherette)* prend votre billet et vous accompagne à votre place. On lui donne **un pourboire** *(tip)*.

La séance commence généralement par des **annonces publicitaires** *(advertising)*, puis par l'annonce des prochains films. Il y a souvent **un court métrage** *(short film)*. Puis le film commence.

Parfois il y a un **entracte** *(intermission)* avant la projection du film. Pendant cet entracte, l'ouvreuse passe dans la salle et vend des glaces et **des bonbons** *(candy)* aux spectateurs.

4 EXCHANGES: talking about going to the movies

Quel film est-ce qu'on (Qu'est-ce qu'on) joue?
Quelle sorte (Quel genre) de film est-ce?
Combien coûtent les billets (les places)?
À quelle heure commence le film?

■ **Questions sur le texte**
1. Quel est le spectacle préféré des jeunes Français?
2. Qu'est-ce qu'on peut regarder pour choisir un film?
3. Comment s'appelle la séance de l'après-midi? et la séance du soir?
4. Où est-ce qu'on va pour acheter les billets?
5. Dans beaucoup de cinémas, que fait l'ouvreuse?
6. Que fait l'ouvreuse pendant l'entracte?

■ **Cultural notes**
• *Pariscope* and *l'Officiel des spectacles* are weekly Paris publications that give information on movies, theater events, and museum shows as well as selected restaurant listings.
• In a movie theater, one usually gives the **ouvreuse** a couple of francs as a tip.

Portfolio assessment

You will probably choose only one oral and one written activity to go into the students' portfolios for Unit 4. The following activities are good portfolio topics:

ORAL: Activity 4
Activity 6 (page 199)

Cooperative pair practice
Activity 4

🔲 **Leçon 13, Section 2**

EXCHANGES: inviting friends
5 to go out

📋 **Transparency 36**
Qu'est-ce qu'on fait?

■ **Cultural note:**
Born in Paris to Spanish parents,
Manu Chao is a solo artist who
writes music and sings in several
languages, including French,
Spanish, and English. For several
years, he traveled through Latin
America and Western Africa and
recorded local music with a portable
studio. His lyrics talk about the state
of the world, immigrants, and the
fight for life. His latest album is
Clandestino (1998).

■ **Cultural note:** Paul Cézanne
(1839–1906), an Impressionist
painter, used strokes of bright
colors to emphasize the contour of
his simplified shapes and figures.
A permanent Cézanne exhibit is
located on the upper level of the
Musée d'Orsay next to the Café
des Hauteurs.

C. Les invitations

Comment inviter quelqu'un:

—Dis, Jérôme, est-ce que tu es **libre** samedi?

  Oui, je suis libre.

  Non, | je ne suis pas libre.
       | je suis **occupé(e)**

libre: *free*

occupé: *busy*

—Est-ce que tu veux | sortir | avec moi?
             | dîner |
             | aller au cinéma |

5 **Invitations**
Créez des dialogues où vous invitez des copains aux spectacles suivants.

▶ samedi   1. dimanche   2. lundi soir   3. mardi soir   4. mercredi après

Monsieur Zèbre le Rex   **Les aventures des Cybernautes** le Cyrano   **Roméo et Juliette** le Théâtre Français   **CONCERT DE MANU CHAO** L'OLYMPIA   *Exposition Cézann* le Musée d'Ors

198   Unité 4

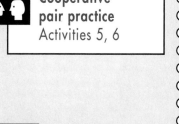

**Cooperative
pair practice**
Activities 5, 6

Situations

Read aloud the following situations and
ask students to respond.

1. Pierre veut inviter Suzanne au ciné
samedi soir. Qu'est-ce qu'il demande?

2. Marc veut savoir si Cécile a des projets
pour le weekend. Qu'est-ce qu'il
demande?

3. Monique invite Thomas au Café Sélect,
mais il a rendez-vous avec une autre
copine. Comment est-ce qu'il répond?

4. Michelle invite Christine à la
discothèque. Christine adore danser
mais elle a trop de devoirs ce soir.
Comment est-ce qu'elle répond?

▶ *Comment accepter l'invitation:*

D'accord.
Oui, bien sûr.
Oui, je veux bien.
Volontiers!
Avec plaisir!

d'accord: *OK, all right*

volontiers: *Sure! I'd love to!*
le plaisir: *pleasure*

▶ *Comment refuser poliment l'invitation:*

Je regrette.
Je suis désolé(e).
Je voudrais bien ... *(I would like to)*
Je te remercie ... *(I thank you)*

mais ... | je ne peux pas.
| j'ai d'autres **projets**
| je n'ai pas **le temps**
| je dois travailler

regretter: *to be sorry*
désolé: *very sorry*

un projet: *plan*
le temps: *time*

Rex.

D'accord.

lors,
amedi!

demain   6. ??

CH de
BALL
ce-
e
arc
Princes

⑥ Situations —————

Avec vos camarades, composez des dialogues
correspondant aux situations suivantes.
Jouez ces dialogues en classe.

1. Isabelle téléphone à Jean-Paul.
   Elle propose d'aller à un concert de rock.
   Jean-Paul demande quand.
   Isabelle répond samedi.
   Jean-Paul accepte.

Isabelle

Jean-Paul

2. Christophe veut sortir avec Juliette.
   Elle n'est pas libre samedi, mais
   elle est libre dimanche.
   Christophe invite Juliette dans
   un restaurant japonais.
   Elle accepte l'invitation.

Christophe et Juliette

3. Marc propose à Sandrine d'aller
   au cinéma lundi et au théâtre jeudi.
   Sandrine n'aime pas tellement Marc.
   Elle refuse les deux invitations
   en inventant des excuses différentes.

Marc et Sandrine

If students ask: Point out the
difference between **heure, temps,**
and **fois.**

- **l'heure** *time (on a clock)*
  Vous avez l'heure?
  Do you have the time (of day)?

- **le temps** *(an amount of) time*
  Vous avez le temps?
  *Do you have the time (to do
  something)?*

- **la fois** *time, occasion*
  **Je suis allé(e) trois fois au
  cinéma.**
  I went to the movies three times.

ROLE PLAY: extending,
accepting, and refusing
⑥ invitations

Sample answers:
(1)
I: Allô, Jean-Paul? C'est Isabelle.
   Est-ce que tu veux aller au
   concert de rock avec moi?
JP: Quand?
I: Samedi.
JP: Volontiers!
(2)
C: Dis, Juliette, est-ce que tu veux
   sortir avec moi samedi?
J: Je regrette, Christophe, mais
   je suis occupée. Mais je suis
   libre dimanche.
C: Tu veux aller dans un
   restaurant japonais?
J: Oui, avec plaisir!
(3)
M: Sandrine, est-ce que tu veux
   aller au cinéma lundi
   avec moi?
S: Je regrette, mais je dois
   travailler.
M: Alors, est-ce tu veux aller au
   théâtre jeudi?
S: Je te remercie, mais j'ai
   d'autres projets.
M: Ah, je suis désolé. Au revoir,
   Sandrine.
S: Au revoir, Marc.

OBJECTIVES
• Reading authentic realia
• Reading for information

■ Au concert en France
1. Un concert
2. Lauryn Hill
   Elle est américaine.
3. au Zénith
4. le 23 octobre
5. à 20 h 30
6. On peut téléphoner au numéro
   01.47.42.25.49.

Classroom Notes

Au Jour Le Jour

Au concert en France

1. Quel spectacle est annoncé
   sur cette affiche?
2. Comment s'appelle la chanteuse?
   Est-ce que tu la connais?
   De quelle nationalité est-elle?
3. Où a lieu *(takes place)*
   le concert?
4. Quel jour a lieu le concert?
5. À quelle heure est la séance?
6. Comment est-ce qu'on peut
   réserver les billets?

■ If students ask:
33T = disque en 33 tours
K7 = cassette [ka - sept] audio

Quelques grands succès du cinéma

Voici les titres français et les titres anglais de dix grands classiques du cinéma. Ces titres ne sont pas placés dans le même ordre. Pouvez-vous faire correspondre les titres français et les titres anglais de ces films?

○ ○ ○ ○ ○ ○ **CINÉMA REX** ○ ○ ○ ○ ○ ○

1. Autant en emporte le vent	a. Star Wars
2. Le magicien d'Oz	b. Schindler's List
3. Le Roi lion	c. The Lion King
4. La guerre des étoiles	d. Indiana Jones and the Temple of Doom
5. Les aventuriers de l'Arche Perdue	e. The English Patient
6. Il faut sauver le soldat Ryan	f. Gone with the Wind
7. La liste de Schindler	g. Raiders of the Lost Ark
8. Le Patient anglais	h. Saving Private Ryan
9. L'empire contre-attaque	i. The Wizard of Oz
10. Indiana Jones et le temple maudit	j. The Empire Strikes Back

Discussion

Choisissez l'un de ces films et discutez de ce film avec vos camarades. Voici quelques questions que vous pouvez poser:

- Quelle sorte de film est-ce?
- Qui sont les acteurs principaux?
- Où as-tu vu ce film? (au cinéma? à la télévision? sur vidéocassette?)
- Quand as-tu vu ce film?
- Est-ce que tu as aimé ce film? Pourquoi ou pourquoi pas?

Un jeu

En groupe, choisissez l'un des films de la liste ou un film que vous avez vu récemment. Composez un petit paragraphe où vous décrivez ce film. Le porte-parole (spokesperson) du groupe va lire la description au reste de la classe qui va essayer de deviner (try to guess) le nom du film.

▶ *C'est un film américain assez ancien. C'est un film historique qui a lieu pendant la guerre civile américaine. On assiste au siège d'Atlanta. L'acteur principal est Clark Gable. Il joue le rôle de Rhett Butler, un homme riche. L'actrice principale est Vivien Leigh. Elle joue le rôle de Scarlett O'Hara.*

LE NOM DU FILM:
«AUTANT EN EMPORTE LE VENT».

■ Quelques grands succès du cinéma
1-f
2-i
3-c
4-a
5-g
6-h
7-b
8-e
9-j
10-d

Un jeu: Au cinéma Rex

Have students number their papers from 1 to 10. At a given signal (e.g., **À vos marques, prêts, partez!**), have them match the English titles at the top of the page with their French equivalents by writing the corresponding letter next to the appropriate number.

The first student to finish with the correct answers is the winner.

MODULE 4-A
Un petit service

Total time: 2:11 min.
(Counter: 25:00–27:11 min.)

Disc 1, Side 2
19 to 3959

▭▭ Leçon 14, Section 1

■ **Cultural note:** Remind students of the euro conversion formula presented on p. T147.

■ **Looking ahead:** Agreement of object pronouns with past participles is presented in Lesson 15.

---

14 *Vidéo-scène*

LEÇON 14

Un petit service

Ce weekend, il y a
un grand concert à Annecy.
Pierre voudrait bien aller
au concert avec Armelle,
mais il a un problème.
Il n'a pas assez d'argent
pour acheter les billets.
Heureusement,
Pierre a une ressource:
son frère Jérôme.

Pierre est à la maison. Il lit
des bandes dessinées.

Jérôme arrive. Pierre est très content
de voir son frère.

Tiens, Jérôme! Quelle
bonne surprise! Ça va?

Oui, ça va,
ça va.

Dis, dis, dis,
Jérôme . . .

Oui?

Est-ce que je peux te demander
un petit service? Est-ce que tu peux
me prêter de l'argent?

Te prêter de l'argent?
Non, mais dis donc, tu exagères!
Je t'ai prêté cent francs la semaine dernière . . .
. . . que tu ne m'as pas rendus!

cent francs = *approximately quinze euros*

202   Unité 4

👥 **Personalization**

Ask students whether their siblings ever
help them out when they need money.
**Est-ce que ton frère ou ta soeur
te prête de l'argent?**
**Est-ce que tu prêtes de l'argent
à tes amis?**

Pierre s'excuse.

Euh . . . oui, excuse-moi . . .

Mais il insiste un peu . . .

Alors, vraiment, tu ne peux pas m'aider?

Non!

Bon, et puis d'abord, est-ce que tu peux me dire pourquoi tu as besoin d'argent?

Ah ça, c'est bien toi! . . . Bon! Tu veux combien?

Euh . . . c'est que je voudrais inviter ma copine Armelle au concert de Mano Negra . . . Et . . . je suis fauché!

Oh . . . , tu peux me prêter deux cents francs?

D'abord, Jérôme refuse . . .

Ah non! C'est trop!

Ouais, ouais, ouais j'ai compris . . . Merci, Jérôme! T'es vraiment super!

Bon, ben alors, prête-moi cent francs. . . . S'il te plaît!

Tiens, voilà . . . Et écoute-moi bien . . . C'est la <u>dernière</u> fois que je te prête de l'argent! T'as compris? . . .

Maintenant, Pierre peut inviter Armelle au concert. Il est très heureux!

à suivre . . .

deux cents francs = *approximately* trente euros

Compréhension

1. Quel est le problème de Pierre?
2. Qu'est-ce qu'il demande à Jérôme?
3. Combien d'argent est-ce que Jérôme a prêté à Pierre la semaine dernière?
4. Combien d'argent est-ce que Pierre veut aujourd'hui?
5. Combien d'argent est-ce que Jérôme lui donne?

■ **Casual speech**
fauché *broke*
ben alors *well . . .*
ouais *yeah*
In spoken French, **tu es** and **tu as** are frequently elided to **t'es** and **t'as.**

■ **Cultural note:** *Mano negra* was an internationally known pop music group whose members were of French, Hispanic, and North African origin. They sang in many languages, but not in English.

COMPREHENSION

1. Il veut aller au concert avec Armelle, mais il n'a pas assez d'argent pour les billets.
2. Il demande à Jérôme de lui prêter de l'argent.
3. Il a prêté 100 F à Pierre la semaine dernière.
4. Il veut 200 F.
5. Il lui donne 100 F.

🔊 **Leçon 14, Section 2**

↺ **Review:** pronouns me, te, nous, vous

■ **Looking ahead:** The pronouns **me, te, nous, vous** are introduced first because they are so frequent in conversation. Students can become familiar with their forms and position without concerning themselves with the distinction between direct and indirect objects.
(Third person pronouns are introduced in Lessons 15 and 16.)

■ **Pronunciation:** There is liaison after **nous** and **vous** when the verb begins with a vowel sound.

A. Les pronoms compléments: *me, te, nous, vous*

The words in heavy type are called OBJECT PRONOUNS.
Note the form and position of these pronouns in the sentences below.

—Tu **me** parles?	*Are you talking **to me**?*
—Oui, je **te** parle!	*Yes, I'm talking **to you**!*
—Tu **nous** invites au concert?	*Are you inviting **us** to the concert?*
—Oui, je **vous** invite.	*Yes, I'm inviting **you**.*

FORMS

The object pronouns that correspond to **je, tu, nous,** and **vous** are:

je tu	**me (m')** **te (t')**	*me, to me* *you, to you*	Éric **me** téléphone. Anne **te** parle.	Il **m'**invite. Elle **t'**écoute aussi.
nous vous	**nous** **vous**	*us, to us* *you, to you*	Tu **nous** téléphones. Je **vous** parle.	Tu **nous** invites. Je **vous** écoute.

➡ **Me** and **te** become **m'** and **t'** before a VOWEL SOUND.

POSITION

In French, object pronouns come IMMEDIATELY BEFORE the verb.

AFFIRMATIVE	NEGATIVE
Je **te** téléphone ce soir.	Je ne **te** téléphone pas demain.
Tu **nous** invites au cinéma.	Tu ne **nous** invites pas au concert.

TPR **Avez-vous compris?**

Have students indicate which object pronoun they hear by using gestures.
For example:
  me: point to self
  te: point to a classmate
  nous: point to everyone
  vous: point to the teacher

Prepare sentences like the following:
Jacques est actif!
  Il te présente à ses copains.
  Il nous amène à la plage.
  Il vous rend visite le samedi.
  Il m'aide souvent.
Suzanne est généreuse.
  Elle nous prête ses livres., etc.

1 Conversation

Demandez à vos camarades s'ils vont faire les choses suivantes pour vous. Ils vont accepter.

▶ inviter au ciné?
—Tu m'invites au ciné, d'accord?
—D'accord, je t'invite au ciné.

1. inviter au concert?
2. téléphoner ce soir?
3. aider à faire le problème de maths?
4. passer tes notes de français?
5. attendre après la classe?
6. amener au musée?
7. rendre visite ce weekend?
8. apporter un sandwich?

2 Mes amis et moi

Choisissez trois personnes de la liste et dites ce qu'elles font ou ce qu'elles ne font pas pour vous. Pour cela, utilisez les verbes suggérés dans des phrases de votre choix. Utilisez aussi votre imagination!

- mon frère
- ma soeur
- mon copain
- ma copine
- mes voisins
- mes cousins
- mes professeurs
- mon chien
- mon chat

aimer
écouter
obéir *(to obey)*
téléphoner
comprendre
parler
inviter
rendre visite

▶ **Mon chien m'aime mais il ne m'obéit pas.**
▶ **Ma copine me téléphone tous les jours après le dîner.**

Vocabulaire: Rapports et services personnels

présenter . . . à	to introduce . . . to	Je **présente** mon copain **à mes parents.**
apporter . . . à	to bring . . . to	Tu **apportes** un cadeau *(gift)* **à ta mère.**
donner . . . à	to give . . . to	Éric **donne** son adresse **à Pauline.**
montrer . . . à	to show . . . to	Nous **montrons** nos photos **à nos amis.**
prêter . . . à	to lend, loan . . . to	Anne **prête** son vélo **à Valérie.**
rendre . . . à	to give back . . . to	Je **rends** le dictionnaire **au prof.**

> Je rends le dictionnaire au prof.

3 Pas de problème!

Les personnes soulignées ont besoin de certaines choses. Heureusement, elles ont des amis qui les aident. Expliquez cela d'après le modèle. Faites des phrases en utilisant le pronom qui correspond à la personne soulignée.

▶ Tu as soif. (Cécile / apporter de la limonade)
Pas de problème! Cécile t'apporte de la limonade.

1. Nous avons faim. (Marc / apporter des sandwichs)
2. Vous organisez une soirée. (Céline / prêter ses cassettes)
3. Je ne comprends pas la leçon. (Pauline / montrer ses notes)
4. Tu veux prendre une photo. (Nicolas / prêter son appareil-photo)
5. Je veux téléphoner à Sophie. (Sa cousine / donner son numéro de téléphone)
6. Nous allons à Paris. (Thomas / donner l'adresse de son copain français)
7. Vous voulez étudier. (Philippe / rendre vos livres)
8. Tu veux faire une promenade à la campagne. (Vincent / rendre ton vélo)
9. Tu veux rencontrer de nouveaux copains. (Sophie / présenter à ses amis)

Leçon 14 **205**

---

1 EXCHANGES: asking favors

■ **Variation** (in the plural with nous/vous):
— **Tu nous invites au ciné, d'accord?**
— **D'accord, je vous invite au ciné.**

■ **Variation** (in the negative):
De mauvaise humeur
— **Tu m'invites au ciné, d'accord?**
— **Mais non, je ne t'invite pas au ciné!**

2 COMMUNICATION: making personal statements

▷ **Vocabulaire**

Transparency 37
Rapports et services personnels

■ **Photo culture note:** The girl is holding a Petit Larousse dictionary. Larousse is a large publisher of French dictionaries and other reference works.

Language note: Remind students that **rendre** is conjugated like **vendre.**
Je rends les livres à la bibliothèque.
J'ai rendu l'appareil-photo à Paul.

3 DESCRIPTION: describing services

Teaching strategy: Rapports et services personnels

PROP: Transparency 37

Use the transparency to activate the new vocabulary by asking questions.
For example:
Qui montre des photos à ses amis?
Qu'est-ce que Bernard montre à ses amis?
Est-ce que Bernard me montre ses photos?

Cooperative pair practice
Activity 1

4 ROLE PLAY: borrowing things

5 COMPREHENSION: asking favors

Sample answers:
1. apporte-moi
2. donne-moi
3. rends-moi
4. montre-moi
5. prête-moi
6. prête-moi
7. montre-moi
8. donne-moi

B. Les pronoms *me, te, nous, vous* à l'impératif

Look at the following commands. Compare the position and form of the object pronouns.

AFFIRMATIVE	NEGATIVE
Téléphone-**moi** ce soir.	Ne **me** téléphone pas après onze heures.
Invite-**moi** au concert.	Ne **m'**invite pas au théâtre.
Apportez-**nous** une pizza.	Ne **nous** apportez pas de sandwichs.

In AFFIRMATIVE commands, the object pronoun comes AFTER the verb and is attached with a hyphen.
➡ Note: **me** becomes **moi**.

In NEGATIVE commands, the object pronoun comes BEFORE the verb.

4 Emprunts *(Borrowing things)*
Demandez à vos camarades de vous prêter certaines choses et expliquez pourquoi.

▶ *S'il te plaît, prête-moi __ton vélo__.*
Pourquoi?

Je voudrais __aller à la campagne__.
Bon, d'accord. Voilà mon vélo.

1. tes cassettes faire une boum	4. 4 euros acheter un magazine
2. ta batte jouer au baseball	5. 8 euros aller au cinéma
3. ton livre étudier	6. 20 euros acheter un cadeau pour l'anniversaire d'un copain

5 S'il te plaît
Vous êtes dans les situations suivantes. Demandez à vos camarades de faire certaines choses pour vous. Utilisez les verbes de la liste.

> donner   montrer   prêter   rendre   apporter

▶ J'ai soif.
. . . un verre d'eau.
S'il te plaît, apporte-moi (donne-moi) un verre d'eau.

1. J'ai faim.
. . . un sandwich.
2. Je voudrais téléphoner à Marc.
. . . son numéro de téléphone.
3. Je voudrais étudier ce soir.
. . . mon livre de français.
4. Je vais acheter de la limonade.
. . . où est le supermarché.
5. Je n'ai pas d'argent.
. . . dix euros.
6. Je voudrais organiser une boum.
. . . ta radiocassette.
7. Je dois prendre le train.
. . . où est la gare.
8. Je voudrais aller chez ta cousine.
. . . son adresse.

Cooperative pair practice
Activities 4, 6, 7

☀ **Warm-up activity**
PROP: Transparencies 28, 29 (Le petit déjeuner, le déjeuner et le dîner)

Ask students to point out various items on the transparency.
Montre-moi le jus d'orange.
Montre-nous le sel., etc.

6 Un voyage à Québec

Vous faites un voyage à Québec.
Demandez certains services
aux personnes suivantes.

▶ au garçon de café
- apporter un sandwich

> S'il vous plaît, monsieur,
> apportez-moi un sandwich.

1. au chauffeur de taxi
   - aider avec les bagages
   - montrer la ville
   - amener à mon hôtel

2. au réceptionniste de l'hôtel
   - montrer ma chambre
   - prêter un plan *(map)* de Québec
   - donner l'adresse d'un bon restaurant

3. au garçon de café
   - montrer le menu
   - donner de l'eau
   - apporter une glace

4. à la serveuse du restaurant
   - apporter le menu
   - montrer les spécialités
   - donner l'addition *(check)*

7 Non, merci!

Proposez à vos camarades de faire certaines choses pour eux. Ils vont refuser et donner
une explication.

▶ téléphoner ce soir?
   —Je te téléphone ce soir?
   —Non, ne me téléphone pas
   ce soir.
   Je vais aller au théâtre.
   (Je dîne chez mes cousins.)

1. inviter demain soir?
2. attendre après la classe?
3. rendre visite ce weekend?
4. prêter mes cassettes?
5. inviter ce weekend?
6. apporter un sandwich?

EXPLICATIONS
Je ne suis pas chez moi.
Je n'ai pas faim.
Je dois étudier.
Je n'ai pas de walkman.
Je vais aller au théâtre.
Je dîne chez mes cousins.
Je dois aller chez le dentiste.

■ **Variation** (with **nous**):
S'il vous plaît, apportez-nous un
sandwich (des sandwichs).

■ **Photo culture notes**
- (Modèle) The **Château
  Frontenac** (1893) is a luxury
  hotel perched high above the
  St. Lawrence River on Cape
  Diamond. The hotel's turreted
  outline lends a medieval flavor
  to the skyline of Quebec City.
  Because of its historical
  importance, UNESCO has
  designated Old Quebec a world
  heritage treasure (**un joyau du
  patrimoine mondial**).
- (1) The **Rue du Trésor** between
  the two buildings in the background is a narrow pedestrian
  alley where local artists display
  their paintings. To the left of the
  walkway is a wax museum (**le
  Musée de Cire**).
- (3) The terrace of La Petite
  Table restaurant sits down the
  hill from the Château Frontenac.
  Horsedrawn carriages
  (**calèches**) line up behind tourist
  buses to take visitors on rides
  through Old Quebec, Parliament Hill, and the Plains of
  Abraham.

7 ROLE PLAY: turning down offers of services

■ **Teaching note:** You can
practice shorter dialogues first by
omitting the reasons.

■ **Teaching note:** Remind
students to use **pas de** in item 6:
pas de sandwich

⑧ ROLE PLAY: borrowing things

1. ton vélo
2. tes cassettes
3. ton appareil-photo
4. ta radio
5. ton livre
6. ton walkman
7. tes chaussures

■ **Variation** (with pouvoir):
— **Est-ce que tu peux me prêter ta raquette?**
— **Bien sûr, je peux te prêter ma raquette.**
(Excuse-moi, mais je ne peux pas te prêter ma raquette.)

⑨ ROLE PLAY: making and refusing requests

C. Les pronoms compléments à l'infinitif

The sentences below contain infinitive constructions. Note the position of the object pronouns.

—Tu vas **m'inviter** au concert?
—Bien sûr, je vais **t'inviter.**

*Are you going **to invite me** to the concert?*
*Of course I'm going to **invite you.***

—Tu peux **nous prêter** 20 euros?
—Non, je ne peux pas **vous prêter** 20 euros.

*Can you **lend us** 20 euros?*
*No, I cannot **lend you** 20 euros.*

In an infinitive construction, the object pronoun comes immediately BEFORE the infinitive.

SUBJECT AND VERB +	OBJECT PRONOUN	+ INFINITIVE . . .
Je vais	**te**	téléphoner demain.
Je ne peux pas	**vous**	inviter dimanche.

⑧ **Prête-moi . . .**

Demandez à vos copains de vous prêter les choses suivantes. Ils vont accepter ou refuser.

(Non, je ne vais pas te prêter ma raquette.)

S'il te plaît, prête-moi ta raquette.

D'accord, je vais te prêter ma raquette.

⑨ **Désolé!**

Demandez à votre camarade de faire certaines choses pour vous. Votre camarade ne peut pas les faire et va vous donner une raison pour son refus.

▶ prêter 100 francs
  —Dis, prête-moi 20 euros, s'il te plaît.
  —Désolé(e), mais je ne peux pas te prêter 20 euros.
  —Ah bon? Pourquoi?
  —Je n'ai pas d'argent.

1. inviter ce weekend
2. donner l'adresse de Pauline
3. amener au concert
4. montrer tes photos
5. acheter un sandwich
6. aider à faire le problème de maths

RAISONS
Je n'ai pas mon album.
Je n'ai pas d'argent.
Je vais aller à la campagne.
Je n'ai pas compris.
Je suis fauché(e) *(broke)*.
Je ne sais pas où elle habite.
Je n'ai pas de voiture.

Cooperative pair practice
Activities 8, 9

À votre tour!

1 Échanges

Negotiate an exchange of services or favors with a classmate. Continue the dialogue until you both agree to a fair trade-off. You may want to use verbs like **inviter, donner, prêter, acheter, vendre,** and **aider.**

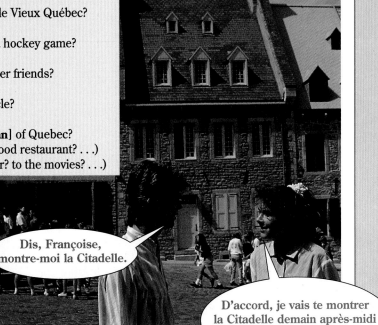

> Dis, Tom, invite-moi au ciné!

> D'accord, je t'invite au ciné si tu m'invites au restaurant après.

> Écoute, je ne peux pas t'inviter au restaurant, mais je peux t'acheter une glace.

> Bon, d'accord.

2 À Québec

You are visiting your friend who lives in Quebec. Since this is your first time there, you ask your friend to do a few things for you. (You may use the suggestions in parentheses or think of something else.) Your friend will accept and tell you when he / she is going to do these things.

Ask your partner to do at least three of the following things:

- to show you . . . (la Citadelle? le Vieux Québec? his/her school? . . .)
- to take (**amener**) you . . . (to a hockey game? to a concert? . . .)
- to introduce you . . . (to his/her friends? to his/her cousins? . . .)
- to lend you . . . (his/her bicycle? his/her camera? . . .)
- to give you . . . (a map [**un plan**] of Quebec? the address [**l'adresse**] of a good restaurant? . . .)
- to invite you . . . (to the theater? to the movies? . . .)

> Dis, Françoise, montre-moi la Citadelle.

> D'accord, je vais te montrer la Citadelle demain après-midi (samedi matin, dimanche . . .).

À votre tour!

1 GUIDED CONVERSATION: negotiating for favors

2 GUIDED CONVERSATION: asking for tourist information

■ **Cultural note:** Following the defeat of the French on September 12, 1759, the British built the Citadelle to protect Quebec City from further attacks. Visitors to the Citadelle may witness the changing of the guard (**la relève de la garde**) by the Royal 22nd Regiment.

■ **Photo culture note:** La Place Royale, at the foot of Cape Diamond near the St. Lawrence River, is the site where Samuel de Champlain established his first **habitation** in 1608. More than twenty buildings around the square have been restored since the Quebec government declared the area a special zone in the 1960s. The house in the background is **la maison Dumont** (1689).

📁 Portfolio assessment

You will probably choose only one oral and one written activity to go into the students' portfolios for Unit 4. The following activities are good portfolio topics:

ORAL: Activities 1, 2

Lecture

OBJECTIVES
- Reading for pleasure
- Developing logical thinking

Voici trois lettres adressées à Lucile. Les réponses de Lucile sont sur la page de droite. Attention, les réponses ne sont pas dans le même ordre que les lettres. Est-ce que vous pouvez faire correspondre chaque lettre avec la réponse de Lucile?

Chère Lucile,

Chère Lucile,

J'ai 16 ans. J'ai des parents généreux, des amis sympathiques . . . et pourtant° je suis malheureux. Voici mon problème: je suis amoureux d'°une jeune fille très timide. En classe, elle me regarde tout le temps, mais elle ne me parle jamais. Et pourtant, je suis sûr qu'elle me trouve sympathique.

Qu'est-ce que je dois faire? Est-ce que vous pouvez m'aider?

Désespéré

pourtant *however* **amoureux de** *in love with*

Classroom Notes

Chère Lucile,

J'ai un copain. Il s'appelle Christian et il est très sympa. Il dit qu'il m'aime . . . Le problème est que j'ai une rivale. Non, ce n'est pas une autre fille. C'est la moto de Christian. Le weekend, il passe plus de temps° avec elle qu'avec moi. Qu'est-ce que je peux faire contre une Kawasaki? Répondez-moi vite, s'il vous plaît.

Désolée

plus de temps *more time*

Chère

Chère Lucile,

Ce weekend, je dois sortir avec un garçon qui m'a offert° une bouteille° de parfum très cher pour mon anniversaire. Le problème est que je déteste ce parfum. Quand je le mets, je suis toujours malade. Je ne veux pas offenser mon ami, mais il m'est impossible de mettre son parfum. Qu'est-ce que vous me conseillez de faire?

Allergique

a offert *gave* **bouteille** *bottle*

Mots utiles

une lettre
un problème
une réponse *answer*
un conseil *advice*
conseiller *to advise*

 Pre-reading activity

Draw a picture of a heart on the board and label the picture:
   un coeur
Point to the letters in the text:
   le courrier
Ask students if they can guess the meaning of **le courrier du coeur.**

Ask students if they read "advice to the lovelorn" columns in English. Who gives the best advice?
Est-ce que vous lisez régulièrement le courrier du coeur en anglais?
Qui donne les meilleurs conseils?

Solution: Le courrier du coeur
- Chère Désolée,
  Vous avez tort . . .
- Cher Désespéré,
  Qui est le plus timide? . . .
- Chère Allergique,
  Soyez honnête . . .

Chère Désolée,   **Chère Allergique,**   **Cher Désespéré,**

Vous avez tort d'être jalouse. Bien sûr, votre rivale a des séductions mécaniques que vous n'avez pas. Mais elle ne peut pas parler ni° penser et surtout elle ne peut pas aimer. Votre problème est que vous avez peur de monter à moto . . . et vous avez raison!

Lucile

ni *or*

Soyez honnête avec vous-même. Votre véritable allergie n'est pas le parfum. C'est le garçon qui vous a offert ce parfum. Êtes-vous sûre de vos sentiments envers lui?

Lucile

Qui est le plus timide? Votre amie ou vous? Si vous êtes vraiment amoureux d'elle, faites le premier pas.

Lucile

Comment écrire à un ami français:
- En principe ne tapez pas votre lettre à la machine à écrire, ni sur un ordinateur. Utilisez un stylo. C'est plus personnel!
- Mettez la date en haut et à droite de la page.
- Commencez votre lettre avec le nom de votre ami(e):
  Cher Paul,
  Chère Nathalie,
  Si vous connaissez très bien cette personne, vous pouvez écrire:
  Mon cher Paul,
  Ma chère Nathalie,
- Écrivez votre lettre.
- Terminez votre lettre par l'une des formules suivantes:
  Je t'embrasse,
  Je t'embrasse affectueusement,
  Bien à toi,
  Amicalement,
  ou plus simplement:
  Ton ami(e)
- Signez lisiblement.

(211)

Observation activity: Have students reread the letters, finding examples of the object pronouns **me** and **vous**.

Writing project
- Have students write their names and addresses on a slip of paper and put all the slips in a box.
- Each student draws the name of a classmate, writes that person a postcard in French, and sends it in the U.S. mail.
- The recipient reads the card and then turns it in to the teacher for credit.

Portfolio assessment: The postcards may be placed in each student's portfolio.

Post-reading activities

- Have the students work in pairs or small groups and decide which of Lucile's answers they like. Why or why not?
- [optional challenge activity] Have the groups each compose a short **Chère Lucile** letter of their own, adapting sentences from the book. Then have each group pass their letter on to the next group, which will compose a short answer.

MODULE 4-B
Dans une boutique de disques

Total time: 2:04 min.
(Counter: 27:13–29:17 min.)

VIDEODISC   Disc 1, Side 2
3997 to 7734

▭▭ **Leçon 15, Section 1**

■ **Cultural note:**
- Remind students that France officially changed its currency system on January 1, 1999. 100 francs equals approximately 15 euros.
- *Mano negra* was an internationally known pop music group whose members were of French, Hispanic, and North African origin.

---

15 Vidéo-scène

LEÇON 15

Dans une boutique de disques

Dans l'épisode précédent, Pierre a emprunté cent francs à son frère Jérôme. Avec cet argent, il a acheté deux billets pour le concert de Mano Negra.

Cet après-midi, Pierre et Armelle sont allés au concert.

Après le concert, ils sont allés dans un magasin de disques pour acheter le dernier compact de ce groupe.

Dans le magasin, Armelle parle à l'employé. Pendant ce temps, Pierre écoute de la musique.

> Pardon, monsieur. Est-ce que vous avez le dernier CD de Mano negra?

> Je regrette, mais nous ne l'avons plus. Nous avons vendu le dernier ce matin. Mais nous avons d'autres CDs de ce groupe . . . Tenez, vous connaissez ce compact?

> Non, je ne le connais pas . . .

212   Unité 4

cent francs = *approximately* quinze euros

🌐 Cross-cultural observation

In the United States, many more people are shopping online. Do a survey in your class to see how many students purchase music this way. Afterwards, go online to see if you can find any information about this trend in France. Is it becoming more popular there also? If you have a French penpal or e-pal, ask him/her if French teenagers are going online more often to buy their music.

Armelle écoute le compact. Puis elle demande à Pierre son opinion.

Armelle paie le compact. Elle demande à Pierre s'il veut venir l'écouter chez elle.

Pierre et Armelle sortent du magasin. Les deux amis vont chez Armelle.

à suivre . . .

Compréhension

1. Que font Pierre et Armelle après le concert?
2. Qu'est-ce qu'Armelle veut acheter?
3. Pourquoi est-ce qu'elle ne peut pas l'acheter?
4. Qu'est-ce que l'employé lui propose?
5. Est-ce qu'elle achète le compact?
6. Qu'est-ce qu'elle propose à Pierre?

Leçon 15 213

COMPREHENSION

1. Ils vont dans un magasin de disques.
2. Elle veut acheter le dernier CD de Mano negra.
3. Le magasin a vendu le dernier CD ce matin.
4. Le vendeur lui propose un autre CD de ce groupe.
5. Oui, elle l'achète.
6. Elle lui propose d'aller écouter le CD chez elle.

Leçon 15, Section 2

↺ **Review:** present and passé composé of **connaître**

★ **New material:** faire la connaissance de, reconnaître

■ **Teaching note:** Point out that the circumflex is used only when the next letter is a "**t.**" It replaces an "**s**" which has been dropped.

■ **Looking ahead:** The verbs **connaître** and **savoir** are contrasted in Lesson 16.

■■ **French connection:**
connaître → *connoisseur* (one who has expert *knowledge* and keen discrimination in some field)
reconnaître → *reconnaissance* (an exploratory survey or examination to *recognize* enemy positions, installations, etc.)

A. Le verbe *connaître*

Note the forms of the irregular verb **connaître** *(to know)*.

INFINITIVE	**connaître**	
PRESENT	Je **connais** Philippe. Tu **connais** sa soeur. Il/Elle/On **connaît** les voisins.	Nous **connaissons** Québec. Vous **connaissez** cet hôtel. Ils/Elles **connaissent** ce café.
PASSÉ COMPOSÉ	J'**ai connu** Paul l'été dernier.	

➡ **Connaître** means *to know* in the sense of *to be acquainted* or *familiar with*. It is used primarily with PEOPLE and PLACES.

➡ In the passé composé, **connaître** means *to meet for the first time*.
    Où **as-tu connu** François?   *Where **did you meet** François?*

➡ Note also the expression **faire la connaissance de** *(to meet, to get to know)*.
    Où **as-tu fait la connaissance de** François?

➡ The verb **reconnaître** *(to recognize)* is conjugated like **connaître.**
    Je n'**ai** pas **reconnu** ta cousine.

☀ **Warm-up: Map work**

PROP: Transparency 2b (L'Afrique, l'Europe, l'Asie)

Ask students if they are familiar with the cities you point out.
– **X, est-ce que tu connais Montréal?**
– **Oui, je connais Montréal.**

– **Y, est-ce que X connaît Montréal?**
– **Oui, [elle] connaît Montréal.**
– **Et toi, est-ce que tu connais Montréal?**
– **Non, je ne connais pas Montréal.,** etc.

1 Dix ans après

Les élèves du Lycée Paul Valéry
reviennent à leur école dix ans après.
Dites quelles personnes et quelles
choses chacun reconnaît.

▶ Paul / Isabelle
Paul reconnaît Isabelle.

1. Florence / ses copains
2. nous / le prof d'anglais
3. vous / la directrice *(principal)*
4. moi / la bibliothèque
5. toi / le gymnase
6. mes copains / la cantine

2 Tu connais?

Demandez à vos camarades
s'ils connaissent les personnes
ou les choses suivantes.

▶ Tu connais
ce monument?

Oui, c'est
la Statue de la Liberté.

*(Non, je ne connais pas
ce monument.)*

le monument

1. la ville

2. la cathédrale

3. la personne

4. le drapeau

5. le drapeau

6. le chanteur

7. la chanteuse

---

1 DESCRIPTION: describing what
people recognize

■ **Photo culture note:** Paul
Valéry (1871–1945), French poet
and essayist, was a member of the
Académie française.

2 EXCHANGES: talking about
familiar people and places

1. C'est Paris.
2. C'est Notre Dame.
3. C'est Astérix.
4. C'est le drapeau français.
5. C'est le drapeau canadien.
6. C'est Will Smith.
7. C'est Alanis Morrissette.

■ **Expansion:**
- Est-ce que tes parents connaissent
  ce monument?
- Mais oui, ils connaissent ce
  monument. C'est la statue de la
  Liberté.
- Non, ils ne connaissent pas ce
  monument.

Classroom Notes

**Cooperative
pair practice**
Activity 2

🔊 **Leçon 15, Section 2**

🔄 **Review:** pronouns le, la, les

■ **Pronunciation:** There is liaison after **les** when the following verb begins with a vowel sound.
– Où sont **les** billets?
– Je **les** ai.

■ **Teaching note:** At this level, you may prefer to teach the pronouns **le/la/les** primarily for recognition. If so, do only two or three exercises in this section.

PRACTICE: answering questions using object pronouns

3

1. les
2. l'
3. l'
4. les
5. la
6. le
7. l'
8. les
9. l'
10. la

B. Les pronoms compléments *le, la, les*

In each of the questions below, the noun in heavy type comes directly after the verb. It is the DIRECT OBJECT of the verb. Note the form and position of the DIRECT OBJECT PRONOUNS that are used to replace them.

Tu connais **Patrick?**	Oui, je **le** connais.	*Yes, I know **him**.*
Tu vois souvent **Anne?**	Oui, je **la** vois souvent.	*Yes, I see **her** often.*
Tu connais **mes copains?**	Oui, je **les** connais bien.	*Yes, I know **them** well.*
Tu invites **tes copines?**	Oui, je **les** invite.	*Yes, I invite **them**.*

FORMS

Direct object pronouns have the following forms:

	SINGULAR	PLURAL			
MASCULINE	**le (l')** *him, it*	**les** *them*	Je **le** connais.	Je **l'**aime.	Je **les** invite.
FEMININE	**la (l')** *her, it*		Je **la** connais.	Je **l'**aime.	Je **les** invite.

➡ Note that **le** and **la** become **l'** before a vowel sound.

The direct object pronouns **le, la, l',** and **les** can refer to PEOPLE and THINGS.

Tu vois **Hélène?**   Oui, je **la** vois.   *Yes, I see **her**.*

Tu vois **cette affiche?**   Oui, je **la** vois.   *Yes, I see **it**.*

3 **Le bon choix**

Complétez les réponses aux questions suivantes. Pour cela, remplacez les noms soulignés par les pronoms **le, la, l' ou les**.

▶ Tu connais Cécile?   **Oui, je <u>la</u> connais. C'est ma voisine.**

1. Tu connais Pierre et Alain?   Oui, je . . . connais. Ce sont des copains.
2. Tu invites Sylvie?   Oui, je . . . invite. C'est une bonne copine.
3. Tu aides ta mère?   Oui, je . . . aide. Elle a beaucoup de travail.
4. Tu écoutes ces chanteurs?   Oui, je . . . écoute. Ils sont excellents.
5. Tu connais cette comédie?   Oui, je . . . connais. Elle est très drôle.
6. Tu regardes le film?   Oui, je . . . regarde. Il est amusant.
7. Tu achètes cette nouvelle cassette?   Oui, je . . . achète. Elle n'est pas trop chère.
8. Tu vends tes disques?   Oui, je . . . vends. J'ai besoin d'argent.
9. Tu attends le bus?   Oui, je . . . attends. Il arrive dans cinq minutes.
10. Tu mets ta veste?   Oui, je . . . mets. Il fait froid!

📓 Teaching strategy: Les pronoms compléments

PROP: Transparency 13 (La famille)

As a warm-up, ask about the family relationships of the people in the transparency.
Comment s'appelle la soeur d'Éric?, etc.
Then ask questions about the people pictured; have students use pronouns in their responses.
Tu connais M. Moreau?
    Oui, je le connais., etc.
Tu invites Éric à la boum?
    Oui, je l'invite., etc.
Tu vas inviter Sandrine aussi?
    Oui, je vais l'inviter., etc.

POSITION

In general, the object pronouns **le, la, l'**, and **les** come BEFORE the verb.

Qui connaît **Éric?**

AFFIRMATIVE	NEGATIVE
Je **le** connais.	Tu ne **le** connais pas.

➡ In AFFIRMATIVE COMMANDS, the pronouns come AFTER the verb and are connected to it by a hyphen. In NEGATIVE COMMANDS, they come BEFORE the verb.

J'invite **Sylvie?**
J'achète **les billets?**

AFFIRMATIVE	NEGATIVE
Oui, invite-**la.**	Non, ne **l'**invite pas.
Oui, achète-**les.**	Non, ne **les** achète pas.

➡ In INFINITIVE constructions, the pronouns come BEFORE the infinitive.

Qui va regarder **le film?**
Tu vas écouter **les cassettes?**

AFFIRMATIVE	NEGATIVE
Je vais **le** regarder.	Marc ne va pas **le** regarder.
Je vais **les** écouter ce soir.	Je ne vais pas **les** écouter maintenant.

➡ The verbs **attendre, écouter,** and **regarder** take direct objects in French, but not in English. Compare:

attendre			
Nous **attendons**		le bus.
We **are waiting**	**for**	the bus.

Nous l'**attendons.**
*We **are waiting for** it.*

écouter			
Béatrice **écoute**		ses amis.
Béatrice **listens**	**to**	her friends.

Elle les **écoute.**
*She **listens to** them.*

regarder			
Pierre **regarde**		Nicole.
Pierre **looks**	**at**	Nicole.

Il la **regarde.**
*He **looks at** her.*

4 **Un pique-nique**

Vous allez à la campagne avec des copains. Décidez si oui ou non vous allez prendre les choses suivantes.

1. ton frisbee
2. ta radiocassette
3. tes cassettes
4. ta raquette de tennis
5. ton vélo
6. tes livres
7. ton walkman
8. ton blazer

▶ ton appareil-photo?

> **Tu prends ton appareil-photo?**

> **Oui, je le prends.**

↺ Re-entry and review

The following common verbs take a <u>direct object</u> in French:

PEOPLE
aider	*to help*
amener	*to bring*
inviter	*to invite*

PEOPLE & THINGS
aimer	*to like, love*
attendre	*to wait for*
chercher	*to look for*
connaître	*to know*
écouter	*to listen to*
regarder	*to look at, watch*
voir	*to see*

THINGS
acheter	*to buy*
apporter	*to bring*
avoir	*to have*
choisir	*to choose*
finir	*to finish*
mettre	*to put, to wear*
prendre	*to take*
vendre	*to sell*

Sidebar

■ **Language note:** Point out (or let students discover) that the position for **le, la, les** is the same as for **me, te, nous, vous.**

■ **Supplementary vocabulary:** You may want to introduce the construction **le voici (voilà):**
– Où sont les billets?
– Ah, **les voilà.**

4 EXCHANGES: deciding what to take along

■ **Variation** (with **apporter**):
– Tu apportes ton appareil-photo?
– Oui, je l'apporte. (Non, je ne l'apporte pas.)

■ **Pronunciation:** **blazer** /blazœr/

Cooperative pair practice Activity 4

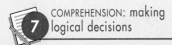
■ **Cultural note:** Inaugurated in 1986, the **Cité des Sciences et de l'Industrie** presents ongoing scientific and industrial displays for both learning and fun. The **Cité** is the largest structure inside the **Parc de la Villette.**

5 **Conversation**

Demandez à vos camarades s'ils font les choses suivantes. Ils vont répondre en utilisant un pronom.

▶ regarder souvent la télé?
—Est-ce que tu regardes souvent la télé?
—Oui, je la regarde souvent.
(Non, je ne la regarde pas souvent.)

1. regarder les matchs de foot à la télé?
2. écouter tes cassettes?
3. inviter souvent ton copain chez toi?
4. aider ta mère à la maison?
5. connaître bien tes voisins?
6. étudier tes leçons le dimanche?
7. voir souvent tes cousins?
8. voir tes grands-parents le weekend?
9. aimer les films d'aventures?
10. aimer la musique rock?

6 **À Paris**

Vous êtes à Paris avec des copains. Vous décidez de faire les choses suivantes.

▶ visiter le Musée d'Orsay?

On visite le Musée d'Orsay?

Oui, visitons-le!

1. visiter la Cité des Sciences?
2. prendre le métro?
3. acheter le plan (map) de Paris?
4. acheter ces affiches?
5. visiter cette église?
6. inviter nos copains français?

7 **Décisions**

Dites à vos copains de faire ou de ne pas faire certaines choses suivant la situation.

▶ Catherine est sympathique. (inviter?)
—Alors, invite-la!
▶ Thomas et Patrick sont pénibles. (inviter?)
—Alors, ne les invite pas!

1. Ces chemises sont de bonne qualité. (acheter?)
2. Cette veste est trop chère. (acheter?)
3. Cette comédie est stupide. (regarder?)
4. Ce film est intéressant. (regarder?)
5. Nathalie est une bonne copine. (inviter?)
6. Jérôme est snob. (inviter?)
7. Isabelle est toujours en retard. (attendre?)
8. Éric va venir dans dix minutes. (attendre?)

8 **Pas maintenant!**

Jean-Paul demande à sa copine Christine quand elle va faire certaines choses. Jouez les deux rôles.

▶ visiter le Musée d'Orsay? (samedi après-midi)

1. voir l'Exposition Matisse? (dimanche)
2. voir le nouveau film de Will Smith? (vendredi soir)
3. écouter la nouvelle cassette de Céline Dion? (ce soir)
4. acheter les billets pour le concert? (demain)
5. rencontrer ton cousin Philippe? (la semaine prochaine)
6. inviter tes copains? (le weekend prochain)

Quand est-ce que tu vas visiter le Musée d'Orsay?

Je vais le visiter samedi après-midi.

Relay race

Select five different objects and gather two of each set (e.g., classroom items, plastic fruits).

Divide the class into two teams and seat each team in a circle. Give the five items to Student 1 (S1) of each team. The winner is the first team to pass all the items around the circle.

S2: **Donne-moi le cahier, s'il te plaît.**
S1: (passing notebook to S2): **Le voilà.**
S2: **Merci.**
S3: **Donne-moi le cahier, s'il te plaît.**
S2: (passing notebook to S3): **Le voilà.**
S3: **Merci.** (and so on around the circle)
(Meanwhile, S2 asks for the next object)
S2 (to S1): **Donne-moi les stylos, . . .**

C. Les compléments d'objet direct au passé composé

The sentences below are in the PASSÉ COMPOSÉ. Note the position of the DIRECT OBJECT PRONOUNS in the sentences on the right. Note also the forms of the PAST PARTICIPLE.

As-tu invité **Marc?**	Oui, je **l'**ai **invité.**
As-tu invité **Juliette?**	Non, je ne **l'**ai pas **invitée.**
As-tu invité **tes cousins?**	Non, je ne **les** ai pas **invités.**
As-tu invité **tes amies?**	Oui, je **les** ai **invitées.**

In the passé composé, the direct object pronoun comes immediately BEFORE the verb **avoir**.

Voici Paul.
    AFFIRMATIVE   NEGATIVE
    Je **l'**ai **invité.**   Je ne **l'**ai pas invité.

In the passé composé, the past participle AGREES with a DIRECT OBJECT, if that direct object comes BEFORE the verb. Compare:

NO AGREEMENT (direct object follows the verb)	AGREEMENT (direct object comes before the verb)
Marc a **vu** Nicole et Sylvie?	Oui, il **les** a **vu** **es**.
Éric n'a pas **apporté** sa guitare?	Non, il ne **l'** a pas **apporté** **e**.

➡ When the past participle ends in **-é**, **-i**, or **-u**, the masculine and feminine forms SOUND THE SAME.

➡ When the past participle ends in **-s** or **-t**, the feminine forms SOUND DIFFERENT from the masculine forms.

| (mon vélo) | Je l'ai **pris.** | Je l'ai **mis** dans le garage. |
| (ma guitare) | Je l'ai **prise.** | Je l'ai **mise** dans ma chambre. |

---

9 Hier soir

Demandez à vos camarades s'ils ont fait les choses suivantes hier soir.

▶ regarder la télé?
—Tu as regardé la télé?
—Oui, je l'ai regardée.
(Non, je ne l'ai pas regardée.)

1. écouter la radio?
2. écouter tes cassettes?
3. aider tes parents?
4. ranger ta chambre?
5. apprendre la leçon de français?
6. faire la vaisselle?
7. faire tes devoirs?
8. mettre la télé?
9. faire ton lit?
10. mettre la table?

10 Chaque chose à sa place

Demandez à vos camarades où ils ont mis certaines choses.

▶ ta bicyclette (au garage)
—Où as-tu mis ta bicyclette?
—Je l'ai mise au garage.

1. la glace (au réfrigérateur)
2. les assiettes (dans la cuisine)
3. la limonade (sur la table)
4. le programme de télé (au salon)
5. les livres (sur le bureau)
6. l'argent (à la banque)

Leçon 15 **219**

Section C

COMMUNICATIVE FUNCTION: Talking about people and things in the past

▭ Leçon 15, Section 2

★ **New material:** agreement of past participle with object pronouns.

Transparency 24 Chez les Durand

■ Ask questions about the transparency; have students answer in the passé composé, using pronouns.
Est-ce qu'ils ont fait les courses? nettoyé la maison? préparé le dîner? mis la table? invité leurs amis? fait la vaisselle?

■ **Language note:** You may wish to point out that there is similar agreement of the past participle with **me, te, nous, vous** when these pronouns are DIRECT objects.
Marc nous a invités.
Claire, je ne t'ai pas vue hier.

9 COMMUNICATION: talking about past activities

■ **Pronunciation:** Be sure students pronounce the final consonants in the following items:
5. /apriz/   8. /miz/
6. /fɛt/   10. /miz/

10 ROLE PLAY: talking about where things have been placed

■ **Pronunciation:** Be sure students pronounce the final consonant /miz/ in items 1, 2, 3.

■ **Variation** (with commands):
– Où est-ce que je mets ta bicyclette?
– Mets-la au garage.

Teaching note: Agreement of past participle

The agreement of the past participle is a difficult concept even for native speakers of French.

Consequently, at this level, it is more important to focus on the correct forms and placement of the object pronouns.

You may want to wait until the students are comfortable with the word order before you draw their attention to the agreement of the past participle.

▷ Vocabulaire

★ **New material: laisser, garder, oublier**

▓ **Teaching note:** You may wish to present the proverb **Qui cherche, trouve** (Whoever seeks, finds).

🖳 **Transparency 38**
Les gens et les choses

11 COMPREHENSION: describing past activities
___

1. Non, il l'a laissée à la maison.
2. Non, il les a oubliés dans l'autobus.
3. Non, il les a oubliées dans le magasin.
4. Non, il ne l'a pas cherché.
5. Non, il ne les a pas gardés.
6. Non, il l'a perdu.
7. Non, il ne les a pas trouvés.
8. Non, il ne les a pas cherchées.

___

À votre tour!

___

1 WRITTEN SELF-EXPRESSION: describing a relationship

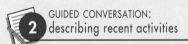
2 GUIDED CONVERSATION: describing recent activities

📁 **Portfolio assessment:** You will probably choose only one oral and one written activity to go into the students' portfolios for Unit 4. The following activities are good portfolio topics:
ORAL/WRITTEN: Activity 2
WRITTEN: Activity 1

___

Cooperative pair practice
Activity 11

Vocabulaire: Quelques verbes

chercher	*to look for*	J'**ai cherché** mes cassettes.
trouver	*to find*	Mais je ne les **ai** pas **trouvées**.
laisser	*to leave*	J'**ai laissé** mon vélo dans le garage.
garder	*to keep*	Est-ce que tu **as gardé** les magazines?
oublier	*to forget*	J'espère que tu n'**as** pas **oublié** le rendez-vous.

11 Jean Pertout

Jean Pertout n'a jamais rien. Expliquez pourquoi il n'a pas les choses suivantes dans des phrases affirmatives ou négatives. Soyez logique!

▶ Il a le journal? (trouver)　　　▶ Il a les billets? (perdre)
　Non, il ne l'a pas trouvé.　　　**Non, il les a perdus.**

1. Il a sa raquette? (laisser à la maison)　　5. Il a les magazines? (garder)
2. Il a ses livres? (oublier dans l'autobus)　　6. Il a son appareil-photo? (perdre)
3. Il a ses cassettes? (oublier dans le magasin)　　7. Il a les billets de cinéma? (trouver)
4. Il a le programme de télé? (chercher)　　8. Il a les invitations? (chercher)

À votre tour!

1 Décrivez vos relations avec votre meilleur(e) ami(e). Pour cela, composez un petit paragraphe de cinq à six phrases, en utilisant votre ordinateur si vous voulez. Vous pouvez utiliser le présent ou le passé composé des verbes suivants:

> **connaître / voir / écouter**
> **comprendre / inviter**
> **trouver / aider**
> **retrouver**

▶ *Ma meilleure amie s'appelle Linda. Je la connais depuis six ans. Je la vois tous les weekends.*

2 Quelques activités récentes

Faites une liste de quatre choses que vous avez faites récemment. Par exemple:

- voir (quel film? quelle pièce de théâtre?)
- regarder (quel programme de télé? quel match sportif?)
- écouter (quelle cassette? quel concert?)
- visiter (quel endroit?)
- rencontrer (qui?)

Puis demandez à vos camarades s'ils ont fait les mêmes choses. En cas de réponse affirmative, continuez la conversation en demandant des détails.

▶ *J'ai vu "H...*
1.

Récemment j'ai vu «Hamlet». Et toi, tu l'as vu?

Oui, je l'ai vu.

Ah bon. Quand?

Je l'ai vu samedi dernier avec un copain.

220 Unité 4

👥 Supplementary conversation

Distribute the following guidelines and have students prepare the conversation in pairs.

Your partner often talks about his/her new French friend Florence. Ask your partner . . .
- when he/she met Florence

- where he/she met her
- if he/she sees her often
- if he/she saw her last weekend
- if he/she invites her often
- if he/she invited her to his/her birthday party (**une fête d'anniversaire**)
- if he/she is going to bring her to school one day

LECTURE — Au jardin du Luxembourg*

Alain fait une promenade au jardin du Luxembourg. Sur un banc il y a une jeune fille. Elle est jolie. Alain ne la connaît pas, mais il voudrait bien faire sa connaissance. Oui, mais comment?

Alain a une idée. Il s'approche de la jeune fille et commence une conversation.

ALAIN: Tiens, quelle bonne surprise! Ça va?
LA FILLE: Oui, ça va! Mais . . . je ne vous connais pas!
ALAIN: Comment, vous ne me connaissez pas? C'est moi, Alain.
LA FILLE: Vous êtes peut-être Alain, mais je ne vous connais pas.
ALAIN: Mais si, mais si . . . Je vous ai rencontrée cet été en Angleterre. Vous vous souvenez° bien maintenant!
LA FILLE: J'ai passé mes vacances en Italie.
ALAIN: Tiens, c'est bizarre . . . Pourtant,° j'ai une excellente mémoire . . . Où donc° est-ce que je vous ai rencontrée? Ah, oui! Je vous ai rencontrée chez ma cousine, Laure Blanchet! Vous la connaissez bien?
LA FILLE: Non, je ne la connais pas.
ALAIN: Bon, ça n'a pas d'importance. Est-ce que je peux vous inviter à prendre quelque chose dans un café?
LA FILLE: Non, merci! Et ce jeune homme qui vient là-bas . . . vous le reconnaissez, n'est-ce pas?

Alain regarde dans la direction indiquée par la jeune fille. Il voit un jeune homme grand et athlétique.

ALAIN: Non, je ne le reconnais pas.
LA FILLE: C'est mon copain!
ALAIN: Ah bon, euh . . . je vois . . . Eh bien, au revoir!

*A park in Paris that is popular with students.

vous vous souvenez you remember **Pourtant** And yet **Où donc** So where

Vrai ou faux?

1. Alain a rencontré la jeune fille en Angleterre.
2. La jeune fille a rencontré Alain chez Laure Blanchet.
3. Alain veut faire la connaissance de la jeune fille.
4. La jeune fille veut faire la connaissance d'Alain.

Lecture

OBJECTIVE
• Reading for pleasure

■ **Language note**: Have the students notice the use of **vous**: an expression of politeness and an indication that the two young people are not school friends.

Observation activities
1. Have students reread the scene, finding examples of object pronouns used:
(a) with verbs in the present tense,
(b) with verbs in the passé composé.
2. Have students read the scene aloud, identifying the conversational fillers: **tiens, pourtant, où donc, bon, euh, je vois, eh bien.** Encourage students to use such fillers in their own conversations.
3. Note the use of **mais si** to contradict a negative statement.

Post-reading activity: Have students in pairs create and act out similar dialogues in which one person (either a boy or a girl) tries to strike up a conversation with someone they do not know. Have them use the formal **vous.**

■ **Vrai ou faux?**
1. faux
2. faux
3. vrai
4. faux

Pre-reading activity

Have students look at the picture.
• Ask the boys how they would go about starting up a conversation with the girl if they were Alain.
Imaginez que vous êtes Alain. Qu'est-ce que vous allez dire à la jeune fille?

• Ask the girls how they would respond to someone like Alain.
Imaginez que vous êtes la jeune fille. Comment est-ce que vous allez répondre?

Leçon 16

MAIN TOPIC:

Talking about others

MODULE 4-C
La voisine d'en bas

Total time: 2:00 min.
(Counter: 29:19–31:19 min.)

VIDEODISC Disc 1, Side 2
7769 to 11378

▭▭ **Leçon 16, Section 1**

■ **Photo culture note:** Have students compare the arrangement of numbers and the corresponding letters on the keypads of French and American telephones. Point out that the letters "O" and "Q" appear on the "zero" key on French phones:

1	2	3
	ABC	DEF
4	5	6
GHI	JKL	MN
7	8	9
PRS	TUV	WXY
*	0	#
	OQZ	

Maintenant les deux amis sont chez Armelle. Armelle met le compact qu'elle a acheté.

Dans l'épisode précédent,
Armelle a acheté
un nouveau compact.
Armelle a proposé à Pierre
d'écouter ce compact chez elle.
Pierre a accepté l'invitation
d'Armelle.

Armelle voudrait danser, mais Pierre ne semble pas très intéressé.

Soudain, le téléphone sonne.

Drrrring!

Armelle répond.

Qui est-ce qui t'a téléphoné?

C'est le voisin d'en haut.

222 Unité 4

Compréhension
1. Où se passe la scène?
2. Qui téléphone d'abord? Pourquoi?
3. Qui téléphone ensuite? Pourquoi?
4. Qu'est-ce qu'Armelle propose
   à sa voisine?

FIN

Leçon 16 223

COMPRÉHENSION

1. La scène se passe chez Armelle.
2. Le voisin d'en haut téléphone d'abord. Il lui demande de baisser le volume.
3. La voisine d'en bas lui demande d'augmenter le volume parce que c'est son groupe favori.
4. Elle l'invite à écouter la musique chez elle.

The verbs **dire** *(to say, tell)*, **lire** *(to read)*, and **écrire** *(to write)* are irregular. Note the forms of these three verbs.

INFINITIVE	**dire**	**lire**	**écrire**
PRESENT	je **dis** tu **dis** il/elle/on **dit** nous **disons** vous **dites** ils/elles **disent**	je **lis** tu **lis** il/elle/on **lit** nous **lisons** vous **lisez** ils/elles **lisent**	j' **écris** tu **écris** il/elle/on **écrit** nous **écrivons** vous **écrivez** ils/elles **écrivent**
PASSÉ COMPOSÉ	j'ai **dit**	j'ai **lu**	j'ai **écrit**

➡ The verb **décrire** *(to describe)* is conjugated like **écrire**.

| Que (qu') is often used after **dire** and similar verbs to introduce a clause. In English, the equivalent *that* is often left out. In French, **que** must be used.

　Pierre dit **que** le film est génial.　　*Pierre says **(that)** the movie is great.*
　Je pense **qu'**il a raison.　　*I think **(that)** he's right.*

1 **Après le film**

Des copains sont allés au cinéma. Maintenant ils parlent du film.
Décrivez ce que chacun dit.

▶ Pauline / le film est bon　　**Pauline dit que le film est bon.**

1. nous / nous avons aimé le film
2. toi / le film est mauvais
3. moi / les acteurs jouent bien
4. Sophie / elle n'aime pas l'actrice principale
5. Frédéric et Marc / le film est trop long
6. vous / les billets sont trop chers

Vocabulaire: On lit, on écrit, on dit

On lit
des bandes dessinées.

On lit ...

un journal	paper, newspaper	des bandes dessinées	comics
(pl. journaux)		une histoire	story, history
un magazine	magazine	une revue	magazine
un roman	novel		

On écrit ...

un journal	diary, journal	une carte	card
un poème	poem	une carte postale	postcard
		une lettre	letter

On dit ...

un mensonge	lie	la vérité	truth

➡ The French have two words that mean *to tell.*

dire	*to tell or say (something)*	**Dites**-nous la vérité.
raconter	*to tell or narrate (a story)*	**Racontez**-nous une histoire.

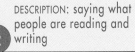

2 À la bibliothèque

Les étudiants suivants sont à la bibliothèque. Dites ce que chacun lit et ce que chacun écrit.

▸ Jérôme (un magazine / une lettre) **Jérôme lit un magazine. Après, il écrit une lettre.**

1. nous (un magazine de sport / des lettres)
2. Antoine (un livre d'histoire / des notes)
3. Françoise et Adèle (un article scientifique / un poème)
4. toi (une lettre / une carte postale à Jacques)
5. vous (un livre de français / un résumé [*summary*])
6. moi (une carte postale / une lettre à Sylvie)

3 Questions personnelles

1. Quels journaux et quels magazines est-ce que tu lis?
2. Est-ce que tu lis les bandes dessinées? Quelle est ta bande dessinée favorite?
3. En général, est-ce que tu aimes lire? Est-ce que tu as lu un bon livre récemment? Comment s'appelle ce livre?
4. Est-ce que tu as lu un roman cet été? Quel roman?
5. En classe, est-ce que tu écris avec un stylo ou avec un crayon? Et quand tu écris une lettre?
6. Quand tu es en vacances, est-ce que tu écris des cartes postales? À qui est-ce que tu as écrit l'été dernier?
7. Est-ce que tu as écrit une lettre récemment? À qui as-tu écrit?
8. Est-ce que tu dis toujours la vérité? D'après toi, est-ce que les journalistes disent toujours la vérité? Et les hommes et les femmes politiques? Quand est-ce qu'ils disent des mensonges?

Leçon 16 225

▷ **Vocabulaire**

Transparency 39
On lit, on écrit, on dit

■ **Photo culture note:** The French young people are reading an Astérix comic book. This popular series featuring **Astérix le Gaulois** has been published in many different languages, including English.

2 DESCRIPTION: saying what people are reading and writing

■ **Variation** (in the passé composé):
Jérôme a lu un magazine.
Après, il a écrit une lettre.

3 COMMUNICATION: answering personal questions

■ **Photo culture note:** Just as many French bakeries are in fact a combination **boulangerie/pâtisserie**, booksellers and stationers have expanded their product lines to form a **librairie/papeterie.** Traditionally, the **librairie** sells only books and some magazines while the **papeterie** carries stationery supplies. A store that specializes in magazines and newspapers is called **une Maison de la Presse.**

Listening activity

PROPS: Blue and red index cards; Transparency 39

As you identify the items on the transparency, have students listen for the gender. If the item is masculine, have them raise the blue card. If it is feminine, have them raise the red card.

For example:
Voici un journal. [blue]
Aimez-vous ce magazine? [blue]
Montrez-moi la carte postale. [red]

🔊 **Leçon 16, Section 2**

🔄 **Review:** pronouns **lui, leur**

📇 **Transparency 37**
Rapports et services
personnels

■ **Language note:** **Lui** and **leur** sometimes correspond to *for him/her, for them.*
(à ma mère)
  Je lui achète un cadeau.
  I buy a present for her.
(à mes amis)
  Je leur garde des places.
  I save seats for them.

▷ **Vocabulaire**

■ **Language notes**
• You may want to point out that the verbs in the first group take only an indirect object.
• The verbs in the second group often take both a direct object and an indirect object.
• If students ask, mention that **écrire** and **parler** may take two objects:
  Je parle français au prof.
  J'écris une lettre à mes cousins.

Supplementary vocabulary

Other common verbs which may be used with indirect objects:
apporter . . . à *to bring (to)*
envoyer . . . à *to send (to)*
lire . . . à *to read (to)*

B. Les pronoms compléments *lui, leur*

In the questions below, the nouns in heavy type are INDIRECT OBJECTS. These nouns represent PEOPLE and are introduced by **à**.
Note the form and position of the INDIRECT OBJECT PRONOUNS that are used to replace the indirect objects in the answers.

Tu parles **à Jean-Paul**? Oui, je **lui** parle.
Tu téléphones **à Christine**? Non, je ne **lui** téléphone pas.

Tu écris **à tes copains**? Oui, je **leur** écris.
Tu rends visite **à tes cousines**? Non, je ne **leur** rends pas visite.

FORMS

INDIRECT OBJECT PRONOUNS replace | **à + nouns representing PEOPLE**
They have the following forms:

	SINGULAR	PLURAL	
MASCULINE or FEMININE	**lui** *(to) him, (to) her*	**leur** *(to them)*	Je **lui** parle. Je **leur** parle.

Vocabulaire: Quelques verbes suivis d'un complément indirect

écrire à	to write (to)	J'écris à ma cousine.
parler à	to speak, talk to	Je parle à mon professeur.
rendre visite à	to visit	Nous rendons visite à nos amis.
répondre à	to answer	Les élèves répondent au professeur.
téléphoner à	to phone, call	Stéphanie téléphone à Éric.
acheter . . . à	to buy for	Madame Masson achète un vélo à son fils.
demander . . . à	to ask for	Philippe demande 10 euros à son père.
dire . . . à	to say, tell (to)	Je dis toujours la vérité à mes parents.
donner . . . à	to give (to)	Thomas donne son adresse à un copain.
emprunter . . . à	to borrow from	J'emprunte un livre à mon prof.
montrer . . . à	to show (to)	Je montre mon album de photos à Pauline.
prêter . . . à	to lend, loan (to)	Marc ne prête pas ses cassettes à son frère.

➡ The verbs **téléphoner, répondre,** and **demander** take indirect objects in French, but not in English. Compare:

Je **téléphone**	à	Isabelle.	Je **lui téléphone.**
I am calling		*Isabelle.*	*I am calling her.*

Je téléphone
à Isabelle.

 Teaching strategy: lui, leur

PROP: Transparency 37

Use the pictures on the transparency to review the verbs on p. 205.
a) Recognition questions: **Qui apporte un cadeau à sa mère?** [Michel]
b) Production questions: **Que fait Michel?** [Il apporte un cadeau à sa mère.]

Then use these sentences to introduce or review the concept of indirect object pronouns.
Est-ce que Michel apporte un cadeau à sa mère? [Oui, il lui apporte un cadeau.]

POSITION

The position of **lui** and **leur** is the same as that of the other object pronouns.

	AFFIRMATIVE	NEGATIVE
PRESENT TENSE	Je **lui** parle.	Je ne **lui** parle pas.
IMPERATIVE	Parle-**lui**.	Ne **lui** parle pas.
INFINITIVE CONSTRUCTION	Je vais **lui** parler.	Je ne vais pas **lui** parler.
PASSÉ COMPOSÉ	Je **lui** ai parlé.	Je ne **lui** ai pas parlé.

→ In the passé composé, there is NO AGREEMENT with a preceding indirect object. Compare:

	INDIRECT OBJECT (no agreement)	DIRECT OBJECT (agreement)
Voici **Nathalie**.	Je **lui** ai téléphoné.	Je l'ai invité**e**.
Voici **mes copains**.	Je **leur** ai parlé.	Je **les** ai rencontré**s** dans la rue.

4 Générosité

Dites quelles choses vous prêtez aux personnes suivantes.

▶ Christine veut faire une promenade à la campagne.
Je lui prête mon vélo.

1. Éric et Vincent veulent prendre des photos.
2. Thomas veut jouer au tennis.
3. Catherine veut écrire à son copain.
4. Antoine et Jacques veulent faire un film.
5. Isabelle veut écouter une cassette.
6. Paul et Marc veulent étudier la leçon.

> **ma caméra** *(movie camera)*
> **mon walkman**
> **mes notes**
> **mon appareil-photo**
> **ma raquette de tennis**
> **mon vélo**
> **mon stylo**

5 Questions personnelles

Dans tes réponses, utilise les pronoms **lui** ou **leur**.

1. Le weekend, est-ce que tu rends visite à ton copain? à ta copine?
2. Pendant les vacances, est-ce que tu rends visite à tes cousins? à tes grands-parents?
3. Est-ce que tu écris souvent à tes grands-parents? à quelle occasion?
4. Est-ce que tu demandes des conseils *(advice)* à ta mère? à tes copains? à ton prof?
5. Est-ce que tu donnes des conseils à ton frère? à ta copine?
6. Quand tu as un problème, est-ce que tu parles à tes parents? à ton copain?
7. Est-ce que tu demandes de l'argent à tes parents? Pour quelle(s) raison(s)?
8. Est-ce que tu prêtes tes cassettes à ton frère? à ta soeur? à tes copains?
9. Est-ce que tu empruntes beaucoup de choses à tes copains? Qu'est-ce que tu leur empruntes?

■ **Teaching note:** Be sure students see that **lui** and **leur** come <u>before</u> the verb, except in affirmative commands.

 4 DESCRIPTION: indicating what you are loaning to whom

5 COMMUNICATION: answering personal questions

Classroom Notes

TPR **Indirect objects**

PROPS: Pairs of objects (2 pens, 2 pencils, 2 books, 2 postcards, etc.)

First have various students distribute the objects:
X, prends les deux crayons.
Donne le crayon rouge à Y.
Ne lui donne pas le crayon bleu.
Donne le crayon bleu à Z.

Then ask the class about the actions, using the passé composé.
Est-ce que X a donné le crayon rouge à Y?
Oui, il lui a donné le crayon rouge.
Est-ce qu'il lui a donné le crayon bleu?
Non, il ne lui a pas donné le crayon bleu., etc.

6 Cadeaux

Anne veut savoir ce que Joël va acheter et pour qui. Avec un(e) camarade, jouez les rôles d'Anne et de Joël.

▶ ANNE: **Qu'est-ce que tu achètes à <u>ton père</u> pour <u>son anniversaire</u>?**
JOËL: **Je vais lui acheter <u>une cravate</u>.**
ANNE: **Ah bon, et qu'est-ce que tu lui as acheté l'année dernière?**
JOËL: **Je lui ai acheté une cravate aussi.**
ANNE: **Vraiment? Tu n'as pas beaucoup d'imagination!**

1. ta mère / son anniversaire
   des fleurs
2. tes grands-parents / Noël
   une boîte de chocolats
3. ta copine / sa fête
   une cassette de Céline Dion
4. tes cousins jumeaux *(twin)* / leur anniversaire
   des tee-shirts

7 Entre copains

Dites ce que font les personnes suivantes pour leurs copains en répondant affirmativement aux questions. (Attention: Utilisez un pronom complément d'objet **direct** ou **indirect**.)

▶ Isabelle invite sa copine? ▶ Florence téléphone à Philippe?
Oui, elle l'invite.   **Oui, elle lui téléphone.**

1. Thomas écrit à Stéphanie?
2. Nicolas écoute Caroline?
3. Hélène comprend Patrick?
4. Catherine répond à Olivier?
5. Corinne rend visite à ses copains?
6. Françoise invite Marc au cinéma?
7. Jean-Claude attend Cécile après la classe?
8. Frédéric voit souvent ses cousines?
9. Jérôme dit la vérité à Éric?
10. Alice parle souvent à Jean-Pierre?

8 Décisions

Lisez les situations suivantes et dites ce que vous allez faire pour les personnes en question. Pour cela, utilisez les verbes suggérés et le pronom complément d'objet **direct** ou **indirect** qui convient. Vos phrases peuvent être affirmatives ou négatives.

▶ Un ami est à l'hôpital.
  • rendre visite? **Je lui rends visite. (Je ne lui rends pas visite.)**

1. Il y a un étudiant français à votre école. Cet étudiant ne parle pas anglais.
   • parler français? • présenter à vos copains?
   • inviter? • téléphoner?
2. Vous avez un correspondant *(pen pal)* français qui arrive dans votre ville.
   • attendre à l'aéroport? • inviter chez vous?
   • montrer votre ville? • acheter un cadeau?
3. Vous avez une amie qui est très curieuse . . . et très bavarde *(talkative)*.
   • inviter chez vous? • dire toujours la vérité?
   • montrer vos photos?
4. Il y a une nouvelle élève dans votre classe. Cette fille est très timide.
   • parler? • aider?
   • inviter?
5. Un copain veut emprunter votre cassette favorite. En général, cet ami rend rarement les choses qu'il emprunte.
   • dire oui? • prêter votre cassette?
   • dire non?
6. Votre meilleure copine est en France.
   • écrire? • téléphoner souvent?
   • oublier?

228 Unité 4

Teaching note: Verbs

You may want to have students make up a chart showing which verbs are commonly used with which types of objects.

VERB + DIRECT OBJECT

aider	écouter	prendre
aimer	garder	regarder
amener	inviter	rencontrer
attendre	laisser	trouver
chercher	mettre	vendre
connaître	oublier	voir

C. L'ordre des pronoms

The questions below contain both a DIRECT and an INDIRECT object. Note the sequence of the corresponding pronouns in the answers.

—Tu donnes ta photo à ta copine ?

Oui, je la lui donne. *I give **it to her**.*

—Tu prêtes ton vélo à tes cousins ?

Non, je ne le leur prête pas. *I do not lend **it to them**.*

—Tu montres tes notes à ton copain ?

Oui, je les lui montre. *I show **them to him**.*

When the following object pronouns are used in the same sentence, the order is:

le		
la	before	lui
les		leur

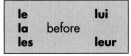

« L'Amérique pour mon amie? Je la lui donne avec Flâneries Américaines »

---

9 Conversation

Demandez à vos camarades s'ils font les choses suivantes.

▶ prêter tes cassettes à tes amis?

Tu prêtes tes cassettes à tes amis?

Oui, je les leur prête.

1. prêter ton vélo à tes amis?
2. prêter tes magazines à ton frère?
3. donner ton numéro de téléphone à tes copains?
4. montrer tes photos à ton meilleur ami?
5. montrer tes photos aux élèves de la classe?
6. montrer tes notes à tes parents?
7. dire toujours la vérité à ta meilleure amie?
8. dire la vérité à tes parents?

10 Pourquoi pas?

Complétez les dialogues suivants en utilisant des pronoms.

▶ —Est-ce que Pierre montre ses photos à ses cousins?
—Non, il ne les leur montre pas. Ils sont trop curieux.

1. —Est-ce que Stéphanie prête sa raquette à son frère?
—Non, . . . Il ne sait *(know how)* pas jouer au tennis.
2. —Est-ce que Marc prête son appareil-photo à Claire?
—Non, . . . Elle casse *(breaks)* tout.
3. —Est-ce que Catherine montre son journal à sa petite soeur?
—Non, . . . Elle est indiscrète.
4. —Est-ce que Patrick prête ses compacts à ses copains?
—Non, . . . Ils détestent le rock.

Leçon 16 **229**

VERB + INDIRECT OBJECT	VERB + DIRECT & INDIRECT OBJECTS		
parler à	**acheter**	**écrire**	**présenter**
rendre visite à	**apporter**	**emprunter**	**raconter**
répondre à	**demander**	**lire**	**rendre**
téléphoner à	**dire**	**montrer**	
	donner	**prêter**	

Section C

COMMUNICATIVE FUNCTION: Talking about what one does for others

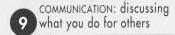 **Leçon 16, Section 2**

★ **New material:** double object pronouns

■ **If students ask:** You may want to indicate that the pronouns **me, te, nous, vous** come before **le, la, les**, except in affirmative commands.
Tu veux ces photos?
Alors, je <u>te les</u> donne.
Tu as mon crayon?
Alors, donne-<u>le-moi</u>, s'il te plaît.

9 COMMUNICATION: discussing what you do for others

10 DESCRIPTION: explaining why people do not do certain things

1. elle ne la lui prête pas
2. il ne le lui prête pas
3. elle ne le lui montre pas
4. il ne les leur prête pas

■ **Extra practice:** Have students answer the following questions using pronouns.
• **Est-ce que Christophe vend ses compacts à ses cousins?** (oui)
• **Est-ce que Philippe vend ses disques à Patricia?** (non)
• **Est-ce que le garçon montre le menu aux clients?** (oui)
• **Est-ce que le guide montre le Louvre aux touristes?** (non)

Cooperative pair practice
Activity 9

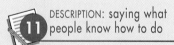 Leçon 16, Section 2

★ **New material:** present and passé composé of **savoir;** distinction between **savoir** and **connaître**

■ **Language note:** In the passé composé, **savoir** may mean *to find out.*
I knew (I found out) why you went to Brussels.

■ **Language note:** Savoir may be used with a noun to describe something that has been learned, studied, or memorized.
Tu <u>sais</u> la réponse?
Tu <u>sais</u> la date de l'examen?
To indicate familiarity, one can say:
Tu <u>connais</u> la réponse?

🖥 **Transparency 18**
Où vont-ils? D'où viennent-ils?

■ Ask questions about the people on the transparency.
Est-ce que tu connais Pierre?
   Oui, je le connais.
Est-ce que tu sais où il va?
   Oui, je sais qu'il va au stade.
Est-ce que tu sais où il habite?
   Non, je ne sais pas où il habite.

📄 DESCRIPTION: saying what people know how to do

👥 **Personalization:** Ask students personal questions based on these cues.
• about themselves
– X, est-ce que tu sais jouer aux cartes?
– Oui, je sais (non, je sais pas) jouer aux cartes.
• about others
– Pierre, est-ce que tes amis savent jouer aux cartes?
– Oui, ils savent (non, ils ne savent pas) jouer aux cartes.

D. Le verbe *savoir; savoir* ou *connaître*

Note the forms of the verb **savoir** *(to know).*

INFINITIVE	**savoir**	
PRESENT	Je **sais** où tu habites.	Nous **savons** où vous êtes.
	Tu **sais** quand je pars.	Vous **savez** où je travaille.
	Il/Elle/On **sait** avec qui tu sors.	Ils/Elles **savent** que tu es anglaise.
PASSÉ COMPOSÉ	J'**ai su** pourquoi tu es allé à Bruxelles.	

➡ The construction **savoir** + INFINITIVE means *to know how to do something.*
   Savez-vous faire la cuisine?   ***Do you know how** to cook? (**Can you** cook?)*

➡ Both **savoir** and **connaître** mean *to know.* The chart shows when to use **connaître** and when to use **savoir.**

Connaître means *to know* in the sense of *to be acquainted with* or *to be familiar with.*	
connaître + PEOPLE	Je **connais Jacqueline.** Je ne **connais** pas **sa cousine.**
connaître + PLACES	Marc **connaît Lyon.** Il **connaît un bon restaurant.**

Savoir means *to know* in the sense of *to know information* or *to know how.*	
savoir *(used alone)*	Je **sais!** Mais mon frère ne **sait** pas.
savoir + que . . .	Je **sais que** tu parles français.
savoir + si *(if, whether) . . .*	**Sais**-tu **si** Paul a une moto?
savoir + INTERROGATIVE EXPRESSION . . .	Je **sais où** tu habites. Je **sais qui** a téléphoné. Je ne **sais** pas **comment** je dois répondre. Je ne **sais** pas **pourquoi** Claire ne vient pas.
savoir + INFINITIVE	Nous **savons jouer** au Nintendo.

11 **Qu'est-ce qu'ils savent faire?**
Expliquez ce que les personnes suivantes savent faire.

▶ Stéphanie joue au bridge.   **Elle sait jouer au bridge.**

1. Vous jouez au tennis.
2. Nous parlons français.
3. Je joue de la guitare.
4. Mon oncle fait la cuisine.
5. Tu nages.

6. Catherine pilote un avion.
7. Anne et Éric dansent le rock.
8. Ces garçons chantent.
9. Je développe mes photos.
10. Vous programmez un ordinateur.

Teaching strategy: *savoir vs. connaître*

Read the following English sentences and have students indicate whether the corresponding French sentence would use **savoir** (S) or **connaître** (C).
1. I know [Mr. Jones]. (C)
2. I know where he lives. (S)
3. I know that he speaks French. (S)
4. I know how to speak French too. (S)

5. Do you know [Louisville]? (C)
6. Do you know a good restaurant there? (C)
7. We know [Lincoln High School]. (C)
8. We know who the principal (**le proviseur**) is. (S)
9. We don't know him/her well. (C).

12 **Dommage!**

Proposez à vos camarades de faire certaines choses.
Ils vont refuser en expliquant pourquoi. (Ils peuvent
considérer les suggestions de la liste.)

1. On va à la discothèque?
2. On fait un match?
3. On prépare le dîner?
4. On s'inscrit *(join)* à la chorale?
5. On téléphone à la fille italienne?
6. On invite les étudiants mexicains?

chanter
danser
jouer au tennis
nager
parler italien
parler espagnol
faire la cuisine

▶ On va à la plage?

On va à la plage?

Je ne sais pas nager.

Dommage!

12 ROLE PLAY: making and reacting to suggestions

13 **Une fille bien informée**

Dites que Florence connaît les personnes
suivantes. Dites aussi ce qu'elle sait
à leur sujet *(about them)*.

▶ Jacques / où il habite
Florence connaît Jacques.
Elle sait où il habite.

1. Véronique / où elle habite
2. Monsieur Moreau / où il travaille
3. Paul / quand il joue au tennis
4. Annie / avec qui elle va au cinéma
5. Robert / à quelle heure il vient
6. Thérèse / qui est son acteur favori
7. cette fille / quels films elle aime
8. mes cousins / quand ils vont aller
à Bordeaux

14 **Connaître ou savoir?**

Complétez les phrases avec **sait** ou
connaît.

1. Philippe . . . Alice.
2. Sophie ne . . . pas mes cousins.
3. Frédéric . . . un bon restaurant.
4. Stéphanie ne . . . pas à quelle heure
est le film.
5. Thomas . . . où est le cinéma.
6. Jérôme . . . le propriétaire *(owner)*
du cinéma.
7. Juliette . . . qui joue dans le film.
8. Pauline ne . . . pas cet acteur.

DESCRIPTION: describing what someone knows

13

PRACTICE: describing what people know

14

1. connaît
2. connaît
3. connaît
4. sait
5. sait
6. connaît
7. sait
8. connaît

À votre tour!

1 **Une soirée musicale**

You are organizing a musical talent show
and you are looking for participants.

Ask your partner . . .

• if he / she knows how to play the guitar
• if he / she knows how to dance
• what (other things) he / she knows how
to do
• if he / she knows some good singers
• if he / she knows a good band

À votre tour!

GUIDED CONVERSATION: finding out what someone knows

1

Leçon 16 **231**

📁 Portfolio assessment

You will probably choose only one oral
and one written activity to go into the
students' portfolios for Unit 4. The
following activity is a good portfolio topic:

ORAL: Activity 1

Cooperative pair practice
Activity 12

OBJECTIVES
• Reading for pleasure
• Developing logical thinking

Classroom Notes

LECTURE

Es-tu une personne généreuse?

Tu as beaucoup d'amis, n'est-ce pas? Mais es-tu vraiment une personne généreuse? Voici un test simple. Analyse les huit situations suivantes. Réponds aux questions par oui ou par non.

 1

Ce soir, il y a un programme très intéressant à la télé. Ta mère (ou ton père) a beaucoup de travail dans la cuisine. Est-ce que tu l'aides?
 A. Oui, je l'aide.
 B. Non, je ne l'aide pas.

 2

Tu as l'intention d'aller à un match de hockey ce soir avec tes copains. Ton petit frère qui a neuf ans veut vous accompagner. Est-ce que tu l'amènes au match?
 A. Oui, je l'amène.
 B. Non, je ne l'amène pas.

 3

Tu vas au cinéma. Le film va commencer dans une minute. Ta copine n'est pas arrivée. Est-ce que tu l'attends?
 A. Oui, je l'attends.
 B. Non, je ne l'attends pas.

 4

Ta grand-mère est malade. Est-ce que tu lui téléphones pour prendre de ses nouvelles?
 A. Oui, je lui téléphone.
 B. Non, je ne lui téléphone pas.

 Pre-reading activity

Have students skim the title and look at the format of the reading: multiple-choice questions followed by an interpretation section.

Ask students: What kind of reading do they think this is?
 [a personality quiz—to help them see how generous they are]

5

Tu es dans l'autobus. Une vieille dame monte dans le bus mais il n'y a pas de siège° pour elle. Est-ce que tu lui donnes ton siège?

    A. Oui, je lui donne mon siège.
    B. Non, je ne lui donne pas mon siège.

siège *seat*

6

Un camarade de classe a perdu ses notes d'histoire. Est-ce que tu lui prêtes tes notes avant l'examen?

    A. Oui, je lui prête mes notes.
    B. Non, je ne lui prête pas mes notes.

7

Des copains organisent une fête, mais ils n'ont pas de chaîne stéréo. Est-ce que tu leur prêtes ta nouvelle radiocassette?

    A. Oui, je la leur prête.
    B. Non, je ne la leur prête pas.

8

Tu as un billet pour le concert de ton groupe favori. Ta cousine voudrait aussi aller au concert, mais elle n'a pas de billet. Est-ce que tu lui donnes ton billet?

    A. Oui, je le lui donne.
    B. Non, je ne le lui donne pas.

Interprétation ••

Combien de réponses «A» avez-vous?

de 6 à 8 → Bravo! Tu es une personne généreuse et bien élevée. Tu as certainement beaucoup d'amis.

de 3 à 5 → Tu as assez bon caractère, mais tu n'es pas toujours très sociable.

1 ou 2 → La générosité n'est pas ta qualité principale. Fais un effort!

0 → Sans commentaire!

Observation activity: Have students reread responses in the personality quiz.
- How do they know when **l'** and **lui** refer to *him* and when they refer to *her*?
- Have them match each object pronoun with its antecedent.

 Post-reading activities

Divide the class into groups of three or four students.
- Have each group think of another situation in which people show their generosity.
- Have them write up their idea in a quiz format and present it to the rest of the class.

INTERLUDE 4

UN AMÉRICAIN
à Paris

Avant de lire

Look at the title of this reading. Have you ever visited France or another foreign country? When we travel, we know we will find differences in language as well as in other customs. In China, for example, we would expect to hear people speak Chinese and to have our meals served with chopsticks.

What kinds of differences would you expect to discover in France? The American in this reading encountered some difficulties he did not anticipate.

*A*llez-vous visiter la France un jour? Si vous allez en France, vous observerez° certaines différences entre la vie quotidienne en France et aux États-Unis. Ces différences ne sont pas très importantes, mais elles existent tout de même. Et parfois, elles sont la source de petits problèmes.

Voici certains problèmes qui sont arrivés à Harry Hapless, un touriste américain qui ne connaît pas très bien les habitudes françaises. Pouvez-vous expliquer la cause de ces problèmes?

Mots utiles

la vie quotidienne	daily life	une habitude	custom
tout de même	all the same, nevertheless	expliquer	to explain
1			
le lendemain matin	the next morning	seulement	only
ouvert ≠ fermé	open ≠ closed	un jour férié	holiday
2			
heureusement	fortunately	une ouvreuse	usherette
encore	still	s'asseoir	to sit down
une place	seat	un pourboire	tip
3			
un cadeau	gift, present	ouvrir	to open
énorme	large, enormous	l'amour	love
sonner	to ring (the doorbell)	le deuil	mourning

observerez *will observe*

Setting the scene

This reading deals with intercultural differences and possible misunderstandings.

Note: Students who have read **Les quatre surprises** (Unit 3) will find that one of Harry Hapless's difficulties involves a similar situation: differences in floor numbering.

As a special challenge, you may ask students to identify this parallel situation.

1 Harry Hapless arrive en France le 30 avril au soir.
Il prend un taxi et va directement à son hôtel.
Le lendemain matin, qui est un mercredi, Harry dit:
«J'ai besoin d'argent. Je vais aller changer des dollars
à la banque.» La première banque où il va est fermée.
La deuxième et la troisième aussi. En fait,° toutes
les banques sont fermées ce matin. Pourquoi?

- En France, les banques sont ouvertes seulement
  l'après-midi.
- En France, les banques sont fermées le mercredi.
- En France, le premier mai est un jour férié.

 RÉPONSE

2 Un soir, Harry Hapless va au cinéma. Il arrive dix minutes
après le début du film. Heureusement, il y a encore
des places. Harry achète un billet et le donne à l'ouvreuse.
L'ouvreuse prend le billet, accompagne Harry et lui montre
sa place. Harry lui dit merci et va s'asseoir. L'ouvreuse
a l'air furieuse. Pourquoi?

- Harry ne lui a pas donné de pourboire.
- Elle n'aime pas les touristes américains.
- En France, il ne faut jamais arriver en retard
  au cinéma.

 RÉPONSE

3 Un jour, Harry Hapless est invité à dîner chez Jacques
Lachance, son copain de collège. Harry, qui est un homme
poli, veut apporter un cadeau à Madame Lachance,
la femme de son copain. Oui, mais quoi? Harry sait que
les Françaises aiment beaucoup les fleurs. Il passe chez
une marchande de fleurs. Il regarde les roses, les tulipes,
les bégonias, les géraniums . . . Finalement il choisit
un énorme pot de chrysanthèmes. La marchande prend
le pot, l'enveloppe dans du joli papier, décore le paquet°
avec un ruban° et le donne à Harry.

Très content de son achat, Harry arrive chez les Lachance.
Il sonne. Son ami Jacques lui ouvre la porte. Harry entre
et présente son cadeau à Madame Lachance. Celle-ci°
le prend et remercie° Harry profusément . . . Mais quand
elle ouvre le paquet, elle a l'air consternée. Pourquoi?

- Madame Lachance est allergique aux fleurs.
- En France, les chrysanthèmes sont un signe de
  grand amour.
- En France, les chrysanthèmes sont un signe
  de deuil.

 RÉPONSE

En fait *in fact*   **paquet** *package*   **ruban** *ribbon*   **Celle-ci** *The latter*   **remercie** *thanks*

235

Teaching strategy

Tell students not to turn the page until
they have done the following activities.

- Have students select a response for
  each situation.

- When the class has finished the
  readings on the page, tabulate the
  responses on the board.

Épisode 1	(a)	3
	(b)	8
	(c)	13
Épisode 2	*etc.*	

- Then have students turn the page to
  read the explanations.

Interprétation

 1 En France, le premier mai est un jour férié.

En France et dans beaucoup d'autres pays, le premier mai est la fête du Travail. Évidemment, on ne travaille pas ce jour-là. Les magasins, les bureaux et les banques sont fermés. (Aux États-Unis, la fête du Travail est le premier lundi de septembre.)

Cultural note: Some of the larger, more popular movie houses no longer use **ouvreuses**; instead, they encourage viewers to call and reserve their seats ahead of time.

2 Harry ne lui a pas donné de pourboire.

Dans beaucoup de cinémas français, une ouvreuse accompagne les spectateurs à leur place. Pour ce service, on lui donne un pourboire: généralement un ou deux francs par personne.

 3 En France, les chrysanthèmes sont un signe de deuil.

Le premier novembre, qui est la fête de la Toussaint,° les Français honorent leurs défunts.° Traditionnellement on va au cimetière° et on met des pots de chrysanthèmes sur la tombe des gens de sa famille.

Mots utiles			
4			
avoir mal aux dents	to have a toothache	un étage	floor (of a building)
un rendez-vous	appointment	un peintre	painter
un immeuble	building	un renseignement	information
5			
la veille	the day before	rappeler	to remind
le vol	flight	la note	bill

la Toussaint *All Saints' Day* **défunts** *dead* **cimetière** *cemetery*

4 Harry Hapless a mal aux dents. Il a rendez-vous chez un dentiste qui habite dans un immeuble ancien. Arrivé dans cet immeuble, Harry demande à la concierge° à quel étage habite le dentiste. La concierge lui répond: «Le docteur Ledentu? C'est au cinquième étage, mais aujourd'hui l'ascenseur ne marche pas.»° Harry dit: «Ça ne fait rien,° je vais monter à pied.»

Harry monte les escaliers et compte les étages: deux, trois, quatre, cinq. «Je suis au cinquième étage», dit Harry, et il sonne. Un homme en blanc ouvre la porte. Ce n'est pas un dentiste mais un peintre. Harry lui explique qu'il a rendez-vous avec le docteur Ledentu. Le peintre lui répond: «Je ne connais pas le docteur Ledentu. Ici, c'est chez Madame Masson. Je repeins son appartement. Allez voir la concierge.»

Quel est le problème?

- Harry s'est trompé° d'étage.
- La concierge a donné un mauvais° renseignement à Harry.
- Ce jour-là, le docteur Ledentu s'est déguisé en° peintre.

RÉPONSE

5 Finalement, les vacances de Harry Hapless finissent. La veille de son départ il téléphone à la compagnie aérienne pour confirmer l'heure de son vol. L'employée lui rappelle que son avion est à 8 h15. Elle lui recommande d'être à l'aéroport une heure et demie avant le départ.

PARIS-NEW YORK 18h05

Le lendemain, Harry veut profiter° de son dernier jour en France. Le matin, il fait une promenade à pied et prend quelques photos. À midi, il déjeune dans un bon restaurant. L'après-midi, il va dans les magasins et achète quelques souvenirs. Puis il retourne à son hôtel, paie sa note et prend un taxi. Arrivé à l'aéroport, il regarde sa montre et dit: «Il est 6 heures 15. J'ai encore deux heures avant le départ de mon avion.» Puis il va au comptoir° de la compagnie aérienne. Là, l'hôtesse lui dit: «Mais, Monsieur Hapless, le dernier avion pour New York est parti il y a dix minutes.»

Qu'est-ce qui s'est passé?°

- En France, les avions sont souvent en avance.
- L'employée a donné à Harry un mauvais renseignement.
- Harry ne sait pas comment fonctionne l'heure officielle.

RÉPONSE

---

concierge *building superintendent* **ne marche pas** *isn't working* **Ça ne fait rien** *That doesn't matter*
s'est trompé *made a mistake* **mauvais** *wrong* **s'est déguisé en** *disguised himself as* **profiter** *to take advantage*
comptoir *counter* **Qu'est-ce qui s'est passé?** *What happened?*

237

4 Harry s'est trompé d'étage.

Il y a une différence d'un étage entre les étages français et américains. Voici la correspondance entre ces étages:

ÉTAGES FRANÇAIS	ÉTAGES AMÉRICAINS
rez-de-chaussée	*first floor*
premier étage	*second (not first) floor*
deuxième étage	*third (not second) floor*
dix-neuvième étage	*twentieth (not nineteenth) floor*

Ainsi, quand Harry Hapless pensait° qu'il était° au cinquième étage, il était en réalité au quatrième étage.

5 Harry ne sait pas comment fonctionne l'heure officielle.

En France, on utilise l'heure officielle pour donner l'heure des trains, des avions, etc. L'heure officielle commence à 0 heure le matin et finit à 23 heures 59 le soir.

Harry Hapless pensait que son avion était à 8 h 15 du soir (ou 20 h 15 à l'heure officielle). En réalité, l'avion était à 8 h 15 du matin.

pensait *thought*   **était** *was*

■ **Realia notes:** There are two airports serving Paris: Orly, 14 km to the south, and Roissy-Charles de Gaulle, 23 km to the north. International flights fly in and out of both of them, but there tends to be more domestic traffic at Orly. Ask students questions about the flight schedule:

1. Quel est le premier vol d'Orly à Nice?
2. Combien de temps dure le vol moyen *(average)*?
3. Vous avez beaucoup de travail à Paris jeudi, donc vous ne pouvez pas perdre *(can't waste)* trop de temps loin de votre bureau. Quel est le dernier vol d'Air France que vous devez prendre pour arriver à Nice avant votre dîner à 20 heures?
4. Vous voulez partir en fin d'après-midi pour Nice de Charles de Gaulle. Quel est le numéro du vol?

L'ART DE LA LECTURE

Sometimes you can guess the meaning of a new French word because it looks like an English word that you know. For example, in Episode 4 you encountered the phrase:

Harry monte **les escaliers** . . .

Perhaps the word **escaliers** reminded you of *escalator,* and then you figured out that he must be going up the *stairs.*

Exercice de lecture

Were you able to figure out the following words by using your knowledge of English?

Episode 2: Il arrive dix minutes après **le début** du film.

Hint: What does a ballerina do when she makes her "debut" on stage?

Episode 3: Il passe chez **une marchande de fleurs.**

Hint: What does a merchant do?

Episode 3: Elle **enveloppe** le pot dans du joli papier.

Hint: What happens when you are envelopped in fog?

Episode 3: Madame Lachance a l'air **consternée.**

Hint: How do people feel when they are in a state of consternation?

Episode 4: C'est au cinquième étage, mais **l'ascenseur** ne marche pas.

Hint: What does a hot-air balloon do when it ascends?

LES NOUVEAUX CONSTRUCTEURS

LE SAVOIR FAIRE...
7 JOURS SUR 7

nice fleurs

MARCHAND DE FLEURS

Compositions pour toutes cérémonies

01 45 75 04 50

SUPERBE PANORAMA
SUPERBES APPARTEMENTS

Suresnes.

UNITÉ 4 INTERNET PROJECT Some Internet sites are interactive! Set up a form similar to the one below. Have students generate a list of websites and check off whether they wrote, read, listened or saw anything at each site. Students can use the following keywords with the search engine of their choice: "clips sonores"; "le multimédia"; vidéoclip.

Nom du site	lire	écrire	voir/regarder	écouter

📼 **Transparencies 2a, 2b**
Le monde francophone
L'Amérique du Nord, etc.

■ **Compréhension du texte:**
Vrai ou faux?
1. Autrefois la Nouvelle-Angleterre s'appelait la «Nouvelle-France». [F]
2. Dans la province de Québec, on parle français. [V]
3. Les «Franco-Américains» sont des Américains d'origine canadienne. [V]
4. Autrefois la Louisiane française était plus grande que la Louisiane d'aujourd'hui. [V]
5. La Louisiane est devenue indépendante en 1803. [F]
6. La capitale d'Haïti s'appelle Saint-Domingue. [F]
7. Toussaint Louverture est un héros de l'indépendance haïtienne. [V]
8. La Guadeloupe est une île espagnole. [F]

■ **Challenge activity:**
Identifiez . . .
1. la «Nouvelle-France»
2. Robert Cavelier de la Salle
3. Louis XIV
4. Toussaint Louverture
5. Saint-Domingue

■ **Photo notes**
- *Middle:* One of the skyscrapers that make up the skyline of Montreal.
- *Bottom left:* A woman wearing a traditional costume from Martinique.

IMAGES DU MONDE FRANCOPHONE

L'Amérique et la France d'outre-mer

LE CANADA

LE QUÉBEC

LE NOUVEAU-BRUNSWICK

LA NOUVELLE-ÉCOSSE

LA NOUVELLE-ANGLETERRE

LES ÉTATS-UNIS

LA LOUISIANE

HAÏTI

LA GUADELOUPE

LA MARTINIQUE

LA GUYANE FRANÇAISE

Teaching note: Checking comprehension

For each spread of the cultural essays, the Extended Teacher's Edition contains two reading comprehension activities. Choose the one best fitted to the needs of your class.

• *Compréhension du texte: Vrai ou faux?* With regular classes you may read the true-false questions aloud to check whether students have understood.

• *Challenge activity* With faster-paced classes, you may prefer to do the identification questions and have the students generate the responses.

Où et pourquoi parle-t-on français en Amérique?

Aux dix-septième et dix-huitième siècles,° la France avait° un vaste empire colonial en Amérique. Ceci explique la présence de la langue française sur ce continent. L'empire français comprenait° les éléments suivants:

Le Canada

Autrefois, une grande partie du Canada était° française. Ce territoire s'appelait° la Nouvelle-France.

En 1763, après une guerre° entre les Français et les Anglais, le territoire est devenu une colonie britannique. Beaucoup de Canadiens d'origine française ont cependant gardé° leurs coutumes, leurs traditions . . . et leur langue. Aujourd'hui, la majorité des Québécois° parlent français. On parle français aussi dans certaines parties de l'Ontario et des Provinces Maritimes (la Nouvelle-Écosse° et le Nouveau-Brunswick).

Aux dix-neuvième et vingtième siècles, un grand nombre de familles québécoises ont émigré aux États-Unis, principalement dans les états de la Nouvelle-Angleterre (le Maine, le Vermont, le New Hampshire, le Massachusetts, le Connecticut et le Rhode Island). Aujourd'hui, leurs descendants, les «Franco-Américains», sont deux millions.

La Louisiane

En 1682, un explorateur français, Robert Cavelier de La Salle, est parti de la région des Grands Lacs en direction du golfe du Mexique. Après un long et difficile voyage, il a descendu tout le Mississippi. Il a donné aux territoires qu'il a traversés° le nom de Louisiane, en l'honneur du roi° de France, Louis XIV. (À cette époque, la Louisiane était toute la vallée du Mississippi.) La Louisiane est devenue espagnole en 1763, et française à nouveau en 1802. Finalement, en 1803, la France a vendu la Louisiane aux États-Unis pour 80 millions de francs.

Autrefois, on parlait° français à la Nouvelle-Orléans. Aujourd'hui, certaines familles parlent encore français dans la région des bayous.

VIVE
LA DIFFÉRENCE,
LA LOUISIANE
EST BILINGUE!

Haïti

Autrefois, Haïti était une colonie française et s'appelait Saint-Domingue. En 1801, les esclaves° noirs, sous la direction de leur chef Toussaint Louverture, se sont révoltés contre les Français. En 1804, ils ont obtenu leur indépendance. Haïti est devenue la première république noire. Aujourd'hui, beaucoup d'Haïtiens parlent français et créole.

La Martinique et La Guadeloupe

Autrefois ces deux îles étaient des colonies françaises. Aujourd'hui, ce sont des départements français d'outre-mer.° À la Martinique et à la Guadeloupe, vous êtes en France, comme si vous étiez° à Paris.

siècles *centuries* avait *had* comprenait *included* était *was* s'appelait *was called* guerre *war*
ont . . . gardé *kept* Québécois *people of Quebec* Nouvelle-Écosse *Nova Scotia* a traversés *crossed*
roi *king* parlait *used to speak* esclaves *slaves* d'outre-mer *overseas* comme si vous étiez *as if you were*

241

■ **Cultural expansion**
• **Quelques dates**
1534–1536 Jacques Cartier explore la région du Saint-Laurent. Il prend possession du Canada au nom du roi de France.
1604 Les premières familles françaises arrivent en Acadie (aujourd'hui Nouvelle-Écosse).
1608 Samuel de Champlain fonde Québec et devient gouverneur de la Nouvelle France.
1642 Fondation de Montréal
1672 Jolliet et le père Marquette atteignent le Mississippi par le Wisconsin.
1713 La France cède l'Acadie à l'Angleterre.
1759 Les Anglais battent les Français à Québec.
1763 La France cède la Nouvelle-France à l'Angleterre.

• **La Nouvelle-France vers 1700**
Le territoire français en Amérique du Nord s'étendait du Labrador jusqu'au golfe du Mexique. Il comprenait:
• l'Acadie et une partie de Terre-Neuve *(Newfoundland)*
• la province de Québec et les territoires du Nord-Ouest
• la région des Grands Lacs
• le bassin du Mississippi jusqu'aux montagnes Rocheuses
(À cette époque le territoire anglais comprenait les 13 colonies américaines, une partie de la côte atlantique canadienne, et la baie de l'Hudson.)

• **Haïti**
30% des Haïtiens comprennent le français.
La devise d'Haïti est «L'union fait la force».

Teaching notes: Cultural photo essays

• The cultural photo essay may be covered in class or assigned as outside reading.
• The material does not need to be done in sequence; it may be introduced as desired.
• Some teachers may prefer to present the material in small segments while students are working on other lessons.
• Students can test their knowledge of the material presented in this cultural essay by completing the quiz entitled **Le savez-vous?** on p. 251.

Compréhension du texte:
Vrai ou faux?

1. Montréal est la capitale de la province de Québec. [F]
2. Le drapeau québécois est bleu, blanc et rouge, comme le drapeau français. [F]
3. Il y a un métro à Montréal. [V]
4. Pendant les fêtes de Carnaval à Québec, il fait généralement très froid. [V]
5. La Saint-Jean est la fête nationale de la province de Québec. [V]
6. Cette fête est célébrée le premier juillet. [F]
7. En France, on dit «au revoir». À Québec, on dit «bonjour». [V]

Challenge activity:
Identifiez . . .

1. la «Belle Province»
2. «Je me souviens»
3. «Bonhomme»
4. la Saint-Jean

Les Canadiens francophones° représentent trente pour cent de la population canadienne. Ils habitent principalement dans la province de Québec, qu'on appelle souvent «la Belle Province».

- La ville de Québec est la capitale administrative de cette province, mais la plus grande ville est Montréal.
- Le drapeau° québécois est bleu avec une croix° blanche et des fleurs de lys. Ce sont les emblèmes de l'ancienne France.
- La devise° du Québec est «Je me souviens».° Les Québécois se souviennent de leurs traditions, de leur culture et de leur langue.

Avec trois millions d'habitants, Montréal est la deuxième ville du Canada, après Toronto. C'est aussi la deuxième ville d'expression française du monde,° après Paris. Montréal est à la fois° une ville moderne avec des gratte-ciel et une ville historique avec des quartiers° anciens. Le «Vieux Montréal» est typiquement français avec ses cafés, ses restaurants et ses boutiques. Au centre de la ville, il y a aussi une immense ville souterraine° avec un métro et de longues galeries où on trouve des restaurants, des magasins, des cinémas, etc. En hiver, quand il fait très froid, c'est ici que les Montréalais font leur «magasinage».°

242

francophones *French-speaking* **drapeau** *flag* **croix** *cross* **devise** *motto*
«Je me souviens» *"I remember"* **du monde** *in the world* **à la fois** *at the same time*
quartiers *districts* **souterraine** *underground* **«magasinage»** *shopping*

🌐 Dictionnaire franco-québécois

Aliments et boissons

FRANÇAIS	QUÉBÉCOIS	FRANÇAIS	QUÉBÉCOIS
une pomme de terre	une patate	les bonbons	les friandises
le pop-corn	le maïs soufflé	les myrtilles	les bleuets
un toast	une rôtie	une boisson gazeuse	une liqueur douce
un oeuf sur le plat	un oeuf à la poêle		

C<small>AR</small>N<small>A</small>V<small>A</small>L à Québec

On célèbre le Carnaval de façons différentes dans les différentes parties du monde français. À Québec, le Carnaval, c'est la fête de la neige. En février, il y a dix jours de fêtes, d'activités et de compétitions diverses. La grande attraction est la course° de canoës sur le Saint-Laurent. Vingt équipes de cinq hommes participent à cette course très dangereuse et très mouvementée.° Il y a aussi des courses de voiture sur glace,° et des concours° de sculpture de glace et de neige. (Si on n'a pas peur du froid, on peut aussi mettre un maillot de bain et prendre un «bain de neige».)

La mascotte du Carnaval, c'est «Bonhomme», un grand bonhomme de neige° avec un bonnet rouge. Le premier jour du Carnaval, Bonhomme couronne° la reine° du Carnaval. Ensuite, il y a un grand feu d'artifice° et la fête commence!

■ **Cultural expansion**
La fête du Canada: La fête nationale du Canada *(Canada Day)* est célébrée le premier juillet.

La Saint-Jean à Québec

La Saint-Jean a lieu° le 24 juin. C'est la fête nationale de la province de Québec. La Saint-Jean est une fête particulièrement importante pour les Québécois d'expression française. Elle est célébrée avec grande joie dans la ville de Québec.

Le matin, il y a des processions et des défilés° dans les rues de la ville. À midi, on pique-nique sur l'herbe. L'après-midi, il y a des compétitions sportives. Le soir, la ville entière assiste à un concert de musique folklorique et populaire sur les plaines d'Abraham, le grand parc historique. On chante et on allume un feu de joie° gigantesque. À minuit, il y a un feu d'artifice. «Vive le Québec!» «Vive les Québécois!»

Le français au Québec

Le français qu'on parle à Québec est généralement semblable° au français qu'on parle en France. Mais il y a certaines différences. Notez, par exemple, comment on dit les choses suivantes en français et en québécois.

français	québécois	français	québécois
Au revoir!	Bonjour!	la glace	la crème glacée
le weekend	la fin de semaine	la pastèque	le melon d'eau
le petit déjeuner	le déjeuner	le chewing-gum	la gomme
le déjeuner	le dîner	faire des achats	magasiner
le dîner	le souper	faire du shopping	dépenser

Comprenez-vous les phrases suivantes?
• Bonjour et bonne fin de semaine!
• Je vais magasiner. Et toi?
• Après le dîner, qu'est-ce que tu préfères comme dessert? du melon d'eau ou de la crème glacée?

course *race* **mouvementée** *action-packed* **glace** *ice* **concours** *contests* **bonhomme de neige** *snowman*
couronne *crowns* **reine** *queen* **feu d'artifice** *fireworks* **a lieu** *takes place* **défilés** *parades*
feu de joie *bonfire* **semblable** *similar*

Classroom Notes

Vêtements		Les magasins	
FRANÇAIS	QUÉBÉCOIS	FRANÇAIS	QUÉBÉCOIS
un short	une culotte courte	une épicerie	un dépanneur
un sweat	un molleton	un snack-bar	un casse-croûte
un pull	un chandail	un grand magasin	un magasin à
un maillot de bain	un costume de bain		rayons, un mail

Les Acadiens: du Canada à la Louisiane

Prenez une carte de la Louisiane et regardez bien la région à l'ouest et au sud de la Nouvelle-Orléans. Les paroisses° de cette région ont des noms français: Lafourche, Terrebonne, Vermilion, Saint Martin, Acadia, Lafayette, Iberville et, plus au nord, Avoyelles, Évangéline, Pointe Coupée.

Ici nous sommes au centre du pays° «cajun». Le mot° «cajun» vient du mot français «acadien». Dans ces paroisses en effet,° la majorité de la population est d'origine acadienne et beaucoup de gens comprennent le français. Qui sont les Acadiens? Quelle est leur origine? Pourquoi parlent-ils français? Voici leur histoire . . .

L'histoire des Acadiens commence non pas en Louisiane mais au Canada. Les Acadiens sont en effet les descendants des premiers colons° français au Canada. Ces colons sont arrivés en 1604 dans l'est du Canada. Là, ils ont établi une colonie très prospère qu'ils ont appelée l'Acadie. (Cette région est aujourd'hui la Nouvelle-Écosse.) En 1713, la France a signé un traité° qui a cédé l'Acadie à l'Angleterre. L'Acadie est devenue une colonie britannique, mais les Acadiens ont voulu rester fidèles° à leurs traditions françaises. Ils ont décidé de préserver leur culture et leur langue. Ils ont refusé de prêter serment° à la couronne° britannique.

NOUS SOMMES
DE PARLER
FRANÇAIS

Le gouverneur anglais a décidé alors d'expulser° les Acadiens. En juin 1755, l'armée anglaise a attaqué les villages acadiens sans° défense. Toute la population a été faite prisonnière. Le gouverneur a donné l'ordre de brûler° les maisons, de détruire° les villages et finalement de déporter la population. Pour la majorité des Acadiens, un long et terrible exode° a commencé.

244 **paroisses** *parishes (counties)* **pays** *country* **mot** *word* **en effet** *as a matter of fact* **colons** *colonists* **traité** *treaty* **fidèles** *faithful* **prêter serment** *pledge allegiance* **couronne** *crown* **expulser** *expel* **sans** *without* **brûler** *burn* **détruire** *destroy* **exode** *exodus*

C'est l'époque° du «grand dérangement».° Les soldats° anglais ont séparé les familles. Les hommes ont été déportés d'abord, puis les femmes et les enfants. Des groupes sont arrivés dans le Massachusetts, d'autres en Virginie, d'autres en Géorgie, d'autres dans les Antilles° . . . Finalement, les familles acadiennes se sont regroupées.° Certaines ont décidé d'aller en Louisiane qui était alors une colonie française.

FESTIVAL
ACADIEN
~
EXPOSITION
~
Lafayette, LA

Les premiers Acadiens sont arrivés en Louisiane vers 1760, après un voyage de 3 000 kilomètres et cinq ans d'exode. Là, ils ont reconstruit° leurs maisons, leurs écoles, leurs églises. Ils ont commencé une nouvelle existence où ils étaient° finalement libres.

De nouveaux immigrants sont arrivés en pays «cajun» : des Allemands, des Espagnols, des Anglais, des Africains et des Antillais . . . Certains ont appris le français et sont devenus Acadiens d'adoption. Aujourd'hui, les Acadiens sont très nombreux,° peut-être un million, peut-être plus.

Évangéline

Le grand poète américain, Longfellow, a immortalisé l'exode cruel et tragique des Acadiens dans son poème *Evangeline.* Ce poème est basé sur une histoire vraie. Évangéline Bellefontaine, une jeune Acadienne, est fiancée à Gabriel Lajeunesse. Au moment où ils vont se marier, Évangéline et Gabriel sont déportés en Louisiane. Malheureusement, ils prennent des bateaux différents. Évangéline passe le reste de sa vie à rechercher la trace de son fiancé. Finalement, elle trouve Gabriel au moment où il va mourir.°

Aujourd'hui, on peut voir la statue d'Évangéline à côté de l'église Saint Martin de Tours à St. Martinville (Louisiane).

Classroom Notes

époque *period* **dérangement** *turmoil* **soldats** *soldiers* **Antilles** *West Indies* **se sont regroupées** *regrouped*
ont reconstruit *rebuilt* **étaient** *were* **nombreux** *numerous* **mourir** *to die*

onnaissez-vous les personnes suivantes? Qu'est-ce qu'elles ont en commun? Au moins° deux choses. Elles sont d'origine française et chacune a sa place dans l'histoire américaine.

Paul Revere (1735–1818)

La famille de Paul Revere s'appelait° Rivoire. C'était une famille huguenote d'origine française. Dans sa vie, Paul Revere a exercé un grand nombre de métiers:° soldat, commerçant,° imprimeur,° graveur,° orfèvre° . . . Si Paul Revere est resté célèbre, c'est à cause du rôle qu'il a joué pendant la Révolution américaine.

Jean-Baptiste Point du Sable (17??–1814)

Venait-il° du Canada? de la Louisiane ou de Saint Domingue? On ne connaît pas bien les origines de ce Français d'ascendance africaine. On sait que, vers° 1780, il est venu dans la région des Grands Lacs pour faire le commerce de la fourrure° avec les Indiens. Il a établi plusieurs comptoirs° dans la région. Pour sa maison, il a choisi un site près du lac Michigan. Autour de cette maison s'est développé un petit village qui a grandi° très vite et est devenu Chicago. Aujourd'hui, on considère Jean-Baptiste Point du Sable comme le fondateur° de la troisième ville des États-Unis.

Le marquis de La Fayette (1757–1834)

La Fayette était issu° d'une famille française très célèbre et très riche. À dix-huit ans, il a entendu parler° de la Révolution américaine. Il a alors décidé de rejoindre° les patriotes américains et de combattre° avec eux contre les Anglais. Malheureusement, sa famille et ses amis se sont opposés à ses projets et le roi de France lui a interdit° de partir. Que faire?

La Fayette n'a pas hésité longtemps. Il est allé en Espagne où il a acheté un bateau avec son propre° argent et il est parti pour l'Amérique. Dès° son arrivée, La Fayette s'est engagé° dans l'armée américaine. À vingt ans, le Congrès continental l'a nommé général. Il est devenu l'ami de Washington, avec qui il a participé aux grandes batailles de la guerre de l'Indépendance. La Fayette est l'un des grands héros de la Révolution américaine.

E. Irénée Du Pont de Nemours (1771–1834)

En France, le jeune Irénée était° un apprenti chimiste° spécialisé dans la fabrication des explosifs. Arrivé aux États-Unis en 1800, il a réalisé le rêve de tous les immigrants en créant sa propre entreprise.° Cette entreprise, la firme E. I. Du Pont de Nemours, est aujourd'hui l'une des plus grandes compagnies chimiques du monde.

Au moins *At least*   **s'appelait** *was named*   **métiers** *professions*   **commerçant** *businessman*
imprimeur *printer*   **graveur** *engraver*   **orfèvre** *silversmith*   **Venait-il?** *Did he come?*   **vers** *around*
commerce de la fourrure *fur trade*   **comptoirs** *trading posts*   **a grandi** *grew*   **fondateur** *founder*
était issu *came*   **a entendu parler** *heard about*   **rejoindre** *join*   **combattre** *fight*   **a interdit** *forbade*
propre *own*   **Dès** *Immediately on*   **s'est engagé** *enlisted*   **était** *was*   **apprenti chimiste** *chemist's apprentice*
entreprise *business*

Jean Laffite (1780–18??)

Jean Laffite est un héros de légende. C'était le chef d'un groupe de contrebandiers° qui opérait dans la région de la Nouvelle-Orléans. C'était aussi un ardent patriote. Jean Laffite a défendu victorieusement la Nouvelle-Orléans quand les Anglais ont attaqué cette ville en 1814. Après la guerre, il a reconstitué son groupe de contrebandiers, puis il a mystérieusement disparu° . . .

John James Audubon (1785–1851)

Où est né Audubon? À la Nouvelle-Orléans? À Haïti? En France? Les origines de ce grand artiste restent mystérieuses. Après avoir fait ses études en France, Audubon est arrivé à Philadelphie en 1803. Puis, pendant trente ans, il a passé sa vie à voyager et à peindre° la nature autour de lui. Dans son oeuvre° *Les oiseaux d'Amérique,* Audubon combine le talent artistique avec l'esprit d'observation scientifique.

Sarah Grimké (1792–1873) et Angélina Grimké (1805–1879)

Sarah et Angélina Grimké étaient issues d'une famille huguenote française émigrée en Amérique au XVIIIᵉ siècle. Les deux soeurs ont consacré° leur vie° à l'abolition de l'esclavage° aux États-Unis. Par leurs écrits° et leurs discours,° elles ont joué un rôle très important dans la lutte° pour l'émancipation des Noirs et pour les droits° de la femme. Leur neveu,° Archibald Grimké (1849–1930), a continué leur lutte contre° la discrimination. Il a été vice président de la NAACP (Association nationale pour l'avancement des personnes de couleur).

John Charles Frémont (1813–1890)

Né en Géorgie, Frémont était le fils d'un officier français. Est-ce un héros ou un aventurier? Peut-être les deux! Frémont a commencé sa carrière comme professeur de mathématiques, mais bien vite, il a abandonné ce métier pour devenir explorateur. C'est l'un des grands explorateurs de l'Ouest. Il a exploré les montagnes Rocheuses,° le Nevada, l'Oregon. Arrivé en Californie en 1846, il a proclamé l'indépendance de ce territoire espagnol. Puis il est devenu gouverneur et sénateur du nouvel état. En 1856, Frémont a été le candidat républicain aux élections présidentielles. Battu,° Frémont a continué à défendre ses idées alors révolutionnaires: l'abolition de l'esclavage, la construction d'un chemin de fer° transcontinental qui rejoindrait° le Pacifique. Plus tard, Frémont a été gouverneur du territoire de l'Arizona.

L'histoire de ces personnes illustre la contribution des gens d'origine française à l'histoire des États-Unis. Cette contribution est très importante. Pensez aux colons français qui se sont installés° en Louisiane, aux soldats français qui ont combattu° pendant la guerre de l'Indépendance, aux grands explorateurs qui ont parcouru° le continent américain, aux chercheurs° d'or français qui sont arrivés en Californie en 1848 . . . Pensez surtout aux deux millions de Franco-Américains qui vivent aujourd'hui aux États-Unis!

contrebandiers *smugglers* a . . . disparu *disappeared* peindre *paint* oeuvre *work* ont consacré *devoted*
vie *life* esclavage *slavery* écrits *writings* discours *speeches* lutte *struggle* droits *rights* neveu *nephew*
contre *against* Rocheuses *Rocky* Battu *Defeated* chemin de fer *railroad* rejoindrait *would link*
se sont installés *settled* ont combattu *fought* ont parcouru *traveled through* chercheurs *seekers*

■ **Photo Notes:**
- Jean Laffite: color engraving by E. H. Suydam, 1930
- John James Audubon: self-portrait
- Les soeurs Grimké: portrait of Angelina Grimké
- John Charles Frémont: shown as the presidential candidate of the new Republican party, on a lithograph poster of 1856

■ **Cultural expansion**
Les Français en Amérique
- **les explorateurs**
  Champlain, La Salle, Marquette, Cadillac, Du Luth et Jolliet ont exploré la Nouvelle-France au 17ᵉ siècle.

- **les alliés des «insurgents» américains**
  L'armée française, commandée par **le général de Rochambeau**, et la marine française, commandée par **l'amiral de Grasse**, ont joué un rôle décisif à la bataille de Yorktown (1783).

- **les chercheurs d'or**
  Pendant la «ruée vers l'or» *(gold rush)* au milieu du 19ᵉ siècle, les Français représentaient 20% de la population de San Francisco.

Il y a une France métropolitaine et une France d'outre-mer. La France d'outre-mer est constituée par° un certain nombre de départements et de territoires dispersés dans le monde entier.° Les départements et territoires d'outre-mer font partie intégrante de la France. Leurs habitants sont citoyens° français. Ils ont les mêmes droits et les mêmes obligations que tous les Français.

Voici quelques-uns de ces territoires et départements:

	POPULATION	CAPITALE	PRODUITS
La Martinique	350 000	Fort-de-France	sucre, bananes, ananas°
La Guadeloupe	400 000	Basse-Terre	sucre, bananes, ananas
La Guyane française	100 000	Cayenne	fruits tropicaux, sucre, bananes, riz,° tabac°
La Polynésie française	200 000	Papeete	fruits tropicaux, café, vanille, noix de coco°

Le créole

Quelle est la langue officielle de la Martinique? C'est le français, bien sûr! Mais à la maison et avec leurs amis, les jeunes Martiniquais parlent créole. Le créole reflète la personnalité et l'histoire de la Martinique. Cette langue originale est née du contact entre les Européens et les esclaves noirs. Influencé par les langues africaines, le créole contient° des mots d'origine française, anglaise, espagnole et portugaise. On parle aussi créole à la Guadeloupe et en Guyane française.

Voici certaines expressions créoles:

créole	français
Ça ou fé?	Comment allez-vous?
Moin bien.	Je vais bien.
Ça ou lé?	Qu'est-ce que vous voulez?
Moin pa savé.	Je ne sais pas.

Et voici un proverbe créole:

Gros poisson ka mangé piti.	Les gros poissons mangent les petits.

constituée par made up of **dans le monde entier** around the world
citoyens citizens **ananas** pineapple **riz** rice **tabac** tobacco
noix de coco coconuts **contient** contains

248

Le Carnaval à la Martinique

la Martinique, le Carnaval est toujours une fête° extraordinaire. C'est la fête de la musique, de la danse, du rythme, e l'exubérance. C'est surtout la fête de la bonne humeur.

On prépare le Carnaval des mois à l'avance°...
inalement la semaine du Carnaval arrive. Le lundi, les jeunes ens et les jeunes filles mettent leurs masques et leurs ostumes. Dans les rues, les orchestres de musique créole clarinette, tambour° et banjo) jouent des airs typiques. out le monde chante et danse... Le mardi, c'est le jour des iables.° Ce jour-là, tout le monde porte des vêtements rouges.

Le Carnaval finit le mercredi. Ce jour-là, on met des vêtements lancs et noirs. Le soir, on brûle° «Vaval», une immense effigie de papier mâché ui représente le Carnaval. Le Carnaval est fini. «Au revoir, Vaval! À l'année prochaine!»

Les fêtes de juillet à Tahiti

Tahiti est la plus grande île de la Polynésie française. En juillet, Tahiti est en fête. Il y a des danses folkloriques. Il y a des cérémonies traditionnelles. Il y a des défilés.° Il y a des épreuves° sportives. Mais le grand événement est la course de pirogues.° Chaque village a son équipage.° Ces équipages s'entraînent° pendant des semaines. Finalement le jour de la course arrive. Les équipages sont prêts.° Le signal du départ est donné. Qui va gagner cette année?

La Guyane française

ituée au nord-est de l'Amérique du Sud,
Guyane française est un pays de forêt équatoriale. utrefois, la Guyane était une colonie pénale où taient° déportés les criminels condamnés aux travaux orcés.° (Le bagne° le plus célèbre se trouvait° sur fameuse «Île du Diable».°)

Avec la technologie moderne, le caractère e la Guyane a complètement changé. C'est en Guyane, en effet, que se trouve le centre spatial de Kourou. e ce centre sont lancées° les fusées° Ariane. es fusées, construites° par la France en coopération vec d'autres pays européens, sont utilisées pour lancement de satellites européens, japonais... et américains.

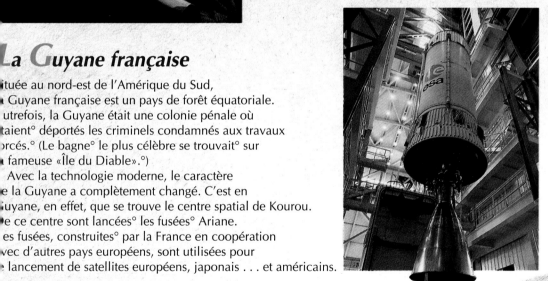

te *festival* à l'avance *in advance* tambour *drum* diables *devils* brûle *burn* défilés *parades* preuves *competitions* course de pirogues *canoe race* équipage *crew* s'entraînent *train* êts *ready* étaient *were* travaux forcés *forced labor* bagne *prison* se trouvait *was located* le du Diable» *Devil's Island* lancées *launched* fusées *rockets* construites *built*

■ **Compréhension du texte: Vrai ou faux?**

1. Les habitants de la Martinique sont français. [V]
2. La capitale de la Guadeloupe s'appelle Fort-de-France. [F]
3. La Guyane française fait partie de la France d'outre-mer. [V]
4. Pendant le Carnaval à la Martinique, on danse dans les rues. [V]
5. À la fin du Carnaval, on brûle «Vaval». [V]
6. Les jeunes Martiniquais parlent français et créole. [V]
7. Les grandes fêtes de Tahiti ont lieu en janvier. [F]
8. L'Île du Diable est à Tahiti. [F]

■ **Challenge activity:**

Identifiez...
1. la France d'outre-mer
2. Basse-Terre
3. la Polynésie française
4. «Vaval»
5. le créole
6. Kourou
7. l'Île du Diable

■ **Cultural expansion**
La Polynésie française: Elle comprend 130 petites îles du Pacifique Sud. L'île la plus connue est Tahiti.

■ **Compréhension du texte**

1. Comment s'appellent les deux jeunes filles?
2. Qu'est-ce qu'elles préparent aujourd'hui?
3. Quelle est la nationalité de Garine?
4. Quelle est la nationalité de Myrtise?
5. Quel âge avait Myrtise quand elle est venue aux États-Unis?
6. Quelle langue parle-t-elle avec ses parents?
7. Qu'est-ce qu'elle étudie à l'université?
8. Qu'est-ce qu'elle veut faire plus tard?
9. Et Garine?

Rencontre
avec Myrtise et Garine

Myrtise Maurice et Garine Jean-Philippe sont étudiantes dans une université américaine. Elles sont amies et habitent dans le même appartement. Je les ai rencontrées chez elles. Elles étaient en train de faire la cuisine.

JEAN-PAUL:	Bonjour, Myrtise! Bonjour, Garine! Qu'est-ce que vous faites?
MYRTISE:	Nous préparons un repas haïtien. Nous avons des invités ce soir.
JEAN-PAUL:	Qu'est-ce qu'il y a au menu?
MYRTISE:	Du lambi° avec du riz et de la «sauce pois».
JEAN-PAUL:	Qu'est-ce que c'est?
MYRTISE:	Le lambi, c'est un gros coquillage° qu'on trouve partout dans les Antilles. Et la sauce pois, c'est une sauce avec des haricots rouges.
JEAN-PAUL:	Et toi, Garine, qu'est-ce que tu fais?
GARINE:	Je fais des «bananes pesées». Ce sont des bananes frites. C'est aussi une spécialité haïtienne.
JEAN-PAUL:	Vous êtes haïtiennes toutes les deux?
GARINE:	Non, moi, je suis américaine, mais mes parents sont nés à Haïti.
JEAN-PAUL:	Et toi, Myrtise?
MYRTISE:	Moi, je suis haïtienne. Je suis venue ici à l'âge de douze ans avec ma famille.
JEAN-PAUL:	Est-ce que tu parles français avec tes parents?
MYRTISE:	Bien sûr! Nous parlons français et créole.
JEAN-PAUL:	Et toi, Garine?
GARINE:	Je comprends le créole, mais à la maison, mes parents préfèrent que je parle français.
JEAN-PAUL:	Qu'est-ce que tu étudies à l'université?
GARINE:	J'étudie les sciences sociales. Et après, je vais faire des études de droit.° Je voudrais être avocate.

lambi *conch* **coquillage** *shellfish* **droit** *law*

250

JEAN-PAUL: Et toi, Myrtise?

MYRTISE: Je fais des études de psychologie. Je voudrais être psychologue pour enfants.

JEAN-PAUL: Ici, aux États-Unis?

MYRTISE: Non, après mes études je compte° retourner à Haïti.

JEAN-PAUL: Pourquoi?

MYRTISE: Parce que c'est mon pays . . . Il y a beaucoup de choses à faire là-bas . . .

GARINE: Au fait, Jean-Paul, est-ce que tu veux dîner avec nous?

JEAN-PAUL: Oui, avec plaisir!

LE SAVEZ-VOUS?

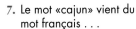

1. La Louisiane a été nommée ainsi en l'honneur . . .
   a d'une province française
   b d'une jeune fille française nommée Louisette
   c du roi de France Louis XIV

2. Toussaint Louverture est . . .
   a un explorateur français
   b le premier gouverneur de la Louisiane
   c le chef des esclaves haïtiens révoltés contre les Français

3. Aujourd'hui, la Martinique et la Guadeloupe sont . . .
   a des pays indépendants
   b des départements français
   c des colonies espagnoles

4. La devise du Québec est . . .
   a «Je me souviens.»
   b «Vive la différence!»
   c «Vive le français!»

5. Après Paris, la deuxième ville d'expression française du monde est . . .
   a Québec
   b Montréal
   c la Nouvelle-Orléans

6. À Paris on dit «Au revoir».
   À Québec on dit . . .
   a «Bonjour»
   b «Bonne nuit»
   c «Bon voyage»

7. Le mot «cajun» vient du mot français . . .
   a «acadien»
   b «canadien»
   c «indien»

8. Avant de venir en Louisiane, les Acadiens habitaient (lived) . . .
   a au Mexique
   b en Nouvelle-Angleterre
   c dans l'est du Canada

9. Certaines villes américaines sont nommées Lafayette en l'honneur . . .
   a d'un explorateur français
   b d'un général canadien
   c d'un héros de la Révolution américaine

10. L'un des premiers gouverneurs de Californie était d'origine française. Il s'appelle . . .
    a Paul Revere
    b John Charles Frémont
    c John James Audubon

11. Tahiti est une île . . .
    a canadienne
    b française
    c haïtienne

12. Les jeunes Martiniquais parlent français et . . .
    a créole
    b espagnol
    c italien

compte *plan*

251

Teaching strategy: Le savez-vous?

This quiz will help students check how well they have remembered the information presented in *Images du monde francophone*.

If students have only covered parts of the cultural photo essay, you may want to assign only selected items corresponding to what they have read.

PAGES	CORRESPONDING ITEMS
240–241	1, 2, 3
242–243	4, 5, 6
244–245	7, 8
246–247	9, 10
248–249	11, 12

Unité 5

MAIN THEME:
Sports, health, and daily life

➤ Teaching Resources

Technology/Audio Visual

VIDEO/VIDEODISC

Unité 5, Modules A–C
5-A. Un vrai sportif
5-B. Jérôme se lève?
5-C. J'ai voulu me dépêcher

CD-ROM

Writing Template
Unité 5

Unité 5, Leçons 17, 18, 19, 20

9, 30, 40, 41, 42, 43, 44, 45
Situational S11, S12

Print

Answer Key, Cassette Script, Video Script, Overhead Visuals Copymasters

Activity Book, pp. 53–62; 167–180; 289–298
Activity Book TAE

Video Activity Book pp. 65–82

Communipak, pp. 95–114

Teacher's Resource Package

Games, Additional Activities

Interdisciplinary Connections

Multiple Intelligences

Internet Connections
www.mcdougallittell.com

UNITÉ 5
Les sports et la vie quotidienne

LEÇON 17 Le français pratique: Le sport, c'est la santé

LEÇON 18 Vidéo-scène: Un vrai sportif

LEÇON 19 Vidéo-scène: Jérôme se lève?

LEÇON 20 Vidéo-scène: J'ai voulu me dépêcher

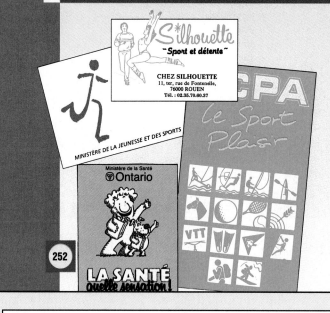

Teaching strategies

Depending on your school curriculum, you may prefer to present Unit 6 ahead of Unit 5.

	Unit 5	Unit 6
MAIN TOPIC	sports and health	the home
RELATED FUNCTIONS	describing daily activities	narrating past events
STRUCTURES	reflexive verbs	imperfect and passé composé
	y and **en**	**qui** and **que**

Thème et Objectifs

Culture

In this unit, you will learn . . .
- what sports French people enjoy
- how they keep in shape

You will discover that France, because of its varied geography, is a country in which one can participate in all types of sports and outdoor activities.

Communication

You will learn how . . .
- to name and describe your favorite sports
- to talk about your daily activities and personal care

You will also learn how . . .
- to identify various parts of the body and describe a person's physical features
- to explain what you do to stay fit
- to follow (or give) instructions in an exercise class
- to let a doctor know what is wrong when you feel sick or in pain

253

Linguistic objectives

- the pronouns **y** and **en**
- the reflexive verbs: present, imperative, passé composé, infinitive constructions

Classroom Notes

➤ Assessment Options

ACHIEVEMENT TESTS

Lesson Quizzes 17–20, pp. 75–82
  Test Cassette A, Side 2

Unit Test 5

 Portfolio Assessment
  p. T269, Activities 1–2;
  p. T281; p. T288,
  Activities 1–2

PROFICIENCY TESTS

 Listening Comprehension
  Performance Test, pp. 35–36
  Test Cassette C, Side 2

 Speaking Performance Test,
  pp. 25–28

Reading Comprehension
  Performance Test, pp. 25–27

 Writing Performance Test,
  pp. 47–48

 Test Bank, Unit 5
  Version A or B

 CD-ROM

LEÇON 17

Le sport, c'est la santé

Aperçu culturel... Le sport en France

«Un esprit sain dans un corps sain»[1] dit le proverbe. Les jeunes Français mettent ce proverbe en action en pratiquant toutes sortes de sports. À l'école ils font de la gymnastique et du jogging. Ils jouent aussi au foot, au volley et au basket. En dehors° de l'école, la pratique des sports varie avec les saisons: ski en hiver, tennis et natation au printemps et en été, planche à voile et alpinisme pendant les vacances.

[1]"A healthy mind *(spirit)* in a healthy body"
dehors *outside*

1. La planche à voile est un sport très populaire sur les plages de la Méditerranée et de l'Atlantique. Ici des jeunes pratiquent leur sport favori sur la plage de Verneuil-sur-Seine.

2. À Noël et pendant les vacances d'hiver, des milliers° de jeunes Français vont faire du ski dans les Alpes et les Pyrénées. En hiver, certaines écoles organisent des classes de neige. Les élèves étudient le matin et font du ski l'après-midi.

3. Le football reste le sport favori des jeunes Français. Pendant la semaine, ils pratiquent ce sport au lycée. Le soir et pendant le weekend, ils regardent les matchs professionnels à la télé. Le grand événement de l'année est la Finale de la Coupe de France. Ce match a lieu° en mai au stade de France au nord de Paris. Traditionnellement, c'est le président de la République qui donne la coupe à l'équipe victorieuse.

4. Quand on fait du parapente, on a l'impression de voler° comme° un oiseau. Le parapente est un sport très exaltant° mais il peut être dangereux. Ce n'est donc pas un sport pour tout le monde.

milliers *thousands* **a lieu** *takes place* **voler** *to fly* **comme** *like* **exaltant** *exciting*

254

Leçon 17

MAIN TOPIC:

Talking about sports and health

▭▭▭ **Leçon 17, Section 1**

■ **Photo culture note:** The French also go windsurfing on lakes and rivers. Verneuil-sur-Seine, as the name indicates, is located on the Seine River.

■ **Questions sur le texte**
1. Quel sport est très populaire sur les plages françaises?
2. Où est-ce que beaucoup de jeunes Français vont faire du ski?
3. Quel est le sport favori des jeunes Français?
4. Qu'est-ce qu'on a l'impression de faire quand on fait du parapente?
5. Comment s'appelle le jeu de boules d'origine provençale?
6. Quelles stations de ski ont des «snowparks»?
7. Qui est Catherine Destivelle?
8. Quel tournoi de tennis a lieu chaque année à Roland-Garros?
9. Où est-ce qu'on pratique le VTT?
10. Qui est la championne française du patinage artistique?

■ **If students ask:** For more information on **le parapente**, see the note on pp. T262–263.

Teaching strategy

Have students read this comprehension text twice:
- at the beginning of the unit—quickly for general information
- at the end of the lesson—with greater attention to details

By looking at the pictures, students can discover the meanings of many of the new words.

5. La pétanque, au contraire, est un sport pour tout le monde. Ce jeu de boules est d'origine provençale. Aujourd'hui, tous les Français, jeunes et vieux, jouent à la pétanque.

6. La planche à neige est un sport d'hiver très populaire parmi les jeunes Français. Comme pour le ski, les Français vont dans les Alpes et les Pyrénées pour faire de la planche à neige. Il y a même quelques stations de ski, comme Avoriaz et Les Arcs, qui ont des «snowparks».

7. L'alpinisme est un sport qui consiste à escalader les montagnes. Le nom de ce sport vient du mot «Alpes». Les Alpes sont des montagnes très élevées° qui séparent la France, la Suisse et l'Italie. En France, on fait de l'alpinisme non seulement° dans les Alpes, mais aussi dans les Pyrénées et dans toutes les régions où il y a des montagnes et des rochers.° Une des grandes spécialistes de l'alpinisme est une Française, Catherine Destivelle. Ici, la «reine»° des grimpeuses ° fait l'escalade° d'un sommet° près de Chamonix.

8. Chaque année, au mois de mai, les meilleurs joueurs de tennis du monde viennent à Paris disputer° les Internationaux de France.[2] Ce tournoi a lieu au stade Roland-Garros. Avec les Internationaux d'Angleterre, d'Australie et des États-Unis, c'est l'un des quatre tournois° qui comptent pour le «grand chelem».[3] Ici Cédric Pioline, l'un des grands du tennis mondial,° en pleine° action.

9. Le vélo tout terrain,° ou VTT, est un sport qu'on pratique en montagne pendant les vacances. Aujourd'hui, beaucoup de Français utilisent leur VTT pour circuler° en ville.

10. Le patinage artistique° allie la grâce et la technique. La championne française, Surya Bonaly, est l'une des meilleures patineuses° du monde.

[2]French Open
[3]Grand Slam (Note how the French spell the English phrase.)

d'or *gold* **élevées** *high* **seulement** *only* **rochers** *rocks* **reine** *queen* **grimpeuses** *climbers*
fait l'escalade *is climbing* **sommet** *peak* **disputer** *to compete in* **tournois** *tournaments*
mondial *world* **pleine** *full* **vélo tout terrain** *mountain biking* **circuler** *to get around*
patinage artistique *figure skating* **patineuses** *skaters*

Leçon 17 **255**

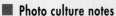

■ **Photo culture notes**
• **La pétanque** is played with ironclad balls on a sandy surface. Teams accumulate points by landing their **boules** as close as possible to a small ball (**le cochonnet**). For more information about the game, write Federation of Pétanque USA, 208 North Royal Street, Alexandria, VA 22314.

• The highest peak in Western Europe is Mont Blanc, in the French Alps. It rises to 4,807 m (15,771 ft.).

• The Roland-Garros Stadium is located at the southern end of the Bois de Boulogne. Roland Garros (1888–1918), a World War I fighter pilot, was the first aviator to cross the Mediterranean Sea in 1913.

■ **Pronunciation**
chelem /ʃlɛm/

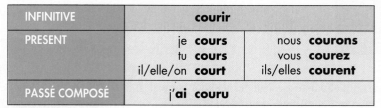

Section A

COMMUNICATIVE FUNCTION:
Discussing sports

🔲 **Leçon 17, Section 2**

📇 **Transparency 40**
Quelques sports individuels

⬛⬛ **French connection**
courant → current

▷ **Vocabulaire**

⬛ **Pronunciation**
surf /sœrf/

⬜ **Language note:** Remind students of the construction:
jouer à + TEAM SPORTS
Je joue au hockey (au foot, au basket).

Supplementary vocabulary

le judo
le karaté
le yoga

l'athlétisme (m.) *track and field*
l'aviron *rowing, crew*

le ski de fond *cross-country skiing*

la moto
l'alpinisme (m.) *mountain climbing*
la plongée sous-marine *scuba diving*

le deltaplane *hang gliding*
le parapente *parasailing*
le parachutisme
le snowboard *snowboarding*

⬜ **Language note:** Explain to students how to pronounce **snowboard (snōborde).**

A. Les sports individuels

—Tu es **sportif (sportive)?**
—Oui, je **fais du sport.**
—Quels sports est-ce que tu **pratiques?**
—Je fais de la gymnastique et du jogging.
—Est-ce que tu **cours** beaucoup?
—Je cours 20 kilomètres par semaine.

pratiquer: *to practice*

courir: *to run*

INFINITIVE	courir			
PRESENT	je **cours**		nous **courons**	
	tu **cours**		vous **courez**	
	il/elle/on **court**		ils/elles **courent**	
PASSÉ COMPOSÉ	j'**ai couru**			

Quelques sports individuels

le jogging	**la marche à pied** (hiking)
l'aérobic (m.)	**la gymnastique**
le vélo (cycling)	**l'équitation** (f.) (horseback riding)
le VTT (mountain biking)	
le ski (skiing)	**la natation** (swimming)
le ski nautique (waterskiing)	**la voile** (sailing)
le surf (surfboarding)	**la planche à voile** (windsurfing)
	le roller (rollerblading)
le patinage (skating)	**la planche à roulettes** (skateboarding)
le patin à roulettes (roller skating)	**la planche à neige** (snowboarding)

➡ To talk about individual sports, the French use the construction:

faire { **du** / **de la** / **de l'** } + NAME OF SPORT

Je **fais du vélo.**
Éric **fait de la voile.**
Nous **faisons de l'aérobic.**

In negative sentences, **du/de la → de.** Je **ne fais pas de** ski.

256 Unité 5

📇 Teaching strategy: Les sports

PROP: Transparency 40
Introduce the sports by pointing to the people on the transparency.
Pierre fait du jogging.
Michèle fait de l'aérobic.
Est-ce qu'elle fait du vélo?
Non, elle fait de l'aérobic.

When students are familiar with the sports in the affirmative, introduce the negative construction.
Est-ce que Pierre fait de la planche à neige? Non, il ne fait pas de planche à neige. Et toi, [David], est-ce que tu fais de la planche à neige?, etc.

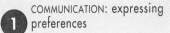

1 Le sport et vous

Indiquez vos préférences en complétant les phrases suivantes.

fais du sport . . .
tous les jours
une fois par semaine
trois fois par semaine
pratiquement jamais

fais du sport parce que . . .
c'est amusant
c'est bon pour la santé *(health)*
c'est obligatoire à mon école
?

préfère courir . . .
seul(e) *(alone)*
avec un copain ou une copine
avec mon chien
?

4. Je préfère faire de la natation . . .
 • dans une piscine
 • dans un lac
 • dans une rivière
 • à la mer *(ocean)*

5. En hiver, mon sport préféré est . . .
 • le ski
 • le patinage
 • la marche à pied
 • ?

6. En été, mon sport préféré est . . .
 • l'équitation
 • la voile
 • le ski nautique
 • ?

7. Dans mon quartier,
 les jeunes font . . .
 • du patin à roulettes
 • de la planche à roulettes
 • du jogging
 • ?

8. Je voudrais apprendre
 à faire . . .
 • du ski nautique
 • du parachutisme
 • du parapente *(parasailing)*
 • de la plongée sous-marine
 (scuba diving)
 • de la planche à
 neige

2 Et vos camarades?

Demandez à vos camarades s'ils pratiquent les sports suivants. S'ils répondent que **oui**,
continuez le dialogue avec des questions comme **où? quand? avec qui?**

Tu fais
du jogging?

Oui, je fais
du jogging.

(Non, je ne fais pas
de jogging.)

Où?

Je fais du jogging
dans les rues de mon quartier
(dans le parc de la ville).

3 Le sport et la géographie

Dites quels sports individuels on pratique dans les régions suivantes.

▶ À la Martinique . . .   À la Martinique, on fait de la voile, du ski nautique,
 de la planche à voile . . .

1. À Hawaii . . .
2. Dans le Colorado . . .
3. En Floride . . .
4. En Californie . . .
5. Au Canada . . .
6. Dans ma région, en hiver . . .
7. Dans ma région,
 en été . . .

COMMUNICATION: expressing
preferences

■ **Language note:** Point out that
alone or *by oneself* is **seul(e)**.

■ **Teaching note:** You may wish
to have students do this activity in
a chain.
S1: **Je fais du sport [trois fois par
semaine].**
S2: **Je fais du sport [tous les
jours]. Je fais du sport parce
que [c'est bon pour la santé].
Et toi, Isabelle?**, etc.

EXCHANGES: talking about
sports

1. de la natation
2. du vélo
3. de la gymnastique
4. de la marche à pied
5. du patin à roulettes
6. de la planche à roulettes
7. de l'équitation

COMPREHENSION: matching
sports and regions

🔲 Leçon 17, Section 2

🔲 Transparency 41
Les parties du corps

◾ **Language note:** The verb **lever** is conjugated like **acheter:** je lève, nous levons

◾ **Supplementary vocabulary** **baisser** *to lower*

▷ Vocabulaire

◾ **Language note:** Les cheveux is usually plural. Un cheveu is a single strand of hair.

Supplementary vocabulary

le visage *face*
le front *forehead*
le menton *chin*
la lèvre *lip*
la langue *tongue*
la gorge *throat*
le coude *elbow*
le poignet *wrist*
le pouce *thumb*
les ongles (m.) *nails*
la taille *waist*
la hanche *hip*
la cheville *ankle*

la peau *skin*
le sang *blood*

B. Un peu de gymnastique

Je lève le bras droit. | **Je lève le bras gauche.** | **Je plie les jambes.** | **Je mets les mains derrière le dos.** | **Je mets les mains sur la tête.**

lever: *to raise* **plier:** *to bend*

Les parties du corps

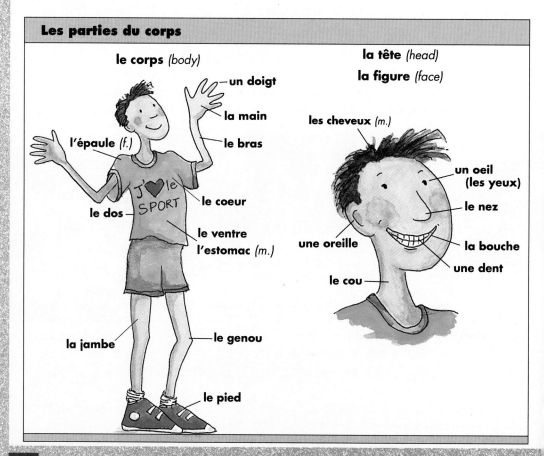

le corps *(body)*

la tête *(head)*
la figure *(face)*

un doigt
la main
le bras
l'épaule *(f.)*
le coeur
le dos
le ventre
l'estomac *(m.)*
la jambe
le genou
le pied

les cheveux *(m.)*
un oeil (les yeux)
le nez
une oreille
la bouche
une dent
le cou

 258 Unité 5

🔲 **Teaching strategy: Les parties du corps**

PROP: Transparency 41

Ask students to stand. Call out a part of the body and have students point to the appropriate part.

Montrez-moi votre dos.
Montrez-moi vos oreilles.

Verify by pointing to the correct body part on the transparency.

4 **«Jacques a dit»**

Le jeu de «Jacques a dit» est l'équivalent du jeu américain «Simon says». Jouez à ce jeu avec vos camarades. Vous pouvez utiliser les instructions suivantes ou créer d'autres instructions.

Jacques a dit «Touchez les cheveux.»

▶ Jacques a dit/touchez les cheveux

1. levez la main droite
2. levez la jambe gauche
3. levez la tête
4. mettez la main gauche derrière le dos
5. mettez la main droite sur l'oreille gauche
6. mettez un doigt sur le nez
7. mettez deux doigts sur la bouche
8. ouvrez *(open)* la bouche
9. fermez *(close)* les yeux
10. mettez les mains autour *(around)* du cou
11. pliez les genoux
12. montrez vos dents
13. mettez les mains sur les épaules
14. touchez votre pied gauche avec la main droite

5 **Anatomie**

Complétez les phrases suivantes avec la partie du corps qui convient.

▶ On mange . . .
On mange avec la bouche et les dents.

1. On regarde avec . . .
2. On court avec . . .
3. On écoute avec . . .
4. On joue au foot avec . . .
5. On respire *(breathes)* par . . .
6. On joue au basket avec . . .
7. On joue de la guitare avec . . .
8. On porte un chapeau sur . . .

Leçon 17 **259**

COMPREHENSION: responding to commands with physical movements
4

DESCRIPTION: describing physical actions
5

1. les yeux
2. les jambes
3. les oreilles
4. les pieds
5. le nez
6. les bras et les jambes
7. les mains
8. la tête

■ **Expansion:** Have students make up additional cues.

■ **Photo culture notes**
• Point out the soccer goals on the playing field. Sports fields in France are set up for playing soccer and not for rugby or American-style football.

• These people are kayaking on Lake Annecy.

Activity: Une chanson

You may wish to teach your class the song "Tête, épaules, genoux et pieds." It is sung to the tune of "There's a Tavern in the Town." Have students touch the appropriate body parts as they sing.

**Tête, épaules, genoux et pieds,
   genoux et pieds** (bis)
**J'ai deux yeux, un nez, une bouche et
   deux oreilles
Tête, épaules, genoux et pieds,
   genoux et pieds.**

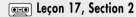 **Leçon 17, Section 2**

Transparency 42
La santé

Supplementary vocabulary
J'ai mal à la gorge. *I have a sore throat.*

C. La santé

—Ça va? 😊 ☹️

Oui, **ça va.**
Je suis **en forme** *(in shape)*.
Je suis **en bonne santé** *(health)*.
Je me **sens** *(feel)* bien.
Ça va **mieux** *(better)*.

Non, **ça ne va pas.**
Je ne suis pas en forme.
Je suis en mauvaise santé.
Je ne me sens pas bien.

—**Qu'est-ce que tu as?** *(What's wrong? What's the matter?)*

Je suis | **malade** *(sick)*.   J'ai | **la grippe** *(flu)*.
| **fatigué(e)** *(tired)* | **un rhume** *(cold)*

—**Où est-ce que tu as mal?** *(Where does it hurt?)*

J'ai mal | **à la tête.** *(I have a headache. My head hurts.)*
| **au ventre** *(I have a stomachache. My stomach hurts.)*
| **au dos** *(I have a sore back. My back hurts.)*
| **aux oreilles** *(I have an earache. My ear hurts.)*

➡ To indicate where you have a pain or where you are sore, use the construction:

$$\text{avoir mal} \begin{cases} \textbf{au (à l')} \\ \textbf{à la (à l')} \\ \textbf{aux} \end{cases} + \text{PART OF THE BODY}$$

---

6 ROLE PLAY: describing injuries and ailments

1. J'ai mal à la main.
2. J'ai mal à la tête.
3. J'ai mal aux dents.
4. J'ai mal au nez.
5. J'ai mal au dos.
6. J'ai mal au cou.
7. J'ai mal aux oreilles.

6 **Aïe!** *(Ouch!)*
Demandez à vos camarades
où ils ont mal.

▶ —Où as-tu mal?
—J'ai mal au pied.

---

7 COMMUNICATION: answering personal questions

7 **Questions personnelles**

1. Qu'est-ce que tu fais pour rester en bonne santé?
2. Est-ce que tu es en forme? Qu'est-ce que tu fais pour rester en forme?
3. Est-ce que tu as mal à la tête quand tu étudies trop? Quel médicament *(medicine)* est-ce que tu prends quand tu as mal à la tête? Et quand tu as mal au ventre?
4. Est-ce que tu as eu la grippe l'année dernière? Où est-ce que tu as eu mal?
5. Quels sports est-ce que tu pratiques? Est-ce que tu as mal après avoir pratiqué ces sports? Où?
6. Est-ce que tu es allé(e) chez le dentiste récemment? Pourquoi? Est-ce que ça va mieux maintenant?

 Cooperative pair practice
Activities 6, 7, 8

Teaching strategy: La santé

PROP: Transparency 42

Say a sentence and have students mime the action. Verify by pointing to the appropriate person on the transparency.
Vous êtes fatigué. (students yawn)
Point to person yawning.
Juliette est fatiguée aussi.

COMPREHENSION: talking about health problems and their causes

8 Ça va?

Créez des dialogues, suivant le modèle, en choisissant un élément de chaque colonne.

A la partie du corps	B le problème
les yeux le nez les dents les pieds les doigts la tête le ventre les jambes le dos	jouer au foot manger trop de chocolats faire de la marche regarder la télé travailler dans le jardin jouer de la guitare être piqué *(stung)* par un moustique ??

Au Jour Le Jour

Au Jour le Jour

≋ À L'AIR MARIN ≋

SPÉCIAL SALON

vous trouverez cet été :

Piscine
Tennis
Tir à l'arc
Volley-ball
Pétanque
Ping-pong
Canoës
Planches à voile
Pédalos
Ski nautiques
Voile
Promenade à cheval
Pêche
Location de bicyclette
Vélo-cross
Mini-golf
Excursions

emplacement délimité

PRIX SPÉCIAL
JUILLET - AOÛT
semaines 4 personnes

250€

• piscine
• électricité
• animations
• soirées dansantes

Juin et Septembre
semaines 4 personnes

100€

INFORMATIONS ET RESERVATIONS: TEL. 04.67.94.21.89
CAMPING L'AIR MARIN
34450 VIAS-SUR-MER - FRANCE

Veuillez m'adresser des Informations
sans engagement

Nom :
Prénom :
Adresse :
          Tél

En été, beaucoup de Français passent
les vacances dans les terrains de camping.
Ces terrains de camping sont généralement
bien équipés. Ils offrent souvent la possibilité
de pratiquer différents sports.

Imaginez que, l'été prochain, vous allez
faire du camping en France avec des copains.
Vous êtes chargé(e) de trouver un terrain
de camping.

Regardez la brochure.
• Comment s'appelle le terrain de camping?
• Où est-il situé? (à la mer? à la campagne?
  à la montagne?)
• Comment est-ce que vous pouvez obtenir
  des informations sur ce camping?
• Combien coûte le séjour *(stay)* de deux
  semaines en juillet? en juin?

air marin *sea air*   **tir à l'arc** *archery*   **pédalos** *pedal boats*
location *rental*   **vélo-cross** *dirt bike (circuit)*
emplacement délimité *marked camp site*
inclus gratuitement *included at no extra cost*
animations *organized activities*
veuillez m'adresser *please send me*
sans engagement *at no obligation*

Leçon 17 **261**

Au Jour le Jour

OBJECTIVES
• Reading authentic realia
• Reading for information

■ **Réponses**
• Le terrain de camping s'appelle
  L'Air marin.
• Il est situé à la mer.
• On peut téléphoner à
  04.67.94.21.89 ou on peut
  envoyer un coupon-réponse
  (return coupon).
• En juillet, le séjour de deux
  semaines coûte 250 euros. En juin,
  le séjour de deux semaines
  coûte 100 euros.

👥👥 Cooperative reading activity

• Choisissez trois ou quatre camarades.
Dans votre groupe, analysez la liste des
activités et des sports proposés dans la
brochure.

• Faites une liste de quatre sports
aquatiques *(water sports)* en les classant
par ordre de préférence.

• Faites une liste de six autres sports ou
activités en les classant par ordre de
préférence.

• Comparez vos listes avec celles des
autres groupes.

Leçon 18

MAIN TOPIC:

Talking about one's activities

MODULE 5-A
Un vrai sportif

Total time: 2:01 min.
(Counter: 31:23–33:24 min.)

VIDEODISC Disc 1, Side 2
11491 to 15055

Leçon 18, Section 1

18 Vidéo-scène
LEÇON 18 Un vrai sportif

Aimez-vous le sport? Comme beaucoup de jeunes Français, Pierre et Armelle font du sport assez souvent. En hiver ils font du ski dans les Alpes. En été, ils font de la natation et de la planche à voile sur le lac d'Annecy.

Ce matin, ils font du jogging . . .

En route ils voient quelqu'un qui fait du jogging aussi.

Tiens, regarde. C'est pas Jérôme là-bas?

Il fait souvent du jogging?

Salut!

Salut!

Si, si, c'est lui.

Oh . . . Il en fait de temps en temps. Comme nous.

Armelle et Pierre disent bonjour à Jérôme.

Ah oui! J'y vais tous les r

D'où viens-tu?

Tu y vas souvent?

Je viens du gymnase.

262 Unité 5

🌐 Cultural note: Le parapente

Le parapente *(parasailing)* is a spectacular and exciting sport in the mountainous areas of France. One wears a harness with a colorful rectangular parachute and takes a running jump off a high cliff or overhang.

By changing the angle of the parachute, one can direct one's flight, riding air currents up and down. One makes one's landing in a specially designated circular area situated below the jump-off point.

In Annecy, **les parapentistes** jump from the Col de la Forclaz 600 meters (2000 feet) above Lake Annecy and land near the picturesque village of Talloires.

Jérôme, c'est quoi ton sport préféré?

Oh, tu sais, j'aime tous les sports. Mais maintenant ma spécialité, c'est le parapente.

Ah bon? Où est-ce que tu en fais?

À Talloires, au-dessus du lac. J'y vais tous les weekends.

Tu vas y aller le weekend prochain?

Et tu n'as pas peur?

Bien sûr. Je vais même participer à une compétition samedi matin avec mes copains. J'ai des chances de gagner.

Non, pourquoi?

Parce que dangereux, non?

Mais non, c'est pas dangereux quand on est en forme, comme moi . . .

Allez, au revoir.

Jérôme continue son jogging.

Au revoir, champion!

Dis donc, ton frère, c'est un vrai sportif!

Tu parles!

Armelle semble impressionnée par les exploits de Jérôme.

Pierre, lui, n'est pas très impressionné.

à suivre . . .

Compréhension

1. Qui est-ce que Pierre et Armelle rencontrent?
2. D'où vient Jérôme?
3. Quel est son sport préféré maintenant?
4. Qu'est-ce qu'il va faire samedi matin?

Leçon 18 263

■ **Casual speech:** In speech, **c'est quoi . . . ?** often replaces the standard **Quel est . . . ?** construction.
C'est quoi ton sport préféré?
(Quel est ton sport préféré?)
Also: **C'est qui . . . ?**
 (Qui est . . .?)

■ **Language note:**
Tu parles! *You must be joking!*

● COMPREHENSION

1. Ils rencontrent Jérôme.
2. Il vient du gymnase.
3. Son sport préféré est le parapente.
4. Il va participer à une compétition.

The video shows parasailing in the Alps in the winter, but it is also a very popular summer sport, especially in Annecy.

⊙▭ **Leçon 18, Section 2**

■ **Language notes**
• The pronoun **y** does NOT replace place names introduced by **de.**

• In infinitive constructions, **y** comes before the infinitive.
Je vais **y** aller demain.

• Because of liaison, the imperative **tu**-forms of **aller** and all **-er** verbs keep the final "**s**" before the pronoun **y.**

• Usually **à** + PEOPLE is replaced by the indirect object pronoun **lui/leur.**
Tu parles **au professeur?**
Oui, je **lui** parle.
Tu réponds **à tes cousins?**
Oui, je **leur** réponds.

▱ **Transparency 9**
Quelques endroits

■ Ask questions about the places shown on the transparency, and have students respond using **y.**
Est-ce que Marc va à l'église?
Oui, il y va., etc.

A. Le pronom **y**

Note the use of the pronoun **y** *(there)* in the answers to the following questions.

Vas-tu souvent **à la plage?**	Oui, j'**y** vais souvent en été.
Vas-tu **au gymnase** le soir?	Non, je n'**y** vais pas.
Est-ce que tu vas **chez ton copain?**	Oui, j'**y** vais assez souvent.
Est-ce que ta raquette est **dans ta chambre?**	Non, elle n'**y** est pas.
Es-tu allé **en France?**	Oui, j'**y** suis allé.
Est-ce qu'Éric est allé **chez son cousin?**	Non, il n'**y** est pas allé.

The pronoun **y** is the equivalent of the English *there*. It replaces names of places introduced by PREPOSITIONS OF PLACE such as **à, en, dans, chez,** etc.

Like other object pronouns, **y** comes BEFORE the verb, except in affirmative commands.

➡ Note the word order in negative sentences.
Je **n'y** vais **pas.** Je **n'y** suis **pas** allé.

➡ Note the position of **y** in affirmative commands. There is liaison between the verb and **y.**
On va **au stade?** Oui, allons-**y!**
Je vais **à la bibliothèque?** Oui, vas-**y!**

➡ The expression **Vas-y!** is used to encourage people.
Vas-y! *Go on! Go ahead! Keep going!*

➡ The pronoun **y** may also replace **à** + NOUN designating a THING.
Tu joues **au foot?** Oui, j'**y** joue.
Tu réponds **à cette lettre?** Non, je n'**y** réponds pas.

➡ Note the following conversational expressions with **y.**
Vas-y! *Go on! Go ahead! Keep going!*
On y va? *Should we go? Are we going?*
Allons-y! *Let's go!*

On va au stade?

⑧ **Chez Flunch, tous les gourmands s'y retrouvent »**
flunc *Le Restaurant Libe...*

264 Unité 5

⟨⟨⟨ **Teaching strategy: Les pronoms *y* et *en***

This lesson presents the pronouns **y** and **en,** which are frequently used in everyday spoken French.

• RECOGNITION: An awareness of the uses of **y** and **en** will increase students' oral comprehension.

• PRODUCTION: Students do not need to

master these pronouns in order to express themselves adequately at this level.

You may wish to present this lesson rapidly, focusing on recognition rather than production. (Depending on your goals and objectives, it is also possible to postpone this lesson until later.)

Vocabulaire: Quelques expressions de temps

souvent	often	L'été, je vais **souvent** à la plage.
quelquefois	sometimes	Je joue **quelquefois** au volley.
de temps en temps	from time to time	Je vais **de temps en temps** à la campagne.
parfois	occasionally	Je fais **parfois** une promenade à vélo.
rarement	seldom, rarely	Je vais **rarement** chez mon cousin.
ne ... presque jamais	almost, never	Je **ne** vais **presque jamais** au théâtre.

À l'origine des grandes réussites, on trouve parfois une idée simple.

① Conversation

Demandez à vos camarades s'ils vont aux endroits suivants. Ils vont répondre en utilisant une expression de temps.

▶ à la piscine?

1. à la bibliothèque?
2. au gymnase?
3. à la campagne?
4. au concert?
5. en ville?
6. au supermarché?
7. dans les magasins?
8. chez ton copain (ta copine)?
9. chez tes grands-parents?
10. chez le dentiste?

Tu vas à la piscine?

Oui, j'y vais de temps en temps (souvent).

(Non, je n'y vais presque jamais.)

② Pas le weekend!

Le weekend on ne fait pas ce qu'on fait pendant la semaine. Exprimez cela en utilisant le pronom **y.**

▶ Nous déjeunons à la cantine de l'école.
Le weekend, nous n'y déjeunons pas.

1. On va à l'école.
2. Ma mère va à son travail.
3. Je vais à la bibliothèque.
4. Les élèves sont en classe.
5. Vous restez chez vous.
6. Ma tante déjeune au restaurant.
7. Nous jouons au foot.
8. Vous jouez au volley.

③ Questions personnelles

Utilisez le pronom **y** dans vos réponses.

1. Maintenant, es-tu en classe?
2. Le samedi, vas-tu au cinéma?
3. Le dimanche, dînes-tu au restaurant?
4. Le weekend, restes-tu chez toi?
5. Es-tu allé(e) en France?
6. Es-tu allé(e) à Disney World?
7. Es-tu monté(e) à la Statue de la Liberté?
8. Es-tu descendu(e) dans le Grand Canyon?

▷ Vocabulaire

■ **Pronunciation:**
de temps en temps
/dətãzãtã/

↺ **Review and re-entry:** You may review other expressions of time:
une (deux, trois, plusieurs) fois par jour (semaine, mois, etc.)
tout le temps
tous les jours
toutes les semaines

EXCHANGES: finding out how often people go to certain
① places

■ **Variation** (in passé composé):
Ask whether your classmates went to these places last week.
– Est-ce que tu es allé(e) à la piscine la semaine dernière?
– Oui, j'y suis allé(e).
(Non, je n'y suis pas allé(e).)

 DESCRIPTION: saying what people do not do on
② weekends

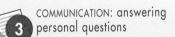 COMMUNICATION: answering personal questions
③

■ **Extra cues:**
5. au Canada? au Mexique? à Puerto-Rico?
6. à Disneyland?
7. à la Tour Eiffel?

Une enquête: Visites et sorties

Take a survey to determine which American city has been visited by the greatest number of students.

• Have students name cities they have visited and write these on the board (e.g., New York, Chicago, Miami, San Antonio).

• For each city ask:
Qui est allé à [New York]?
Count how many students respond:
J'y suis allé(e).

ALTERNATE: Conduct a similar survey about where students went last weekend (e.g., **au cinéma, en ville, chez un copain, à la campagne,** etc.).

Cooperative pair practice
Activity 1

Leçon 18, Section 2

Language notes
- In the passé composé, the past participle does not agree with **en**.
- In infinitive constructions, **en** comes before the infinitive.
  – **Tu vas faire du jogging?**
  – **Oui, je vais en faire.**
- Because of liaison, the imperative **tu**-forms of **-er** verbs keep their final "**s**" before the pronoun **en**.
  Achète des fruits.
  Achètes-en.

Transparency 40
Quelques sports individuels

■ Ask students questions about the sports shown on the transparency.
Est-ce que tu fais du jogging?
  Oui, j'en fais.
  (Non, je n'en fais pas.)

Transparency 30
Fruits et légumes

■ Ask whether the market shown on the transparency sells or has certain items. Students respond using **en**.
Est-ce qu'on vend des oranges?
  Oui, on en vend.
Est-ce qu'on vend du fromage?
  Non, on n'en vend pas.
Est-ce qu'il y a des tomates?
  Oui, il y en a.
Est-ce qu'il y a du riz?
  Non, il n'y en a pas.

EXCHANGES: talking about
sports and leisure activities

4

Cooperative
pair practice
Activities 4, 5

B. Le pronom *en*

Note the use of the pronoun **en** in the answers to the questions below.

Tu fais **du jogging?**	Oui, j'**en** fais.
Vous avez fait **de la gymnastique?**	Oui, nous **en** avons fait.
Tu veux **de l'eau minérale?**	Oui, merci, j'**en** veux bien.
Tu as mangé **des spaghetti?**	Oui, j'**en** ai mangé.
Tu ne fais pas **de ski**, n'est-ce pas?	Non, je n'**en** fais pas.
Tu ne veux pas **de frites**, n'est-ce pas?	Non, je n'**en** veux pas.

Tu veux de l'eau minérale?

Oui, j'en ve...

POSITION

Like other object pronouns, **en** comes BEFORE the verb except in affirmative commands.

➡ Liaison is required after **en** when the verb begins with a vowel sound.
  J'**en** ai.   Tu n'**en** as pas.

➡ Note the position of **en** in negative sentences.
  Je ne fais pas **de sport**.   Je n'**en** fais pas.
  Je n'ai pas acheté **de pain**.   Je n'**en** ai pas acheté.

➡ Note the position of **en** in affirmative commands. There is liaison between the verb and **en**.
  Fais **des exercices**.   Fais-**en**!
  Prends **de l'eau minérale**.   Prends-**en**!

➡ Note the position of **en** with **il y a**.
  Est-ce qu'il y a **des pommes?**   Oui, il y **en** a.
  Non, il n'y **en** a pas.

Tu veux une orange?

Non, mer...
Est-ce qu'i...
des pom...

Oui, il y en a.

4 **Vive les loisirs!**
Demandez à vos camarades s'ils pratiquent les sports suivants ou les activités suivantes.

▶ de la photo

Tu fais de la photo?

Oui, j'en fais.

(Non, je n'en fais pas.)

1. du ski nautique
2. de la voile
3. de la planche à voile
4. de la danse moderne
5. des exercices
6. du patinage
7. du camping
8. du ski
9. du surf
10. de la planche à roulettes

Pacing
Depending on your schedule, you may choose to do only two or three of Act. 4, 5, 6, and 7.

USES

The pronoun **en** replaces	du, de la (de l') des de (d')	} + NOUN

Je voudrais **de la limonade.**	J'**en** voudrais.	*I would like some.*
On a acheté **des croissants.**	On **en** a acheté.	*We bought some.*
Je ne veux pas **de fromage.**	Je n'**en** veux pas.	*I don't want any.*

→ The pronoun **en** is often the equivalent of the English pronoun *some, any.* While these pronouns are sometimes omitted in English, **en** must always be used in French.

Tu as **de l'argent?**	Oui, j'**en** ai.	*Yes, I have (some).*
	Non, je n'**en** ai pas.	*No, I don't have any.*

Other uses of **en**

→ **En** replaces a noun introduced by **un** or **une.**

Tu as **un walkman?**	Oui, j'**en** ai **un.**	*Yes, I have one.*

Note that **un** and **une** are not used in negative sentences.

Tu as **une voiture?**	Non, je n'**en** ai pas.	*No, I don't have one.*

Tu as un walkman?

Oui, j'en ai un.

→ **En** replaces the preposition **de** + NOUN.

Tu viens **de la plage?**	Oui, j'**en** viens.	*Yes, I am coming from there.*
Tu parles **de tes projets?**	Non, je n'**en** parle pas.	*No, I don't talk about them.*
Tu as besoin **de ton livre?**	Oui, j'**en** ai besoin.	*Yes, I need it.*

→ **En** replaces a noun introduced by a NUMBER.

Marc a **trois frères.** Et toi?	Moi, j'**en** ai **deux.**	*I have two.*
Sandrine a **trente cassettes.**	Moi, j'**en** ai **trente** aussi.	*I also have thirty.*

Sandrine a trente cassettes. Moi, j'en ai trente aussi.

→ **En** replaces **de** + NOUN after an expression of QUANTITY.

Tu as **beaucoup d'amis?**	Oui, j'**en** ai **beaucoup.**	*Yes, I have many.*
Tu as **assez d'argent?**	Non, je n'**en** ai pas **assez.**	*No, I don't have enough.*

5 Un régime de championne
Un journaliste interviewe une athlète. Jouez les deux rôles.

▶ faire du jogging? (tous les matins)

Vous faites du jogging?

Oui, j'en fais tous les matins.

1. faire de la gymnastique? (tous les jours)
2. faire du vélo? (avant le dîner)
3. faire de la marche à pied? (quelquefois)
4. boire du jus d'orange? (au petit déjeuner)
5. boire de l'eau minérale? (à tous les repas)
6. manger du yaourt? (très souvent)
7. manger des produits naturels? (tout le temps)
8. donner des interviews? (de temps en temps)
9. prendre des vacances? (rarement)

Leçon 18 267

■ **Language notes**
• In negative sentences, **en** may also correspond to *none.*
Vous avez des billets?
   Nous n'**en** avons pas.
   We have none.

• **Un** and **une** are not used in negative sentences.
Note in the example that **une voiture** becomes **(pas) de voiture** and **en** replaces **de** + NOUN.
Compare:
Oui, j'ai **une voiture.**
   J'**en** ai une.
Non, je n'ai pas **de voiture.**
   Je n'**en** ai pas.

■ **Teaching notes**
• These last three uses of **en** are presented mainly for recognition.

• Point out that **J'en ai besoin** literally means *I have need of it.*

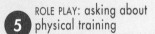

5 ROLE PLAY: asking about physical training

■ **Photo culture note:** Point out the **FNAC** sign on the building behind the speakers. **La FNAC (Fédération nationale d'Achats)** was initially founded as a co-op discount bookstore. Now **la FNAC** (pronounced /fnak/) has become a large chain store that specializes in books, music, and audio-visual equipment.

Teaching note
With fast-paced classes, you may want to contrast the pronouns **le, la, les,** and **en**:
Je mange **le gâteau.**
   Je **le** mange. *I am eating it.*
Je mange **du gâteau.**
   J'**en** mange. *I am eating some.*

Point out that in the passé composé, there is no agreement of the past participle with **en.**
J'ai mangé **la glace.**
   Je l'ai mangée.
J'ai mangé **de la glace.**
   J'**en** ai mangé.

6 Pourquoi pas?

Nicolas demande à ses copains s'ils font certaines choses. Ils répondent négativement et expliquent pourquoi. Avec vos camarades, jouez les rôles en choisissant une réponse logique.

▶ manger de la viande?
—Tu manges de la viande?
—Non, je n'en mange pas.
—Ah bon? Pourquoi est-ce que tu n'en manges pas?
—Je suis végétarien(ne).

1. manger du sucre?
2. vouloir de la limonade?
3. vouloir du gâteau?
4. faire du jogging?
5. faire du camping?
6. prendre des photos?
7. faire de l'espagnol?
8. faire des exercices?

Je n'ai pas d'appareil-photo.
Je n'ai pas de tente.
Je n'ai pas soif.
Je n'ai pas faim.
J'ai mal aux pieds.
Je suis fatigué(e).
J'ai mal aux dents.
Je suis végétarien(ne).
Je ne suis pas doué(e) *(gifted)* pour les langues.

7 Et vous?

Demandez à vos camarades s'ils mangent et s'ils boivent les choses suivantes.

manger . . .	boire . . .

▶ —Est-ce que tu manges du poisson?
—Oui, j'en mange de temps en temps (souvent, tous les jours, quelquefois, parfois).
(Non, je n'en mange jamais.
Non, je n'en mange presque jamais.)

8 Nos possessions

Demandez à vos camarades s'ils ont les choses suivantes.

▶ une radiocassette

1. un walkman
2. un appareil-photo
3. un vélo
4. une guitare
5. une montre
6. un chien
7. un poisson rouge *(goldfish)*
8. une raquette de tennis
9. une batte de baseball
10. un ballon de basket

> Tu as une radiocassette?

> Oui, j'en ai un

(Non, je n'en ai pas

9 Questions personnelles

Utilisez le pronom **en** dans vos réponses.

1. Est-ce que tu as mangé des céréales ce matin? Est-ce que tu as bu du jus d'orange? du lait?
2. Est-ce que tu as fait du jogging hier? Où et avec qui?
3. Est-ce que tu as fait du baby-sitting la semaine dernière? Pour qui?
4. Est-ce que tu as acheté des vêtements le weekend dernier? Où?
5. L'été dernier, est-ce que tu as fait de la natation? de la voile? de la planche à voile? Où?
6. Est-ce que tu as gagné de l'argent pendant les vacances? Comment?
7. Est-ce que tu as déjà fait du camping? Où? Quand? Avec qui?
8. Est-ce que tu as déjà fait du ski? du ski nautique? Où? Quand?

Cooperative pair practice
Activities 6, 7, 8, 9

Vocabulaire: Pour exprimer son opinion

à mon avis	in my opinion	**À mon avis,** le français est une langue facile.
selon moi	according to me	**Selon moi,** le rugby est un sport trop violent.
d'après moi	according to me	**D'après moi,** la natation est un très bon exercice.
je pense que	I think (that)	**Je pense que** le jogging est un excellent sport.
je trouve que	I think (that)	**Je trouve qu'**on ne fait pas assez de sport à l'école.
je crois que	I believe (that)	**Je crois que** pour rester en forme, il faut faire du sport tous les jours.

➡ **Penser** and **trouver** are regular **-er** verbs.

INFINITIVE	**croire** (to believe)	
PRESENT	je **crois**	nous **croyons**
	tu **crois**	vous **croyez**
	il/elle/on **croit**	ils/elles **croient**
PASSÉ COMPOSÉ	j'**ai cru**	

"Je crois que je ferais mieux d'appeler."

10 Vous et le sport

Exprimez votre opinion sur les sports suivants.

le tennis	le football américain		dangereux	trop violent
le jogging	le karaté		intéressant	très bon pour la santé
la planche à voile	l'aérobic	est un sport	amusant	passionnant (exciting)
la marche à pied	le deltaplane		facile	ennuyeux (boring)
la planche à neige	(hanggliding)		difficile	

▶ À mon avis, (Je crois que) le deltaplane est un sport très dangereux.

votre tour!

1 Vive le sport!

Faites une liste de quatre sports que vous aimez. Décrivez où et quand vous pratiquez ces sports.

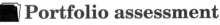

jogging — J'aime faire du jogging.
J'en fais dans mon quartier.
J'en fais deux ou trois fois par semaine.

volley — J'aime jouer au volley.
J'y joue souvent à l'école avec mes copains.
J'y joue généralement après les classes.

2 Situation: Vacances à la Martinique

Your partner went to the Caribbean island of Martinique for spring vacation. Ask your partner at least four questions. For instance, ask . . .

- if he / she went to the beach every day
- if he/she went sailing (**faire de la voile**)
- if he/she went windsurfing
- if he/she played volleyball
- if he/she met French young people
- if he/she often went to a restaurant
- if he/she took many photographs
- if he/she bought some souvenirs (**des souvenirs**)

📁 Portfolio assessment

You will probably choose only one oral and one written activity to go into the students' portfolios for Unit 5. The following activities are good portfolio topics:

ORAL/WRITTEN: Activity 2
WRITTEN: Activity 1

▷ **Vocabulaire**

▓ **Supplementary vocabulary:**
Je crois que oui. I think so.
Je ne crois pas. I don't think so.

▓ **Observation activity:** Ask students which French verb is conjugated like **croire** in the present and passé composé. (**voir**)

▓ **Teaching note:** You may wish to present the proverb **Voir, c'est croire** (Seeing is believing).

COMMUNICATION: expressing one's opinions about sports

À votre tour!

WRITTEN SELF-EXPRESSION: describing favorite sports

GUIDED CONVERSATION: discussing vacation activities

Pouvez-vous identifier les sports suivants?
Lisez les définitions et faites correspondre chaque
définition avec l'illustration correspondante.

1 C'est un sport d'hiver. Aux États-Unis, on en fait dans
le Colorado, mais on n'en fait pas en Floride. En France,
on en fait en Savoie, mais on n'en fait pas en Normandie.

2 Ce sport est d'origine anglaise, mais aujourd'hui on y joue
dans tous les pays du monde. En général, on y joue à deux,°
mais on peut aussi y jouer à quatre. On n'y joue jamais à six.

3 C'est un sport d'été. Pour pratiquer ce sport, il est nécessaire
de savoir nager. On en fait en mer° ou sur un lac, mais
on n'en fait pas en piscine.

4 C'est un sport d'équipe très populaire en France et dans les pays
africains d'expression française. On y joue sur un terrain°
rectangulaire avec un ballon rond. On peut utiliser les pieds et
la tête, mais pas les mains. En semaine, les jeunes y jouent
à l'école. Le weekend, ils regardent les matchs professionnels
à la télé.

à deux *with two people*   **en mer** *at the ocean*   **terrain** *field*

l'aérobic   le parapente   l'équitation
la planche à neige   le ski nautique

270

📖 **Pre-reading activity**

Have students read the title and look at
the format of the reading. Ask them:
• What type of reading activity will this
be?
[a game: matching sports with their
definitions]

📖 **Post-reading activity**

Jeu des définitions
Avec un ou deux camarades, choisissez un
sport et écrivez une définition. Lisez votre
définition à haute voix.

Les autres membres de la classe vont
essayer de deviner le sport que vous avez
décrit.

5 Ce sport ne nécessite pas d'équipement spécial et il ne coûte rien. Tout le monde peut le pratiquer: hommes et femmes, jeunes et vieux. On peut en faire en toute saison, à toute heure de la journée et n'importe où:° en ville et à la campagne, dans la rue ou dans les parcs publics. C'est un excellent sport pour la santé, spécialement pour le coeur, pour les poumons° et pour les muscles des jambes.

6 C'est un sport dangereux. Ce n'est pas un sport pour tout le monde, mais on peut le pratiquer à tout âge. Quand on en fait, on a l'impression de voler° comme un oiseau.

7 Ce sport nécessite un équipement spécial et un excellent sens de l'équilibre. On peut le pratiquer dans la rue, mais ce n'est pas un sport pour tout le monde. Quand on en fait, il est recommandé de porter un casque.°

8 Pour pratiquer ce sport, on a besoin de musique. On en fait généralement dans une salle de gymnastique avec un professeur et des cassettes. On peut aussi en faire à la maison avec des vidéocassettes. Tout le monde peut pratiquer ce sport, mais ce sont principalement les femmes qui en font.

9 Pour pratiquer ce sport, on doit aller à la campagne. On peut en faire seul,° mais généralement on en fait en groupe. On ne peut pas en faire sans° un fidèle° compagnon qui a quatre pattes° et qui ne parle pas.

n'importe où *anywhere* **poumons** *lungs* **voler** *to fly* **casque** *helmet* **seul** *alone* **sans** *without* **fidèle** *faithful* **pattes** *feet*

le football   le jogging

le tennis   la planche à roulettes

Si vous n'avez pas trouvé les solutions, allez à la page R13.

CONSTRUCTIONS *Utiles*

1. Compare the word order in French and English when one noun modifies another:

un sport d'hiver

a winter sport.

How many other examples of this pattern can you find in the reading?

2. Note how **tout** can correspond to *any*:

à tout âge ↔ *at any age.*

How many other examples of this usage can you find in the reading?

Leçon 18   **271**

Vous pouvez utiliser des phrases comme:
On peut en faire . . . (où? en quelle saison?)
On peut le pratiquer . . . (où? en quelle saison?)
On y joue . . . (à combien?)
Pour le pratiquer, on a besoin de . . . (quoi?)

Par exemple:
On peut en faire au parc en été. On y joue à deux ou à quatre personnes. Pour le pratiquer, on a besoin d'une balle et d'une raquette. Quel sport est-ce?
[le tennis]

Leçon 19

MAIN TOPIC:

Discussing one's daily routine

MODULE 5-B
Jérôme se lève?

Total time: 4:16 min.
(Counter: 33:26–37:42 min.)

VIDEODISC Disc 1, Side 2
15160 to 22807

▭ Leçon 19, Section 1

■ **Looking ahead**
• **Jérôme a oublié de se réveiller.**
Jérôme forgot to wake up.
The use of the infinitive with reflexive verbs in presented in Lesson 20.
• **Lève-toi!** *Get up!*
The command forms of reflexive verbs are presented in Lesson 20.

---

19 Vidéo-scène

LEÇON 19

Jérôme se lève?

Dans l'épisode précédent, Jérôme nous a parlé de son sport préféré. Aujourd'hui, c'est samedi. Jérôme doit participer à une compétition de parapente.

Ce matin, cependant, Jérôme a oublié de se réveiller.

C'est son camarade Bernard qui va le réveiller.

Dis, Jérôme! Tu te lèves

Oui, je me lève Quelle heure e

Il est huit heures. Eh! Lève-toi! La compétition commence à dix heures.

Bon, bon . . . Je me lève.

Jérôme se lève.

Puis, il va dans la salle de bains. Là, il se regarde dans la glace.

Il se brosse les dents.

Puis, il se lave.

Enfin il s'habille.

Bernard s'impatiente un peu.
Il appelle Jérôme.

Je m'habille!

Jérôme, qu'est-ce que tu fais?

J'arrive!

Dépêche-toi!
On part dans une minute.

Jérôme se dépêche. Il quitte sa chambre et descend les escaliers à toute vitesse. . .
Soudain, on entend un grand bruit!

AAAAG!!

Compréhension

1. Où se passe la scène?
2. Pourquoi est-ce que Bernard vient dans la chambre de Jérôme?
3. Que fait Jérôme dans la salle de bains?
4. Qu'est-ce qui est arrivé à Jérôme en descendant les escaliers?

à suivre . . .

Leçon 19 **273**

COMPREHENSION

1. La scène se passe dans la chambre de Jérôme.
2. Il veut le réveiller.
3. Il se regarde dans la glace, il se brosse les dents et il se lave.
4. Il est tombé.

A. L'usage de l'article défini avec les parties du corps

Note the use of the definite article in the sentences below.

J'ai **les** cheveux bruns.	*I have brown hair. (**My** hair is brown.)*
Tu as **les** yeux bleus.	*You have blue eyes. (**Your** eyes are blue.)*
Lève **la** main.	*Raise **your** hand.*
Ferme **les** yeux.	*Close **your** eyes.*

▌ In French, parts of the body are usually introduced by the DEFINITE article **le, la,** or **les.**

1 **Questions personnelles**

1. Est-ce que tu as les yeux bleus, bruns ou noirs?
2. Est-ce que tu as les cheveux courts *(short)* ou longs?
3. Est-ce que ta copine a les yeux noirs?
4. Est-ce que ton copain a les cheveux blonds?
5. Qui a les yeux bleus dans la classe?
6. Qui a les cheveux noirs? Qui a les cheveux longs? Qui a les cheveux frisés *(curly)?*

---

1 COMMUNICATION: answering personal questions

↻ **Review and re-entry:** You may want to review the parts of the body by playing "Jacques a dit" (see p. 259).

Supplementary vocabulary

LA COULEUR DES YEUX
verts
noisette *hazel*
pervenche *blue-mauve*
bleu clair *light blue*
bleu foncé *dark blue*

LA COULEUR DES CHEVEUX
châtains *chestnut, light brown*
roux *red*

Cooperative pair practice
Activity 1

☀ **Warm-up: J'ai mal**

Divide the class into pairs.
The first student (S1) describes a pain.
The second student (S2) points to the corresponding body part, and then describes another pain. The first student (S1) then points to the body part, and the dialogue continues until one student makes a mistake.

S1: **J'ai mal au ventre.**
S2: **Ah, tu as mal au ventre.**
   (points to stomach)
   Moi, j'ai mal à la tête.
S1: **Tu as mal à la tête?**
   (points to head)
   Moi, j'ai mal au dos., etc.

B. Les verbes réfléchis

Getting up, washing, and *getting dressed* are activities that we do every day. In French, these activities are expressed by REFLEXIVE VERBS.

Note the forms of the French reflexive verbs in the sentences below.

Je **me lève** à sept heures.	*I **get up** at seven.*
Tu **te laves** dans la salle de bains.	*You **wash up** in the bathroom.*
Nous **nous habillons**.	*We **are getting dressed**.*

REFLEXIVE VERBS are formed according to the following pattern:

> REFLEXIVE VERB = REFLEXIVE PRONOUN + VERB

Note the forms of the reflexive verbs **se laver** *(to wash up)* and **s'habiller** *(to get dressed):*

INFINITIVE	se laver	s' habiller
PRESENT	je **me lave** tu **te laves** il/elle/on **se lave**	je **m' habille** tu **t' habilles** il/elle/on **s' habille**
	nous **nous lavons** vous **vous lavez** ils/elles **se lavent**	nous **nous habillons** vous **vous habillez** ils/elles **s' habillent**
NEGATIVE	je **ne me lave pas**	je **ne m' habille pas**
INTERROGATIVE	est-ce que **tu te laves?**	est-ce que **tu t' habilles?**

➡ Reflexive pronouns represent the same person as the SUBJECT.

Éric **se** lave.　　　　*Éric is washing (**himself**).*

Nous **nous** habillons.　*We are getting (**ourselves**) dressed.*

➡ Reflexive pronouns come immediately BEFORE the verb.

Note that **me, te,** and **se** become **m', t',** and **s'** before a vowel sound.

Il lave son enfant.

Il se lave.

Leçon 19　**275**

À quelle heure est-ce que tu te lèves?

Je me lève à sept heures.

Et puis, tu te laves dans la salle de bains?

Oui.

Section B

COMMUNICATIVE FUNCTION:
Describing one's daily routine

Leçon 19, Section 2

■ **Photo culture note:** In France, older traditional-style homes and apartments often have sinks in the bedrooms.

Classroom Notes

Teaching note: Cartoon

- In the first picture, the elephant is performing an action for <u>someone else</u> (<u>another elephant</u>):
  He is washing his child.
- In the second picture, the elephant is performing an action on <u>himself</u>.
  He is washing <u>himself</u>.

In the second sentence, the object pronoun **se** represents the same person as the subject (**l'éléphant**).
It is called a REFLEXIVE PRONOUN because the action is "reflected back" on the subject.

2

■ **Variation** (with **s'habiller**):
Elle s'habille.

▷ **Vocabulaire**

Transparency 43
Les occupations de la journée

■ **Supplementary vocabulary**
se déshabiller to get undressed, to take off one's clothes

■ **Looking ahead:** Additional vocabulary related to personal care is introduced in Section C of this lesson.

3 PRACTICE: describing what people are doing

1. s'
2. vous
3. nous
4. se
5. m'
6. se
7. te
8. me

4 COMPREHENSION: saying whether or not people are resting

1. Elle ne se repose pas.
2. Tu ne te reposes pas.
3. Je me repose.
4. Il se repose.
5. Ils ne se reposent pas.
6. Nous nous reposons.
7. Vous vous reposez.
8. Elle se repose.
9. Je ne me repose pas.
10. Ils (ne) se reposent (pas).

---

2 Après le match de basket ───

Des copains ont joué au basket. Après le match, ils se lavent.

▶ Stéphanie   **Stéphanie se lave.**

| 1. Patrick | 3. Éric et Olivier | 5. nous | 7. moi |
| 2. Nathalie | 4. Corinne | 6. vous | 8. toi |

Tu te promènes?

**Oui, j'aime be...
me prome...
dans le p...**

Vocabulaire: Les occupations de la journée

se réveiller	to wake up	Je **me réveille** à sept heures.
se lever	to get up	Le dimanche, nous **nous levons** à neuf heures.
se laver	to wash, to wash up	Tu **te laves** avant le petit déjeuner.
s'habiller	to get dressed	Vincent **s'habille** pour la boum.
se promener	to go for a walk	Tu **te promènes** avec tes copains.
se reposer	to rest	Le weekend, nous **nous reposons**.
se coucher	to go to bed	À quelle heure est-ce que tu **te couches?**

➡ **Se lever** and **se promener** are conjugated like **acheter.**

| je **me lève** | nous **nous levons** |
| je **me promène** | nous **nous promenons** |

---

3 Qu'est-ce qu'ils font? ───

Complétez les phrases avec le pronom réfléchi qui convient.

▶ Thomas **se** lève à huit heures.

1. Les élèves . . . habillent pour aller à l'école.
2. Vous . . . lavez après le match de foot.
3. Nous . . . promenons à la campagne.
4. Le dimanche, mes parents . . . reposent.
5. Je . . . habille bien pour aller au restaurant.
6. À quelle heure est-ce que Brigitte . . . lève?
7. À quelle heure est-ce que tu . . . couches?
8. Le lundi, je . . . réveille à sept heures moins le quart.

4 Après le dîner ───

Dites si oui ou non les personnes suivantes se reposent après le dîner.

▶ Nous étudions.
   Nous ne nous reposons pas.

1. Madame Boulot travaille.
2. Tu fais la vaisselle.
3. Je regarde la télé.
4. Monsieur Canard lit le journal.
5. Les élèves préparent l'examen.
6. Nous regardons la télé.
7. Vous dormez.
8. Sophie écoute ses compacts.
9. Je fais mes devoirs.
10. Mes copains vont au stade.

 Teaching strategy: Les occupations de la journée

PROP: Transparency 43

Ask questions about the people shown on the transparency.
Que fait Jean?
   Il se lave.
Est-ce qu'il se repose?
   Non, il ne se repose pas. Il se lave., etc.

5 Expression personnelle

Complétez les phrases suivantes
en utilisant les suggestions entre
parenthèses.

1. En général, je me réveille . . .
   (à quelle heure?)
2. Le dimanche, je me lève . . .
   (à quelle heure?)
3. Je me lave . . . (avant ou après
   le petit déjeuner?)
4. Je m'habille . . . (dans ma chambre ou
   dans la salle de bains?)
5. Le weekend, je me promène souvent . . .
   (en ville ou à la campagne?)
6. En général, je me repose . . .
   (avant ou après le dîner?)
7. En général, je me couche . . .
   (à quelle heure?)

6 Équivalences

Lisez ce que font les personnes suivantes.
Décrivez leurs activités en utilisant
un verbe refléchi équivalent à
l'expression soulignée.

▶ Tu <u>vas au lit.</u>
  Tu te couches.

1. Catherine <u>met une belle robe.</u>
2. Nous <u>faisons une promenade</u>
   à la campagne.
3. Le dimanche, ma mère <u>ne travaille pas.</u>
4. Philippe <u>ouvre</u> *(opens)* <u>les yeux.</u>
5. Mes copains <u>font une promenade</u>
   en ville.
6. Je <u>sors du lit</u> à six heures et demie.
7. Tu <u>prends un bain</u> *(bath)*.
8. Vous <u>allez au lit.</u>
9. Tu <u>mets tes vêtements.</u>

7 Conversation

Avec vos camarades, discutez de ce que vous faites en différentes circonstances.

À quelle heure?	À quelle heure?	Où?	Comment?

...e lundi?	pendant la semaine?	le weekend?	quand tu vas à l'école?
...e dimanche?	la samedi soir?	avec ta famille?	quand tu vas à la plage?
...endant les vacances?	pendant les vacances?	avec tes copains?	quand tu vas à une boum?
			quand il fait froid?

▶ —À quelle heure est-ce que tu te lèves le lundi?
  —Je me lève à sept heures et demie.

COMMUNICATION: giving
details about one's normal
routine

5

DESCRIPTION: making logical
statements about what
people are doing

6

EXCHANGES: getting more
details about a friend's
activities

7

■ **Teaching note:** Help students
formulate the appropriate
questions, e.g.:
**À quelle heure est-ce que tu te
couches pendant la semaine?
Où est-ce que tu te promènes
le weekend?
Comment est-ce que tu t'habilles
quand tu vas à l'école?**

**Cooperative
pair practice**
Activity 7

📼 **Leçon 19, Section 2**

▷ **Vocabulaire**

🗂 **Transparency 44**
La toilette

■ **Pronunciation**
shampooing /ʃɑ̃pwɛ̃/

Supplementary vocabulary

mettre ou utiliser . . .
  du parfum
  de l'eau de cologne
  de l'eau de toilette
  du déodorant
  du mascara
  du vernis à ongles *nail polish*
  de la crème à raser

se couper les ongles *(nails)*
ou se limer *(to file)* les ongles
  avec . . .
  des ciseaux
  une lime à ongles *nail file*

se nettoyer les dents avec . . .
  du fil dentaire *dental floss*

■ **Photo culture note:** Instead of installed shower plumbing, French bathtubs often have a hose with handheld shower spray. Shower curtains are not necessary.

C. La construction: *je me lave les mains*

Note the use of REFLEXIVE VERBS and the DEFINITE ARTICLE in the following sentences.

Je **me lave les** mains.	*I am washing my hands.*
Tu **te laves la** figure.	*You are washing your face.*
Stéphanie **se brosse les** dents.	*Stéphanie is brushing her teeth.*

To describe actions that one performs on one's body, French speakers use the construction:

SUBJECT	+ REFLEXIVE VERB	+ DEFINITE ARTICLE	+ PART OF THE BODY
Je	**me lave**	**les**	**cheveux.**

Est-ce que tu te laves la figure?

Non, je me lave les mains.

Vocabulaire: La toilette

Les articles de toilette

une brosse à dents   **un peigne**   **une brosse à cheveux**   **du shampooing**

du rouge à lèvres   **du dentifrice**   **du savon**   **un rasoir**

---

se laver (les cheveux)	*to wash (one's hair)*	Est-ce que tu **te laves** les cheveux tous les jours?
se brosser (les dents)	*to brush (one's teeth)*	Je **me brosse** les dents après le dîner.
se maquiller	*to put on make-up*	Corinne **se maquille.**
se peigner	*to comb one's hair*	Éric **se peigne** souvent.
se raser	*to shave*	Mon père **se rase.**

Claire va se brosser les dents.   Jérôme se lave la figure.   Sophie se brosse les cheveux.

 278 Unité 5

🗂 ### Teaching strategy: La toilette

PROP: Transparency 44

Ask questions about objects and actions shown on the transparency.
Avec quoi est-ce que tu te peignes?
  [avec un peigne]
Qu'est-ce que tu fais avec un rasoir?
  [Je me rase.], etc.

8 Dans la salle de bains

Les personnes suivantes sont dans la salle de bains. Dites ce qu'elles font en utilisant les éléments des colonnes A, B, C et D dans des phrases logiques. Combien de phrases pouvez-vous faire en cinq minutes?

A	B	C	D
je	se laver	les dents	du shampooing
tu	se brosser	les mains	du dentifrice
Jacqueline		les pieds	du savon
Paul et Marc		les cheveux	une brosse à dents
nous		la figure	une brosse à cheveux
vous			

▶ Je me lave les mains avec du savon.

9 Questions personnelles

1. Est-ce que tu te brosses toujours les dents après le dîner?
2. Avec quel dentifrice est-ce que tu te brosses les dents?
3. Est-ce que tu te laves les mains avec de l'eau chaude ou de l'eau froide?
4. Avec quel savon est-ce que tu te laves?
5. Avec quel shampooing est-ce que tu te laves les cheveux?
6. Est-ce que tu te peignes souvent pendant la journée *(day)*?
7. Est-ce que les filles de ton âge se maquillent?
8. Est-ce que les garçons de ton âge se rasent?

À votre tour!

1 La routine quotidienne *(Daily routine)*

Sur une feuille de papier, écrivez à quelle heure vous faites les choses suivantes. Puis demandez à trois camarades à quelle heure ils font les mêmes choses. Est-ce que quelqu'un a la même routine quotidienne que vous?

▶ se réveiller?
se lever?
partir pour l'école?
rentrer à la maison?
se coucher?

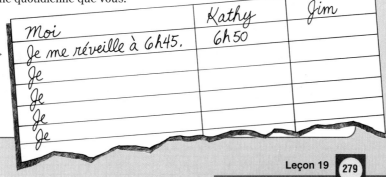

		Kathy	Jim
Moi			
Je me réveille à 6h45.		6h 50	
Je			
Je			
Je			
Je			

Un jeu: Dans la salle de bains

You can treat Act. 8 as a team game. Divide the class into teams of three. Each team picks a person from column A and decides what that subject is doing. All three team members must then write the same sentence down correctly.

Then the team formulates another sentence using elements of columns A, B, C, and D, and again all three members write it down.

The game is played against the clock. The team whose three members have written the greatest number of correct sentences in five minutes is the winner.

9 COMMUNICATION: answering personal questions

À votre tour!

1 INTERVIEW: taking a poll

■ **Teaching note:** As a preparation for this activity, review the appropriate questions. Be sure students realize that not all the verbs are reflexive, e.g.:
À quelle heure est-ce que tu te réveilles?
À quelle heure est-ce que tu pars pour l'école?

Supplementary vocabulary

prendre un bain *to take a bath*
prendre une douche *to take a shower*

Lecture

OBJECTIVE
• Reading for pleasure

Classroom Notes

7:00

Il est sept heures du matin. Monsieur Bernard se réveille. Il se lève et va à la salle de bains.

7:05

La salle de bains est occupée.

M. BERNARD: Toc, toc, toc!°
MME BERNARD: Oui?
M. BERNARD: C'est toi, Monique?
MME BERNARD: Oui, c'est moi.
Je me lave.
M. BERNARD: Ah, excuse-moi.
Je vais revenir.

Et Monsieur Bernard retourne dans sa chambre.

7:20

Monsieur Bernard retourne à la salle de bains, mais elle est encore occupée.

M. BERNARD: Toc, toc . . . Monique?
CHARLOTTE: Non, Papa! C'est Charlotte.
M. BERNARD: Mais qu'est-ce que tu fais?
CHARLOTTE: Je me lave les cheveux.
M. BERNARD: Tu te laves les cheveux?. . .
Dépêche-toi!
CHARLOTTE: Je me dépêche, Papa.

Monsieur Bernard retourne dans sa chambre.

Toc, toc, toc! *Knock, knock!*

How to express yourself when you are in a	
être pressé	to be in a hurry, a rus
être prêt	to be ready
toujours	still
ne . . . (pas) encore	still, not yet
se dépêcher	to hurry, to hurry up
tout de suite	right away
à toute vitesse	very quickly

 ## Pre-reading activity

Have students look at the pictures.
Ask what they do in the morning to get ready for school.
Regardez les images.
Qu'est-ce que vous faites le matin avant de partir pour l'école?
[**Je me réveille à sept heures. Je me lève. Je me lave.**, etc.]

7:30

Monsieur Bernard retourne à la salle de bains, mais elle est toujours occupée.

M. BERNARD: Toc, toc, toc ! ! !
Comment Charlotte, tu es encore dans la salle de bains? !

FRANÇOIS: Ce n'est pas Charlotte. C'est François.

M. BERNARD: Qu'est-ce que tu fais?

FRANÇOIS: Je me brosse les dents.

M. BERNARD: Tu te brosses les dents . . .
Tu te brosses les dents . . .
Mais, dépêche-toi!
Je suis très pressé ce matin!

7:40

Monsieur Bernard retourne à la salle de bains. Cette fois, elle n'est plus° occupée. Monsieur Bernard se lave. Il se rase. Il s'habille à toute vitesse. Puis il va dans la salle à manger.

8:00

Dans la salle à manger, la famille prend le petit déjeuner.

MME BERNARD: Tu veux du café, François?

M. BERNARD: Quelle heure est-il?

MME BERNARD: Il est huit heures.

M. BERNARD: Ah, mon Dieu!° Non, merci!
Je suis pressé. J'ai rendez-vous°
avec le patron à huit heures
et demie. Je dois partir
tout de suite. Au revoir.

MME BERNARD: Au revoir.

CHARLOTTE: Au revoir, Papa.

FRANÇOIS: Au revoir, et bonne journée!°

Monsieur Bernard met son manteau et son chapeau. Il sort de chez lui sans° prendre de petit déjeuner. Pauvre Monsieur Bernard !

ne . . . plus no longer   **mon Dieu** my goodness
rendez-vous appointment   **bonne journée** have a good day
sans without

Je **suis** très **pressée** ce matin.
Est-ce que tout le monde **est prêt?**
Vous êtes **toujours** au lit?
Vous **n'**êtes **pas encore** habillés?
Dépêche-toi, Monique.
Dépêchez-vous, les enfants.
Descendez **tout de suite.**
Il faut partir **à toute vitesse.**

Observation activity: Have the students reread the scene, finding examples of reflexive verbs used:
(a) alone, and
(b) with parts of the body.

■ **Questions sur le texte**
Mettez en ordre les actions de Monsieur Bernard.
Monsieur Bernard . . .
___ a. met son manteau et son chapeau
___ b. s'habille à toute vitesse
___ c. se lave
___ d. sort de chez lui
___ e. se lève
___ f. se rase
___ g. se réveille
___ h. va dans la salle à manger
Answers: 1. g, 2. e, 3. c, 4. f, 5. b, 6. h, 7. a, 8. d

 ## Post-reading activity

Have students in groups of four or five prepare **un sketch** similar to the reading above. They should write a script, rehearse their roles, and perform the skit for the class. Encourage students to use props and visual aids to enhance their presentations. You may wish to videotape the performances.

 ## Portfolio assessment

You will probably choose only one oral and one written activity to go into the students' portfolios for Unit 5. The following activity is a good portfolio topic:

ORAL/WRITTEN: Post-reading activity, p. T281

MODULE 5-C
J'ai voulu me dépêcher

Total time: 1:51 min.
(Counter: 37:44–39:35 min.)

Disc 1, Side 2
22893 to 26229

▭▭▭ **Leçon 20, Section 1**

■ **Vocabulary notes**
se casser *to break*
un plâtre *cast*

■ **Language note:** Students may note the use of the following very similar terms:
l'escalier *staircase*
les escaliers *stairs*

20
LEÇON

Vidéo-scène
J'ai voulu me dépêcher

Dans l'épisode précédent, Jérôme devait participer à une compétition de parapente, mais il ne s'est pas levé à l'heure. Il a voulu se dépêcher. Mais il est tombé dans les escaliers et il s'est cassé la jambe.

Évidemment, il n'a pas pu participer à la compétition.

Maintenant il est dans le living de son appartement. Pierre lui téléphone.

— Alors, cette compétition, ça s'est bien passé?

— Euh . . . Pas vraiment. J'ai eu un accident.

— Pas grave, j'espè

— Je me suis cassé la jambe.

— Tu t'es cassé la jambe Comment ça? . . . Pendant la compétitio

(282) Unité 5

Euh, non, . . . ce matin . . .

Pierre, très surpris, veut savoir ce qui s'est passé.

Eh ben, alors quoi? Qu'est-ce qui t'est arrivé?

Mon pauvre vieux! Est-ce qu'on peut te rendre visite?

Eh bien, voilà . . . J'étais en retard, alors j'ai voulu me dépêcher. Et paf! je suis tombé dans l'escalier!

Oui, si tu veux.

Dis, Jérôme, je peux écrire quelque chose sur ton plâtre?

Peu après, Pierre et Armelle arrivent chez Jérôme.

Comment ça va?

Ça va mieux.

Tiens, on t'a apporté des magazines.

Oui, vas-y.

Armelle prend un stylo et écrit sur le plâtre de Jérôme.

À Jérôme, Super champion de parapente, Armelle.

Compréhension

1. Qu'est-ce qui est arrivé à Jérôme?
2. Qu'est-ce que Pierre veut savoir?
3. Que fait Armelle avec son stylo?

COMPREHENSION

1. Il est tombé dans les escaliers et il s'est cassé la jambe.
2. Il veut savoir s'il peut rendre visite à Jérôme.
3. Elle écrit quelque chose sur le plâtre de Jérôme.

FIN

🖥 **Transparency 45**
Quelques verbes réfléchis

■ Ask questions about the people in the transparency.
– Que fait M. Dupont?
– Il se dépêche., etc.

■ **Photo culture note:** Students use public transportation to get to school, not school buses.

▨ **Teaching note: se souvenir**
Practice the forms of **venir** with a transformation activity.
Robert vient au concert.
Tu # Tu viens au concert.
Nous # Nous venons au concert., etc.

If you wish, have students write out the sentences on the board. Then in a similar way practice the forms of **se souvenir.**
Robert se souvient du concert.
Je # Je me souviens du concert., etc.

Supplementary vocabulary

se préparer *to get ready*
se rappeler *to remember*
se tromper *to make a mistake*

s'intéresser à *to be interested in*

s'occuper de *to take care of*
se rendre compte de *to realize*

VERBS CONJUGATED LIKE **sortir:**
se sentir bien/mal *to feel good/bad*
se servir de *to use*

1 COMPREHENSION: drawing logical conclusions

AVANT — APRÈS

AMUSEZ-VOUS BIEN!

MAIS QU'EST-CE QUE VOUS AVEZ FAIT?

NOUS NOUS SOMMES BIEN AMUSÉS!

Vocabulaire: Quelques verbes réfléchis

s'amuser	*to have fun*	Je **m'amuse** toujours quand je suis avec mes copains.
s'arrêter	*to stop*	Le bus **s'arrête** devant l'école.
se dépêcher	*to hurry*	Marc **se dépêche** parce qu'il a un rendez-vous.
s'excuser	*to apologize*	Je **m'excuse** parce que j'ai tort.
se souvenir (de)	*to remember*	Est-ce que tu **te souviens de** moi?

➡ **Se souvenir** is conjugated like **venir.**
   Je **me souviens.**   Nous **nous souvenons.**

Le bus s'arrête devant l'école.

---

1 **Oui ou non?**

Lisez la description des personnes suivantes et dites si oui ou non elles font les choses entre parenthèses.

> Ces garçons sont impolis. (s'excuser?)
> **Ils ne s'excusent pas.**

1. Je suis pressé *(in a hurry)*. (se dépêcher?)
2. Nous avons soif. (s'arrêter au café?)
3. Pauline est triste. (s'amuser?)
4. Les joueurs *(players)* continuent le match. (s'arrêter?)
5. Vous êtes polis. (s'excuser?)
6. Tu as une bonne mémoire. (se souvenir de tout?)
7. Nous sommes à une boum. (s'amuser?)
8. Je ne peux pas téléphoner à Marc. (se souvenir de son numéro de téléphone?)

CAFÉ LAFAYETTE

Service a électronic
⏳→ consultez Electronic
Renseigne téléphoniq

TPR 🏃 **Warm-up: TPR movements**

Give commands and have the class do (or mime) the activities.
   Levez-vous.
   Brossez-vous les cheveux.
   Brossez-vous les dents.
   Lavez-vous les mains.
   Asseyez-vous.
   Parlez. . . . Taisez-vous.

Continue with individual students, using **tu.**
   X, lève-toi.
   Lave-toi les cheveux.
   Brosse-toi les dents., etc.

Note: This prepares students for the structures in Section A.

A. L'impératif des verbes réfléchis

Note the affirmative and negative forms of the imperative of the verb **se reposer** *(to rest)*.

AFFIRMATIVE		NEGATIVE	
Repose-toi!	*Rest!*	**Ne te repose pas!**	*Don't rest!*
Reposons-nous!	*Let's rest!*	**Ne nous reposons pas!**	*Let's not rest!*
Reposez-vous!	*Rest!*	**Ne vous reposez pas!**	*Don't rest!*

➡ In AFFIRMATIVE commands, reflexive pronouns come AFTER the verb and are attached to it by a hyphen. Note that **te** becomes **toi.**

➡ In NEGATIVE commands, reflexive pronouns come BEFORE the verb.

➡ The following reflexive verbs are often used in the imperative:

| **se taire** | *to be quiet* | **Tais-toi!** | **Taisez-vous!** |
| **s'asseoir** | *to sit down* | **Assieds-toi!** | **Asseyez-vous!** |

LE MOINS CHER DE NOS RADIO-REVEILS! GO-FM. 25€

2 Publicité

Vous travaillez pour une agence de publicité *(ad agency)* française. Complétez les messages publicitaires avec une expression de la liste.

le dentifrice **SOURIRE**
le rasoir **BLIP**
le savon **SUAVE**
la brosse à dents **DENTAL**
RADIO TAM TAM
le shampooing **CAPELLO**
la brosse à cheveux **PILOU**

Lavez-vous les mains avec . . .
Lavez-vous les cheveux avec . . .
Brossez-vous les dents avec . . .
Brossez-vous les cheveux avec . . .
Réveillez-vous en musique avec . . .
Rasez-vous avec . . .

3 En colonie de vacances
(At summer camp)

Vous êtes en colonie de vacances avec des camarades français. Dites à vos camarades de faire les choses entre parenthèses.

▶ Il est sept heures! (se réveiller)
 Il est sept heures! Réveille-toi!

1. Il est sept heures dix. (se lever)
2. Voici du savon! (se laver)
3. Voici un peigne! (se peigner)
4. Il fait très beau aujourd'hui! (se promener)
5. Tu es en retard pour le dîner! (se dépêcher)
6. Voici une chaise! (s'asseoir)
7. Tu vas à la fête *(party)*! (s'amuser)
8. Tu as tort! (s'excuser)

4 Que répondre?

Votre copain français vous dit les choses suivantes. Dites-lui ce qu'il doit faire. Pour cela, choisissez une expression de la liste.

s'amuser   se dépêcher   se reposer   se coucher
s'habiller bien   s'arrêter à la banque
s'arrêter à la pharmacie
se promener à la campagne

▶ Je suis fatigué. —**Alors, répose-toi!**

1. Je voudrais acheter du shampooing.
2. J'ai un bus dans dix minutes.
3. Je vais à un concert avec des copains.
4. Je vais à un mariage élégant.
5. J'ai sommeil.
6. J'ai besoin d'air pur.
7. J'ai besoin d'argent.

Leçon 20 **285**

Section A

COMMUNICATIVE FUNCTION:
Giving orders

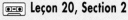 Leçon 20, Section 2

■ **Teaching note:** Remind students that in the imperative, subject pronouns are dropped.

 COMPREHENSION: making logical slogans

■ **Teaching note:** Students may use names of existing products or make up their own names of products to complete the slogans in Act. 2.

 ROLE PLAY: telling friends what to do

 ROLE PLAY: giving a friend logical advice

👥 Projet: Une publicité

Have students work in groups to prepare a poster or advertising slogan for a personal care product of their choice. Encourage them to use reflexive verbs.

The group with the most original poster will receive "L'Oscar de la Publicité" (a prize of your choice).

🎞 **Leçon 20, Section 2**

■ **Teaching note:** This simplified rule of agreement should be sufficient at this level. If students ask, the more general rule is that the past participle of a reflexive verb agrees with a <u>preceding direct object</u>.

Usually the reflexive pronoun functions as the direct object. In some cases, however, the reflexive pronoun functions as an indirect object. (In the case of **se laver les mains**, **les mains** is the direct object, and **se** is the indirect object.)

The distinction between direct and indirect object reflexive pronouns is formally presented in Level Three.

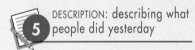
DESCRIPTION: describing what people did yesterday

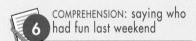
COMPREHENSION: saying who had fun last weekend

B. Le passé composé des verbes réfléchis

Note the forms of the passé composé of the reflexive verb **se laver**.

	MASCULINE FORMS	FEMININE FORMS
AFFIRMATIVE	je **me suis lavé** tu **t'es lavé** il/on **s'est lavé**	je **me suis lavée** tu **t'es lavée** elle **s'est lavée**
	nous **nous sommes lavés** vous **vous êtes lavé(s)** ils **se sont lavés**	nous **nous sommes lavées** vous **vous êtes lavée(s)** elles **se sont lavées**
NEGATIVE	je **ne me suis pas lavé**	je **ne me suis pas lavée**
INTERROGATIVE	tu **t'es lavé?** est-ce que tu **t'es lavé?**	tu **t'es lavée?** est-ce que tu **t'es lavée?**

The passé composé of reflexive verbs is formed as follows:

> SUBJECT + REFLEXIVE PRONOUN + PRESENT of **être** + PAST PARTICIPLE

In general (but not always) the past participle agrees with the subject.
Éric s'est promené.   Mélanie s'est promenée.

→ There is no agreement in the construction: REFLEXIVE VERB + PART OF THE BODY. Compare:

AGREEMENT	NO AGREEMENT
se laver	**se laver les mains**
Paul et Vincent se sont lav **és.**	Ils se sont lav **é** les mains.

---

5 Hier

Décrivez ce que les personnes suivantes ont fait hier.

▶ Frédéric / se lever à sept heures
Frédéric s'est levé à sept heures.

1. Catherine / se réveiller à 7 h 30
2. Jean-Paul / se lever à 8 h 10
3. Monsieur Poly / se raser
4. Christine / se dépêcher pour prendre son bus
5. Madame Dumont / s'habiller élégamment pour aller au restaurant
6. Alice et Céline / se promener en ville
7. mon grand-père / se reposer
8. mes soeurs / se coucher à dix heures

6 Qui s'est amusé?

Lisez ce que les personnes ont fait le weekend dernier et dites si oui ou non elles se sont amusées.

▶ Nous avons étudié.
Nous ne nous sommes pas amusés.

1. Je suis allé à une boum.
2. Isabelle est sortie avec un copain.
3. Vous avez préparé l'examen.
4. Madame Lanson a travaillé.
5. Tu as vu une comédie très drôle.
6. Nous avons rencontré des copains à la plage.
7. Mon oncle a nettoyé son appartement.
8. Anne et Sophie sont allées danser.

📓 **Teaching strategy: Le passé et le futur**

PROP: Transparency 43 (Les occupations de la journée)

Have students narrate the actions shown on the transparency in the passé composé.
Ce matin, je me suis levé(e) à sept heures.
Je me suis lavé(e) et je me suis habillé(e).

Then have students narrate the actions in the future.
Ce soir, je vais me laver les cheveux.
Je vais me coucher à dix heures.
Demain, je vais me promener avec un copain.

7 Et vous?

Demandez à vos camarades s'ils ont fait les choses suivantes dimanche dernier.

1. se lever après dix heures?
2. s'habiller élégamment?
3. se promener en ville?
4. se lever tôt *(early)*?
5. s'amuser avec des copains?

▶ s'arrêter dans un café?

6. se promener avec ta famille?
7. se reposer?
8. se coucher tôt?

> **Tu t'es arrêtée dans un café?**

> **Oui, je me suis arrêtée dans un café.**

(Non, je ne me suis pas arrêtée dans un café.)

C. L'infinitif des verbes réfléchis

Note the position of the reflexive pronoun in the following sentences.

Je vais **me promener**.	*I am going **to take a walk**.*
Nous n'allons pas **nous reposer**.	*We are not going **to rest**.*

In an INFINITIVE construction, the reflexive pronoun comes immediately BEFORE the infinitive.

➡ Note that the reflexive pronoun always represents the same person as the subject.

Tu vas **te** promener.   **Véronique** va **se** promener.

8 En ville

Les personnes suivantes sont en ville. Dites où chacune va s'arrêter.

▶ J'ai faim.

> **Je vais m'arrêter dans une pizzeria.**

à la poste
à la gare
dans une banque
dans un magasin
  de vêtements
dans un café
dans une pizzeria
dans un parc

1. Tu as soif.
2. Vous voulez acheter une chemise.
3. Isabelle veut acheter des timbres *(stamps)*.
4. Nous voulons regarder les horaires *(schedules)* de train.
5. Les touristes veulent changer de l'argent.
6. J'ai envie de m'asseoir.

9 Vive le weekend!

Dites ce que les personnes suivantes vont faire ce weekend.

▶ Nous aimons la nature.
  (se promener à la campagne)
  Nous allons nous promener à la campagne.

1. J'aime dormir.
  (se lever à onze heures)
2. Tu aimes faire des achats.
  (se promener en ville)
3. Vous êtes fatigués.
  (se reposer)
4. Catherine va danser. (s'habiller élégamment)
5. Nous allons à une boum.
  (s'amuser)
6. Mes copains vont au ciné.
  (se coucher tard *[late]*)

POSTE   PIZZERIA   CAFÉ

Leçon 20 **287**

---

7 EXCHANGES: finding out what friends did last Sunday

■ **Expansion:** When appropriate, students can continue the conversation.
– Tu t'es levé(e) tôt?
– Oui, je me suis levé(e) tôt. Je me suis levé(e) à 6 heures.
ou: (Non, je ne me suis pas levé(e) tôt. Je me suis levé(e) à 10h30.)

Section C

COMMUNICATIVE FUNCTION:
Talking about future plans

Leçon 20, Section 2

■ **Teaching note:** Have students suggest other common verbs that are used to introduce an infinitive:
j'aime: j'aime me promener
je veux: je veux me reposer
je dois: je dois me dépêcher
je peux: je peux me coucher tôt ce soir

Have students give the negative forms of the sentences, and write them on the board.
Underline **ne** and **pas**, showing that they go around the first verb.
Je n'aime pas me promener., etc.

8 COMPREHENSION: describing where people stopped

9 DESCRIPTION: saying what people are going to do

À votre tour!

WRITTEN SELF-EXPRESSION: describing what one did yesterday

1 Une page de journal

Dans son journal, Stéphanie décrit les événements de la journée. Lisez le journal de Stéphanie et écrivez votre propre *(own)* journal—réel ou imaginaire—pour la journée d'hier.

■ **Questions sur le texte: Vrai ou faux?**

1. D'habitude, Stéphanie se lève à sept heures et quart. [V]
2. Elle a pris le petit déjeuner avec sa soeur. [F]
3. Stéphanie a une classe d'anglais à huit heures et demie. [F]
4. Elle a eu un examen de français assez difficile. [V]
5. Après le déjeuner, Stéphanie et ses amies se sont promenées en ville. [V]
6. Stéphanie a aidé sa mère à préparer le dîner. [V]
7. Après le dîner, Stéphanie est sortie avec Catherine. [F]

mardi 18 avril

Je me suis levée à sept heures et quart comme d'habitude. Puis, je me suis lavée et je me suis habillée. (J'ai mis un jean et ma nouvelle chemise bleue.) J'ai pris le petit déjeuner avec mes parents (café au lait, pain grillé avec beurre et confiture). Ensuite, j'ai pris le bus et je suis arrivée au lycée à huit heures et demie pour la classe de français. Nous avons eu un examen assez difficile, mais je pense que j'ai réussi.

À midi et demi, j'ai déjeuné à la cantine avec ma copine Catherine. Après le déjeuner, nous nous sommes promenées en ville. Nous nous sommes arrêtées dans les magasins mais nous n'avons rien acheté. Ensuite, nous sommes rentrées au lycée pour la classe d'anglais.

Après les cours, je suis rentrée directement chez moi. Je me suis reposée un peu et j'ai commencé mes devoirs. Puis j'ai aidé ma mère à préparer le dîner. Nous avons dîné à sept heures et demie.

Après le dîner, je suis montée dans ma chambre et j'ai fini mes devoirs. Ensuite, j'ai téléphoné à Catherine pour organiser la boum de samedi. J'ai lu un peu et je me suis couchée à dix heures et demie.

2 INTERVIEW: taking a poll

2 Un sondage

Choisissez cinq camarades et demandez à chacun:

- à quelle heure il / elle s'est couché(e) hier soir
- à quelle heure il / elle s'est levé(e) ce matin

Inscrivez les résultats sur une feuille de papier et déterminez qui a le plus besoin de sommeil et qui a le moins besoin de sommeil.

NOM	🌙✨	☀	heures de sommeil
Jennifer	10h15	6h45	7 heures 30 minute

📁 Portfolio assessment

You will probably choose only one oral and one written activity to go into the students' portfolios for Unit 5. The following activity is a good portfolio topic:

WRITTEN: Activity 1

LECTURE — La gymnastique du matin

Scène 1.

Il est sept heures du matin.

À cette heure, tout le monde met la télé pour regarder l'émission° du célèbre° Monsieur Muscle. Cette émission s'appelle «La gymnastique du matin».

À sept heures précises, Monsieur Muscle entre en scène.° C'est un homme jeune et athlétique. Il commence la leçon de gymnastique:

Couchez-vous sur le dos.
    Une, deux, une, deux, levez la tête!
    Une, deux, une, deux, levez les jambes!
Et maintenant, levez-vous.
    Une, deux, une, deux, levez les bras!
    Une, deux, une, deux, pliez les jambes!
    Une, deux, une, deux, . . . !

Et tout le monde lève la tête, lève les jambes, lève les bras et plie les jambes avec Monsieur Muscle.

Scène 2.

Il est neuf heures du matin. Un homme rentre chez lui. Il a l'air pâle et fatigué. Sa femme est inquiète.°

FEMME: Ça ne va pas?
HOMME: Non, ça ne va pas.
FEMME: Qu'est-ce que tu as?
HOMME: J'ai mal à la tête, j'ai mal aux jambes, j'ai mal aux bras. J'ai mal partout.°
FEMME: Est-ce que tu veux prendre ton petit déjeuner?
HOMME: Non, je suis trop fatigué!
FEMME: Mon pauvre chéri,° tu travailles trop. Repose-toi un peu!
HOMME: Tu as raison, je vais me coucher.

Et l'homme est allé dans sa chambre. Là, il s'est regardé longuement° dans la glace. Puis, il s'est déshabillé° et il s'est couché.

Cet homme, vous l'avez certainement reconnu, c'est le célèbre Monsieur Muscle!

émission *program* célèbre *famous* en scène *on stage*
inquiète *worried* partout *all over* chéri *darling*
longuement *for a long time* s'est déshabillé *got undressed*

Mots utiles

Be careful not to confuse:

se reposer	*to rest*	Claire est fatiguée. Elle a envie de **se reposer.**
rester	*to stay*	Ce soir, elle ne va pas sortir. Elle va **rester** chez elle.

Leçon 20 **289**

Lecture

OBJECTIVE
• Reading for pleasure

💡 **Observation activity:** Have the students reread the scenes, finding examples of reflexive verbs used:
(a) in commands (**couchez-vous, levez-vous, repose-toi**),
(b) in the passé composé (**il s'est regardé, il s'est déshabillé, il s'est couché**), and
(c) with an infinitive (**je vais me coucher**).

📖 **Post-reading activity**
Have students act out the scenes or make up a short exercise class of their own.

Classroom Notes

📖 Pre-reading activity

Have students look at the cartoons and guess the topic of the reading. [exercising] Then ask questions, such as:
Est-ce que vous faites de la gymnastique le matin?
Est-ce qu'il y a des émissions (*programs*) de gymnastique à la télé?

Quand vous vous levez, est-ce que vous mettez une vidéocassette de gymnastique?
Après, est-ce que vous êtes en forme ou est-ce que vous vous sentez fatigué(e)?

OBJECTIVE:

- Reading for pleasure

■ **Culture note:** You may remind students that as of 2002, French people will use euros instead of francs. 2000 francs equals 300 euros.

■ **Avez-vous compris?**
1. Quelqu'un a pris de l'argent dans la caisse.
2. Il manque deux mille francs.

INTERLUDE 5

Le véritoscope

Avant de lire

Avec un «microscope», nous pouvons voir des objets très petits (*micro* = petit). Avec un «télescope», nous pouvons voir des choses qui sont loin de nous (*tele* = distance).

Par conséquent, avec un «véritoscope», nous pouvons voir la vérité. Mais, comment fonctionne cette machine imaginaire? Vous allez découvrir cela en lisant cette histoire.

1

Une mauvaise nouvelle

une caisse

Ce matin, Monsieur Dumas, avocat, est arrivé tard° à son bureau. Quand il est entré, Julien, le comptable, l'attendait.°

— Monsieur, je voudrais vous parler en privé.
— Mais qu'est-ce qu'il y a, Julien?
— Eh bien, monsieur, c'est arrivé encore une fois.
— Quoi?
— Quelqu'un a pris de l'argent dans la caisse.
— Combien?
— Deux mille francs.
— Vous êtes sûr?
— Absolument sûr. J'ai compté l'argent hier soir et je l'ai recompté ce matin. Il manque deux mille francs.
— Bien, bien, merci! Je vais voir ce que je peux faire.

tard *late*
l'attendait *was waiting for him*

Mots utiles	
en privé	*in private*
qu'est-ce qu'il y a	*what's wro*
encore une fois	*once agair*
compter	*to count*
il manque . . .	*. . . is miss*

Avez-vous compris?
1. Monsieur Dumas a un problème. Qu'est-ce que c'est?
2. Selon le comptable, combien d'argent est-ce qu'il manque dans la caisse?

290

2

Monsieur Dumas, en train de bricoler

un atelier

Seul dans son bureau, Monsieur Dumas a réfléchi à la situation.
C'est la troisième fois en deux mois que «quelqu'un» s'est servi
dans la caisse. La première fois, c'était° cinq cents francs.
La deuxième fois, c'était mille francs. Et maintenant,
c'est deux mille francs.

«Si cela continue comme cela,° je vais bientôt°
être ruiné» a pensé Monsieur Dumas.
«Oui, mais que faire? Appeler° la police?
C'est inutile. La police a d'autres choses à faire.
Renvoyer tous mes employés? C'est impossible.
Un seul est coupable . . . Ah, j'ai trouvé la solution . . .»

Le weekend suivant, Monsieur Dumas n'est pas sorti comme
d'habitude. Il n'a pas dîné en ville. Il n'est pas allé au théâtre.
Il n'a pas joué au bridge à son club . . . Il est resté chez lui.
Et qu'est-ce qu'il a fait chez lui? Il est descendu dans son atelier.
Il a travaillé jour et nuit sur un «projet spécial». Il faut dire°
que Monsieur Dumas n'est pas seulement un brillant avocat.
C'est aussi un bricoleur de génie.°

Mots utiles	
seul	*alone*
réfléchir	*to think, reflect*
se servir	*to help or serve oneself*
renvoyer	*to fire (an employee)*
un seul	*only one person*
coupable	*guilty*

Avez-vous compris?
1. Pourquoi est-ce que Monsieur Dumas ne peut pas renvoyer tous ses employés?
2. Comment a-t-il passé son weekend?

c'était *it was* **comme cela** *like that* **bientôt** *soon* **Appeler** *Call* **Il faut dire** *It should be said*
bricoleur de génie *brilliant! tinkerer*

291

■ **Avez-vous compris?**
1. Il ne peut pas renvoyer tous ses
   employés parce qu'un seul est
   coupable.
2. Il a travaillé sur un «projet
   spécial».

3
La réunion de lundi matin

Lundi, Monsieur Dumas est sorti de chez lui avec un mystérieux paquet sous le bras. Puis il est allé à son bureau. Là, il a convoqué° tous ses employés pour une réunion.°

À dix heures, tout le monde était assis° autour de° la grande table dans la salle de réunion.° Il y avait° Alice et Claudine, les deux assistantes de Monsieur Dumas, Julien, le comptable, Madeleine, la réceptionniste, Gilbert, le secrétaire, et Pierrot, le garçon de courses.°

Monsieur Dumas est entré dans la salle avec son mystérieux paquet. Il a posé le paquet au centre de la table. Puis il a pris la parole.°

— J'ai le regret de vous annoncer qu'il y a un voleur° parmi° vous.

Silence dans la salle.

Monsieur Dumas a continué.

— À trois reprises° différentes, quelqu'un a pris de l'argent dans la caisse. Si le coupable se dénonce, je lui demanderai° de restituer° l'argent et l'affaire sera réglée. Est-ce que le coupable veut se dénoncer?

Personne n'a répondu.

— Eh bien, puisque personne n'est coupable, vous ne verrez pas° d'inconvénient à vous soumettre au test de vérité.

Mots utiles	
se dénoncer	*to give oneself up*
l'affaire sera réglée	*the matter will be settled*
puisque	*since*
s'allumer	*to light up*
rien à craindre	*nothing to fear*

a convoqué *called together* **réunion** *meeting* **assis** *seated* **autour de** *around*
salle de réunion *conference room* **Il y avait** *There were* **garçon de courses** *errand boy*
a pris la parole *began to speak* **voleur** *thief* **parmi** *among* **reprises** *occasions*
demanderai *will ask* **de restituer** *to return* **ne verrez pas** *won't see*

Monsieur Dumas a ouvert° le mystérieux paquet. Les employés ont vu une étrange machine. L'élément central était un petit récipient rempli° d'eau. À ce récipient étaient attachés des électrodes, des fils électriques et un compteur.

— Cette machine s'appelle un véritoscope. C'est une machine ultrasensible qui capte° les impulsions nerveuses de l'individu.° Son fonctionnement est très simple. Elle est reliée° à une lampe dans mon bureau. Vous mettez la main dans l'eau et vous dites une phrase. Si vous dites la vérité, rien ne se passe.° Si vous ne dites pas la vérité, la machine détecte votre nervosité et la lampe qui est dans mon bureau s'allume. Évidemment,° cette machine fonctionne seulement° dans l'obscurité° la plus complète.

— Qu'est-ce qu'on fait? a demandé Madeleine, la réceptionniste.

— Et bien, vous allez tour à tour° mettre la main dans l'eau et vous allez dire: «Ce n'est pas moi qui ai pris l'argent.»

— Mais puisque personne n'est coupable . . . , a dit Pierrot, le garçon de courses.

— Alors, vous n'avez rien à craindre. C'est simplement un test pour confirmer votre innocence.

Avez-vous compris?
1. Qu'est-ce que Monsieur Dumas annonce à ses employés à la réunion de lundi matin?
2. Comment fonctionne le véritoscope?

a ouvert *opened*   rempli (d') *filled (with)*   capte *picks up*   individu *person*   reliée *linked*
rien ne se passe *nothing happens*   Évidemment *Obviously*   seulement *only*   obscurité *darkness*
tour à tour *one after the other*

293

Avez-vous compris?
1. Il annonce qu'il y a un voleur parmi les employés.
2. La machine est reliée à une lampe dans le bureau de M. Dumas. On met la main dans l'eau et on dit une phrase. Si on dit la vérité, rien ne se passe. Si on ne dit pas la vérité, la lampe dans son bureau s'allume.

4

Le moment de vérité

Monsieur Dumas a éteint° les lumières et il est sorti. Il est allé à son bureau où il a attendu dix minutes. Puis il est retourné dans la salle de réunion.

> — Alors, est-ce que la lampe s'est allumée? a demandé Alice,
> la première assistante.
> — Non, elle ne s'est pas allumée, a répondu
> Monsieur Dumas.
> — Vous voyez, personne ici n'est malhonnête,
> a ajouté Claudine, la seconde assistante.
> — Est-ce qu'on peut sortir? a demandé Gilbert,
> le secrétaire.
> — Attendez un peu, a dit Monsieur Dumas.
> Montrez-moi d'abord vos mains.

Tout le monde a levé les mains.

> — Eh bien, maintenant, je sais qui est le coupable. Voilà, j'ai oublié
> de vous dire que dans le liquide il y a un produit incolore qui devient
> vert au contact de la peau.
> — C'est vrai, j'ai la main verte, a dit Madeleine.
> — Et moi aussi, a dit Pierrot.
> — Mais vous, Julien, a dit Monsieur Dumas, vous avez la main blanche.
> Expliquez-nous donc pourquoi vous n'avez pas voulu vous soumettre
> au test du véritoscope!

Mots utiles	
une lumière	*light*
un produit	*(chemical) product*
incolore	*colorless*
la peau	*skin*

a éteint *turned off*

■ **Avez-vous compris?**
1. Ils mettent la main dans l'eau et ils disent la phrase.
2. Julien n'a pas la main verte. Alors, il n'a pas mis la main dans l'eau.

Avez-vous compris?
1. Que font les employés pendant l'absence de Monsieur Dumas?
2. Comment sait Monsieur Dumas que c'est Julien le coupable?

294

L'ART DE LA LECTURE

You have probably noticed that in French, as in English, new words can be formed by adding PREFIXES. Here are some common French prefixes:

- **re-** (or **r-**) meaning *again, back, away, over*

recompter (re- + compter)	*to count again, recount*
revenir (re- + venir)	*to come back*
renvoyer (r- + envoyer)	*to send away, fire*
refaire (re- + faire)	*to do over, redo*

Exemples: Julien **a recompté** l'argent de la caisse.
Monsieur Dumas ne veut pas **renvoyer** tous ses employés.

- **in-** (or **im-**) meaning *not* and corresponding to the English *in-, un-, dis-, -less*

un inconvénient (in- + convénient)	*inconvenience*
incertain (in- + certain)	*uncertain*
incolore (in- + colore)	*colorless*

Exemples: Nous ne voyons pas d'**inconvénient** à ce test.
Monsieur Dumas a mis un produit **incolore** dans l'eau.

- **dé-** (or **d-**) corresponding to the English *dis-* or *des-*

découvrir (dé- + couvrir)	*to discover*
décrire (d- + écrire)	*to describe*

Exemple: Vous allez **découvrir** cela en lisant cette histoire.

- **mal-** meaning *evil* and corresponding to the English *un-, dis-, bad, evil*

malheureux (mal- + heureux)	*unfortunate, unhappy*
malhonnête (mal- + honnête)	*dishonest*
la malchance (mal- + chance)	*bad luck*
un malfaiteur (mal- + faiteur)	*evildoer*

Exemple: — Vous voyez, personne ici n'est **malhonnête**, a ajouté Claudine.

- **sous-** (or **sou-**) meaning *under* and corresponding to the English *sub-*

soumettre (sous- + mettre)	*to submit*

Exemple: Vous n'avez pas voulu vous **soumettre** au test du véritoscope.

295

 UNITÉ 5 INTERNET PROJECT In your students' opinions, are Americans healthier than the French or Canadians? Or the other way around? Have them find information via the Internet to support their claims. Students can use the following keywords with the search engine of their choice: **santé; médecine; "santé publique."**

Address Book

Use this space to keep track of your favorite websites.

Teaching Resources

Technology/Audio Visual

VIDEO/VIDEODISC

Unité 6, Modules A–C
6-A. C'est quelqu'un que tu connais
6-B. À Menthon-Saint Bernard
6-C. Montrez-moi vos papiers!

CD-ROM

Writing Template
Unité 6

Unité 6, Leçons 21, 22,
CD 23, 24

4a, 4b, 5, 9, 11a, 11b,
12a, 12b, 19, 35,
46, 47, 48, 49, 50,
51, 52
Situational S13, S14

Print

Answer Key, Cassette Script,
Video Script, Overhead
Visuals Copymasters

Activity Book, pp. 63–72;
181–198; 299–308
Activity Book TAE

Video Activity Book
pp. 83–102

Communipak, pp. 115–134

Teacher's Resource Package

Games, Additional
Activities

Interdisciplinary
Connections

Multiple Intelligences

Internet Connections
www.mcdougallittell.com

T296 Unité 6

UNITÉ
6
Chez nous

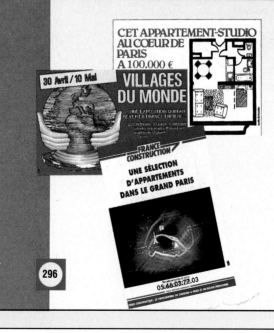

296

Teaching strategies

This is a core unit of **Discovering French–Blanc.**

• You may want to present Lesson 21 fairly rapidly since it reviews and expands on the household vocabulary presented in Lesson 21 of **Discovering French–Bleu.**

• You will want to concentrate on Lessons 23 and 24, which introduce the imperfect and focus on the NARRATION OF PAST EVENTS and the contrastive uses of the imperfect and the passé composé.

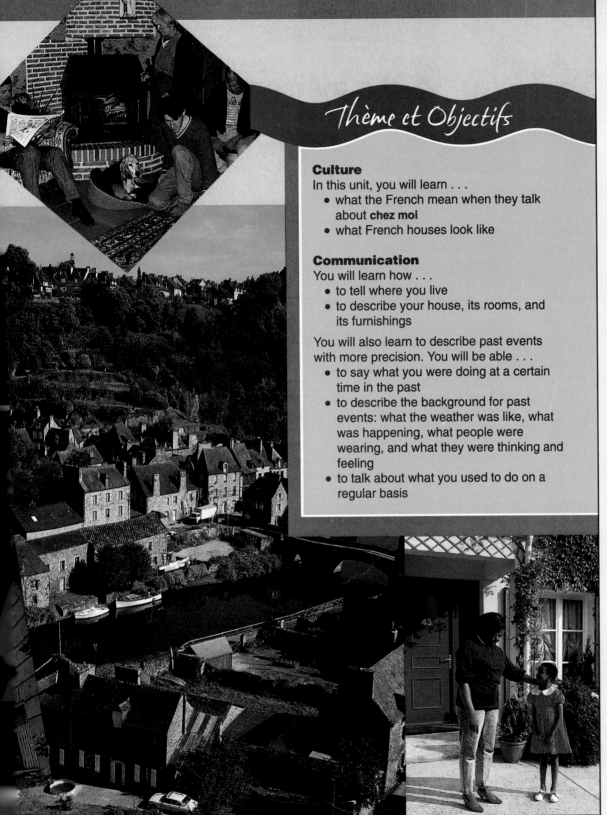

Thème et Objectifs

Culture
In this unit, you will learn . . .
- what the French mean when they talk about **chez moi**
- what French houses look like

Communication
You will learn how . . .
- to tell where you live
- to describe your house, its rooms, and its furnishings

You will also learn to describe past events with more precision. You will be able . . .
- to say what you were doing at a certain time in the past
- to describe the background for past events: what the weather was like, what was happening, what people were wearing, and what they were thinking and feeling
- to talk about what you used to do on a regular basis

Classroom Notes

■ **Questions sur le texte**

1. En général, où vivent les Français dans les grandes villes?
2. Où est-ce que les gens dans les petites villes et à la campagne préfèrent habiter?
3. Qu'est-ce qu'il y a à l'intérieur du mur qui entoure une maison individuelle?
4. D'habitude, quelle est la plus grande pièce de la maison?
5. Quelle pièce est une extension du salon dans beaucoup d'appartements modernes?
6. En général, comment sont les cuisines françaises?
7. Où est-ce que les Français prennent le petit déjeuner le matin?
8. Avec quoi est-ce que les jeunes Français aiment décorer leur chambre?
9. En général, est-ce que les toilettes se trouvent dans la salle de bains?

LE FRANÇAIS PRATIQUE

LEÇON 21 La maison

Aperçu culturel... Chez nous

Les Français qui habitent dans les grandes villes vivent en général en appartement. Dans le centre-ville, les immeubles ont un maximum de six étages. Dans la banlieue, les «grands ensembles» ont parfois vingt-cinq étages ou plus.

Dans les petites villes et à la campagne, les gens préfèrent habiter dans des maisons individuelles.

1. En France, les maisons individuelles sont généralement entourées d'un mur. À l'intérieur, il y a souvent un petit jardin avec des fleurs au printemps et en été. (Les Français aiment beaucoup cultiver les fleurs!)

2. Le salon, salle de séjour ou «living» est souvent la plus grande pièce de la maison. Il y a un sofa, des fauteuils et d'autres meubles modernes ou anciens. Beaucoup de familles françaises ont des meubles anciens qui sont transmis de génération en génération.

298 **Unité 6**

3. Dans beaucoup d'appartements modernes, la salle à manger est une extension du salon.

4. Les cuisines françaises sont généralement plus petites et moins bien équipées que les cuisines américaines. C'est dans la cuisine qu'on prend le petit déjeuner le matin.

5. Les jeunes Français aiment décorer leur chambre avec des photos ou des posters. Cette chambre est leur domaine privé où ils étudient, écoutent de la musique et invitent leurs amis.

6. La majorité des maisons françaises ont seulement une ou deux salles de bains. Ainsi, les jeunes Français doivent partager la salle de bains avec leurs frères et sœurs, et parfois avec leurs parents. En général, les toilettes et la salle de bains sont séparées.

Leçon 21 299

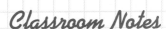

Classroom Notes

🌐 Cross-cultural observation

The most common building material in the older, more traditional French houses was stone. Nowadays, the most common building material is cement. Ask students how this compares to the homes built in their area. Point out that lumber is not as common a building material in Europe as it is in North America.

COMMUNICATIVE FUNCTION:
Describing where one lives

 Leçon 21, Section 2

Transparency 46
La résidence

■ Much of this vocabulary is familiar to the students. Use the transparency to review known items and to introduce the new words such as **le centre-ville, la banlieue, individuelle, une ferme, l'étage, le rez-de-chaussée.**

■ **Cultural note:** In French, the term **appartement** is used to refer to both rental apartments (**en location**) and condominiums (**en copropriété**).

 Review and re-entry: You may want to review ordinal numbers quickly at this time. They are formally reintroduced in Lesson 26.

COMMUNICATION: answering personal questions

Note culturelle

■ **Photo note:** Point out the elevator buttons, with **RC** for **rez-de-chaussée.**

A. La résidence

—Où habites-tu?
J'habite | **dans une ville.**
dans le centre-ville
dans un quartier | **moderne**
| **ancien**
dans la banlieue
dans un village
à la campagne

le centre-ville: *downtown*
un quartier: *district, section, part*
ancien(ne): *old*
la banlieue: *suburbs*

—Dans quel genre de maison?
J'habite | **dans un immeuble.**
dans un appartement
dans une maison individuelle
dans une ferme

un immeuble: *apartment building*
un appartement: *apartment*

—À quel **étage** habites-tu?
J'habite | **au rez-de-chaussée.**
au premier (1er) étage
au troisième (3e) étage
au neuvième (9e) étage

un étage: *floor*
le rez-de-chaussée: *ground floor*

À quel étage habites-tu?
Au rez-de-chaussée.

---

1 **Questions personnelles**

1. Dans quelle ville (ou quel village) habites-tu? Depuis combien de temps est-ce que tu habites là?
2. Si tu habites dans une grande ville, est-ce que tu habites dans le centre ou dans un autre quartier?
3. Dans quel genre de maison habites-tu?
4. Si tu habites un immeuble, à quel étage est ton appartement? Si tu habites une maison, à quel étage est ta chambre?
5. Combien de pièces est-ce qu'il y a chez toi? Combien de chambres à coucher?
6. Quelle est la pièce la plus *(most)* confortable? la plus grande? Quelle est la pièce où vous passez le plus de temps en famille?
7. Est-ce que votre cuisine est grande? De quelle couleur sont les murs? De quelle couleur est le sol? et le plafond?
8. Est-ce qu'il y a un grenier chez toi? Qu'est-ce qu'il y a dans ce grenier?

■NOTE■
CULTURELLE

Il y a une différence d'un étage entre les étages français et les étages américains.

● Le rez-de-chaussée correspond au premier étage américain.
● Le premier étage français correspond au deuxième étage américain.
● Le deuxième étage français correspond au troisième étage américain.

Les parties de la maison

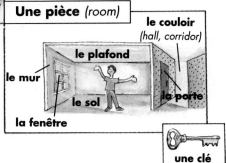

le toit
le grenier
les escaliers (un escalier)
le premier étage
le jardin
le rez-de-chaussée
le garage
le sous-sol

Les pièces de la maison

la chambre (à coucher) ([bed]room)
la salle de bains (bathroom)
les toilettes (les WC) (toilet)

la cuisine (kitchen)
le living (informal living room)
le salon (formal living room)
la salle à manger (dining room)

la cave (cellar)

Une pièce (room)

le couloir (hall, corridor)
le plafond
le mur
la porte
le sol
la fenêtre
une clé

FLASH d'information

In French homes, the toilet typically is in a small room separate from the bathroom. **WC** (an abbreviation for the British *water closet*) is pronounced <u>double vécé</u> or simply <u>vécé</u>.

▷ **Vocabulaire**

Transparency 47
Les parties de la maison

Supplementary vocabulary

les volets *shutters*
la cheminée *fireplace; chimney*

Language note: In French there are three words for *room*:
une pièce *any type of room*
une salle *a large room*
une chambre *a bedroom*

---

2 Un jeu de logique

Lisez les phrases suivantes et décidez si elles sont logiques ou non. Écrivez les lettres correspondant à vos réponses sur une feuille de papier (*sheet of paper*). Vous allez découvrir le mot français qui correspond à *skyscraper*.

1. On se lave dans la salle de bains.
2. On dort dans la salle à manger.
3. On monte au premier étage par l'escalier.
4. On sort de la maison par la fenêtre.
5. On peut mettre des posters sur les murs.
6. On met les vieilles choses au grenier.
7. Le réfrigérateur est dans la cuisine.
8. La cave est généralement au sous-sol.
9. On marche sur le plafond.
10. Un écureuil peut se promener sur le toit.

	logique	pas logique
1.	G	F
2.	U	R
3.	A	V
4.	X	T
5.	T	B
6.	E	M
7.	C	O
8.	I	S
9.	T	E
10.	L	K

1	2	3	4	5	6	-	7	8	9	10

2 COMPREHENSION: drawing logical conclusions

1. logique
2. pas logique
3. logique
4. pas logique
5. logique
6. logique
7. logique
8. logique
9. pas logique
10. logique

Réponse:
(un) GRATTE-CIEL

TPR Dans la salle de classe

Give a series of commands and have students perform the actions.
For example:
Levez-vous! Montez sur la chaise!
Regardez le sol! Sautez!
Montrez le plafond!
Descendez de la chaise!
Asseyez-vous!

Other commands:
Montrez la fenêtre!
Regardez le plafond!
Touchez le mur!
Ouvrez la porte!
Allez dans le couloir!

COMMUNICATIVE FUNCTION:
Describing one's home

 Leçon 21, Section 2

Transparency 48
Le mobilier et l'équipement
de la maison

■ **Photo note:** Point out the large
bowl used for **café au lait** at
breakfast.

■ **Language note:** For *sofa*, one
can also say **un divan, un canapé.**

 3 DESCRIPTION: describing
where in the house certain
items are located

■ **Variations** (in pairs):
A. – Où est le lait?
– Il est dans le réfrigérateur.
B. – Qu'est-ce qu'il y a sur le
bureau?
– Il y a des livres.

4 ROLE PLAY: discussing
placement of furniture

1. le grille-pain / dans la cuisine
2. la glace / dans la salle de
bains (dans la chambre)
3. le four à micro-ondes /
dans la cuisine
4. l'étagère / dans le salon
(le living)
5. le lit / dans la chambre
6. le tapis / dans le salon (la
salle à manger, la chambre)
7. le réfrigérateur / dans
la cuisine
8. le fauteuil / dans le salon
(le living)
9. le bureau / dans la chambre
(le salon)
10. le sofa / dans le salon
(le living)
11. la table / dans la salle à
manger (la cuisine, le salon)

 **Cooperative
pair practice**
Activity 4

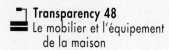
Où est Papa?
Il est dans le salon.

B. Le mobilier (furniture) et l'équipement de la maison

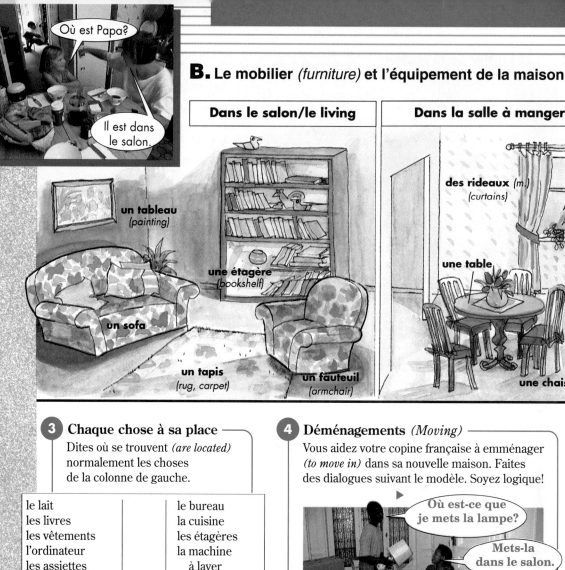

Dans le salon/le living

un tableau (painting)
une étagère (bookshelf)
un sofa
un tapis (rug, carpet)
un fauteuil (armchair)

Dans la salle à manger

des rideaux (m.) (curtains)
une table
une chaise

3 **Chaque chose à sa place**
Dites où se trouvent (are located)
normalement les choses
de la colonne de gauche.

le lait		le bureau
les livres		la cuisine
les vêtements		les étagères
l'ordinateur		la machine
les assiettes		à laver
propres (clean)	sur	le lave-vaisselle
les assiettes	dans	le placard
sales (dirty)		le réfrigérateur
les chemises sales		la salle de bains
le tapis		le sol
le lavabo		la table
l'évier		

▶ Le lait est dans le réfrigérateur.

4 **Déménagements** (Moving)
Vous aidez votre copine française à emménager
(to move in) dans sa nouvelle maison. Faites
des dialogues suivant le modèle. Soyez logique!

Où est-ce que je mets la lampe?
Mets-la dans le salon.

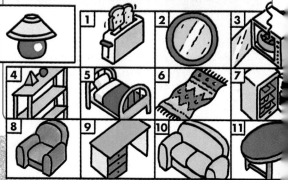

302 Unité 6

Un jeu: Où est Félix?

PROPS: Transparency 48, a cut-out of Félix
the cat, p. 15

One student (S1) comes to the front, turns
off the overhead projector, and places the
cut-out of Félix in a specific location on the
transparency. First, students ask questions to determine the room Félix is in.

Then, they try to determine his exact
location in the room. When a student
guesses correctly, S1 verifies the response
by turning on the projector. This student
then comes to the front and the game
continues as before.

Dans la cuisine

un grille-pain *(toaster)*

des placards (m.) *(cabinets)*

un évier *(kitchen sink)*

une cuisinière *(stove, range)*

un four *(oven)*

un four à micro-ondes *(microwave)*

un lave-vaisselle *(dishwasher)*

une machine à laver *(washing machine)*

un réfrigérateur

un appareil *(machine, appliance)*

Dans une chambre

un placard *(closet)*

une lampe

un meuble *(piece of furniture)*

un bureau *(desk)*

un lit *(bed)*

Dans la salle de bains

une glace *(mirror)*

une baignoire *(bathtub)*

une douche *(shower)*

un lavabo *(sink)*

Supplementary vocabulary

un **aspirateur** *vacuum cleaner*
un **buffet** *cupboard*
un **climatiseur** *air conditioner*
un **congélateur** *freezer*
un **frigo** *fridge*
un **sèche-linge** *clothes dryer*
un **tiroir** *drawer*

une **commode** *dresser*
la **moquette** *wall-to-wall carpet*
une **table de nuit** *night table*

Language note: For *washing machine,* one can also say **un lave-linge.**

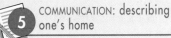
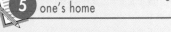
5 COMMUNICATION: describing one's home

5 **Chez vous** ———

Décrivez le mobilier et l'équipement de votre maison. Donnez des détails. (Vous pouvez utiliser les adjectifs de la liste dans des phrases affirmatives ou négatives.)

1. Dans le salon, il y a . . .
   ▶ Dans le salon, il y a un sofa vert. Il est assez vieux, mais il est très confortable. Il y a aussi . . .
2. Dans ma chambre, il y a . . .
3. Dans la cuisine, . . .
4. Dans la salle à manger, . . .

- **grand(e)** ≠ **petit(e)**
- **ancien(ne)** ≠ **moderne**
- **vieux (vieille)** *(old)* ≠ **neuf (neuve)** *(new)*
- **confortable** ≠ **inconfortable**
- **pratique**
- **joli(e)**

6 COMMUNICATION: describing one's room

6 **Ma chambre** ———

1. Est-ce que ta chambre est une grande ou une petite pièce?
2. De quelle couleur sont les murs?
3. Est-ce qu'il y a des posters sur les murs? Qu'est-ce qu'ils représentent?
4. Est-ce qu'il y a un tapis sur le sol?
5. Combien de fenêtres est-ce qu'il y a?
6. Est-ce que ta chambre a une salle de bains indépendante?
7. En général, est-ce que tu fermes *(close)* la porte quand tu es dans ta chambre?
8. Est-ce qu'il y a un couloir entre ta chambre et la chambre de tes parents?

S1: **Où est Félix?**
S2: **Est-ce qu'il est dans le salon?**
S1: **Oui, il y est.**
S2: **Est-ce qu'il est derrière le sofa?**
S1: **Non, il n'est pas derrière le sofa.**
S3: **Est-ce qu'il est sur le sofa?**
S1: **Mais oui!**

SUGGESTION: You may wish to review the prepositions on p. 15 before doing this activity.

VARIATION: Play this game in teams. If a team receives an affirmative response, it may ask another question.

 **Leçon 21, Section 2**

■ **Teaching notes**

• Point out that in the present tense **ouvrir** is conjugated like a regular **-er** verb. The past participle **ouvert** is irregular.

• **Éteindre** (*to extinguish or turn off*) is irregular. However, at this time students need to know only the infinitive and the imperative **tu**-form. If you wish, you can introduce for recognition the **vous**-form: **éteignez**, and the passé composé: **j'ai éteint.**

■ ■ **French connection:**
ouvert → *overt*
ouverture → *overture*
couvert → *covert*
couvre-feu (cover the fire, "lights out") → *curfew*

7 COMPREHENSION: making logical requests

1. fermer
2. mettre, allumer
3. éteindre, fermer
4. ouvrir
5. allumer
6. éteindre
7. éteindre, fermer

■ **Variation** (in the **vous**-form):
S'il vous plaît, est-ce que vous pouvez mettre l'air conditionné?

 **Cooperative pair practice**
Activity 7

C. Quelques actions

S'il te plaît, est-ce que tu peux . . .

ouvrir la fenêtre?	Ouvre la fenêtre!
fermer la porte?	Ferme la porte!

allumer	la télé?	Allume	la télé!
mettre		Mets	
éteindre	la radio?	Éteins	la radio!

ouvrir:	*to open*	
fermer:	*to close*	
allumer:	*to turn on*	
mettre:	*to put on*	
éteindre:	*to turn off*	

INFINITIVE	**ouvrir** *(to open)*	
PRESENT	j' **ouvre**	nous **ouvrons**
	tu **ouvres**	vous **ouvrez**
	il/elle/on **ouvre**	ils/elles **ouvrent**
PASSÉ COMPOSÉ	j'**ai ouvert**	

→ French has two ways of saying *to turn off.*
Éteindre is generally used with electrical power and heating systems.
Fermer means to turn off any sort of switch, knob, or faucet.
　　Éteins l'électricité.　　**Ferme** l'eau.

→ Note the expression **fermer à clé** *(to lock).*
　　J'ai fermé la porte à clé.

→ The following verbs are conjugated like **ouvrir:**

| **couvrir** | *to cover* | Sophie **a couvert** son lit. |
| **découvrir** | *to discover* | Nous **avons découvert** un joli fauteuil. |

Découvrez...
Le fauteuil　440€
la Redoute

7 **S'il te plaît!**

Demandez à vos camarades de faire certaines choses en complétant les phrases avec l'expression qui convient.

▶ Il fait chaud! (l'air conditionné)

1. Il fait froid. (la fenêtre)
2. Je voudrais regarder «La roue de la fortune». (la télé)
3. Je n'aime pas ce genre de musique. (la radio)
4. Je voudrais prendre mon vélo. (la porte du garage)
5. Je vais faire un gâteau. (le four)
6. Il faut économiser l'énergie. (cette lampe)
7. J'ai chaud. (le chauffage [*the heating*])

S'il te plaît, est-ce que tu peux mettre l'air conditionné?

Au Jour Le Jour

Les petites annonces

Quand on veut trouver un logement, on peut lire les petites annonces du journal. Ces annonces présentent une liste d'appartements à louer avec une courte description et le prix du loyer *(rent)*.

Quel appartement?

Analysez les petites annonces et choisissez un appartement pour les personnes suivantes:

- un(e) étudiant(e)
- une personne célibataire
- une famille qui a deux enfants
- une famille qui a un enfant (un seul parent travaille)
- une famille qui a un enfant (les deux parents travaillent)

Au téléphone

Vous avez décidé de louer l'un des cinq appartements. Vous téléphonez à l'agence immobilière *(real estate agency)* qui a mis l'annonce. Un agent, joué par un(e) camarade, vous répond. Composez et jouez le dialogue suivant.

- Confirmez le numéro de téléphone que vous appelez.
  Allô, monsieur (mademoiselle). C'est bien le . . . ?
- Dites que vous êtes intéressé(e) par l'annonce.
  Je suis intéressé(e) par . . .
- Demandez des détails sur l'appartement.
  Par exemple:
  Où est-il situé?
  Est-ce que l'immeuble est moderne ou ancien?
  Combien de pièces est-ce qu'il y a?
  Combien de salles de bain?
  Est-ce que la cuisine est bien équipée?
  Quels appareils est-ce qu'il y a?
  Est-ce qu'il y a un living? Est-ce qu'il est grand ou petit?
  Quel est le prix de l'appartement?
- Demandez quand vous pouvez visiter l'appartement.

QUARTIER LATIN
chambre d'étudiant
avec s.d.b.
possibilité cuisine
300 €
Tél. 01-42-21-35-64

MONTMARTRE
dans immeuble rénové
bel appt.
2 ch., s.d.b., w.c.
cuisine équipée
grand living
1 000 €
Tél. 01-44-61-12-49

PARC MONCEAU
immeuble ancien
2 ch, balcon
double living
tout confort
1 500 €
Tél. 01-45-12-70-36

NATION
immeuble moderne
studio, s.d.b.
kitchenette
550 €
Tél. 01-42-28-54-85

PASSY
superbe 5 pièces
3 ch, 2 bains
h. cft.
3 000 €
Tél. 01-46-95-16-02

Une année à Paris

Imaginez que vous allez passer une année à Paris avec un(e) ami(e). Avec votre camarade, décidez de l'appartement que vous allez louer. Expliquez les raisons de votre choix. Vous pouvez considérer les éléments suivants:

- nombre de pièces
- confort
- prix

Leçon 21 **305**

Portfolio assessment

You will probably choose only one oral and one written activity to go into the students' portfolios for Unit 6. The following activity is a good portfolio topic:
ORAL: Au téléphone, p. 305

Au Jour le Jour

OBJECTIVES
- Reading authentic realia
- Reading for information

■ **Quel appartement?**
- une étudiante: Quartier latin
- une personne célibataire: Nation
- une famille avec deux enfants: Passy
- une famille avec un enfant: Montmartre
- une famille avec un enfant: Parc Monceau

■ **Abbreviations:**
s.d.b. = salle de bains
w.c. = *water closet* (les toilettes)
ch. = chambre
h. cft. = haut confort

■

Transparency 4a
Paris

PARIS
Montmartre
Parc Monceau
Nation
Passy
Quartier latin

■ Point out the location of these areas on the transparency.

Leçon 22

MAIN TOPIC:

Making clarifications

MODULE 6-A
C'est quelqu'un que tu connais

Total time: 1:25 min.
(Counter: 00:00–01:25 min.)

Disc 2, Side 1
32 to 2576

Leçon 22, Section 1

Vidéo-scène
LEÇON 22

C'est quelqu'un que tu connais

Comment?
Tu ne me reconnais pas?

C'est toi?

Eh bien oui,
c'est moi.

Et cette petite fille qui
joue sur la plage?

C'est vrai que
pour Corinne c'est le contraire!
Elle était beaucoup plus jolie
quand elle était petite.

Toi, tais-toi!

Dis donc Pierre, où
est-ce que tu habitais quand
tu étais petit?

Vraiment?
C'est un petit village
que j'aime beaucoup.

J'habitais
à Menthon-Saint-
Bernard!

C'est vrai!
C'est un village
qui est très sympa.

Si vous voulez, on peut
y faire un tour en scooter
samedi prochain.

D'accord.

Et tu me montreras
la maison où
tu habitais?

Bien sûr!

à suivre . . .

Compréhension

1. Qu'est-ce qu'Armelle veut regarder?
2. Qui est le petit garçon sur la photo?
3. Qui est la petite fille?
4. Qu'est-ce que Pierre propose de faire samedi prochain?

Leçon 22 **307**

Looking ahead:
• The imperfect is presented in Lesson 23. Have students use the context to try to figure out the meanings of the imperfect forms used here: **j'avais, il/elle était, tu habitais,** etc.
• The future tense (**tu me montreras**) is presented in Lesson 31.

 Transparency 5
Annecy

■ Point out the location of Menthon-Saint-Bernard on the transparency. Located on the eastern shore of Lac d'Annecy, it is just a short ride from the town of Annecy.

● COMPREHENSION

1. Elle veut regarder l'album qui est sur la table.
2. C'est Pierre quand il avait sept ans.
3. C'est Corinne.
4. Il veut faire un tour en scooter à Menthon-Saint-Bernard.

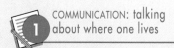 **Leçon 22, Section 2**

■ **Language note:** Point out that **habiter** means *to live* in the sense of *to inhabit*.

■ **Supplementary vocabulary:**
survivre *to survive*

■■ **French connection**
(borrowed words/expressions):
bon vivant → *a person who enjoys good food and drink*
savoir-vivre → *good breeding, good manners*
joie de vivre → *joy of living*

1 COMMUNICATION: talking about where one lives

Classroom Notes

FLASH d'information

La France a un très grand nombre de châteaux historiques qu'on peut visiter en été. Le plus célèbre de ces châteaux est le château de Versailles, près de Paris. C'est ici qu'a vécu Louis XIV° ou «Roi Soleil»° (1638–1715), l'un des grands rois de l'histoire de France.

Louis XIV = Louis Quatorze   **Roi Soleil** *Sun King*

A. Le verbe *vivre*

Note the forms of the irregular verb **vivre** *(to live)*.

INFINITIVE	**vivre**	
PRESENT	Je **vis** à Paris.	Nous **vivons** à la campagne.
	Tu **vis** à Québec.	Vous **vivez** simplement.
	Il/Elle/On **vit** bien en France.	Ils/Elles **vivent** bien.
PASSÉ COMPOSÉ	J'**ai vécu** deux ans à Toulouse.	

→ Both **vivre** and **habiter** mean *to live*. **Habiter** is used only in the sense of *to live in a place*. Compare:

Alice **lives** *in Paris.*	*She* **lives** *well.*
Alice **vit** à Paris.	Elle **vit** bien.
Alice **habite** à Paris.	—

JE VIS POUR MANGE

PROVERBE
Il faut manger pour vivre et non pas vivre pour manger.

1 **Expression personnelle**

1. J'habite . . . (dans une grande ville? dans une petite ville? à la campagne? . . . ??)
2. Nous vivons dans notre maison (appartement) depuis . . . (un an? cinq ans? . . . ??)
3. Avant, nous avons vécu . . . (dans une autre ville? dans un autre état? . . . ??)
4. Dans ma région, on vit . . . (assez bien? bien? assez mal? . . . ??)
5. L'état où on vit le mieux *(the best)* est . . . (la Californie? le Texas? . . . ??)
6. Un jour, je voudrais vivre . . . (à Québec? à Paris? . . . ??)
7. Pour vivre bien, il faut . . . (être riche? avoir beaucoup de vacances? . . . ??)

Teaching strategy: Où vivez-vous?

Divide the classroom into four French-speaking cities: **Paris, Québec, Dakar,** and **Fort-de-France.**

Point out various students and indicate where they are living.
Voici Marie. Elle vit à Paris.
Marie, où est-ce que tu vis?
[Marie]: **Je vis à Paris.**

Robert et Paul vivent à Québec.
Robert et Paul, où vivez-vous?
[R et P]: **Nous vivons à Québec.**

Similarly, use the "cities" to talk about where students lived last year.
Anne a vécu à Dakar l'année dernière., etc.

B. Révision: Le passé composé

The PASSÉ COMPOSÉ is used to describe past actions and events.
Review the forms of the passé composé in the following sentences.

WITH **avoir**	WITH **être**
J'**ai visité** le Canada.	Je **suis allé(e)** à Québec.
Stéphanie **a pris** le bus.	Elle **est descendue** au centre-ville.
Les touristes **ont visité** Paris.	Ils **sont montés** à la Tour Eiffel.
Nous **n'avons pas étudié**.	Nous **sommes sortis** avec des copains.
Éric m'**a téléphoné**.	Il **n'est pas venu** chez moi.

➡ The passé composé of most verbs is formed with **avoir**.

➡ The passé composé of several verbs of MOTION (going, coming, staying) is formed with **être**. (The past participles of these verbs agree with the subject.)

aller (allé)	rester (resté)	partir (parti)
entrer (entré)	monter (monté)	sortir (sorti)
passer (passé)	descendre (descendu)	venir (venu)

➡ The passé composé of REFLEXIVE verbs is formed with **être**.

Alice **s'est promenée** en ville.   Paul et Marc **se sont reposés**.

---

2 À Montréal

Les personnes suivantes habitent à Montréal. Dites ce qu'elles ont fait hier.

▶ mes parents (aller à l'Opéra de Montréal / voir «Carmen»)
  Mes parents sont allés à l'Opéra de Montréal. Ils ont vu «Carmen».

1. moi (sortir / prendre le bus / faire une promenade dans le Vieux Montréal)
2. Stéphanie (passer à la Place Ville Marie / acheter des vêtements / choisir un jean)
3. toi (passer à la bibliothèque municipale / rendre les livres / choisir d'autres livres)
4. nous (prendre le métro / monter à Bonaventure / descendre à Mont-Royal)
5. les touristes (visiter le Parc Olympique / monter à la Tour Olympique / acheter des souvenirs)
6. Jean-Paul (venir chez moi / étudier avec moi / partir à six heures)
7. Claire et Sophie (faire une promenade / s'arrêter dans une crêperie / manger une crêpe)
8. nous (se promener / s'arrêter au Parc du Mont-Royal / se reposer)

▶

3 Conversations

Des copains discutent de ce qu'ils ont fait. Jouez les rôles en faisant les substitutions suggérées.

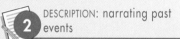

Qu'est-ce que tu as fait <u>samedi soir</u>?

Et après?

Je <u>suis allé au cinéma</u>.

J'<u>ai dîné chez ma cousine</u>.

1. hier après-midi
   faire des achats
   rentrer chez moi
	3. après le dîner
	   finir mes devoirs
	   se coucher
		5. dimanche soir
		   aider ma mère
		   voir un film à la télé

2. à midi
   passer à la bibliothèque
   déjeuner à la cantine
	4. samedi après-midi
	   acheter des vêtements
	   sortir avec des copains
		6. samedi matin
		   ranger ma chambre
		   se promener

309

🌐 Cultural notes: À Montréal

The urban area of Montreal is the second largest city in Canada. Montreal's size and predominantly French flavor make it the commercial, industrial, and entertainment center of Quebec. Visitor sites include:
La Place Ville Marie: a shopping area.
La Place Bonaventure: a subterranean shopping complex connected to other underground "neighborhoods" by the métro.
Le Parc Mont-Royal: a huge **espace vert** in the middle of the city with a lookout at the top of the mount.
Le Parc Olympique: a major attraction built for the 21st Olympiad in 1976.

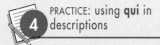 Leçon 22, Section 2

■ **Language note:** Point out that in the first example:
qui refers to people (**des copines**);
it replaces the subject **elles**.
In the second example:
qui refers to a thing (**un immeuble**);
it replaces the subject **il**.

■ **Teaching note:** You may wish to introduce the concept of ANTECEDENT: the noun or pronoun that is represented by the relative pronoun.
Point out that the verb that follows **qui** must agree with the antecedent of **qui**.
J'ai <u>des amis</u> **qui** <u>habitent</u> à Québec.
C'est <u>vous</u> **qui** <u>habitez</u> ici?

 **4** PRACTICE: using **qui** in descriptions

 **5** COMMUNICATION: indicating preferences

---

C. Le pronom relatif *qui*

RELATIVE PRONOUNS are used to CONNECT, or RELATE, sentences to one another. Note below how the two sentences on the left are joined into a single sentence on the right with the relative pronoun **qui.**

J'ai <u>des copines.</u> } J'ai des copines **qui** habitent à Paris.
<u>Elles</u> habitent à Paris. *I have friends **who (that)** live in Paris.*

J'habite dans <u>un immeuble.</u> } J'habite dans un immeuble **qui** a 20 étages.
<u>Il</u> a 20 étages. *I live in a building **that** has 20 stories.*

The relative pronoun **qui** *(who, that, which)* may refer to PEOPLE or THINGS. It is the SUBJECT of the verb that follows it.

---

4 **En ville**

Mélanie est en ville. Elle décrit ce qu'elle voit et ce qu'elle fait. Jouez le rôle de Mélanie.

▶ Je rencontre un copain. / Il va au cinéma.
Je rencontre un copain qui va au cinéma.

1. Je parle à une dame. / Elle attend le bus.
2. Je regarde des maisons. / Elles ont une architecture intéressante.
3. Je rends visite à une copine. / Elle habite dans la banlieue.
4. Je vais dans un café. / Il sert *(serves)* d'excellents sandwichs.
5. J'entre dans un magasin. / Il vend des disques de rock.
6. Je rencontre des copains. / Ils vont à un concert.
7. Je vois des touristes. / Ils prennent des photos.
8. Je prends un bus. / Il va au centre-ville.

---

5 **Au choix**

Pour chaque catégorie, choisissez ce que vous préférez.

▶ une station de radio / jouer du rock ou de la musique classique?

1. une maison / avoir une piscine ou un beau jardin?
2. un quartier / être très calme ou très animé *(lively)*?
3. une ville / avoir beaucoup de magasins ou un grand parc?
4. des voisins / être sympathiques ou très riches?
5. des magasins / vendre des vêtements chers ou bon marché?
6. des copains / aimer les sports ou la musique?
7. un appartement / être moderne ou ancien?
8. des professeurs / donner de bonnes notes ou de bons conseils *(advice)*?

Je préfère une station de radio qui joue du rock (qui joue de la musique classique).

D. Le pronom relatif *que*

Note below how the two sentences on the left are joined into a single sentence on the right with the RELATIVE PRONOUN **que**.

J'ai des <u>voisins</u>. Je <u>les</u> invite souvent.	J'ai des voisins **que** j'invite souvent. *I have neighbors **whom (that)** I often invite.*
Nous allons dans un <u>café</u>. Je ne <u>le</u> connais pas.	Nous allons dans un café **que** je ne connais pas. *We are going to a café **that** I do not know.*

Nous allons dans un café que je ne connais pas.

Ah, bon?
C'est vrai?

The relative pronoun **que** (*whom, that, which*) may refer to PEOPLE or THINGS. It is the DIRECT OBJECT of the verb that follows it.

⟹ Although in English the object pronouns *whom, that,* and *which* are often omitted, in French the pronoun **que** cannot be left out.

Voici l'affiche **que** je viens d'acheter.   *Here's the poster **(that)** I just bought.*

⟹ **Que** becomes **qu'** before a vowel sound.

Alice écoute le compact **qu'**elle a acheté.

LA VACHE QUI RIT.
LE FROMAGE A PART

> The choice between **qui** and **que** is determined by their function in the sentence:
> • **qui** is the SUBJECT of the verb that follows it
> • **que** is the DIRECT OBJECT of the verb that follows it
>
> Compare:
>
> | SUBJECT (of **est**) | DIRECT OBJECT (of **je connais**) |
> |---|---|
> | Alice est une fille **qui** est très sportive. | C'est une fille **que** je connais bien. |
> | Paris est une ville **qui** est très belle. | C'est une ville **que** je connais bien. |

6 Expression personnelle

Nommez les personnes ou les choses suivantes.

▶ . . . une personne que j'admire.
Martin Luther King (Le président, Mon prof) est une personne que j'admire.

▶ . . . une ville que je voudrais visiter.
Paris (Québec, San Francisco) est une ville que je voudrais visiter.

1. . . . une ville que j'aime.
2. . . . un magazine que je lis.
3. . . . une émission de télé *(TV show)* que j'aime regarder.
4. . . . un film que je voudrais voir.
5. . . . une actrice que je voudrais rencontrer.
6. . . . un acteur que j'admire beaucoup.
7. . . . une personne que j'aimerais *(would like)* connaître.

7 Oui ou non?

Expliquez ce que vous faites et ce que vous ne faites pas, suivant le modèle.

▶ le français est une langue (parler bien?)
Le français est une langue que je parle bien.
Le français est une langue que je ne parle pas bien.

1. la biologie est une matière (étudier?)
2. l'espagnol est une langue (comprendre?)
3. San Francisco est une ville (connaître?)
4. mes voisins sont des gens (voir souvent?)
5. le président des États-Unis est une personne (admirer?)
6. Oprah Winfrey est une personne (trouver intéressante?)

Leçon 22 **311**

Section D

COMMUNICATIVE FUNCTION:
Describing people or things in more detail

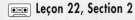 Leçon 22, Section 2

■ **Language note:** Point out that in the first example:
 que refers to people (**des voisins**);
 it replaces the direct object **les**.
In the second example:
 que refers to a thing (**un café**);
 it replaces the direct object **le**.

■ **Teaching note:** At this level, you may want to present a practical (but simplified) rule of thumb:
• Use **qui** if the next element is a verb:
 . . . **qui** <u>est</u> . . .
• Use **que** if the next elements are a subject and a verb:
 . . . **que** <u>je connais</u> . . .

COMMUNICATION: expressing
6 one's thoughts

■ **Personalization:** Have students complete open-ended sentences about their immediate environment.
M./Mme/Mlle X est un prof qui/que(qu') . . .
Y est un lycée qui/que(qu') . . .
Z est une ville qui/que(qu') . . .

COMMUNICATION: talking
7 about one's actions

Language note: Agreement of past participle

For recognition, you may present the agreement of the past participle with the preceding direct object **que.**

Voici **un musée** que j'ai visité.

Voici **une ville** que j'ai visitée.

Leçon 22 **T311**

■ **Teaching note:** This activity should be done orally. If it is prepared in writing, you will need to explain that the past participle agrees with **que**, which is a preceding direct object.

3. **la fille qu**'il a rencontré**e** . . .
4. **les amis que** nous avons retrouvé**s** . . .
6. **la robe qu**'elle a choisi**e** . . .
7. **la vidéo-cassette qu**'ils ont loué**e** . . .
8. **la pizza que** j'ai commandé**e** . . .

■ **Variation** (with **venir de**):
Alice regarde le magazine qu'elle vient d'acheter.

9 PRACTICE: using **qui** and **que**

1. qui	6. qui
2. qui	7. que
3. que	8. qui
4. que	9. que
5. qui	

10 COMMUNICATION: making personal comments

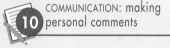
À votre tour!

1 WRITTEN SELF-EXPRESSION: making up riddles

---

8 **Qu'est-ce qu'ils font?**

Des amis sont allés en ville cet après-midi. Dites ce qu'ils font maintenant.

▶ Alice / regarder le magazine / acheter
Alice regarde le magazine qu'elle a acheté.

1. Frédéric / écouter le disque / acheter
2. Pauline / lire le livre / prendre à la bibliothèque
3. Marc / téléphoner à la fille / rencontrer au café
4. nous / dîner avec les amis / retrouver
5. tu / parler du film / voir
6. Catherine / mettre la robe / choisir
7. mes copains / regarder la vidéocassette / louer *(rent)*
8. je / manger la pizza / commander

10 **Commentaires personnels**

Complétez les phrases en utilisant votre imagination.

▶ J'ai un copain qui . . .
J'ai un copain qui joue du piano
(qui habite à Chicago, etc.).
▶ J'ai une copine que . . .
J'ai une copine que j'invite souvent chez moi
(que mes parents aiment bien, etc.).

9 **La visite de la ville**

Jean-Pierre montre sa ville à un copain américain. Complétez les phrases de Jean-Pierre avec **qui** ou **que**.

▶ **Voici le bus que je prends pour aller à l'école.**

▶ **Voici le bus qui va au centre-ville.**

1. Voici une librairie *(bookstore)* . . . vend des magazines angl
2. Voici une boutique . . . n'est pas très chère.
3. Voici un musée . . . je visite souvent.
4. Voici un monument . . . tu dois visiter.
5. Voici un cinéma . . . donne souvent des films américains.
6. Voici un restaurant . . . sert des spécialités régionales.
7. Voici le restaurant . . . je préfère.
8. Voici un hôtel . . . est très confortable.
9. Voici un hôtel . . . les guides touristiques recommandent.

1. J'ai une copine qui . . .
2. J'ai un copain que . . .
3. J'ai des voisins qui . . .
4. J'ai des voisins que . . .
5. J'habite dans une ville qui . . .
6. J'habite dans une ville que . . .
7. J'habite dans une maison qui . . .
8. J'ai une chambre qui . . .

À votre tour!

1 **Une devinette** *(A guessing game)*

Choisissez une personne, un endroit ou un objet. Faites cinq ou six phrases où vous décrivez ce que vous avez choisi, mais ne mentionnez pas son nom. Proposez cette devinette à vos camarades.

C'est une ville qui est en France. C'est une ville qui a beaucoup de monuments. C'est une ville que les touristes américains aiment visiter . . .

(Réponse: Paris)

 312 Unité 6

Un jeu: Qui est-ce?

Divide the class into four teams. One student comes forward and chooses a well-known personality that the class will try to discover. The teams take turns asking the student yes/no questions with **qui** and **que**. For example:

Est-ce que c'est une personne qui joue dans des films?

Est-ce que c'est une personne qu'on voit à la télé?, etc.

SCORING: Teams earn points as follows: 1 point if their question is grammatically correct; 2 points if their question is grammatically correct and the answer is **oui.**

LECTURE — Qu'est-ce qu'ils achètent?

Quatre personnes font des achats dans un centre commercial. Chaque personne achète quelque chose de différent. Lisez les descriptions suivantes et identifiez la chose que chaque personne achète.

- Amélie est en train de décorer sa chambre. Elle va dans un magasin qui vend des livres, des souvenirs et beaucoup d'autres objets. L'objet qu'elle achète est en papier° et représente son groupe favori. C'est quelque chose qu'elle peut mettre au mur de sa chambre.

- Frédéric veut acheter quelque chose pour l'anniversaire de sa mère. Le cadeau° qu'il choisit est fabriqué en France. C'est quelque chose qui sent° très, très bon.

- Madame Durand veut acheter un cadeau pour sa nièce qui va se marier l'été prochain. Elle va dans un magasin qui vend des appareils électroménagers°. Là, elle achète un appareil qu'on trouve généralement dans la cuisine. C'est une chose que beaucoup de personnes utilisent pour préparer leurs repas.

- Monsieur Pascal veut acheter quelque chose pour les amis qui l'ont invité à dîner chez eux. Il choisit quelque chose qu'on peut manger. Mais attention! Ce n'est pas très recommandé pour les personnes qui veulent maigrir.

en papier *made of paper* **cadeau** *present, gift* **sent** *smells*
appareils électroménagers *kitchen appliances*

Amélie Frédéric Madame Durand Monsieur Pascal	achète				
		une bouteille de parfum	une boîte de chocolats	un four à micro-ondes	un poster

Si vous n'avez pas trouvé la solution, allez à la page R13.

OBJECTIVES
- Reading for pleasure
- Developing logical thinking

Observation activity: Have students reread the descriptions, identifying the relative pronouns **qui** and **que** and their antecedents.

Réponses:
Amélie: un poster
Frédéric: une bouteille de parfum
Mme Durand: un four à micro-ondes
M. Pascal: une boîte de chocolats

Classroom Notes

📖 Pre-reading activity

Have students read the title of the selection and skim the reading.
Who are the **ils** of the title?
What four objects are being bought?
Have the class guess who will buy each object.

Qui va acheter la bouteille de parfum?
Qui va acheter la boîte de chocolats?, etc.

Leçon 23

MAIN TOPIC:

Talking about what one used to do

MODULE 6-B
À Menthon-Saint-Bernard

Total time: 3:57 min.
(Counter: 01:27–05:24 min.)

VIDEODISC   Disc 2, Side 1
2622 to 9765

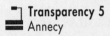

■ Leçon 23, Section 1

■ Transparency 5
Annecy

■ Point out the location of Menthon-Saint-Bernard on the transparency.

■ **Photo culture note:** In France, there is always a sign like the one in the picture to show that one is entering a town. The diamond indicates that the driver on this road has the right of way. The round sign means that there is no passing allowed. (Upon leaving the town, one sees the same signs, each with a diagonal bar through it. This indicates that one has left the town, that one no longer has the right of way at intersections, and that one may again pass when necessary.)

Dans l'épisode précédent, Pierre a proposé à Corinne et à Armelle de faire un tour à Menthon-Saint-Bernard, le village où il habitait quand il était petit.

Menthon-Saint-Bernard est un village très pittoresque, à une dizaine de kilomètres d'Annecy.

Il y a un vieux château . . .

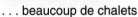

. . . beaucoup de chalets

. . . et une plage sur le lac.

Pierre, Armelle et Corinne viennent d'arriver à Menthon-Saint-Bernard.

Ils vont d'abord à l'école primaire.

Tu vois cette école?

Oui.

C'est l'école où j'allais quand j'étais petit. Et là, c'est la cour où je jouais avec mes copains.

Il paraît que tu étais une vraie terreur!

Au contraire! J'étais un élève-modèle!

Ensuite, les trois amis vont à la plage.

Pas du tout! C'est moi qui t'ai appris à nager.

Ah oui, peut-être . . .

Ça, c'est la plage où nous allions en été. Tu te souviens, Corinne? C'est là où je t'ai appris à nager.

314   Unité 6

Puis, ils vont à l'ancienne maison de Pierre.

Et voilà la maison où nous habitions. Tu veux la voir?

Dis donc, elle a beaucoup changé, ta maison.

Oui, je veux bien.

C'est vrai.

Là, il y avait des fleurs. Là, il y avait une table et des chaises. En été, c'était là où nous dînions quand il faisait beau.

C'était où, ta chambre?

C'était la chambre là-haut.

Pierre explique comment était sa maison autrefois.

Et là, c'était ma chambre quand je venais vous voir en été.

Là, c'était le salon. Et là, c'était la salle à manger.

Et ici, c'était la porte de la cuisine.

En touchant la porte de la cuisine, Pierre déclenche l'alarme.

Driinng
Driinng
Driinng

Corinne et Armelle pensent qu'il vaut mieux° partir.

Les trois amis retournent à leurs scooters. Mais qu'est-ce qu'ils voient?

Compréhension
1. Où est Menthon-Saint-Bernard?
2. Où les amis vont-ils d'abord?
3. Où vont-ils ensuite?
4. Où vont-ils finalement?
5. Qu'est-ce qui arrive là-bas?

à suivre . . .

vaut mieux *is better (to)*

Leçon 23 **315**

■ **Casual speech: C'était où, ta chambre?** is casual spoken style for **Où était ta chambre?**

COMPREHENSION
1. Menthon-Saint-Bernard est un village près d'Annecy.
2. Ils vont à l'école où Pierre allait quand il était petit.
3. Ils vont à la plage.
4. Ils vont à la maison où Pierre habitait.
5. Pierre leur montre la maison. Quand il touche la porte, il déclenche l'alarme.

MAINTENANT, J'AI UNE VOITURE.

AVANT, J'AVAIS UN VÉLO.

ET AVANT, J'AVAIS UN TRICYCLE.

In French, as in English, people use different tenses to talk about the past.

- The most common past tense is the PASSÉ COMPOSÉ, which you have been using.
- Another frequently used past tense is the IMPERFECT, or L'IMPARFAIT.

In the sentences below, the verbs are in the IMPERFECT.

Où est-ce que tu **habitais** avant?	*Where **did** you **live** before?*
J'**habitais** à Bordeaux.	*I **lived** in Bordeaux.*
Qu'est-ce que vous **faisiez** à six heures?	*What **were** you **doing** at six?*
Nous **finissions** nos devoirs.	*We **were finishing** our homework.*

The imperfect is a *simple* tense. It consists of *one* word. It is formed as follows:

> IMPERFECT STEM + IMPERFECT ENDINGS

⇒ For all verbs (except **être**) the imperfect stem is derived as follows:

> IMPERFECT STEM = **nous**-form of PRESENT *minus* **-ons**

⇒ The IMPERFECT ENDINGS are the *same* for all verbs.

■ **Teaching note:** Have the students reread the vidéo-scène and find examples of the imperfect, e.g.:

le village où il habitait quand il était petit *the town where he lived (used to live) when he was small*

l'école où j'allais *the school where I went (used to go)*

la cour où je jouais *the schoolyard where I played (used to play)*

la plage où nous allions *the beach where we went (used to go)*

la maison où nous habitions *the house where we lived (used to live)*

il y avait des fleurs *there were (there used to be) flowers*

c'était là où nous dînions quand il faisait beau *it was there where we had (used to have) dinner when it was nice out*

c'était ma chambre quand je venais vous voir *that was (used to be) my room when I came (would come) to visit you*

In Sections A and B of this lesson students will learn the forms of the imperfect. In Section C they will see how the imperfect is used to talk about habitual actions in the past.

☀ Warm-up: Activités

PROPS: Transparencies 11a, 11b, 12a, 12b, 19

Use these transparencies to review the **nous**-forms of familiar verbs (in preparation for the presentation of the imperfect). Use questions like the following to elicit affirmative and negative answers.

Est-ce que vous étudiez beaucoup?
  Oui, nous étudions beaucoup.
Est-ce que vous aidez vos parents?
  Oui, nous aidons nos parents.
Est-ce que vous perdez vos livres?
  Non, nous ne perdons pas nos livres.
Est-ce que vous grossissez?
  Non, nous ne grossissons pas.

TYPE OF VERB	REGULAR	-er	-ir	-re	IRREGULAR	IMPERFECT ENDINGS
INFINITIVE		parler	finir	vendre	faire	
PRESENT		nous parlons	finissons	vendons	faisons	
IMPERFECT STEM		parl-	finiss-	vend-	fais-	
IMPERFECT	je parlais tu parlais il/elle/on parlait		finissais finissais finissait	vendais vendais vendait	faisais faisais faisait	-ais -ais -ait
	nous parlions vous parliez ils/elles parlaient		finissions finissiez finissaient	vendions vendiez vendaient	faisions faisiez faisaient	-ions -iez -aient
NEGATIVE	je ne parlais pas					
INTERROGATIVE	est-ce que tu parlais? parlais-tu?					

⟹ Note how the above pattern applies to other verbs:

acheter:	nous **achet**ons	→ j'**achetais**	lire:	nous **lis**ons	→ je **lisais**
manger:	nous **mange**ons	→ je **mangeais**	écrire:	nous **écriv**ons	→ j'**écrivais**
			prendre:	nous **pren**ons	→ je **prenais**
sortir:	nous **sort**ons	→ je **sortais**	voir:	nous **voy**ons	→ je **voyais**
dormir:	nous **dorm**ons	→ je **dormais**	boire:	nous **buv**ons	→ je **buvais**

⟹ Note the imperfect forms of the following expressions:

il y a	→ **il y avait**
il neige	→ **il neigeait**
il pleut	→ **il pleuvait**

---

1 **Les voisins** ───────────

Vous habitez dans un immeuble à Genève. Dites où chaque personne de l'immeuble habitait avant.

▶ Catherine / à Lyon
Avant, Catherine habitait à Lyon.

1. Jérôme / à Bordeaux
2. Alice et Thomas / à la campagne
3. vous / dans la banlieue
4. toi / chez tes grands-parents
5. moi / en Amérique
6. nous / à San Francisco
7. Marc et André / à Paris
8. les Dupont / à Strasbourg

2 **Pendant la classe** ───────────

Hier pendant la classe de français, personne n'écoutait le professeur. Chacun faisait autre chose. Dites ce que chacun faisait.

▶ Paul / regarder Juliette
Paul regardait Juliette.

1. Sophie / se regarder dans une glace
2. Jacques / manger du chocolat
3. vous / vous amuser
4. toi / te peigner
5. vous / parler à vos amis
6. moi / finir le problème de maths
7. nous / finir les exercices d'anglais
8. Pauline / répondre à une lettre

Leçon 23 **317**

Pronunciation: In the imperfect, the vowel of the stem of **faire** is pronounced /ə/, as in **je**.
je faisais /ʒəfəzɛ/
This is the same as in the present tense:
nous faisons /nufəzɔ̃/

Spelling notes
- For verbs like **manger**, the "e" of the stem is dropped in the **nous-** and **vous-**forms because it is not needed before **-ions** and **-iez**.
- Similarly, verbs like **commencer** change the "ç" to "c" in the **nous-** and **vous-**forms:
je commençais
nous commencions

1 DESCRIPTION: saying where people used to live

───────────

Variation (with **travailler**):
Avant, Catherine travaillait à Lyon.

2 DESCRIPTION: saying what people were doing in class

───────────

Leçon 23 T317

COMPREHENSION: saying what people were and were not doing yesterday

1. Oui, nous jouions aux cartes.
2. Non, nous ne jouions pas au volley.
3. Non, tu ne te promenais pas à vélo.
4. Non, il n'attendait pas le bus.
5. Oui, elle dormait.
6. Non, elles ne faisaient pas de jogging.
7. Oui, je faisais mes devoirs.
8. Oui, elle écrivait des lettres.
9. Oui, il lisait un livre.
10. Non, nous ne faisions pas de promenade.

■ **Teaching note:** Items 6 to 10 contain irregular verbs. Help students generate the correct forms.

Section B

COMMUNICATIVE FUNCTION: Describing where people were

 Leçon 23, Section 2

DESCRIPTION: saying where people were and what they were doing

1. nous étions / nous buvions
2. Alice était / elle lisait
3. vous étiez / vous faisiez
4. tu étais / tu écrivais
5. les touristes étaient / ils prenaient
6. mon grand-père était / il dormait
7. j'étais / je faisais

---

3 **La tempête de neige** *(The blizzard)*

À cause de la tempête de neige, tout le monde était à la maison hier. Dites si oui ou non les personnes suivantes faisaient les choses indiquées pendant la tempête.

▶ Robert (jouer au foot?)
   Non, Robert ne jouait pas au foot.

▶ Sophie (regarder la télé?)
   Oui, Sophie regardait la télé.

1. nous (jouer aux cartes?)
2. vous (jouer au volley?)
3. toi (te promener à vélo?)
4. Charles (attendre le bus?)
5. Corinne (dormir?)

6. Sylvie et Claire (faire du jogging?)
7. moi (faire mes devoirs?)
8. ma mère (écrire des lettres?)
9. François (lire un livre?)
10. nous (faire une promenade?)

B. **L'imparfait du verbe** *être*

The imperfect of **être** has an irregular stem $\boxed{\text{ét-}}$. The endings are regular.

j' **étais**	*I was*	nous **étions**	*we were*
tu **étais**	*you were*	vous **étiez**	*you were*
il/elle/on **était**	*he/she/one was*	ils/elles **étaient**	*they were*

➡ The imperfect of **être** is used to tell where people *were* or how they *were feeling*. It is NOT used to describe what they WERE DOING. Compare:

IMPERFECT of **être**		IMPERFECT of verb of action	
J'**étais** chez moi.	*I was at home.*	J'**étudiais**.	*I was studying.*
Alice **était** malade.	*Alice was sick.*	Elle **regardait** la télé.	*She was watching TV.*

---

4 **L'explosion**

Hier, il y a eu une explosion dans le quartier. Dites où chacun était et ce que chacun faisait au moment de l'explosion.

▶ Thomas (au supermarché / faire les courses)
   Thomas était au supermarché. Il faisait les courses.

1. nous (au café / boire une limonade)
2. Alice (à la bibliothèque / lire un livre)
3. vous (à la maison / faire la vaisselle)
4. toi (dans ta chambre / écrire une lettre)
5. les touristes (au jardin public / prendre des photos)
6. mon grand-père (chez lui / dormir)
7. moi (chez les voisins / faire du baby-sitting)

SUPERMARCHÉ
uchan
AUCHAN STRASBOURG
Ctre Cial + Strasbourg 2, BP n° 7
67033 STRASBOURG CEDEX
03 88 26 26 26

PHOTOJOUR
Photo 1 Heure
45 rue Carnot ----- 01 39 53 25 88
78000 Versailles

318 Unité 6

☎ Personalization: Qu'est-ce que tu faisais?

Have students pick a major news event or other happening and say where they were at the time and what they were doing.

C. L'usage de l'imparfait: événements habituels

In the sentences below, people are talking about the past. On the left, they describe what they *used to do* regularly. On the right, they describe what they *did* on a particular occasion. Compare the verbs in each pair of sentences.

Habituellement *(Usually)* . . .	Un jour . . .
Je **regardais** les programmes de sport.	J'**ai regardé** un film.
Nous **allions** au cinéma.	Nous **sommes allés** à un concert.
Paul **sortait** avec Nathalie.	Il **est sorti** avec Nicole.

Although both the IMPERFECT and the PASSÉ COMPOSÉ are used to talk about the past, each describes a different type of event.

> The **IMPERFECT** is used to describe **habitual actions and conditions** that existed in the past. It describes what people **USED TO DO**, what **USED TO BE.**

Quand j'**étais** jeune,	When I **was** young,
nous **habitions** à la campagne.	we **lived (used to live)** in the country.
En été, j'**allais** à la piscine	In the summer, I **used to go (would go)**
avec mes copains.	to the swimming pool with my friends.

> The **PASSÉ COMPOSÉ** is used to describe **specific past events.** It describes what people **DID**, what **TOOK PLACE**, what **HAPPENED.**

Ma mère **a acheté** une voiture.	My mother **bought** a car.
Le weekend dernier, nous **sommes allés** à la plage.	Last weekend we **went** to the beach.

5 Quand j'étais petit(e) . . .

Décrivez ce que vous faisiez quand vous étiez petit(e) en complétant les phrases suivantes.

Ma famille et moi, nous habitions . . .
- dans le centre-ville
- à la campagne
- dans la banlieue
- ??

J'allais à l'école . . .
- à pied
- à vélo
- en bus
- ??

À la télé, je regardais surtout *(mainly)* . . .
- les dessins animés
- les sports
- les films d'aventures
- ??

Mon acteur favori était . . .
- Matt Damon
- Ben Affleck
- James Van Der Beek
- ??

Ma bande dessinée favorite était . . .
- «Garfield»
- «Peanuts»
- «Batman»
- ??

6. Mes amis et moi, nous jouions . . .
- au football
- au tennis
- au base-ball
- ??

7. Comme animal, j'avais . . .
- un hamster
- un chat
- un poisson rouge *(goldfish)*
- ??

8. Je collectionnais . . .
- les timbres *(stamps)*
- les poupées *(dolls)*
- les cartes de baseball
- ??

9. Le soir, je me couchais . . .
- après le dîner
- à dix heures
- à neuf heures
- ??

10. Je voulais être . . .
- pilote
- acteur/actrice
- astronaute

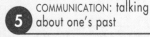

Guided composition: Quand j'avais . . . ans

Have students select an age and write out their answers to Act. 5 in a descriptive paragraph.

Quand j'avais [6] ans, ma famille et moi, nous habitions . . . , etc.

OPTIONAL FOLLOW-UP: Divide the class into groups of four or five students. Students place their paragraphs in a pile face down and each student takes a paper. One student reads his/her paragraph aloud and the other members of the group guess which student wrote the composition.

Section C

COMMUNICATIVE FUNCTION: Describing what one used to do

 Leçon 23, Section 2

 Transparency 49 L'imparfait: Les événements habituels

■ Have students describe the transparency in the imperfect, saying what the children used to do in the past.
Quand il était petit, Alain allait à l'école à pied., etc.
As a warm-up, have students describe the children's actions in the present.

5 COMMUNICATION: talking about one's past

■ **Expansion:** Use the questions to make a class survey. First select an age, and then tabulate the responses.
Quand nous avions [huit] ans, nous habitions . . .

dans le centre-ville	12	60%
dans la banlieue	6	30%
à la campagne	2	10%

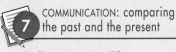
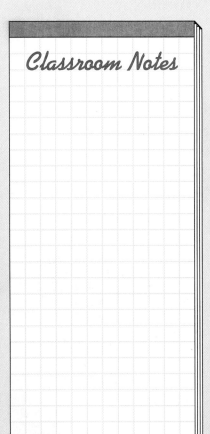

Classroom Notes

6 **Il y a cent ans**

Dites si oui ou non on faisait les choses suivantes il y a cent ans.

▶ on / travailler avec des ordinateurs?
  On ne travaillait pas avec des ordinateurs.

1. beaucoup de gens / habiter à la campagne?
2. on / vivre dans des gratte-ciel *(skyscrapers)*?
3. on / manger des produits naturels?
4. on / voyager en train?
5. on / aller en France en avion?
6. les gens / avoir des réfrigérateurs?
7. les maisons / avoir l'air conditionné?
8. les gens / travailler beaucoup?
9. tout le monde / aller à l'université?
10. on / regarder les nouvelles *(news)* à la télé?

7 **Un millionnaire**

Monsieur Michel a gagné dix millions d'euros à la loterie. Cet événement a changé sa vie *(life)*. Décrivez sa vie maintenant et sa vie avant. Utilisez les phrases suggérées et votre imagination.

▶ **Maintenant, Monsieur Michel vit à la campagne. Il habite . . .**

▶ **Avant, Monsieur Michel vivait en ville. Il habitait . . .**

- dans quel genre de maison / habiter?
- quelle voiture / avoir?
- quels vêtements / porter?
- dans quel restaurant / dîner?
- quels sports / faire?
- comment / voyager?
- où / passer ses vacances?

 Warm-up: Il y a cent ans

Have students close their books.
Read the statements of Act. 6 and have the students indicate whether they are **vrai** or **faux.**
Il y a cent ans, on travaillait avec des ordinateurs. [faux]
Il y a cent ans, beaucoup de gens habitaient à la campagne. [vrai], etc.

Vocabulaire: Quelques expressions de temps

Événements spécifiques		Événements habituels	
un soir	one evening	**le soir**	in the evening
		tous les soirs	every evening
mardi	Tuesday	**le mardi**	on Tuesdays
un mardi	one Tuesday	**tous les mardis**	every Tuesday
un jour	one day	**chaque jour**	every day
le 4 mai	on May 4	**tous les jours**	every day
une fois	once	**d'habitude**	usually
deux fois	twice	**habituellement**	usually
plusieurs fois	several times	**autrefois**	in the past
		parfois	sometimes

8 En vacances

Décrivez les vacances des personnes suivantes. Pour cela, complétez les phrases avec **allait** ou **est allé(e)**.

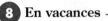

- ▶ Un dimanche, Frédéric **est allé** chez sa tante.
- ▶ Le dimanche, Isabelle **allait** au restaurant.

> **Le cœur de l'Afrique**
> Spécialités africaines
> 3 rue Française (1er)
> Tel: 01.45.08.81.41 - M°E. Marcel

1. L'après-midi, Philippe . . . à la piscine.
2. Tous les mardis, Mélanie . . . à un concert de jazz.
3. Le matin, Vincent . . . au marché.
4. Plusieurs fois, Paul . . . au concert.
5. D'habitude, Marc . . . à la plage.
6. Le samedi soir, Pauline . . . à la discothèque.
7. Le 3 août, Sylvie . . . à Monaco.
8. Un jour, Anne . . . chez sa grand-mère.
9. Une fois, mon cousin . . . au cirque.
10. Le 14 juillet, Claudine . . . voir le feu d'artifice *(fireworks)*.

9 Une fois n'est pas coutume *(Once does not make a habit.)*

Hélène demande à Patrick s'il faisait les choses suivantes tous les jours pendant les vacances. Patrick dit qu'un jour il a fait des choses différentes. Jouez les deux rôles.

- ▶ aller à la piscine (à la plage)

1. jouer au volley (au rugby)
2. déjeuner chez toi (au restaurant)
3. dîner à sept heures (à neuf heures)
4. sortir avec Monique (avec Sylvie)
5. aller à la discothèque (à un concert)
6. danser le rock (le cha-cha-cha)
7. rentrer à onze heures (à minuit)
8. se lever à neuf heures (à midi)

> Tu allais tous les jours à la piscine?

> Oui, mais un jour je suis allé à la plage.

Leçon 23 **321**

▷ **Vocabulaire**

⟲ **Review and re-entry:** Remind students that they are familiar with most of these expressions. The following expressions are new: **chaque jour, d'habitude, habituellement, autrefois, parfois**

Supplementary vocabulary

un matin
  le matin
  tous les matins
un après-midi
  l'après-midi
  tous les après-midi

DESCRIPTION: describing habitual and specific events

1. allait
2. allait
3. allait
4. est allé
5. allait
6. allait
7. est allée
8. est allée
9. est allé
10. est allée

9 ROLE PLAY: talking about past activities

■ **Photo culture note:** In most French towns, one must pay to go to the municipal beach and tennis courts. Note the gate in the photograph. The entry to the extreme right is for people with season passes (**entrée abonnés**). As the sign indicates, this complex also has a cafeteria (**un self = un self-service**).

Cooperative pair practice Activity 9

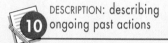

Leçon 23, Section 2

Transparency 51
L'imparfait: Les actions progressives

■ Have students describe what the people on the transparency were doing at 5:30 P.M. when Philippe telephoned.
– Qu'est-ce qu'Isabelle faisait quand Philippe a téléphoné?
– Elle réparait son vélo.

DESCRIPTION: describing
10 ongoing past actions

ROLE PLAY: finding out where people were and what they
11 were doing

Personalization: Have students in pairs make up their own personal dialogues on a similar model.

D. L'usage de l'imparfait: actions progressives

Compare the uses of the IMPERFECT and the PASSÉ COMPOSÉ in the following sentences.

À sept heures, je **regardais** un film.   At seven, I **was watching** a movie.
Après le film, je **suis sorti**.   After the movie, I **went out**.

Nous **attendions** Marc au café.   We **were waiting** for Marc at the café.
Finalement, il **est arrivé**.   Finally, he **arrived**.

> The **IMPERFECT** is used to describe **actions that were in progress** at a certain point in time. It describes what **WAS GOING ON**, what people **WERE DOING**.

À sept heures, je **faisais** mes devoirs.   At seven, I **was doing** my homework.

⇒ The imperfect is used to express the English construction *was/were + . . . ing.*

> The **PASSÉ COMPOSÉ** is used to describe **specific actions that occurred at a specific time.** It describes what **TOOK PLACE,** what people **DID**.

À sept heures, quelqu'un **a téléphoné**.   At seven, someone **phoned**.

10 À ce moment-là . . .
Décrivez ce que les personnes faisaient quand les choses suivantes sont arrivées.

1. Quelqu'un a téléphoné après le dîner.
 • mes parents / regarder la télé
 • moi / faire la vaisselle
 • ma soeur / ranger sa chambre
2. Ce matin, le principal est venu dans notre classe.
 • le professeur / raconter une histoire
 • nous / écouter
 • toi / prendre des notes
3. Il y a eu un tremblement de terre *(earthquake)* hier soir.
 • nous / jouer aux cartes
 • les voisins / dîner
 • mon grand-père / dormir
4. Le weekend dernier, j'ai vu une soucoupe volante *(flying saucer)*.
 • moi / être avec mes copains
 • nous / faire une promenade à la campagne
 • on / regarder le ciel *(sky)*

11 Conversations

Hier Isabelle a téléphoné à ses copains mais personne n'a répondu.
 Maintenant elle veut savoir où chacun était et ce qu'il faisait.
 Jouez les dialogues.

Où étais-tu à midi? — Qu'est-ce que tu faisais? — Et qu'est-ce que tu as fait après?

J'étais au café. — J'attendais ma copine. — Je suis allé au ciné avec elle.

1. après le déjeuner
 au garage
 réparer mon vélo
 faire une promenade
2. à quatre heures
 dans le jardin
 aider mon père
 sortir
3. avant le dîner
 dans la rue
 faire du jogging
 finir mes devoirs
4. à sept heures
 chez un copain
 dîner avec lui
 rentrer chez moi

Cooperative pair practice
Activity 11

▢ Video activity: Actions progressives

Replay video Module 6-B. After main actions in the video module, push the PAUSE button and ask individual students what people were doing, e.g.:
• Pierre, Armelle, and Corinne arriving at the school
 Qu'est-ce que Pierre, Armelle et Corinne faisaient quand j'ai arrêté la bande vidéo? [Ils arrivaient à l'école primaire.]
• walking in the school yard [Ils visitaient l'école.]
• going by the lake shore [Ils passaient par la plage.]
• looking at the house [Ils regardaient la maison.]

À votre tour!

1 Situation: Samedi dernier

Last Saturday, as you were on the bus going downtown, you saw your partner walking in the street with someone else.

Ask your partner . . .
- who was with him/her
- where they were going
- what they did

1 GUIDED CONVERSATION: asking about past activities

2 Une enquête (A survey)

Vous êtes un(e) journaliste français(e) qui fait une enquête sur les jeunes Américains. Vous voulez savoir comment ils occupent leurs soirées.

Choisissez quatre camarades et demandez à chacun . . .

- ce qu'il/elle faisait hier soir à sept heures
- ce qu'il/elle faisait hier soir à huit heures
- ce qu'il/elle faisait hier soir à neuf heures

Inscrivez les résultats de votre enquête sur une feuille de papier.

	à 7 heures	à 8 heures	à 9 heures
1. Claudia	Claudia aidait sa mère.	Claudia faisait ses devoirs.	Claudia lisait un livre.
2. Jim			

2 INTERVIEW: taking a poll

3 Notre enfance (Our childhood)

Avec un(e) camarade discutez de votre enfance. Vous pouvez parler des sujets suivants.

La vie quotidienne
- Dans quelle ville habitiez-vous?
- À quelle école alliez-vous?
- Comment est-ce que vous y alliez?
- Quelles classes est-ce que vous aimiez? (et aussi, quelles classes est-ce que vous n'aimiez pas?)

Les loisirs
- Est-ce que vous regardiez souvent la télé?
- Quelle était votre émission (program) favorite?
- Qui était votre acteur favori? et votre actrice favorite?
- Qui était votre groupe favori?
- Qu'est-ce que vous faisiez le weekend?
- Qu'est-ce que vous faisiez pendant les vacances?

3 GUIDED CONVERSATION: discussing one's childhood

4 À six heures hier

En un petit paragraphe de 10 lignes, dites quelles étaient les occupations de votre famille hier à six heures du soir. Mettez les verbes à l'imparfait. Vous pouvez utiliser les verbes suivants:

parler / travailler / téléphoner / étudier / regarder / écouter / jouer / préparer / dîner / être / avoir / faire / se promener / se reposer

Mon père regardait la télé. Il y avait un bon film. Mes frères jouaient au Nintendo.

Mon père regardait la télé. Il y avait un bon film. Mes frères jouaient au Nintendo.

4 WRITTEN SELF-EXPRESSION: describing past actions

Leçon 23 **323**

📖 Portfolio assessment

Depending on your goals and objectives, you may or may not wish to assign all of the activities in the *À votre tour!* section. You will probably choose only one oral and one written activity to go into the students' portfolios for Unit 6.

The following activities are good portfolio topics:

ORAL: Activities 1, 3
WRITTEN: Activities 3, 4

LECTURE À l'école autrefois

Juliette passe souvent des vacances chez son grand-père. Celui-ci° habite dans un petit village où il a toujours vécu. Il aime raconter à Juliette la vie° du village autrefois. Aujourd'hui il décrit l'école où il allait.

«Quand j'étais jeune, nous habitions dans une ferme située à six kilomètres du village. À cette époque-là, il n'y avait pas de car scolaire° et je n'avais pas de vélo. Alors, j'allais à l'école à pied. Six kilomètres aller° et six kilomètres retour.° C'était long, surtout quand il pleuvait ou quand il neigeait. Évidemment,° je me levais tôt le matin et en hiver, quand je rentrais le soir, il faisait noir.°

Les écoles d'autrefois n'étaient pas mixtes comme aujourd'hui. Il y avait une école pour les garçons et une école pour les filles. Moi, évidemment, j'allais à l'école de garçons. En classe, nous portions tous un tablier° gris. (À leur école, les filles portaient des tabliers bleus.) C'était obligatoire!

Nous arrivions à l'école à huit heures. Une cloche° annonçait le commencement des classes. (Quand on arrivait en retard, on était puni!) À dix heures, il y avait une grande récréation.° Souvent mes camarades et moi, on se battait° pendant la récréation, mais après on était amis.

Il y avait un seul° maître pour toute l'école. C'était un homme petit, mais très costaud.° Il n'hésitait pas à nous tirer° les oreilles quand on parlait en classe ou quand on faisait des bêtises.° C'est vrai, il était sévère, mais il était juste et avec lui on apprenait beaucoup. Tout le monde le respectait. Les gens du village l'ont beaucoup regretté° quand il a pris sa retraite.°

À quatorze ans, j'ai passé mon certificat et j'ai quitté l'école. Je suis allé en ville où j'ai trouvé un travail dans une usine.° Je n'aimais pas ce travail. Alors, je me suis engagé° sur un bateau qui faisait le commerce avec l'Amérique du Sud. Mais ça, c'est une autre histoire . . .»

celui-ci *the latter* **la vie** *life* **car scolaire** *school bus* **aller** = pour aller à l'école
retour = pour rentrer à la maison **Évidemment** = Bien sûr **il faisait noir** *it was dark* **tablier** *smock*
cloche *bell* **récréation** *recess* **se battait** *used to fight* **seul** *only one* **costaud** *strong* **tirer** *to pull*
bêtises *silly things* **ont regretté** *missed* **a pris sa retraite** *retired* **usine** *factory*
je me suis engagé *I signed on*

Note culturelle

Les écoles françaises d'autrefois

Autrefois, l'école était obligatoire jusqu'à l'âge de 14 ans.
À la fin de leur scolarité, les élèves des écoles primaires passaient
un examen et recevaient un diplôme appelé le «certificat d'études».
En général, la discipline était très stricte et les élèves devaient
étudier beaucoup pour obtenir leur certificat.

*Le maître était sévère
mais il était juste.*

*En classe, les élèves portaient
des tabliers.*

*À dix heures, il y avait
une grande récréation.*

Vrai ou faux?

1. Autrefois, les enfants allaient à l'école en car scolaire, c'est à-dire en bus.
2. Autrefois, les écoles étaient mixtes, c'est-à-dire les filles et les garçons allaient
   en classe ensemble.
3. Autrefois, les filles portaient des tabliers bleus et les garçons portaient des tabliers gris.
4. Autrefois, dans les villages, le maître était très respecté.
5. Autrefois, on pouvait quitter l'école à quatorze ans.

Leçon 23 — 325

■ **Photo note:** The village school
picture of Buigny-les-Gamaches
was taken in 1905. The text on the
board reads:
**Le peuple qui a les meilleures
écoles est le premier peuple,
s'il ne l'est pas aujourd'hui,
il le sera demain.**
*The country that has the best
schools is the leading country
[in the world], if not today, then
it will be tomorrow.*

■ **Vrai ou faux?**
1. faux, ils allaient à l'école à
   pied
2. faux, les écoles n'étaient pas
   mixtes
3. vrai
4. vrai
5. vrai

 Post-reading activities

Using Grand-père's text as a model, have
pairs of students write a brief description
of their elementary school days.
Whenever possible, have students who
attended the same elementary school
work together.

MODULE 6-C
Montrez-moi vos papiers!

Total time: 1:28 min.
(Counter: 05:27–06:55 min.)

Disc 2, Side 1
9815 to 12472

□□ Leçon 24, Section 1

■ **Cultural note: Les gendarmes** are a military unit created by Napoleon as part of the French army. They maintain order in the countryside. The police are separate from the **gendarmes** and are generally found only in cities. The **Compagnie républicaine de sécurité (CRS)** reinforces the police and is similar to our National Guard.

24 Vidéo-scène

LEÇON

Montrez-moi vos papiers!

Dans l'épisode précédent, Pierre a montré à Armelle et à sa cousine Corinne la maison où il habitait quand il était petit.

Mais quand il a voulu ouvrir la porte de la cuisine, l'alarme s'est déclenchée.

L'alarme a alerté un gendarme qui passait dans le quartier.

Oh, non . . . !

Les amis montrent leurs papiers d'identité.

Le gendarme a l'air sévère.

Montrez-moi vos papiers. Qu'est-ce que vous faisiez ici?

326   Unité 6

Pierre explique ce qu'ils faisaient.

Pourquoi cette maison?

Euh, nous nous promenions . . . Je voulais montrer cette maison à ma copine.

Vous ne saviez pas que c'était une propriété privée?

Euh, si . . . mais il n'y avait personne . . . Alors, on est entré.

Euh, c'est la maison où j'habitais quand j'étais petit.

Bon, ça va pour cette fois . . . Mais ne recommencez pas!

Le gendarme est parti. . . . Les trois amis retrouvent leur bonne humeur.

FIN

Compréhension

1. Qui arrive sur la scène?
2. Qu'est-ce qu'il demande?
3. Comment Pierre explique-t-il sa présence ici?
4. Que fait le gendarme à la fin de la scène?

Leçon 24 **327**

COMPREHENSION

1. Un gendarme arrive sur la scène.
2. Il demande leurs papiers.
3. Il explique qu'il voulait montrer la maison à sa copine parce que c'est la maison où il habitait quand il était petit.
4. Il dit qu'ils ne doivent pas recommencer et il part.

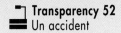
UN ACCIDENT

Petit vocabulaire: Un accident

Qu'est-ce qui est arrivé?	*What happened?*
Un accident a eu lieu.	*An accident took place.*
un conducteur (une conductrice)	*driver*
un témoin	*witness*
un panneau	*(traffic) sign*
heurter	*to run into*
traverser	*to cross*

328 Unité 6

1 Un accident

Savez-vous observer? Imaginez que vous avez assisté à la scène de l'accident représenté par les illustrations à gauche. Regardez bien ces illustrations et faites attention aux détails. Puis, répondez aux questions suivantes.

1. Quelle heure était-il?
   - Il était une heure.
   - Il était deux heures.
   - Il était six heures.

2. Quel temps faisait-il?
   - Il faisait beau.
   - Il pleuvait.
   - Il neigeait.

3. Combien de personnes est-ce qu'il y avait dans la rue?
   - Il y avait une personne.
   - Il y avait deux personnes.
   - Il y avait trois personnes.

4. Combien de personnes est-ce qu'il y avait dans la voiture?
   - Il y avait une personne.
   - Il y avait deux personnes.
   - Il y avait trois personnes.

5. Qui était le conducteur?
   - C'était un jeune homme.
   - C'était une jeune fille.
   - C'était un vieux monsieur.

6. Qui a traversé la rue?
   - le garçon
   - la dame
   - le chien

7. Qu'est-ce que la voiture a fait?
   - Elle a continué sa route.
   - Elle est entrée dans le magasin d'antiquités.
   - Elle a heurté le panneau de stop.

8. Qu'est-ce que la dame a fait?
   - Elle a téléphoné à la police.
   - Elle est partie.
   - Elle a aidé le conducteur.

9. Qu'est-ce que le conducteur a fait?
   - Il est resté dans la voiture.
   - Il est sorti de sa voiture.
   - Il a parlé aux témoins de l'accident.

10. Qu'est-ce que le garçon a fait?
    - Il a parlé au conducteur.
    - Il est parti avec son chien.
    - Il a pris une photo de l'accident.

11. Qu'est-ce qui est arrivé ensuite?
    - Le jeune homme est entré dans le magasin.
    - Une voiture de police est arrivée.
    - Une ambulance a transporté le jeune homme à l'hôpital.

Leçon 24 329

COMPREHENSION: understanding past narrations

1. Il était deux heures.
2. Il neigeait.
3. Il y avait deux personnes.
4. Il y avait une personne.
5. C'était un jeune homme.
6. le chien
7. Elle a heurté le panneau de stop.
8. Elle a téléphoné à la police.
9. Il est sorti de sa voiture
10. Il est parti avec son chien.
11. Une voiture de police est arrivée.

■ **Extra practice:** Make questions of the wrong options and have the class answer in the negative.
Est-ce qu'il était une heure?
  Non, il n'était pas une heure.
Est-ce qu'il était six heures?
  Non, il n'était pas six heures.
Then confirm the correct answer.
Alors, quelle heure était-il?
  Il était deux heures.

💡 Grammar discovery

Use inductive questions to help students observe how the two past tenses are used.

- Sentences 1 to 6 describe the scene or the circumstances of the accident. What tense is used: the imperfect or the passé composé?

  Write on the board:
  imperfect = CIRCUMSTANCE, SCENE

- Sentences 7 to 11 describe specific things that happened. What tense is used: the imperfect or the passé composé?

  Write on the board:
  passé composé = WHAT HAPPENED

Leçon 24 T329

Section A

COMMUNICATIVE FUNCTION:
Describing the circumstances
of an event

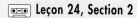 Leçon 24, Section 2

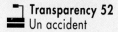 Transparency 52
Un accident

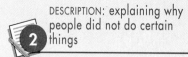 **2** DESCRIPTION: explaining why people did not do certain things

Classroom Notes

A. L'usage de l'imparfait: circonstances d'un événement

In the sentences below, an accident is described. Note the use of the PASSÉ COMPOSÉ and the IMPERFECT.

> The **PASSÉ COMPOSÉ** is used to describe a **well-defined action,** completed at a specific point in time. (The mention of time may be omitted.)

Hier, Pauline **a vu** un accident.	*Yesterday Pauline **saw** an accident.*
Elle **a téléphoné** à la police.	*She **called** the police.*
Une ambulance **est arrivée.**	*An ambulance **arrived.***

> The **IMPERFECT** is used to describe **conditions and circumstances** that form the **background** of another past action.

TIME AND WEATHER

Il **était** deux heures.	*It **was** two (o'clock).*
La visibilité **était** mauvaise.	*The visibility **was** poor.*
Il **neigeait.**	*It **was snowing.***

OUTWARD APPEARANCE; PHYSICAL, MENTAL, OR EMOTIONAL STATE

Le conducteur **était** un homme jeune.	*The driver **was** a young man.*
Il **portait** un manteau gris.	*He **was wearing** a gray coat.*
Il **n'était pas** prudent.	*He **was not** careful.*

EXTERNAL CIRCUMSTANCES

Il n'y avait pas d'autres passagers.	***There were no** other passengers.*
La voiture **allait** vite.	*The car **was going** fast.*

OTHER ACTIONS IN PROGRESS

Pauline **allait** en ville.	*Pauline **was going** downtown.*
Sa copine l'**attendait.**	*Her friend **was waiting** for her.*

2 **Pourquoi pas?**

Les personnes suivantes ne sont pas allées à certains endroits. Expliquez pourquoi.

▶ Patrick / au lycée (il est malade)
  Patrick n'est pas allé au lycée parce qu'il était malade.

1. Catherine / à la classe de français (elle a la grippe)
2. Jérôme / au cinéma (il a mal à la tête)
3. Isabelle / au restaurant (elle n'a pas faim)
4. Marc / au stade (il est fatigué)
5. Thomas / au concert (il n'a pas de billet)
6. Hélène / au musée (elle veut ranger sa chambre)
7. Monsieur Panisse / au bureau (c'est samedi)
8. nous / à la plage (il fait froid)
9. vous / en ville (il pleut)

3 Excuses

Avec un(e) camarade, faites des conversations où vous expliquez pourquoi vous n'avez pas fait certaines choses.

Tu as fait du jogging hier?

Non, je n'ai pas fait de jogging.

Ah bon? Pourquoi pas?

J'avais mal aux jambes.

1. étudier
   avoir une migraine
2. faire les courses
   être fatigué(e)
3. dîner au restaurant
   n'avoir pas assez d'argent
4. aller en classe
   être malade
5. téléphoner à Cécile
   n'avoir pas son numéro de téléphone
6. faire tes devoirs
   vouloir regarder un film à la télé

4 Un coup de chance
(A stroke of luck)

L'été dernier, vous étiez à Paris. Un jour vous avez eu un coup de chance. Racontez ce qui est arrivé. (Dans votre narration, choisissez bien entre l'imparfait et le passé composé.)

1. C'est le 3 juillet.
2. Il est deux heures.
3. Il fait chaud.
4. J'ai soif.
5. Je vais dans un café.
6. Je commande une limonade.
7. Une femme entre dans le café.
8. Elle est blonde.
9. Elle porte des lunettes noires.
10. Elle est très belle.
11. Je reconnais la grande chanteuse Bella Labelle.
12. Je me lève.
13. Je lui demande un autographe.
14. Elle me donne un autographe, sa photo et un billet pour son prochain concert.

5 Pas de chance

Vous passez l'année scolaire en France. Hier soir, vous avez eu un petit accident. En rentrant chez vous, vous avez été heurté(e) par une moto et vous êtes tombé(e) dans la rue. Vous passez au poste de police. Répondez (en français, bien sûr) aux questions de l'inspecteur de police.

— À quelle heure avez-vous eu votre accident?
Say that it was nine o'clock.
— Où étiez-vous?
Say that you were on Boulevard Victor Hugo.
— Qu'est-ce que vous faisiez?
Say that you were going home.
— Vous avez traversé la rue et une moto vous a heurté(e)?
Answer affirmatively and say that you fell in the street.
— Avez-vous noté la marque *(make)* de la moto?
Say that it was a Honda.

— Avez-vous noté son numéro?
Answer negatively and say that the visibility was bad.
— Avez-vous vu le conducteur de la moto?
Answer affirmatively. Say that it was a tall man with a mustache (une moustache).
— Quels vêtements est-ce qu'il portait?
Say that he was wearing jeans and a black sweater.
— Est-ce que vous avez téléphoné à la police?
Answer negatively and say that you were too upset (énervé).
— Merci, nous allons faire notre enquête.

Leçon 24 331

---

3 ROLE PLAY: explaining why you did not do certain things

4 DESCRIPTION: narrating a past event

■ **Teaching strategy:** Before doing this activity, have students determine whether each sentence represents:
• a circumstance (1, 2, 3, 4, 8, 9, 10)
• a main action (5, 6, 7, 11, 12, 13, 14)

5 ROLE PLAY: reporting an accident

Il était neuf heures.
J'étais sur le boulevard Victor Hugo.
Je rentrais chez moi.
Oui. Je suis tombé(e) dans la rue.
C'était une Honda.
Non. La visibilité était mauvaise.
Oui. C'était un grand homme avec une moustache.
Il portait un jean et un pull noir.
Non. J'étais trop énervé(e).

 Personalization: Un coup de chance

Using Act. 4 as a model, have students describe a real or imaginary encounter with their favorite celebrity or sports figure.

Cooperative pair practice
Activities 3, 5

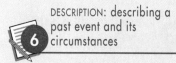 **Leçon 24, Section 2**

■ **Language note:** You may want to point out that the choice of tense depends on the speaker's point of view.

Il **a plu** hier.
   It **rained** yesterday.
   (The rain is the main event.)

Il **pleuvait** hier . . .
   quand **nous sommes sortis.**
   It **was raining** yesterday . . .
   when we **went out.**
   (The rain is a circumstance and not a main event.)

DESCRIPTION: describing a past event and its circumstances

6

ROLE PLAY: discussing a past event and its circumstances

7

B. Résumé: L'usage de l'imparfait et du passé composé

In talking about the past, the French use both the IMPERFECT and the PASSÉ COMPOSÉ. The choice of tense reflects the type of actions or events that are being described.

IMPERFECT	PASSÉ COMPOSÉ
HABITUAL OR REPEATED ACTIONS Le samedi soir, nous **allions** au cinéma.	**SPECIFIC AND ISOLATED ACTIONS** Samedi dernier, nous **sommes allés** au concert.
PROGRESSIVE ACTIONS J'**allais** en ville . . .	**ACTIONS THAT TAKE PLACE AT A GIVEN TIME OR FOR A GIVEN PERIOD** . . . quand j'**ai rencontré** ma cousine.
CIRCUMSTANCES OF A MAIN EVENT Il **pleuvait.**	**MAIN EVENT** Nous **sommes allés** dans un café.

6 **Un accident qui finit bien**

Racontez au passé l'accident de Philippe. Pour cela, combinez les deux phrases avec **parce que.** (Notez que la première phrase décrit une action précise: utilisez le passé composé. La seconde phrase décrit les circonstances: utilisez l'imparfait.)

▶ Philippe va en ville. Il a un rendez-vous chez le dentiste.
   Philippe est allé en ville parce qu'il avait un rendez-vous chez le dentiste.

1. Il met sa veste. Il fait froid.
2. Il prend sa moto. Il veut être à l'heure.
3. Il tombe. Il y a de la neige *(snow)*.
4. Il va à l'hôpital. Il est blessé *(hurt)*.
5. Il reste dix jours à l'hôpital. Il a une jambe cassée *(broken)*.
6. Il aime l'hôpital. Tout le monde est gentil *(nice)* avec lui.
7. Il rentre chez lui. Il peut marcher avec des béquilles *(crutches)*.

Hôpital Sainte Anne
1r Cabanis
75014 Paris......**01 45 65 80 00**

7 **Pas possible!**

Avec un(e) camarade, racontez les événements suivants en faisant les substitutions suggérées.

▶ —J'ai vu Mark McGwire.
   —Pas possible! Où étais-tu?
   —J'étais à l'aéroport.
   —Qu'est-ce que tu faisais?
   —J'attendais un avion.
   —Alors, qu'est-ce que tu as fait?
   —Et bien, j'ai pris sa photo.

1. rencontrer Jay Leno
   à Hollywood
   visiter les studios de télévision
   demander un autographe
2. voir un accident
   dans un café
   lire un magazine
   téléphoner à la police
3. voir un OVNI *(UFO)*
   à la campagne
   faire du jogging
   partir à toute vitesse
4. assister à l'arrivée du Tour de France
   sur les Champs-Élysées
   se promener avec des amis
   prendre des photos

 Cooperative pair practice Activity 7

Expansion: Le plus-que-parfait

You may wish to introduce the pluperfect (**plus-que-parfait**) for recognition.

• It is formed as follows:

IMPERFECT of **avoir** or **être** + past participle

   J'**avais téléphoné** à un copain.
   *I **had called** a friend.*

J'**étais allé(e)** au ciné avec lui.
   *I **had gone** to the movies with him.*

• It is used to describe what people HAD DONE in the past and what HAD HAPPENED before another past event or action took place.

8 Êtes-vous un bon témoin?

Imaginez que vous avez été le témoin de la scène suivante. La police vous pose quelques questions. Répondez.

1. Quelle heure était-il?
2. Est-ce qu'il y avait beaucoup de clients dans la banque?
3. Combien de personnes sont entrées?
4. Comment était l'homme physiquement? Était-il grand ou petit? blond ou brun? Quel âge avait-il?
5. Quels vêtements portait-il?
6. Décrivez l'aspect physique de la femme.
7. Décrivez ses vêtements. Portait-elle une jupe longue ou courte *(short)*?

8. À qui est-ce que l'employé a donné l'argent?
9. Qu'est-ce que l'homme a fait avec l'argent?
10. Où est-ce que la femme a mis l'argent?

11. Quelle heure était-il quand les deux bandits sont sortis?
12. Quel temps faisait-il?
13. Est-ce qu'il y avait d'autres voitures dans la rue?
14. Qu'est-ce que les bandits ont fait?
15. Décrivez leur voiture.

À votre tour!

1 Un événement important

Racontez l'un des événements suivants en utilisant au moins cinq verbes à l'imparfait et cinq verbes au passé composé.

Voici les événements:

1. votre dernier dîner de Thanksgiving
2. votre anniversaire
3. un pique-nique ou une boum
4. un mariage

Et voici ce que vous pouvez décrire:

Les circonstances . . .

- La date: le jour?
- L'heure?
- L'endroit: la ville? chez vous? chez des amis?
- Les invités: combien étaient-ils? qui étaient-ils?
- Le repas: qu'est-ce qu'il y avait à manger? à boire?

Ce que vous avez fait . . .

- À qui avez-vous parlé? De quoi avez-vous parlé?
- Qu'est-ce que vous avez mangé? bu?
- Est-ce qu'il y a eu une surprise? pour vous? pour vos amis?
- Qu'est-ce que vous avez fait avant l'événement? pendant l'événement? après l'événement?
- Qu'est-ce que les autres personnes ont fait?

Leçon 24 **333**

OBJECTIVE
• Reading for pleasure

LECTURE Au voleur!

Philippe est au café avec sa copine Martine. Il raconte une histoire curieuse.

— C'était jeudi dernier. Comme il pleuvait, je me suis arrêté dans ce café. Il était une heure de l'après-midi. J'étais assis° ici, à la même table qu'aujourd'hui. Je mangeais un sandwich.

Tout à coup,° j'ai entendu du bruit. J'ai regardé à la fenêtre. J'ai vu un homme qui courait. Il portait une casquette et des lunettes noires, et à la main, il avait un sac de dame. Il courait très, très vite . . .

Derrière, il y avait une petite dame qui courait aussi. Mais elle ne courait pas aussi vite que le voleur. Elle criait: «Au voleur! Au voleur! Arrêtez-le! Arrêtez-le!»

J'ai entendu une sirène. C'était une voiture de police qui venait en sens inverse.° La voiture de police s'est arrêtée. Deux policiers sont descendus pour bloquer le passage au bandit.

assis seated **Tout à coup** All of a sudden
en sens inverse from the opposite direction

 Pre-reading activity

Have students look at the pictures and read the first line of the story.
À votre avis, pourquoi est-ce que c'est «une histoire curieuse»?

Classroom Notes

Un policier a sorti° son revolver et il a tiré en l'air. Le voleur a eu très peur et il est tombé dans la rue. Je me suis levé pour voir ce qui se passait.

C'est alors que j'ai vu quelque chose de très curieux. Le bandit s'est levé, il a serré la main du policier et il lui a dit: «Bravo, c'est parfait!» Puis il a enlevé° sa casquette et ses lunettes de soleil.

J'ai tout de suite reconnu Jean-Paul Maldonado, le célèbre° acteur de cinéma. Je suis sorti et j'ai vu les projecteurs et la caméra qui filmait la scène. J'ai compris que j'assistais au tournage° de son nouveau film *Le Crime ne paie pas.*

— Tu lui as parlé? a demandé Martine.
— Non, je voulais lui demander un autographe, mais je n'ai pas osé.°
  Je suis rentré chez moi, content d'avoir vu mon acteur favori.

a sorti *pulled out* **a enlevé** *took off* **célèbre** *famous* **tournage** *filming* **n'ai pas osé** *didn't dare*

Cognate pattern: -que ↔ -ck, -k, -c

moquer ↔ *to mock*
bloquer ↔ ?
masquer ↔ ?
un chèque ↔ ?
la banque ↔ ?
la musique ↔ ?

Observation activity: Have the students reread the story, noticing which verbs are in the imperfect and which are in the passé composé. For each verb, ask them:
Pourquoi est-ce que ce verbe est à l'imparfait (au passé composé)?
(a) Le verbe décrit les circonstances d'un événement.
(b) Le verbe décrit une action progressive.
(c) Le verbe décrit un événement ou une action spécifique.

■ **Cognate patterns**
bloquer ↔ *to block*
masquer ↔ *to mask*
un chèque ↔ *check*
la banque ↔ *bank*
la musique ↔ *music*

📖 **Post-reading activity**
Ask students to pretend that they are Martine, and have them phone or write a friend recounting what Philippe just told them.
Philippe vient de me raconter une histoire très curieuse. Jeudi dernier, il était dans un café près de la fenêtre . . .

Interlude 6

OBJECTIVE:

• Reading for pleasure

■ **Teaching note:** If students read this selection in class, you may wish to play a tape of Halloween music and sound effects to enhance the atmosphere.

INTERLUDE 6

La maison hantée

Avant de lire

Quand quelqu'un mentionne une maison hantée, à quoi pensez-vous?
• à une maison abandonnée?
• à des bruits étranges?
• à un fantôme qui se manifeste de temps en temps?

Et vous-même, avez-vous peur des fantômes ou aimez-vous explorer les maisons abandonnées?

Dans l'histoire que vous allez lire, Jean-François et son copain vont visiter une maison qui a la réputation d'être hantée. Qu'est-ce qu'ils vont trouver?

Une vieille maison hantée

hou-hou-hou

un bruit *(noise)* étrange

un fantôme

une cheminée

une lucarne

des volets fermés

une vitre cassée

un volet ouvert

une échelle

une marche

une toile d'araignée

une pierre

un chemin de terre

une ombre

336

A Le défi

Je m'appelle Jean-François Dupré.
J'ai 21 ans et je suis étudiant. J'habite à
Paris, mais en réalité je ne suis pas parisien.
Ma famille est originaire de province.°

Quand j'avais 14 ans, ma famille s'est installée°
à Marcillac, une petite ville dans le centre
de la France. La raison de ce déplacement°
est que mon père venait d'être nommé
sous-directeur de la banque locale.
Nous avons vécu deux ans là-bas.

Comme nous étions nouveaux au village, je n'avais pas beaucoup
d'amis. J'avais un camarade de classe qui s'appelait Benoît.
Nous étions voisins, mais nous n'étions pas vraiment copains.
Nous allions ensemble° à l'école, et parfois nous jouions
au foot après les classes, mais c'était tout.

Benoît avait 14 ans comme moi, mais il était plus grand
et beaucoup plus fort que moi. Ce qui m'irritait en lui,
c'est qu'il voulait toujours avoir raison et quand
nous jouions à un jeu, il voulait toujours gagner.

Mots utiles	
un défi	*challenge, dare*
comme	*since*
plutôt	*rather*
dans ce cas	*in that case*

Un jour, pendant les vacances de printemps, Benoît m'a demandé:
«Dis, Jean-François, est-ce que tu veux aller explorer la maison
hantée avec moi?» La maison hantée, c'était une vieille ferme
abandonnée à deux kilomètres du village. J'avais bien envie d'aller
visiter la maison hantée, mais je ne voulais pas y aller avec Benoît.
Je lui ai répondu . . .

—Non, merci! Je ne me sens pas très bien aujourd'hui.
—Tu ne te sens pas très bien? Ah, oh, . . . dis plutôt que
  tu te dégonfles° . . .
—Non, je ne me dégonfle pas.
—Si, tu te dégonfles parce que tu as peur des fantômes . . .
  Ha, ha, ha!
—Je n'ai pas peur des fantômes plus que toi.
—Alors, dans ce cas, viens avec moi. Si tu ne viens pas, je vais
  dire à tout le monde que tu es une poule mouillée.°

Avez-vous compris?
1. Qui est Jean-François?
2. Pourquoi est-ce que Jean-François n'aimait pas Benoît?
3. Quel est le défi de Benoît?

originaire de province *comes from one of the French provinces*   **s'est installée** *settled*
déplacement *move*   **ensemble** *together*   **tu te dégonfles** *you are losing courage*
(lit. *becoming deflated*)   **une poule mouillée** *"chicken"* (lit. *wet hen*)

337

■ **Avez-vous compris?**
1. Il est étudiant. Quand il avait
   14 ans, sa famille vivait à
   Marcillac, une petite ville dans
   le centre de la France.
2. Il voulait toujours avoir raison
   et il voulait toujours gagner.
3. Il voulait aller explorer une
   maison hantée avec Jean-
   François.

B L'expédition

J'ai bien été obligé d'accepter le défi de Benoît. Je suis allé chez moi prendre une lampe de poche et je suis parti avec Benoît . . . sans rien dire à mes parents.

Nous sommes sortis du village et nous sommes allés dans la direction de la maison hantée. Nous avons d'abord pris un chemin de terre, puis nous avons marché à travers champs. Finalement, nous sommes arrivés devant la ferme. J'ai regardé ma montre. Il était six heures et demie. La nuit commençait à tomber.

La ferme était une grande maison rectangulaire de deux étages avec un grenier. Dans le village, on disait qu'elle était habitée par le fantôme d'un ancien° fermier, assassiné par des brigands° au siècle dernier. C'est vrai que, isolée au milieu des champs, la ferme avait un aspect sinistre . . .

J'ai pris une pierre que j'ai lancée dans la porte et j'ai crié:

> —Fantôme, es-tu là?
> —Arrête, a dit Benoît, on ne sait jamais . . .
> —On ne sait jamais quoi? lui ai-je répondu.
> —Euh, rien!
> —Alors, on entre?
> —Écoute, Jean-François, on peut peut-être revenir demain. Regarde, il pleut.

C'est vrai, la pluie commençait à tomber. À vrai dire, j'avais aussi un peu peur, mais je voulais donner une leçon à Benoît. Alors, je lui ai dit:

> —Dis donc, Benoît, tu ne veux pas entrer dans la maison, hein? C'est toi la poule mouillée!
> —Non, mais dis donc, ça ne va pas?°

Mots utiles

une lampe de poche	*flashlight*
à travers champs	*across the fields*
au siècle dernier	*in the last century, 100 years ago*
au milieu de	*in the middle of*
lancer	*to throw*

Avez-vous compris?
1. Pourquoi la maison avait-elle la réputation d'être hantée?
2. Que voulait dire Benoît quand il a dit: «On ne sait jamais . . . »?
3. Pourquoi est-ce-que Jean-François a insisté pour visiter la maison?

ancien *former*
brigands *robbers*
ça ne va pas? *are you crazy?*

■ **Avez-vous compris?**
1. La maison avait un air sinistre. On disait qu'elle était habitée par le fantôme d'un ancien fermier.
2. Il pensait qu'il y avait peut-être un fantôme. Il avait peur.
3. Il voulait donner une leçon à Benoît.

338

C Dans la maison hantée

Nous avons donc décidé d'entrer dans
la maison. Oui, mais comment? La porte était
fermée. Les volets aussi étaient fermés à
l'exception d'un volet du salon. Nous avons
cassé une vitre et nous sommes entrés par
la fenêtre. À l'intérieur, il faisait très noir.
J'ai allumé ma lampe de poche et nous avons
exploré les pièces du rez-de-chaussée.

La maison était vraiment abandonnée. Le salon, la salle à manger,
la cuisine, tout était vide . . . Maintenant, on entendait la pluie qui
tombait de plus en plus fort. C'était sinistre . . .

J'ai dit à Benoît: «Tu me suis?° Nous allons explorer le premier
étage.» Je n'avais vraiment pas envie d'aller au premier étage,
mais je voulais voir ce que Benoît allait faire.

«D'accord, je te suis, mais ne va pas trop vite», a-t-il répondu.
Nous avons monté l'escalier en faisant très attention° car°
les marches n'étaient pas très solides. Le premier étage était
encore plus désolé et plus sinistre que le rez-de-chaussée.
Des piles de vieux journaux traînaient° sur le sol. Les murs
étaient couverts de toiles d'araignées. Dans la salle de bains,
le lavabo et la baignoire étaient cassés.

Tout à coup, l'orage s'est mis à éclater. Un coup de tonnerre, suivi
d'un autre coup de tonnerre . . . Puis, entre les coups de tonnerre,
un bruit beaucoup plus étrange.

> *Hou, hou, hou, hou, hou . . .*

—Tu as entendu? m'a demandé Benoît.
—Oui, j'ai entendu.

> *Hou, hou, hou . . .*

Le bruit étrange venait du grenier.

> *Hou, hou, hou . . .*

J'ai dit à Benoît: —Je vais voir ce que c'est.

—Non, non, c'est le fantôme. Ne monte pas. Reste avec moi.
J'ai peur . . . , a supplié Benoît.
—Écoute, reste ici si tu veux, mais moi, je vais dans le grenier.

Mots utiles

vide	*empty*
de plus en plus fort	*harder and harder*
se mettre à	*to begin to*
supplier	*to beg*

Avez-vous compris?

1. Décrivez l'intérieur de la maison.
2. Décrivez l'orage.
3. Pourquoi Benoît ne voulait-il pas monter au grenier?

Tu me suis? *Are you following me?*   **en faisant très attention** *being very careful*   **car** *because*
traînaient *were lying around*

339

■ **Avez-vous compris?**
1. À l'intérieur, il faisait très noir.
   La maison était abandonnée.
   Tout était vide.
2. La pluie tombait de plus en plus
   fort. Il y avait des coups de
   tonnerre.
3. Il a entendu un bruit étrange. Il
   pensait que le fantôme était dans
   le grenier.

D Le fantôme

HÉ, BENOÎT !!!

Moi aussi, j'avais terriblement peur, mais je ne pouvais plus reculer. Alors, je suis allé jusqu'à l'échelle qui menait au grenier.

Hou, hou, hou . . .

Je ne sais pas comment j'ai eu la force de monter à l'échelle, mais bientôt j'étais dans le grenier. J'ai alors vu le «fantôme». C'était une chouette effrayée par l'intrusion de visiteurs dans son domaine. Alors, j'ai ouvert une lucarne et la chouette s'est envolée dans la nature . . . J'ai regardé dehors. J'ai vu aussi une ombre qui courait. C'était Benoît.

Je lui ai crié: «Hé, Benoît! N'aie pas peur! J'ai découvert le fantôme . . . C'est une vieille chouette. Attends-moi!»

Mais Benoît ne m'a pas entendu. Et il a continué à courir à toute vitesse dans la direction du village.

Mots utiles	
reculer	to back up, back down
mener	to lead
bientôt	soon
une chouette	owl
effrayer	to frighten
s'envoler	to fly off
dehors	outside

Avez-vous compris?
1. Pourquoi est-ce que Jean-François a dit qu'il ne pouvait pas reculer?
2. Qu'est-ce qui était à l'origine du bruit mystérieux?
3. Quelle leçon Jean-François a-t-il donnée à Benoît?

■ **Avez-vous compris?**
1. Il ne voulait pas montrer à Benoît qu'il avait peur.
2. C'était une chouette.
3. C'était Benoît la «poule mouillée» et pas Jean-François.

L'ART DE LA LECTURE

■ There are many French words that closely resemble English words, but whose meanings differ to some extent. These are called PARTIAL COGNATES. Some of the partial cognates in this story are familiar to you:

grand   may mean *grand*   but it often corresponds to   *big, large*
répondre   may mean *to respond* but it often corresponds to   *answer*

Exercice de lecture

Can you find the more usual meanings of the following partial cognates from the story?

un fantôme may mean *phantom*   but it often corresponds to   ??
commencer may mean *to commence* but it often corresponds to   ??
marcher   may mean *to march*   but it often corresponds to   ??
crier   may mean *to cry (out)* but it often corresponds to   ??

■ Some expressions in French are considered IDIOMATIC because they cannot be translated word for word into English. For example, French has many IDIOMS built on the word **un coup** *(a stroke* or *blow)*. Here are a few that are found in the **Interlude** stories:

tout à coup   *all at once*   **Tout à coup,** l'orage a éclaté.
un coup de tonnerre   *thunder clap*   J'ai entendu **un coup de tonnerre.**
un coup de téléphone   *phone call*   Il y a eu **un coup de téléphone** pour toi.
un coup d'oeil   *glance*   Donne **un coup d'oeil** à cet article.

Cognate pattern: -er ↔ -ate
participer ↔ *to participate*
estimer ↔ ?
créer ↔ ?

Cognate pattern: -é ↔ -ated, -ate
assassiné ↔ *assassinated*
séparé ↔ *separate, separated*
isolé ↔ ?
désolé ↔ ?

■ **Exercice de lecture**
un fantôme = *ghost*
commencer = *to begin*
marcher = *to walk; to work*
crier = *to scream, to yell*

■ **Cognate patterns**
estimer ↔ *to estimate*
créer ↔ *to create*
isolé ↔ *isolated*
désolé ↔ *desolate*

Also:
anticiper, anticipé
initier, initié
tolérer, toléré
consacrer, consacré

Participer, c'est gagner!
La Fête du Sport

Pour créer
une planète propre...
(Campagne Canadienne)

Canon
Canon Canada Inc.

341

UNITÉ 6 INTERNET PROJECT Students will easily find news transcripts for the most popular French newspapers on the Web. Have them scan these transcripts and find the articles pertaining to unsolved mysteries and/or burglaries. Have them describe (in their own words) the circumstances of each event, and the physical conditions under which each took place.

Address Book
Use this space to keep track of your favorite websites.

Unité 7

MAIN THEME:
Shopping for clothing

➤ Teaching Resources

Technology/Audio Visual

VIDEO/VIDEODISC

Unité 7, Modules A–C
7-A. Armelle compte son argent
7-B. Corinne a une idée
7-C. Les vieilles robes de Mamie

CD-ROM

Writing Template
Unité 7

Unité 7, Leçons 25, 26, 27, 28

2b, 2c, 7, 8, 53, 54, 55, 55(o), 56, 57, 58, 59 Situational S15, S16

Print

Answer Key, Cassette Script, Video Script, Overhead Visuals Copymasters

Activity Book, pp. 73–82; 199–212; 309–320
Activity Book TAE

Video Activity Book
pp. 103–122

Communipak, pp. 135–157

Teacher's Resource Package

Games, Additional Activities

Interdisciplinary Connections

Multiple Intelligences

Internet Connections
www.mcdougallittell.com

UNITÉ 7

Soyez à la mode!

LEÇON **25** Le français pratique: Achetons des vêtements!

LEÇON **26** Vidéo-scène: Armelle compte son argent

LEÇON **27** Vidéo-scène: Corinne a une idée

LEÇON **28** Vidéo-scène: Les vieilles robes de Mamie

Thème et Objectifs

Culture
In this unit, you will learn where French people buy their clothes and how they dress.

Communication
You will learn how . . .
- to describe your clothes and other accessories: their color, design, fabric or material, size, and fit
- to shop in a French department store

You will also learn how . . .
- to count beyond 100
- to rank items in a series
- to make comparisons
- to tell who and what is the best
- to ask people to make a choice
- to be more specific when talking about people or things

343

Teaching strategy
This unit focuses on clothes, a topic that is of high interest to most students. It is a "change-of-pace" unit that contains relatively simple linguistic structures.

If your students completed the entire clothing unit of **Discovering French–Bleu** last year, you may wish to move through these lessons at an accelerated pace. Here are two pacing strategies:

Lesson 25 (Le français pratique)

ACCELERATED PACE
Cover entirely, with emphasis on Section D

REGULAR PACE
Focus on Sections A and B, presenting C and D for recognition

Lessons 26, 27, 28

ACCELERATED PACE
Present for review, doing one activity per section

REGULAR PACE
Teach all sections and do as many activities as needed

➤ Assessment Options

ACHIEVEMENT TESTS	PROFICIENCY TESTS	

Lesson Quizzes 25–28, pp. 91–98
   Test Cassette B, Side 1

Unit Test 7

 Portfolio Assessment
   p. T369, Activities 1–2;
   p. T377, Activities 1–2

 Listening Comprehension
   Performance Test, pp. 39–40
   Test Cassette D, Side 1

 Speaking Performance Test,
   pp. 33–36

Reading Comprehension
   Performance Test, pp. 31–33

 Writing Performance Test,
   pp. 52–54

 Test Bank, Unit 7
   Version A or B

 CD-ROM

Unité 7 T343

Achetons des vêtements!

MAIN TOPIC:

Shopping for clothing

🔊 Leçon 25, Section 1

■ **Cultural note:** Some other
French designers:
**André Courrèges
Jean Cacharel
Hubert de Givenchy
Christian Lacroix
Karl Lagerfeld
Ted Lapidus
Thierry Mugler
Jean-Louis Scherrer
Sonia Rykiel**

■ **Questions sur le texte**
1. Pour les Français, qu'est-ce qui est très important?
2. Sur quoi est-ce que les jeunes Français insistent quand ils achètent des vêtements?
3. Où est-ce qu'ils achètent des vêtements de qualité à des prix raisonnables?
4. Comment est-ce qu'ils ajoutent une note personnelle à leur façon de s'habiller?
5. En France, quels vêtements constituent l'uniforme des jeunes?
6. À quoi est-ce que les jeunes Français font particulièrement attention?
7. Pourquoi est-ce que beaucoup de jeunes attendent la période des soldes?
8. Quelle sorte de vêtements est-ce qu'on peut acheter au marché aux puces?
9. Quand est-ce que les "grands couturiers" présentent leurs collections?

Aperçu culturel . . . **Les Français s'habillent**

Saint-Laurent, Cardin, Dior, Chanel . . . Ces grands noms assurent une réputation internationale à la mode française. Pour les Français, il est très important d'être bien habillé. Mais être à la mode ne coûte pas nécessairement cher, surtout quand on a un budget limité. Les jeunes Français sont très judicieux dans l'achat de leurs vêtements. Ils achètent peu de vêtements, mais ils insistent sur le style et la qualité. Ils vont dans les maisons de soldes qui vendent toute l'année de grandes marques de vêtements à des prix très raisonnables. Ils ajoutent une note personnelle à leur façon de s'habiller en portant des accessoires intéressants: bagues, colliers et boucles d'oreilles pour les filles, ceintures et foulards pour les garçons.

1. En France, comme aux États-Unis, le jean et le tee-shirt constituent l'uniforme des jeunes. Avec un tee-shirt on peut communiquer beaucoup de choses. On peut dire, par exemple, «Embrassez-moi! Je suis français!»

2. Les jeunes Français font particulièrement attention aux choix de leurs chaussures. D'accord, la pointure est importante, mais aussi la forme, le style et la couleur.

344 **Unité 7**

Teaching strategy

Have students read this cultural introduction:
• at the beginning of the unit—quickly, for general content
• at the end of the lesson—with greater attention to details

By looking at the pictures, students can discover the meanings of many of the new words.

3. Chez les jeunes, le choix des vêtements est souvent le moyen d'affirmer sa personnalité.

4. En France, les vêtements de qualité sont généralement très chers. Beaucoup de jeunes attendent donc la période des soldes pour acheter leurs vêtements. Pendant les soldes, les boutiques font des réductions de 30 à 50% sur le prix des vêtements. Certains magasins, comme «Le mouton à cinq pattes» font des soldes toute l'année.

5. Au Marché aux puces on peut acheter des vêtements neufs à très bon prix. On peut aussi trouver des vêtements d'occasion° très originaux.

d'occasion *secondhand*

6. Au printemps et en automne, les «grands couturiers» présentent leurs collections. Les mannequins présentent les nouvelles créations de Dior et d'autres grands couturiers français.

Classroom Notes

■ **Cultural note:** At the **Marché aux puces** one can also get great bargains in jewelry, antique furniture, paintings, and cooking utensils. Even if one buys nothing at all, one can enjoy a picturesque show where rich and poor of all ages and styles gather to hunt for bargains.

🌐 **Cultural expansion**

Have students bring in pictures of French fashions from American or French fashion magazines, such as *Elle, Vogue, GQ,* etc. Ask questions like:
Comment s'appelle ce couturier (cette couturière)?
Aimez-vous cette robe (ce manteau, cette chemise)?, etc.

Leçon 25, Section 2

Transparency 53
Les vêtements

▷ Vocabulaire

↻ Review: clothing vocabulary

■ Pronunciation:
blazer /blazœr/
jean /dʒin/

Supplementary vocabulary

un débardeur *tank top*
des bas *ladies' stockings*

une poche *pocket*
une manche *sleeve*
une chemise à manches courtes
(à manches longues)

A. Les vêtements

Je vais | **porter** un pantalon et un blouson.
          | **mettre** ma veste bleue

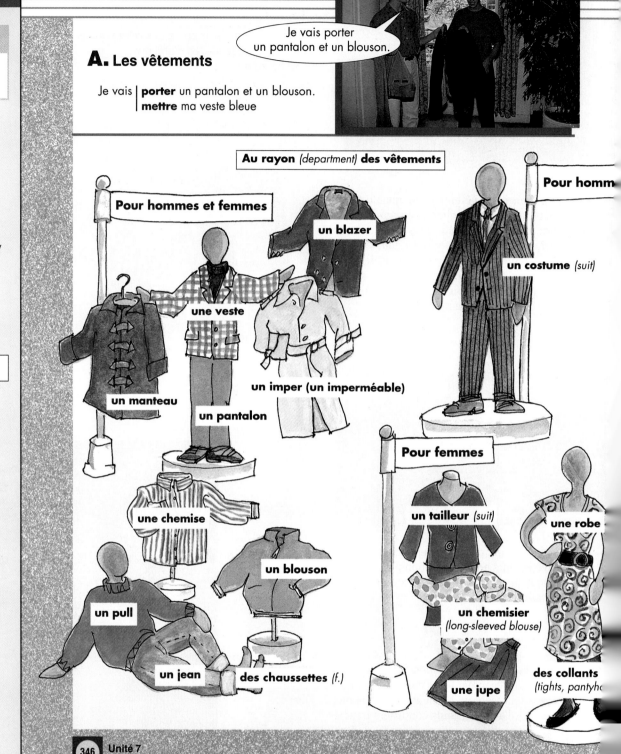

Je vais porter
un pantalon et un blouson.

Au rayon (department) **des vêtements**

Pour hommes et femmes

un blazer

Pour homm

un costume (suit)

une veste

un imper (un imperméable)

un manteau

un pantalon

Pour femmes

une chemise

un tailleur (suit)

une robe

un blouson

un chemisier
(long-sleeved blouse)

un pull

un jean

des chaussettes (f.)

une jupe

des collants
(tights, pantyho

346   Unité 7

TPR **Clothes**   REVIEW

PROPS: A bag of old clothes in large sizes
Give students various items of clothing.
     X, montre-nous la veste.
     Y, montre-nous la cravate. . . .
       Qui a la veste? [X], etc.
If appropriate, have students try items
on.

       Z, mets le chapeau. Ah, c'est très joli!
       Qui porte le chapeau? [Z]
Have students move the clothing around.
     X, mets la veste sur la chaise de Z.
     Où est la veste? [sur la chaise de Z]
     Z, donne la veste à W.
     Qui a la veste maintenant? [W], etc.

Au rayon des vêtements de sports

un polo *(polo shirt)*

un tee-shirt

un maillot de bain

un short

un sweat

un survêtement *(jogging, track suit)*

Au rayon des chaussures

des chaussures *(f.)*

des bottes *(f.)* *(boots)*

des sandales *(f.)*

des baskets *(m.)* *(high tops)*

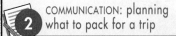
des tennis *(m.) (sneakers, running shoes)*

1 Qu'est-ce que tu vas mettre?

Choisissez les vêtements que vous allez porter dans les circonstances suivantes. Indiquez votre choix dans une conversation avec un(e) camarade.

▶ Il fait très froid ce matin.

—Il fait très froid ce matin.
—Qu'est-ce que tu vas mettre?
—Je vais mettre un pull, un jean et un manteau.

1. Il va pleuvoir.
2. La météo *(weather forecast)* a annoncé de la neige.
3. Je vais jouer au tennis.
4. Je vais aller à la plage.
5. Je suis invité(e) à un mariage.
6. Je vais sortir avec mon nouveau copain (ma nouvelle copine).
7. Mon copain français m'a invité(e) à dîner.
8. Je vais faire une promenade à cheval.

2 Les valises

Nommez cinq choses que vous allez mettre dans votre valise *(suitcase)* dans les circonstances suivantes.

1. Vous allez faire du camping cet été.
2. Vous allez faire du ski cet hiver.
3. Vous allez passer une semaine à la campagne en avril.
4. Vous allez passer deux semaines à la Martinique en juin.
5. Vous allez passer une semaine à Québec en février.
6. Vous allez visiter Paris en juillet.

Section B

COMMUNICATIVE FUNCTION:
Talking about jewelry and accessories

▷ **Vocabulaire**

 Leçon 25, Section 2

 Transparency 55
Les accessoires et les articles personnels

Supplementary vocabulary

un mouchoir *handkerchief*
une écharpe *heavy scarf*
un porte-clés *key ring*
un porte-monnaie *coin purse*
une barrette *barrette*

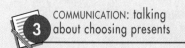 COMMUNICATION: talking about choosing presents

B. D'autres choses que l'on porte

Les accessoires et les articles personnels

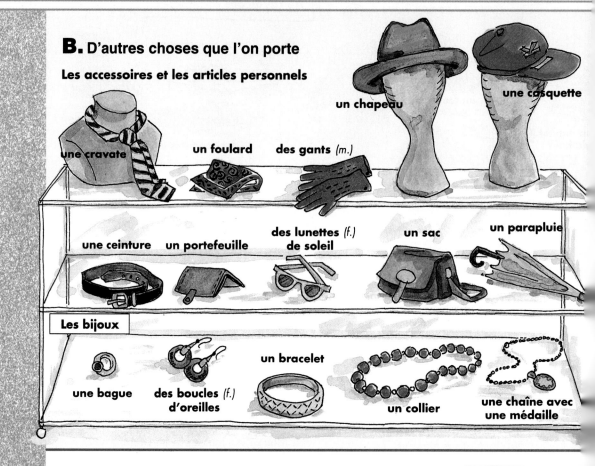

un chapeau — une casquette
une cravate — un foulard — des gants (m.)
une ceinture — un portefeuille — des lunettes (f.) de soleil — un sac — un parapluie

Les bijoux

une bague — des boucles (f.) d'oreilles — un bracelet — un collier — une chaîne avec une médaille

3 Joyeux anniversaire!

C'est l'anniversaire des personnes suivantes. Vous allez acheter un cadeau différent pour chaque personne. Dites ce que vous allez choisir. Utilisez votre imagination!

▶ mon père

1. mon meilleur copain
2. ma petite soeur
3. mon petit frère
4. ma cousine
5. ma meilleure copine
6. ma soeur aînée *(older)*
7. ma mère
8. mon prof de français

Pour mon père, je vais acheter une cravate (un portefeuille . . .

348 Unité 7

✕/○ Un jeu: Loto!

PROPS: One 9-square Bingo card for each student

Pass out the cards. In each row of their cards, students quickly sketch three items from the corresponding shelf in the above illustration (e.g., **une cravate, un foulard, une casquette** in the top row, etc.).

In pairs, S1 mentions an item from his/her card (**Je vais acheter une cravate**) and marks an "X" through the appropriate square. If S2 has the same item, he/she also marks the item. Then S2 mentions an item and marks it with an "X." The first student to cross out all the squares is the winner.

C. La description des vêtements

De quelle couleur est ton nouveau polo?

Il est bleu et vert.

Les couleurs

—**De quelle couleur** est ton nouveau polo?
—Il est bleu et vert.

| **la couleur:** color |

blanc   gris(e)   rouge   orange*   bleu(e)   marron*   bleu clair*
(blanche)

noir(e)   beige   rose   jaune   vert(e)   violet   bleu foncé*
                                            (violette)

➡ Colors indicated by an asterisk are invariable.
Paul porte une chemise **bleu foncé** et des chaussures **marron.**

Le dessin

—Aimes-tu **ce tissu à rayures?**
—Oui, il est assez joli, mais je préfère le tissu uni.

| **le dessin:** pattern, design |
| **le tissu:** fabric |

uni   à rayures   à carreaux   à fleurs   à pois

Les tissus et les autres matières

| **la matière:** material |

—Cette chemise est **en coton?**
—Non, elle est **en laine.** C'est **une chemise de laine.**

le coton	le velours (velvet)	la laine (wool)
le nylon	le velours côtelé (corduroy)	la toile (linen, canvas)
le polyester		la soie (silk)
l'argent (m.) (silver)	le cuir (leather)	la fourrure (fur)
l'or (m.) (gold)	le caoutchouc (rubber)	
	le plastique	

---

4 **Et vous?**

Décrivez en détail (couleur, dessin, matière) les vêtements
suivants.

1. vos vêtements: Je porte . . .
2. les vêtements du professeur: Il/Elle porte . . .
3. les vêtements du garçon à votre droite: Il porte . . .
4. les vêtements de la fille à votre gauche: Elle porte . . .

Leçon 25   **349**

Speaking activity: Fashion show

Have students bring old "rummage sale"-
type clothing to class. Each student
selects an item of clothing and puts it on.
In small groups, students prepare a short
fashion show by describing the clothes
their classmates are wearing. They should
mention the color of the item, the fabric,
and the pattern.

DESCRIPTION: describing what people wore on past occasions

5

- Vendredi, elle portait une chemise blanche, une veste bleue à rayures, une jupe bleue, des chaussures noires et des lunettes.
- Samedi soir, elle portait un chemisier bleu clair à fleurs rouges et jaunes, une large ceinture verte, une jupe rouge unie, des chaussures rouges, des boucles d'oreille et un bracelet en plastique verts.
- Dimanche après-midi, elle portait des lunettes de soleil, un chapeau à pois, un maillot de bain à rayures, un grand sac jaune, rouge et vert et des bracelets en plastique de couleur.

COMMUNICATION: talking about what certain items are made of

6

ROLE PLAY: expressing one's preferences while shopping

7

1. des bottes
2. une veste
3. un pantalon (un jean)
4. un portefeuille
5. un foulard

COMMUNICATION: answering personal questions

8

■ **Teaching note:** In item 1, have students use **le (l')** to name their favorite colors.
C'est le bleu (le rouge, l'orange, etc.).

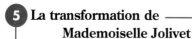

AU BUREAU	À LA DISCOTHÈQUE	À LA PLAGE

5 **La transformation de Mademoiselle Jolivet**

Décrivez ce que portait Mademoiselle Jolivet en différentes circonstances ce weekend.

- Vendredi au bureau, elle portait . . .
- Samedi soir, à la discothèque, . . .
- Dimanche après-midi, à la plage, . . .

6 **En quelle matière?**

Dites en quelle matière peuvent être les choses suivantes.

▶ une cravate
Une cravate peut être en coton, en laine, en polyester ou en soie.

1. une chemise
2. un pantalon
3. un blouson
4. un sac
5. un portefeuille
6. des chaussures
7. une veste
8. une ceinture
9. un pull
10. des bottes
11. une bague
12. des boucles d'oreilles

7 **Conversation**

Vous faites des achats. Indiquez au vendeur (à la vendeuse) [joué(e) par un(e) camarade] ce que vous voulez acheter et ce que vous préférez.

nylon ou coton?

1 caoutchouc ou cuir?

2 laine ou velours?

3 toile ou velours côtelé?

4 cuir ou plastique?

5 laine ou soie?

Vous désirez?

Je cherche une chemise.

En nylon ou en coton?

Je préfère les chemises de coton (de nylon).

8 **Questions personnelles**

1. Quelle est ta couleur préférée? Quels vêtements as-tu de cette couleur?
2. Est-ce que tu as un portefeuille? une montre? une chaîne? En quelle matière sont-ils?
3. Est-ce que tu portes une chemise (un chemisier)? De quelle couleur est-elle/il? En quel tissu est-elle/il?
4. Est-ce que quelqu'un dans la classe porte une chemise avec un dessin particulier? Décris ce dessin.
5. Imagine que tu achètes une cravate pour l'anniversaire de ton oncle favori. Quelle couleur choisis-tu? Quel dessin?

Cooperative pair practice
Activities 7, 8

Un jeu: Vingt questions

PROPS: Full-length pictures of people wearing different types of clothing

Line the pictures up on the chalkboard, identifying them as A, B, C, etc.

Have one student choose one of the pictures.

The others in the class try to identify the person by asking up to 20 yes/no questions.

D. Où et comment acheter des vêtements

J'aime être **à la mode** *(in fashion)*.

J'achète mes vêtements dans . . .

une boutique	**une boutique de soldes** *(discount shop)*
un magasin	**un grand magasin** *(department store)*

—Vous désirez?

Je **cherche** des chaussettes.

Je voudrais un pantalon.

Je voudrais **essayer** cette veste.

> **chercher:** *to look for*

> **essayer:** *to try on*

—Quelle est | votre **taille?**
| votre **pointure**

Je **fais** | du 40.
Je **porte** |

> **la taille:** *(clothing) size*
> **la pointure:** *shoe size*

—Est-ce que ce pantalon **vous va** *(fit you)?*

Oui, **il me va bien.**

Non, **il ne me va pas.**

Non, il est trop | **grand.** ≠ **petit**
| **court** *(short)* ≠ **long** *(f. **longue**)*
| **étroit** *(tight)* ≠ **large** *(wide, baggy)*

—Est-ce que ce pull **vous plaît?** *(Do you like this sweater? [lit: Does it please you?])*

Oui, **il me plaît.**   Non, **il ne me plaît pas.**

Il est | joli.   Il est | **moche** *(ugly).*
| super | **affreux** *(f. **affreuse**)* *(awful)*
| élégant | **ridicule** *(ridiculous)*
| **bon marché** *(inexpensive)* | **trop cher** *(f. **chère**)* *(expensive)*
| **en solde** *(on sale)*

—Vous avez choisi?

Oui, je vais acheter ces chaussures.

Non, | je ne suis pas **décidé(e).**
| je vais **réfléchir** *(think it over)*
| je vais chercher **quelque chose**
| **d'autre** *(something else)*

➡ Note the plural forms of the following expressions:

Est-ce que **ces chaussures vous vont?**
Oui, **elles me vont** très bien.

Est-ce que **ces lunettes vous plaisent?**
Non, **elles ne me plaisent pas** beaucoup.

> J'achète mes vêtements dans une boutique.

> Bien sûr. Moi aussi.

> Vous avez choisi?

> Non, je vais réfléchir.

Section D

COMMUNICATIVE FUNCTION:
Shopping for clothing

🔊 **Leçon 25, Section 2**

Transparency 57
Dans une boutique

■ Use the drawings to present the vocabulary.
Regardez Pierre.
Est-ce que sa veste vous plaît?, etc.

■ Vocabulary notes:
• The French also use **cool** /kul/
Ce blouson est <u>très cool</u>.

• **bon marché** is invariable:
des chaussures <u>bon marché</u>

■ Vocabulary note: For **quelque chose d'autre**, one can also say **autre chose**.

1. Cette robe vous va?
   Non, elle est trop grande.
2. Cette veste vous va?
   Non, elle est trop étroite
   (petite).
3. Ce manteau vous va?
   Non, il est trop long (grand).
4. Ce sweat vous va?
   Non, il est trop petit (court).
5. Ce costume vous va?
   Non, il est trop court (petit).
6. Ces tennis te vont?
   Non, ils sont trop grands.

1. c
2. d
3. e
4. a
5. f
6. b

---

9 **Questions personnelles**

1. Est-ce qu'il y a des grands magasins dans la ville où tu habites, ou près de ta ville?
   Comment est-ce qu'ils s'appellent?
2. Est-ce qu'il y a des boutiques de vêtements? Comment est-ce qu'elles s'appellent?
   Quel genre de vêtements est-ce qu'on vend dans ces boutiques?
3. Quand tu achètes des vêtements, quelle est la chose la plus importante? le style?
   la qualité? le prix?
4. Quand tu achètes des vêtements (ou des chaussures), est-ce que tu essaies
   beaucoup de choses avant de prendre une décision?

10 **Qu'est-ce qui ne va pas?**

Jouez le dialogue entre vendeurs et clients sur la base des illustrations.

▶ —Ce pantalon vous va?
   —Non, il est trop court.

11 **Questions et réponses**

Vous travaillez dans une boutique de vêtements. Posez des questions à un(e) client(e) qui va vous répondre en choisissant une réponse logique.

QUESTIONS	RÉPONSES
1. —Vous désirez?	a. Je fais du 38.
2. —Ce manteau vous va?	b. Non, je vais réfléchir.
3. —Ces bottes vous vont?	c. Je voudrais essayer ce manteau.
4. —Quelle est votre pointure?	d. Non, il est trop court.
5. —Comment trouvez-vous cette veste?	e. Oui, elles sont très confortables.
6. —Vous avez choisi?	f. Elle me plaît beaucoup, mais elle est un peu chère.

 Cooperative pair practice
Activities 9, 10, 11
12

Au Jour Le Jour

Tailles et pointures

Les tailles et les pointures sont différentes en France et aux États-Unis. Le tableau suivant présente les équivalences entre ces tailles et ces pointures.

🇫🇷	🇺🇸	🇫🇷	🇺🇸	🇫🇷	🇺🇸	🇫🇷	🇺🇸	🇫🇷	🇺🇸
34	6	36	14	30	24	36	5½	39	6½
36	8	37	14½	32	26	37	6	40	7
38	10	38	15	34	28	38	7	41	8
40	12	39,40	15½	36	29	39	7½	42	9
42	14	41	16	38	30	40	8½	43	10
44	16	42	16½	40	32	41	9	44	10½
		43	17	42	34	42	10	45	11

12 Shopping

Vous avez passé une semaine à Paris. La veille *(day before)* de votre départ, vous allez dans différentes boutiques. Complétez les dialogues avec le vendeur (la vendeuse). Jouez ces dialogues avec un(e) camarade.

A

—Vous désirez, monsieur (mademoiselle)?
— *Say that you are looking for a jacket.*

—Est-ce que cette veste vous va?
— *Say that it does not fit you and say why: too short? tight? . . .*

—Et cette veste bleue? Est-ce qu'elle vous plaît?
— *Say you like it and think it is very elegant and ask how much it costs.*

—Trois cents euros.
— *Say that it is too expensive and that you are going to look for something else.*

B

—Vous désirez?
— *Say that you are looking for a pair of shoes: indicate the type and color.*

—Quelle est votre pointure?
— *Give your French shoe size.*

—Est-ce que vous voulez essayer ces chaussures?
— *Answer affirmatively . . . Having tried them on, say that they fit and ask what they cost.*

—Cent euros. Elles sont en solde.
— *Say that you are buying them.*

Au Jour le Jour

OBJECTIVE
• Reading a size chart

12 ROLE PLAY: shopping for clothes

Sample answers:
[A]
Je cherche une veste.
Elle ne me va pas. Elle est [trop courte/trop étroite, etc.].
Oui, elle me plaît. Je pense qu'elle est très élégante. Combien est-ce qu'elle coûte?
C'est trop cher. Je vais chercher autre chose.
[B]
Je cherche des [sandales] [marron].
Je fais du [40].
Oui . . . Elles me vont bien. Combien est-ce qu'elles coûtent?
D'accord. Je vais les acheter.

Tailles et pointures

PROPS: Magazine pictures of men and women

Introduce the people in the pictures to the class and have students estimate their clothing sizes, and write these on the board.
Voici Monsieur Bernard.

Quelle est la taille de sa chemise? [16]
Quelle est la pointure de ses chaussures? [10]
Maintenant Monsieur Bernard est en France dans un grand magasin.
Quelle est sa taille de chemise en France? [41]
Quelle est sa pointure? [43]

MODULE 7-A
Armelle compte son argent

Total time: 1:18 min.
(Counter: 06:59–08:17 min.)

Disc 2, Side 1
12583 to 14915

Leçon 26, Section 1

■ **Teaching note:** Use this video sequence to familiarize students with the French franc, the former monetary unit of France. French coins and bills will be replaced by Euro currency in 2002.

26 LEÇON Vidéo-scène

Armelle compte son argent

Dimanche prochain, Pierre va célébrer son anniversaire. À cette occasion, il a organisé une grande soirée pour tous ses amis . . . et particulièrement pour Armelle. Pour cette occasion, Armelle voudrait mettre quelque chose de spécial et d'original. Oui, mais voilà, elle a un problème commun à beaucoup de jeunes.

Cet après-midi, Corinne est allée chez Armelle.

Cent, cent cinquante, deux cents, deux cent cinquante, deux cent soixante-dix, deux cent quatre-vingt-dix . . .

Mais, qu'est-ce que tu fais?

Tu vois, je compte mon argent.

Pourquoi?

Je voudrais m'acheter une nouvelle robe pour aller à la soirée de Pierre.

 354 Unité 7

👥 Personalization

Have students calculate how much 330 F would be in euros. [See formula on p. T147.] How much would that be in dollars? Do they know stores in their area where one would be able to get a good party outfit for that price?

Qu'est-ce que tu cherches?

Quelque chose d'original et de pas trop cher!

Combien d'argent as-tu?

Euh . . . seulement trois cent trente francs.

Évidemment, ce n'est pas beaucoup. Écoute, je connais une boutique dans la rue Carnot. Généralement ils ont des soldes! On peut y aller, si tu veux.

Oui. Quand?

Eh bien, pourquoi pas maintenant?

D'accord, allons-y.

Armelle et Corinne sortent pour faire leurs achats.

à suivre . . .

Compréhension

1. Où se passe la scène?
2. Quel est le problème d'Armelle?
3. Combien d'argent a-t-elle?
4. Qu'est-ce que Corinne lui suggère?

trois cent trente francs = *approximately* cinquante euros

Leçon 26 **355**

■ **Cultural note:** Remind students of the euro conversion formula presented on p. T147.

COMPREHENSION

1. La scène se passe chez Armelle.
2. Elle veut acheter une nouvelle robe pour la soirée de Pierre, mais elle n'a pas beaucoup d'argent.
3. Elle a 330 francs.
4. Elle lui suggère d'aller dans une boutique dans la rue Carnot qui a souvent des soldes.

100	cent	**500**	cinq cents	**2 000**	deux mille
101	cent un	**510**	cinq cent dix	**5 000**	cinq mille
110	cent dix				
200	deux cents	**600**	six cents	**10 000**	dix mille
250	deux cent cinquante	**900**	neuf cents	**100 000**	cent mille
420	quatre cent vingt	**1 000**	mille	**1 000 000**	un million

1 C'est combien?

Vous faites des achats dans un grand magasin. Choisissez trois articles et demandez combien ils coûtent. Un(e) camarade va vous répondre.

> Pardon, monsieur, combien coûtent les gants?
>
> Ils coûtent vingt euros.
>
> Merci.

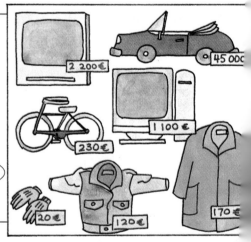

B. Les nombres ordinaux

ORDINAL NUMBERS (*first, second, third, fourth*, etc.) are used to indicate rank or order.

In French, ordinal numbers are formed according to the following pattern:

ORDINAL NUMBER	=	NUMBER	+	**ième**
		(minus **-e**, if any)		

		EXCEPTIONS:
deux → **deuxième**		un(e) → **premier (première)**
trois → **troisième**		cinq → **cinquième**
onze → **onzième**		neuf → **neuvième**
cent → **centième**		

Section A

COMMUNICATIVE FUNCTION:
Asking about prices

🔊 Leçon 26, Section 2

↻ **Review:** numbers up to 1,000

★ **New material:** numbers over 1,000

■ **Language notes**
- Multiples of **cent** take an **s**, unless they are followed by another number: **deux cents** but, **deux cent trente.** Multiples of **mille** do not take an **s**: **deux mille.**
- In French, a space (rather than a comma) is used to indicate thousands and millions. Sometimes a period is used instead of a space.

1 ROLE PLAY: asking for prices

■ **Expansion:** When students hear the price have them indicate whether or not they will buy the item.
– **Bon, je vais les acheter.**
  (Euh, c'est un peu cher. Je ne vais pas les acheter.)

Section B

COMMUNICATIVE FUNCTION:
Indicating sequence

🔊 Leçon 26, Section 2

↻ **Review:** ordinal numbers

■ **Language notes**
- 21ᵉ = **vingt et unième** /vɛ̃teynjɛm/
- Numbers like 1, 2, 3, etc. are called CARDINAL numbers.

Cooperative pair practice
Activity 1

☀ **Warm-up: Shopping for accessories**

PROP: Transparencies 55, 55a (Les accessoires et les articles personnels)

After you have filled in the price tags on the overlay for Transparency 55, ask students to select three items. Then have them say the articles they have chosen, and how much the bill comes to.

J'ai choisi une bague pour 90 euros, des lunettes de soleil pour 65 euros et un sac pour 50 euros. Ça fait 205 euros.

To practice numbers over 1,000, you can repeat the activity with higher priced items.

T356 Unité 7

2 La course *(The race)*

Vous avez participé à une course de dix kilomètres avec des camarades.
Dites dans quel ordre ils sont arrivés.

▶ Stéphanie (18)

1. Nathalie (25)
2. Jean-Pierre (6)
3. Jérôme (12)
4. Éric (1)
5. Philippe (40)

6. Pauline (9)
7. François (10)
8. Corinne (17)
9. Isabelle (100)

Stéphanie est arrivée dix-huitième.

C. Révision: Les adjectifs irréguliers

Many irregular adjectives have endings that follow predictable patterns.

Irregular FEMININE endings:

-on	-onne	bon	bonne
-ien	-ienne	canadien	canadienne
-el	-elle	naturel	naturelle
-et	-ète	discret	discrète
-er	-ère	cher	chère
-eux	-euse	généreux	généreuse
-f	-ve	attentif	attentive

Irregular MASCULINE PLURAL ending:

-al	-aux	normal	normaux

La Redoute
LE BON PULL
30€
LA BONNE JUPE
35€

INTERMARCHÉ
EN GUERRE CONTRE
LA VIE CHÈRE

ELLE
·NATURELLE·
·MODERNE·
LA MODE COUNTRY

3 Substitutions

Remplacez les noms soulignés par les noms entre parenthèses et faites les changements nécessaires.

1. Philippe porte un pantalon vert. (une chemise, des chaussettes, un pull)
2. Je vais acheter un costume italien. (des chaussures, une veste, une ceinture)
3. Est-ce que cet imper est anglais? (ce foulard, ces lunettes, cette cravate)
4. Ce tee-shirt est mignon. (cette robe, ces chemises, ce maillot de bain)
5. Cette bague est trop chère. (ce bracelet, ces boucles d'oreilles, ces colliers)
6. Cette vendeuse est très sérieuse. (ce vendeur, ces employés, mes copines)
7. Nathalie est sportive. (Éric, Paul et David, mes cousines)
8. Cette casquette est originale. (ces sandales, ce chapeau, ces tee-shirts)
9. Ces produits sont naturels. (ces couleurs, ce textile, cette boisson)
10. En classe, Jean-Paul est très attentif. (ses copains, Mélanie, Isabelle et Sophie)

■ **Language note:** If students write out this activity, remind them that **arrivé** agrees with the subject.

Section C

COMMUNICATIVE FUNCTION:
Describing people and things

▭▭ **Leçon 26, Section 2**

↶ **Review:** irregular adjectives

■ **Language notes:**
• In the plural, these adjectives follow the regular pattern and add an **-s**:
des filles généreu**ses**
• However, adjectives that end in **-eux** do not change in the masculine plural:
des garçons généreux

■ **Additional examples:**

-on	mignon
-ien	italien
-el	ponctuel
-et	secret
-eux	sérieux
-f	sportif
-al	original

PRACTICE: using descriptive adjectives

Practice with ordinal numbers

Have students bring in the sports statistics from the local Sunday paper.
• To practice lower numbers, ask them questions about team rankings.
Quelle est la première équipe cette semaine?
Quelle est la position des Yankees?
[Ils sont en troisième position.]

• To practice higher numbers, ask them about rankings of individual athletes in areas such as RBIs, points scored, etc.

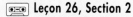 **Leçon 26, Section 2**

↩ **Review and re-entry**:
adjectives

■ **Pronunciation:** Note that **vieil**
and **vieille** are both pronounced
/vjɛj/. Be sure students do not
pronounce an /l/ sound.

■ **Language note:** In spoken
French, the use of **des** instead of
de is more and more common.
This is especially true when the
following adjective is stressed.

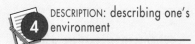

④ DESCRIPTION: describing one's
environment

■ **Personalization:** Have
students list three items
they own: something old, something new, and something
beautiful.
**J'ai de vieilles chaussures, un
nouvel ordinateur et une belle
maison.**

⑤ ROLE PLAY: asking for
opinions

■ **Language note: Si** is used
instead of **oui** in response to a
negative question.

 **Cooperative
pair practice**
Activity 5

D. Les adjectifs *beau, nouveau, vieux*

The adjectives **beau** *(beautiful, pretty, good-looking)*, **nouveau** *(new)*, and **vieux** *(old)* are irregular.

SINGULAR			
MASCULINE (+ VOWEL)	le **beau** costume le **bel** imper	le **nouveau** costume le **nouvel** imper	le **vieux** costume le **vieil** /i/ imper
FEMININE	la **belle** veste	la **nouvelle** veste	la **vieille** veste

PLURAL			
MASCULINE (+ VOWEL)	les **beaux** costumes les **beaux** /z/ impers	les **nouveaux** costumes les **nouveaux** /z/ impers	les **vieux** costumes les **vieux** /z/ impers
FEMININE	les **belles** vestes	les **nouvelles** vestes	les **vieilles** vestes

▌ The adjectives **beau, nouveau,** and **vieux** usually come BEFORE the noun.

➡ When the noun begins with a vowel sound, liaison is required.
les **vieux** /z/ acteurs   les **nouvelles** /z/ actrices

➡ Often **des → de** before a plural adjective.
Ce sont **des** sandales.   Ce sont **de** vieilles sandales.

In French, there are two adjectives that correspond to the English *new*:

nouveau (nouvelle)   *new (to the owner)*   Mes parents ont une **nouvelle** voiture.
neuf (neuve)   *brand-new*   Ce n'est pas une voiture **neuve**.

---

④ Expression personnelle

Décrivez les choses suivantes. Utilisez la forme
appropriée de **beau, nouveau** ou **vieux**.

▶ J'ai un . . . vélo.
**J'ai un beau vélo. (J'ai un vieux vélo.
J'ai un nouveau vélo.)**

1. Notre école est une . . . école.
2. Mon immeuble est un . . . immeuble.
3. Dans mon quartier, il y a beaucoup de
. . . maisons.
4. Les voisins ont une . . . voiture.
5. Avec mon argent, je voudrais acheter
un . . . appareil-photo.
6. Quand je travaille dans le jardin, je mets
un . . . tee-shirt et de . . . chaussures.
7. Ma copine a mis de . . . vêtements pour
aller à un mariage.
8. Au Marché aux puces *(flea market)*, on peut
acheter de . . . choses.
9. Dans les musées, on peut voir
de . . . voitures.

⑤ Pas d'accord

Christine n'est pas d'accord avec
les achats de Jean-Michel. Jouez
les deux rôles.

▶ ma chemise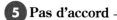

Comment trouves-tu
ma nouvelle chemise?

Elle est assez b[...]

Assez belle?
Tu ne l'aimes pas?

Si, mais je pr[...]
ta vieille che[...]

1. mon imper   4. ma veste
2. mon blouson   5. mes baskets
3. mes chaussures   6. mon jean

E. Les adverbes en -ment

To tell HOW we do certain things, we use ADVERBS OF MANNER. In English, most adverbs of manner end in -**ly.** In French, many adverbs of manner end in -**ment.**

Nous étudions **sérieusement.**	*We study* **seriously.**
Tu parles **calmement.**	*You speak* **calmly.**
J'attends **patiemment.**	*I am waiting* **patiently.**

French adverbs of manner are formed from adjectives according to the following patterns:

■ Most adjectives (regular and irregular)

> FEMININE ADJECTIVE + **ment**

normal **normale** → **normale**ment	sérieux **sérieuse** → **sérieuse**ment
calme **calme** → **calme**ment	actif **active** → **active**ment
	naturel **naturelle** → **naturelle**ment

➡ When the adjective ends in -**i** or -**é,** the adverb is derived from the masculine form.
   poli → **poli**ment   **spontané** *(spontaneous)* → **spontané**ment

➡ Adverbs based on ordinal numbers follow the same pattern.
   premier **première** → **première**ment *first*   **deuxième** → **deuxième**ment

■ Adjectives ending in -**ant** and -**ent**

| -**ant** → -**amment** | élég**ant** → élég**amment** |
| -**ent** → -**emment** | pati**ent** → pati**emment** |

Leçon 26 359

---

6 Expression personnelle

Dites comment vous faites les choses suivantes en complétant les phrases avec un adverbe de la liste.

▶ Je parle français . . .
Je parle français facilement (difficilement, rapidement).

1. J'étudie . . .
2. Je fais mes devoirs . . .
3. J'écoute le professeur . . .
4. En général, j'aide mes amis . . .
5. Je parle à mes parents . . .
6. En général, j'attends mes amis . . .
7. En général, j'arrive à l'école . . .
8. Quand j'ai un problème, j'agis *(act)* . . .
9. Quand je vais à un match de baseball, je m'habille . . .
10. Quand je vais à un mariage, je m'habille . . .

| **attentivement** |
| **calmement** |
| **consciencieusement** |
| **difficilement** *(with difficulty)* |
| **élégamment** |
| **facilement** *(easily)* |
| **généreusement** |
| **lentement** *(slowly)* |
| **patiemment** |
| **poliment** |
| **ponctuellement** |
| **prudemment** *(carefully)* |
| **rapidement** |
| **rarement** |
| **sérieusement** |
| **simplement** |

7 Comment?

Dites que les personnes suivantes agissent *(act)* d'une manière qui correspond à leur personnalité.

▶ Jean-Claude est calme. (faire tout)
Il fait tout calmement.

1. Catherine est rapide. (lire le livre)
2. Jean-Pierre est actif. (faire du sport)
3. Alice est généreuse. (aider ses amis)
4. Nicolas est consciencieux. (faire ses devoirs)
5. Paul est élégant. (s'habiller)
6. Mélanie est intelligente. (répondre au professeur)

Section E

COMMUNICATIVE FUNCTION:
Describing actions

🔲 **Leçon 26, Section 2**

■ **Language note:** However:
lent *(slow)* → **lentement**

■ **Pronunciation:** The endings
-**amment** and -**emment** are
pronounced like **amant** /amã/.

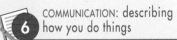
COMMUNICATION: describing
how you do things

■ **Teaching note:** Before doing
this activity, model the pronunciation of the adverbs in the list.

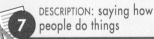
DESCRIPTION: saying how
people do things

■ **Variation** (using the imperfect): Autrefois, ces personnes
agissaient de la même manière.
**Jean-Claude faisait tout
calmement.**

🔳🔳 **Cooperative pair practice**

Use Act. 6 as a point of departure for pair work.
• Have students write out their answers. **Je parle français difficilement.**
• Then have them discuss their answers in pairs.

– **Moi, je parle français difficilement. Et toi, Sophie?**
– **Moi, je parle français lentement.**
• Have them write down how their partner does each of the things. **Sophie parle français lentement.**

1 GUIDED CONVERSATION: shopping in a department store

■ **Language note**: Have students observe how the ordinals are abbreviated in French.
Note: The feminine **première** may be abbreviated **1ère** or **1re**.

■ **Photo culture note:**
Les Galeries Lafayette is a large chain of department stores head-quartered in Paris. It offers a wide selection of clothing, from designer labels to more modestly priced items.

1 **Situation: Au grand magasin**

You meet your partner at a department store.
Ask your partner . . .
• which floor he/she is going to
• what he/she is going to buy
• how much he/she wants to spend
• if the item is a present and, if so, for whom

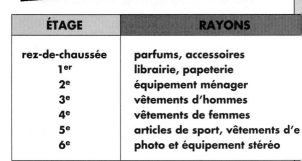

ÉTAGE	RAYONS
rez-de-chaussée	parfums, accessoires
1er	librairie, papeterie
2e	équipement ménager
3e	vêtements d'hommes
4e	vêtements de femmes
5e	articles de sport, vêtements d'e
6e	photo et équipement stéréo

2 GUIDED CONVERSATION: making plans for a trip

■ **Portfolio assessment:** You will probably choose only one oral and one written activity to go into the students' portfolios for Unit 7. The following activities are good portfolio topics:
ORAL: Activity 1
ORAL/WRITTEN: Activity 2

Students could do Act. 2 in pairs. First they write the shopping list and compose the dialogue; then they record it on cassette.

2 **Préparatifs de voyage**
Vous allez faire un voyage en France cet été. Faites une liste de trois choses que vous devez acheter avant votre départ. Choisissez un(e) partenaire et comparez vos listes d'achats.

LISTE D'ACHATS
1.
2.
3.

Ensuite, imaginez que vous allez ensemble *(together)* dans un grand magasin de votre ville pour acheter ces choses. Avec votre partenaire, composez un dialogue où vous dites . . .
• dans quel magasin vous allez aller
• à quels rayons vous allez faire vos achats
• combien d'argent vous allez dépenser

⊞ **Un jeu: À quel étage?**

PROPS: Bells, a bag containing slips of paper with the names of articles that can be bought **au grand magasin**

Divide the class into two or three teams, lined up in rows. Each team has a bell. Have students open their books to the store directory on p. 360.

Draw an item from the bag and ask on which floor it can be found.
   The first team to ring its bell and answer correctly wins a point.
– **Pardon, s'il vous plaît, les appareils-photo, c'est à quel étage?**
– **C'est au sixième étage.**
– **Merci!**

LECTURE — Le 5 000 mètres

Six amis font du sport régulièrement. Le weekend dernier, ils ont fait une course de 5 000 mètres. Chacun portait un maillot de couleur différente: bleu, rouge, vert, jaune, orange et rose.

Lisez attentivement les descriptions suivantes. Avec ces renseignements, déterminez l'ordre d'arrivée des coureurs et la couleur de leurs maillots.

1. Stéphanie est arrivée immédiatement avant Nicolas.
2. Christine portait un maillot bleu.
3. Le maillot vert est arrivé premier.
4. Nicolas est arrivé quatrième.
5. André est arrivé avant Nicolas mais il n'était pas le premier.
6. Le maillot rouge est arrivé deuxième.
7. Paul portait un maillot vert.
8. Le dernier portait un maillot jaune.
9. Christine est arrivée entre Nicolas et Thomas.
10. Stéphanie portait un maillot orange.

Mots utiles

une course	*race*
un coureur	*runner*
un maillot	*athletic T-shirt*

Suggestions:

- Sur une feuille de papier, faites une grille semblable à la grille suivante.
- Lisez le texte plusieurs fois.
  À chaque fois, remplissez la grille avec des nouvelles informations.
- Si vous ne trouvez pas la solution, allez à la page R13.

ordre d'arrivée	nom	couleur du maillot
1		
2		
3		
4		
5		
6		

Lecture

OBJECTIVES
- Reading for pleasure
- Developing logical thinking

■ **Teaching note:** Have students observe that
5 000 mètres = 5 kilomètres.
Ask:
Comment appelle-t-on cette course en anglais? [5K]

👥 **Cooperative reading:** Have students work in groups of three or four to discover the solution. The first group to fill in the grid correctly is the winner. Note: To discourage groups from referring to the solution prematurely, you may photocopy this page and distribute copies to each student.

■ **Réponses**

1.	Paul	vert
2.	André	rouge
3.	Stéphanie	orange
4.	Nicolas	rose
5.	Christine	bleu
6.	Thomas	jaune

💡 **Observation activity:** Have the students reread the instructions to find the words with -ment(s):
régulièrement
attentivement
renseignements
immédiatement
In which words does -ment correspond to -ly?
In which word does it not?

(Possible items to include as cues: les skis, les chaînes stéréo, les ceintures, les parfums, les cravates, les réfrigérateurs,...)

 Pre-reading activity

Have students look at the illustration and guess what type of reading activity this is. [a logic game]

Leçon 27

MAIN TOPIC:

Expressing comparisons

MODULE 7-B
Corinne a une idée

Total time: 1:46 min.
(Counter: 08:19–10:05 min.)

VIDEODISC   Disc 2, Side 1
14957 to 18160

Leçon 27, Section 1

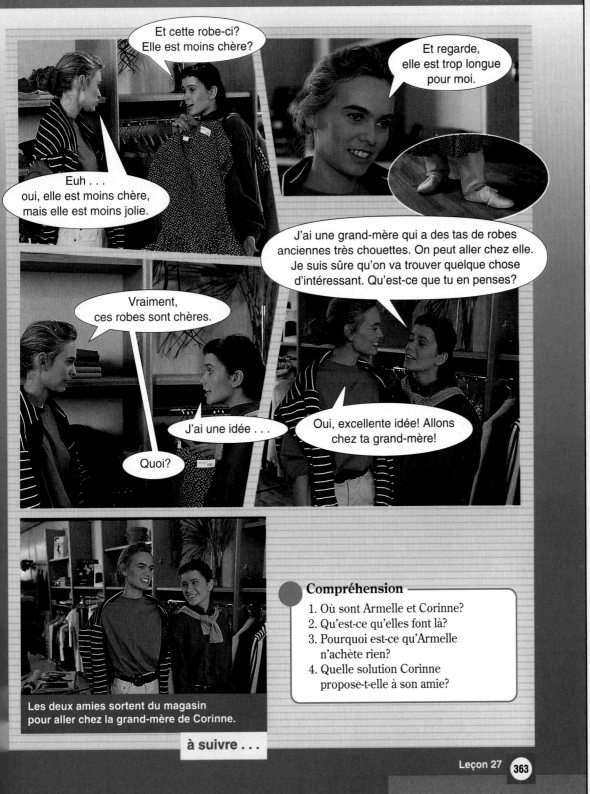

Et cette robe-ci? Elle est moins chère?

Et regarde, elle est trop longue pour moi.

Euh . . . oui, elle est moins chère, mais elle est moins jolie.

J'ai une grand-mère qui a des tas de robes anciennes très chouettes. On peut aller chez elle. Je suis sûre qu'on va trouver quelque chose d'intéressant. Qu'est-ce que tu en penses?

Vraiment, ces robes sont chères.

J'ai une idée . . .

Quoi?

Oui, excellente idée! Allons chez ta grand-mère!

Les deux amies sortent du magasin pour aller chez la grand-mère de Corinne.

à suivre . . .

Compréhension

1. Où sont Armelle et Corinne?
2. Qu'est-ce qu'elles font là?
3. Pourquoi est-ce qu'Armelle n'achète rien?
4. Quelle solution Corinne propose-t-elle à son amie?

Leçon 27 363

■ **Casual speech:**
des tas de = beaucoup de
Literally, **tas** means *piles.*

■ **Expansion**
Have students think of prices of items more or less expensive and convert into euros. Remind them of the conversion formula presented on p. T147.

COMPREHENSION

1. Elles sont dans une boutique.
2. Elles cherchent une robe pour Armelle.
3. Les robes sont trop chères.
4. Elle lui propose d'aller chez sa grand-mère, qui a beaucoup de robes anciennes.

Note how comparisons are expressed in the following sentences:

La veste est **plus** chère **que** le pull.	*The jacket is **more** expensive **than** the sweater.*
La moto est **plus** rapide **que** la voiture.	*The motorcycle is fast**er than** the car.*
Le pull est **moins** cher **que** le blouson.	*The sweater is **less** expensive **than** the jacket.*
La moto est **moins** confortable **que** la voiture.	*The motorcycle is **less** comfortable **than** the car.*
Paul est **aussi** intelligent **que** toi.	*Paul is **as** intelligent **as** you.*
Tu n'es pas **aussi** sérieux **que** lui.	*You are not **as** serious **as** he (is).*

COMPARISONS with adjectives are expressed according to the following pattern:

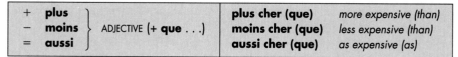

+	**plus**		**plus cher (que)**	*more expensive (than)*
−	**moins**	ADJECTIVE (+ **que** . . .)	**moins cher (que)**	*less expensive (than)*
=	**aussi**		**aussi cher (que)**	*as expensive (as)*

➡ LIAISON is required after **plus** and **moins**.
   plus‿intelligent   moins‿intelligent

➡ STRESS pronouns are used after **que**.
   Paul est plus grand que **toi**.   Tu es moins grand que **lui**.

➡ The comparative of **bon / bonne** *(good)* is **meilleur / meilleure** *(better)*.
   La tarte aux pommes est **bonne**.   La tarte aux poires est **meilleure**.

364   **Unité 7**

1 Et vous?

Choisissez une personne de la colonne B et comparez-vous à cette personne en utilisant au moins deux adjectifs de la colonne A.

	A	B
je suis	jeune grand(e) optimiste patient(e) sportif (sportive) sérieux (sérieuse) bon(ne) en français bon(ne) en maths	mon copain ma copine mon frère ma soeur mes camarades de classe ??

▶ Je suis plus jeune que mon frère.
Je ne suis pas aussi grand que lui.
Je suis moins bon en maths,
mais je suis meilleur en français.

Vocabulaire: Quelques adjectifs

Les personnes

Mon sac est plus lourd que ton sac.

fort (strong)	≠	**faible** (weak)
gentil (gentille) (nice)	≠	**méchant** (mean, nasty)

Les choses

chaud (warm, hot)	≠	**froid** (cold)
facile (easy)	≠	**difficile** (difficult)
rapide (fast)	≠	**lent** (slow)
léger (légère) (light)	≠	**lourd** (heavy)
cher (chère) (expensive)	≠	**bon marché** (inexpensive, cheap)
utile (useful)	≠	**inutile** (useless)

➡ **Bon marché** is invariable. Its comparative form is **meilleur marché.**

➡ In French there are two words that mean *fast:* **rapide** (an adjective) and **vite** (an adverb). Compare their use:

Cette voiture est **rapide.**	This car is **fast.**
Elle va **vite.**	It goes **fast.**

▷ **Vocabulaire**

▪▪ **French connection:**
faible → *feeble (weak)*
gentil → *gentle (nice)*
facile → *facility (space that makes something possible, easy)*
rapide → *rapid*
utile → *utility (something useful)*

▪ **Language note:** Remind students that when referring to people, the French use the expression **avoir chaud / froid.** Compare:
J'<u>ai</u> trop chaud.
Le café <u>est</u> trop chaud.

▪ **Vocabulary note:** Note also the adverb **rapidement** *(quickly).*
J'ai fait mes devoirs très <u>rapidement</u>.

JACQUES: **Je suis moins grand que Michelle et plus grand que Suzanne.,** etc.

SUGGESTION: If you have a large class, you may wish to divide the students into two or three rows.

COMMUNICATION: expressing comparisons ②

■ **Cultural note** (item 2):
According to the 1990 census:
• Paris – 2,2 millions d'habitants
• New York – 7,3 millions d'habitants

Personalization
• For items 1, 4, 5, 6, and 9, have students substitute their own choices for the second part of the comparisons.
• For item 10, substitute names of sports teams or athletes who are popular in your region.

ROLE PLAY: making comparisons ③

■ **Teaching note:** For item 5, remind students that the comparative of **bon** is **meilleur**.

COMMUNICATION: expressing preferences using comparisons ④

⌐ **Transparency 58**
Le comparatif des adjectifs

---

② À votre avis

Comparez les choses ou les personnes suivantes.

▶ le français / facile / l'allemand
Le français est plus (moins, aussi) facile que l'allemand.

1. le français/utile/italien
2. Paris/grand/New York
3. la Californie/jolie/la Floride
4. King Kong/méchant/Dracula
5. Batman/fort/Tarzan
6. Bart Simpson/gentil/Charlie Brown
7. les filles/indépendantes/les garçons
8. les adultes/idéalistes/les jeunes
9. l'argent/important/l'amitié *(friendship)*
10. les Yankees/bons/les Red Sox
11. les voitures japonaises/bonnes/ les voitures américaines
12. la cuisine française/bonne/ la cuisine américaine

③ Rien n'est parfait!

Avec vos camarades, composez et jouez les dialogues en faisant les substitutions suggérées et les changements nécessaires.

1. acheter la chemise de laine
   la chemise de nylon
   léger
   joli
2. prendre le sac en plastique
   le sac en toile
   grand
   solide
3. mettre ta veste de laine
   ma veste de velours
   élégant
   chaud
4. louer *(rent)* la voiture de sport
   le minivan
   confortable
   rapide
5. manger la tarte aux fraises
   le gâteau au chocolat
   bon
   gros *(big)*

Tu vas acheter les bottes de cuir?

Non, je vais acheter les bottes de caoutchouc.

Ah bon. Pourquoi?

Parce qu'elles s plus pratiqu

C'est vrai, mais elles ne sont pas aussi confortables.

Rien n'est par

④ Préférences

Pour chaque illustration, indiquez votre préférence et comparez les deux objets en utilisant les adjectifs suggérés.

▶ **Je préfère la Mercedes.
Elle est plus confortable.
Elle n'est pas aussi rapide,
mais elle est . . .**

1. Préfères-tu la Corvette ou la Mercedes?

confortable / rapide / grand / joli / cher / économique

2. Préfères-tu la maison blanche ou la maison jaune?

grand / confortable / joli / moderne / intéressant

3. Préfères-tu la veste de c ou le blazer?
élégant / léger / confortab pratique / cher

4. Préfères-tu le chien bla ou le chien noir?
grand / joli / méchant mignon

Cooperative pair practice
Activity 3

⟨ Pacing

Depending on your schedule, you may choose to do only one or two of Act. 2, 3, and 4.

B. Le comparatif des adverbes

Comparisons with adverbs follow the same pattern as comparisons with adjectives.

Je fais du jogging	{ plus / moins / aussi }	souvent que toi.		I jog	{ more / less / as }	often	{ than / than / as }	you.

→ The comparative of **bien** *(well)* is **mieux** *(better)*.
Contrast the use of **meilleur(e)** and **mieux** in the following sentences:

Je suis **bon** en français.	*I am **good** in French.*
Je suis **meilleur** que toi.	*I am **better** than you.*
Je parle **bien**.	*I speak **well**.*
Je parle **mieux** que toi.	*I speak **better** than you.*

Vocabulaire: Quelques adverbes

> Le lundi, je me lève tôt.

tôt	*early*	Le lundi, je me lève **tôt**.
tard	*late*	Le samedi, je me couche **tard**.
vite	*fast*	Cette moto va très **vite**!
lentement	*slowly*	Allez plus **lentement**!
longtemps	*(for) a long time*	Où étais-tu? Je t'ai attendu **longtemps**.

5 **Expression personnelle**

Complétez les phrases en choisissant l'une des expressions proposées.

1. Je vais plus vite à l'école . . . (en bus ou à vélo?)
2. Je me lève plus tard . . . (le dimanche ou le lundi?)
3. Je me couche plus tôt . . . (le samedi soir ou le jeudi soir?)
4. Je regarde la télé plus longtemps . . . (le weekend ou pendant la semaine?)
5. Je cours plus lentement . . . (quand je suis en forme ou quand je suis fatigué[e]?)
6. Je vais plus souvent à la piscine . . . (en hiver ou en été?)
7. Je m'habille plus élégamment . . . (pour une boum ou pour un mariage?)
8. Je m'habille plus simplement . . . (pour un pique-nique ou pour une boum?)
9. J'étudie mieux . . . (le soir ou le matin?)
10. On mange mieux . . . (à la cantine de l'école ou à la maison?)
11. On mange mieux . . . (dans un restaurant chinois ou dans un restaurant italien?)

Leçon 27 **367**

Section B

COMMUNICATIVE FUNCTION:
Comparing actions

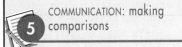 Leçon 27, Section 2

5 COMMUNICATION: making comparisons

Classroom Notes

 Leçon 27, Section 2

Transparency 59
Le superlatif des adjectifs

■ Use the pictures to present and practice the superlatives.
Quelle fille est la plus grande?
Quelle fille est la plus petite?
Quelle fille porte la jupe la plus longue? la plus courte?
Quelle fille essaie la veste la plus chère? la moins chère?
Quelle fille porte le plus joli chapeau? le chapeau le plus moche?
Quelle fille porte les chaussures les plus confortables? les moins confortables?

■ **Pacing:** Depending on your class schedule, you may choose to do only two of the following activities: 6, 7, 8, and 9.

6 COMPREHENSION: expressing superlatives

Transparencies 2b, 2c
L'Amérique du Nord, etc.
L'Afrique, l'Europe, l'Asie

■ Have students locate the countries mentioned on the transparency.

7 COMMUNICATION: saying who is best in each category

8 COMMUNICATION: answering personal questions

 Cooperative pair practice Activity 9

C. Le superlatif des adjectifs

In a superlative construction, one or several people or things are compared to the rest of the group. Note the superlative constructions in the following sentences.

Anne est la fille **la plus gentille** de la classe. *Anne is **the nicest** girl in the class.*
C'est l'hôtel **le plus moderne** de la ville. *It's **the most modern** hotel in the city.*

Où est la boutique **la moins chère**? *Where is **the least expensive** shop?*
Qui sont les élèves **les moins sérieux**? *Who are **the least serious** students?*

Superlative constructions are formed according to the pattern:

| le/la/les | plus
moins | ADJECTIVE | le/la/les plus moderne(s) | the most modern |
| | | | le/la/les moins moderne(s) | the least modern |

6 Le savez-vous?

Pouvez-vous faire correspondre les choses suivantes avec le pays où elles sont situées?

1. le plus grand stade de foot
2. la plus grande piscine
3. la plus grande statue
4. le tunnel routier *(highway)* le plus long
5. le train le plus rapide
6. le sommet *(peak)* le plus élevé
7. la ville la plus peuplée
8. la ville la plus ancienne

se trouve

a. en Chine
b. en Israël
c. en Russie
d. en France
e. en Suisse
f. au Brésil
g. au Maroc
h. au Mexique

Réponses: 1. f, 2. g, 3. c, 4. e, 5. d, 6. a, 7. h, 8. b (Pour un supplement d'information, allez à la page R13.)

7 Les champions

Dites qui est meilleur dans les catégories suivantes. Vous pouvez faire un sondage *(poll)* d'opinion dans la classe.

1. le meilleur acteur de cinéma
2. la meilleure actrice
3. le meilleur chanteur
4. la meilleure chanteuse
5. le meilleur groupe musical
6. le meilleur athlète professionnel
7. la meilleure athlète
8. le comédien le plus drôle
9. la comédienne la plus drôle
10. la meilleure émission de télé *(TV show)*
11. le meilleur film de l'année
12. la meilleure équipe de baseball
13. la meilleure équipe de basket
14. la meilleure équipe de football américain

8 Questions personnelles

1. Quel est le sport le plus intéressant? le plus difficile? dangereux? le moins intéressant?
2. Quelle est la classe la plus intéressante? Quelle est la matière la plus facile? la matière la plus utile?
3. Qui est la fille la plus sportive de la classe? le garçon le plus sportif?
4. Qui est la plus jeune personne de ta famille? la personne la plus âgée?
5. Quelle est la plus grande pièce de ta maison (de ton appartement)? la pièce la plus petite? la pièce la plus confortable? la pièce la moins confortable?
6. Quelle est la plus grande ville de ta région? la plus jolie ville? la ville la plus intéressante?

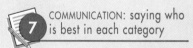

Teaching strategy: Les champions

Act. 7 can be done individually or in groups.

• **Class balloting**
Select five items from the list and have the students "vote" by writing down their choices on "ballots."
Collect the ballots and tabulate the results.

• **Group discussion**
Divide the class into small groups and assign three or four items to each group. After the groups have discussed their choices, the **secrétaire** will report the results to the rest of the class or hand them in for credit.

➡ The position of the superlative adjective (BEFORE or AFTER the noun) is usually the same as the simple adjective.

Voici une fille **intelligente**.   C'est la fille **la plus intelligente** de la classe.
Voici une **jolie** boutique.   C'est **la plus jolie** boutique de la ville.

➡ Note that if the superlative adjective comes AFTER the noun, the definite article **le, la, les** is used twice: both BEFORE and AFTER the noun.

➡ After a superlative construction, French uses **de** whereas English uses *in*.

C'est la boutique la plus chère **de** la ville.   *It's the most expensive shop **in** the city.*

➡ The superlative of **bon/bonne** is **le meilleur/la meilleure** *(the best)*.

Qui est **le meilleur** athlète du lycée?   *Who is **the best** athlete in the school?*

---

9 Tu as raison ————————

Thomas et Florence sont d'accord sur beaucoup de choses. Jouez les deux rôles.

C'est une boutique chère!

Tu as raison! C'est la boutique la plus chère de la ville!

▶ une boutique chère / la ville

1. un hôtel moderne / la ville
2. un costume cher / le magasin
3. une pièce confortable / l'appartement
4. un professeur intéressant / l'école

5. un élève sérieux / la classe
6. un copain sympathique / notre groupe
7. une fille sportive / le club

À votre tour!

1 Situation: En visite ————————

You are a French exchange student. You are new in town and have a few questions.
Ask your partner to name . . .

▶ the best restaurant
   Quel est le meilleur restaurant?

• the least expensive restaurant
• the most interesting shops
• the least expensive boutique
• the largest supermarket
• the best music shop

2 Anniversaire ————————

C'est votre anniversaire. Choisissez l'un des deux objets proposés. Votre camarade va choisir l'autre objet.
Entre vous, expliquez les raisons de votre choix. Pour cela, vous pouvez utiliser le comparatif des adjectifs à droite:

économique pratique utile rapide
intéressant joli cher solide
confortable chaud

▶ —J'ai choisi le VTT parce qu'il est plus pratique.
—Oui, mais le vélo de course est plus rapide.
—D'accord, mais il n'est pas aussi solide que le VTT.
—Je trouve que le vélo de course est plus joli.
—Peut-être, mais le VTT . . .

▶ • un VTT ou un vélo de course *(racing bike)*?
• des sandales ou des baskets?
• un survêtement ou une veste?
• un walkman ou un discman?
• un appareil-photo ou une montre?
• un polo ou un pull?
• des bottes ou des chaussures?

■ **Language note:** When adjectives like **grand, petit, joli, beau, vieux,** etc. are stressed, the superlative form often comes after the noun.
Tu as choisi la robe la plus jolie.

■ **Challenge level:** For recognition, you may want to present the formation of the superlative of adverbs:

le plus (le moins) + ADVERB

Le plus souvent j'achète mes vêtements quand ils sont en solde.
Parmi *(among)* mes copines, c'est Claire qui s'habille **le mieux**.

9 ROLE PLAY: expressing agreement using superlatives

■ **Expansion** (challenge level)
• with **bon**
   un bon restaurant / la ville
   un bon professeur / l'école
• with adjectives that precede the noun
   une jolie maison / le quartier
   un grand parc / la région

À votre tour!

1 ROLE PLAY: expressing comparisons

■ **Expansion:** Have students in small groups prepare a French-language brochure containing these or similar suggestions for tourists.

2 GUIDED CONVERSATION: expressing comparisons

🗂 **Portfolio assessment**

You will probably choose only one oral and one written activity to go into the students' portfolios for Unit 7. The following activities are good portfolio topics:
ORAL: Activity 2
WRITTEN: Activity 1 (see Expansion in extended margin above)

LECTURE — **Quelques records**

Lisez la description de certains records dans les paragraphes suivants. Pouvez-vous répondre aux questions?

1 L'animal terrestre le plus lourd est l'éléphant. L'animal le plus haut° est la girafe. L'animal le plus long est le python réticulé.
Quel est l'animal le plus rapide?
- ○ le léopard
- ○ l'antilope
- ○ le cheval

2 La plus longue voiture est une limousine de 100 pieds de long. Cette voiture est équipée d'une piscine, d'un plongeoir° et d'une piste d'atterrissage° pour hélicoptère.
Combien de roues° a-t-elle?
- ○ 12
- ○ 26
- ○ 48

3 Le 19 août 1988, quatre personnes ont pris un taxi à Londres. Le 27 octobre, elles sont arrivées à Sydney, en Australie, après avoir parcouru° une distance de 13 670 miles. Ce voyage représente la plus longue course° en taxi du monde.
Combien a coûté cette course?
- ○ 1 500 dollars
- ○ 5 000 dollars
- ○ 55 000 dollars

4 Le plus long voyage spatial a été accompli par deux cosmonautes russes et un cosmonaute français.
Combien de temps a duré° ce voyage?
- ○ 12 jours
- ○ 55 jours
- ○ 365 jours

5 Plus de 100 millions de personnes portent le nom de Chang. C'est le nom de famille le plus commun du monde. Aux États-Unis, le nom de famille le plus commun est Smith.
Quel est le nom de famille le plus commun en France?
- ○ Dupont
- ○ Leblanc
- ○ Martin

MARTIN Claudine 14 r Abel 12e 01 43 47
» Claudine 4 r Baulant 12e 01 43 44
» Claudine 23 r Commerce 15e . 01 45 77
» Claudine avocat 16 r Naples 8e . 01 42
» Clotilde 19 r Chaudfourniers 19e . 01 42
» Clotilde 152 r Convention 15e ... 01 43
» Colette 42 r Fer à Moulin 5e ... 01 43
» Colette 2 bis r Mirbel 5e 01 42
» Colette 14 r Paul Bodin 17e 01
» Colette 14 r Quatrefages 5e

DUPONT—(suite)
» Therese 133 r Fbg St Antoine 11e . 01 4
» Thierry 11 r Croix Faubin 11e ... 01 4
» Thierry 59 r Eugène Carrière 18e . 01 4
» Thierry 11 pass Foubert 13e 01 4
» Thierry médecin 1 r Louvre 1er . 01 4
» Thierry 50 r Sévigné 3e 01 4
» Thomas 3 r St Didier 16e 01 45

LE BLANC Claudine 84 r Haies 20e
LEBLANC Claudine
» 12 cité Popincourt 11e
» Claudine 295 r St Jacques 5e
LE BLANC Claudine 45 r Ulm 5e
LEBLANC Colette 26 r Vavin 6e
» Corinne 10 r Thibaud 14e
» Daniel 14 bd Gouvion Saint Cyr
» Daniel 33 r Tolbiac 13e
» Danièle 59 r Moulin Vert 14e

6 Le plus jeune champion olympique est un Français. Ce garçon a participé aux Jeux Olympiques de Paris en 1900 et a gagné une médaille d'or en aviron.°
Quel âge avait-il?
- ○ moins de dix ans
- ○ douze ans
- ○ quinze ans

le plus haut *tallest* **plongeoir** *diving board* **piste d'atterrissage** *landing area* **roues** *wheels*
avoir parcouru *having covered* **course** *ride* **a duré** *lasted* **aviron** *crew, rowing*

 Pre-reading activity
Have students read the title and skim over the format of the reading. What does it remind them of? [*Guinness Book of Records*]
En France, les gens consultent *Le livre des records Guinness* pour découvrir les derniers records mondiaux.

Special project
Have pairs of students write their own items, using the *Guinness Book of Records*.
Provide linguistic help, as needed, while students prepare their questions. The questions can then be presented to the rest of the class.

La plus grande publicité° lumineuse a été créée en 1925 pour la marque° d'automobile Citroën. Réalisée en six couleurs avec 250 000 ampoules° électriques, cette publicité était visible à une distance de 40 kilomètres.

Quel monument a servi de support à cette publicité?

○ l'Arc de Triomphe
○ la Tour Eiffel
○ l'Empire State Building

Le peintre Vincent Van Gogh (1853-1890) a probablement été l'un des artistes les plus malheureux et les moins chanceux° de l'histoire. Durant sa vie,° il a vendu un seul° tableau.° Aujourd'hui, ses tableaux sont parmi les plus chers du monde. Le prix payé en 1990 pour son tableau «Le portrait du Docteur Gachet» a établi un record mondial.°

Quel était le prix de ce tableau?

○ un million de dollars
○ dix millions de dollars
○ plus de quatre-vingt millions de dollars

9 Couru sur une distance de plus de 3 000 kilomètres, le Tour de France est la plus longue course cycliste du monde. D'une durée de° 21 jours, c'est aussi la plus grande épreuve° d'endurance. Finalement, c'est l'événement sportif qui attire° le plus grand nombre de spectateurs.

Combien de personnes vont voir le Tour de France chaque année?

○ un million
○ cinq millions
○ dix millions

10 Le plus grand dîner du monde a eu lieu à Paris le 2 septembre 1900. C'est le président de la République qui a offert ce dîner. Il y avait 22 925 personnes à ce grand banquet.

Qui étaient ces invités?

○ des artistes
○ des supporters politiques
○ tous les maires° de France

Cognate pattern:
-ir ↔ -ish

finir ↔ *finish*
accomplir ↔ *?*
établir ↔ *?*

Si vous voulez vérifier vos réponses, tournez à la page R14.

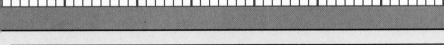

publicité *advertisement* **marque** *make* **ampoules** *bulbs* **chanceux** *lucky* **vie** *life* **un seul** *only one* **tableau** *painting* **mondial** *world* **D'une durée de** *Lasting* **épreuve** *trial* **attire** *attracts* **maires** *mayors*

Observation activity: Have the students reread the records, finding examples of superlative constructions. Note that when the adjective follows the noun (items 2 and 6), the article **le** is repeated before the adjective.

■ **Cognate pattern:**
accomplir ↔ *to accomplish* (4. a été accompli)
établir ↔ *to establish* (8. a établi)
Other examples: **polir, fournir, brandir**

■ **Vocabulary note:** Review the cognate pattern **-er** ↔ *-ate:*
6. a participé
7. a été créée

☺☺ Cooperative group activities

This reading may be done as a group activity with each group debating and establishing its list of answers.

GAME FORMAT: The winning group is the one with the highest number of correct responses.

Leçon 28

MAIN TOPIC:

Expressing preferences

MODULE 7-C
Les vieilles robes de Mamie

Total time: 3:03 min.
(Counter: 10:07–13:10 min.)

VIDEODISC Disc 2, Side 1
18205 to 23640

Leçon 28, Section 1

■ **Vocabulary notes**
Mamie *Grandma, Nana*
une sonnette *doorbell*
génial *super, great*

■ **Supplementary vocabulary:**
Papi *Grandpa*

Les vieilles robes de Mamie

Dans l'épisode précédent, Armelle est allée dans une boutique avec Corinne pour acheter une robe, mais elle n'a rien trouvé d'intéressant. Corinne a proposé à Armelle d'aller chez sa grand-mère qui a une collection de robes anciennes. Les deux amies viennent d'arriver chez la grand-mère de Corinne.

372 Unité 7

Les deux amies sont montées au grenier. Là, elles découvrent des choses très intéressantes.

Laquelle est-ce que tu vas choisir?

C'est vrai, il y a des tas de robes géniales ici!

Je ne sais pas . . . Celle-ci peut-être .

Je crois que je vais essayer celle-ci aussi . . . et celle-là! Et toi?

Tu ne veux pas essayer ce chapeau?

Je vais essayer celle-ci . . . et celle-là.

Corinne et Armelle essaient toutes sortes de robes . . .

Le jour de la boum, la soirée de Pierre a commencé, mais Armelle et Corinne ne sont pas là.

Celle-ci me va <u>très</u> bien...! Et toi, essaie donc celle-là!

Finalement les voilà qui arrivent.

Bonsoir, Armelle. Bonsoir, Corinne. Elles sont géniales, vos robes! Où est-ce que vous les avez achetées?

Les robes de "chez Mamie" ont beaucoup de succès!

FIN

Compréhension

1. Où est la grand-mère de Corinne?
2. Pourquoi Corinne et Armelle lui rendent-elles visite?
3. Qu'est-ce qu'elles font dans le grenier?
4. Qu'est-ce que Pierre pense des robes d'Armelle et de Corinne?

COMPREHENSION

1. Elle est dans le jardin.
2. Elles veulent voir les vieilles robes que la grand-mère a dans son grenier.
3. Elles essaient des robes et des chapeaux.
4. Il pense qu'elles sont géniales.

A. Le pronom interrogatif *lequel*

Note the forms and use of the pronoun **lequel** *(which one)* in the following sentences.

Voici un disque de jazz et un disque de rock.
Lequel veux-tu écouter?   ***Which one*** *do you want to listen to?*

Voici plusieurs chaussures.
Lesquelles voulez-vous essayer?   ***Which ones*** *do you want to try on?*

The interrogative pronoun **lequel** agrees with the noun it replaces. It has the following forms:

Lesquelles veux-tu essayer?

	SINGULAR	PLURAL
MASCULINE	lequel?	lesquels?
FEMININE	laquelle?	lesquelles?

➡ Note that **lequel** consists of two parts, both of which agree with the noun it replaces:

DEFINITE ARTICLE + INTERROGATIVE ADJECTIVE
le + **quel**

1 **Au centre commercial**

Des clients veulent essayer certaines choses. Jouez le rôle des clients et des vendeurs. (Notez que chaque chose est identifiée par sa couleur.)

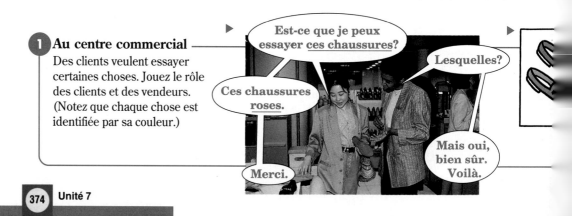

Est-ce que je peux essayer ces chaussures?

Lesquelles?

Ces chaussures roses.

Mais oui, bien sûr. Voilà.

Merci.

B. Le pronom démonstratif *celui*

Note the forms and use of **celui** *(the one)* in the answers to the questions below.

Tu aimes **ce pantalon?**	Non, je préfère **celui-ci.**	*No, I prefer **this one.***
Tu vas acheter **ces bottes?**	Non, je vais acheter **celles-là.**	*No, I am going to buy **those.***

FORMS

The demonstrative pronoun **celui** agrees with the noun it replaces. It has the following forms:

	SINGULAR	PLURAL
MASCULINE	celui	ceux
FEMININE	celle	celles

MADELIOS
Place de la Madeleine, Paris
Pour ceux qui savent choisir

USES

The pronoun **celui** cannot stand alone. It is used in the following constructions:

- **celui-ci** and **celui-là**
  Celui-ci usually means *this one* (or *these,* in the plural).
  Celui-là usually means *that one* (or *those,* in the plural).

    Quelle veste préfères-tu? **Celle-ci** ou **celle-là?**   ***This one** or **that one?***

- **celui de** + NOUN
  This construction is used to express ownership or relationship.

    Est-ce que c'est ton parapluie?   *Is it your umbrella?*
    Non, c'est **celui de ma soeur.**   *No, it's **my sister's** (umbrella). [=the one belonging to my sister]*

- **celui qui** and **celui que**
  Usually **celui qui** and **celui que** mean *the one(s) that* or *the one(s) who/whom.*

    Tu aimes cette veste?
      Je préfère **celle qui** est en solde.   *I prefer **the one that** is on sale.*
      Je préfère **celle que** je porte.   *I prefer **the one (that)** I am wearing.*

    Qui est cette fille?
      C'est **celle qui** parle espagnol.   *She is **the one who** speaks Spanish.*
      C'est **celle que** je vais inviter à la boum.   *She is **the one (whom)** I am going to invite to the party.*

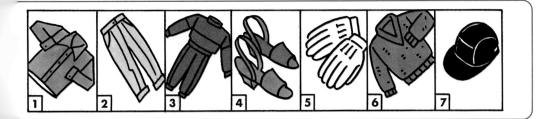

Leçon 28 (375)

Left margin column

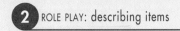

2 ROLE PLAY: describing items

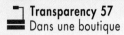
Transparency 57
Dans une boutique

■ The exchanges in Act. 2 can be varied and expanded to describe the items in the transparency.

3 ROLE PLAY: asking who owns certain items

■ **Teaching note:** Remind students to use **ce sont** in items 4 and 6.

4 COMMUNICATION: expressing one's preferences

■ **Variation** (in dialogue format):
– Tu préfères les amis qui sont sincères ou les amis qui sont riches?
– Je préfère . . .

Main content

2 **Clients difficiles**

Vous travaillez dans un grand magasin. Vous présentez certains articles à un(e) camarade qui va jouer le rôle d'un(e) client(e) difficile.

une veste . . . / longue / courte / petite / ET CELLE-CI? / ET CELLE-LÀ?

COMMENT TROUVEZ-VOUS CETTE VESTE? / ELLE EST TROP LONGUE! / ELLE EST TROP COURTE! / ELLE EST TROP PETITE

1. des chaussures . . . larges / étroites / grandes

2. un imper . . . court / long / cher

3. des tee-shirts . . . petits / longs / bizarres

4. des cravates . . . simples / criardes (tacky) / chères

5. un maillot de bain . . . grand / étroit / moche

6. une raquette de tennis . . . lourde / légère / chère

---

3 **À qui est-ce?**

Claire pense que certains objets sont à Philippe. Philippe dit que non et il indique leurs propriétaires (owners).
Jouez les deux rôles.

▶ ta guitare (mon frère)

C'est ta guitare?

Non, c'est celle de mon frère.

1. ton portefeuille (mon cousin)
2. ta cravate (mon père)
3. ta casquette (ma soeur)
4. tes lunettes de soleil (mon copain)
5. ton survêtement (Nicolas)
6. tes gants (Thomas)
7. ton parapluie (Alice)
8. ta ceinture (Marc)

---

4 **Au choix** (Your choice)

Imaginez que vous avez le choix entre les personnes ou entre les choses suivantes. Exprimez votre choix, d'après le modèle.

▶ des amis qui sont sincères ou des amis qui sont riches?

Je préfère ceux qui sont riches.
(Je préfère ceux qui sont sincères.)

1. des profs qui sont stricts ou des profs qui donnent de bonnes notes?
2. une voiture qui est économique ou une voiture qui va vite?
3. un appartement qui est grand ou un appartement qui est très moderne?
4. une amie qui aime les sports ou une amie qui aime la musique?
5. des amis qui ont des idées originales ou des amis qui pensent comme toi?
6. une boutique qui vend des vêtements élégants ou une boutique qui vend des vêtements bon marché?
7. des chaussures qui sont confortables ou des chaussures qui sont à la mode?

376 Unité 7

Cooperative pair practice
Activities 2, 3, 5

☀ **Warm-up: À qui est-ce?**

PROP: Transparency 8 (Possessions)

Point to objects on the transparency at random and ask to whom they belong.

(pointing to bicycle)
– **À qui est le vélo?**
– **C'est celui de Philippe.**

(pointing to pencils)
– **À qui sont les crayons?**
– **Ce sont ceux de Michèle.**, etc.

5 À vrai dire (To tell the truth)

Caroline exprime des réserves sur le choix de Jean-Pierre. Jouez les deux rôles en faisant les substitutions suggérées.

1. ma veste
   porter hier
   plus jolie

2. ma nouvelle copine
   avoir l'année dernière
   moins snob et plus gentille

3. ces compacts
   écouter hier soir
   plus intéressants

4. cette vidéocassette
   regarder ce matin
   plus amusante

5. mon nouveau chien
   avoir avant
   plus mignon

6. ma nouvelle maison
   habiter avant
   plus confortable

Tu aimes mes chaussures?

À vrai dire, je préfère celles que tu portais la semaine dernière.

Ah bon? Pourquoi?

Elles étaient plus élégantes.

5 ROLE PLAY: expressing reservations

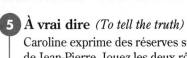

À votre tour!

À votre tour!

1 Emprunts

Qu'est-ce que vous faites quand vous avez besoin de certaines choses? Dites à qui vous les empruntez *(borrow)*. Complétez les phases suivantes avec la forme appropriée de **celui de** + un nom de votre choix.

▶ Si je n'ai pas ma planche à roulettes, . . .
Si je n'ai pas ma planche à roulettes, j'emprunte celle de mon frère (de ma soeur . . .).

1. Si je n'ai pas mon livre de français, . . .
2. Si je n'ai pas mes clés, . . .
3. Si je n'ai pas mon appareil-photo, . . .
4. Si je n'ai pas de vélo pour faire une promenade, . . .
5. Quand j'ai besoin d'un ballon pour jouer au basket, . . .
6. Si j'ai envie d'écouter des cassettes, . . .
7. Si j'oublie mes lunettes de soleil, . . .

1 WRITTEN SELF-EXPRESSION: borrowing things from people

2 Un catalogue

Apportez un catalogue ou un magazine en classe. Dans ce catalogue ou magazine, choisissez deux objets de la même nature et demandez à un(e) camarade d'indiquer l'objet qu'il/elle préfère. Par exemple, vous pouvez trouver des photos de:

- deux vestes
- deux paires de chaussures
- deux vélos
- deux voitures . . .

Regarde ces deux vestes. Laquelle préfères-tu?

Je préfère celle-ci.

Ah bon? Pourquoi?

Elle est plus élégante.

(*J'aime la couleur. Je la trouve jolie . . .*).

Et celle-là, pourquoi est-ce que tu ne l'aimes pas?

Eh bien, c'est que je n'aime pas le tissu.

(Je la trouve moche . . .)**Leçon 28** **377**

2 GUIDED CONVERSATION: expressing preferences

📁 Portfolio assessment

You will probably choose only one oral and one written activity to go into the students' portfolios for Unit 7. The following activity is a good portfolio topic:

ORAL: Activity 2

LECTURE — Monsieur Belhomme cherche une veste

Monsieur Belhomme est un homme très élégant. Aujourd'hui, il cherche une veste. Il entre dans une boutique. Un vendeur aimable° vient vers lui.

—Vous désirez, monsieur?

—Je cherche une veste.

—Vous avez de la chance. Notre nouvelle collection vient justement d'arriver . . .° Nous avons un très grand choix de vestes.

Le vendeur prend les mesures de Monsieur Belhomme. Puis il va chercher plusieurs vestes qu'il lui présente.

—Dans votre taille, nous avons celles-ci. Laquelle voulez-vous essayer d'abord?

—Celle-ci en bleu.

Monsieur Belhomme essaie la veste.

—Hm, elle est un peu trop grande.

—Alors, essayez celle-ci en beige.

—J'aime le style, mais je n'aime pas beaucoup la couleur.

—Qu'est-ce que vous pensez de celle-ci en marron?

—Hm, c'est un peu trop classique pour moi.

—Et celle-là alors?

—Elle est bien! Combien coûte-t-elle?

—300 euros.

—C'est un peu trop cher pour moi.

—Alors, essayez celle-ci. Elle est en solde.

Monsieur Belhomme essaie la veste, mais elle ne lui va pas.

D'autres clients entrent dans la boutique. Le vendeur va s'occuper d'eux, laissant à Monsieur Belhomme le soin de choisir lui-même.°

aimable *friendly*   **vient justement d'arriver** *has just come in*   **lui-même** *himself*

  Pre-reading activity

Have students read the title and look at the illustration.

Où se passe la scène?

Que cherche M. Belhomme?

À votre avis, quelle veste va-t-il choisir?

Observation activity: Have the students reread the scene, finding examples of **celui** and **lequel**.
In particular, note the various uses of:
celle(s)-ci
celle-là
celle qui
celle que

Mots utiles

un cintre	hanger	La veste beige est sur **un cintre.**
au fond de	at the back of	**Au fond de** la boutique, il y a une porte.
prendre les mesures de quelqu'un	to take someone's measurements	Le vendeur **prend les mesures** du client.
s'occuper de quelqu'un	to take care of someone	**Le vendeur s'occupe de** ses clients.
laisser le soin à quelqu'un de . . .	to leave it up to someone to . . .	Le vendeur **laisse au client le soin de** choisir une veste.

Monsieur Belhomme essaie toutes les vestes de la boutique, les unes après les autres. Après trois quarts d'heure, il appelle° le vendeur:

—J'ai essayé toutes vos vestes. Eh bien, finalement, j'ai trouvé celle que je veux.
—C'est laquelle?
—C'est celle qui est sur le cintre là-bas.
—Au fond du magasin?
—Oui, c'est celle-là. Je l'ai essayée. Elle me va parfaitement.
—Hélas, monsieur, je regrette, mais c'est la seule veste que je ne peux pas vous vendre.
—Ah bon? Pourquoi?
—Parce que c'est celle du patron!

appelle calls

Avez-vous compris?

Monsieur Belhomme n'a pas de chance aujourd'hui. Faites correspondre chaque veste avec le problème qu'elle présente.

LES VESTES	LES PROBLÈMES
• la veste bleue	■ Elle est trop classique.
• la veste en solde	■ Elle n'est pas à vendre.
• la veste à 300 euros	■ Elle ne va pas à Monsieur Belhomme.
• la veste sur le cintre	■ Elle est un peu trop grande.
• la veste marron	■ La couleur ne plaît pas à Monsieur Belhomme.
• la veste beige	■ Elle est trop chère.

■ **Avez-vous compris?**
La veste bleue est un peu trop grande.
La veste en solde ne va pas à M. Belhomme.
La veste à 300 euros est trop chère.
La veste sur le cintre n'est pas à vendre.
La veste marron est trop classique.
La veste beige ne plaît pas à M. Belhomme parce qu'il n'aime pas la couleur.

Post-reading activity

Have students act out the scene between M. Belhomme and the clerk.

Those who wish could develop similar scenes with various difficult customers.

INTERLUDE 7

L'affaire des bijoux

Avant de lire

- D'abord, regardez le titre de cette histoire: «L'affaire des bijoux». D'après vous, est-ce que c'est une histoire d'amour ou une histoire criminelle?
- Regardez maintenant le format de la lecture et le premier extrait de journal: C'est évidemment l'histoire d'un crime, plus précisément l'histoire d'un vol.
- Maintenant vous savez que vous devez faire attention aux détails si vous voulez découvrir le criminel!

Mots utiles

un vol	theft
un voleur	thief
un malfaiteur	criminal
la disparition	disappearance
un bijou, des bijoux	jewel, jewelry
un bijoutier	jeweler
une bijouterie	jewelry store
un diamant	diamond

1

Chatel-Royan, 28 juillet

La série des vols de bijoux continue

Pour la troisième fois en un mois, un bijoutier de notre ville a été victime d'un audacieux malfaiteur. M. Kramer, propriétaire de la bijouterie Au Bijou d'Or, a signalé à la police la disparition de plusieurs diamants de grande valeur.° Comme° les fois précédentes, le vol a été découvert peu après le passage dans la bijouterie d'un mystérieux monsieur blond. Selon la description donnée par M. Kramer, l'homme portait des lunettes de soleil et un imperméable beige. Il parlait avec un léger accent britannique. La police continue son enquête.°

valeur *value* **Comme** *Like*
enquête *investigation*

Avez-vous compris?

1. De quelle sorte de crime s'agit-il dans le journal?
2. Quelle est la description du voleur, selon Monsieur Kramer?

■ **Avez-vous compris?**
1. Il s'agit d'un vol.
2. C'est un homme qui portait des lunettes de soleil et un imperméable beige. Il parlait avec un léger accent britannique.

Quelques jours plus tard . . .

Monsieur Rochet, propriétaire de la bijouterie
Top Bijou, a engagé une nouvelle employée.
Bien entendu,° il lui a recommandé d'être très
prudente:

— Soyez très vigilante, mademoiselle!
Vous savez que des vols importants
ont été commis dans les bijouteries
de notre ville. Je ne veux pas être
la prochaine victime.

— Vous pouvez compter sur moi, Monsieur Rochet!
Je vais faire très attention.

Ce matin-là, il n'y a pas beaucoup de clients au Top Bijou.
La première cliente est une vieille dame. Elle demande
à regarder des médailles. Peu après, un autre client entre
dans la boutique. Il est blond et très élégant. Il ne porte pas
de lunettes de soleil, mais il a un imperméable beige
sur le bras.

Bien entendu *Of course*

Mots utiles	
commettre (commis)	*to commit*
vers	*toward*
satisfait	*satisfied*
la vitrine	*store window*
un plateau	*tray*
une bague ornée **de rubis**	*ring set with rubies*
gros (grosse)	*large*

381

Critical thinking: Help
students use their knowledge
of English to guess the meanings
of the following words:
(p. 380)
audacieux *(audacious)* bold
propriétaire *(proprietor)* owner
signaler *(to signal)* to report
enquête *(inquest)* investigation

(p. 381)
engager *(to engage)* to hire
prudent *(prudent)* careful
important *(important)* major

(p. 382)
remarquer *(to remark)* to notice

(p. 384)
vérifier *(to verify)* to check

(p. 386)
au moment de *(at the moment of)*
   at the time of

(p. 388)
réclamer *(to reclaim)* claim
profiter de *(to profit from)* to take
   advantage of

(p. 389)
félicitations *(felicitations)*
   congratulations

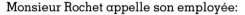

Monsieur Rochet appelle son employée:

— C'est certainement lui. Faites très,
très attention, mais ne soyez pas trop
nerveuse. Je suis là. Si quelque chose
arrive, je déclenche° le signal d'alarme.

L'employée accueille° le client.

— Bonjour, monsieur. Vous désirez?
— Je voudrais une bague . . .

L'employée remarque que l'homme parle avec
un accent étranger.° Elle tourne nerveusement
les yeux vers Monsieur Rochet. Celui-ci° reste
très calme.

L'employée est rassurée.

— C'est pour un homme ou pour une femme?
— Pour une femme.

Prudemment, l'employée montre quelques bagues assez bon marché
au client. Celui-ci répond:

— Ces bagues sont jolies, mais vous avez certainement mieux.

L'employée montre d'autres bagues beaucoup plus chères au client
qui ne semble pas satisfait.

— Ces bagues sont plus jolies, mais je cherche quelque chose de
vraiment exceptionnel. C'est pour l'anniversaire de ma femme.

L'employée jette un coup d'oeil désespéré° vers Monsieur Rochet.
Celui-ci, impassible, lui dit:

— Eh bien, mademoiselle, qu'est-ce que vous attendez?
Montrez à monsieur la «collection Top Bijou».

L'employée va chercher dans une vitrine un plateau de bagues
ornées d'émeraudes, de rubis et de diamants de plusieurs carats.
C'est la «collection Top Bijou».

Le client examine chaque bague sous la surveillance de Monsieur Rochet
et de son employée. Finalement, il choisit une bague ornée d'un gros rubis.

— Voilà, c'est cette bague que je voudrais acheter.
Combien coûte-t-elle?
— Cent mille euros.
— Cent mille euros? Très bien. Est-ce que je peux
payer par chèque?

déclenche *set off* **accueille** *welcomes* **étranger** *foreign* **Celui-ci** *The latter*
jette un coup d'oeil désespéré *glances desperately*

Monsieur Rochet est très prudent.

— Excusez-nous, monsieur, mais la maison
   accepte seulement les traveller's chèques.
   Pouvez-vous payer en travellers?
— Oui, monsieur. C'était mon intention.
— Très bien. Est-ce que vous voulez
   un paquet-cadeau?°
— Oui, s'il vous plaît.
— Mademoiselle, est-ce que vous pouvez faire
   un paquet-cadeau pour monsieur?

L'employée va dans l'arrière-boutique° préparer le paquet.
Pendant ce temps, le client signe les traveller's chèques sous
le regard extrêmement vigilant de Monsieur Rochet.
L'employée revient dans la boutique avec un joli paquet.

— Voici votre paquet, monsieur.
— Merci, mademoiselle . . . Au revoir,
   mademoiselle.
— Au revoir, monsieur.

Le client sort de la boutique.

L'employée s'adresse alors à la première cliente.
Mais celle-ci sort de la boutique sans acheter
de médaille.

Après le départ de la vieille dame, l'employée va trouver Monsieur Rochet.

— Eh bien, dites donc, j'ai eu peur.
— À vrai dire, moi aussi!
— J'ai vraiment pensé que c'était lui le malfaiteur.
— Et même si c'est lui, cela n'a pas d'importance. Il m'a payé!
   Regardez . . . cent mille euros en traveller's chèques.

Expressions utiles	
bien entendu	*of course*
dites donc	*hey! I say*
à vrai dire	*to tell the truth*
cela n'a pas d'importance	*that doesn't matter*

Avez-vous compris?
1. Pourquoi est-ce que la nouvelle employée est nerveuse pendant cette scène?
2. Décrivez la visite du client à la bijouterie. Comment est-il? Qu'est-ce qu'il achète?
3. Que fait la vieille dame pendant la scène?
4. Pourquoi Monsieur Rochet est-il content?

paquet-cadeau *gift-wrapped package*   **l'arrière-boutique** *back of the store*

383

■ Avez-vous compris?
1. Elle est nerveuse parce que M. Rochet pense que le client est le voleur.
2. Le client est blond et très élégant. Il a un imperméable beige sur le bras et il parle avec un accent étranger. Il regarde les bagues de la «collection Top Bijou» et finalement il achète une bague ornée d'un gros rubis.
3. Elle regarde des médailles et puis elle sort de la boutique.
4. Il est content parce que le client a payé 100 000/euros en travellers-chèques.

3

Quelques minutes plus tard . . .

L'employée va remettre la «collection Top Bijou» dans la vitrine. Elle a alors une surprise très désagréable.

— Monsieur Rochet, Monsieur Rochet!
— Qu'est-ce qu'il y a?
— Venez voir, les diamants ont disparu!
— Mon Dieu, ce n'est pas possible!

Monsieur Rochet est bien obligé de se rendre à l'évidence.° Il manque trois bagues serties° de gros diamants. Les trois bagues les plus chères de la boutique . . . Trois bagues qui valent° plus de trois cent mille euros chacune!

— J'appelle la police tout de suite!

_____

Grâce à la signature sur les chèques et à la description donnée par Monsieur Rochet et son employée, la police n'a eu aucune difficulté à arrêter le client de la bijouterie.

Mots utiles	
disparaître (disparu)	*to disappear*
paraître (paru)	*to appear*
grâce à	*thanks to*
ne . . . aucun(e)	*not any, no*
le lendemain	*the next day*
nier	*to deny*

4

Pour la dixième fois, une vieille dame relit l'article publié dans *L'Écho du Centre*. Cette vieille dame est la première cliente de la bijouterie. Elle pense: «La police n'a pas retrouvé les bijoux? Tiens, c'est curieux! Moi, je sais où ils sont. Mais d'abord, je dois vérifier quelque chose.»

Elle se lève et va téléphoner.

. . .

— Ah bon? Tu es absolument sûr? Alors, dans ce cas, je vais à la police immédiatement.

La vieille dame met son chapeau, prend sa canne et sort.

384

LECTURE

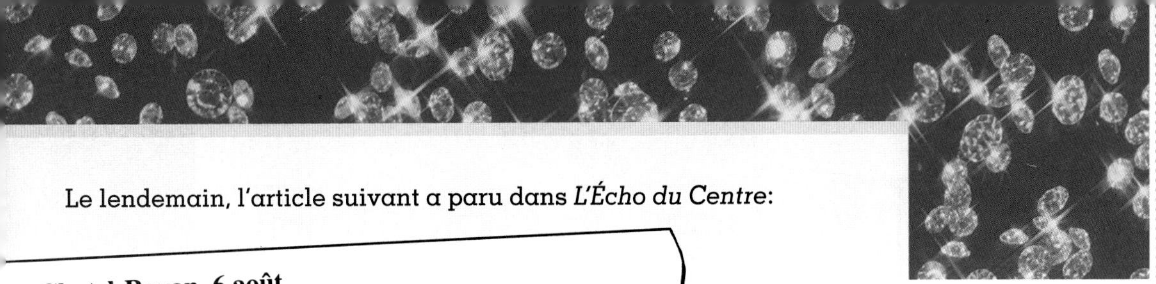

Le lendemain, l'article suivant a paru dans *L'Écho du Centre*:

Chatel-Royan, 6 août

Le voleur de bijoux arrêté

La police a arrêté hier soir un certain Sven Ericsen, touriste suédois, de passage dans notre ville. M. Rochet, propriétaire de la bijouterie Top Bijou, et son employée, Mlle Picard, ont formellement identifié ce personnage comme étant° l'auteur d'un vol de trois bagues. M. Ericsen a reconnu avoir rendu visite à la bijouterie, mais il nie catégoriquement le vol. Malgré° une longue perquisition° dans la chambre de M. Ericsen à l'Hôtel Excelsior, la police n'a pas encore retrouvé la trace des bijoux, à l'exception d'une bague que le touriste suédois affirme avoir payée en traveller's chèques.

se rendre à l'évidence *face facts* **serties** *set* **valent** *are worth* **comme étant** *as (being)* **Malgré** *Despite* **perquisition** *search*

Avez-vous compris?

1. Quelle est la désagréable surprise de Mademoiselle Picard?
2. Qu'est-ce que Monsieur Rochet dit à la police?
3. Que dit l'article du 6 août?

Mots utiles

ce n'est qu'une affaire de temps	*it's only a matter of time*
coupable	*guilty*
faire erreur	*to make a mistake*
un passe-partout	*passkey*

Une demi-heure plus tard, elle se trouve° dans le bureau de l'inspecteur.

— Alors, Inspecteur, est-ce que vous avez retrouvé les bijoux?

— Non, non, pas encore! Mais nous avons arrêté le voleur. Il n'a pas encore confessé son crime, mais ce n'est qu'une affaire de temps!

— Ce n'est pas parce que vous avez arrêté quelqu'un que cette personne est coupable.

se trouve *is*

■ **Avez-vous compris?**

1. Elle voit que les diamants ont disparu.
2. Il dit que le client a volé les diamants.
3. L'article dit que la police a arrêté Sven Ericsen, un touriste suédois. Il dit qu'il n'a pas volé les diamants. La police a cherché les diamants dans l'hôtel de M. Ericsen, mais elle trouve seulement la bague qu'il a achetée.

— Qu'est-ce que vous dites? Le voleur a été
formellement identifié par Monsieur Rochet
et son employée.

— Je dis que vous faites erreur.

— Mais c'est impossible!

— Moi aussi, j'étais dans la bijouterie au moment
de la disparition des bijoux. J'ai tout vu et
je sais où sont les trois bagues de diamants.

— Mais . . .

— Suivez-moi,° Inspecteur.

— Mais, où allons-nous?

— À la bijouterie, pour la reconstitution du vol!
Et n'oubliez pas de prendre votre passe-partout!

Avez-vous compris?
1. Que pense la vieille dame quand elle lit l'article?
2. À qui téléphone-t-elle?
3. Pourquoi est-ce qu'elle va voir l'inspecteur de police?

Suivez-moi *Follow me*

■ **Avez-vous compris?**
1. Elle est surprise parce que la police n'a pas trouvé les bijoux. Elle sait où ils sont.
2. On ne sait pas encore.
3. Elle va à la police parce qu'elle sait qui est le coupable.

L'inspecteur Poiret et la vieille dame entrent dans la bijouterie.
Monsieur Rochet est seul à l'intérieur.

— Bonjour, Inspecteur! Alors, vous avez retrouvé
mes bijoux?
— Non, Monsieur Rochet. Mais madame
prétend savoir où ils sont.
— Eh bien, où sont-ils?

La vieille dame prend la parole.

— Ils sont là . . . Dans ce tiroir!

Monsieur Rochet devient très pâle.

Mots utiles	
prétendre	*to claim*
prendre la parole	*to speak, take the floor*
le tiroir	*drawer*
faire l'innocent	*to act innocent*
une poche	*pocket*
l'assurance	*insurance*
simuler	*to fake*
fou (folle)	*crazy*

— Mais c'est impossible, madame.
Les bijoux ont été volés.
Le voleur a été arrêté!

L'inspecteur s'adresse au bijoutier:

— Ouvrez ce tiroir, s'il vous plaît.

Monsieur Rochet est devenu de plus en plus° pâle.

— Euh, c'est que j'ai laissé la clé chez moi.

La vieille dame se tourne alors vers l'inspecteur.

— Inspecteur, pouvez-vous ouvrir le tiroir?

L'inspecteur Poiret prend son passe-partout et ouvre
le tiroir. À l'intérieur, tout au fond,° il y a trois magnifiques
bagues. Monsieur Rochet paraît° très surpris.

— Ça alors! Mais qui a pu mettre les bagues dans ce
tiroir? Vraiment, je ne comprends pas. Je vais
demander à mon employée si elle a remarqué
quelque chose.

La vieille dame lui répond:

— Allons, Monsieur Rochet, ne faites pas l'innocent.
C'est vous-même° qui les avez mises dans le tiroir.
— Moi?
— Oui, vous! J'étais là. Je vous ai vu. Quand votre
employée est allée dans l'arrière-boutique, vous avez
discrètement sorti les bagues du plateau et vous les
avez mises dans votre poche. Après le départ de votre
client, vous avez mis les bagues dans le tiroir et vous
l'avez fermé à clé.

de plus en plus *more and more*   **tout au fond** *all the way at the back*   **paraît** *looks, appears*
vous-même *yourself*

—Mais, c'est ridicule! Pourquoi voler mes propres°
bagues?

—À cause de° l'assurance! Hier après-midi, après
le constat° de la police, vous avez téléphoné à votre
compagnie d'assurance et vous avez réclamé
un million d'euros.

—Mais comment savez-vous cela?

—Ce matin, j'ai téléphoné à mon cousin. C'est lui
le directeur de votre compagnie d'assurance.
Il m'a tout expliqué.

—Qu'est-ce que vous inventez là?

—Je n'invente rien. Vous êtes en difficultés financières.
Vous avez besoin d'argent. Alors, vous profitez
de la série de vols qui affligent° les bijoutiers de
notre ville pour simuler un vol dans votre propre boutique.

propres *own*   **À cause de** *Because of*   **constat** *report*   **affligent** *afflict*

L'ART DE LA LECTURE

If you look in a dictionary, you will notice that many English words have two or
more meanings. For example, a *bat* might be either something you play
baseball with or a small flying animal. When you encounter the word *bat* in an
English sentence, you know from the CONTEXT which meaning is appropriate.
When people are afraid of *bats,* you know they are not scared of sports
equipment.

Similarly, if you look up a French word in a dictionary, you will often discover
that it has several meanings. For example, **un vol** could be *a theft* or *a flight.*
However, in the phrase **nous arrivons sur le vol 23 d'Air France,** the word
vol can only mean *flight.* As in English, it is the context that helps you decide
which meaning is appropriate.

Hier matin, vous avez vu entrer un client ressemblant vaguement au signalement de la police. C'était l'occasion idéale pour commettre votre crime!

— Cette femme est folle!

L'inspecteur intervient.

— C'est inutile, Monsieur Rochet. Suivez-moi au poste de police.

Avez-vous compris?

1. Où se trouvent les trois bagues ornées de diamants? Qui les a mises là?
2. Pourquoi Monsieur Rochet a-t-il simulé ce vol?

Épilogue

Sven Ericsen est rentré chez lui avec les excuses de la police.

La vieille dame a reçu° une médaille de la compagnie d'assurance et les félicitations du maire° de Chatel-Royan.

L'inspecteur Poiret a reçu une promotion.

Monsieur Rochet attend d'être jugé.

a reçu *received* **maire** *mayor*

Exercice de lecture

Select the appropriate meaning of the key word in each of the following sentences.

1. **arrêter** a. *to arrest* b. *to stop*
   • La police **a arrêté** le voleur.
   • Le gendarme **a arrêté** la voiture.

2. **arriver** a. *to arrive* b. *to happen*
   • L'accident **est arrivé** hier à 11 heures.
   • Mon cousin **est arrivé** hier à 11 heures.

3. **assurance** (f.) a. *assurance* b. *insurance*
   • Jacques parle avec beaucoup d'**assurance.**
   • Jacques a acheté beaucoup d'**assurance.**

4. **porter** a. *to wear* b. *to carry*
   • La dame **portait** un imper.
   • La dame **portait** son enfant.

5. **temps** (m.) a. *time* b. *weather*
   • Nous allons trouver le voleur. C'est une question de **temps.**
   • Je ne sais pas si nous pouvons faire du ski. Ça dépend du **temps.**

389

▪ Avez-vous compris?

1. Les trois bagues sont dans le tiroir dans la boutique. M. Rochet les a mises là.
2. Il a simulé le vol parce qu'il est en difficultés financières et il voulait réclamer l'assurance d'un million d'euros.

▪ Exercice de lecture

1. a.
   b.
2. b.
   a.
3. a.
   b.
4. a.
   b.
5. a.
   b.

UNITÉ 7 INTERNET PROJECT Search online to find the websites of the following popular French stores. Go on a virtual shopping spree and make a list of clothing items that you would like to buy at each store. Which virtual store do you like the best?

Address Book

Galeries Lafayette:

La Redoute:

Au Printemps:

Extension: Students give reasons why they put the addresses in their particular order, using the adjective vocabulary they've learned thus far.

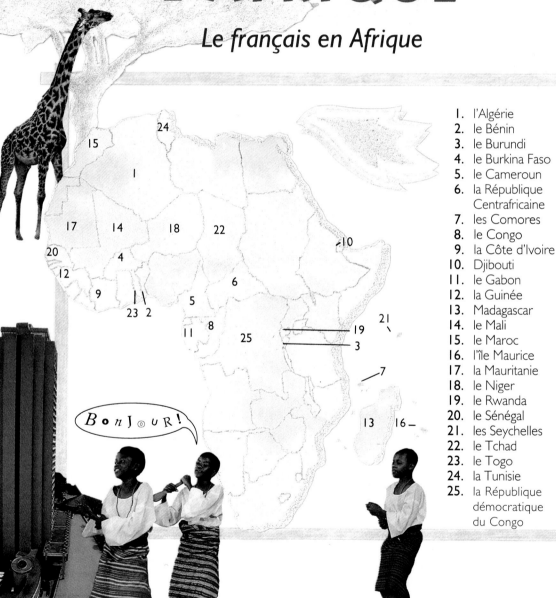

IMAGES DU MONDE FRANCOPHONE

L'AFRIQUE

Le français en Afrique

1. l'Algérie
2. le Bénin
3. le Burundi
4. le Burkina Faso
5. le Cameroun
6. la République Centrafricaine
7. les Comores
8. le Congo
9. la Côte d'Ivoire
10. Djibouti
11. le Gabon
12. la Guinée
13. Madagascar
14. le Mali
15. le Maroc
16. l'île Maurice
17. la Mauritanie
18. le Niger
19. le Rwanda
20. le Sénégal
21. les Seychelles
22. le Tchad
23. le Togo
24. la Tunisie
25. la République démocratique du Congo

Transparencies 2a, 2c
Le monde francophone
L'Afrique, l'Europe, l'Asie

■ **Compréhension du texte:**
Vrai ou faux?
1. On utilise le français dans beaucoup de pays africains. [V]
2. La majorité de ces pays sont situés au nord et à l'ouest de l'Afrique. [V]
3. Madagascar est une grande île à l'est de l'Afrique. [V]
4. Le Zaïre est un petit pays. [F]

■ **Cultural note:** In May 1997, newly appointed president of Zaire Laurent Kabila renamed his country the Democratic Republic of Congo (**la République démocratique du Congo**, or **le Congo démocratique**).

Teaching notes: Cultural photo essays

- The cultural photo essay may be covered in class or assigned as outside reading.
- The material does not need to be done in sequence; it may be introduced as desired.

- Some teachers may prefer to present the material in small segments while students are working on other lessons.
- Students can test their knowledge of the material presented in this cultural essay by completing the quiz entitled **Le savez-vous?** on p. 399.

C'est en Afrique que le domaine du français est géographiquement le plus étendu.° Une vingtaine de pays africains utilisent cette langue à titres divers.° Dans certains pays, le français est la langue officielle ou administrative (exclusivement ou avec d'autres langues nationales). Dans d'autres pays, le français est utilisé comme langue d'enseignement° dans le système public. Dans tous ces pays, le français est souvent utilisé dans le commerce et l'industrie.

l'Algérie	le Bénin	le Burundi	le Burkina Faso	le Cameroun
la République Centrafricaine	les Comores	la République du Congo	la Côte d'Ivoire	Djibouti
le Gabon	la Guinée	Madagascar	le Mali	le Maroc
l'île Maurice	la Mauritanie	le Niger	le Rwanda	le Sénégal
les Seychelles	le Tchad	le Togo	la Tunisie	la République démocratique du Congo

étendu *widespread*   **à titre divers** *in different ways*
enseignement *instruction*

391

Classroom Notes

Classroom Notes

L'Afrique occidentale

Un peu d'histoire

L'histoire de l'Afrique occidentale est très ancienne. On sait, par exemple, qu'un vaste royaume° existait au neuvième siècle° dans la région du Sénégal actuel. Ce royaume s'appelait le royaume de Tekrour. Au dixième siècle, les Arabes sont arrivés dans cette région et ils ont converti ses habitants à l'Islam. Au quatorzième siècle, des marins° français ont exploré la Côte d'Ivoire (qu'on appelait alors la «côte des dents», c'est-à-dire des dents d'éléphant) pour faire le commerce de l'ivoire. À partir du° quinzième siècle, les Portugais, les Hollandais, les Anglais et les Français ont occupé l'île de Gorée au Sénégal.

Dans la seconde moitié° du dix-neuvième siècle, la France a colonisé une grande partie de l'Afrique occidentale. Dans ses colonies, elle a établi une administration et un système d'enseignement public. En 1960, les colonies françaises d'Afrique sont devenues des républiques indépendantes. Aujourd'hui, tous ces pays sont membres des Nations unies.

Le rôle du français en Afrique occidentale

Après l'indépendance, les pays d'Afrique occidentale ont conservé° le français comme langue officielle. Pourquoi? La raison est très simple. La population de ces pays est composée d'un grand nombre de tribus qui parlent généralement des dialectes différents. Pour faciliter la communication entre ces tribus et ainsi promouvoir° l'unité nationale, il était nécessaire d'adopter une langue commune. Pour cela, on a choisi le français.

Dans la majorité des pays africains, l'instruction est faite en français. Chez eux, les jeunes Africains parlent la langue locale, mais à l'école secondaire ils font leurs études en français. Aujourd'hui, le français est non seulement une langue d'enseignement. C'est la langue utilisée dans le commerce, dans les journaux, à la radio et à la télévision.

royaume *kingdom* **siècle** *century* **marins** *sailors*
À partir du *Beginning with the* **moitié** *half*
ont conservé *kept* **promouvoir** *to promote*

Les relations franco-africaines

La France a d'excellentes relations avec les pays d'Afrique occidentale avec qui elle a signé des traités° de coopération économique, scientifique et culturelle.

Des milliers° de Français viennent en Afrique comme professeurs et conseillers° techniques. À l'inverse,° un grand nombre d'étudiants africains font leurs études dans des universités françaises. Quand ils ont obtenu leurs diplômes de médecins, d'ingénieurs ou de professeurs, ils retournent en Afrique et contribuent au développement social et économique de leur pays.

L'Afrique du nord

Le Maroc, l'Algérie et la Tunisie constituent l'Afrique du Nord ou le Maghreb. La majorité des habitants de ces pays sont arabes et pratiquent la religion musulmane.° Beaucoup d'Algériens, de Marocains et de Tunisiens travaillent en France où ils représentent un pourcentage important de la population immigrée.

L'Algérie est le plus grand pays du Maghreb. Une vaste partie de son territoire est occupée par le Sahara, un immense désert de sable.° L'Algérie produit du pétrole et du gaz naturel qui sont exportés en France et aussi aux États-Unis.

traités *treaties* **milliers** *thousands* **conseillers** *advisers* **À l'inverse** *Conversely*
musulmane *Moslem* **sable** *sand*

393

■ **Compréhension du texte: Vrai ou faux?**
1. Les Arabes sont arrivés en Afrique occidentale avant les Français. [V]
2. Avant 1960, beaucoup de pays de l'Afrique occidentale étaient des colonies anglaises. [F]
3. Aujourd'hui, ces pays sont membres des Nations Unies. [V]
4. Le français est la langue officielle de plusieurs pays africains. [V]
5. Dans ces pays, on parle aussi des dialectes locaux. [V]
6. En 1960, tous les Français ont quitté l'Afrique. [F]
7. L'Algérie est un pays catholique. [F]
8. Beaucoup d'Algériens habitent en France. [V]
9. Le Sahara est une grande rivière d'Afrique. [F]
10. L'Algérie produit du pétrole et du gaz naturel. [V]

■ **Challenge activity:**
Identifiez . . .
1. le royaume de Tekrour
2. la «côte des dents»
3. le Maroc
4. le Maghreb
5. le Sahara

■ **Photo note:** The port of Algiers, the capital of Algeria

■ **Cultural note**
Le Maghreb: «Maghreb» est un mot arabe qui signifie «ouest».
Le Maghreb désigne les pays du nord-ouest de l'Afrique.
Les Maghrébins sont les habitants de ces pays.

Images d'Afrique

■ Compréhension du texte:
Vrai ou faux?
1. Le baobab est un arbre d'Afrique. [V]
2. Le «griot» est le fruit du baobab. [F]
3. La religion principale du Sénégal est l'Islam. [V]
4. Le «boubou» est un dialecte africain. [F]
5. L'Algérie est un pays d'Afrique riche en pétrole. [V]
6. Saïd Aouïta est un champion de boxe. [F]
7. Abidjan est une grande ville de Côte d'Ivoire. [V]

■ **Challenge activity:**
Identifiez . . .
1. un «griot»
2. l'Islam
3. les hommes bleus
4. le baobab
5. l'OPEP
6. Notre Dame de la Paix

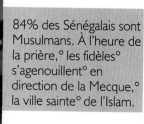

84% des Sénégalais sont Musulmans. À l'heure de la prière,° les fidèles° s'agenouillent° en direction de la Mecque,° la ville sainte° de l'Islam.

Les Dakaroises ont la réputation d'être très élégantes. Ces jeunes femmes portent un «boubou» qui est le costume traditionnel du pays. C'est une longue tunique généralement ornée° de broderies.°

Le baobab est éternel comme l'Afrique. (Certains baobabs peuvent vivre° jusqu'à° 5 000 ans!) C'est un arbre très utile. On mange ses fruits. On utilise son écorce° pour faire des cordes. On utilise ses feuilles° dans la préparation de certains plats et de certains médicaments.

Un marché à Abidjan, Côte d'Ivoire. La Côte d'Ivoire produit toutes sortes de produits agricoles: bananes, plantains, ananas,° patates douces,° maïs,° riz, café, etc.

Le Griot

Le «griot» est un personnage typiquement africain. Il est poète, musicien, historien . . . On dit aussi qu'il est un peu sorcier.° Chaque village a son griot. Il assiste à toutes les cérémonies religieuses et familiales. Là, il écoute et il raconte.° Aujourd'hui, il raconte une fable. Dans cette fable, il met en scène° les animaux de la savane et de la forêt: le lion, l'éléphant, la gazelle, la girafe, le singe° . . . Évidemment,° ces animaux sont des symboles. Ils représentent en réalité les habitants du village ou leurs ancêtres. Chacun comprend le sens de la fable. On rit° ou on pleure° . . .

Le griot joue un rôle très important. C'est lui qui transmet l'histoire et les traditions orales des villages d'Afrique.

prière *prayer* **fidèles** *faithful* **s'agenouillent** *kneel* **Mecque** *Mecca* **sainte** *holy* **ornée** *decorated* **broderies** *embroidery* **vivre** *live* **jusqu'à** *up to* **écorce** *bark* **feuilles** *leaves* **séché** *dried* **vidé** *emptied out* **ananas** *pineapple* **douces** *sweet* **maïs** *corn* **sorcier** *sorcerer* **raconte** *tells stories* **met en scène** *puts on stage, features* **singe** *monkey* **Évidemment** *Obviously* **rit** *laughs* **pleure** *cries*

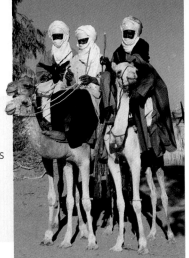

Les Touareg sont
les hommes du désert.
Ces courageux nomades
accompagnent les caravanes
qui traversent° le Sahara.
À cause de la couleur
de leurs vêtements,
on les appelle les
«hommes bleus».

Sur les distances moyennes, l'athlète
marocain Saïd Aouïta est l'un des
hommes les plus rapides du monde.
Pendant sa carrière, il a gagné quatre
records du monde. Maintenant, de
jeunes athlètes marocains essaient
de faire aussi bien.

L'Algérie est membre de
l'OPEP (Organisation
des Pays Exportateurs
de Pétrole). Elle exporte
son pétrole et son gaz
naturel en France et
aussi aux États-Unis.

Abidjan est la capitale économique de
la Côte d'Ivoire. Elle avait 120 000 habitants
en 1960. Aujourd'hui, elle en a 2 500 000.
C'est l'une des villes les plus modernes et
les plus dynamiques d'Afrique.

En 1989, le Pape Jean-Paul II a inauguré
la basilique Notre-Dame-de-la-Paix° à
Yamoussoukro, la nouvelle capitale de la
Côte d'Ivoire. C'est l'une des plus grandes
églises du monde.

395

traversent *cross*   **moyennes** *middle*   **imbattable** *unbeatable*   **Paix** *Peace*

■ **Cultural note**
Notre Dame de la Paix: Cette
basilique est la réplique en béton
(reinforced concrete) de la
basilique Saint-Pierre de Rome.

• **Léopold Senghor** (1903–): Pour son oeuvre littéraire, Léopold Senghor a été élu à l'Académie française en 1983. Senghor a eu aussi une brillante carrière politique, en France d'abord, puis au Sénégal. Il a été président du Sénégal de 1960, date de l'indépendance de ce pays, jusqu'en 1980.

• **Picasso** (1881–1973) et **Modigliani** (1884–1920): Ces deux artistes qui vivaient à Paris au début du siècle ont pu admirer les expositions de sculptures et masques africains au Musée du Trocadéro.

L'art africain a inspiré les **Fauves (Matisse, Derain)** et les **Cubistes (Braque, Picasso).**

■ **Photo notes**
Left: Mask from Congo
Right: Mask from Mali

Masques africains

«Masques! O masques
Masque noir masque rouge, vous masques blanc-et-noir
Masques aux quatre points° d'où souffle° l'Esprit
Je vous salue dans le silence!»

Ces lignes sont les premiers vers° d'un poème intitulé «Prière aux masques». Ce poème a été écrit par Léopold Senghor, l'un des grands poètes africains d'expression française. Dans ce poème, Senghor évoque l'Afrique de ses ancêtres.

Aujourd'hui, les masques africains font partie du patrimoine° artistique universel. Ils ont inspiré des grands peintres européens comme Picasso et Modigliani. On les trouve dans les plus grands musées du monde. Mais en Afrique, le masque n'est pas un objet artistique. C'est avant tout° un objet religieux.

points *directions*   **souffle** *blows*   **vers** *lines*   **patrimoine** *heritage*   **avant tout** *above all*

Selon les religions africaines, la destinée humaine est déterminée par des forces surnaturelles° toujours présentes autour de° nous. Le masque représente le moyen° d'entrer en communication avec ces forces et surtout avec l'esprit des ancêtres. Les masques sont particulièrement importants aux moments critiques de l'existence individuelle et collective: naissance, passage de l'adolescence à l'âge adulte, mariage, funérailles pour l'individu; saison des récoltes° ou période de la chasse° pour le village. À ces moments-là, des cérémonies rituelles sont organisées où les participants portent des masques pour obtenir la protection des déités.

Les masques africains sont très variés. La majorité sont en bois,° mais il y a des masques en bronze et des masques en cuivre.° Certains représentent des figures humaines. D'autres représentent des animaux: lions, girafes, antilopes, boeufs,° crocodiles. Il y a des masques simples et des masques très complexes. Certains ont des formes abstraites; d'autres sont très réalistes et très détaillés. Chaque village et chaque tribu a son style. La variété des masques africains est infinie.

surnaturelles *supernatural*   autour de *around*   moyen *means*   récoltes *harvest*
chasse *hunting*   bois *wood*   cuivre *brass*   boeufs *oxen*

397

■ **Compréhension du texte: Vrai ou faux?**
1. Léopold Senghor est un sculpteur africain. [F]
2. Picasso et Modigliani sont des artistes européens. [V]
3. Les masques africains ont influencé l'art européen. [V]
4. Pour les Africains, les masques sont uniquement des objets d'art. [F]
5. Certains masques représentent des animaux d'Afrique. [V]
6. La majorité des masques africains sont en métal. [F]
7. Le style des masques africains varie avec les villages et les tribus. [V]

■ **Photo notes**
Left: Ivory pendant mask from Court of Benin, Nigeria
Right: Baoulé double face mask from Côte d'Ivoire

Classroom Notes

Rencontre
avec **René Philombe**

R ené Philombe (né en 1930) est un poète camerounais. Dans le poème suivant, il exprime avec beaucoup de sensibilité° l'universalité de la race humaine.

L'homme qui te ressemble

J'ai frappé° à ta porte
J'ai frappé à ton coeur
pour avoir bon lit
pour avoir bon feu°
pourquoi me repousser?°
Ouvre-moi° mon frère! . . .

Pourquoi me demander
si je suis d'Afrique
si je suis d'Amérique
si je suis d'Asie
si je suis d'Europe?
Ouvre-moi mon frère! . . .

Pourquoi me demander
la longueur° de mon nez
l'épaisseur° de ma bouche
la couleur de ma peau°
et le nom de mes dieux?°
Ouvre-moi mon frère! . . .

Je ne suis pas un noir
je ne suis pas un rouge
je ne suis pas un jaune
je ne suis pas un blanc
mais je ne suis qu'un° homme
Ouvre-moi mon frère! . . .

Ouvre-moi ta porte
Ouvre-moi ton coeur
car je suis un homme
l'homme de tous les temps
l'homme de tous les cieux°
l'homme qui te ressemble! . . .

Petites gouttes de chant pour créer l'homme,
in *Le Monde,* 8 février 1973

 398 **sensibilité** *sensitivity* **J'ai frappé** *I knocked* **bon feu** *warm fire* **repousser** *push away* **Ouvre-moi** *Open up for me*
longueur *length* **épaisseur** *thickness* **peau** *skin* **dieux** *gods* **je ne suis qu'un . . .** *I am only a . . .*
cieux *heavens*

*A*ctivité

1. Expliquez le message de ce poème.
2. Expliquez la simplicité de ce poème.
3. Expliquez la beauté de ce poème.

*L*E SAVEZ-VOUS?

1. Les pays d'Afrique du Nord sont l'Algérie, la Tunisie et . . .
   a le Niger
   b le Maroc
   c le Sénégal

2. Un autre nom pour l'Afrique du Nord est . . .
   a le Maghreb
   b le Burkina Faso
   c la République démocratique du Congo

3. La majorité des habitants d'Afrique du Nord sont . . .
   a protestants
   b catholiques
   c musulmans

4. L'Algérie produit et exporte . . .
   a du pétrole
   b du coton
   c des automobiles

5. Les pays d'Afrique occidentale sont devenus indépendants . . .
   a en 1880
   b en 1910
   c en 1960

6. Au Sénégal et dans les pays africains d'expression française, l'enseignement à l'école secondaire est fait principalement . . .
   a en anglais
   b en français
   c en langue locale

7. Aujourd'hui, les Français qui sont en Afrique occidentale sont principalement . . .
   a des militaires
   b des étudiants
   c des professeurs et des conseillers techniques

8. Le «griot» est . . .
   a un village africain
   b un légume tropical
   c un homme qui raconte des fables

9. Le baobab est . . .
   a un animal
   b un arbre
   c une plante

10. Le «boubou» est . . .
   a un vêtement
   b un fruit
   c un sorcier

11. Les Touareg sont . . .
   a des médecins
   b des administrateurs
   c des nomades du Sahara

12. Abidjan est une grande ville . . .
   a de la Tunisie
   b du Sénégal
   c de la Côte d'Ivoire

13. Saïd Aouïta est . . .
   a un poète
   b un athlète
   c un musicien

14. Pour les Africains, les masques sont des objets . . .
   a artistiques
   b religieux
   c de la vie courante

399

■ **Teaching note: Questions**
Let students discuss these questions in English.
Here are some possible answers:

1. Le message
- Deep down, we are all brothers and sisters. As members of the human race, we belong to the same family.
- We should not judge people by their race, their ancestry, or their religion.
- We should act like brothers and sisters, being generous, open, and supportive of one another.

2. La simplicité
- The message is clear and transparent.
- The vocabulary is simple, and the style is direct and characterized by repetition.
- The setting of the poem is a simple scene: one person is knocking at another's door asking for shelter.

3. La beauté
- The beauty lies in the message and the simplicity with which it is expressed.
- The poem appeals to the best in us.

■ **Le savez-vous?**
1. b
2. a
3. c
4. a
5. c
6. b
7. c
8. c
9. b
10. a
11. c
12. c
13. b
14. b

Teaching strategy: Le savez-vous?

This quiz will help students check how well they have remembered the information presented in *Images du monde francophone*.

PAGES	CORRESPONDING ITEMS
392–393	1–7
394–395	8–13
396–397	14

If students have only covered parts of the cultural photo essay, you may want to assign only selected items corresponding to what they have read.

UNITÉ 8 Bonnes vacances!

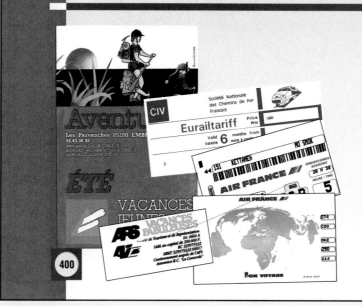

400

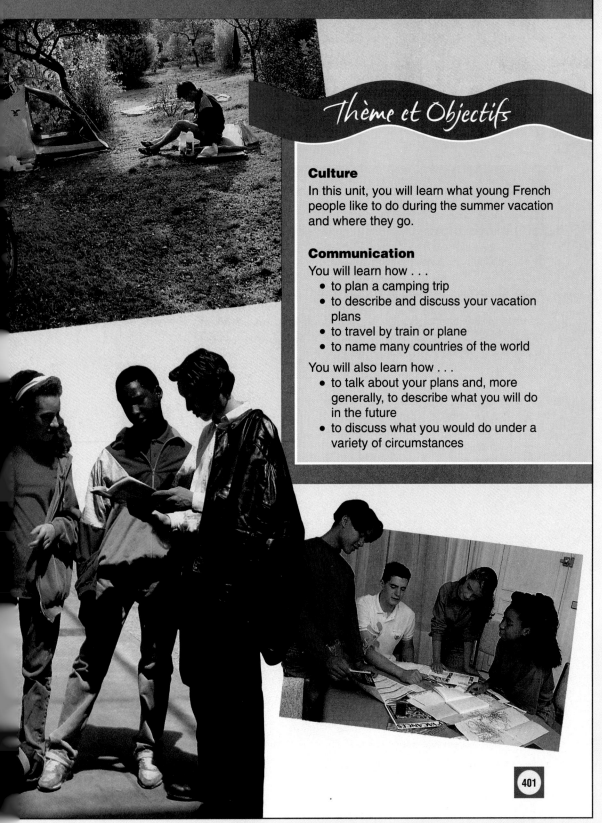

Thème et Objectifs

Culture

In this unit, you will learn what young French people like to do during the summer vacation and where they go.

Communication

You will learn how . . .
- to plan a camping trip
- to describe and discuss your vacation plans
- to travel by train or plane
- to name many countries of the world

You will also learn how . . .
- to talk about your plans and, more generally, to describe what you will do in the future
- to discuss what you would do under a variety of circumstances

401

🔲 Leçon 29, Section 1

◼ Pronunciation
canoë /kanɔe/

◼ Questions sur le texte
1. Pour beaucoup de Français,
quelle est la période la plus
importante de l'année?
2. Où vont les Français pendant
les vacances?
3. Que font les jeunes en colonies
de vacances?
4. Quels sont les jours de «grands
départs»?
5. Quelle est la destination
préférée des Français en été?
6. Comment est-ce que les terrains
de camping sont équipés en
France?
7. Quelles sont les différentes
façons de visiter la France?
8. Quels sont les avantages des
«auberges de jeunesse»?

29 LE FRANÇAIS PRATIQUE

LEÇON 29 Les vacances et les voyages

Aperçu culturel... Les Français en vacances

Les «grandes vacances» commencent en juillet et finissent en septembre.
Pour beaucoup de Français, c'est la période la plus importante de l'année.
Pendant les vacances, les Français ne restent généralement pas chez eux.
Ils vont à la mer, à la campagne ou à la montagne.

En général, les jeunes Français passent une grande partie des vacances
avec leurs parents. Le reste du temps, beaucoup de jeunes vont en «colo»,
c'est-à-dire en colonies de vacances. Les colonies, ou centres de vacances,
sont organisées par les écoles, les municipalités ou les entreprises où travaillent
leurs parents. En colonie de vacances, les jeunes pratiquent toutes sortes
de sports: natation, voile, canoë, etc.

1. Le 1ᵉʳ juillet, le 15 juillet et le 1ᵉʳ août
sont les jours de «grands départs».
Ces jours-là, des millions de Français
partent en vacances, par le train ou
en voiture.

Les «grands départs»

À la plage de Deauville, sur l'Atlantique

2. En été, la mer est la destination préférée
des Français. Des millions de gens passent
leurs vacances sur les plages de l'Atlantique
et de la Méditerranée. Il y a beaucoup
de choses qu'on peut faire à la plage: on peut
nager, jouer au volley, bronzer . . . La plage
est aussi un endroit idéal pour se faire
de nouveaux amis.

 402 Unité 8

Teaching strategy

Have students read this cultural
introduction twice:
• at the beginning of the unit—quickly,
for general content
• at the end of the lesson—paying
greater attention to details

By looking at the pictures, students can
discover the meanings of many of the new
words.

3. Où loger pendant les vacances? On peut aller chez des amis, louer une villa ou aller à l'hôtel. Une autre solution, extrêmement populaire en France, est de faire du camping. La France est le pays d'Europe qui a le plus grand nombre de terrains de camping: 8 760 au total!

En général, ces terrains de camping sont très bien équipés. Certains ont une piscine, des terrains de sport, des salles de jeux et même des restaurants et des boutiques. Évidemment, si on veut être sûr d'avoir une place, il faut réserver longtemps à l'avance.

Un terrain de camping à Chamonix

La France en péniche

4. Chaque année, trente-cinq millions de touristes étrangers visitent la France. Ces touristes viennent principalement d'Allemagne, d'Angleterre, de Belgique, de Hollande et d'Italie. Beaucoup viennent aussi du Canada et des États-Unis. Il y a mille façons de visiter la France. On peut prendre le train. On peut louer une voiture ou une bicyclette. On peut aussi découvrir la France en roulotte ou en péniche.

5. En général, les étudiants étrangers qui viennent en France pendant les vacances sont logés dans des familles françaises. Ceux qui préfèrent voyager peuvent aller dans les «auberges de jeunesse». Il y a des auberges de jeunesse dans presque toutes les villes françaises. Ces auberges offrent un logement temporaire qui est bon marché et relativement confortable.

À l'auberge de jeunesse Jules-Ferry à Paris

Il n'y a pas de chambres individuelles, mais des dortoirs pour 4 à 10 personnes. Il y a aussi une salle de séjour avec des livres et des magazines et parfois une salle de jeux avec des tables de ping-pong et de babyfoot. Pour les jeunes, un avantage très important des auberges de jeunesse est qu'on y rencontre d'autres jeunes de tous les pays du monde.

■ **Cultural notes**

• **Les grand départs:** By law, French employees receive a minimum of four weeks annual paid leave. Traditionally, most workers were given their vacation from August 1 to August 31. Today, although the heaviest vacation departure date is still August 1, some companies have staggered vacations, and large numbers of French people leave for vacation on July 1 and July 15.

• **Les canaux français:** The first major French canal (**le canal des Deux Mers**) was built in the 17th century between Toulouse, on the Garonne, and Sète, near Montpellier, to link the Atlantic to the Mediterranean. By 1890, France had 11,000 km of navigable waterways which included a 4,600 km canal system. Today tourists can rent a barge (**une péniche**) and travel at their own pace along many of the narrower canals that crisscross France.

• **Les caravanes:** In order to economize on vacation expenses, many French people and other tourists have a camping trailer (**une roulotte** or **une caravane**). One now also sees more and more camper vans (**un camping-car** or **une auto-caravane**).

Section A

COMMUNICATIVE FUNCTION:
Talking about vacations

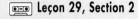 **Leçon 29, Section 2**

Transparency 60
Les vacances

■ Use the transparency to describe "your own" vacation, using affirmative and negative sentences, as appropriate.
Pendant les vacances, je vais aller à la mer.
Je ne vais pas aller à la montagne . . .
Je ne vais pas rester à l'hôtel.
Je vais loger chez des amis . . .
Then use true/false statements to check student comprehension.
Je vais aller à la campagne. [F]
Je vais aller à la mer. [V]

■ Supplementary vocabulary:
un camping-car
une auto-caravane camper van, RV
In Quebec, the term **un véhicule récréatif** is often used.

▷ **Vocabulaire**

Transparency 61
Le camping

■ **Pronunciation**
poêle /pwal/

■ Vocabulary note:
une lampe de poche: also **une lampe électrique, une torche électrique** flashlight

Supplementary vocabulary

du bois wood
des allumettes matches
un feu fire

Où vas-tu aller en vacances?

Je vais aller à la mer.

A. Les vacances

—Où vas-tu aller pendant les vacances?
Je vais aller | **à la mer.**
| **à la montagne**
| à la campagne

—Combien de temps est-ce que tu vas rester là-bas?
Je vais passer | quinze jours.
| trois semaines
| deux mois

—Où est-ce que tu vas rester?
Je vais | rester à l'hôtel.
| **loger** chez des amis
| **louer une caravane**
| louer **une villa**
| faire du camping

—Est-ce que tu es **prêt(e)** à partir?
Oui, j'ai | mon **passeport.**
| mon **visa**
| **une carte** de la région

J'ai fait mes valises.

> **la mer:** ocean, sea
> **la montagne:** mountains

FLASH **d'information**

15 jours = 2 weeks
8 jours = 1 week

> **loger:** to stay (have a room)
> **louer:** to rent
> **une caravane:** camping trailer
> **une villa:** country house

> **prêt à:** ready to

> **une carte:** map
> **une valise:** suitcase
> **faire ses valises:** to pack

Le camping

Pour **transporter** ses affaires, on **utilise** . . .

un sac à dos

Pour préparer ses repas, on utilise . . .

une casserole   **une poêle**

un réchaud (camping stove)

Pour dormir, il est utile d'avoir . . .

un sac de couchage (sleeping bag)

une tente

une couverture (blanket)

une lampe de poche

> **transporter:** to carry
> **utiliser:** to use

404   Unité 8

✕◻️✕ Un jeu: Le camping

PROP: Transparency 61

Use the transparency to practice the new camping vocabulary, e.g.:
Qu'est-ce que c'est? C'est une tente.
To reinforce gender, you may want to circle masculine nouns in blue and feminine nouns in red.

Have students name the items they need to go camping, each one adding a new item to the chain.
S1: **Pour faire du camping, j'ai besoin d'une tente.**
S2: **Pour faire du camping, j'ai besoin d'une tente et d'un sac de couchage.,** etc.

1 Et vous?

Complétez les phrases en exprimant votre opinion personnelle.

1. Je préfère passer les vacances . . .
   - à la mer
   - à la montagne
   - à la campagne

2. Je préfère voyager avec . . .
   - un sac à dos
   - une petite valise
   - beaucoup de valises

3. Quand on visite une grande ville, il est préférable de . . .
   - rester à l'hôtel
   - loger chez des amis
   - louer un appartement

4. Quand on passe les vacances à la mer, il est préférable de . . .
   - rester dans un hôtel
   - louer une villa
   - faire du camping

5. Quand on veut visiter l'ouest des États-Unis, il est préférable de voyager . . .
   - en train
   - en bus
   - en caravane

6. Quand on est sur une île déserte, l'objet le plus utile est . . .
   - une lampe de poche
   - un sac de couchage
   - un réchaud

7. Quand on est perdu dans la campagne, l'objet le plus utile est . . .
   - une couverture
   - une carte de la région
   - une lampe de poche

8. Si on veut aller en France, il est nécessaire d'avoir . . .
   - un passeport
   - une carte de France
   - beaucoup de valises

2 Le matériel de camping

1. Pour voir la nuit, on utilise . . .
2. Pour transporter ses vêtements, on utilise . . .
3. On peut dormir dans . . .
4. Quand il fait froid le soir, on peut s'envelopper *(wrap oneself up)* dans . . .
5. Quand il pleut, on va dans . . .
6. On fait frire *(fry)* les oeufs dans . . .
7. On fait cuire *(cook)* les spaghetti dans . . .
8. On fait la cuisine sur . . .

3 Questions personnelles

1. Est-ce que tu as déjà voyagé en caravane? À quelle occasion? À ton avis, quels sont les avantages et les désavantages de voyager en caravane?
2. Est-ce que tu as déjà fait du camping? Quand? Où? Avec qui? Est-ce que tu as aimé cette expérience? Pourquoi ou pourquoi pas?
3. Est-ce que tu as un sac à dos? Quand est-ce que tu l'utilises? En général, qu'est-ce que tu transportes dedans *(in it)*?
4. Est-ce que tu as un sac de couchage? Quand est-ce que tu l'utilises? À ton avis, est-ce qu'on dort bien dans un sac de couchage?
5. À ton avis, quels sont les avantages et les désavantages de faire du camping?

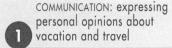

1 COMMUNICATION: expressing personal opinions about vacation and travel

■ **Expansion:** Ask students to elaborate on their responses. **Pourquoi?**

■ **Teaching note:** This exercise may be done:
- with the entire class, eliciting individual responses
- in small groups, with students sharing their responses
- as a class survey, compiling the responses of the students

2 COMPREHENSION: describing camping needs

1. une lampe de poche
2. un sac à dos
3. un sac de couchage (une tente)
4. une couverture
5. une tente
6. une poêle
7. une casserole
8. un réchaud

3 COMMUNICATION: answering personal questions

Supplementary vocabulary

apprécier la nature
goûter l'indépendance
respirer l'air pur

être piqué par des moustiques *(mosquitoes)*
être envahi *(invaded)* par des fourmis *(ants)*

Cooperative pair practice
Activities 1, 3

Leçon 29 T405

 **Leçon 29, Section 2**

Transparencies 2b, 2c
L'Amérique du Nord, etc.
L'Afrique, l'Europe, l'Asie

■ **Pronunciation**
• Note the required liaison:
les États-Unis
le Moyen Orient
• Note the pronunciation of the
consonants:
nord /nɔr/
sud /syd/
est /ɛst/
ouest /wɛst/

■ **Language note:** Israël is used
without a definite article, as is
Haïti.

Supplementary vocabulary

L'EUROPE
l'Autriche
le Danemark
la Grèce
les Pays-Bas (la Hollande)
la Pologne
la Suède

L'AFRIQUE
l'Algérie
la Côte d'Ivoire
le Maroc
la Tunisie
**La République
démocratique
du Congo**

L'ASIE
l'Indonésie
les Philippines

L'AMÉRIQUE DU SUD
la Colombie
le Pérou
le Venezuela

LES ANTILLES (Caribbean)
les Bermudes
Cuba
Haïti
Puerto Rico
la Jamaïque

B. Les voyages à l'étranger

—Qu'est-ce que tu vas faire cet été?

Je vais | aller
voyager
faire un voyage
faire un séjour | **à l'étranger.**

à l'étranger: *abroad*

faire un voyage: *to take a trip*
faire un séjour: *to spend some time*

—Quels pays est-ce que tu vas visiter?
Je vais visiter la France, le Portugal et l'Espagne.

Qu'est-ce que tu vas faire cet été?

Je vais faire un voyage à l'étranger.

Quels pays est-ce que tu vas visiter?

Je vais visiter le Portugal et l'Espagne.

Un peu de géographie

un continent   **une région**

un état *(state)*
un pays *(country)*

le nord
le nord-ouest   le nord-est
l'ouest   l'est
le sud-ouest   le sud-est
le sud

l'Amérique du Nord	l'Europe	l'Afrique
le Canada	l'Allemagne *(Germany)*	l'Égypte
le Mexique	l'Angleterre *(England)*	le Sénégal
les États-Unis	la Belgique *(Belgium)*	
	l'Espagne *(Spain)*	le Moyen Orient *(Middle East)*
l'Amérique Centrale	la France	Israël
le Guatemala	l'Irlande	le Liban
	l'Italie	
l'Amérique du Sud	le Portugal	l'Asie
l'Argentine	la Suisse *(Switzerland)*	le Cambodge
le Brésil	la Russie	la Chine
		la Corée *(Korea)*
l'Australie		l'Inde *(India)*
		le Japon
		le Viêt-nam

406 **Unité 8**

⧉ Un jeu: Bon voyage!

PROPS: Index cards with names of
countries, one for each student
Attach a card to each student's back.
Students mix and mingle, asking yes/no
questions to guess the name of the
country on their card. Before they can
guess the country, they must ask about
the language and continent.

S1: **Est-ce que je vais parler français?**
S2: **Oui.**
S1: **Est-ce que je vais visiter l'Europe?**
S2: **Non.**
S1: **Est-ce que je vais visiter l'Afrique?**
S2: **Oui.**
S1: **Est-ce que je vais visiter le Maroc?**
S2: **Oui, tu vas visiter le Maroc.**
     Bon voyage!

→ In French, most geographical names (except names of cities and small islands) are introduced by a definite article.

Le Vermont est un état de **la** Nouvelle Angleterre.
Le Mississippi est un très grand fleuve *(river)*.

LA NOUVELLE ANGLETERRE
DU PRINTEMPS À L'ÉTÉ INDIEN

→ Names of countries and states that end in **-e** are generally FEMININE.

la France   **la** Louisiane
EXCEPTIONS: **le Mexique, le Cambodge, le Maine, le Nouveau Mexique**
Other geographical names are MASCULINE.

le Japon   **le** Colorado

LE MEXIQUE

GUIDES MARCUS

4 Le jeu des capitales

Choisissez une capitale et faites correspondre cette capitale avec son pays.

▶ Tokyo est la capitale du Japon.

CAPITALES		PAYS	
Mexico	Ottawa	le Canada	l'Allemagne
Bruxelles	Washington	le Mexique	l'Angleterre
Rome	Londres	le Japon	l'Égypte
Dakar	Berlin	le Liban	l'Italie
Le Caire	Moscou	le Portugal	la Belgique
Tokyo	Lisbonne	le Sénégal	la Chine
Beijing	Beyrouth	les États-Unis	la Russie

5 Tourisme

Utilisez les renseignements *(information)* suivants et dites quel pays les personnes ont visité.

▶ Thomas a pris des photos du Kremlin.
Il a visité la Russie.

1. Sabine a fait une croisière *(cruise)* sur le Nil.
2. Nous avons acheté des cartes postales de Venise.
3. Nous avons écouté un orchestre de mariachi.
4. Vous avez pris des photos du Palais de Buckingham.
5. J'ai fait une promenade sur la Grande Muraille *(wall)*.
6. Tu as vu les vestiges du Mur de Berlin.
7. Nous avons visité les temples bouddhistes à Kyoto.
8. Mes cousins sont allés à Disney World.

6 Questions personnelles

1. Dans quelle région des États-Unis est-ce que tu habites? (l'est? le nord-est? . . .)
2. Est-ce que tu as visité le Colorado? la Californie? la Floride? le Kentucky? le Vermont?
3. Comment s'appelle l'état où tu habites? Quelle est sa capitale? Quels sont les états environnants *(neighboring)*?
4. Quels états aimerais-tu visiter? Pourquoi?

Leçon 29 **407**

Language note: Gender of states

In French, most state names are masculine and are spelled the same as in English (although they are pronounced with a French accent), e.g.:
l'Idaho, le Montana
The following states, however, have French names:
la Californie; la Caroline du Nord, du Sud; la Floride; la Géorgie; la Louisiane; la Pennsylvanie; la Virginie; la Virginie Occidentale; le Dakota du Nord, du Sud; le Nouveau-Mexique
Note also: **l'état de New York, l'état de Washington**

Language note:
• Islands used without a definite article:
Cuba, Puerto Rico
EXCEPTIONS:
la Martinique
la Guadeloupe
• A few names of cities contain a definite article:
Le Caire *Cairo*
La Havane *Havana*
La Nouvelle Orléans *New Orleans*
Le Havre
La Rochelle
Note the contractions when these cities are introduced by **à** or **de**:
Je vais au Caire.
Je viens du Caire.

4 COMPREHENSION: talking about geography

■ **Teaching note:** Before beginning this activity, quickly review the contractions **du** and **des.**

Answers:
Mexico: le Mexique
Bruxelles: la Belgique
Rome: l'Italie
Dakar: le Sénégal
Le Caire: l'Égypte
Tokyo: le Japon
Beijing: la Chine

Ottawa: le Canada
Washington: les États-Unis
Londres: l'Angleterre
Berlin: l'Allemagne
Moscou: la Russie
Lisbonne: le Portugal
Beyrouth: le Liban

5 COMPREHENSION: saying which countries people have visited

1. l'Égypte   5. la Chine
2. l'Italie   6. l'Allemagne
3. le Mexique   7. le Japon
4. l'Angleterre   8. les États-Unis

6 COMMUNICATION: answering personal questions

Leçon 29, Section 2

Transparency 62
À la gare

Supplementary vocabulary

EN AVION
en première (classe) *in first class*
en classe affaires *in business class*
en classe touriste *in coach*

Au Jour le Jour

OBJECTIVES
• Reading for information
• Reading a train schedule

C. À la gare et à l'aéroport

▶ *Pour acheter un billet:*

> **Vous désirez, monsieur?**

—Vous désirez, mademoiselle (monsieur)?
  Je voudrais **un billet** | **de train** | pour Bordeaux.
  | **d'avion** |

> **Je voudrais un billet de train pour Bordeaux**

—**Un aller simple?**
  Non, **un aller et retour.**

| **un aller simple:** *one way [ticket]* |
| **un aller et retour:** *round trip [ticket]* |

—**En première classe ou en seconde classe?**
  En seconde classe, s'il vous plaît.

—Voilà, c'est 96 euros.

▶ *Pour demander les horaires:*

| **un horaire:** *schedule* |

—À quelle heure part | le train?
  | l'avion
  Il part à quatorze heures.

—Et à quelle heure est-ce qu'il arrive à Bordeaux?
  Il arrive à seize heures cinquante-huit.

Guide du Voyageur TGV Atlantique
SNCF
À Paris, deux gares pour le Sud-Ouest (voir p. 12 et 13)

Au Jour Le Jour

PARIS ▶ BORDEAUX

N° du TGV		8401	8405	8507	8407	8409	8515	8419	8423	8527	8433	8535	8441	854
Paris-Montparnasse 1	D	6.50	7.10	7.55	8.15	8.30	10.00	10.45	11.55	12.45	13.55	14.00	15.25	15.5
Tours Saint-Pierre-des-Corps	A			8.51	9.11			11.41			14.51		16.21	
Châtellerault	A				9.41						15.21			
Poitiers	A		8.40		9.58	9.58		12.22	13.23	14.13	15.38		17.02	
Angoulême	A		9.27		10.46	10.46		13.08	14.10	15.00	16.25		17.48	
Libourne	A				11.27	11.27		13.48					18.28	
Bordeaux	A	9.48	10.24	11.08	11.46	11.46	12.58	14.08	15.07	15.57	17.22	16.58	18.48	18.5

HORAIRES

☀ Warm-up: Telling time

Review times by using a large clock. As you say one of the times on the train schedule, ask a student to move the hands.
Le train part à sept heures dix.
  (Student moves hands of clock.)
Then ask the class to give the time.
À quelle heure part le train?
  [Il part à sept heures dix.]

Continue the same way for official afternoon and evening times.
Le train arrive à seize heures vingt-cinq. *(Student moves hands to 4:25.)*
À quelle heure arrive le train?
  [Il arrive à seize heures vingt-cinq.]

7 Départs et arrivées

Le TGV (train à grande vitesse) est un train très moderne et très rapide. Vous êtes à la Gare Montparnasse à Paris avec des copains.

Chacun choisit une destination sur la ligne TGV Atlantique et donne l'heure de départ et d'arrivée.

Regardez l'horaire de la ligne TGV Atlantique. Utilisez cet horaire pour trouver les heures de départ et d'arrivée.

Où vas-tu?

À quelle heure part ton train?

À quelle heure ce qu'il arrive Bordeaux?

Je vais à Bordeaux.

Il part à quinze heures cinquante-cinq.

Il arrive à dix-huit heures cinquante-trois.

8 Au guichet *(At the ticket window)*

Vous allez voyager en TGV Atlantique. Choisissez une destination, le type de billet (aller simple ou aller et retour) et la classe (première/seconde), et puis achetez votre billet. Jouez le dialogue avec un(e) camarade. (Note: Le prix d'un billet aller et retour est deux fois le prix d'un aller simple.)

Regardez la carte et les prix des billets de la ligne TGV Atlantique. Utilisez ces informations pour faire cet exercice.

▶ —Vous désirez, mademoiselle (monsieur)?
—Je voudrais un billet pour <u>Tours</u>.
—Un aller simple ou un aller et retour?
—<u>Un aller et retour</u>.
—En quelle classe?
—En <u>seconde</u> classe, s'il vous plaît.
—Alors, ça fait <u>48 euros</u>.
—Voilà 48 euros.
—Merci. Au revoir, mademoiselle (monsieur).
—Au revoir, monsieur (madame).

CARTE DE LA DESSERTE

Ligne nouvelle
Lignes parcourues par des TGV
Future desserte TGV

PARIS à :	PRIX DU BILLET	
	1ʳᵉ classe	2ᵉ classe
ANGOULÊME	58€	37€
BORDEAUX	72€	48€
CHÂTELLERAULT	45€	30€
LIBOURNE	68€	45€
POITIERS	48€	32€
TOURS SAINT-PIERRE-DES-CORPS	35€	24€

Leçon 29 **409**

7 EXCHANGES: talking about travel plans on the TGV

■ **Cultural note:** The first TGV line between Paris and Lyon began service in 1981. Since then, TGV "orange line" service has been extended throughout southeastern France. The first segment of the TGV Atlantique or "blue line" was inaugurated in late 1989. Since then, TGV lines have been expanded not only in France, but also into neighboring countries, connecting Paris to other major European cities. The TGV Transmonde (better known as Eurostar), which connects Paris and London, was opened in 1994 shortly after the completion of the Eurotunnel under the English Channel. The first segment of the TGV Thalys PBKA, connecting Paris with Brussels, Cologne (Köln) and Amsterdam, was inaugurated at the end of 1997. Travelers can now go from Paris to Brussels in under an hour and a half.

8 ROLE PLAY: buying a train ticket

■ **Language note:**
carte de la desserte = *map of cities with TGV service*
The verb **desservir** is used with transportation:
Le village est desservi par trois autobus.

Portfolio assessment

You will probably choose only one oral and one written activity to go into the students' portfolios for Unit 8. The following activity is a good portfolio topic:

ORAL: Activity 8

Cooperative pair practice
Activities 7, 8

MAIN TOPIC:

Talking about travel and other activities

MODULE 8-A
Les collections de Jérôme

Total time: 1:34 min.
(Counter: 13:14–14:48 min.)

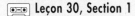

VIDEODISC Disc 2, Side 2
20 to 2825

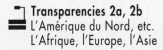

▶ Leçon 30, Section 1

Transparencies 2a, 2b
L'Amérique du Nord, etc.
L'Afrique, l'Europe, l'Asie

■ Use the transparencies to locate the places mentioned.

■ **Cultural notes**
• **La Côte d'Ivoire** (or Ivory Coast) is a country in Western Africa with French as its official language. Abidjan is one of the most modern urban areas on the African continent.
• For more information on African masks, see the cultural essay on pages 396–397.

■ **Looking ahead: Il sera ici dans cinq minutes.**
The future tense is presented in Lesson 31.

Vous vous souvenez de Jérôme et de son accident? Maintenant Jérôme est parfaitement remis° de cet accident.

Hier il a téléphoné à Pierre pour l'inviter à passer chez lui avec Armelle.

Aujourd'hui, Pierre et Armelle sont allés à l'appartement de Jérôme, mais Jérôme n'est pas chez lui.

PIERRE

Tiens, il y a une note de Jérôme. Qu'est-ce qu'il dit?

Il dit qu'il sera ici dans cinq minutes.

Pierre lit la note.

On entre?

Oui, entrons!

Pierre et Armelle entrent chez Jérôme. Armelle regarde les objets qui sont là.

Dis donc, Jérôme a des tas de trucs intéressants!

Tu sais, il aime collectionner les objets.

remis *recovered*

(410) Unité 8

Compréhension

1. Où Pierre et Armelle sont-ils allés?
2. Qu'est-ce qu'ils ont trouvé sur la porte?
3. Quels sont les divers objets qu'Armelle regarde?
4. Qu'est-ce qu'elle essaie?
5. Où est-ce que Jérôme a acheté tous ces objets?

à suivre . . .

■ **Casual speech:**
des trucs *things*
sans blague! *no kidding!*

COMPREHENSION

1. Ils sont allés chez Jérôme.
2. Ils ont trouvé une note de Jérôme—il dit qu'il sera là dans cinq minutes.
3. Elle regarde les objets que Jérôme a collectionnés—une tampoura, des masques, un chapeau . . .
4. Elle essaie le chapeau de cowboy.
5. Il a acheté ces objets au Marché aux Puces.

Leçon 30, Section 2

■ **Language note:** Remind students that in French definite articles are used with names of countries.

■ **Pronunciation:** Liaison is required after **aux**, **des**, and **en**:
aux États-Unis

des États-Unis

en Israël

---

1 COMPREHENSION: indicating in which country people are

1. au Brésil
2. du Maroc
3. en Belgique
4. en Suisse
5. de Russie
6. aux États-Unis
7. du Portugal
8. d'Espagne

---

2 DESCRIPTION: saying which country people are coming from

1. d'Angleterre
2. du Japon
3. des États-Unis
4. du Canada
5. de Corée

A. L'usage des prépositions avec les noms de pays

Note the use of PREPOSITIONS with names of countries.

	FEMININE COUNTRY	MASCULINE COUNTRY	PLURAL COUNTRY
	Je visite **la** France.	Je visite **le** Canada.	Je visite **les** États-Unis.
in to	Je suis **en** France. Je vais **en** France.	Je suis **au** Canada. Je vais **au** Canada.	Je suis **aux** États-Unis. Je vais **aux** États-Unis.
from	Je viens **de** France.	Je viens **du** Canada.	Je viens **des** États-Unis.

➡ Note that **en** and **d'** are used with MASCULINE countries beginning with a VOWEL.
  Je suis allé **en** Iran.   Je reviens **d'**Uruguay.

➡ When referring to American states, **dans le** is often used instead of **au** with MASCULINE states. Compare:

FEMININE   MASCULINE
Ma cousine habite **en** Floride.   Ma copine habite **dans le** Colorado.

---

1 Dans quel pays?

Remplacez le nom des villes par le nom du pays correspondant.

la Belgique	les États-Unis	le Portugal
le Brésil	le Japon	la Russie
l'Espagne	le Maroc	la Suisse

▶ Monsieur Katagiri travaille à Tokyo.   **Il travaille au Japon.**

1. Mon copain habite à Rio de Janeiro.
2. Éric revient de Casablanca.
3. Françoise est à Bruxelles.
4. Je passe les vacances à Genève.
5. Florence arrive de Moscou.
6. Nous passons une semaine à San Francisco.
7. Monsieur Santos téléphone de Lisbonne.
8. Les athlètes arrivent de Barcelone.

2 D'où reviennent-ils?

Des amis ont passé les vacances à l'étranger. Dites de quel pays chacun revient.

▶ Alice revient de France.

| **Alice** | **1. Jérôme** | **2. Martine** | **3. Isabelle** | **4. Alain** | **5. Thomas** |

📖 **Extra practice: Autour du monde**

PROP: Transparencies 2b, 2c

Number various countries on the transparency from 1–12. Following the numbers, have students say that they are coming from and going to these places, e.g.:
(1. le Canada)
  S1: **Je vais au Canada.**

(2. la France)
  S2: **Je viens du Canada.**
    Je vais en France.
(3. le Portugal)
  S3: **Je viens de France. Je vais au Portugal.**, etc.

B. Les verbes *recevoir* et *apercevoir*

Note the forms of the irregular verbs **recevoir** *(to get, receive; to entertain people)* and
apercevoir *(to see, catch sight of)*.

INFINITIVE	recevoir	apercevoir
PRESENT	Je **reçois** une carte. Tu **reçois** un télégramme. Il/Elle/On **reçoit** une lettre. Nous **recevons** un cadeau. Vous **recevez** une lettre. Ils/Elles **reçoivent** leurs amis.	J' **aperçois** mon copain. Tu **aperçois** le bus. Il/Elle/On **aperçoit** la Tour Eiffel. Nous **apercevons** Notre Dame. Vous **apercevez** les Alpes. Ils/Elles **aperçoivent** leurs amis.
PASSÉ COMPOSÉ	J'**ai reçu** une lettre.	J'**ai aperçu** le prof au café.

3 **À Montréal**

Des amis visitent Montréal. Ils sont au sommet du Mont Royal. Dites ce que
chacun aperçoit.

1. Jean-Paul / l'Île Sainte Hélène
2. vous / le Pont *(bridge)* Jacques-Cartier
3. nous / la Tour Olympique
4. moi / le Vieux Montréal
5. mes cousins / la Basilique Notre-Dame
6. toi / l'Université McGill
7. on / l'Île Notre-Dame
8. Sophie / le Saint-Laurent

4 **Questions personnelles**

1. Reçois-tu beaucoup de lettres? Est-ce que tu as reçu une lettre ou une carte
récemment? De qui?
2. Est-ce que tu reçois tes copains chez toi? Est-ce que tu les reçois au salon ou
dans ta chambre?
3. Est-ce que tes parents reçoivent souvent leurs amis?
4. Est-ce que tu as reçu un cadeau récemment?
5. Est-ce que tu as reçu des vêtements pour ton anniversaire? Qu'est-ce que tu as reçu?
6. Qu'est-ce que tu aperçois de la fenêtre de ta chambre?

Leçon 30 **413**

GAME FORMAT: Divide the students
into small groups. The first group to
make it all the way through the list
without a mistake is the winner.

Section B

COMMUNICATIVE FUNCTION:
Describing actions

 Leçon 30, Section 2

■ ■ **French connection:**
recevoir → *receive*
apercevoir → *perceive (to notice, recognize)*

3 DESCRIPTION: saying what
people see

■ **Cultural notes:** If you have a
map of Montreal, you could bring
it to class and point out the places
mentioned in the exercise.
• **Île Sainte Hélène** and **Île
Notre-Dame** (two islands in the
Saint Lawrence River) were the
site of Expo 67, a major world's
fair celebrating the Canadian
centennial. **Île Sainte Hélène** is
open year-round for swimming
and picnicking in the summer and
cross-country skiing in the winter.
• **Le Pont Jacques-Cartier** crosses
the Saint Lawrence over **Île Sainte
Hélène,** connecting Montreal to
Saint Lambert, a city to the east.
Montreal's history began in 1525
when Jacques Cartier discovered
"Hochelaga," a village then
inhabited by several thousand
Iroquois Indians.
• **La Tour Olympique,** which is
attached to the Olympic Stadium,
is the highest inclined tower in the
world.
• **La Basilique Notre-Dame,**
inaugurated in 1829, is located in
the heart of Old Montreal.
• **L'Université McGill** is the
largest English-speaking university
in Montreal. The largest French-
speaking university in North
America is **l'Université de
Montréal.**
For additional information on
Montreal, see the notes on
p. T309 of the ETE.

4 COMMUNICATION: answering
personal questions

Leçon 30, Section 2

▷ Vocabulaire

 Transparency 63
Verbes suivis de l'infinitif

■ Note that the pictures on the left side of the transparency represent verbs that use **à**; the pictures on the right show verbs that use **de**.

↻ Re-entry and review: Have students review the verbs that do NOT need a preposition before an infinitive:
aimer
aller
devoir
détester
préférer
pouvoir
vouloir

À votre tour!

WRITTEN SELF-EXPRESSION:
describing one's thoughts
1 and feelings

CONVERSATION: making travel
2 plans

T414   Unité 8

C. La construction verbe + infinitif

French verbs are frequently used together with an infinitive. Such constructions follow one of three patterns:

VERB + INFINITIVE	VERB + **à** + INFINITIVE	VERB + **de** + INFINITIVE
Je **dois travailler.**	Je **commence à travailler.**	Je **finis de travailler.**
Je **veux danser.**	J'**apprends à danser.**	Je **décide de danser.**
Je n'**aime** pas **nager.**	J'**hésite à nager.**	Je **refuse de nager.**

⟹ The choice of the pattern depends on the first verb.

Vocabulaire: Verbes suivis de l'infinitif

VERBE + à + INFINITIF

apprendre à	to learn (how) to	Nous **apprenons à faire** de la planche à voile.
commencer à	to begin to	Je **commence à être** assez bon.
continuer à	to continue, go on	Pauline **continue à prendre** des leçons.
hésiter à	to hesitate, be hesitant about	Éric **hésite à prendre** des risques.
réussir à	to succeed in, manage	J'**ai réussi à gagner** la course (race).

VERBE + de + INFINITIF

accepter de	to accept, agree to	J'**accepte de répondre** à ta question.
arrêter de	to stop	Nous **arrêtons de travailler** à cinq heures.
cesser de	to stop, quit	Monsieur Arnaud **a cessé de fumer** (smoking).
décider de	to decide to	Nous **avons décidé de faire** du sport.
essayer de	to try to	Vous **essayez de rester** en forme.
finir de	to finish	**As**-tu **fini de jouer** au tennis?
oublier de	to forget to	J'**ai oublié de prendre** ma raquette.
refuser de	to refuse to	Marc ne **refuse** jamais **d'aider** ses amis.
rêver de	to dream about	Je **rêve d'avoir** une voiture de sport.

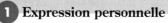

À votre tour!

1 **Expression personnelle**
Décrivez ce que vous faites et ce que vous ne faites pas. Pour cela, complétez les phrases suivantes avec une expression de votre choix.

Je voudrais apprendre à . . .	J'ai réussi à . . .
En ce moment, je commence à . . .	Je ne réussis jamais à . . .
J'essaie de . . .	Parfois je refuse de . . .
Parfois j'oublie de . . .	Je ne refuse jamais de . . .
Je n'oublie jamais de . . .	Souvent je rêve de . . .

 2 **Voyage international**
Votre camarade et vous, vous avez reçu un billet d'avion international. Avec ce billet, vous pouvez visiter cinq pays différents. Ensemble, faites une liste de cinq pays que vous avez décidé de visiter et expliquez votre choix.

AMÉ
DU

AMÉ
CENTF

If you wish, turn to page R16 for a larger, more detailed map.

414   Unité 8

TPR **Listening activity: *à* vs. *de***

PROP: Transparency 63

Describe the activities illustrated on the transparency.

   If the verb is followed by **à** + infinitive, students remain seated (**à = assis**).

   If it is followed by **de** + infinitive, students stand (**de = debout**).

Verify the correct response by pointing to the appropriate illustration.
   Paul commence à laver la voiture.
   Marie essaie de réparer son vélo.

5 **Un séjour aux États-Unis**

Ces jeunes Français sont aux États-Unis. Certains aiment parler anglais. D'autres ont des difficultés à parler anglais. Décrivez l'attitude de chacun en complétant les phrases avec **à/de parler anglais.**

Jean-Pierre essaie… 3. Philippe n'hésite pas… 5. Stéphanie décide… 7. Alice réussit… 9. Isabelle n'essaie pas…
Nathalie apprend… 4. Thomas refuse… 6. Patrick commence… 8. Marc hésite… 10. Jérôme n'arrête pas…

6 **Qu'est-ce qu'ils apprennent?**

Pour chaque personne, choisissez un endroit où aller. Dites ce que cette personne apprend à faire là.

▶ **Nathalie va à la piscine.**
Elle apprend à nager.

moi	à la plage	conduire *(to drive)*
toi	à la piscine	danser
vous	au conservatoire	programmer
nous	à l'auto-école	nager
Nathalie	au Racket-Club	chanter
Alice et Pierre	à l'Alliance Française	taper à la machine *(to type)*
mes copains	à l'école d'informatique	jouer du piano
ma cousine	à l'école de secrétariat	jouer au tennis
	au Studio Fred Astaire	faire de la voile
		parler français

7 **Oui ou non?**

Lisez la description des personnes suivantes. Ensuite, dites si oui ou non elles font les choses entre parenthèses.

▶ Paul est timide (hésiter / parler en public) **Il hésite à parler en public.**

▶ Jacqueline est généreuse. (hésiter / aider ses amis) **Elle n'hésite pas à aider ses amis.**

1. Sylvie est paresseuse. (refuser/étudier)
2. Catherine n'a pas beaucoup de mémoire. (oublier/téléphoner)
3. Philippe prend des leçons de guitare. (commencer/jouer très bien)
4. Thomas est maladroit *(clumsy)*. (réussir/réparer son vélo)
5. Caroline est ambitieuse. (rêver/être présidente)
6. Jean-Pierre est bavard *(talkative)*. (arrêter/parler)
7. Nicolas est persévérant. (continuer/prendre des leçons d'anglais)
8. Françoise veut parler anglais. (décider/passer ses vacances à Londres)
9. Alice est une mauvaise élève. (essayer/comprendre le prof)

▶ **Nous avons décidé de visiter l'Irlande parce que c'est le pays de nos ancêtres, (parce que nous aimons faire des promenades dans la nature, . . .).**

CINQ PAYS
1. l'Irlande
2. la Russie

Leçon 30 (415)

DESCRIPTION: describing attitudes about speaking English

5

1. de parler	6. à parler
2. à parler	7. à parler
3. à parler	8. à parler
4. de parler	9. de parler
5. de parler	10. de parler

■ **Challenge activity:** Have students complete the sentences with an expression of their choice.

COMPREHENSION: saying where people are and what they are learning to do

6

■ **Cultural note: L'Alliance Française** is an international organization dedicated to the teaching of French language and culture. With more than 300,000 students in France and abroad, it is the largest French school in the world. In the United States, the Alliance Française has schools in New York, San Francisco, Chicago, and other cities.

COMPREHENSION: describing actions and attitudes that correspond to one's character

7

1. Elle refuse d'étudier.
2. Elle oublie de téléphoner.
3. Il commence à jouer très bien.
4. Il ne réussit pas à réparer son vélo.
5. Elle rêve d'être présidente.
6. Il n'arrête pas de parler.
7. Il continue à prendre des leçons d'anglais.
8. Elle décide de passer ses vacances à Londres.
9. Elle n'essaie pas de comprendre le prof.

■ **Portfolio assessment**

You will probably choose only one oral and one written activity to go into the students' portfolios for Unit 8. Activity 2 can be adapted as a written portfolio activity.

LECTURE   Séjours à l'étranger

Pendant les vacances, des copains sont allés à l'étranger. Maintenant ils parlent de leur voyage sans° mentionner le pays où ils sont allés. Lisez ce qu'ils disent. Savez-vous dans quel pays chacun est allé?

sans *without*

AMÉRIQUE NORD

Grégoire

Pendant mon voyage, j'ai fait beaucoup de choses intéressantes. Un jour, par exemple, j'ai fait une excursion dans le désert à dos de chameau.° La chose la plus intéressante de mon séjour a été la visite de pyramides très anciennes. Comme je ne parle pas arabe, j'ai dû parler anglais. L'anglais est une langue que beaucoup de gens comprennent, mais ce n'est pas la langue de ce pays.

AMÉRIQUE CENTRALE

Où est allé Grégoire?
• en Chine   • en Inde   • en Égypte

chameau *camel*

AMÉRIQUE

Aurélie

J'ai visité un pays qui est l'un des pays les plus modernes et les plus développés d'Afrique occidentale.° Quand j'étais dans la capitale, je n'ai pas eu de difficultés à communiquer avec les gens parce que beaucoup parlent français. Dans la campagne, au contraire, les gens parlent seulement le dialecte régional. Beaucoup de citoyens° américains ont des ancêtres qui ont été déportés par force de ce pays.

ATL

Où est allée Aurélie?
• en Tunisie   • au Sénégal   • en Afrique du Sud

occidentale *west*   **citoyens** *citizens*

 Pre-reading activity

Ask students whether they have traveled abroad.
Avez-vous voyagé à l'étranger?
Quels pays avez-vous visités?

Juliette

J'ai visité un pays qui est constitué de quatre îles° principales. Pendant mon voyage, j'ai visité beaucoup de temples et j'ai mangé beaucoup de poisson et de riz qui sont les principaux aliments° de ce pays. Les gens étaient toujours très polis avec moi, mais j'ai eu des difficultés à communiquer avec eux parce qu'ils ne parlent pas français.

Où est allée Juliette?
• en Angleterre   • au Japon   • en Israël

îles *islands* **aliments** *foods*

Patrick

On peut faire beaucoup de choses dans le pays où je suis allé. On peut visiter des châteaux° et des musées. On peut aller à des concerts de musique classique. On peut assister à des spectacles folkloriques . . . Moi, j'ai préféré faire du sport. J'ai fait de la voile et j'ai fait beaucoup de marche à pied. (Le dimanche, la marche à pied est l'une des distractions° favorites des gens!) Autrefois ce pays était divisé. Maintenant, il est uni.° C'est le plus grand pays d'Europe centrale.

Où est allé Patrick?
• en Allemagne   • en Italie   • au Portugal

châteaux *castles* **distractions** *pastimes* **uni** *united*

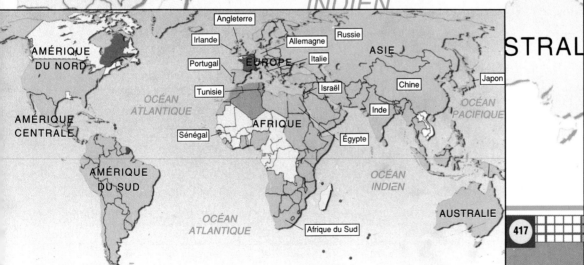

417

■ Réponses
Grégoire — en Égypte
Juliette — au Japon
Aurélie — au Sénégal
Patrick — en Allemagne

Observation activity: Have the students reread the multiple-choice options, noting which countries are introduced by **en** and which by **au**.

en
Chine
Inde
Égypte
Tunisie
Afrique du Sud
Angleterre
Israël
Allemagne
Italie

au
Sénégal
Japon
Portugal

📖 Post-reading activity

Have students in small groups select a country on the map and write similar descriptions of their own, adapting phrases from the readings. The rest of the class will guess which country is being described.

MODULE 8-B
Projet de voyage

Total time: 1:46 min.
(Counter: 14:50–16:36 min.)

VIDEODISC Disc 2, Side 2
2873 to 6045

Leçon 31, Section 1

■ **Teaching note:** Tell students that in this video-scène they will encounter several examples of a new tense—the future.

• From the context, encourage them to try to discover the meanings of the future tense verbs. Have them reword the sentences using **aller** + INFINITIVE, e.g.:
Comment est-ce qu'on <u>ira</u> là-bas? =
Comment est-ce qu'on <u>va aller</u> là-bas?

• Have students list all the examples of future verbs and group them by subject so as to discover the endings that correspond to:
je: -ai (j'irai)
on: -a (on prendra)
vous: -ez (vous serez)

• Then have students use their lists to group the future stems. What letter do all these stems end on? [-r-]

---

31 LEÇON

Vidéo-scène

Projet de voyage

Dans l'épisode précédent, Pierre et Armelle sont allés chez Jérôme, mais Jérôme n'était pas chez lui. Alors ils ont regardé les objets qui étaient dans la chambre de Jérôme. Finalement, Jérôme est arrivé.

Salut!

Salut!

Ça va?

Oui, ça va.

Dites donc, j'ai quelque chose à vous proposer pour samedi prochain.

Quoi donc?

Qu'est-ce que vous pensez d'un voyage à Genève?

Comment est-ce qu'on ira là-bas?

C'est une bonne idée.

Moi, je veux bien . . .

Eh bien, on prendra le train.

418 Unité 8

à suivre . . .

Compréhension

1. Qu'est-ce que Jérôme propose?
2. Comment les amis iront-ils à Genève?
3. Qu'est-ce que Pierre ne veut pas faire?
4. Qu'est-ce qu'Armelle veut faire?
5. Qui achètera les billets?
6. À quelle heure les amis seront-ils à la gare?

Leçon 31 **419**

■ **Looking ahead: J'aimerais faire . . .**
The conditional is presented in Lesson 32.

■ **Cultural note:** Geneva is located on **Lac Léman** (Lake Geneva, in English). A city of great scenic beauty, Geneva is the capital of **la Suisse romande,** the French-speaking portion of Switzerland. It is a cultural, financial, and diplomatic center, housing the International Committee of the Red Cross (**Comité International de la Croix-Rouge**) as well as several United Nations agencies.

■ **Vocabulary note:**
à huit heures pile *at eight o'clock sharp (on the dot)*

● COMPREHENSION

1. Il propose un voyage à Genève.
2. Ils prendront le train.
3. Il ne veut pas visiter le musée d'art et d'histoire.
4. Elle veut faire le tour du lac en bateau.
5. Jérôme achètera les billets.
6. Ils y seront à huit heures.

A. Le futur: formation régulière

The sentences below describe what WILL HAPPEN in the future. The verbs are in the FUTURE tense.

Cet été, je **voyagerai** avec mes amis. *This summer, I **will travel** with my friends.*
Nous **visiterons** le Canada. *We **will visit** Canada.*

Est-ce que tu **prendras** le train? *Will you **take** the train?*
Non, je **ne prendrai pas** le train. *No, I **will not (won't) take** the train.*

The future tense is a *simple* tense that is formed as follows:

FUTURE STEM + FUTURE ENDINGS

Note the future forms of the regular verbs **voyager, finir,** and **vendre,** paying special attention to the endings.

INFINITIVE		**voyager**	**finir**	**vendre**	FUTURE ENDINGS
FUTURE STEM		**voyager-**	**finir-**	**vendr-**	
FUTURE	je **voyagerai**		**finirai**	**vendrai**	-ai
	tu **voyageras**		**finiras**	**vendras**	-as
	il/elle/on **voyagera**		**finira**	**vendra**	-a
	nous **voyagerons**		**finirons**	**vendrons**	-ons
	vous **voyagerez**		**finirez**	**vendrez**	-ez
	ils/elles **voyageront**		**finiront**	**vendront**	-ont
NEGATIVE	je **ne voyagerai pas**				
INTERROGATIVE	est-ce que tu **voyageras?**				
	voyageras-tu?				

 420 Unité 8

STEM

■ The future stem always ends in -r .

For most regular verbs and many irregular verbs, the future stem is derived as follows:

FUTURE STEM = INFINITIVE (minus final -e, if any)

sortir: je **sortir**ai   écrire: j'**écrir**ai
partir: je **partir**ai   boire: je **boir**ai

➡ Note the following stem changes:

	PRÉSENT	FUTUR
acheter	j'**achète**	j'**achèterai**
payer	je **paie**	je **paierai**

PARIS
GENÈVE
30%
DE REDUCTION
On voyagera
moins cher!

AIR FRANCE
swissair

**Vous partirez
en vacances?**

LAC D'ANNECY
L'oxygène à la source
ANNECY,
LAC PUR

ENDINGS

■ The future endings are the same for all verbs, both regular and irregular.

1 DESCRIPTION: describing future travel plans

■ **Variation** (with **travailler à** and **apprendre le (l')** + language):
**Je travaillerai à Mexico.
J'apprendrai l'espagnol.**

1 **Séjours à l'étranger**
Les étudiants suivants vont voyager cet été. Dites quelle ville chacun visitera et quelle langue il parlera.

▶ moi / Mexico

Je visiterai Mexico.
Je parlerai espagnol.

allemand
anglais
espagnol
français
russe

SAINT-PETERSBOURG

1. Isabelle / Moscou
2. moi / Berlin
3. vous / Bordeaux
4. nous / Boston
5. toi / Buenos Aires
6. Anne et Hélène / Munich
7. Éric et Thomas / Dakar
8. mes copains / Saint Pétersbourg
9. ma soeur / Madrid
10. la cousine de Paul / Québec

Leçon 31 **421**

Extra practice: Le futur
PROP: Transparency 64 (Voyages en France)

Use the transparency to practice future forms. Have students say where each person is going, how he/she is going to travel, and what he/she will photograph.

**Pierre visitera la Bretagne.
Il voyagera en scooter.
Il prendra une photo des menhirs.**, etc.

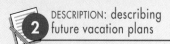
■ **Variation** (in simplified dialogue format):
C: **Tu vas voyager?**
E: **Oui, je voyagerai en juin.**

2 Voyages en France

Des copains vont visiter les différentes provinces de France cet été. Décrivez leurs projets de vacances.

	moi	Alice	nous	Nicolas et Philippe
• visiter	la Normandie	la Provence	la Bretagne	l'Alsace
• voyager	en mobylette	en voiture	en train	en moto
• rester	chez un copain	dans un camping	dans une ferme	chez leur grand-mère
• partir	le 30 juin	le 1er juillet	le 3 juillet	le 15 juillet
• rentrer	le 15 août	le 1er septembre	le 25 août	le 30 août

▶ **Je visiterai la Normandie. Je voyagerai en mobylette, . . .**

3 Peut-être

Patrick veut connaître les projets de Florence. Jouez les deux rôles.

▶ voyager / en juin

1. sortir / samedi soir
2. étudier / après le dîner
3. passer à la bibliothèque / après les classes
4. dîner au restaurant / dimanche
5. jouer au basket / vendredi
6. acheter des vêtements / ce weekend
7. te promener / avant le dîner
8. partir en vacances / en juillet
9. apprendre à skier / cet hiver

Tu vas voyager?

Je ne sais pas. Je voyagerai peut-être en juin.

4 Oui ou non?

Dites si oui ou non les personnes suivantes vont faire les choses suggérées cet été. Soyez logique!

Je ne voyagerai pas.

▶ Je n'ai pas d'argent. • voyager?

1. Je veux gagner de l'argent.
   • partir en vacances? • travailler?
   • chercher un job?
2. Mes parents sont fatigués.
   • se reposer? • prendre des vacances?
   • travailler?
3. Tu es paresseux.
   • dormir beaucoup? • te coucher tard?
   • te lever tôt?
4. Stéphanie est très sportive.
   • nager? • rester à la maison?
   • jouer au tennis?
5. Vous voulez faire du camping.
   • loger chez des amis?
   • acheter une tente?
   • dormir dans un sac de couchage?
6. Nous allons aller en France.
   • prendre l'avion? • nous amuser?
   • parler espagnol?

Cooperative pair practice
Activity 3

B. Futurs irréguliers

A few French verbs are irregular in the future tense. These verbs have:

- an IRREGULAR future STEM
- REGULAR future ENDINGS

Here are five of these verbs:

INFINITIVE	FUTURE STEM	
aller	ir-	Cet été nous **irons** au Sénégal.
avoir	aur-	**Auras**-tu beaucoup d'argent?
être	ser-	Je ne **serai** pas à Paris en juin.
faire	fer-	Pierre **fera** un voyage en Algérie.
voir	verr-	Nous **verrons** la Tour Eiffel.

➡ HAVE YOU NOTED? In French, *all* future stems end in ⬚ -r ⬚ .

5 **Expression personnelle** ⎯⎯⎯⎯⎯⎯⎯⎯⎯

Comment imaginez-vous votre existence dans cinq ans?
Dites si oui ou non vous ferez les choses suivantes.

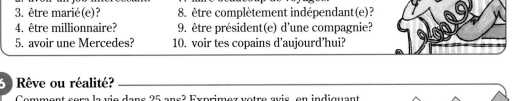

Dans cinq ans,
j'aurai une moto.

▶ avoir une moto?

1. aller à l'université?
2. avoir un job intéressant?
3. être marié(e)?
4. être millionnaire?
5. avoir une Mercedes?
6. être très heureux (heureuse)?
7. faire beaucoup de voyages?
8. être complètement indépendant(e)?
9. être président(e) d'une compagnie?
10. voir tes copains d'aujourd'hui?

6 **Rêve ou réalité?** ⎯⎯⎯⎯⎯⎯⎯⎯⎯

Comment sera la vie dans 25 ans? Exprimez votre avis, en indiquant
si les prédictions suivantes vous semblent certaines, possibles, probables
ou impossibles. Comparez vos réponses avec vos camarades.

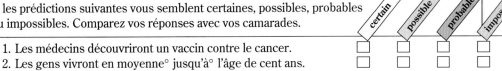

certain / possible / probable / impossible

1. Les médecins découvriront un vaccin contre le cancer. ☐ ☐ ☐ ☐
2. Les gens vivront en moyenne° jusqu'à° l'âge de cent ans. ☐ ☐ ☐ ☐
3. Tout le monde aura un ordinateur à la maison et on restera
   à la maison pour travailler. ☐ ☐ ☐ ☐
4. On habitera dans des grandes maisons en verre° qui utiliseront
   l'énergie solaire pour le chauffage° et l'électricité. ☐ ☐ ☐ ☐
5. Il n'y aura plus de pollution parce que toutes les voitures
   seront équipées de moteurs électriques. ☐ ☐ ☐ ☐
6. Il fera toujours beau parce que les savants° contrôleront
   les conditions atmosphériques. ☐ ☐ ☐ ☐
7. Pendant les vacances on ira sur la lune° où il y aura
   de grands hôtels interspaciaux. ☐ ☐ ☐ ☐
8. Les gens seront plus heureux et moins stressés qu'aujourd'hui. ☐ ☐ ☐ ☐

en moyenne *on the average* **jusqu'à** *until* **verre** *glass* **chauffage** *heat* **savants** *scientists* **lune** *moon*

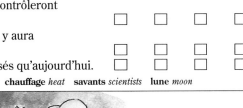

☀ **Warm-up: Futurs irréguliers**

PROP: Transparency 64 (Voyages en
France)

Tell students that some verbs have
irregular stems in the future tense.
Narrate a sequence of actions based on
the transparency, and have students
guess which verb is being used in each
sentence.

1. **Nous aurons des vacances en
   juillet.** [avoir]
2. **Nous ne serons pas à Paris.** [être]
3. **Nous ferons un voyage.** [faire]
4. **Nous irons à Toulouse,** [aller]
5. **Nous verrons le centre
   aérospatial.** [voir]

Section B

COMMUNICATIVE FUNCTION:
Talking about the future

🔲 **Leçon 31, Section 2**

📼 **Transparency 14**
Quelques professions

■ Using the transparency, have
students decide which profession
each one will have in 10 years.
**Dans dix ans, Sylvie sera
dentiste.**, etc.

■ **Language note**: An IRREGULAR
future stem is one that is not
derived directly from the infinitive.

■ **Looking ahead**: More irregular
future stems are presented in
Section E of this lesson.

■ **Pronunciation**: Be sure
students distinguish between
- **fer(ai)** and **ser(ai)** where the "e"
  is pronounced /ə/ as in **je**.
- **verr(ai)** where the "e" is
  pronounced /ɛ/ as in **elle** or
  chère.

■ **Pacing:** Depending on your
time schedule, you may select only
two of Act. 5, 6, and 7.

📝 **5** COMMUNICATION: describing
one's situation five years
from now

6 COMMUNICATION: predicting
future conditions

■ **Teaching note:** Read each
statement and have students
express their opinions, e.g.:
Je pense que c'est possible.
Je pense que c'est certain., etc.

1. Elle ira à Tours vendredi. Elle voyagera en train. Elle arrivera à 18h30. Elle ira à l'hôtel de Bordeaux. Elle dînera Chez Balzac.
2. Elle visitera vieux Tours. Elle verra les maisons anciennes.
3. Elle fera un pique-nique. Elle fera une promenade à vélo. Elle verra le spectacle «Son et Lumière» au château.
4. Elle ne fera rien. / Elle se reposera. Elle verra les châteaux de Villandry et de Langeais.
5. Elle partira dimanche soir. Le premier train partira à 20h31. Il y aura un autre train à 21h46.

■ **Variations:**
• Catherine is going with her friend Cécile:
Elles iront à Tours . . .
• Catherine describes her plans:
J'irai à Tours . . .
• Catherine and Cécile describe their plans:
Nous irons à Tours . . .

7 **Weekend en Touraine**

Catherine, une jeune Parisienne, a décidé de passer un weekend en Touraine. La Touraine est une province célèbre pour ses châteaux et sa capitale, Tours. Catherine a préparé son itinéraire pour le weekend. Regardez bien cet itinéraire et répondez aux questions suivantes.

> **vendredi**
> départ Paris (train de 16h40)
> arrivée à Tours (18h30)
> Hôtel de Bordeaux
> dîner Chez Balzac
>
> **samedi**
> matin : visite du vieux Tours
>   (maisons anciennes)
> après-midi : pique-nique
>   promenade à vélo (Amboise)
> soir : spectacle "Son et Lumière" au
>   château
>
> **dimanche**
> matin : repos
> après-midi : promenade en voiture
>   (châteaux de Villandry et de Langeais)
> soir : départ pour Paris
>   (train de 20h31 ou de 21h46

1. Quel jour est-ce que Catherine ira à Tours? Comment voyagera-t-elle? À quelle heure est-ce qu'elle arrivera? À quel hôtel est-ce qu'elle ira? Où dînera-t-elle?

2. Qu'est-ce qu'elle fera d'abord samedi matin? Qu'est-ce qu'elle verra?

3. Qu'est-ce qu'elle fera samedi après-midi? Et après, comment est-ce qu'elle ira à Amboise? Qu'est-ce qu'elle verra le soir?

4. Qu'est-ce qu'elle fera dimanche matin? Quels châteaux est-ce qu'elle verra?

5. Quand est-ce qu'elle partira de Tours? À quelle heure est-ce que le premier train partira? À quelle heure est-ce qu'il y aura un autre train?

Le château de Villandry

Le château de Langeais

Le château d'Amboise

🌐 **Cultural notes: Les châteaux**

• **Villandry** is one of the most original castles in the Loire River Valley. The open courtyard on the north overlooks both the Cher and Loire Rivers. The château is particularly famous for its 16th century-style gardens.

• **Langeais** is situated on the north bank of the Loire to the west of Villandry. Since its construction in the 15th century by Louis XI, it has never been altered—a rare phenomenon in the history of French castles.

C. L'usage du futur dans les phrases avec *si*

Note the use of the future in the following sentences.

S'il **fait** beau,
  nous **irons** à la plage.

If the weather is nice,
  we will go to the beach.

Si j'**ai** de l'argent,
  je **voyagerai** cet été.

If I have money,
  I will travel this summer.

The above sentences express what WILL HAPPEN *if* a certain condition is met. They consist of two parts:

- the **si** *(if)* clause, which expresses the condition
- the result clause, which tells what WILL HAPPEN

In French, as in English, the pattern of tenses is:

si-clause: PRESENT	result clause: FUTURE
Si nous **achetons** une caravane,	nous **ferons** du camping.

➡ HAVE YOU NOTED? **Si** becomes **s'** before **il** and **ils,** but not before **elle** and **elles.**

8 Fais attention!

Dites à vos camarades ce qui arrivera s'ils font ou s'ils ne font pas certaines choses. Soyez logique!

1. Si tu lis trop . . .
2. Si tu n'étudies pas . . .
3. Si tu manges trop de bonbons *(candy)* . . .
4. Si tu ne te dépêches pas . . .
5. Si tu ne te reposes pas . . .
6. Si tu dépenses tout ton argent maintenant . . .

> rater *(miss)* le bus
> être fatigué(e) demain
> être fauché(e) *(broke)* pour les vacances
> avoir mal au ventre
> avoir mal aux dents
> avoir mal à la tête
> avoir une mauvaise note à l'examen

▶ Si tu manges trop . . .
  Fais attention! Si tu manges trop, tu auras mal au ventre.

9 Ça dépend!

Ce que nous allons faire dépend souvent des circonstances. Exprimez cela dans des dialogues.

Tu vas aller à la plage ou au cinéma ce weekend?

Ça dépend! S'il fait beau, j'irai à la plage.

Et s'il ne fait pas beau?

J'irai au cinéma.

1. acheter une moto ou un vélo?
  Si j'ai assez d'argent . . .
2. prendre le bus ou un taxi?
  Si je suis pressé(e) . . .
3. dîner chez toi ou au restaurant?
  Si j'ai envie de sortir . . .
4. faire du jogging ou une promenade à pied?
  Si je suis fatigué(e) . . .
5. manger un steak ou un sandwich?
  Si j'ai très faim . . .

Leçon 31 **425**

Section C

COMMUNICATIVE FUNCTION: Talking about what will happen if certain conditions are met

 Leçon 31, Section 2

■ **Language note:** Sentences of the type shown here may begin with the **si**-clause or with the result clause.

Si je vais en France, je visiterai Paris.

Je visiterai Québec, **si je vais au Canada.**

■ **Pacing:** Depending on your time schedule, you may want to choose only one of Act. 8 or 9.

COMPREHENSION: drawing logical conclusions about future events

8

EXCHANGES: talking about future plans

9

Personalization: Have students create original responses to each item.

Si j'ai assez d'argent, je ferai un voyage en France., etc.

- The royal castle of **Amboise** dominates the town and the Loire River. It was to Amboise that the King François I brought the Italian artist Leonardo da Vinci.

Other **châteaux** worth visiting for their beauty and historic interest are those in Anger, Azay-le-Rideau, Blois, Chambord, and Chenonceau. They all have **Son et Lumière** presentations that recreate the history of the castle and the area with dramatic readings accompanied by light shows.

Cooperative pair practice Activity 9

 **Leçon 31, Section 2**

Transparency 65
Le futur

■ Have students make up sentences about the transparency, using the future tense:
Quand Olivier aura de l'argent, il visitera Paris.
Quand Juliette sera en vacances, elle travaillera dans un fast-food.

■ **Language note:** In English, the present tense is used in the *when*-clause.

■ **Pacing:** Depending on your time schedule, you may want to choose only one of Act. 10 or 11.

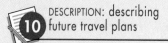
DESCRIPTION: describing future travel plans

1. la Maison Blanche
2. l'Alamo
3. Hollywood
4. le Parc de Valley Forge
5. Mesa Verde
6. le Grand Canyon

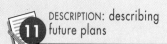
DESCRIPTION: describing future plans

D. L'usage du futur après *quand*

The following sentences describe what WILL HAPPEN *when* another event occurs. Compare the use of tenses in the French and English sentences below.

Quand Sophie **sera** en vacances, elle **voyagera**.   *When Sophie **is** on vacation, she **will travel**.*

Quand nous **irons** au Canada, nous **visiterons** Québec.   *When we **go** to Canada, we **will visit** Quebec City.*

When referring to future events, the French use the future tense in BOTH the main clause and the **quand**-clause. In French, the pattern is:

quand-clause: FUTURE	main clause: FUTURE
Quand nous **aurons** une caravane,	nous **ferons** du camping.

➡ Sentences of this type may begin either with the **quand**-clause or with the main clause.
     Quand j'aurai de l'argent, je voyagerai.
     Nous voyagerons **quand** nous serons en vacances.

---

10 **Vacances aux États-Unis**

Des étudiants français iront aux États-Unis cet été. Dites ce que chacun visitera quand il sera dans la ville ou l'état où il passera ses vacances.

▶ Paul / à New York
   Quand il sera à New York, Paul visitera la Statue de la Liberté.

1. Jacqueline / à Washington
2. Thomas et André / à San Antonio
3. nous / en Californie
4. vous / en Pennsylvanie
5. moi / dans le Colorado
6. toi / en Arizona

la Maison Blanche
Hollywood
l'Alamo
Mesa Verde
le Parc de Valley Forge
la Statue de la Liberté
le Grand Canyon

11 **C'est évident!**

Ce que nous ferons plus tard dépend souvent des circonstances dans lesquelles nous nous trouverons. Exprimez cela en phrases logiques en utilisant les éléments des colonnes A, B et C.

A	B	C
moi	avoir 18 ans	voter
toi	avoir une voiture	étudier beaucoup
ma soeur	être riche	s'amuser
nous	être en vacances	se reposer
mes copains	aller en Suisse	voir Genève
vous	aller à l'université	faire du camping
		faire la connaissance de gens sympathiques
		acheter une voiture

▶ **Quand nous aurons 18 ans, nous voterons.**

❎ **Un jeu: C'est évident!**

Act. 11 can be done as a team game. Divide the class into groups of three or four students. Have each group choose a recorder (**un/une secrétaire**). As the group creates a sentence, the recorder writes it down on a sheet of paper.

Give a signal for the groups to start. At the end of the time limit, stop the groups.

Have them exchange papers (Group 1 passes its papers to Group 2, Group 2 to Group 3, etc.).

Each group checks the paper it received for accuracy and records the number of correct and logical sentences. The group with the highest score wins.

E. D'autres futurs irréguliers

The verbs below have irregular future stems.

	INFINITIVE	FUTURE STEM	
to know (how)	**savoir**	**saur-**	Je **saurai** la réponse demain soir.
to have to to receive to notice	**devoir** **recevoir** **apercevoir**	**devr-** **recevr-** **apercevr-**	**Devras**-tu travailler cet été? Marc **recevra** une lettre de Sophie. De l'avion, nous **apercevrons** le Mont-Saint-Michel.
to come to come back to become	**venir** **revenir** **devenir**	**viendr-** **reviendr-** **deviendr-**	Mes amis **viendront** demain. Quand est-ce que nous **reviendrons?** Je ne **deviendrai** jamais très riche.
to want	**vouloir**	**voudr-**	Paul ne **voudra** pas sortir s'il pleut.
to send to be able	**envoyer** **pouvoir**	**enverr-** **pourr-**	Je t'**enverrai** mon adresse. **Pourras**-tu me téléphoner ce soir?

12 **Oui ou non?**

Dites si oui ou non vous ferez les choses suivantes.

▶ recevoir un «A» en français?

Oui, je recevrai
un «A» en français.

(Non, je ne recevrai pas
d'«A» en français.)

1. recevoir un «A» en maths?
2. recevoir un vélo pour mon anniversaire?
3. savoir très bien parler français?
4. savoir faire du parapente?
5. devoir travailler cet été?
6. devoir étudier ce weekend?

7. envoyer une lettre au professeur cet été?
8. vouloir nager ce weekend?
9. pouvoir aller en France au printemps?
10. devenir célèbre *(famous)?*
11. devenir millionnaire?
12. devenir professeur?

À votre tour!

1 **Conversation: Voyage**

Votre cousin(e) et vous, vous avez décidé de faire un voyage pendant les vacances.
Discutez ensemble des sujets suivants:

- où vous irez
- quand vous partirez
- comment vous voyagerez
- ce que vous ferez quand vous serez
  à votre destination (visites, promenades,
  sports, autres activités)
- ce que vous achèterez pendant votre voyage
- quand vous reviendrez chez vous

Ensuite, écrivez un paragraphe où vous décrirez
vos projets.

Où est-ce que nous irons
pendant les vacances?

Moi, j'aimerais aller
à Disney World.

Bonne idée!
On ira en Floride.

Quand est-ce que
nous partirons?

Composition: Dans 10 ans 📓 Portfolio assessment

Imaginez votre vie dans dix ans d'ici.
Décrivez trois aspects de votre vie d'alors.
Où est-ce que je serai dans dix ans?
Qu'est-ce que je ferai? Comment
sera ma vie? Eh bien, voyons . . .
Dans dix ans, j'habiterai à . . .

You will probably choose only one oral
and one written activity to go into the
students' portfolios for Unit 8. The
following activities are good portfolio
topics:

ORAL: Activity 1
WRITTEN: *Composition* (ETE p. T427)

Section E

COMMUNICATIVE FUNCTION:
Talking about the future

■ **Teaching notes**
- Remind students that the
  endings for the future are
  always <u>regular</u>.
- You may want to present the
  following irregular futures:
  il faut → il faudra
  il pleut → il pleuvra

12 DESCRIPTION: describing
future plans

À votre tour!

1 GUIDED CONVERSATION:
making vacation plans

Lecture

OBJECTIVES
• Reading for information
• Developing logical thinking

■ **Cultural notes**
• Trains arrive in Paris at one of several railroad stations, depending on the direction they're coming from. The Gare du Nord serves trains to and from the north of France. Two other important stations are the Gare de Lyon and the Gare Montparnasse (see note on p. T83).
• For information on the airports serving Paris, see the note on p. T238.

Classroom Notes

Stéphanie habite à Paris. Elle est vice-présidente du club international de son école. De temps en temps, elle va accueillir° des étudiants qui viennent visiter Paris. Lisez les lettres de quatre de ces étudiants. Pouvez-vous les identifier d'après la description qu'ils font d'eux-mêmes?°

accueillir *to greet* **eux-mêmes** *themselves*

A Je partirai de Munich le 20 juin et j'arriverai à la gare de l'Est par le train de 18h22. Tu me reconnaîtras facilement. Je serai en jean et je porterai une chemise rouge à carreaux. Je viendrai avec un sac à dos. Je n'aurai pas d'autre bagage.

À bientôt,
Gaby

B Merci de venir me chercher à la gare. J'arriverai de Londres samedi prochain par le train de 15 h 12. Je ne sais pas exactement ce que je porterai ce jour-là. Cela dépendra du temps. S'il fait beau, je porterai une jupe grise et le blazer vert de mon école. S'il pleut, je mettrai mon imperméable. Je suis petite et j'ai les cheveux roux.°

Amicalement,
Christy

roux *red*

C Je serai à Paris le 3 août. Est-ce que tu viendras me chercher à l'aéroport ce jour-là? J'arriverai de Boston à 8 h 35 par le vol TWA 810. Je ne sais pas comment je serai habillé, mais ce sera facile de me reconnaître parce que j'aurai un foulard rouge autour du cou. Je viendrai avec une valise et ma guitare.

Mes amitiés,
David

D Dans deux semaines je serai en France! Je prendrai le train Barcelone-Paris qui arrive à la gare d'Austerlitz le 15 août à 10h25. Il y aura certainement beaucoup de monde à la gare, mais je ne serai pas difficile à reconnaître: je suis grand et je porte des lunettes. Je serai en short et en chemise à carreaux et je porterai un sac à dos et une valise rouge.

Merci de te déplacer pour moi,
Antonio

428 Unité 8

 Pre-reading activity

Ask students if they have ever had to pick someone up whom they had never met.
Avez-vous jamais eu l'occasion d'aller chercher quelqu'un que vous ne connaissez pas?

Comment avez-vous pu reconnaître cette personne?
[sa description physique
la description de ses vêtements
la description d'un objet que la personne allait porter, etc.]

■ **Réponses**
1 - D
2 - B
3 - A
4 - C

💡 **Observation activity**

1. Have students reread the four descriptions, finding the future tense verbs and describing their functions. In particular, have them note the use of the future after **si**-clauses in Christy's letter.

2. The expression **merci de** + INFINITIVE is used to thank people in advance for what they will be doing:

    B: <u>Merci de venir</u> me chercher à la gare.

    D: <u>Merci de te déplacer</u> pour moi.

■ **Looking ahead:** If students ask how to thank people for what they have done in the past, you may point out that the French use **merci de** + PAST INFINITIVE:
<u>Merci d'avoir téléphoné</u> hier.
<u>Merci d'être venu(e)</u> à la gare.
(The past infinitive will be presented in Level Three.)

📖 **Post-reading activity**

Ask students to imagine that they will be traveling to Paris. Have them write a brief letter to Stéphanie in which they describe what they look like and what they will be wearing.

MODULE 8-C
À la gare

Total time: 3:37 min.
(Counter: 16:38–20:15 min.)

Disc 2, Side 2
6100 to 12655

Leçon 32, Section 1

32 Vidéo-scène
LEÇON À la gare

Dans le module précédent, Armelle, Pierre et Jérôme ont décidé d'aller à Genève samedi. C'est Jérôme qui prendra les billets. Il a dit qu'il serait à l'heure à la gare.

Nous sommes samedi matin à la gare d'Annecy.

Armelle est déjà là.

Pierre arrive.

Salut!

Salut!

Tu sais bien, il a dit qu'il les achèterait.

Tu as les billets?

Mais non, c'est Jérôme qui les a.

Ah oui, c'est vrai! Il a aussi dit qu'il serait ici à huit heures pile.

(430) Unité 8

🌐 Cultural note: Prendre le train

After buying a ticket at the ticket window **(le guichet),** the passenger has to validate it **(composter le billet)** by inserting it in the slot of a machine on the platform that makes a small hole in the ticket and prints a numbered code that can only be understood by the railroad employees; the code contains the date and the name of the station at which the ticket was punched. This is to make sure the ticket is not used more than once, since in France tickets are valid for a month after their purchase. Passengers keep their tickets rather than turning them in to the conductor.

Quelle heure est-il?

Huit heures cinq.

Zut alors!
Mais qu'est-ce qu'il fait??!! Le train
va partir dans deux minutes.

Si on montait
dans le train?!

Mais on n'a pas les billets!
Qu'est-ce qu'on ferait si on était contrôlé?

Eh bien, on expliquerait
la situation au contrôleur.

Tu parles! Il nous
donnerait une amende!

Tiens,
voilà Jérôme.

Finalement, Jérôme arrive.

Il retrouve ses amis.

Mais il est trop tard. . . .
Le train est parti. . . .

Le voyage à Genève sera
pour une autre fois.

FIN

Compréhension

1. Qui arrive la première
   à la gare?
2. Qui arrive ensuite?
3. Pourquoi est-ce que Pierre
   ne veut pas monter
   dans le train?
4. Comment se termine l'histoire?

Leçon 32 **431**

 COMPREHENSION

1. Armelle arrive la première.
2. Pierre arrive ensuite.
3. Ils n'ont pas les billets.
4. Jérôme arrive, mais il est en
   retard. Le train est déjà parti.

On the train, the conductor checks to
see if the tickets have been properly
stamped **(être contrôlé).** If they have not
been stamped, or if the passenger does
not have a ticket, he/she will have to pay
a fine **(une amende).**

🔊 Leçon 32, Section 2

↻ **Review:** imperfect tense

⬛ **Transparency 49**
L'imparfait: Les événements
habituels

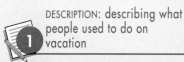

DESCRIPTION: describing what
people used to do on
vacation

Personalization: Have
students say what they
generally did during their last
summer vacation.
**Le matin, je me levais tard.
L'après-midi, j'allais à la
plage. Le soir, je sortais avec
mes copains.**

A. Révision: L'imparfait

The IMPERFECT is a past tense that describes what people USED TO DO on a regular basis.

Nous **passions** l'été à la mer.   *We **used to spend** the summer at the ocean.*
J'**allais** tous les jours à la plage.   *Every day I **used to go** to the beach.*

➡ You may want to review the forms of the imperfect on page 317, Leçon 23.

1 Souvenirs de vacances

Des copains parlent de leurs vacances. Décrivez ce que chacun faisait tous les jours.

	le matin	l'après-midi	le soir
moi	aller au marché	aller à la plage	retrouver mes copains au café
nous	faire du jogging	jouer au tennis	aller au cinéma
Thomas	faire une promenade	nager	dîner au restaurant
Alice et Sophie	aller en ville	faire de la voile	sortir
vous	travailler dans le jardin	se reposer	aller danser dans les discothèques
toi	se lever à dix heures	se promener en ville	se coucher à une heure

▶ Le matin, j'allais au marché.
L'après-midi . . .

☀ Warm-up: Quand j'avais huit ans

PROP: Transparency 49

Point to activities on the transparency and have students describe what they used to do when they were eight years old. For example:

Regarde Alain. Quand il avait huit ans, il jouait au foot.
Et toi [Robert], est-ce que tu jouais au foot quand tu avais huit ans?
Où est-ce que tu jouais au baseball?

B. Le conditionnel: formation

The CONDITIONAL is used to describe what people WOULD DO, or what WOULD HAPPEN in certain circumstances. Note the use of the conditional in the following sentences.

S'ils avaient de l'argent, . . .   *If they had money, . . .*
- Isabelle **voyagerait**   • *Isabelle **would travel***
- Philippe **visiterait** Paris   • *Philippe **would visit** Paris*
- mes cousins **achèteraient** une moto   • *my cousins **would buy** a motorcycle*
- mes parents **iraient** au Japon   • *my parents **would go** to Japan*

In French, the conditional is a simple tense. It consists of one word and it is formed as follows:

FUTURE STEM + IMPERFECT ENDINGS

Note the conditional forms of the regular verbs **parler, finir, vendre,** and the irregular verb **aller.**

INFINITIVE	parler	finir	vendre	aller	IMPERFECT ENDINGS
FUTURE	je **parler**ai	**finir**ai	**vendr**ai	**ir**ai	
CONDITIONAL	je **parler**ais	**finir**ais	**vendr**ais	**ir**ais	-ais
	tu **parler**ais	**finir**ais	**vendr**ais	**ir**ais	-ais
	il/elle/on **parler**ait	**finir**ait	**vendr**ait	**ir**ait	-ait
	nous **parler**ions	**finir**ions	**vendr**ions	**ir**ions	-ions
	vous **parler**iez	**finir**iez	**vendr**iez	**ir**iez	-iez
	ils/elles **parler**aient	**finir**aient	**vendr**aient	**ir**aient	-aient
NEGATIVE	je **ne parlerais pas**				
INTERROGATIVE	est-ce que tu parlerais?				
	parlerais-tu?				

⟹ Verbs that have an irregular future stem keep this same irregular stem in the conditional. For example:

avoir: j'**aur**ais   aller: j'**ir**ais   voir: je **verr**ais
être: je **ser**ais   faire: je **fer**ais

---

2 La tombola *(Raffle)* ─────────

Imaginez que vos camarades ont participé à une tombola. Demandez-leur s'ils feraient les choses suivantes s'ils gagnaient le grand prix de mille dollars.

▶ voyager?

1. partir en vacances?
2. visiter Disneyland Paris?
3. mettre tout l'argent à la banque?
4. acheter une moto?
5. donner de l'argent à tes amis?
6. organiser une grande fête?
7. aider les pauvres?
8. passer un mois en France?

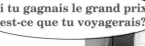

▶ Si tu gagnais le grand prix, est-ce que tu voyagerais?

Oui, je voyagerais.

(Non, je ne voyagerais pas.)

Leçon 32 **433**

Section B

COMMUNICATIVE FUNCTION: Talking about what one would do under certain conditions

▭ **Leçon 32, Section 2**

▪ **Language note:** Other irregular future stems:
venir (devenir, revenir): je **viendr**ais (**deviendr**ais, **reviendr**ais)
recevoir (apercevoir): je **recevr**ais (**apercevr**ais)
savoir: je **saur**ais
envoyer: j'**enverr**ais

EXCHANGES: discussing what friends would do if they had the means
2

Personalization: Have students say what they would do with $1000.
Si je gagnais mille dollars, je . . .

Cooperative pair practice
Activity 2

3 **Vive les vacances!**

Les personnes suivantes rêvent aux vacances d'été. Dites si oui ou non elles feraient les choses suivantes pendant leur vacances.

▶ nous / préparer l'examen?
Nous ne préparions pas l'examen.

1. moi / voyager?
2. Monsieur Boulot / travailler?
3. les élèves / étudier?
4. toi / finir les exercices?
5. vous / se reposer?
6. nous / s'amuser?
7. on / partir à la mer?
8. Catherine et Hélène / sortir avec des copains?
9. vous / se promener sur la plage?
10. Marc / écrire à ses copains?

4 **Décisions, décisions . . .**

Imaginez que vous avez le choix entre les choses suivantes. Que choisiriez-vous?

▶ avoir un vélo ou une moto?
J'aurais une moto (un vélo).

1. avoir un chien ou un chat?
2. avoir des patins à glace ou des patins à roulettes?
3. aller au Canada ou au Mexique?
4. aller à un concert ou à un match de baseball?
5. faire du ski ou du ski nautique?
6. faire de la planche à voile ou du parapente?
7. être architecte ou avocat(e)?
8. être en vacances à Tahiti ou en Floride?
9. voir Paris ou Rome?
10. voir un OVNI *(UFO)* ou une éclipse?

C. **Le conditionnel de politesse**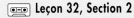

The conditional is sometimes used to make polite requests. Compare the following sentences.

Je **veux** te parler.	*I **want** to talk to you.*
Je **voudrais** te parler.	*I **would like** to talk to you.*
Peux-tu m'aider?	***Can** you help me?*
Pourrais-tu m'aider?	***Could** you help me?*
Tu **dois** étudier.	*You **must** study.*
Tu **devrais** étudier.	*You **should** study.*

5 **La politesse**

Vous voulez dire les choses suivantes à vos copains. Dites-leur ces choses d'une manière plus polie. Pour cela, utilisez le conditionnel.

▶ Je veux jouer au tennis avec toi.

1. Je veux te demander un service *(favor)*.
2. Je veux t'emprunter ton vélo.
3. Est-ce que je peux prendre tes cassettes?
4. Est-ce que tu peux me prêter cinq dollars?
5. Tu dois être plus patient(e) avec moi.
6. Tu dois m'écouter.
7. Est-ce que tu peux m'aider à faire le devoir?
8. Je veux te parler.

Je voudrais jouer au tennis avec toi.

D. Le conditionnel dans les phrases avec *si*

Note the use of the conditional in the following sentences.

Si j'avais de l'argent, . . .	*If I had money (but I don't), . . .*
j'**achèterais** une voiture.	*I **would buy** a car.*
Si nous étions en vacances, . . .	*If we were on vacation (but we're not), . . .*
nous **irions** à la plage.	*we **would go** to the beach.*

The CONDITIONAL is used to express what WOULD HAPPEN *if* a certain condition contrary to reality were met.

In such sentences, the construction is:

si-clause: IMPERFECT	result clause: CONDITIONAL
Si tu **étais** au lycée à Paris,	tu **parlerais** français en classe.

➡ The CONDITIONAL is *never* used in the **si**-clause.

6 Oui ou non?

Supposez que vous êtes dans les situations suivantes. Dites si oui ou non vous feriez les choses suggérées.

> ▶ avoir beaucoup d'argent
> • voyager tout le temps?

> Si j'avais beaucoup d'argent, je voyagerais tout le temps.

(Si j'avais beaucoup d'argent, je ne voyagerais pas tout le temps.)

...re en vacances
...étudier?
...aller à la piscine?
...re le professeur
...donner des examens faciles?
...être très strict(e)?

3. être le président
   • aider les pays pauvres?
   • faire beaucoup de voyages?

4. habiter dans un château
   • inviter tous mes copains?
   • organiser des concerts chez moi?

5. aller en France
   • voir la «Mona Lisa»?
   • manger des escargots *(snails)?*

6. voir un fantôme
   • rester calme?
   • avoir peur?

À votre tour!

1 Discussion: Le billet de loterie

Formez un groupe de quatre ou cinq camarades. Supposez qu'avec vos camarades vous avez acheté un billet de loterie.

Vous avez décidé que si vous gagnez, vous dépenserez votre argent sur un projet commun.

Discutez en groupe de ce que vous feriez si vous gagniez les prix suivants. (Chacun peut exprimer son opinion personnelle, mais vous devez arriver à une décision commune.)

Sur une feuille de papier, inscrivez l'opinion de chacun et la décision commune.

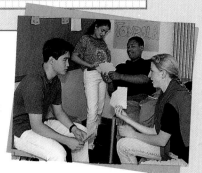

	les prix		
les participants	100 $	1 000 $	10 000 $
moi			
Anne			

Leçon 32 **435**

📁 Portfolio assessment

You will probably choose only one oral and one written activity to go into the students' portfolios for Unit 8. Activity 1 can be adapted as a written portfolio activity.

LECTURE Pas de panique

Parfois nous nous trouvons dans des circonstances difficiles. Il est alors important de réagir° avec calme et sang-froid.° Analysez les situations suivantes et dites comment vous réagiriez. Ensuite, comparez vos réponses avec vos camarades de classe. Discutez de votre choix.

réagir *to react* **avec calme et sang-froid** *calmly and coolly*

1 Vous passez devant une banque. Deux hommes masqués sortent d'une voiture et entrent dans la banque.
Que feriez-vous?

    A. Vous attaqueriez les bandits.
    B. Vous noteriez le numéro de la voiture des bandits.
    C. Vous partiriez à toute vitesse.

2 Vous êtes seul(e) dans une maison isolée. Pendant la nuit, vous entendez des bruits mystérieux.
Que feriez-vous?

    A. Vous crieriez° très fort.°
    B. Vous allumeriez la lumière° pour identifier la source des bruits.
    C. Vous vous cacheriez° sous le lit.

crieriez *would scream* **fort** *loudly* **lumière** *light*
cacheriez *would hide*

3 Vous faites une promenade à pied dans une région que vous ne connaissez pas très bien. Il est tard et vous vous apercevez° que vous êtes perdu(e).
Que feriez-vous?

    A. Vous feriez un grand feu° pour attirer° l'attention.
    B. Vous grimperiez° dans un arbre pour mieux voir où vous êtes.
    C. Vous continueriez votre route dans l'espoir° de trouver une ferme.

apercevez *realize* **feu** *fire* **attirer** *to attract*
grimperiez *would climb* **espoir** *hope*

 Pre-reading activity

Have students read the title, skim the format of the reading, and look at the drawings.
Can they guess the topic of the reading?
[what one would do in difficult situations]

4 Vous faites une promenade en bateau avec un copain qui ne sait pas très bien nager. Vous êtes à cinquante mètres de la plage quand vous vous apercevez que le bateau prend l'eau très lentement.

Qu'est-ce que vous feriez?

    A. Vous resteriez avec votre copain en attendant le passage d'un autre bateau.
    B. Vous nageriez jusqu'à° la plage en supportant votre copain.
    C. Vous nageriez seul(e) jusqu'à la plage pour trouver du secours.°

jusqu'à *up to* **secours** *help*

5 Vous avez un rendez-vous très important en ville. Vous prenez le bus pour aller à ce rendez-vous. En route, le bus a un accident léger.° Il n'y a pas de blessés graves° mais le bus est immobilisé.

Que feriez-vous?

    A. Vous aideriez les autres passagers.
    B. Vous feriez de l'auto-stop° pour être à l'heure au rendez-vous.
    C. Vous attendriez le prochain bus, en sachant° que vous serez en retard à votre rendez-vous.

léger *minor* **blessés graves** *seriously injured people*
feriez de l'autostop *would hitchhike* **en sachant** *knowing*

6 Vous êtes à Québec en tant que° délégué(e) à un congrès international de jeunes. Vous avez une belle chambre au premier étage d'un hôtel. Un jour vous sentez° une drôle d'°odeur dans votre chambre. Vous remarquez de la fumée° sous la porte.

Que feriez-vous?

    A. Vous téléphoneriez à la réception.
    B. Vous ouvririez° la porte pour tirer° la sonnette° d'alarme qui est dans le couloir.
    C. Vous ouvririez la fenêtre et vous sauteriez° dans la rue.

en tant que *as* **sentez** *smell* **une drôle d'** *a strange* **fumée** *smoke*
ouvririez *would open* **tirer** *to pull* **sonnette** *bell* **sauteriez** *would jump*

■ **Challenge activity:** Students in pairs can develop other courses of action for each of the situations.

💡 **Observation activity:** Have the students reread the options, observing that the verbs are all in the conditional.

Classroom Notes

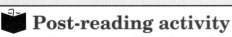 **Post-reading activity**

Go over the options, asking the students, singly or in groups, whether they would do what is suggested, e.g.:
– **Est-ce que vous attaqueriez les bandits?**
– **Non, je n'attaquerais pas les bandits.**

(Non, nous n'attaquerions pas les bandits.)
You may have others comment on these responses in the third person, e.g.:
David attaquerait les bandits.
Suzanne et Alice n'attaqueraient pas les bandits.

Interlude 8

OBJECTIVE:

• Reading for pleasure

Language note: Since the tone of this reading is chatty and conversational, the reader is addressed as **tu**.

INTERLUDE 8

LA CHASSE AU TRÉSOR

Avant de lire

Voici une lecture différente: C'est une chasse au trésor qui permet aux participants de créer leur propre itinéraire. La carte à droite te donnera une idée générale du parcours. À chaque étape tu devras prendre une décision. Cette décision déterminera la suite de ta promenade. Bonne lecture . . . et bonne route!

Veux-tu participer à une chasse au trésor? C'est facile. Lis attentivement les instructions suivantes.

Dans ce texte, tu vas faire une promenade à vélo. Pendant cette promenade, tu devras choisir certaines options. Tu auras aussi l'occasion de découvrir certains objets cachés et de prendre certaines photos. Comment découvriras-tu le trésor? Essaie de rapporter le plus grand nombre d'objets et de photos. (Marque toutes ces choses sur une liste comme celle en bas de la page.) Mais attention, toutes ces choses (objets ou photos) ne sont pas équivalentes. Une seule te donnera l'accès au trésor!

Es-tu prêt(e) maintenant? Va au **DÉPART** et bonne chance!

Mots utiles			
une chasse au trésor	treasure hunt	**la suite**	continuation
un parcours	route	**caché**	hidden
une étape	stage, lap	**rapporter**	to bring back

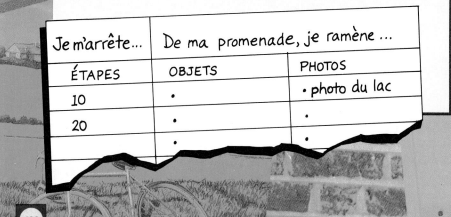

Je m'arrête...	De ma promenade, je ramène ...	
ÉTAPES	OBJETS	PHOTOS
10	•	• photo du lac
20	•	•
	•	•

438

Teaching strategies

• Have students indicate their itineraries and list the objects they find on a separate sheet of paper. You may want to collect these at the end of the reading activity.

• You may want to have students do this reading in small groups, encouraging them to discuss which option to select at each **étape**. In this case, each group would write out its itinerary and list of objects.

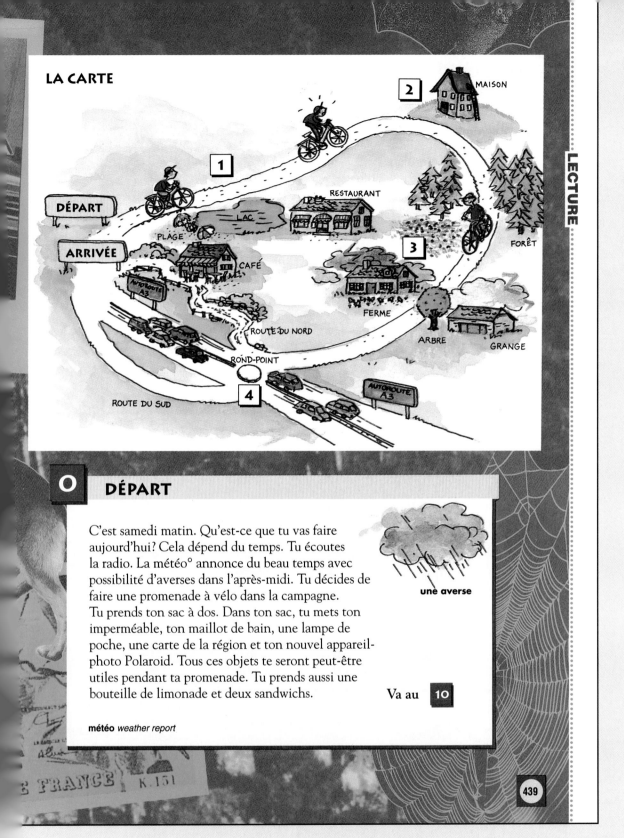

LA CARTE

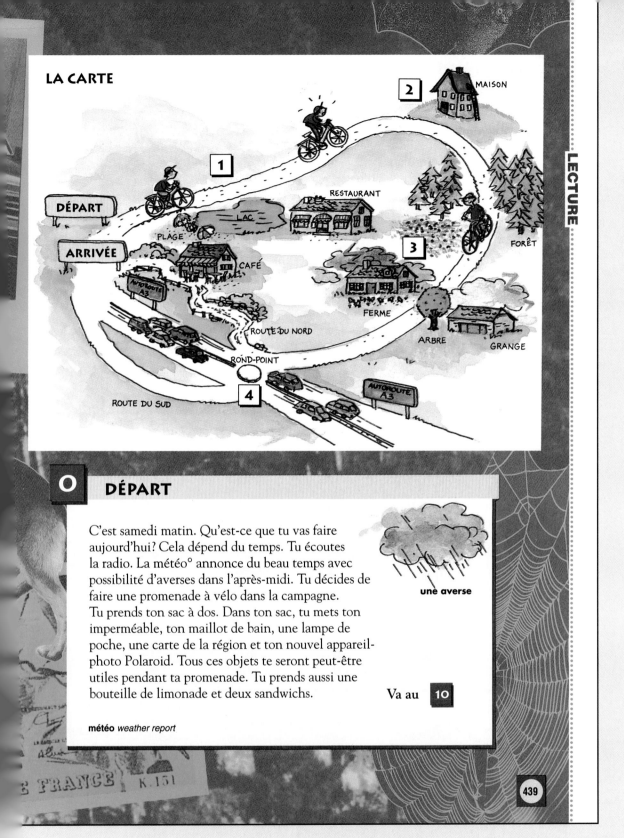

MAISON

2

1

DÉPART

ARRIVÉE

RESTAURANT

LAC

PLAGE

CAFÉ

3

FORÊT

AUTOROUTE A2

ROUTE DU NORD

FERME

ARBRE

GRANGE

ROND-POINT

ROUTE DU SUD

4

AUTOROUTE A3

O DÉPART

C'est samedi matin. Qu'est-ce que tu vas faire aujourd'hui? Cela dépend du temps. Tu écoutes la radio. La météo° annonce du beau temps avec possibilité d'averses dans l'après-midi. Tu décides de faire une promenade à vélo dans la campagne. Tu prends ton sac à dos. Dans ton sac, tu mets ton imperméable, ton maillot de bain, une lampe de poche, une carte de la région et ton nouvel appareil-photo Polaroid. Tous ces objets te seront peut-être utiles pendant ta promenade. Tu prends aussi une bouteille de limonade et deux sandwichs.

une averse

Va au 10

météo *weather report*

10 | À MIDI

Il est midi. Tu as fait 20 kilomètres. Tu es
un peu fatigué(e) et tu as faim. Tu t'arrêtes
près d'un lac. Il y a une belle plage. Il y a
aussi une pancarte qui indique:
Restaurant du Lac à 200 mètres.

une pancarte

Qu'est-ce que tu feras?

- Tu t'arrêteras cinq minutes. Tu mangeras
  tes sandwichs, puis tu continueras
  ta promenade.   Va au **20**

- Tu prendras une photo du lac et
  après tu feras un pique-nique
  sur la plage.   Va au **11**

- Tu iras au Restaurant du Lac.   Va au **101**

11 | APRÈS LE PIQUE-NIQUE

Tu as mangé tes deux sandwichs et tu as bu de la limonade.
Tu es reposé(e) maintenant.

Qu'est-ce que tu feras après?

- Tu continueras ta promenade.   Va au **20**

- Tu iras nager.   Va au **12**

- Tu rentreras chez toi.   Va au **100**

Mots utiles

véritable	*real, true*
tout à coup	*suddenly*

440

12 SUR LA PLAGE

Tu mets ton maillot de bain et tu vas nager. C'est un véritable plaisir de nager ici. L'eau est pure et pas très froide. Tu nages pendant dix minutes et tu sors de l'eau.

Qu'est-ce que tu feras après?

- Tu t'habilleras et tu continueras ta promenade à vélo. **Va au** 20

- Tu prendras une photo de la plage et tu feras une petite promenade à pied. **Va au** 13

13 LE PORTE-MONNAIE

Tu marches sur une belle plage de sable fin. Tout à coup ton pied heurte quelque chose. Qu'est-ce que c'est? Tu cherches l'objet caché dans le sable. C'est un porte-monnaie. Tu ouvres ce porte-monnaie. Il n'y a pas de nom, pas d'adresse. Il y a seulement trois choses: un billet de 50 euros, un billet de loterie et une clé. Tu peux choisir seulement une chose.

le sable

un porte-monnaie

Qu'est-ce que tu choisiras?

- le billet de 50 euros

- le billet de loterie

- la clé

- Tu mettras la chose que tu as choisie dans ton sac et tu continueras ta promenade. **Va au** 20

(441)

20 LA MAISON ABANDONNÉE

Tu pédales, tu pédales . . . Maintenant, tu montes une côte. Oh là là, c'est difficile. Au sommet de la côte, tu aperçois une belle maison de pierre.

le sommet

une côte

monter la côte; la montée **descendre la côte; la descente**

Ça y est! Tu es maintenant au sommet. Tu arrives devant la maison. Surprise, c'est une maison abandonnée! La porte principale est fermée à clé. Sur la porte, il y a un écriteau: «Interdiction d'entrer». Cette maison est mystérieuse et fascinante. Tu as bien envie de la visiter.

un écriteau

Qu'est-ce que tu feras?

- Tu prendras une photo de la maison et tu continueras ta promenade. Va au **30**

- Tu prendras une photo de la maison et ensuite tu exploreras la maison malgré l'interdiction. Va au **21**

21 PAR QUELLE ENTRÉE?

D'accord, tu veux explorer la maison, mais comment entrer? Ce n'est pas si difficile. Tu fais le tour de la maison et tu découvres trois entrées possibles. À droite, il y a une échelle qui mène à un grenier. À gauche, il y a une petite trappe qui ouvre sur une cave. Derrière, il y a une fenêtre ouverte qui mène dans la cuisine.

faire le tour de

Qu'est-ce que tu feras?

- Tu monteras au grenier par l'échelle. Va au **102**

- Tu descendras dans la cave par la trappe. Va au **22**

- Tu entreras dans la cuisine par la fenêtre. Va au **25**

Mots utiles			
malgré	*in spite of*	**mener**	*to lead*

22 | DANS LA CAVE

Tu descends dans la cave. Il fait froid et humide . . .
Cette cave est vraiment très noire. Heureusement
tu as pris ta lampe de poche, mais est-ce que les piles
sont bonnes?

des piles

Vroum! Euh, qu'est-ce que c'est que ce bruit?
C'est une chauve-souris!

une chauve-souris

Ploc! Qu'est-ce que c'est que cet autre bruit?
C'est une brique qui vient de tomber.

une brique

**Est-ce que tu veux vraiment continuer
l'exploration de la cave?**

- Oui, tu continueras l'exploration de la cave.   **Va au** `23`

- Non, mais tu entreras dans la maison
  par la fenêtre de la cuisine.   **Va au** `25`

- Non, vraiment, cette maison est trop
  dangereuse. Tu sortiras de la cave et tu
  continueras ta promenade à vélo.   **Va au** `30`

23 | DANS LE TUNNEL

Tu continues l'exploration de la cave. (Tu as de la chance.
Ta lampe fonctionne bien!) Maintenant tu es dans
un tunnel.

Ploc! Une autre brique tombe.

Vroum! Une autre chauve-souris passe.

Tu avances très lentement. Tu arrives à
une bifurcation. Il y a un passage à droite
et un passage à gauche.

une bifurcation

Qu'est-ce que tu feras?

- Tu iras à droite.   **Va au** `24`

- Tu iras à gauche.   **Va au** `104`

443

24 LE PASSAGE DE DROITE

Le passage de droite mène à un mur. Tu ne peux pas continuer.
Le passage est bloqué. Tu es fatigué(e) et, avoue-le, tu as un peu peur!

Qu'est-ce que tu feras?

• Tu exploreras le passage de gauche.   **Va au** ◆104

• Tu sortiras de la cave et tu continueras
  ta promenade à vélo.   **Va au** ■30

25 DANS LA CUISINE

Tu réussis à entrer dans la cuisine par la fenêtre.
(C'est assez facile parce que tu es très athlétique.)

Cette cuisine n'est vraiment pas très hospitalière.
Les murs, autrefois blancs, sont maintenant gris.
Il y a des toiles d'araignée partout. Au centre
de la cuisine, il y a une vieille table de métal.
Autour de la table, il y a six chaises cassées.
À gauche, il y a un placard avec l'inscription: «Attention! Danger!»
À droite, il y a un buffet. En face de la fenêtre, il y a une porte fermée.
Tu peux faire seulement l'une des choses suivantes.

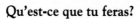
une toile d'araignée

Qu'est-ce que tu feras?

• Tu ouvriras le placard.   **Va au** ◆103

• Tu ouvriras le buffet.   **Va au** ■26

• Tu ouvriras la porte.   **Va au** ■27

444

Mots utiles			
avouer	to admit	**au centre de**	in the middle of
hospitalier (hospitalière)	welcoming	**autour de**	around
partout	everywhere	**en face de**	opposite,
un dessin	drawing, picture		across from
vide	empty		
sauf	except		

26 LE BUFFET

Le buffet est un buffet ancien. Il y a trois tiroirs.
Dans chaque tiroir, il y a un objet différent.
Dans le premier tiroir, il y a un pot de confiture.
Dans le second tiroir, il y a une assiette avec
un dessin qui représente un homme à cheval et
l'inscription: «Waterloo 1814». Cette assiette
est cassée. Dans le troisième tiroir, il y a
une enveloppe avec des vieilles photos représentant
des gens habillés à la mode de 1900.

Tu peux prendre seulement un objet avec toi.

un tiroir

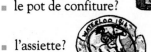

Quel objet choisiras-tu?

- le pot de confiture?

- l'assiette?

- l'enveloppe avec les photos?

- • Prends l'objet que tu as choisi et
  continue ta promenade à vélo. **Va au 30**

27 DANS LA SALLE À MANGER

Tu ouvres la porte. Tu entres dans une grande pièce. C'est
probablement la salle à manger de la maison. Cette pièce est
complètement vide. Il n'y a rien sauf un portrait ancestral au mur.
Ce portrait représente une belle jeune femme avec un grand
chapeau. Tu prends une photo de ce portrait.

Il y a deux autres portes, mais elles sont fermées à clé.

Qu'est-ce que tu feras?

- • Tu quitteras la maison et tu continueras
  ta promenade à vélo. **Va au 30**

- • Tu descendras dans la cave
  par la petite trappe. **Va au 22**

445

30 LA PLUIE

Maintenant tu descends la côte. La descente est beaucoup plus facile que la montée.

Le paysage est magnifique. La route traverse d'abord une forêt de sapins. Ensuite, elle traverse des prairies et des champs couverts de fleurs. Là-bas, au loin, on peut voir une rivière. Malheureusement, il y a maintenant de gros nuages noirs dans le ciel. Bientôt, la pluie commence à tomber. Tu mets ton imperméable. La pluie devient plus forte. Il y a des éclairs et du tonnerre. Tu décides de t'arrêter. Oui, mais où trouver un abri?

Heureusement, il y a plusieurs possibilités. Sur le bord de la route, il y a un grand arbre. Un peu plus loin, il y a une grange. Si tu continues par un petit chemin, il y a une ferme avec une grande cheminée.

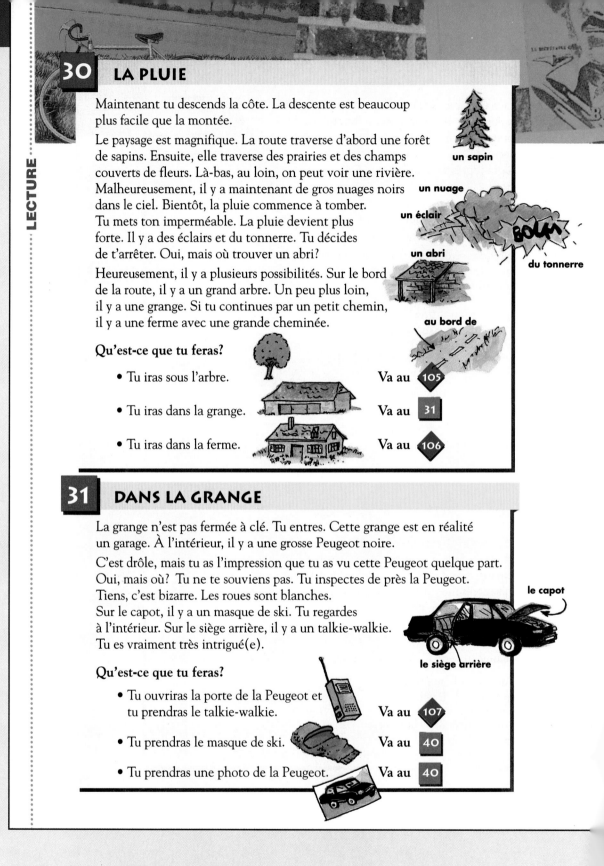

un sapin

un nuage

un éclair

du tonnerre

un abri

au bord de

Qu'est-ce que tu feras?

- Tu iras sous l'arbre. Va au **105**

- Tu iras dans la grange. Va au **31**

- Tu iras dans la ferme. Va au **106**

31 DANS LA GRANGE

La grange n'est pas fermée à clé. Tu entres. Cette grange est en réalité un garage. À l'intérieur, il y a une grosse Peugeot noire.

C'est drôle, mais tu as l'impression que tu as vu cette Peugeot quelque part. Oui, mais où? Tu ne te souviens pas. Tu inspectes de près la Peugeot. Tiens, c'est bizarre. Les roues sont blanches. Sur le capot, il y a un masque de ski. Tu regardes à l'intérieur. Sur le siège arrière, il y a un talkie-walkie. Tu es vraiment très intrigué(e).

le capot

le siège arrière

Qu'est-ce que tu feras?

- Tu ouvriras la porte de la Peugeot et tu prendras le talkie-walkie. Va au **107**

- Tu prendras le masque de ski. Va au **40**

- Tu prendras une photo de la Peugeot. Va au **40**

40 LE ROND-POINT

La pluie a cessé de tomber maintenant. Tu peux ôter ton imper, remonter sur ton vélo et continuer ta promenade. Tu regardes ta montre. Oh là là, il est six heures du soir. Tu es pressé(e) de rentrer chez toi, et puis tu commences à être fatigué(e).

Tu arrives à un rond-point. Il y a trois possibilités pour rentrer chez toi. Tu peux prendre l'autoroute A3. Le problème, c'est qu'il y a toujours beaucoup de circulation. Tu peux prendre la route du nord. C'est une petite route pittoresque avec un café où tu peux t'arrêter. Le problème, c'est que cette route n'est pas en très bon état. Tu peux prendre la route du sud. Le problème, c'est que cette route n'est pas très intéressante.

Quelle route choisiras-tu?

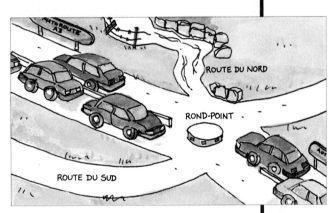

- Tu prendras l'autoroute A3.   **Va au** 108

- Tu choisiras la route du nord.   **Va au** 109

- Tu prendras la route du sud.   **Va au** 110

Mots utiles

e paysage	landscape, scenery	ôter	to take off
e ciel	sky	une autoroute	toll road
l'intérieur	inside	la circulation	traffic
quelque part	somewhere	en bon état	in good shape (condition)

447

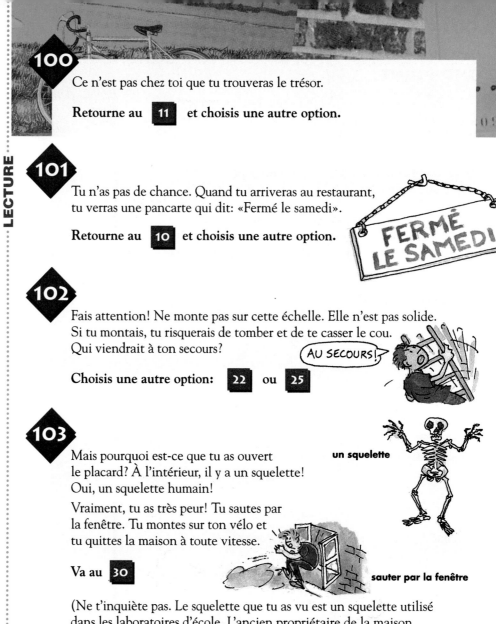

100

Ce n'est pas chez toi que tu trouveras le trésor.

Retourne au 11 et choisis une autre option.

101

Tu n'as pas de chance. Quand tu arriveras au restaurant, tu verras une pancarte qui dit: «Fermé le samedi».

Retourne au 10 et choisis une autre option.

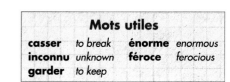

FERMÉ LE SAMEDI

102

Fais attention! Ne monte pas sur cette échelle. Elle n'est pas solide. Si tu montais, tu risquerais de tomber et de te casser le cou. Qui viendrait à ton secours?

Choisis une autre option: 22 ou 25

AU SECOURS!

103

Mais pourquoi est-ce que tu as ouvert le placard? À l'intérieur, il y a un squelette! Oui, un squelette humain!

un squelette

Vraiment, tu as très peur! Tu sautes par la fenêtre. Tu montes sur ton vélo et tu quittes la maison à toute vitesse.

Va au 30

sauter par la fenêtre

(Ne t'inquiète pas. Le squelette que tu as vu est un squelette utilisé dans les laboratoires d'école. L'ancien propriétaire de la maison était en effet un professeur d'anatomie qui, pour des raisons inconnues, gardait ce squelette dans le placard de sa cuisine.)

Mots utiles			
casser	to break	**énorme**	enormous
inconnu	unknown	**féroce**	ferocious
garder	to keep		

448

104

Tu as eu une bonne intuition. Après quelques mètres, tu trouves une porte. Cette porte est ouverte. Elle donne dans une petite salle. Avec ta lampe de poche, tu regardes l'intérieur de la salle. Dans un coin il y a trois sacs.

un coin

Tu prends un sac. Oh là là, il est lourd! Qu'est-ce qu'il y a dedans? Tu regardes avec ta lampe. Il y a des pièces de métal jaune. Est-ce que tu as découvert le trésor?

une pièce

Attends! L'histoire n'est pas finie! Tu prends quelques pièces que tu mets dans ton sac à dos. Tu sors de la cave et tu continues ta promenade à vélo.

Va au 30

105

Ne va pas sous l'arbre. Tu sais bien qu'il est très dangereux de se mettre sous un arbre quand il y a un orage!

Retourne au 30 et choisis une autre option.

106

Tu vas vers la ferme. Quand tu arrives à la ferme, tu vois un énorme chien. C'est un berger allemand. Bien sûr, il est attaché avec une chaîne, mais il a l'air très, très féroce.

un berger allemand

Fais demi-tour et va dans la grange. C'est plus prudent.

faire demi-tour

Va au 31

449

107

Ça, vraiment, ce n'est pas une bonne idée. D'abord, c'est illégal de prendre quelque chose qui n'est pas à soi.° Et puis, la Peugeot est équipée d'un système d'alarme. Si tu ouvrais la porte, tu déclencherais ce système d'alarme.

Retourne au 31 **et choisis une autre option.**

qui n'est pas à soi *that doesn't belong to you*

108

Oh là là! Qu'est-ce que c'est? Oh là là, mon Dieu! C'est une voiture de la gendarmerie. Ne sais-tu pas qu'il est absolument interdit de circuler à vélo sur une autoroute? Tu dois payer une amende de 50 euros et retourner au rond-point.

une voiture de la gendarmerie

Retourne au 40 **et choisis une autre option.**

109

C'est vrai, cette route est en mauvais état. Ta roue avant heurte une pierre très pointue° et tu as une crevaison. Impossible de réparer ta roue. Tu n'as pas les outils nécessaires. Tu dois faire de l'auto-stop. Heureusement, un automobiliste généreux s'arrête et t'amène directement chez toi. (Et il a même la gentillesse d'embarquer ton vélo dans son coffre.)

une roue

une pierre

une crevaison

faire de l'auto-stop

Va à 200 **ARRIVÉE**

pointue *sharp*

un coffre   **des outils**

Mots utiles

déclencher l'alarme	*to set off the alarm*	**même**	*even*
interdit	*forbidden, illegal*	**la gentillesse**	*kindness*
une amende	*fine*		

450

C'est vrai, cette route n'est pas très pittoresque, mais elle est en bon état et il n'y a pas beaucoup de circulation. Tu arrives chez toi fatigué(e) mais content(e) de ta journée.

Va à **200** **ARRIVÉE**

200 ARRIVÉE

Tu es enfin chez toi! Qu'est-ce que tu vas faire maintenant? D'abord, tu vas prendre un bain. Ensuite, tu vas dîner. Pendant le dîner, tu racontes les détails de ta journée à ta famille. Après le dîner, tu ouvres ton sac à dos et tu vérifies la liste de tous objets que tu as trouvés et de toutes les photos que tu as prises.

un bain

OBJETS	PHOTOS
• clé	• photo du lac
• enveloppe	• photo de la maison

Est-ce qu'il y a les choses suivantes sur ta liste?

- le billet de loterie?
- les pièces de métal jaune?
- la photo de la Peugeot?

- Si tu n'as trouvé aucune de ces choses, **va au** 300

- Si tu as le billet de loterie,  **va au** 301

- Si tu as les pièces, **va au** 302

- Si tu as la photo de la Peugeot, **va au** 400

300

Tu as fait une belle promenade, mais tu n'as rien trouvé de très intéressant. Si tu veux découvrir le trésor, recommence ta promenade demain matin.

Retourne à **0 DÉPART** et essaie de trouver les trois choses de la liste.

À la fin de ta promenade, va au **400**

301

On ne gagne pas souvent quand on joue à la loterie. Mais aujourd'hui, tu as de la chance. Le billet de loterie que tu as trouvé gagne 200 euros. (C'est beaucoup d'argent, mais ce n'est pas le trésor.)

- Si tu as aussi les pièces, **va au 302**

- Si tu as aussi la photo de la Peugeot, **va au 400**

- Si tu as seulement le billet de loterie, **retourne demain matin au 20** et cherche les deux choses que tu n'as pas rapportées de ta promenade.

Continue ta promenade jusqu'à **200 ARRIVÉE**

Va ensuite au **400**

302

Qu'est-ce que c'est que ce métal jaune? Est-ce que c'est de l'or? Mais non, c'est du cuivre. Et ces pièces de cuivre ne sont pas très anciennes. Leur valeur? À peu près 100 euros. Ce n'est pas le trésor.

- Si tu as aussi la photo de la Peugeot, **va au 400**

- Si tu n'as pas la photo, **retourne au 30**

Prends la photo et continue ta promenade jusqu'à **200 ARRIVÉE**

Va ensuite au **400**

452

Mots utiles		
la fin *end*	**la valeur** *value*	
le cuivre *copper*	**la prime** *reward*	

Tu as eu raison de prendre la photo de la Peugeot. Évidemment, ce n'est pas le trésor. Mais c'est la clé du trésor.

Souviens-toi! Quand tu es entré(e) dans la grange, tu as eu la vague impression d'avoir vu cette Peugeot quelque part. Après le dîner, tu as montré les photos que tu avais prises à ta soeur. Elle, elle a reconnu immédiatement la Peugeot. La photo était en première page du journal de samedi. C'est la voiture utilisée par le célèbre gangster Jo Lagachette quand il a attaqué la Banque Populaire la semaine dernière. Tu sais où il a caché la voiture. Tu peux apporter ce renseignement à la police. Elle va arrêter le gangster et toi, tu vas gagner la prime offerte par la Banque Populaire: 20 000 euros. Ça, c'est le trésor!

L'ART DE LA LECTURE

Words that look alike in French and English but have *different* meanings are FALSE COGNATES. (The French call them **faux amis** or *false friends.*)

You encountered several as you were searching for the treasure:

une cave	is	*a cellar*	and not	*a cave*	**(une caverne)**
un pot	is	*a jar*	and not	*a pot*	**(une casserole)**
un coin	is	*a corner*	and not	*a coin*	**(une pièce)**
une pièce	is	*a coin*	and not	*a piece*	**(un morceau)**

You also are familiar with these false cognates:

attendre	means	*to wait*	and not	*to attend*	**(assister à)**
assister (à)	means	*to attend*	and not	*to assist*	**(aider)**
quitter	means	*to leave*	and not	*to quit*	**(abandonner)**
rester	means	*to stay*	and not	*to rest*	**(se reposer)**
crier	means	*to yell*	and not	*to cry*	**(pleurer)**
une lecture	means	*a reading*	and not	*a lecture*	**(une conférence)**

453

 UNITÉ 8 INTERNET PROJECT If students could take any vacation they wanted, where would they go? For how long? Have students consult the Internet to set up an authentic travel itinerary, including flight information, the names of events and outings, and restaurant and hotel information. Students can use the following keywords with the search engine of their choice: **voyages; vacances; loisirs**

Address Book

Use this space to keep track of your favorite websites.

T454 **Unité 9**

UNITÉ 9

Bonne route

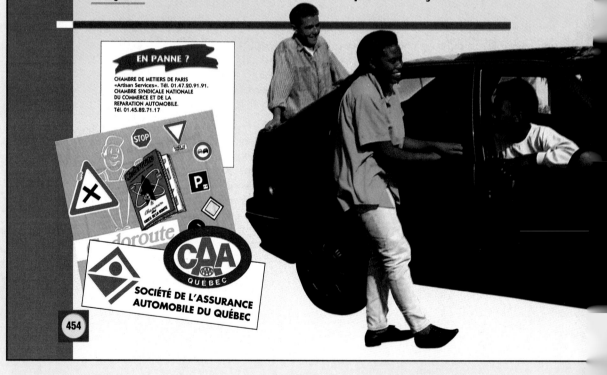

454

Teaching strategies

The primary objective of this unit is to introduce the subjunctive, which will be more extensively presented in **Discovering French–Rouge**.

The "core lesson" of this unit is Lesson 35, which presents the regular forms of the subjunctive and its most common use (with **il faut que**).

- If you want to introduce the subjunctive this year, focus on Lessons 35 and 36; have students read the *Interlude* for a passive introduction to some of its uses.

- If you want to postpone the presentation of the subjunctive until next year, concentrate on Lessons 33 and 34.

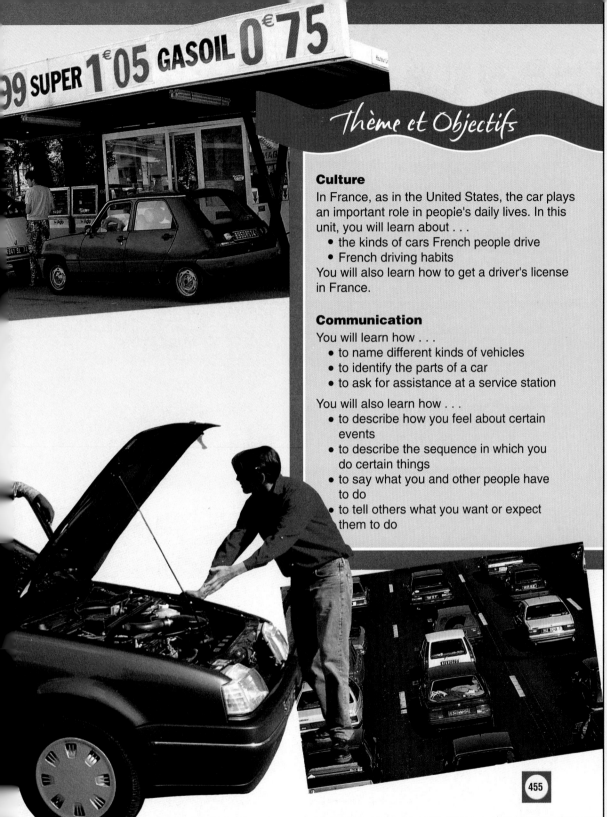

Thème et Objectifs

Culture

In France, as in the United States, the car plays an important role in people's daily lives. In this unit, you will learn about . . .
- the kinds of cars French people drive
- French driving habits

You will also learn how to get a driver's license in France.

Communication

You will learn how . . .
- to name different kinds of vehicles
- to identify the parts of a car
- to ask for assistance at a service station

You will also learn how . . .
- to describe how you feel about certain events
- to describe the sequence in which you do certain things
- to say what you and other people have to do
- to tell others what you want or expect them to do

455

Linguistic objectives

- infinitive constructions
- **en** + present participle
- introduction to the subjunctive (forms and basic uses)

■ **Photo culture note**
l'essence (f.) **sans plomb** *unleaded gas*
le gasoil /gazwal/ or **le gazole** /gazcl/ *diesel fuel*
In Quebec: **le diesel**
Also: **l'essence avec plomb**
    l'essence ordinaire (régulière)

In France (and throughout Europe) gas is sold by the liter.
Ask students:
Combien coûte le super?
    [1 euro 5 cents le litre]
Et le gasoil? [75 cents le litre]

FOLLOW-UP: Have students calculate the approximate dollar-per-gallon prices. (Roughly, 4 liters = 1 gallon; 1 euro = 1 dollar.)

► Assessment Options

ACHIEVEMENT TESTS

Lesson Quizzes 33–36, pp. 107–114
Test Cassette B, Side 2

Unit Test 9

 Portfolio Assessment
    p. T467, Activity 1;
    p. T475, Activities 1–2

PROFICIENCY TESTS

 Listening Comprehension
    Performance Test, pp. 43–44
    Test Cassette D, Side 2

 Speaking Performance Test,
    pp. 41–44

Reading Comprehension
    Performance Test, pp. 38–40

 Writing Performance Test,
    pp. 58–60

 Test Bank, Unit 9
    Version A or B

 CD-ROM

LEÇON 33 En voiture

Leçon 33

MAIN TOPIC:

Talking about cars

■ **Cultural note:** Renault is a state-owned and operated company whereas Peugeot-Citroën is a privately owned corporation.

■ **Vocabulary note: Une voiture musclée** is a car "with muscle," that is, a car with rapid acceleration.

■ **Cultural note:** Other popular small cars in France are:
• la Citroën AX
• la Renault Twingo

■ **Questions sur le texte**
1. Qui a inventé le principe du moteur «à quatre temps»?
2. Pourquoi est-ce que cette invention est importante?
3. Quels sont les deux grands constructeurs d'automobiles en France?
4. Quelles sont les qualités de la Peugeot 205?
5. Où vont les Français pour apprendre à conduire?
6. Quelle est la limitation de vitesse sur les autoroutes? et dans les villes?
7. Décrivez les «24 heures du Mans».

Aperçu culturel... Les Français et la voiture

En 1862, un ingénieur français, Alphonse Beau de Rochas, inventait le principe du moteur «à quatre temps». Cette invention a permis le développement de la voiture moderne. Aujourd'hui la France est le quatrième pays producteur d'automobiles du monde, après le Japon, les États-Unis et l'Allemagne. Il y a deux grands constructeurs d'automobiles: Renault et Peugeot-Citroën. Ces constructeurs produisent toute une gamme de véhicules, y compris voitures de tourisme, voitures de sport, minivans, camping cars et camions de toutes sortes.

1. La Peugeot 205 est une des voitures les plus populaires en France. Elle est petite, très économique . . . et très rapide. On dit que c'est une voiture «musclée».

2. Les jeunes Français n'apprennent pas à conduire au lycée ou au collège. Pour cela, ils vont dans des «auto-écoles». Ces auto-écoles sont des écoles privées qui coûtent généralement très cher. On estime que pour obtenir le permis de conduire, il faut dépenser en moyenne 800 à 1 000 euros en leçons.

(456) Unité 9

Teaching strategy

Have students read this cultural introduction twice:
• at the beginning of the unit—quickly, for general content
• at the end of the lesson—with greater attention to details

By looking at the pictures, students can discover the meanings of many of the new words.

3. Quand ils sont au volant, les Français conduisent bien . . et vite. Sur les autoroutes, la vitesse est limitée à 130 kilomètres/heure. Dans les villes, elle est limitée à 50 kilomètres/heure. Attention! Si vous ne respectez pas cette limitation de vitesse, vous pouvez recevoir une contravention.

■ **Cultural note:** French is rapidly expanding its system of modern superhighways (**les autoroutes**). Many rest areas have playgrounds and picnic facilities. These highways are free around major urban areas, but drivers must pay tolls (**le péage**) for travel between cities.

4. Les «24 heures du Mans» sont une grande course automobile. Cette course a lieu chaque année en juin sur le circuit du Mans, une ville qui a joué un rôle important dans le développement de l'industrie automobile en France. Comme son nom l'indique, la course dure exactement 24 heures. Elle commence un samedi après-midi à quatre heures et finit le dimanche à quatre heures aussi. Le vainqueur est le pilote qui a couvert la plus grande distance pendant cette période de temps.

Cinquante-cinq voitures participent à la course. Il y a deux pilotes par voiture. Ces pilotes se relaient pendant le jour et la nuit. Pendant la course, les voitures s'arrêtent pour changer de pneus et prendre de l'essence. Les «24 heures du Mans» sont un test d'endurance pour les pilotes et pour les voitures aussi!

Classroom Notes

Leçon 33 (457)

Section A

COMMUNICATIVE FUNCTION:
Talking about driving

▣═▣ Leçon 33, Section 2

▪ Expansion:
Non, je suis trop jeune pour conduire.

▪ Language note: For auto-école, one can also say une école de conduite.

▪▪ French connection:
conduit (conduire) → conduit (a large pipe)

▷ Vocabulaire

▪ Pronunciation
un minivan /minivan/

▢ Transparency 66
Quelques véhicules

▪ Give a red and a blue card to each student. Present the new vocabulary, pointing out each vehicle on the transparency. Have students raise their blue cards when they hear un and their red cards when they hear une.

Ask questions about the vehicles.
Je veux faire du camping. Quel est le meilleur véhicule—une décapotable ou un minivan?
Nous devons transporter un réfrigérateur. Quel est le meilleur véhicule—une camionnette ou une voiture de sport?

Est-ce que tu as le permis de conduire?

Non, je ne sais pas conduire.

A. La conduite (Driving)

—Est-ce que tu as **le permis de conduire?**
—Non, je ne sais pas **conduire.**

—Est-ce que tu vas apprendre à conduire?
—Oui, je vais **suivre des cours** dans **une auto-école.**

un permis de conduire:	driver's license
conduire:	to drive

suivre un cours:	to take a class
une auto-école:	driving school

	conduire		suivre	
PRESENT	je **conduis** nous **conduisons**		je **suis** nous **suivons**	
	tu **conduis** vous **conduisez**		tu **suis** vous **suivez**	
	il/elle/on **conduit** ils/elles **conduisent**		il/elle/on **suit** ils/elles **suivent**	
PASSÉ COMPOSÉ	j'ai **conduit**		j'ai **suivi**	

➡ **Suivre** has two meanings:

to follow — La voiture rouge **suit** le camion.
to take (a class) — Hélène **suit** des cours de piano.

On peut conduire:

une voiture

une voiture de sport

une décapotable

un camion

une camionnette

un minivan

(458) Unité 9

Un jeu: Les mots croisés

Duplicate the puzzle at right. At a given signal, have students fill in the appropriate words from the vocabulary section, books closed. The winner is the first student who finishes without any errors.

Solution:
1. décapotable
2. camionnette
3. voiture
4. camion
5. minivan
6. voiture de sport

1 Questions personnelles

1. As-tu une voiture favorite? Quelle est sa marque *(make)*? Est-ce que c'est une voiture confortable? rapide? spacieuse *(roomy)*? économique?
2. Dans ta famille, qui sait conduire? En général, qui conduit quand vous faites un voyage?
3. Est-ce que tu sais conduire? Si oui, depuis combien de temps est-ce que tu as le permis? Sinon *(If not)*, est-ce que tu suis des cours? Où? Quand est-ce que tu vas avoir le permis?
4. Est-ce que tu voudrais avoir une décapotable? Pourquoi ou pourquoi pas?
5. Préférerais-tu avoir une voiture ou un minivan? Pourquoi?
6. Est-ce que tu as conduit une mobylette *(moped)*? une moto? Quand?
7. Est-ce que tu as suivi des cours de danse? des cours de piano? Quand et où?

■ NOTE ■ CULTURELLE

Le permis de conduire

Pour conduire en France, il faut avoir le permis de conduire et être âgé de 18 ans. Pour avoir ce permis, il faut réussir à un examen très difficile. Cet examen consiste en deux parties: une partie théorique sur le code de la route° et une partie pratique de conduite. Beaucoup de gens échouent° à cette épreuve° pratique et doivent se présenter plusieurs fois à l'examen avant d'obtenir le permis.

Les jeunes Français de 16 ans peuvent conduire une voiture, mais à deux conditions. D'abord, ils doivent suivre des cours dans une auto-école. Ensuite, quand ils conduisent, ils doivent être accompagnés par un adulte âgé d'au moins 25 ans qui a le permis.

code de la route *highway code* **échouent** *fail*
épreuve *test*

Leçon 33 **459**

Pour conduire en France, il faut avoir le

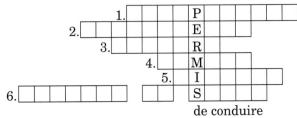

1. ___ P ___
2. ___ E ___
3. ___ R ___
4. ___ M ___
5. ___ I ___
6. ___ S ___

de conduire

[▭▭▭] Leçon 33, Section 2

▷ Vocabulaire

Transparency 67
La voiture

Supplementary vocabulary

mettre/couper le contact *to turn on/off the ignition*
mettre en première, seconde, troisième *to shift into first, second, third*
mettre en marche avant, marche arrière *to shift into drive, reverse*
changer de vitesse *to shift gears*
démarrer *to start (driving)*
mettre les clignotants *to signal (with a blinker)*
appuyer sur l'accélérateur, le frein *to step on the gas, the brakes*
accélérer *to accelerate*
freiner *to brake*
ralentir *to slow down*
stationner *to park*
mettre le frein à main *to put on the emergency brake*

B. À la station-service

La voiture

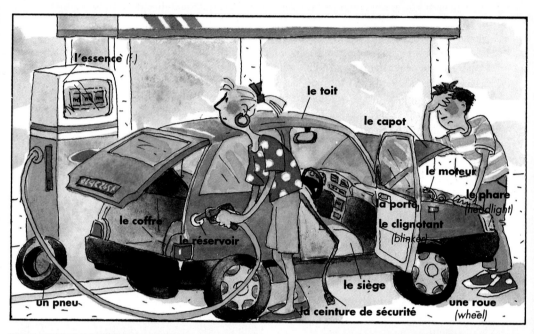

l'essence (f.) · le toit · le capot · le moteur · le phare (headlight) · la porte · le clignotant (blinker) · le coffre · le réservoir · le siège · un pneu · la ceinture de sécurité · une roue (wheel)

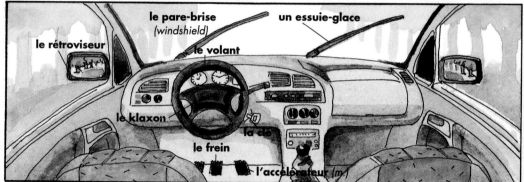

le pare-brise (windshield) · un essuie-glace · le rétroviseur · le volant · le klaxon · la clé · le frein · l'accélérateur (m.)

Avant de partir en voyage, il faut . . .

faire le plein d'essence
nettoyer le pare-brise
vérifier | **l'huile** (f.)
| **les freins**
| **les pneus**

| **faire le plein:** *fill it up* |

| **vérifier:** *to check* |

TPR 𝕏 **Une leçon de conduite**

Using expressions from the Supplementary vocabulary (above), simulate a "driving lesson" in French. Give instructions and have students mime your actions at their seats.

Mettez le contact *(turn on the ignition).*
Mettez en marche avant *(shift into drive).*
Mettez les clignotants *(put on turn signal).*
Démarrez *(step on accelerator).*
Tournez à gauche *(turn steering wheel to the left).*

2 Une leçon de conduite

Complétez les phrases suivantes avec les mots qui conviennent.

1. Quand on conduit, il est prudent de mettre . . .
2. Quand on conduit la nuit, il faut mettre . . .
3. Quand on tourne à droite ou à gauche, il faut mettre . . .
4. Quand il pleut, on met . . .
5. On met l'essence dans . . .
6. On met les valises dans . . .
7. Pour s'arrêter, il faut appuyer sur *(step on)* . . .
8. Quand on veut vérifier l'huile, il faut ouvrir . . .
9. Quand on conduit, on doit garder *(keep)* les deux mains sur . . .
10. Tous les 40 000 ou 50 000 kilomètres, il est recommandé de changer . . .

GARAGE DE L'AVENIR
S.A.R.L.
AGENT RENAULT TOLLARI

Boutique - Pièces
Carrosserie - Mécanique
431, Route de la Gare - 83110 Sanary
☎ 04 94 07 25 26

elf

2 COMPREHENSION: explaining how to drive

1. la ceinture de sécurité
2. les phares
3. les clignotants
4. les essuie-glace
5. le réservoir
6. le coffre
7. le frein
8. le capot
9. le volant
10. l'huile

Au Jour Le Jour

Si vous conduisez en France et vous arrivez à une intersection,
il est essentiel de savoir qui a la priorité.

Voici trois panneaux que vous devez reconnaître:

Vous avez la priorité.

Vous n'avez pas la priorité.

La voiture qui vient
de la droite a la priorité.

Regardez les trois illustrations tirées d'un manuel du Code de la Route.
Essayez de déterminer l'ordre de passage des voitures. Puis vérifiez
vos réponses en lisant les solutions en bas de la page.

A.

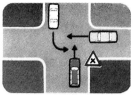

B.

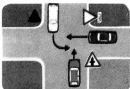

C.

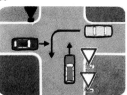

A. ORDRE DE PASSAGE
DES VOITURES
1 - LA BLANCHE AVANCE
JUSQU'AU CENTRE DE
L'INTERSECTION
2 - LA JAUNE PASSE
3 - LA BLEUE PASSE
4 - LA BLANCHE PASSE
LA DERNIÈRE

B. ORDRE DE PASSAGE
DES VOITURES
1 - LA BLEUE PASSE
2 - LA BLANCHE PASSE
DERRIÈRE LA BLEUE
3 - LA ROUGE PASSE
LORSQUE LA ROUTE
EST LIBÉRÉE

C. ORDRE DE PASSAGE
DES VÉHICULES
1 - LA ROUGE PASSE
2 - LA JAUNE PASSE
DERRIÈRE LA ROUGE
3 - LA BLEUE PASSE
ENSUITE

Leçon 33 **461**

Au Jour le Jour

OBJECTIVES
• Reading authentic documents
• Reading for information

■ **Cultural notes**
• As in the United States, caution signs in France are triangular in shape.
• In France, the car coming from the right always has the right of way unless there is a stop sign or a traffic signal.

Freinez *(step on brakes).*
Mettez le frein à main *(put on emergency brake).*
Coupez le contact *(turn off ignition).,*
etc.

Then give instructions out of sequence and have students perform the appropriate actions.

MAIN TOPIC:

Describing actions and feelings

MODULE 9-A
Une leçon de conduite

Total time: 3:01 min.
(Counter: 20:20–23:21 min.)

VIDEODISC Disc 2, Side 2
12770 to 18215

📼 **Leçon 24, Section 1**

■ **Cultural note: La Deux Chevaux** Citroën designed the Deux Chevaux (**la 2 CV**) in 1939 as a lightweight car that was inexpensive to run and easy to repair. Because of World War II, the car was not formally introduced until the **Salon de l'Automobile** of 1948. The French ceased production of the Deux Chevaux in 1988, but used models are still very popular among students.

■ **Looking ahead:** Help students understand:
Il faut que je <u>sois</u> de retour . . . The subjunctive with **il faut** will be presented in Lesson 35.

■ **Vocabulary notes**
une voiture d'occasion second-hand car
démarrer to start (the engine), to start driving
mettre le contact to turn on the ignition
klaxonner to honk (the horn)

---

34 LEÇON
Vidéo-scène
Une leçon de conduite

Jérôme vient d'acheter une voiture. La voiture de Jérôme est une petite décapotable blanche. C'est une voiture d'occasion, mais elle marche bien et elle est assez rapide . . . Jérôme est très fier de sa nouvelle voiture.

Aujourd'hui, il va proposer une leçon de conduite à Pierre.

Tu veux que je te donne une leçon de conduite?

Ça dépend. Qui va conduire?

Moi . . . pour commencer.

Et moi, est-ce que je conduirai?

Bon, d'accord. Je veux bien aller avec toi, mais il faut absolument que je sois de retour à deux heures.

Oui enfin, . . . on verra.

Ah bon? Pourquoi?

Parce que j'ai rendez-vous avec Armelle.

Pierre et Jérôme montent dans la voiture. La leçon de conduite commence . . .

T'en fais pas! On sera de retour pour ton rendez-vous.

462 Unité 9

Pour démarrer, je mets le contact . . . Après, je passe en première.

Et qu'est-ce qu'il faut faire avant de partir?

Je ne sais pas, moi . . . Il faut klaxonner?

Mais non, tu sais bien qu'il est interdit de klaxonner en ville! . . .

Il faut bien regarder devant et derrière . . . et il faut indiquer qu'on va partir en mettant le clignotant. Regarde!

Après ces remarques préliminaires, Jérôme met finalement la voiture en marche . . .

Maintenant la voiture roule° la long du Lac d'Annecy. La vue est magnifique.

Jérôme remarque que Pierre ne fait pas attention.

Et c'est pas non plus en écoutant la radio!

à suivre . . .

Regarde donc ce que je fais . . . ce n'est pas en regardant dehors que tu apprendras à conduire!

Compréhension

1. Qu'est-ce que Jérôme propose à Pierre?
2. Quelle est la condition de Pierre?
3. Qu'est-ce qu'on doit faire avant de partir?
4. Quelle est l'attitude de Pierre pendant la leçon?

roule *drives*

Leçon 34 **463**

Critical thinking: Ask students to give the English equivalents of **amusant**, **intéressant**. Which English ending corresponds to **-ant?** [-ing] Have students read the dialogue and find examples of verbs ending in **-ant**. Ask them to guess the meaning of the constructions **en mettant, en regardant, en écoutant.**

■ **Cultural note:** Inform students that the car in the video is an example of a Citroën *Deux Chevaux* (two horsepower). Citroën first introduced this car in 1948. It was designed by Pierre Boulanger and was released at the Paris Autosalon. Very light, economical, and cheap, it was a car designed for the masses. It is now considered a classic.

COMPREHENSION

1. Il veut lui donner une leçon de conduite.
2. Il doit être de retour à deux heures parce qu'il a rendez-vous avec Armelle.
3. Il faut regarder devant et derrière et il faut indiquer qu'on va partir en mettant le clignotant.
4. Il regarde dehors et il écoute la radio.

Section A

COMMUNICATIVE FUNCTION:
Describing one's feelings

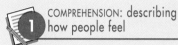

Leçon 34, Section 2

■ **Teaching note:** Have students give English equivalents of the cartoon captions.
Signalez avant de démarrer!
Signal before starting to drive!
Attention, je démarre!
Watch out, I'm pulling out!

1 COMPREHENSION: describing how people feel

Personalization: Have students complete open-ended sentences:
Je suis content(e) de (d') . . .
Je suis triste de (d') . . .

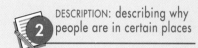

2 DESCRIPTION: describing why people are in certain places

A. La construction: adjectif + *de* + infinitif

Note the use of the infinitive in the following sentences.

Je suis **heureux de faire** ta connaissance.	*I am **pleased to meet** you.*
Catherine est **contente d'aller** à Genève.	*Catherine is **happy to go** to Geneva.*
Nous sommes **tristes de partir.**	*We are **sad to leave.***

Adjectives are often followed by an infinitive according to the construction:

> ADJECTIVE + **de** + INFINITIVE

→ A similar construction is used with nouns.

Je n'ai pas **le temps de jouer** au tennis. *I don't have **the time to play** tennis.*

---

1 **Heureux ou tristes?**

Dites si les personnes suivantes sont **heureuses** ou **tristes**.

▶ Alice a un «F» à l'examen.

> **Alice est triste d'avoir un «F» à l'examen.**

1. Catherine a un «A».
2. Corinne part en vacances cet été.
3. Philippe reste à la maison ce weekend.
4. Juliette sort avec un garçon sympathique.
5. François perd son match de tennis.
6. Pauline conduit la voiture de sport de son frère.
7. Christophe reçoit des lettres de sa copine.
8. Nicole a des problèmes avec son copain.

---

2 **Pourquoi?**

Choisissez une destination pour les personnes suivantes et dites pourquoi elles sont allées là-bas.

A	B	C
moi	à Québec	acheter une veste
vous	à la poste	acheter des timbres *(stamps)*
nous	au café	apprendre à conduire
Monsieur Rimbaud	dans les magasins	prendre de l'essence
Anne et Florence	à la station-service	réserver les billets d'avion
ma cousine	à l'agence de voyages	retrouver des copains
	à l'auto-école	apprendre le français

▶ **Vous êtes allés à Québec pour apprendre le français.**

464 Unité 9

Cooperative pair practice
Activity 4

 Un jeu: Pourquoi?

PROPS: 8–10 dice

On the board or a transparency, number the elements in Column A of Act. 2 from 1–6. Divide the class into teams of three to four students and give each group a die.

At a given signal, S1 rolls the die and writes a sentence using the appropriate subject from Column A, plus elements from Columns B and C.
(For example, 3 spots = **nous** →
Nous sommes allés à la poste pour acheter des timbres.)

T464 Unité 9

B. La construction: préposition + infinitif

Note the use of the infinitive in the following sentences.

Je travaille **pour gagner** de l'argent.	*I work **(in order) to earn** money.*
Prends de l'essence **avant de partir**.	*Get gas **before leaving**.*
Ne pars pas **sans mettre** ta ceinture.	*Don't leave **without fastening** your seat belt.*

In French, the infinitive is used after prepositions such as **pour** *(in order to)*, **avant de** *(before)*, and **sans** *(without)*.

➡ While the expression *in order to* is often omitted in English, **pour** must be used in French.

 Leçon 34, Section 2

Section B T465

COMMUNICATIVE FUNCTION:
Describing the relationship between activities

■ **Language note:** Stress that French uses an infinitive construction after all prepositions except **en**.
Point out that in similar constructions, English often uses a verb ending in *-ing*:
before leaving
without fastening

---

3 Une question de priorité

On fait certaines choses avant d'en faire d'autres. Exprimez cela en utilisant la construction **avant de** + infinitif.

▶ Frédéric regarde la carte et il part.
Frédéric regarde la carte avant de partir.

1. Vous téléphonez et vous allez chez des amis.
2. Ils étudient et ils vont au cinéma.
3. Sylvie se brosse les cheveux et elle sort.
4. Nous suivons des cours et nous passons *(take)* l'examen.
5. Tu prends de l'essence et tu pars.
6. Nous achetons les billets d'avion et nous allons à Tahiti.
7. Je demande la permission et j'organise une boum.
8. Je me lave les mains et je dîne.
9. Tu mets le clignotant et tu tournes à gauche.
10. Monsieur Arnaud vérifie les pneus et il part en voyage.

4 Conseils *(Advice)*

On ne doit pas faire certaines choses sans en faire d'autres. Exprimez cela dans des dialogues.

▶ Qu'est-ce que tu fais cet après-midi?

Je vais <u>aller en ville</u>.

Eh bien, ne va pas en ville sans <u>mettre ton manteau.</u>

1. après le dîner
   sortir
   dire au revoir à tes parents
2. samedi matin
   aller au supermarché
   prendre de l'argent
3. cet été
   partir en vacances
   me donner ton adresse
4. ce soir
   prendre la voiture
   vérifier l'essence

 DESCRIPTION: describing sequential activities

 EXCHANGES: giving advice about what do to

■ **Challenge activity:** Have students make up original exchanges.
- **Qu'est-ce que tu fais ce weekend?**
- **Je vais faire un pique-nique.**
- **Eh bien, ne fais pas de pique-nique sans acheter des provisions.**

The other students check the sentence for accuracy. Then S2 rolls the die and writes a sentence. The winner is the group with the most correct sentences at the end of five minutes.

🔊 **Leçon 34, Section 2**

■ **Looking ahead:** The irregular past participles—**étant, ayant, sachant**—are presented in Level Three.

■ **Teaching note:** If students need more practice, give the **nous**-form of other verbs and have them respond with the present participle, e.g.:

nous dansons   **dansant**
nous faisons   **faisant**
nous buvons   **buvant**, etc.

■ **Teaching note:** You may wish to present the proverb
C'est en forgeant qu'on devient forgeron. *(It is by working at the forge that one becomes a blacksmith. = Practice makes perfect.)*

■ **If students ask:** Object pronouns always precede the present participle:
En me levant tôt le matin, j'arrive au lycée à l'heure.

DESCRIPTION: explaining how people manage to do certain things

⑤

C. La construction: *en* + participe présent

Read the following sentences, paying attention to the verbs in heavy print. These verbs are in a new form: the PRESENT PARTICIPLE.

J'écoute la radio en **étudiant.**　　*I listen to the radio while **studying.***
Paul gagne de l'argent en **travaillant**　*Paul earns money by **working** in a*
dans une station-service.　　　　　　　*gas station.*

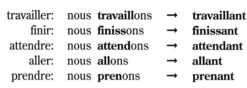

DIRIGEANTS - INGENIEURS
CADRES
STAGES DE FORMATION CONTIN
Vous étudiez en travaillant
CENTRALE   INSTITUT CENTRALI
DES TECHNOLOGIE
ET DU MANAGEMEN

FORMS

The present participle always ends in **-ant.** It is derived as follows:

STEM	+	ENDING
nous-form of present *minus* **-ons**		**-ant**

travailler:　nous **travaill**ons　→　**travaillant**
finir:　nous **finiss**ons　→　**finissant**
attendre:　nous **attend**ons　→　**attendant**
aller:　nous **all**ons　→　**allant**
prendre:　nous **pren**ons　→　**prenant**

Kodak Photo CD
En créant une nouvelle dimension,
Kodak fait grandir l'émotion.
•L'ALBUM IDÉAL•

USES

The construction **en** + PRESENT PARTICIPLE is used to express:

• simultaneous action *(**while** doing something)*
Il écoute la radio **en lavant** sa voiture.　　*He listens to the radio **while washing** his car.*

• cause and effect *(**by** doing something)*
Il gagne de l'argent **en lavant** des voitures.　*He earns money **by washing** cars.*

⑤ **Comment?** ▶

Expliquez comment les personnes suivantes font certaines choses. (Si vous voulez, vous pouvez aussi expliquer comment vous faites les mêmes choses.)

▶ Christine/gagner de l'argent (faire du baby-sitting)

1. Pauline/rester en forme (faire de la gymnastique)
2. Robert/apprendre le français (écouter des cassettes)
3. Juliette/réussir à ses examens (étudier tous les jours)
4. Stéphanie/apprendre les nouvelles *(news)* (regarder la télé)
5. Jean-Paul/aider sa mère (faire la vaisselle)
6. Catherine/aider son père (laver la voiture)
7. Olivier/se reposer (écouter de la musique classique)
8. Nicolas/s'amuser (lire des bandes dessinées)

Christine gagne de l'argent en faisant du baby-sitting. Moi, je gagne de l'arge en travaillant dans un supermarché.

👥 **Personalization: Comment?**

Do the second part of Act. 5 in groups of three. Each student gives a different explanation as to how he/she does the things mentioned.

S1: **Moi, je gagne de l'argent en travaillant dans un supermarché.**
S2: **Moi, je gagne de l'argent en lavant des voitures.**
S3: **Moi, je gagne de l'argent en promenant le chien du voisin.**

6 Et vous?

Dites si oui ou non vous faites les choses suivantes en même temps.

▶ écouter mon walkman? (faire du jogging)

1. écouter la radio? (étudier)
2. écouter les nouvelles *(news)*?
   (prendre le petit déjeuner)
3. regarder la télé? (dîner)
4. chanter? (prendre un bain)
5. parler à mes copains?
   (attendre le bus)
6. m'arrêter dans les magasins?
   (rentrer chez moi)

J'écoute mon walkman
en faisant du jogging.

(Je n'écoute pas mon walkman en faisant du jogging.)

COMMUNICATION: describing
one's activities

À votre tour!

1 Pourquoi?

Complétez les phrases suivantes en indiquant pour
quelles raisons vous voudriez faire ou avoir certaines
choses. Utilisez la construction **pour** + infinitif.
Ensuite comparez vos réponses avec celles
d'un(e) camarade.

- Je voudrais avoir de l'argent . . .
- Je voudrais avoir une voiture . . .
- Je voudrais aller à l'université . . .
- Je voudrais aller en France . . .
- Je voudrais être riche . . .

▶ —Moi, je voudrais avoir de l'argent pour acheter une guitare.
   Et toi, Philippe?
   —Moi, je voudrais avoir de l'argent pour faire un voyage.

Moi, je voudrais avoir de l'argent
pour acheter une guitare.

	MOI	PHILIPPE
avoir de l'argent	Pour acheter une guitare	Pour faire un voyage
avoir une voiture	pour venir à l'école	

À votre tour!

GUIDED CONVERSATION :
expressing purpose

■ **Photo culture notes**
- **Le Crédit Agricole** is a French
  bank with branches throughout
  the country. Other French banks
  are the **BNP (Banque Nationale
  de Paris)** and **Le Crédit
  Lyonnais.**
- In France, the automatic teller
  (le guichet automatique) is
  usually located on an outside
  wall of the bank along the
  sidewalk.

Leçon 34 **467**

■ **Portfolio assessment**

You will probably choose only one oral
and one written activity to go into the
students' portfolios for Unit 9.
   Act. 1 can be adapted as a written
portfolio topic. Have students use the cues
to write a brief paragraph about
themselves.

Classroom Notes

LECTURE Le test du bon conducteur

Un jour ou l'autre, vous conduirez une voiture. Pour juger si vous êtes bien qualifié(e), complétez les phrases suivantes avec l'option qui vous semble être la meilleure.

1
Avant de partir pour un long voyage, il est très important de . . .
   A. laver la voiture
   B. vérifier les pneus et les freins
   C. acheter des lunettes de soleil

2
Avant de démarrer, il faut . . .
   A. mettre sa ceinture de sécurité
   B. se regarder dans la glace
   C. mettre les phares

3
En conduisant, il est toujours prudent de . . .
   A. mettre la radio
   B. fermer les fenêtres
   C. regarder souvent dans le rétroviseur

4
Quand il neige, il est recommandé de . . .
   A. mettre de l'eau dans le radiateur
   B. accélérer aux feux rouges°
   C. conduire lentement

5
En traversant une ville, il faut . . .
   A. klaxonner
   B. ralentir
   C. accélérer

feux rouges *red lights*

6
En arrivant devant un feu rouge, il faut . . .
   A. changer de voie°
   B. mettre le frein à main
   C. s'arrêter progressivement

7
Avant de doubler une autre voiture, il faut . . .
   A. nettoyer le pare-brise
   B. vérifier les freins
   C. signaler avec le clignotant

8
Pour s'arrêter, il faut . . .
   A. arrêter le moteur
   B. enlever la ceinture de sécurité
   C. appuyer° sur le frein

9
En sortant de la voiture, il ne faut pas oublier de . . .
   A. ouvrir le coffre
   B. prendre les clés
   C. faire le plein d'essence

voie *lane* **appuyer** *to step on*

📖 Pre-reading activity

Have students read the title and look at the pictures. Can they guess the meaning of the word **conducteur**?
[It is a false cognate: it does not mean *conductor* but *driver*.]
The text also has some partial cognates:
• **une phrase** may mean *a phrase*, but here it means . . . *[a sentence]*

• **un voyage** may mean *a voyage*, but here it means . . . *[a trip]*
• **un moteur** may mean *a motor*, but here it means . . . *[an engine]*
• **garder** may mean *to guard*, but here it means . . . *[to keep]*
• **doubler** may mean *to double*, but here it means . . . *[to pass]*

Observation activity: Have students reread the test, finding examples of the following constructions:
(a) adjective + **de** + infinitive,
(b) preposition + infinitive,
(c) **en** + present participle.

Mots utiles: La conduite

Un conducteur/Une conductrice peut . . .

• **mettre/garder/enlever sa ceinture**	to put on/keep on/take off one's seatbelt
• **démarrer/s'arrêter/arrêter le moteur**	to start/stop/stop the engine
• **accélérer/ralentir**	to accelerate, speed up/slow down
• **klaxonner**	to honk
• **doubler**	to pass

Résultats

Marquez un point pour les réponses suivantes:1-B, 2-A, 3-C, 4-C, 5-B, 6-C, 7-C, 8-C, 9-B.
• Si vous avez huit ou neuf points, vous êtes un excellent conducteur/une excellente conductrice.
• Si vous avez cinq à sept points, vous devez prendre des leçons.
• Si vous avez moins de cinq points, prenez le bus.

Post-reading activity

Have students in small groups write one or two additional "test items" of their own.

MODULE 9-B
En panne

Total time: 4:14 min.
(Counter: 23:24–27:38 min.)

VIDEODISC — Disc 2, Side 2
18275 to 25925

Leçon 35, Section 1

■ **Vocabulary note:**
avoir hâte de to be in a hurry (anxious) to

■ **Looking ahead:** The irregular subjunctive forms of **être** and **faire** are presented in Lesson 36. The forms of **prendre** and **venir** will be taught in Level Three. They are included here for recognition.

■ **Cultural note:**
The car in the video is a Citroën *Deux Chevaux*. These cars featured a detachable hood, doors, and front fenders. In addition, the seats could be removed and used as backyard chairs. Demand for this model was high, and by mid-1966 over 2.5 million models were sold.

35 Vidéo-scène
LEÇON 35
En panne

Dans l'épisode précédent, Jérôme a proposé à Pierre de lui donner une leçon de conduite. Pierre a accepté l'offre de son frère, mais à deux conditions. Il faut que Jérôme le laisse conduire la voiture et il faut aussi qu'il soit de retour pour son rendez-vous avec Armelle. Jérôme et Pierre sont finalement partis. Maintenant, Pierre veut conduire.

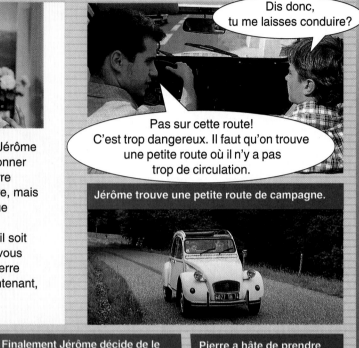

Dis donc, tu me laisses conduire?

Pas sur cette route! C'est trop dangereux. Il faut qu'on trouve une petite route où il n'y a pas trop de circulation.

Jérôme trouve une petite route de campagne.

Pierre attend impatiemment son tour.

Finalement Jérôme décide de le laisser conduire. Il arrête la voiture.

Pierre a hâte de prendre le volant.

Bon, tu vas conduire! Mais il faut que tu sois très prudent!

T'en fais pas. Je suis la prudence même.

Au moment où Pierre va démarrer,° il remarque quelque chose.

Regarde! L'aiguille° est à zéro!

Zut! Il faut qu'on prenne de l'essence.

aiguille *pointer, needle*
démarrer *to start up (a car)*

470 Unité 9

Teaching note: Le subjonctif

Tell students that in this video-scène they will encounter a new verb form—the subjunctive.

In English one also has a subjunctive mood:
It is necessary that you be on time.
Il faut que tu sois à l'heure.

• Have students find examples of **il faut que** and ask them to make a list of the verb forms that follow this expression.

Mais il n'y a pas de station-service sur cette route.

Pierre et Jérôme changent de place à nouveau . . .

Il faut qu'on fasse demi-tour. Je vais reprendre le volant.

La voiture fait demi-tour.°

La voiture s'arrête. Jérôme met le triangle signalant que la voiture est en panne.°

Stop . . . stop!

Pierre et Jérôme partent dans des directions différentes.

Eh bien, il faut que je trouve une station-service.

Pierre marche sur la route.

Finalement, il trouve une cabine téléphonique.

Et moi, il faut que je trouve une cabine téléphonique pour téléphoner à Armelle.

Il explique à Armelle pourquoi il est en retard.

**Salut Armelle!
e sais pas ce qui m'arrive . . .
! Ce n'est pas de ma faute . . .
alors, dans ce cas, il faut que
viennes me chercher . . .**

à suivre . . .

Compréhension
1. Où se passe la scène?
2. Quel est le problème?
3. Que fait Jérôme à la fin de la scène?
4. Que fait Pierre?
5. Qu'est-ce que Pierre demande à Armelle?

demi-tour *u-turn*
en panne *broken down*

Leçon 35 **471**

■ **Cultural note: La sécurité routière** Note the triangle that Jérôme places on the highway to indicate that his car is disabled. In France, the triangle is required safety equipment for every car.

● COMPREHENSION

1. La scène se passe sur une petite route de campagne.
2. La voiture n'a pas d'essence.
3. Jérôme part pour chercher une station-service.
4. Pierre va trouver une cabine téléphonique pour téléphoner à Armelle.
5. Il lui demande de venir le chercher.

- Which ones are the same as the present (indicative) tense that they have learned so far?
  il faut qu'on trouve . . .
  il faut que je trouve . . .

- Which ones are different? Can the students identify the verbs?
  il faut que tu sois . . . [être]
  il faut qu'on prenne . . . [prendre]
  il faut qu'on fasse . . . [faire]
  il faut que tu viennes [venir]

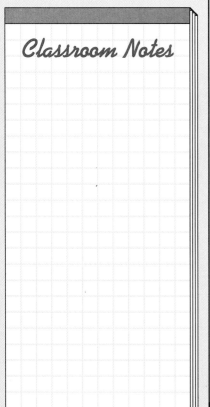
Classroom Notes

A. Le subjonctif: formation régulière

In the following sentences, people are being told what to do. To express NECESSITY or OBLIGATION, the French use a verb form called the SUBJUNCTIVE. In the sentences below, the verbs in heavy print are in the subjunctive.

Il faut **que tu conduises** bien.	*It is necessary **that you drive** well.* *(You have to drive well.)*
Il faut **que je mette** ma ceinture de sécurité.	*It is necessary **that I fasten** my seat belt.* *(I have to fasten my seat belt.)*

The SUBJUNCTIVE is a verb form that occurs frequently in French. It is used after certain verbs and expressions in the construction:

VERB OR EXPRESSION + **que** + SUBJECT + SUBJUNCTIVE VERB . . .
Il faut   **que**   Paul   **réponde** à la question.

➡ The subjunctive is always introduced by **que.**

**Il faut qu'on avance le monde,
sans faire reculer la terre.**

Tetra Pak allie les performances
de ses emballages avec
le respect de l'environnement.   **TETRA PAK**
   Tout reste intact.

FORMS

For all regular verbs and many irregular verbs, the subjunctive is formed as follows:

SUBJUNCTIVE STEM	+	SUBJUNCTIVE
ils-form of the present		ENDINGS
minus **-ent**		

Note the subjunctive forms of the regular verbs **parler, finir, vendre,** and the irregular verb **sortir.**

INFINITIVE		**parler**	**finir**	**vendre**	**sortir**	SUBJUNCTIVE ENDINGS
PRESENT STEM	ils	**parlent** **parl-**	**finissent** **finiss-**	**vendent** **vend-**	**sortent** **sort-**	
SUBJUNCTIVE	que je	**parle**	**finisse**	**vende**	**sorte**	**-e**
	que tu	**parles**	**finisses**	**vendes**	**sortes**	**-es**
	qu'il/elle/on	**parle**	**finisse**	**vende**	**sorte**	**-e**
	que nous	**parlions**	**finissions**	**vendions**	**sortions**	**-ions**
	que vous	**parliez**	**finissiez**	**vendiez**	**sortiez**	**-iez**
	qu'ils/elles	**parlent**	**finissent**	**vendent**	**sortent**	**-ent**

1 ▶ **Le subjonctif, s'il vous plaît!**

Pour chaque verbe du tableau, donnez la forme **ils** du présent. Ensuite, complétez les phrases correspondantes avec le subjonctif.

Il faut que j'écoute le professeur.

Il faut que vous écoutiez le professeur.

INFINITIF	PRÉSENT	SUBJONCTIF
▶ écouter	[ils écoutent]	Il faut que (je, vous) . . . le professeur.
1. téléphoner	[ils . . .]	Il faut que (tu, nous) . . . à Jean-Claude.
2. assister	[ils . . .]	Il faut que (Marc, mes copains) . . . à la conférence.
3. finir	[ils . . .]	Il faut que (je, vous) . . . ce livre.
4. réussir	[ils . . .]	Il faut que (tu, les élèves) . . . à l'examen.
5. attendre	[ils . . .]	Il faut que (Madame Moreau, nous) . . . le taxi.
6. répondre	[ils . . .]	Il faut que (tu, Véronique) . . . à l'invitation.
7. lire	[ils . . .]	Il faut que (je, nous) . . . ce roman.
8. écrire	[ils . . .]	Il faut que (vous, Sophie) . . . à Catherine.
9. partir	[ils . . .]	Il faut que (je, Marc et Julie) . . . à deux heures.
10. mettre	[ils . . .]	Il faut que (nous, Olivier) . . . la ceinture de sécurité.

Leçon 35 **473**

■ **Looking ahead**
• The subjunctive forms of **être, avoir, aller,** and **faire** are presented in Lesson 36.
• The subjunctive forms of verbs with two stems (e.g., **venir, prendre, boire, acheter, payer,** etc.) are formally introduced in Level Three. For reference, the subjunctive of these verbs is presented in Appendix 2, pp. R22–R29.

1 PRACTICE: subjunctive forms

1. téléphones, téléphonions
2. assiste, assistent
3. finisse, finissiez
4. réussisses, réussissent
5. attende, attendions
6. répondes, réponde
7. lise, lisions
8. écriviez, écrive
9. parte, partent
10. mettions, mette

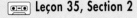
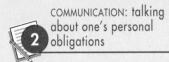
2 COMMUNICATION: talking about one's personal obligations

3 ROLE PLAY: telling someone what needs to be done

■ **Variation** (challenge level): Guy uses pronouns in his replies.
Oui, je vais le chercher.
. . . y passer
. . . le réserver
. . . en acheter une
. . . les préparer
. . . en choisir

4 EXCHANGES: explaining why one cannot accept an invitation

B. L'usage du subjonctif après *il faut que*

Note the use of the subjunctive after **il faut que** in the sentences below.

Il faut que je **finisse** mon travail.	*I must (have to) finish my work.*
Il faut que vous **répariez** la voiture.	*You must (have to) fix the car.*

To state what specific people *must do* or *have to do,* the French often use the construction:

> **il faut que** + SUBJUNCTIVE

IL FAUT QU'ON CHANGE
«L'EMMENTALITÉ . . .»

Avec l'Emmental Grand Cru
sur votre plateau de fromages . . .

➡ Note that:
• **il faut** + INFINITIVE expresses a general, impersonal obligation.
• **il faut que** + SUBJUNCTIVE expresses a personal obligation.

Il faut étudier.	*One has to study.*
Il faut que Marc étudie.	*Marc has to study.*

2 **Oui ou non?**

Dites si oui ou non vous devez faire les choses suivantes à la maison.

▶ aider ton frère?

▶ **Oui, il faut que j' aide mon frère.**

(Non, il ne faut pas que j'aide mon frère.)

1. étudier?
2. finir tes devoirs avant de dîner?
3. laver la voiture?
4. ranger ta chambre?
5. mettre la table?
6. sortir les ordures *(take out the garbage)?*
7. passer l'aspirateur *(run the vacuum)?*
8. tondre la pelouse *(mow the lawn)?*

3 **Avant le départ**

La famille Aubin habite à Montréal. Madame Aubin dit à son fils Guy ce qu'il doit faire avant de partir passer un mois avec une famille en Normandie. Jouez les deux rôles.

MME A: **Guy, il faut que tu cherches ton passeport.**
GUY: **D'accord, je vais chercher mon passeport.**

☐ chercher ton passeport
☐ passer à l'agence de voyages
☐ réserver ton billet d'avion
☐ acheter une carte de France
☐ préparer tes valises
☐ choisir des cadeaux pour tes hôt

4 **Je regrette, mais . . .**

Vous invitez vos camarades à faire certaines choses. Malheureusement, ils doivent faire d'autres choses. Composez et jouez les dialogues.

▶ —Dis, est-ce que tu veux <u>aller au cinéma</u> avec moi?
—Je regrette, mais je ne peux pas.
—Ah bon? Pourquoi?
—Il faut que je <u>dîne avec mes parents</u>.

INVITATIONS	EXCUSES POSSIBLE
▶ aller au cinéma	• aider ma mère
1. sortir	• finir mes devoirs
2. dîner au restaurant	• rentrer chez moi
3. jouer au volley	• dîner avec mes pare
4. faire une promenade	• rendre visite à un co
5. voir un film	• écrire à ma grand-m
6. aller au concert	• lire un livre

474 Unité 9

Cooperative pair practice
Activities 3, 4, 6

Personalization: Je regrette, mais . . .

Have students give original invitations and excuses.
– **Dis, est-ce que tu veux aller au centre commercial avec moi?**
– **Je regrette, mais je ne peux pas.**
– **Ah bon? Pourquoi?**
– **Il faut que je prépare mon examen de français.**

5 Qu'est-ce qu'il faut faire?

Dites ce que chacun doit faire dans les circonstances suivantes.

▶ Nous recevons des invités *(guests)* ce soir.

- toi / mettre la table
  Il faut que tu mettes la table.
- nous / préparer le repas
  Il faut que nous préparions le repas.

1. Nous faisons une promenade en voiture.
   - toi / chercher la carte
   - moi / choisir l'itinéraire
   - vous / mettre vos ceintures
   - Marc / conduire prudemment *(carefully)*
2. Nous avons une panne *(breakdown)*.
   - nous / nous arrêter
   - moi / vérifier les pneus
   - vous / téléphoner au mécanicien
   - le mécanicien / changer la roue

3. Nous allons faire du camping ce weekend.
   - moi / vérifier la tente
   - Mélanie / acheter un sac de couchage
   - toi / réparer le réchaud
   - vous / apporter une lampe électrique
4. Nous organisons une boum.
   - vous / écrire les invitations
   - toi / préparer les sandwichs
   - Sandrine / choisir la musique
   - nous / décorer le salon

6 Bons conseils *(Good advice)*

Vos camarades ont les problèmes suivants. Dites-leur
ce qu'ils doivent faire en utilisant une suggestion de la liste.

▶ —Je suis fatigué(e).
—Il faut que tu te reposes. (Il faut que tu dormes.)

1. J'ai chaud.
2. J'ai froid.
3. J'ai la grippe.
4. Je ne réussis pas à mes examens.
5. Je n'ai pas d'argent.
6. Je veux maigrir.

SUGGESTIONS
- dormir
- étudier
- trouver un travail
- manger moins
- ouvrir la fenêtre
- mettre un pull
- se reposer
- rester au lit
- ??

À votre tour!

1 Projets

Avec un(e) camarade choisissez
l'un des projets suivants. Discutez
les choses que vous devez faire
dans la réalisation de ce projet et
faites une liste de ces choses.
Commencez vos phrases par
Il faut que nous . . . (N'utilisez pas
le subjonctif des verbes **être,
avoir, faire,** ou **aller.**)

Projets:
- organiser une boum
- organiser un pique-nique
- faire du camping
- faire une promenade en auto
- passer une semaine à Québec

Nous allons organiser une boum.
1. *Il faut que nous demandions la permission à nos parents.*
2. *Il faut que nous rangions le salon.*
3. *Il faut que nous achetions des boissons.*
4. ....

2 Obligations

Avec un(e) camarade, discutez les choses que
vous devez faire pour une des périodes suivantes.
Ensuite écrivez ce que chacun doit faire.
Commencez vos phrases par **Il faut que** . . .
(N'utilisez pas le subjonctif des verbes **être,
avoir, faire** ou **aller.**)

ce soir   avant le weekend   pendant le weekend
avant les vacances   pendant les vacances

Avant le weekend...
- *Il faut que je finisse mon devoir d'anglais.
  Il faut aussi que j'écrive à ...*
- *Il faut que Thomas rende des livres
  à la bibliothèque.
  Il faut aussi qu'il ...*

Leçon 35 **475**

DESCRIPTION: saying what one has to do in certain circumstances

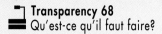

Transparency 68
Qu'est-ce qu'il faut faire?

■ Have students narrate the actions on the transparency to describe what people have to do do get ready for a party.
Il faut que Stéphanie écrive des invitations.
Il faut que Marc achète les boissons., etc.

6 EXCHANGES: giving advice

À votre tour!

1 GUIDED CONVERSATION: making plans

2 GUIDED CONVERSATION: expressing obligations

📁 Portfolio assessment

You will probably choose only one oral
and one written activity to go into the
students' portfolios for Unit 9. The
following activities are good portfolio
topics:

ORAL/WRITTEN: Activities 1, 2

LECTURE La meilleure décision

Dans la vie,° nous devons prendre certaines décisions. Analysez les situations suivantes et dites quelle est la meilleure décision à prendre. Discutez de votre choix avec vos camarades de classe.

vie *life*

Classroom Notes

1 Jean-Marc a un copain Vincent. Vincent a une copine, Isabelle, qu'il aime beaucoup. Un jour, en allant au cinéma, Jean-Marc voit Isabelle avec un autre garçon.

Qu'est-ce que Jean-Marc doit faire?

A. Il faut qu'il parle à Vincent.
B. Il faut qu'il dise quelque chose à Isabelle.
C. Il ne faut pas qu'il s'occupe° de ce problème.

s'occupe *get involved*

2 Sur la route° de l'école, Irène trouve un portefeuille. Dans le portefeuille, il y a 100 dollars, mais il n'y a aucun° papier concernant l'identité du propriétaire.°

Que doit faire Irène?

A. Il faut qu'elle apporte le portefeuille à la police.
B. Il faut qu'elle mette une annonce° dans le journal. (Elle pourra garder l'argent si personne ne répond.)
C. Elle peut garder le portefeuille à condition de donner 50 dollars à une organisation charitable.

Sur la route *On her way* **ne . . . aucun** *no*
propriétaire *owner* **annonce** *ad*

 Pre-reading activity

Have the students read the title and look at the format of the reading.

Quelquefois, quand vous vous trouvez dans une situation difficile, vous ne savez pas quoi faire. Souvent vous avez deux ou trois options, mais quelle est la meilleure solution? Ça dépend!

Observation activity: After students have completed the reading activity and analyzed the various situations, you may have them reread the options and note the verbs that are used after **il faut que**. Which ones have a subjunctive form that is different from the regular present tense?
1-B: **dise**/dit
2-B: **mette**/met
3-C: **choisisse**/choisit
4-A: **rende**/rend
Also 4-B: **détruise**/détruit (**détruire** is conjugated like **conduire**)

 3 Jacqueline a reçu deux invitations pour le même jour. Son cousin Laurent l'a invitée à sa fête d'anniversaire. Son camarade de classe Jean-Michel l'a invitée à un concert de rock. Le problème est que Laurent et Jean-Michel sont très jaloux l'un de l'autre et qu'on ne peut pas accepter l'invitation de l'un sans offenser l'autre.

Que doit faire Jacqueline?

A. Il faut qu'elle refuse les deux invitations.

B. Il faut qu'elle accepte l'invitation de Laurent parce que c'est son cousin.

C. Il faut qu'elle choisisse l'invitation qu'elle préfère et qu'elle invente une excuse pour l'autre invitation.

 4 Par erreur,° Monsieur Masson a ouvert une lettre destinée à son voisin Monsieur Rimbaud. En lisant cette lettre, Monsieur Masson a appris que Monsieur Rimbaud est le cousin d'un trafiquant de drogue.°

Que doit faire Monsieur Masson?

A. Il faut qu'il rende la lettre à Monsieur Rimbaud.

B. Il faut qu'il détruise° la lettre.

C. Il faut qu'il alerte la police.

Par erreur *By mistake* **détruise** *destroy*
trafiquant de droque *drug dealer*

  ## Post-reading activity

For each of the situations, have students tally and compare their answers. You may ask individual students to explain why they chose certain responses. You may also want to ask whether any students have come up with an even better solution than the ones suggested.

Êtes-vous d'accord avec les solutions proposées, ou avez-vous une idée encore meilleure?

MODULE 9-C
Merci pour la leçon

Total time: 3:51 min.
(Counter: 27:41–31:32 min.)

Disc 2, Side 2
25985 to 32910

Leçon 36, Section 1

---

36 Vidéo-scène

LEÇON

Merci pour la leçon

Dans l'épisode précédent, Jérôme a finalement donné le volant à Pierre. Malheureusement, la voiture est tombée en panne. Jérôme est allé chercher de l'essence. Pierre a téléphoné à Armelle. Armelle accepte d'aller chercher Pierre.

Armelle termine sa conversation avec Pierre.

Bien, au revoir Pierre! À tout de suite!

Puis elle quitte sa maison et monte sur son scooter.

La route est longue.

Finalement, Armelle retrouve Pierre.

Salut.

Qu'est-ce qu'on fait maintenant?

On rentre à Annecy.

Et Jérôme? Tu ne veux pas qu'on aille l'aider?

Bon, si tu veux . . .

Pierre et Armelle vont chercher Jérôme.

Ils le retrouvent sur la route . . .

478 Unité 9

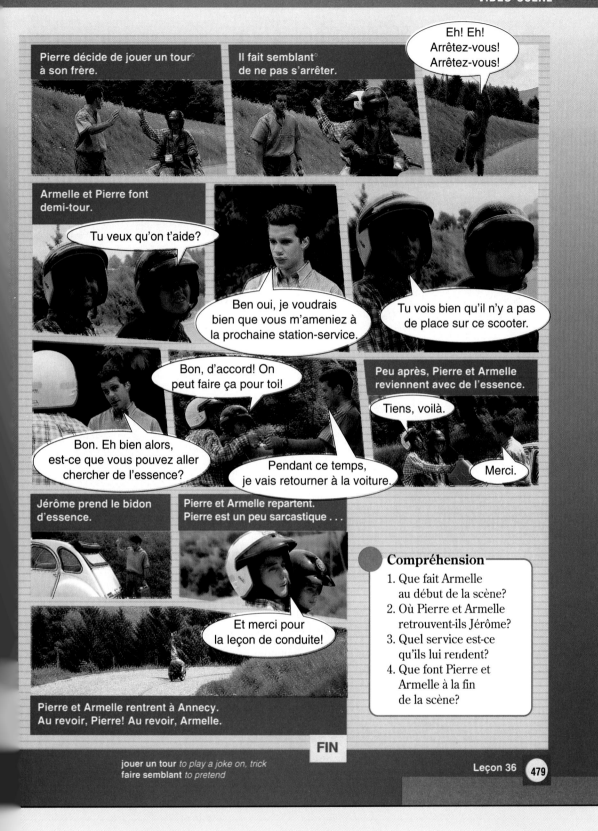

Pierre décide de jouer un tour° à son frère.

Il fait semblant° de ne pas s'arrêter.

Eh! Eh! Arrêtez-vous! Arrêtez-vous!

Armelle et Pierre font demi-tour.

Tu veux qu'on t'aide?

Ben oui, je voudrais bien que vous m'ameniez à la prochaine station-service.

Tu vois bien qu'il n'y a pas de place sur ce scooter.

Bon, d'accord! On peut faire ça pour toi!

Peu après, Pierre et Armelle reviennent avec de l'essence.

Tiens, voilà.

Bon. Eh bien alors, est-ce que vous pouvez aller chercher de l'essence?

Pendant ce temps, je vais retourner à la voiture.

Merci.

Jérôme prend le bidon d'essence.

Pierre et Armelle repartent. Pierre est un peu sarcastique . . .

Et merci pour la leçon de conduite!

Pierre et Armelle rentrent à Annecy. Au revoir, Pierre! Au revoir, Armelle.

FIN

jouer un tour *to play a joke on, trick*
faire semblant *to pretend*

Leçon 36 **479**

Vocabulary note:
un **bidon d'essence** *gas can*

COMPREHENSION

Compréhension

1. Que fait Armelle au début de la scène?
2. Où Pierre et Armelle retrouvent-ils Jérôme?
3. Quel service est-ce qu'ils lui rendent?
4. Que font Pierre et Armelle à la fin de la scène?

1. Elle quitte sa maison et monte sur son scooter pour chercher Pierre.
2. Ils le retrouvent sur la route.
3. Ils vont chercher de l'essence.
4. Ils rentrent à Annecy.

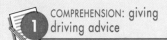
The subjunctive forms of **être, avoir, aller,** and **faire** are irregular.

	être	avoir	aller	faire
que je (j')	sois	aie	aille	fasse
que tu	sois	aies	ailles	fasses
qu'il/elle/on	soit	ait	aille	fasse
que nous	soyons	ayons	allions	fassions
que vous	soyez	ayez	alliez	fassiez
qu'ils/elles	soient	aient	aillent	fassent

1 Pour réussir à l'examen

Vous passez l'examen du permis de conduire. Dites si oui ou non vous devez faire les choses suivantes. Commencez vos phrases par **Il faut que** ou **Il ne faut pas que.**

▶ être nerveux (nerveuse)?
Il ne faut pas que je sois nerveux (nerveuse).

1. être calme?
2. être prudent(e) *(careful)*?
3. être impatient(e)?
4. avoir peur?
5. avoir un accident?

6. faire attention?
7. aller très vite?
8. avoir ma ceinture de sécurité?
9. aller lentement?
10. avoir de bons réflexes?

DISQUE DE LIMITATION DE VITESSE

Limitation de vitesse applicable aux conducteurs nouvellement titulaires du permis de conduire.

2 Que faire?

Dites ce que les personnes suivantes doivent faire. Utilisez la construction
il faut que + subjonctif.

▶ Monsieur Martin veut aller en Chine. (avoir un passeport)
Il faut qu'il ait un passeport.

Il faut qu'il ait un passeport.

1. Nous voulons voir un film. (aller au cinéma)
2. Mes copains veulent parler bien français. (aller en France)
3. Tu veux rester en forme. (faire du sport)
4. Ma cousine veut être médecin. (faire de la biologie)
5. Vous voulez avoir des amis. (être polis, généreux et gentils)
6. Je veux prendre l'avion. (être à l'aéroport à l'heure)
7. Vous voulez voyager cet été. (avoir une voiture)
8. Tu veux jouer au tennis. (avoir une raquette)

2 DESCRIPTION: saying what others have to do

3 Pas possible!

Proposez à vos camarades de faire certaines choses. Ils vont refuser en expliquant pourquoi
ce n'est pas possible.

▶ aller à la piscine?
faire les courses

3 EXCHANGES: offering and refusing invitations

Veux-tu aller à la piscine?

Ce n'est pas possible. Il faut que je fasse les courses.

Le New Orleans
CONCERT DE JAZZ
vendredi et samedi

DÉJÀ PLUS DE **1 MILLION DE SPECTATEURS** EN FRANCE
UN FILM DE RIDLEY SCOTT GÉRARD DEPARDIEU
1492
UN FILM ENTRE DANS LA LÉGENDE

INVITATIONS

▶ aller à la piscine?
1. voir un film?
2. sortir ce soir?
3. faire une promenade?
4. dîner en ville?
5. venir chez moi cet après-midi?
6. aller à un concert de jazz?

EXCUSES

faire des achats
faire les courses
faire mes devoirs
aller chez ma tante
aller à la bibliothèque
être chez moi à sept heures
faire du baby-sitting pour les voisins

Office National des Forêts
SENTIERS FORESTIERS
Pour la sécurité de vos promenades et la protection de la forêt, veuillez rester sur les sentiers balisés et ne pas allumer de feux.

Classroom Notes

Leçon 36 **481**

Cooperative pair practice
Activity 3

PROP: Transparency 9 (Quelques endroits)
Have students review the names of the places on the transparency.
Qu'est-ce que c'est? *(pointing to stadium)* **C'est un stade.**

If students do not remember, cue with options:
Est-ce que c'est une piscine ou un stade?
Then have students tell people to go to the places pictured.
Il faut que tu ailles à l'hôtel.
Il faut que vous alliez au stade., etc.

▭▭ **Leçon 36, Section 2**

■ **Language note:** You may point out that the subjunctive is also used after other verbs expressing wish, will, or desire:
je désire que + SUBJUNCTIVE
je préfère que + SUBJUNCTIVE
j'aimerais que + SUBJUNCTIVE

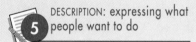

4 COMPREHENSION: saying what you want someone to do

5 DESCRIPTION: expressing what people want to do

B. L'usage du subjonctif après *vouloir que* ────────

Note the use of the subjunctive in the sentences below.

Je **voudrais que tu sois** à l'heure.   *I would like you to be on time.*
Marc **veut que je sorte** avec lui.   *Marc wants me to go out with him.*
Mon père **ne veut pas que je conduise.**   *My father does not want me to drive.*

▌ In French, the subjunctive is used after **vouloir que** to express a wish.

⟹ Note that the wish must concern someone or something OTHER THAN THE SUBJECT. When the wish concerns the SUBJECT, the INFINITIVE is used. Contrast:

the wish concerns the subject: INFINITIVE	the wish concerns someone else: SUBJUNCTIVE
Je veux **sortir.**	**Je** veux que **tu sortes** avec moi.
Mon père veut **conduire.**	**Mon père** ne veut pas que **je conduise.**

⟹ The subjunctive is also used after **je veux bien (que).**
  —Est-ce que je peux sortir?   *Can I go out?*
  —Oui, **je veux bien que tu sortes.**   *Sure, it's OK with me if you go out.*

---

4 **Baby-sitting** ────────

Vous faites du baby-sitting pour un enfant français. Expliquez-lui ce qu'il doit faire et ce qu'il ne doit pas faire. (Commencez vos phrases par **Je veux que** ou **Je ne veux pas que.**)

▶ ranger ta chambre?
Je veux que tu ranges ta chambre.

▶ jouer avec des allumettes *(matches)*
Je ne veux pas que tu joues avec des allumettes.

1. être sage *(be good)*
2. faire tes devoirs
3. manger ton dîner
4. finir tes épinards *(spinach)*
5. manger trop de chocolat
6. mettre les pieds sur la table
7. jouer au foot dans la maison
8. tirer la queue *(pull the tail)* du chat

5 **Exigences** *(Demands)* ────────

Tout le monde exige *(demands)* quelque chose. Expliquez les exigences des personnes suivantes.

▶ le professeur / les élèves / étudier
Le professeur veut que les élèves étudient.

1. le médecin / Monsieur Legros / maigrir
2. le professeur de l'auto-école / tu / conduire moins vite
3. les adultes / les jeunes / être polis avec eux
4. les jeunes / les adultes / être plus tolérants
5. je / tu / aller au cinéma avec moi
6. Hélène / son copain / aller danser à la discothèque avec elle
7. mon père / je / avoir de bonnes notes
8. ma mère / je / faire les courses

482 Unité 9

Cooperative pair practice
Activities 6, 7

✺ **Warm-up and practice**

PROP: Transparency 43 (Les occupations de la journée)

Have students review the activities pictured in the transparency.
Que fait Jean? [Il se réveille.]
Now have students tell their friends to do the things shown on the transparency.
Je veux que tu te réveilles., etc.

6 Oui ou non?

Vos camarades vous demandent
la permission de faire certaines choses.
Acceptez ou refusez.

▶ écouter tes cassettes

Est-ce que je peux écouter tes cassettes?

Oui, je veux bien que tu écoutes mes cassettes.

(Non, je ne veux pas que tu écoutes mes cassettes.)

1. regarder tes photos
2. manger ta pizza
3. finir le gâteau
4. emprunter ta raquette
5. amener mes copains à la fête
6. lire ton journal *(diary)*
7. prendre ton vélo
8. sortir avec ton copain (ta copine)

7 Pas de chance

Aujourd'hui Jérôme et sa mère ne sont pas
d'accord. Composez les dialogues et
jouez les rôles correspondants avec vos
camarades.

▶ sortir ce soir / faire tes devoirs
 —Je voudrais <u>sortir ce soir</u>.
 —Eh bien, moi, je ne veux pas
 que tu sortes.
 —Mais pourquoi?
 —Parce qu'il faut que tu <u>fasses
 tes devoirs</u>.

1. aller chez ma copine / faire les courses
2. conduire la voiture / avoir le permis
3. regarder la télé / aller chez le dentiste
4. déjeuner en ville / être à midi à ta leçon
 de piano
5. rester à la maison ce weekend /
 aller chez tes grands-parents
6. acheter une moto / faire des économies
 (save money)

6 EXCHANGES: letting friends
know whether you want
them to do certain things

7 ROLE PLAY: telling someone
that you do not want them
to do something

À votre tour!

1 Désirs

Exprimez le désir que les personnes suivantes fassent
certaines choses pour vous. Commencez vos phrases par
des expressions comme:

Je (ne) veux (pas) que
Je (ne) voudrais (pas) que

| mon meilleur copain . . . |
| ma meilleure copine . . . |
| mes parents . . . |
| le professeur . . . |

Ensuite, vous pouvez comparer vos réponses avec
les réponses de vos camarades.

**Je voudrais que
mes parents m'achètent une guitare
pour mon anniversaire.**

**Je ne veux pas que
le professeur nous donne
un examen trop difficile.**

2 Tant pis! *(Too bad!)*

Demandez à un(e) camarade de faire trois choses
pour vous. Il / Elle va refuser en donnant une excuse.

▶ —Je voudrais que tu me <u>prêtes tes cassettes</u>.
 —Je regrette mais je ne peux pas.
 —Pourquoi pas?
 —Parce que je veux les écouter ce soir.
 —Tant pis!

▶ me prêter tes cassettes
• m'aider avec les devoirs
• me présenter à tes copains
• faire une promenade avec moi
• faire du jogging avec moi samedi matin
• aller au musée avec moi dimanche après-midi

À votre tour!

1 WRITTEN SELF-EXPRESSION :
expressing wishes

2 GUIDED CONVERSATION:
making excuses

Portfolio assessment: You
will probably choose only
one oral and one written activity
to go into the students' portfolios
for Unit 9. The following activities
are good portfolio topics:
ORAL: Activities 1, 2
WRITTEN: **Et vous?**, p. 485

Leçon 36 **483**

👥 Cooperative speaking practice

Once students have written out their
wishes for Act. 1, have them get together
in pairs to share their responses. Their
partner may want to ask for an
explanation and then continue the
conversation.

– **Je voudrais que mes parents
 m'achètent une guitare pour mon
 anniversaire.**
– **Pourquoi une guitare?**
– **J'aime la musique. Je sais jouer du
 piano, mais je voudrais apprendre à
 jouer de la guitare.**

LECTURE — La vie n'est pas juste

Le petit Pierre (10 ans) pense que la vie° n'est pas juste. Êtes-vous d'accord avec lui?

vie *life*

jeudi soir, à la maison

—Dis, Papa, est-ce que je peux regarder la télé?

—Oui, je veux bien que tu regardes la télé, mais avant je veux que tu finisses ton dîner et que tu fasses tes devoirs . . .

Et à neuf heures, il faut que tu sois au lit.

vendredi après-midi, à la maison

—Dis, Maman, est-ce que je peux aller chez mon copain?

—Mais oui, je veux bien que tu ailles chez lui, mais d'abord je voudrais bien que tu fasses ton lit et que tu ranges ta chambre.

Et je veux absolument que tu sois rentré° à sept heures pour le dîner.

rentré *back home*

484 Unité 9

 Pre-reading activity

Have students read the title: "Life isn't fair."
Quelle est votre opinion? Votons!
Combien d'entre vous pensent qu'en général la vie est juste?
Combien d'entre vous pensent que la vie n'est pas juste?

Maintenant nous allons découvrir l'opinion du petit Pierre.

Classroom Notes

samedi matin, chez la voisine Madame Lamballe

—S'il vous plaît, madame, est-ce que je peux jouer dans votre jardin?

—Oui, je veux bien que tu y joues, mais je ne veux pas que tu marches° sur les fleurs.

Je ne veux pas non plus° que tu arroses° le chien ou que tu fasses peur° au chat.

marches step **non plus** neither **arroses** spray water on **fasses peur** scare

dimanche matin, chez son copain

—Dis, Éric, est-ce que tu peux me prêter ton vélo?

—Si tu veux que je te prête mon vélo, il faut que tu m'invites chez toi et que tu me laisses jouer avec tes jeux vidéo.

La vie n'est pas juste!

Et vous?

Pensez à l'époque où vous aussi vous étiez petit(e). Vous vous souvenez probablement d'une situation où vous avez pensé que la vie n'était pas juste. Composez un dialogue et faites un dessin où vous décrivez cette situation de façon humoristique. Comparez votre dessin avec les dessins préparés par vos camarades.

Leçon 36 **485**

Observation activity: Have students reread the scenes, looking for the verbs. Are they all in the subjunctive? [no] Which ones are in the subjunctive? [those introduced by
je veux que,
je veux bien que,
je voudrais bien que,
je veux absolument que,
je ne veux pas que, and
il faut que]

 Post-reading activity

Ask students to analyze each scene.

Dans la première scène, est-ce que petit Pierre a raison?

Est-ce que les demandes de son père sont injustes?

Pourquoi ou pourquoi pas?

Est-ce que cette scène correspond à une expérience que vous avez eue quand vous étiez petit(e)?

QUELLE SOIRÉE!

Avant de lire

Lisez le titre de ce drame: **Quelle soirée!** *(What an evening!)*
• À votre avis, est-ce que ce titre veut dire que c'était une soirée réussie ou une soirée désastreuse?

Regardez maintenant les illustrations et lisez les titres des trois actes.
• Avez-vous une impression plus précise de la soirée?
• D'après vous, qu'est-ce qui est arrivé?

QUELLE SOIRÉE!

Drame en trois actes

PERSONNAGES:

Olivier

Caroline

Jean-Jacques, *cousin d'Olivier*

Monsieur Jamet, *père d'Olivier*

Madame Jamet, *mère d'Olivier*

Expressions pour la conversation

justement	*precisely, exactly*
vraiment	*really*
évidemment	*obviously*
heureusement	*fortunately*
en effet	*as a matter of fact*
cependant	*however*
lorsque	*when*

486

ACTE 1

Olivier trouve une solution

SCÈNE 1

Aujourd'hui, c'est samedi. Olivier est très content. Ce matin il a fait la queue pendant trois heures devant le Rex-Palace. Finalement il a obtenu les deux derniers billets pour le grand concert de ce soir. La seule° question est de savoir qui il va inviter . . .

Olivier pense à Caroline. Caroline est une fille très sympathique et très jolie. Voilà justement le problème. Elle a des quantités d'admirateurs et, par conséquent, beaucoup d'invitations. Est-ce qu'elle sera libre ce soir? Olivier décide de tenter sa chance. Il téléphone à Caroline.

OLIVIER: Allô, Caroline?

CAROLINE: Ah, c'est toi, Olivier? Ça va?

OLIVIER: Ça va! Tu sais, j'ai pu obtenir des billets pour le concert de ce soir.

CAROLINE: Comment as-tu fait? J'ai téléphoné au Rex-Palace. Tout est vendu! Impossible de trouver des billets! Je voulais absolument aller à ce concert . . .

OLIVIER: Si tu veux, je t'invite.

CAROLINE: Tu es vraiment gentil de m'inviter. Bien sûr, j'accepte avec plaisir.

OLIVIER: Bon! Je viendrai te chercher chez toi à huit heures! D'accord?

CAROLINE: D'accord! À ce soir!

seule *only*

Avez-vous compris?

1. Le premier paragraphe dit qu'Olivier est très content. Pourquoi?
2. Si Caroline a beaucoup d'admirateurs, pourquoi a-t-elle accepté l'invitation d'Olivier?

487

■ Avez-vous compris?

1. Il a obtenu les deux derniers billets pour le concert de ce soir.
2. Elle a accepté l'invitation d'Olivier parce qu'elle voulait absolument aller à ce concert.

SCÈNE 2

En rentrant chez lui, Olivier pense au rendez-vous de ce soir. Évidemment, il y a un petit problème. Il a promis à Caroline de venir la chercher chez elle. Oui, mais comment?

«Heureusement, pense Olivier, il y a la voiture de Papa! Papa est toujours très généreux. Il me prête souvent sa voiture quand j'en ai besoin. Je suis sûr qu'il me la prêtera ce soir.»

Quand il est rentré à la maison, Olivier a tout de suite remarqué que son père était de très mauvaise humeur.

OLIVIER: Dis, Papa. Est-ce que je peux prendre ta voiture?

M. JAMET: Pour aller où?

OLIVIER: Je voudrais sortir avec une copine.

M. JAMET: Écoute, Olivier, je veux bien que tu sortes, mais je ne veux pas que tu prennes la voiture!

OLIVIER: Mais, tu sais que je suis toujours très prudent.

M. JAMET: Je ne veux absolument pas que tu prennes la voiture ce soir. Un point, c'est tout!° Si tu veux sortir, tu peux prendre le bus!

OLIVIER: Mais . . .

M. JAMET: Vraiment, il est inutile que tu insistes.

SCÈNE 3

Olivier est déçu, très déçu. Il comptait en effet sur la voiture de son père. C'est une voiture de sport toute neuve. Caroline aurait certainement été° très impressionnée° . . . Dommage!

Olivier, cependant, ne perd pas tout espoir. Il sait que ses parents sortent ce soir. Ils sont invités chez les Roussel, des voisins. Olivier sait aussi que lorsque ses parents rendent visite aux Roussel, ils ne rentrent jamais avant une heure du matin.

Olivier réfléchit . . . Le concert finira vers onze heures et demie. Vers minuit il sera de retour chez lui. Ses parents rentreront beaucoup plus tard. Alors?

Alors, Olivier n'hésite plus. Il attend patiemment le départ de ses parents. Puis, à huit heures moins le quart, il prend les clés de la voiture et va dans le garage . . .

Il monte dans la voiture de son père et sort sans faire de bruit . . . À huit heures, Olivier est chez Caroline.

Un point, c'est tout! *Period*
aurait . . . été *would have been*
impressionnée *impressed*

Avez-vous compris?

Scène 2
1. Olivier a un petit problème. Qu'est-ce que c'est?
2. Quel est le résultat de sa conversation avec son père?

Scène 3
1. Comment Olivier voulait-il impressionner Caroline?
2. Comment Olivier trouve-t-il une solution au problème de transport?

■ Avez-vous compris?
Scène 2
1. Il ne sait pas comment il va aller chercher Caroline.
2. Le père d'Olivier ne veut pas qu'il prenne la voiture ce soir.

Scène 3
1. Il voulait impressionner Caroline avec la nouvelle voiture de sport de son père.
2. Il prend la voiture après le départ de ses parents.

ACTE 2

Olivier a des problèmes

LECTURE

Mots utiles

ravi(e)	*delighted*
fier (fière)	*proud*
désobéir	*to disobey*
la désobéissance	*disobedience*
fou (folle)	*crazy*

SCÈNE 1

Le concert a commencé à huit heures et demie. L'orchestre est excellent. Caroline est ravie et Olivier est très heureux et très fier d'être avec elle.

Soudain, Olivier pense à quelque chose. «Zut, j'ai oublié d'éteindre° les phares° de la voiture! Bon, ça ne fait rien.° Je vais aller les éteindre pendant l'entracte.°»

À dix heures, l'entracte commence. Olivier dit à Caroline de l'attendre cinq minutes. Il va au parking où il a laissé la voiture. Là, il a une très, très mauvaise surprise! Olivier remarque en effet que le feu arrière de la voiture de son père est complètement défoncé.

«Zut, alors! Pendant que j'étais avec Caroline, quelqu'un est rentré dans° la voiture de Papa! Quelle catastrophe! Qu'est-ce que je vais faire? Il faut que je trouve quelqu'un pour changer le feu arrière! Oui, mais qui va réparer la voiture maintenant? À cette heure, tous les garages sont fermés . . . Il faut absolument que je trouve une solution! Il faut absolument que cette voiture soit réparée avant demain matin, sinon° . . .»

éteindre *turn off* **phares** *headlights* **ça ne fait rien** *that doesn't matter*
entracte *intermission* **est rentré dans** *ran into* **sinon** *if not*

Avez-vous compris?
1. Comment commence la soirée?
2. Où va Olivier pendant l'entracte?
3. Qu'est-ce qu'il découvre?

489

■ **Avez-vous compris?**
1. La soirée commence très bien. L'orchestre est excellent et Caroline est ravie.
2. Il va au parking parce qu'il pense qu'il a oublié d'éteindre les phares.
3. Il découvre que le feu arrière de la voiture est complètement défoncé.

SCÈNE 2

Olivier pense à son cousin Jean-Jacques. Jean-Jacques est mécanicien. Il a peut-être les pièces° nécessaires. Olivier lui téléphone. Une voix légèrement irritée répond.

JEAN-JACQUES: Allô . . .

OLIVIER: Jean-Jacques? Il faut que tu m'aides.

JEAN-JACQUES: Ah, c'est toi, Olivier? Qu'est-ce qui se passe?°

OLIVIER: Un accident!

JEAN-JACQUES: Grave?°

OLIVIER: Je ne sais pas. Quelqu'un est rentré dans la voiture de Papa.

JEAN-JACQUES: Et c'est pour ça que tu me téléphones? Dis donc, je suis en train de regarder un film à la télé. Tu peux bien attendre lundi.

OLIVIER: Non, non! Il faut que tu répares la voiture.

JEAN-JACQUES: Dis! Tu ne sais pas que c'est samedi soir?

OLIVIER: Écoute, c'est très sérieux.

Olivier a expliqué toute la situation: le refus de son père, sa désobéissance, le concert, l'accident.

JEAN-JACQUES: Bon, bon! J'ai compris! Si tu veux que je répare ta voiture avant le retour de tes parents, il faut que tu viennes immédiatement.

OLIVIER: Merci, Jean-Jacques! Tu es un vrai copain!

SCÈNE 3

Maintenant Olivier est rassuré, mais il est aussi inquiet.° Il faut qu'il aille chez Jean-Jacques immédiatement! Est-ce que Caroline comprendra la situation? Olivier retourne au concert . . . C'est la fin° de l'entracte.

CAROLINE: Dis, Olivier, où étais-tu? Je commençais à m'impatienter . . .

OLIVIER: Excuse-moi! . . . Euh . . . Il faut que je te raccompagne chez toi . . .

CAROLINE: Mais le concert n'est pas fini.

OLIVIER: Il faut absolument que je rentre.

CAROLINE: Tu es malade?

OLIVIER: Euh, non . . . Il faut que j'aille chez mon cousin qui est garagiste.

CAROLINE: Comment? Il faut que tu ailles chez le garagiste à dix heures du soir? Si tu n'es pas malade, tu es fou!

OLIVIER: Je suis vraiment désolé, mais il faut que je parte . . .

CAROLINE: Eh bien, moi, je suis furieuse que tu me traites de cette façon!° Veux-tu que je te dise quelque chose? Tu es un vrai mufle!° Et la prochaine fois, il est inutile que tu m'invites. Après tout, j'ai d'autres copains!

pièces parts
Qu'est-ce qui se passe? What's up?
Grave Serious **inquiet** worried
fin end **de cette façon** like that
un vrai mufle a real clod (jerk)

490

Avez-vous compris?
Scène 2
1. Qu'est-ce qu'Olivier demande à son cousin Jean-Jacques?
2. Pourquoi est-ce qu'il faut réparer la voiture tout de suite?
Scène 3
1. Pourquoi Olivier est-il inquiet?
2. Est-ce que Caroline comprend la situation d'Olivier? Quelle est sa réaction?

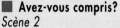 **Avez-vous compris?**
Scène 2
1. Il demande à son cousin de réparer la voiture.
2. Il faut réparer la voiture tout de suite parce qu'Olivier veut rentrer avant le retour de ses parents.

Scène 3
1. Olivier est inquiet parce qu'il faut qu'il aille chez Jean-Jacques immédiatement. Il ne sait pas si Caroline comprendra son problème.
2. Non, elle est furieuse.

ACTE 3

Sauvé?
Pas tout à fait!

LECTURE

Expressions utiles

être sauvé	to be saved
une pièce de rechange	spare part
une réparation	repair
réparer	to repair
s'apercevoir de	to notice
tant pis	too bad
un type	guy
endommagé	damaged

SCÈNE 1

Olivier a raccompagné Caroline chez elle. Il arrive chez son cousin.
Il est onze heures maintenant. Jean-Jacques examine la voiture.

OLIVIER: Alors?

JEAN-JACQUES: Il faut que je répare le pare-chocs et que je change
le feu arrière.

OLIVIER: Ce n'est pas trop sérieux?

JEAN-JACQUES: Non, mais tu as de la chance que j'aie les pièces
de rechange.

Jean-Jacques est un excellent mécanicien. À minuit, il a fini
la réparation. Olivier remercie son cousin et rentre chez lui . . .

SCÈNE 2

Olivier est arrivé chez lui à minuit et demi. Ses parents sont rentrés
bien plus tard, vers une heure et demie. Ils n'ont rien remarqué . . .

Olivier s'est couché immédiatement après son retour, mais il n'a pas pu
dormir. Il pense aux événements de la soirée.

«Quelle soirée! Elle avait si bien° commencé. Et puis, il y a eu cet
accident ridicule! Heureusement Jean-Jacques était chez lui! Est-ce que
Papa s'apercevra de la réparation? Non! Jean-Jacques est un excellent
mécanicien et Papa est un peu myope.° Il ne s'apercevra de rien . . .
Sinon, ce serait un drame à la maison!

«Et Caroline? Elle était vraiment furieuse! Bah, tant pis! L'essentiel
c'est que la voiture soit réparée.
Je suis sauvé, sauvé . . .»

si bien *so well*   **myope** *nearsighted*

Avez-vous compris?
Scène 1
1. Que fait Jean-Jacques?
2. Pourquoi dit Jean-Jacques qu'Olivier a de la chance?
Scène 2
1. Que fait Olivier en rentrant chez lui?
2. Pourquoi dit Olivier: «Je suis sauvé, sauvé . . .»?

■ **Avez-vous compris?**
Scène 1
1. Il examine la voiture. Il dit qu'il
doit réparer le pare-chocs et
changer le feu arrière.
2. Olivier a de la chance parce
que Jean-Jacques a les pièces
de rechange.

Scène 2
1. Il se couche immédiatement
après son retour mais il ne peut
pas dormir.
2. Il est heureux parce que la
voiture est réparée.

SCÈNE 3

Dimanche matin, Olivier s'est levé assez tard. Il a trouvé
sa mère dans la cuisine. Madame Jamet est en train de préparer
le déjeuner.

MME JAMET: Tu sais, Olivier, il ne faut pas que tu sois fâché
contre° ton père. S'il ne t'a pas prêté sa voiture hier,
c'est qu'il y avait une raison. Il faut que je t'explique
ce qui s'est passé.° Hier matin, comme tous
les samedis, ton père est allé faire les courses. Pendant
qu'il était au supermarché, quelqu'un est rentré dans
sa voiture. Évidemment, le type qui a fait ça est parti
sans laisser de trace. Il paraît que le pare-chocs et
le feu arrière sont endommagés! Quand Papa est rentré
à la maison, il était absolument furieux. Il était si
furieux qu'il n'a rien dit à personne. Enfin, il s'est calmé
et chez les Roussel il a tout raconté. Tu t'imagines?°
Une voiture toute neuve!° Tu comprends maintenant
pourquoi il n'a pas voulu te prêter la voiture hier soir!

Avez-vous compris?
1. Qu'est-ce qu'Olivier apprend dimanche matin?
2. Est-ce qu'il est vraiment sauvé?

fâché contre *angry with, upset with* **ce qui s'est passé** *what happened*
Tu t'imagines? *Do you realize?* **toute neuve** *brand-new*

ÉPILOGUE

À cause de l'accident, Olivier est dans une situation très
embarrassante. Selon vous, quelle est la meilleure solution?

- Il faut qu'il prenne un marteau° et qu'il casse à nouveau
le feu arrière de la voiture.
- Il faut qu'il propose à son père de réparer lui-même la voiture.
- Il faut qu'il dise la vérité.

Avez-vous une autre solution à proposer à Olivier?

marteau *hammer*

492

■ Avez-vous compris?
1. Il apprend que son père est
fâché parce que quelqu'un est
rentré dans sa voiture hier
pendant qu'il était au
supermarché.
2. Non, il n'est pas sauvé, parce
qu'il a réparé la voiture.
Maintenant son père va
découvrir qu'Olivier a pris la
voiture hier soir.

Post-reading activities
- Take a class poll on what Olivier
should do.
- Have students in small groups discuss
the pros and cons (**le pour et le
contre**) of the three suggested
solutions.
- Have students in small groups devise
alternate solutions and let the class
vote on which is the most original.

L'ART DE LA LECTURE

French and English both commonly use FIGURES OF SPEECH, such as METAPHORS and SIMILES. Sometimes both languages use the same image. For example, consider the following figures of speech referring to animals:

METAPHOR: Tu es **un âne!** You're **a jackass!**
SIMILE: Tu es **lent comme une tortue.** You're **slow as a turtle.**

Other times the images are close, but not identical.

Tu es **une poule mouillée** (a wet hen)! You're **chicken.**

And there are some images that simply do not translate at all.

Tu es **un mufle** (snout of an ox). You have **terrible manners!**
Quel **chameau** (camel)! What a **disagreeable person!**
C'est **une vraie vache** (a real cow). He / She is **really mean.**

TU ES UN ÂNE !

TU ES LENT COMME UNE TORTUE.

TU ES UNE POULE MOUILLÉE !

TU ES UN MUFLE.

QUEL CHAMEAU !

C'EST UNE VRAIE VACHE.

493

UNITÉ 9 INTERNET PROJECT Students can find websites which offer advice in French about cars and driving. Have students consult the sites and then write 6 or 7 sentences about driving etiquette starting with **Il faut que...** Students can use the following keywords with the search engine of their choice: **"les autos"**; l'automobile

Address Book

Use this space to keep track of your favorite websites.

REFERENCE SECTION

Contents

R1

Rappel Les nombres, la date, l'heure et le temps

A. Les nombres

> How to count:

0 to 19

0	zéro	10	dix
1	un	11	onze
2	deux	12	douze
3	trois	13	treize
4	quatre	14	quatorze
5	cinq	15	quinze
6	six	16	seize
7	sept	17	dix-sept
8	huit	18	dix-huit
9	neuf	19	dix-neuf

20 to 59

20	vingt	30	trente
21	vingt et un	31	trente et un
22	vingt-deux	32	trente-deux
23	vingt-trois		. . .
24	vingt-quatre	40	quarante
25	vingt-cinq	41	quarante et un
26	vingt-six	46	quarante-six
27	vingt-sept		. . .
28	vingt-huit	50	cinquante
29	vingt-neuf	51	cinquante et un
		59	cinquante-neuf

60 to 99

60	soixante	80	quatre-vingts
61	soixante et un	81	quatre-vingt-un
62	soixante-deux	82	quatre-vingt-deux
63	soixante-trois	88	quatre-vingt-huit
	. . .		. . .
70	soixante-dix	90	quatre-vingt-dix
71	soixante et onze	91	quatre-vingt-onze

100 to 1 000

100	cent
101	cent un
110	cent dix
200	deux cents
211	deux cent onze
300	trois cents
400	quatre cents
1000	mille

⇒ Note the use of **et** in the numbers 21, 31, 41, 51, 61, 71.
⇒ Note that French uses a space where English uses a comma.   **1 000** *(1,000)*

B. La date

> How to give the date:

Quel jour est-ce aujourd'hui?
   C'est jeudi.

Les jours de la semaine:

lundi	mercredi	vendredi	dimanche
mardi	jeudi	samedi	

Quelle est la date?
   C'est le trois janvier.
   C'est le dix-sept mai.
   C'est le trois août deux mille un.

Quand est-ce, ton anniversaire?
   C'est le vingt-deux novembre.

Les mois de l'année:

janvier	avril	juillet	octobre
février	mai	août	novembre
mars	juin	septembre	décembre

⇒ The first of the month is **le premier.**   Demain, c'est **le premier** juillet.

C. L'heure

> *How to tell time:*

Quelle heure est-il?
Il est . . .

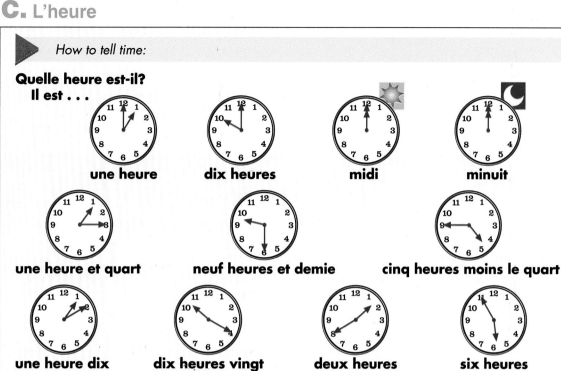

une heure	dix heures	midi	minuit

une heure et quart	neuf heures et demie	cinq heures moins le quart

une heure dix	dix heures vingt	deux heures moins vingt	six heures moins cinq

—**À quelle heure est le film?**
—**Il est à huit heures et demie.**

⇒ In French, official time is given on a 24-hour clock. Compare:

	CONVERSATIONAL TIME	OFFICIAL TIME
10 A.M.	Il est **dix heures du matin.**	Il est **dix heures.**
1 P.M.	Il est **une heure de l'après-midi.**	Il est **treize heures.**
9 P.M.	Il est **neuf heures du soir.**	Il est **vingt et une heures.**

D. Le temps

> *How to talk about the weather:*

Quel temps fait-il?

Il fait	beau.	It's nice.
	bon.	It's fine, pleasant.
	chaud.	It's hot.
	froid.	It's cold.
	mauvais.	It's bad.

Il pleut.	It's raining.
Il neige.	It's snowing.

Les saisons:

le printemps	spring
l'été	summer
l'automne	fall
l'hiver	winter

Rappel ② Les choses de la vie courante

A. Les articles

In French, articles and adjectives agree with the nouns they introduce. They are MASCULINE or FEMININE, SINGULAR or PLURAL.

Definite Articles *(the)*

	SINGULAR	PLURAL		
MASCULINE	le (l')	les	le garçon, l'ami	les garçons, les amis
FEMININE	la (l')	les	la fille, l'amie	les filles, les amies

Elision and Liaison

- Before a vowel sound, **le** and **la** become **l'** and **ne** becomes **n'**.
  This is called ELISION.
    L'appareil-photo **n'**est pas sur la table.

- Before a vowel sound, the final **s** of **les** is pronounced.
  This is called LIAISON.
    Où sont **les** affiches?

Quelques objets

un objet		**un vélo**	bicycle
un crayon	pencil	**un VTT**	mountain bike
un stylo	pen	**(vélo tout terrain)**	
un livre	book	**une chose**	thing
un sac	bag	**une montre**	watch
un bureau	desk	**des lunettes**	glasses
un ordinateur	computer	**des lunettes de soleil**	sunglasses
un appareil-photo	camera	**une table**	table
un disque	record	**une chaise**	chair
un (disque) compact,	compact disc, CD	**une affiche**	poster
un CD		**une caméra**	camera
un disque optique	CD-ROM disc	**une cassette**	cassette
une disquette	floppy disc	**une chaîne-stéréo**	stereo
un vidéo disque,	video disc, laser disc	**une chaîne hi-fi**	hi-fi
un CD vidéo		**une mini-chaîne**	compact stereo

Vocabulaire supplémentaire

un lecteur de (disque) compact, de CD	CD player	**un téléviseur**	TV set
		un jeu électronique	computer game
un lecteur de cassettes	cassette player	**le courrier électronique, e-mail**	e-mail, electronic mail
un lecteur de CD vidéo	laser disc player	**le tapis (de) souris**	mousepad
		un casque	headphones
un lecteur optique interne	internal CD-ROM drive	**le clavier**	keyboard
un magnétoscope	VCR	**une imprimante**	printer
le logiciel	software	**la souris**	mouse (computer)

R4

Indefinite Articles *(a, an; some + noun)*

	SINGULAR	PLURAL		
MASCULINE	**un**	**des**	**un** sac, **un** ordinateur	**des** sacs, **des** ordinateurs
FEMININE	**une**	**des**	**une** table, **une** affiche	**des** tables, **des** affiches

➡ **Des** often corresponds to the English *some*. Although the word *some* may be omitted in English, the article **des** must be used in French.

   J'ai **des** cousins à Québec.   *I have (some) cousins in Quebec.*

➡ After a NEGATIVE verb (other than **être**), **un, une,** and **des** become **de (d').**

   Philippe a **un** vélo.   Alice **n'**a **pas de** vélo.   *Alice **doesn't** have a bike.*
   J'ai **des** amis à Paris.   Je **n'**ai **pas d'**amis à Rome.   *I **don't** have **any** friends in Rome.*

Quelques vêtements

des vêtements	clothes		
un pantalon	pants	une chemise	shirt
un pull	sweater	une cravate	tie
un sweat	sweatshirt	une veste	jacket
un survêtement (un survêt)	jogging suit		
un chemisier	blouse	une jupe	skirt
un maillot de bain	bathing suit	une robe	dress
un blouson	windbreaker	des chaussettes	socks
un manteau	coat	des chaussures	shoes
un imperméable (un imper)	raincoat		

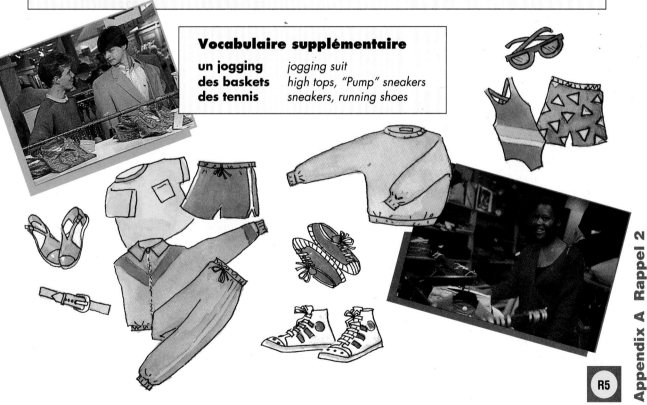

Vocabulaire supplémentaire

un jogging	jogging suit
des baskets	high tops, "Pump" sneakers
des tennis	sneakers, running shoes

B. *À* et *de* + l'article défini

The definite articles **le** and **les** contract with **à** *(to, at)* and **de** *(of, from)*.

à + le	→	au
à + les	→	aux

de + le	→	du
de + les	→	des

Voici **le** café. Marc va **au** café. Alice vient **du** café.
Voici **les** élèves. Le prof parle **aux** élèves. Vous parlez **des** élèves.

→ There is no contraction with **l'** and **la.**

Voici **la** plage. Anne est **à la** plage. Nous rentrons **de la** plage.
Voici **l'**hôpital. Le docteur va **à l'**hôpital. Je rentre **de l'**hôpital.

Quelques endroits

un endroit	place	**une ville**	city, town
un quartier	district, neighborhood	**une maison**	house
		une rue	street
un café	café		
un centre commercial	mall	**une bibliothèque**	library
un cinéma (un ciné)	movie theater	**une boutique**	shop
un hôtel	hotel	**une école**	school
un magasin	store	**une église**	church
un musée	museum	**une piscine**	swimming pool
un restaurant	restaurant	**une plage**	beach
un stade	stadium		
un supermarché	supermarket		

Vocabulaire supplémentaire

un aéroport	airport	**une gare**	station
		une poste	post office

C. La possession avec *de*

To express possession or relationship, the French often use the following construction:

NOUN + **de (d')** + { NAME OF PERSON / ARTICLE + NOUN

Voici **le vélo de** Caroline. Here is *Caroline's bike.*
Voilà **la voiture du** professeur. There is *the teacher's car.*

D. Les adjectifs possessifs

Another way to express possession or relationship is to use POSSESSIVE ADJECTIVES. In French, possessive adjectives agree with the nouns they introduce.

Voici **un** stylo.   C'est **mon** stylo.
Voici **une** cassette.   C'est **ma** cassette.
Voici **des** livres.   Ce sont **mes** livres.

| THE OWNER | THE POSSESSIVE ADJECTIVE | | | ENGLISH EQUIVALENT |
| | before a singular noun | | before a plural noun | |
	MASCULINE	FEMININE		
je tu il, elle	**mon** **ton** **son**	**ma (mon)** **ta (ton)** **sa (son)**	**mes** **tes** **ses**	*my* *your* *his, her, its*
nous vous ils, elles	**notre** **votre** **leur**		**nos** **vos** **leurs**	*our* *your* *their*

➡ The possessive adjectives in parentheses are used before a vowel sound.

   Voici **une** auto.   C'est **mon** auto. Ce n'est pas **ton** auto.

➡ The gender and number of a possessive adjective are determined only by the noun it introduces.

   Voici Corinne et **sa voiture.**   *Here is Corinne and **her car.***
   Voici Philippe et **sa voiture.**   *Here is Philippe and **his car.***
   Voici Nathalie et **son vélo.**   *Here is Nathalie and **her bicycle.***
   Voici Marc et **son vélo.**   *Here is Marc and **his bicycle.***

E. Les adjectifs démonstratifs et interrogatifs

Demonstrative Adjectives (*this, that; these, those* + NOUN)

	SINGULAR	PLURAL		
MASCULINE	**ce (cet)**	**ces**	**ce** pull, **cet** ami	**ces** pulls, **ces** amis
FEMININE	**cette**	**ces**	**cette** robe, **cette** amie	**ces** robes, **ces** amies

➡ To distinguish between *this (over here)* and *that (over there)*, the French add **-ci** or **-là** after the noun.

   Patrick aime **cette** chemise-**ci.**   *Patrick likes **this** shirt.*
   Je préfère **cette** chemise-**là.**   *I prefer **that** shirt.*

Interrogative Adjectives (*which, what* + NOUN)

	SINGULAR	PLURAL		
MASCULINE	**quel**	**quels**	**quel** café, **quel** ami	**quels** cafés, **quels** amis
FEMININE	**quelle**	**quelles**	**quelle** rue, **quelle** amie	**quelles** rues, **quelles** amies

Rappel ◆3◆ Les activités

A. Les verbes réguliers en *-er:* formes affirmatives et négatives

	AFFIRMATIVE	NEGATIVE	ENDINGS
INFINITIVE **STEM**	**parler** **parl-**		
PRESENT	je parl**e** tu parl**es** il / elle / on parl**e**	je **ne** parl**e** **pas** tu **ne** parl**es** **pas** il / elle / on **ne** parl**e** **pas**	-e -es -e
	nous parl**ons** vous parl**ez** ils / elles parl**ent**	nous **ne** parl**ons** pas vous **ne** parl**ez** **pas** ils / elles **ne** parl**ent** pas	-ons -ez -ent

➡ For verbs ending in **-ger**, the **nous-** form is written with **-geons**:

   nous mang**eons**, nous nag**eons**

➡ The stem of the verb **acheter** is written with è in the **je, tu, il,** and **ils-** forms:

   j'ach**è**te, tu ach**è**tes, il/elle ach**è**te, ils/elles ach**è**tent

---

Quelques activités

en semaine	*during the week*		
étudier	*to study*	**manger**	*to eat*
travailler	*to work*	**dîner**	*to have dinner*

parler (anglais, français, espagnol) — *to speak (English, French, Spanish)*
regarder (un magazine) — *to look at (a magazine)*
        (la télé) — *to watch (TV)*
écouter (la radio, le professeur) — *to listen to (the radio, the teacher)*
téléphoner à (un copain) — *to call, to phone (a friend)*
rencontrer (des amis) — *to meet (friends) (by chance)*
retrouver (des amis) — *to meet (friends) (at an arranged time and place)*

habiter (à Paris, en France) — *to live (in Paris, in France)*
rentrer — *to go back, to come home*
rester (à la maison) — *to stay (home, at home)*

aider (ses parents) — *to help (one's parents)*
préparer (le dîner) — *to prepare, to fix (dinner)*
        (ses devoirs) — *to do (one's homework)*

En Amérique, on joue au baseball.

En France, on joue au foot.

The pronoun *on*

- The pronoun **on** always takes the **il / elle**- form of the verb.
- The pronoun **on** has several English equivalents: *they, you* (in general), *people, one.*

  À Montréal, **on** parle français.   *In Montreal, **people (they)** speak French.*
  Quand **on** est jeune, **on** aime   *When **one** is young, **one** likes music.*
   la musique.

  In conversation, **on** is frequently used instead of **nous** to mean *we.*

  Quand est-ce qu'**on** mange?   *When are **we** eating?*

le weekend	*on weekends*		
pendant les vacances	*during vacation*		
chanter	*to sing*	**nager**	*to swim*
danser	*to dance*	**marcher**	*to walk*

organiser (une boum, un pique-nique)	*to organize (a party, a picnic)*
apporter (un disque)	*to bring (a record)*
inviter (une copine)	*to invite (a friend)*
acheter (des vêtements)	*to buy (clothes)*
porter (un jean)	*to wear (jeans)*
(un sac)	*to carry (a bag)*
jouer (au volley, au foot, au basket)	*to play (volleyball, soccer, basketball)*
(du piano, de la guitare)	*to play (the piano, the guitar)*
gagner (un match)	*to win (a game)*
(de l'argent)	*to earn (money)*
voyager (en voiture, en train, en avion)	*to travel (by car, by train, by plane)*
visiter (une ville)	*to visit (a city)*

B. Les questions avec *est-ce que*

When you ask a question, you may want a YES or NO answer, or you may be looking for SPECIFIC INFORMATION. In French, you may ask both types of questions using **est-ce que.**

Yes/No Questions

est-ce que + rest of sentence
Est-ce que tu habites ici? *Do you live here? (Are you living here?)* **Est-ce qu'**Alice travaille? *Does Alice work? (Is Alice working?)*

➡ In conversation, YES / NO questions can also be formed:

- by letting your voice rise at the end of the sentence

    Tu habites ici?   **Alice travaille?**

- by adding **n'est-ce pas?** (when an affirmative answer is expected)

    Tu habites ici, **n'est-ce pas?**   Alice travaille, **n'est-ce pas?**

Information Questions

QUESTION WORD(S)+ **est-ce que** + rest of sentence
Où est-ce que tu habites?   *Where do you live?* **Quand est-ce que** vous travaillez?   *When do you work?*

➡ In informal conversation, information questions can also be formed by placing the question words at the end of the sentence.

    Tu habites **où?**   Vous travaillez **quand?**

C. Les verbes réguliers en *-ir* et *-re*

INFINITIVE	finir			vendre		
	fin-		ENDINGS	**vend-**		ENDINGS
PRESENT	je	fin**is**	**-is**	je	vend**s**	**-s**
	tu	fin**is**	**-is**	tu	vend**s**	**-s**
	il / elle / on	fin**it**	**-it**	il / elle / on	vend	—
	nous	fin**issons**	**-issons**	nous	vend**ons**	**-ons**
	vous	fin**issez**	**-issez**	vous	vend**ez**	**-ez**
	ils / elles	fin**issent**	**-issent**	ils / elles	vend**ent**	**-ent**
NEGATIVE	je **ne**	finis **pas**		je **ne**	vends **pas**	

<table>
<tr><td colspan="4" align="center">**Quelques activités**</td></tr>
<tr><td>**choisir**</td><td>*to choose, select, pick*</td><td>**attendre**</td><td>*to wait, wait for*</td></tr>
<tr><td>**finir**</td><td>*to finish, end*</td><td>**entendre**</td><td>*to hear*</td></tr>
<tr><td>**grossir**</td><td>*to gain weight, get fat*</td><td>**perdre**</td><td>*to lose*</td></tr>
<tr><td>**maigrir**</td><td>*to lose weight, get thin*</td><td>**rendre visite à**</td><td>*to visit (a person)*</td></tr>
<tr><td>**réussir**</td><td>*to succeed, to be successful*</td><td>**répondre (à)**</td><td>*to answer*</td></tr>
<tr><td>**réussir à un examen**</td><td>*to pass a test*</td><td>**vendre**</td><td>*to sell*</td></tr>
</table>

➡ Note the two ways to say *visit:*

visiter	*to visit (places)*	Je **visite** Paris.
rendre visite à	*to visit (people)*	Je **rends visite à** Sophie.

D. L'impératif

The IMPERATIVE form of the verb is used to give orders and make suggestions.

IMPERATIVE	AFFIRMATIVE		NEGATIVE	
(tu)	**Attends!**	*Wait!*	**N'attends pas!**	*Don't wait!*
(vous)	**Attendez!**	*Wait!*	**N'attendez pas!**	*Don't wait!*
(nous)	**Attendons!**	*Let's wait!*	**N'attendons pas!**	*Let's not wait!*

➡ The forms of the imperative are the same as the present tense.
  EXCEPTION: In the **tu-** form of all **-er** verbs, the final **s** is dropped.
    Écoute! *Listen*   **Ne parle pas!** *Don't speak!*

➡ Note the use of **moi** in affirmative commands:
    Téléphone-moi! *Call me!*   **Apporte-moi** ce livre. *Bring me that book.*

Solutions to the Readings

LEÇON 2

Un jeu: Qui est-ce?

LES NATIONALITÉS

- Pauline n'est pas européenne. Donc, elle est <u>américaine</u>.
- Olga n'est pas française. (Elle parle français seulement assez bien.) Elle n'est pas allemande. Elle n'est pas américaine. (C'est Pauline qui est américaine.) Donc, elle est <u>anglaise</u>.
- Sylvie n'est pas allemande. Donc, elle est <u>française</u>.
- Christine est <u>allemande</u>.

LES PROFESSIONS

- Olga va à l'école. Donc, elle est <u>étudiante</u>.
- Sylvie n'est pas journaliste, mais elle travaille pour un journal. Elle est donc <u>photographe</u>.
- Christine n'est pas musicienne. Elle est donc <u>journaliste</u>.
- Pauline est <u>pianiste</u>.

LEÇON 3

Les objets parlent

A. le réfrigérateur
B. le radiateur
C. le téléviseur
D. la cuisinière
E. le lave-vaisselle
F. la voiture

LEÇON 6

Dans l'ordre, s'il vous plaît

A. UN DÎNER ENTRE COPAINS
- c Mon copain a fait les courses.
- b Ma copine a préparé le repas.
- a Nous avons dîné.
- d Après le dîner, j'ai fait la vaisselle.

B. LE CONCERT
- c Hélène et Nicole ont acheté le journal.
- a Elles ont regardé la page des spectacles.
- f Elles ont choisi un concert très intéressant.
- b Nicole a acheté les billets.
- d Elles ont assisté au concert.
- g Pendant le concert, elles ont rencontré des copains.
- e Après le concert, ils ont dîné ensemble.

C. UN MATCH DE TENNIS
- f Hier après-midi, j'ai joué au tennis avec mon cousin Pascal.
- d Nous avons fait un match.
- c Pascal a perdu le premier set.
- b J'ai gagné le deuxième set et le match.
- a Nous avons fini le match à quatre heures.
- e Après le match, nous avons fait une promenade à vélo.

D. UNE INVITATION
- c Samedi, j'ai téléphoné à Marie-Laure.
- a Sa soeur Françoise a répondu.
- f Elle a dit que Marie-Laure n'était pas à la maison.
- d Alors, j'ai invité Françoise au restaurant.
- e Elle a accepté mon invitation.
- b Nous avons dîné dans un restaurant japonais.

E. LES PHOTOS
- c J'ai cherché mon appareil-photo.
- a J'ai acheté une pellicule.
- f J'ai mis la pellicule dans l'appareil-photo.
- b J'ai pris des photos.
- d J'ai développé les photos.
- e J'ai mis les photos dans un album.

F. UN JOB D'ÉTÉ
L'été dernier, je n'ai pas voyagé.
J'ai cherché un job.
J'ai trouvé un job dans un supermarché.
J'ai travaillé là-bas pendant deux mois.
Avec l'argent que j'ai gagné, j'ai acheté une radiocassette.

LEÇON 7

Quatre amies

a. Les filles numéros 1, 2 et 4 ont dépensé de l'argent. La fille numéro 3 n'a rien dépensé. C'est Michèle.

b. Les filles numéros 1 et 4 aiment la cuisine italienne. Ariane, qui n'aime pas la cuisine italienne, est donc la fille numéro 2.

c. La fille numéro 4 qui a dîné avec ses parents ne peut pas être Béatrice parce que les parents de Béatrice sont divorcés. C'est donc Florence.

d. Béatrice est la fille numéro 1.

LEÇON 18

Quel sport est-ce?

1. le ski
2. le tennis
3. le ski nautique
4. le football
5. le jogging
6. le parapente
7. la planche à roulettes
8. l'aérobic
9. l'équitation

LEÇON 22

Qu'est-ce qu'ils achètent?

Amélie: un poster
Frédéric: une bouteille de parfum
Mme Durand: un four à micro-ondes
M. Pascal: une boîte de chocolats

LEÇON 26

Le 5 000 mètres

ORDRE D'ARRIVÉE	NOM	COULEUR DU MAILLOT
1	*Paul*	*vert*
2	*André*	*rouge*
3	*Stéphanie*	*orange*
4	*Nicolas*	*rose*
5	*Christine*	*bleu*
6	*Thomas*	*jaune*

LEÇON 27

Le savez-vous?

1. *(f)* Le plus grand stade de foot se trouve au Brésil. [Le stade municipal Maracaña de Rio de Janeiro avec 205.000 places.]

2. *(g)* La plus grande piscine se trouve au Maroc. [La piscine de Orthlieb à Casablanca avec une superficie de 8,9 acres.]

3. *(c)* La plus grande statue se trouve en Russie. [La statue commémorant la bataille de Stalingrad (1942-43) a 270 pieds de hauteur.]

4. *(e)* Le tunnel routier *(highway)* le plus long se trouve en Suisse. [Le tunnel du Saint Gotthard sous les Alpes a 10,14 miles de longueur.]

5. *(d)* Le train le plus rapide se trouve en France. [Le TGV (train à grande vitesse) a atteint une vitesse de 320 miles/heure.]

6. *(a)* Le sommet (peak) le plus élevé se trouve en Chine. [Le Mont Everest dans la chaîne de l'Himalaya.]

7. *(h)* La ville la plus peuplée se trouve au Mexique. [Mexico City, avec une population estimée à 20 millions d'habitants.]

8. *(b)* La ville plus ancienne se trouve en Israël. [La ville de Jéricho, fondée en 7800 avant Jésus-Christ.]

Quelques records

1. Le léopard. Sur une distance d'un mile, le léopard peut atteindre une vitesse de 60 miles à l'heure.
2. 26 roues.
3. $55 000.
4. 365 jours (21 décembre 1987 au 21 décembre 1988) par un Soyouz russe. L'astronaute français Jean-Loup Chrétien était membre de l'équipage.
5. Martin.
6. Moins de dix ans. Il a servi de barreur *(cox)* à l'équipe de Hollande.
7. La Tour Eiffel a servi de support publicitaire de 1925 à 1936.
8. Un Japonais a payé 82,5 millions de dollars pour ce portrait.
9. Dix millions de spectateurs assistent au passage du Tour de France.
10. Tous les maires de France ont été invités à ce banquet qu'on appelle «le Banquet des Maires».

France

L'ANGLETERRE

LA MANCHE

LA BELGIQUE

L'ALLEMAGNE

Lille•

NORD [2]

LE LUXEMBOURG

Le Havre• •Rouen

HAUTE-
NORMANDIE

PICARDIE

Caen•

BASSE-
NORMANDIE

LORRAINE

Nancy•

☆•Paris

Versailles•

RÉGION
PARISIENNE [1]

CHAMPAGNE-
ARDENNE

Strasbourg•

BRETAGNE

Colmar•

Rennes•

PAYS DE
LA LOIRE

CENTRE

•Tours

Dijon•

FRANCHE-
COMTÉ

•Nantes

B0URGOGNE

LA SUISSE

OCÉAN
ATLANTIQUE

POITOU-
CHARENTES

AUVERGNE

Vichy•

Annecy•

LIMOUSIN

Clermont-
Ferrand

•Lyon

RHÔNE-ALPES

Grenoble•

LE MASSIF

Bordeaux•

C E N T R A L

L'ITALIE

AQUITAINE

Avignon

Albi•

Nîmes•

MONACO

MIDI-PYRÉNÉES

•Montpellier

PROVENCE-
CÔTE D'AZUR [3]

•Nice

Cannes

Toulouse•

Marseille•

•Saint-
Tropez

LANGUEDOC-
ROUSSILLON

Toulon•

LES PYRÉNÉES

L'ESPAGNE

LA MÉDITERRANÉE

LA CORSE

BRETAGNE · Nantes · OCÉAN ATLANTIQUE

Meuse · LES VOSGES · ALSACE · Rhin

Seine · Loire · Saône · Rhône · Garonne

LES ALPES

[1]Also known as Île-de-France   [2]Also known as Nord-Pas-de-Calais   [3]Also known as Provence-Alpes-Côte d'Azur *(Bottin 1989)*

R15

The French-Speaking World

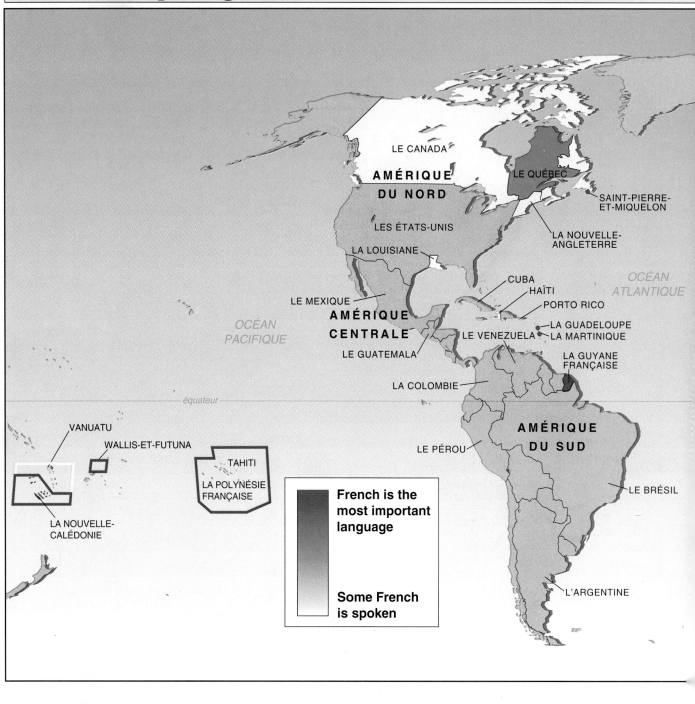

LE CANADA

AMÉRIQUE
DU NORD

LE QUÉBEC

SAINT-PIERRE-
ET-MIQUELON

LES ÉTATS-UNIS

LA NOUVELLE-
ANGLETERRE

LA LOUISIANE

OCÉAN
ATLANTIQUE

CUBA

HAÏTI

PORTO RICO

LE MEXIQUE

OCÉAN
PACIFIQUE

AMÉRIQUE
CENTRALE

LE VENEZUELA

LA GUADELOUPE
LA MARTINIQUE

LE GUATEMALA

LA GUYANE
FRANÇAISE

LA COLOMBIE

équateur

AMÉRIQUE
DU SUD

VANUATU

WALLIS-ET-FUTUNA

LE PÉROU

TAHITI

LA POLYNÉSIE
FRANÇAISE

LE BRÉSIL

French is the
most important
language

LA NOUVELLE-
CALÉDONIE

Some French
is spoken

L'ARGENTINE

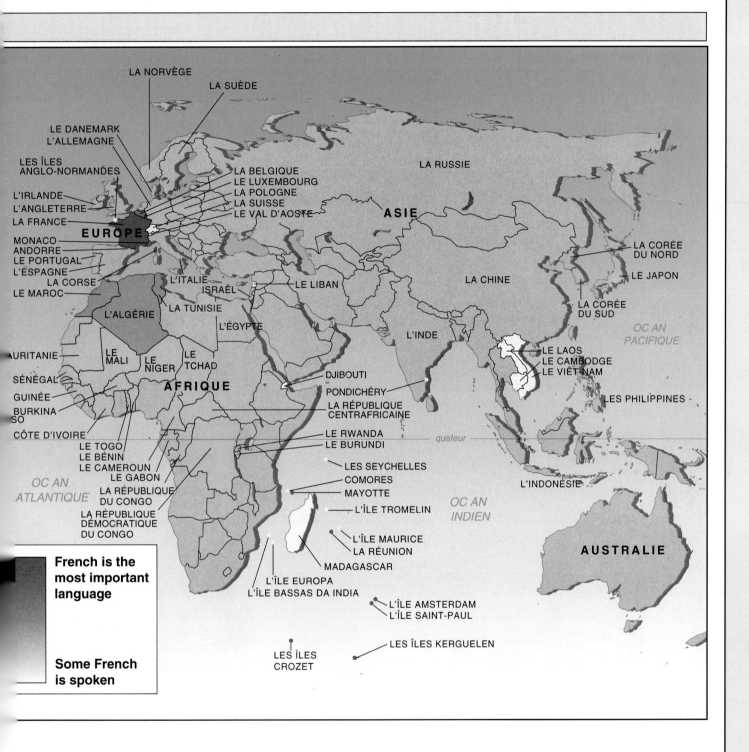

LA NORVÈGE

LA SUÈDE

LE DANEMARK
L'ALLEMAGNE

LES ÎLES
ANGLO-NORMANDES

L'IRLANDE
L'ANGLETERRE
LA FRANCE

EUROPE

MONACO
ANDORRE
LE PORTUGAL
L'ESPAGNE

LA CORSE
LE MAROC

L'ALGÉRIE

AURITANIE

LE MALI

SÉNÉGAL

GUINÉE

BURKINA
SO

CÔTE D'IVOIRE

LE TOGO
LE BÉNIN
LE CAMEROUN
LE GABON

LA RÉPUBLIQUE
DU CONGO

**OC AN
ATLANTIQUE**

LA RÉPUBLIQUE
DÉMOCRATIQUE
DU CONGO

LA BELGIQUE
LE LUXEMBOURG
LA POLOGNE
LA SUISSE
LE VAL D'AOSTE

L'ITALIE
ISRAËL

LA TUNISIE

L'ÉGYPTE

LE NIGER

LE TCHAD

AFRIQUE

DJIBOUTI

PONDICHÉRY

LA RÉPUBLIQUE
CENTRAFRICAINE

LE RWANDA
LE BURUNDI

LES SEYCHELLES

COMORES

MAYOTTE

L'ÎLE TROMELIN

L'ÎLE MAURICE
LA RÉUNION

MADAGASCAR

L'ÎLE EUROPA
L'ÎLE BASSAS DA INDIA

LES ÎLES
CROZET

LA RUSSIE

ASIE

LA CHINE

LE LIBAN

L'INDE

quateur

**OC AN
INDIEN**

LA CORÉE
DU NORD

LE JAPON

LA CORÉE
DU SUD

**OC AN
PACIFIQUE**

LE LAOS
LE CAMBODGE
LE VIÊT-NAM

LES PHILIPPINES

L'INDONÉSIE

AUSTRALIE

L'ÎLE AMSTERDAM
L'ÎLE SAINT-PAUL

LES ÎLES KERGUELEN

**French is the
most important
language**

**Some French
is spoken**

Sound-Spelling Correspondences

Vowels

SOUND	SPELLING	EXAMPLES
/a/	**a, à, â**	Madame, là-bas, théâtre
/i/	**i, î**	visite, Nice, dîne
	y (initial, final, or between consonants)	Yves, Guy, style
/u/	**ou, où, oû**	Toulouse, où, août
/y/	**u, û**	tu, Luc, sûr
/o/	**o** (final or before silent consonant)	piano, idiot, Margot
	au, eau	jaune, Claude, beau
	ô	hôtel, drôle, Côte-d'Ivoire
/ɔ/	**o**	Monique, Noël, jolie
	au	Paul, restaurant, Laure
/e/	**é**	Dédé, Québec, télé
	e (before silent final **z, t, r**)	chez, et, Roger
	ai (final or before final silent consonant)	j'ai, mai, japonais
/ɛ/	**è**	Michèle, Ève, père
	ei	seize, neige, Tour Eiffel
	ê	tête, être, Viêt-nam
	e (before two consonants)	elle, Pierre, Annette
	e (before pronounced final consonant)	Michel, avec, cher
	ai (before pronounced final consonant)	française, aime, Maine
/ə/	**e** (final or before single consonant)	je, Denise, venir
/ø/	**eu, oeu**	deux, Mathieu, euro, oeufs
	eu (before final **se**)	nerveuse, généreuse, sérieuse
/œ/	**eu, oeu** (before final pronounced consonant except /z/)	heure, neuf, Lesieur, soeur, coeur, oeuf

Nasal vowels

SOUND	SPELLING	EXAMPLES
/ɑ̃/	**an, am**	France, quand, lampe
	en, em	Henri, pendant, décembre
/ɔ̃/	**on, om**	non, Simon, bombe
/ɛ̃/	**in, im**	Martin, invite, impossible
	yn, ym	syndicat, sympathique, Olympique
	ain, aim	Alain, américain, faim
	(o) + in	loin, moins, point
	(i) + en	bien, Julien, viens
/œ̃/	**un, um**	un, Lebrun, parfum

Semi-vowels

SOUND	SPELLING	EXAMPLES
/j/	**i, y** (before vowel sound)	bien, piano, Lyon
	-il, -ill (after vowel sound)	oeil, travaille, Marseille
/ɥ/	**u** (before vowel sound)	lui, Suisse, juillet
/w/	**ou** (before vowel sound)	oui, Louis, jouer
/wa/	**oi, oî, oy** (before vowel)	voici, Benoît, voyage

Consonants

SOUND	SPELLING	EXAMPLES
/b/	**b**	Barbara, banane, Belgique
/k/	**c** (before **a, o, u,** or consonant)	Coca-Cola, cuisine, classe
	ch(r)	Christine, Christian, Christophe
	qu, q (final	Québec, qu'est-ce que, cinq
	k	kilo, Kiki, ketchup
/ʃ/	**ch**	Charles, blanche, chez
/d/	**d**	Didier, dans, médecin
/f/	**f**	Félix, franc, neuf
	ph	Philippe, téléphone, photo
/g/	**g** (before **a, o, u,** or consonant)	Gabriel, gorge, légumes, gris
	gu (before **e, i, y**)	vague, Guillaume, Guy
/ɲ/	**gn**	mignon, champagne, Allemagne
/ʒ/	**j**	je, Jérôme, jaune
	g (before **e, i, y**)	rouge, Gigi, gymnastique
	ge (before **a, o, u**)	orangeade, Georges, nageur
/l/	**l**	Lise, elle, cheval
/m/	**m**	Maman, moi, tomate
/n/	**n**	banane, Nancy, nous
/p/	**p**	peu, Papa, Pierre
/r/	**r**	arrive, rentre, Paris
/s/	**c** (before **e, i, y**)	ce, Cécile, Nancy
	ç (before **a, o, u**)	ça, garçon, déçu
	s (initial or before consonant)	sac, Sophie, reste
	ss (between vowels)	boisson, dessert, Suisse
	t (before **i** + vowel)	attention, Nations Unies, natation
	x	dix, six, soixante
/t/	**t**	trop, télé, Tours
	th	Thérèse, thé, Marthe
/v/	**v**	Viviane, vous, nouveau
/gz/	**x**	examen, exemple, exact
/ks/	**x**	Max, Mexique, excellent
/z/	**s** (between vowels)	désert, télévision, Louise
	z	Suzanne, zut, zéro

APPENDIX 3

Verbs

A. Regular verbs

INFINITIVE	PRESENT	IMPERATIVE	PASSÉ COMPOSÉ	IMPERFECT
parler *(to talk, speak)*	je **parle** tu **parles** il **parle**	**parle**	j'ai **parlé** tu as **parlé** il a **parlé**	je **parlais** tu **parlais** il **parlait**
	nous **parlons** vous **parlez** ils **parlent**	**parlons** **parlez**	nous avons **parlé** vous avez **parlé** ils ont **parlé**	nous **parlions** vous **parliez** ils **parlaient**
finir *(to finish)*	je **finis** tu **finis** il **finit**	**finis**	j'ai **fini** tu as **fini** il a **fini**	je **finissais** tu **finissais** il **finissait**
	nous **finissons** vous **finissez** ils **finissent**	**finissons** **finissez**	nous avons **fini** vous avez **fini** ils ont **fini**	nous **finissions** vous **finissiez** ils **finissaient**
vendre *(to sell)*	je **vends** tu **vends** il **vend**	**vends**	j'ai **vendu** tu as **vendu** il a **vendu**	je **vendais** tu **vendais** il **vendait**
	nous **vendons** vous **vendez** ils **vendent**	**vendons** **vendez**	nous avons **vendu** vous avez **vendu** ils ont **vendu**	nous **vendions** vous **vendiez** ils **vendaient**
se laver *(to wash oneself)*	je me **lave** tu te **laves** il se **lave**	**lave-toi**	je me suis **lavé(e)** tu t'es **lavé(e)** il/elle s'est **lavé(e)**	je me **lavais** tu te **lavais** il se **lavait**
	nous nous **lavons** vous vous **lavez** ils se **lavent**	**lavons-nous** **lavez-vous**	nous nous sommes **lavé(e)s** vous vous êtes **lavé(e)(s)** ils/elles se sont **lavé(e)s**	nous nous **lavions** vous vous **laviez** ils se **lavaient**

R20

R20 Appendix 3

FUTURE	CONDITIONAL	SUBJUNCTIVE	PRESENT PARTICIPLE
je **parlerai**	je **parlerais**	que je **parle**	**parlant**
tu **parleras**	tu **parlerais**	que tu **parles**	
il **parlera**	il **parlerait**	qu'il **parle**	
nous **parlerons**	nous **parlerions**	que nous **parlions**	
vous **parlerez**	vous **parleriez**	que vous **parliez**	
ils **parleront**	ils **parleraient**	qu'ils **parlent**	
je **finirai**	je **finirais**	que je **finisse**	**finissant**
tu **finiras**	tu **finirais**	que tu **finisses**	
il **finira**	il **finirait**	qu'il **finisse**	
nous **finirons**	nous **finirions**	que nous **finissions**	
vous **finirez**	vous **finiriez**	que vous **finissiez**	
ils **finiront**	ils **finiraient**	qu'ils **finissent**	
je **vendrai**	je **vendrais**	que je **vende**	**vendant**
tu **vendras**	tu **vendrais**	que tu **vendes**	
il **vendra**	il **vendrait**	qu'il **vende**	
nous **vendrons**	nous **vendrions**	que nous **vendions**	
vous **vendrez**	vous **vendriez**	que vous **vendiez**	
ils **vendront**	ils **vendraient**	qu'ils **vendent**	
je **me laverai**	je **me laverais**	que je **me lave**	**se lavant**
tu **te laveras**	tu **te laverais**	que tu **te laves**	
il **se lavera**	il **se laverait**	qu'il **se lave**	
nous **nous laverons**	nous **nous laverions**	que nous **nous lavions**	
vous **vous laverez**	vous **vous laveriez**	que vous **vous laviez**	
ils **se laveront**	ils **se laveraient**	qu'ils **se lavent**	

B. -er verbs with spelling changes

INFINITIVE	PRESENT		IMPERATIVE	PASSÉ COMPOSÉ	IMPERFECT
acheter *(to buy)*	j'achète tu achètes il achète	nous achetons vous achetez ils achètent	achète achetons achetez	j'ai acheté	j'achetais

Verbs like **acheter:** **amener** *(to take, bring along)*, **se lever** *(to get up)*, **se promener** *(to take a walk, take a ride)*

INFINITIVE	PRESENT		IMPERATIVE	PASSÉ COMPOSÉ	IMPERFECT
appeler *(to call)*	j'appelle tu appelles il appelle	nous appelons vous appelez ils appellent	appelle appelons appelez	j'ai appelé	j'appelais

Verbs like **appeler:** **s'appeler** *(to be named)*

INFINITIVE	PRESENT		IMPERATIVE	PASSÉ COMPOSÉ	IMPERFECT
préférer *(to prefer)*	je préfère tu préfères il préfère	nous préférons vous préférez ils préfèrent	préfère préférons préférez	j'ai préféré	je préférais

Verbs like **préférer:** **accélérer** *(to accelerate, go faster)*, **espérer** *(to hope)*, **répéter** *(to repeat)*

INFINITIVE	PRESENT		IMPERATIVE	PASSÉ COMPOSÉ	IMPERFECT
manger *(to eat)*	je mange tu manges il mange	nous mangeons vous mangez ils mangent	mange mangeons mangez	j'ai mangé	je mangeais nous mangions

Verbs like **manger:** **changer** *(to change)*, **nager** *(to swim)*, **neiger** *(to snow)*, **voyager** *(to travel)*

INFINITIVE	PRESENT		IMPERATIVE	PASSÉ COMPOSÉ	IMPERFECT
commencer *(to start, begin)*	je commence tu commences il commence	nous commençons vous commencez ils commencent	commence commençons commencez	j'ai commencé	je commençais nous commencions

Verbs like **commencer:** **annoncer** *(to announce, proclaim)*, **divorcer** *(to divorce)*, **se fiancer** *(to get engaged)*, **menacer** *(to threaten)*

INFINITIVE	PRESENT		IMPERATIVE	PASSÉ COMPOSÉ	IMPERFECT
payer *(to pay, pay for)*	je paie tu paies il paie	nous payons vous payez ils paient	paie payons payez	j'ai payé	je payais nous payions

Verb like **payer:** **essayer** *(to try)*

FUTURE	CONDITIONAL	SUBJUNCTIVE	PRESENT PARTICIPLE
j'achèterai	j'achèterais	que j'achète que nous achetions	achetant
j'appellerai	j'appellerais	que j'appelle que nous appelions	appelant
je préférerai	je préférerais	que je préfère que nous préférions	préférant
je mangerai	je mangerais	que je mange que nous mangions	mangeant
je commencerai	je commencerais	que je commence que nous commencions	commençant
je paierai	je paierais	que je paie que nous payions	payant

C. Irregular verbs

INFINITIVE	PRESENT		IMPERATIVE	PASSÉ COMPOSÉ	IMPERFECT
avoir *(to have)*	j'ai tu as il a	nous avons vous avez ils ont	aie ayons ayez	j'ai eu	j'avais
être *(to be)*	je suis tu es il est	nous sommes vous êtes ils sont	sois soyons soyez	j'ai été	j'étais
aller *(to go)*	je vais tu vas il va	nous allons vous allez ils vont	va allons allez	je suis allé(e)	j'allais
s'asseoir *(to sit down)*	je m'assieds tu t'assieds il s'assied	nous nous asseyons vous vous asseyez ils s'asseyent	assieds-toi asseyons-nous asseyez-vous	je me suis assis(e)	je m'asseyais
boire *(to drink)*	je bois tu bois il boit	nous buvons vous buvez ils boivent	bois buvons buvez	j'ai bu	je buvais
conduire *(to drive)*	je conduis tu conduis il conduit	nous conduisons vous conduisez ils conduisent	conduis conduisons conduisez	j'ai conduit	je conduisais

Verbs like **conduire:** **construire** *(to build),* **détruire** *(to destroy),* **produire** *(to produce),* **traduire** *(to translate)*

connaître *(to know)*	je connais tu connais il connaît	nous connaissons vous connaissez ils connaissent	connais connaissons connaissez	j'ai connu	je connaissais

Verbs like **connaître:** **reconnaître** *(to recognize)*

croire *(to believe)*	je crois tu crois il croit	nous croyons vous croyez ils croient	crois croyons croyez	j'ai cru	je croyais
devoir *(must, to have to, owe)*	je dois tu dois il doit	nous devons vous devez ils doivent	dois devons devez	j'ai dû	je devais
dire *(to say, tell)*	je dis tu dis il dit	nous disons vous dites ils disent	dis disons dites	j'ai dit	je disais

Verbs like **dire:** **contredire** *(to contradict),* **prédire** *(to predict)*

FUTURE	CONDITIONAL	SUBJUNCTIVE		PRESENT PARTICIPLE
j'aurai	j'aurais	que j'aie que tu **aies** qu'il **ait**	que nous **ayons** que vous **ayez** qu'ils **aient**	ayant
je serai	je serais	que je **sois** que tu **sois** qu'il **soit**	que nous **soyons** que vous **soyez** qu'ils **soient**	étant
j'irai	j'irais	que j'**aille** que nous **allions**		allant
je m'assiérai	je m'assiérais	que je m'**asseye** que nous **nous asseyions**		s'asseyant
je boirai	je boirais	que je **boive** que nous **buvions**		buvant
je conduirai	je conduirais	que je **conduise** que nous **conduisions**		conduisant
je connaîtrai	je connaîtrais	que je **connaisse** que nous **connaissions**		connaissant
je croirai	je croirais	que je **croie** que nous **croyions**		croyant
je devrai	je devrais	que je **doive** que nous **devions**		devant
je dirai	je dirais	que je **dise** que nous **disions**		disant

INFINITIVE	PRESENT		IMPERATIVE	PASSÉ COMPOSÉ	IMPERFECT
dormir (to sleep)	je **dors** tu **dors** il **dort**	nous **dormons** vous **dormez** ils **dorment**	**dors** **dormons** **dormez**	j'ai **dormi**	je **dormais**
écrire (to write)	j'**écris** tu **écris** il **écrit**	nous **écrivons** vous **écrivez** ils **écrivent**	**écris** **écrivons** **écrivez**	j'ai **écrit**	j'**écrivais**

Verbs like **écrire**: **décrire** *(to describe)*, **inscrire** *(to write)*

INFINITIVE	PRESENT		IMPERATIVE	PASSÉ COMPOSÉ	IMPERFECT
envoyer (to send)	j'**envoie** tu **envoies** il **envoie**	nous **envoyons** vous **envoyez** ils **envoient**	**envoie** **envoyons** **envoyez**	j'ai **envoyé**	j'**envoyais**
faire (to make, do)	je **fais** tu **fais** il **fait**	nous **faisons** vous **faites** ils **font**	**fais** **faisons** **faites**	j'ai **fait**	je **faisais**
lire (to read)	je **lis** tu **lis** il **lit**	nous **lisons** vous **lisez** ils **lisent**	**lis** **lisons** **lisez**	j'ai **lu**	je **lisais**
mettre (to put, place)	je **mets** tu **mets** il **met**	nous **mettons** vous **mettez** ils **mettent**	**mets** **mettons** **mettez**	j'ai **mis**	je **mettais**

Verbs like **mettre**: **permettre** *(to let, allow, permit)*, **promettre** *(to promise)*

INFINITIVE	PRESENT		IMPERATIVE	PASSÉ COMPOSÉ	IMPERFECT
ouvrir (to open)	j'**ouvre** tu **ouvres** il **ouvre**	nous **ouvrons** vous **ouvrez** ils **ouvrent**	**ouvre** **ouvrons** **ouvrez**	j'ai **ouvert**	j'**ouvrais**

Verbs like **ouvrir**: **découvrir** *(to discover)*, **offrir** *(to offer)*, **souffrir** *(to suffer)*

INFINITIVE	PRESENT		IMPERATIVE	PASSÉ COMPOSÉ	IMPERFECT
partir (to leave)	je **pars** tu **pars** il **part**	nous **partons** vous **partez** ils **partent**	**pars** **partons** **partez**	je suis **parti(e)**	je **partais**

Verbs like **partir**: **sortir** *(to go out)*

INFINITIVE	PRESENT		IMPERATIVE	PASSÉ COMPOSÉ	IMPERFECT
pleuvoir (to rain)	il **pleut**			il a **plu**	il **pleuvait**
pouvoir (to be able, can)	je **peux** tu **peux** il **peut**	nous **pouvons** vous **pouvez** ils **peuvent**		j'ai **pu**	je **pouvais**
prendre (to take, have)	je **prends** tu **prends** il **prend**	nous **prenons** vous **prenez** ils **prennent**	**prends** **prenons** **prenez**	j'ai **pris**	je **prenais**

Verbs like **prendre**: **apprendre** *(to learn)*, **comprendre** *(to understand)*

FUTURE	CONDITIONAL	SUBJUNCTIVE	PRESENT PARTICIPLE
je **dormirai**	je **dormirais**	que je **dorme** que nous **dormions**	dormant
j'**écrirai**	j'**écrirais**	que j'**écrive** que nous **écrivions**	écrivant
j'**enverrai**	j'**enverrais**	que j'**envoie** que nous **envoyions**	envoyant
je **ferai**	je **ferais**	que je **fasse** que nous **fassions**	faisant
je **lirai**	je **lirais**	que je **lise** que nous **lisions**	lisant
je **mettrai**	je **mettrais**	que je **mette** que nous **mettions**	mettant
j'**ouvrirai**	j'**ouvrirais**	que j'**ouvre** que nous **ouvrions**	ouvrant
je **partirai**	je **partirais**	que je **parte** que nous **partions**	partant
il **pleuvra**	il **pleuvrait**	qu'il **pleuve**	pleuvant
je **pourrai**	je **pourrais**	que je **puisse** que nous **puissions**	pouvant
je **prendrai**	je **prendrais**	que je **prenne** que nous **prenions**	prenant

INFINITIVE	PRESENT		IMPERATIVE	PASSÉ COMPOSÉ	IMPERFECT
recevoir *(to receive)*	je **reçois** tu **reçois** il **reçoit**	nous **recevons** vous **recevez** ils **reçoivent**	**reçois** **recevons** **recevez**	j'ai **reçu**	je **recevais**

Verbs like **recevoir**: **apercevoir** *(to see, catch sight of)*, **s'apercevoir** *(to notice, realize)*

INFINITIVE	PRESENT		IMPERATIVE	PASSÉ COMPOSÉ	IMPERFECT
rire *(to laugh)*	je **ris** tu **ris** il **rit**	nous **rions** vous **riez** ils **rient**	**ris** **rions** **riez**	j'ai **ri**	je **riais**

Verbs like **rire**: **sourire** *(to smile))*

INFINITIVE	PRESENT		IMPERATIVE	PASSÉ COMPOSÉ	IMPERFECT
savoir *(to know)*	je **sais** tu **sais** il **sait**	nous **savons** vous **savez** ils **savent**	**sache** **sachons** **sachez**	j'ai **su**	je **savais**
suivre *(to follow)*	je **suis** tu **suis** il **suit**	nous **suivons** vous **suivez** ils **suivent**	**suis** **suivons** **suivez**	j'ai **suivi**	je **suivais**
se taire *(to be quiet)*	je me **tais** tu te **tais** il se **tait**	nous **nous taisons** vous **vous taisez** ils **se taisent**	**tais-toi** **taisons-nous** **taisez-vous**	je me suis **tu(e)**	je me **taisais**
tenir *(to hold)*	je **tiens** tu **tiens** il **tient**	nous **tenons** vous **tenez** ils **tiennent**	**tiens** **tenons** **tenez**	j'ai **tenu**	je **tenais**

Verbs like **tenir**: **appartenir** *(to belong to)*, **obtenir** *(to get, obtain)*,
retenir *(to reserve, retain)*, **se tenir** *(to keep, stay)*

INFINITIVE	PRESENT		IMPERATIVE	PASSÉ COMPOSÉ	IMPERFECT
venir *(to come)*	je **viens** tu **viens** il **vient**	nous **venons** vous **venez** ils **viennent**	**viens** **venons** **venez**	je suis **venu(e)**	je **venais**

Verbs like **venir**: **devenir** *(to become)*, **prévenir** *(to warn, tell in advance)*,
revenir *(to come back)*, **se souvenir** *(to remember)*

INFINITIVE	PRESENT		IMPERATIVE	PASSÉ COMPOSÉ	IMPERFECT
vivre *(to live)*	je **vis** tu **vis** il **vit**	nous **vivons** vous **vivez** ils **vivent**	**vis** **vivons** **vivez**	j'ai **vécu**	je **vivais**
voir *(to see)*	je **vois** tu **vois** il **voit**	nous **voyons** vous **voyez** ils **voient**	**vois** **voyons** **voyez**	j'ai **vu**	je **voyais**
vouloir *(to want, wish)*	je **veux** tu **veux** il **veut**	nous **voulons** vous **voulez** ils **veulent**	**veuille** **veuillons** **veuillez**	j'ai **voulu**	je **voulais**

FUTURE	CONDITIONAL	SUBJUNCTIVE	PRESENT PARTICIPLE
je **recevrai**	je **recevrais**	que je **reçoive** que nous **recevions**	recevant
je **rirai**	je **rirais**	que je **rie** que nous **riions**	riant
je **saurai**	je **saurais**	que je **sache** que nous **sachions**	sachant
je **suivrai**	je **suivrais**	que je **suive** que nous **suivions**	suivant
je **me tairai**	je **me tairais**	que je **me taise** que nous **nous taisions**	se taisant
je **tiendrai**	je **tiendrais**	que je **tienne** que nous **tenions**	tenant
je **viendrai**	je **viendrais**	que je **vienne** que nous **venions**	venant
je **vivrai**	je **vivrais**	que je **vive** que nous **vivions**	vivant
je **verrai**	je **verrais**	que je **voie** que nous **voyions**	voyant
je **voudrai**	je **voudrais**	que je **veuille** que nous **voulions**	voulant

Appendix 3 Verbs

VOCABULARY: French–English

The French–English vocabulary contains active and passive words from the text, as well as the important words of the illustrations used within the units. Obvious passive cognates and adverbs have not been listed.

The numbers following an entry indicate the first lesson in which the word or phrase is activated. The following abbreviations have been used:
- **A** Appendix A
- **R** Reprise
- **I** Interlude

An asterisk (*) after the lesson or unit number indicates that the word or phrase is presented in the **Mots utiles** section of the reading.

Nouns: If the article of a noun does not indicate gender, the noun is followed by *m. (masculine)* or *f. (feminine).* If the plural *(pl.)* is irregular, it is given in parentheses.

Adjectives: Adjectives are listed in the masculine form. If the feminine form is irregular, it is given in parentheses. Irregular plural forms *(pl.)* are also given in parentheses.

Verbs: Verbs are listed in the infinitive form. An asterisk (*) in front of an active verb means that it is irregular. (For forms, see the verb charts in the Appendix.) Irregular past participle *(p.p.)*, present participle *(pres. part.)*, future *(fut.)*, and subjunctive *(subj.)* forms are listed separately.

Words beginning with an **h** are preceded by a bullet (•) if the **h** is aspirate; that is, if the word is treated as if it begins with a consonant sound.

A

à at, to **R**; in
  à + *hour, day, date, moment*
    see you (at/on) . . .
  à quelle heure? at what time? **A**
  à qui? to whom? **R**
abandonner to abandon, give up, quit
abord: d'abord first, at first **6**
un abri shelter
absolu absolute
absolument absolutely
abstrait abstract
un acadien (une acadienne) Acadian
un accélérateur accelerator **33**
accélérer to accelerate, go faster **34***
accentué: un pronom accentué stress pronoun
accepter (de) to accept, agree **30**
un accès approach
un accessoire accessory **25**
un accident accident **24**
accompagner to accompany, go along with
accomplir to accomplish
accord: d'accord okay, all right **13**
  être d'accord avec to agree with **2**

accueillir to greet, welcome
un achat purchase **5**
  faire des achats to go shopping **5**
acheter (à) to buy (for) **11**
un acteur actor **1**
actif (active) active **2**
activement actively **26**
une activité activity
une actrice actress **1**
actuel (actuelle) present
l' addition *f.* check, bill **9**; addition
un adjectif adjective
administratif (administrative) administrative **1**
un admirateur, une admiratrice admirer
admirer to admire
adorer to love **9**; to worship
une adresse address **1**
l' aérobic *m.* aerobics **17**
un aéroport airport **A**
affaire: ce n'est qu'une affaire de temps it's only a matter of time **I7***
des affaires *f.* things, personal belongings **5**
  un homme (une femme) d'affaires businessman (woman) **1**

affectueusement affectionately **14***
une affiche poster **A**; sign
affirmatif (affirmative) affirmative
affliger to afflict
affreux (affreuse) awful **25**
l' Afrique *f.* Africa **29**
  l'Afrique du Sud South Africa
un âge age **3**
âgé old
  plus âgé older **1**
une agence agency
  une agence immobilière real estate agency
s' agenouiller to kneel
un agent agent
  un agent de police policeman
agir to act
agréable pleasant, agreeable
ah bon? really?
aider to help **A**
l' aiguille *f.* needle
aille *(subj. of* **aller***)* **36**
aimable friendly; pleasant, nice **2**
aimer to like **R**
  aimer mieux to prefer
  j'aimerais I would like
aîné oldest
ainsi therefore; so

l' **air** *m.*   air; tune
   avoir l'air   to look **3**
   l'air conditionné *m.*   air
    conditioning
ait   *(subj. of* **avoir***)* **36**
ajouter   to add
alarmer   to alarm
alerter   to alert, warn
algérien (algérienne)   Algerian
l' **alimentation** *f.*   food,
   nourishment
les **aliments** *m.*   foods
l' **Allemagne** *f.*   Germany **29**
allemand   German **R**
aller   to go **4**
   aller + *inf.*   to be going to + *inf.*
   4
   aller à pied   to go on foot,
    walk **5**
   aller chercher   to go get,
    pick up **4**
   un aller et retour   round trip
    (ticket) **29**
   un aller simple   one-way
    (ticket) **29**
   est-ce que [ce pantalon] vous
    va?   do [the pants] fit you? **25**
   est-ce que [ces chaussures]
    vous vont?   do [those
    shoes] fit you? **25**
   il (elle) me va bien   it fits me
    well **25**
   il (elle) ne me va pas   it
    doesn't fit **25**
   ils (elles) me vont très bien
    they fit very well **25**
allergique   allergic
allô   hello *(on the telephone)*
allumer   to light **I2*, 21**
une **allumette**   match
alors   then, so
l' **alpinisme** *m.*   mountain climbing
l' **Alsace** *f.*   Alsace *(province in*
   eastern France)
ambitieux (ambitieuse)
   ambitious **2**
un **aménagement**   facility
une **amende**   fine **I8***
amener   to take, bring (along)
   (mainly people) **11**
américain   American **1**
l' **Amérique** *f.*   America
   l'Amérique centrale   Central
    America **29**
   l'Amérique du Nord   North
    America **29**
   l'Amérique du Sud   South
    America **29**
un **ami,** une **amie**   friend **1**
   un meilleur ami, une
    meilleure amie   best friend **1**

amicalement   love *(at the end of a*
   letter) **14***
l' **amitié** *f.*   friendship
   amitiés   best regards *(at the*
    end of a letter)
l' **amour** *m.*   love **I4***
   amoureux (amoureuse) de   in
    love with
une **ampoule**   lightbulb
amusant   amusing
amuser   to amuse
   s'amuser   to have fun **20**
un **an**   year
   avoir . . . ans   to be . . . (years
    old) **3**
   le jour de l'An   New Year's
    Day
un **ananas**   pineapple
un(e)**ancêtre**   ancestor
les **anchois** *m.*   anchovies **9**
ancien (ancienne)   former; old
   21
un **âne**   donkey, jackass
anglais   English **1**
l' **anglais** *m.*   English *(language)* **R**
l' **Angleterre** *f.*   England **29**
un **animal** *(pl.* **animaux***)*   animal **5**
des **animations** *f.*   organized activities
animé   animated, lively
une **année**   (whole) year **A**
un **anniversaire**   birthday **A**
   joyeux anniversaire!   happy
    birthday!
une **annonce**   ad
   des annonces publicitaires
    advertising
annoncer   to announce; to
   proclaim
un **anorak**   ski jacket
ans: avoir . . . ans   to be . . .
   (years old) **3**
les **Antilles** *f.*   West Indies
les **antiquités** *f.*   antiques
août   August **A**
* **apercevoir**   to see, catch sight of
   30
   s'apercevoir (de)   to note,
    notice, realize **I9***
   apercevra *(fut. of* **apercevoir***)* **31**
un **aperçu**   glimpse
apparaître   to appear **I1***
un **appareil**   machine, appliance **21**
un **appareil-photo**   camera **A**
apparenté: un mot apparenté
   cognate
un **appartement**   apartment **21**
appeler   to call
   s'appeler   to be named **1**
un **appétit**   appetite
applaudir   to applaud
apporter (à)   to take, bring

   (along) *(things)* **A, 14**
* **apprendre**   to learn **6**; to teach
   apprendre à + *inf.*   to learn
    (how) to **6**
un **apprenti chimiste**   chemist's
   apprentice
s' **apprêter (à)**   to get ready
s' **approcher (de)**   to approach, get
   near (to)
approprié   appropriate
appuyer (sur)   to step (on), push
après   after **6**
   après tout   after all
   d'après (moi)   according to
    (me) **18**
l' **après-midi** *m.*   afternoon, in the
   afternoon **7**
   cet après-midi   this afternoon
    7
   de l'après-midi   in the
    afternoon, P.M. **A**
   (lundi) après-midi   (on)
    (Monday) afternoon
un **aqueduc**   aqueduct
arabe   Arabic
un **arbre**   tree **5**
un **architecte,** une **architecte**
   architect
l' **argent** *m.*   money **A**; silver **25**
   l'argent de poche   pocket
    money
l' **Argentine** *f.*   Argentina **29**
une **armée**   army
l' **arrêt** *m.* **de bus**   bus stop
arrêter (de)   to arrest, stop
   (someone, something) **30**
   s'arrêter   to stop **20**
l' **arrière** *m.*   back
une **arrivée**   arrival; finish
arriver (à, de)   to arrive, come; to
   happen **8**
   j'arrive!   I'm coming!
   qu'est-ce qui est arrivé?
    what happened? **24**
un **arrondissement**   district,
   borough
arroser   to spray (water) on
un **article**   article
artistique   artistic
l' **ascendance** *f.*   ancestry
un **ascenseur**   elevator
une **ascension**   ascent, climb
asiatique   Asian
l' **Asie** *f.*   Asia **29**
l' **aspect** *m.*   aspect, appearance
un **aspirateur**   vacuum cleaner
   passer l'aspirateur   to
    vacuum
***s' asseoir**   to sit down **I4*, 20**
   asseyez-vous   sit down **20**
   assez (de)   rather **2,** enough **12**

assieds-toi sit down **20**
une **assiette** plate **9**
assis seated
assister à to attend **5**
l' **assurance** *f.* insurance **I7***;
  assurance
assurer to make, ensure
un **astérisque** asterisk
un(e) **astronaute** astronaut
un **atelier** studio
atmosphérique atmospheric
attaquer to attack
atteindre to reach
attendre to wait, wait for **A**
attentif (attentive) careful **26**
l' **attention** *f.* care, attention
  attention! watch out!
  faire attention (à) to pay
    attention (to), be careful
    (about) **3**
attentivement carefully
attirer to attract
attraper to catch
au (à + le) at (the), to (the) **R**
une **auberge de jeunesse** youth
  hostel
aucun no
  ne . . . aucun not any, no
    I7*
audacieux (audacieuse) daring
au-dessus above **I3***
augmenter to increase, turn up
aujourd'hui today **7**
aura *(fut. of* avoir*)* **31**
aussi also, too; that, so, therefore
  aussi . . . que as . . . as **27**
l' **Australie** *f.* Australia **29**
un **auteur** originator, author
une **auto** car
  en auto by car
une **auto-école** driving school **33**
un **autographe** autograph
l' **automne** *m.* autumn, fall **A**
un **autoportrait** self-portait
l' **autorité** *f.* authority
une **autoroute** toll road **I8***
l' **auto-stop** *m.* hitchhiking
autour (de) around **I8***
autre other **12**
  d'autres other(s) **12**
  les autres the others; other
    people
  un (une) autre another **12**
autrefois in the past **23**
l' **Auvergne** *f.* Auvergne *(province
  in central France)*
aux (à + les) at (the), to (the) **R**
avance: être en avance to be
  early **2**
avancer to advance
avant before **6**; first

avant de before **34**
avant tout above all
avec with **R**
  avec qui? with whom? **R**
une **aventure** adventure
  un film d'aventures action
    movie **13**
un **aventurier une aventurière**
  adventurer
une **avenue** avenue
une **averse** rain shower
un **avion** plane **A**
  en avion by plane **A**
l' **aviron** *m.* rowing
un **avis** opinion **18**
  à (mon) avis in (my) opinion
    18
un **avocat, une avocate** lawyer **1**
* **avoir** *(p.p.* eu*)* to have **3**
  avoir . . . ans to be . . . (years
    old) **3**
  avoir besoin de to need **3**
  avoir chaud to be warm, hot **3**
  avoir de la chance to be
    lucky **3**
  avoir envie de to feel like,
    want **3**
  avoir faim to be hungry **3**
  avoir froid to be cold **3**
  avoir la grippe to have the flu
    17
  avoir l'air to look **3**
  avoir un vertige to feel dizzy
  avoir lieu to take place **24**
  avoir l'intention de to intend
    to, plan to
  avoir mal à + *part of body* to
    have a sore . . . , to have a . . .
    ache **17**
  avoir peur to be afraid **3**
  avoir raison to be right **3**
  avoir soif to be thirsty **3**
  avoir sommeil to be sleepy **3**
  avoir tort to be wrong **3**
  avoir un rhume to have a
    cold **17**
avouer to admit **I8***
avril April **A**
ayez *(subj. of* avoir*)* **36**

B ▬▬▬▬▬▬▬▬▬▬▬

le **babyfoot** tabletop soccer game
le **bac** high school diploma
les **bagages** *m.* baggage, luggage
un **bagne** prison
une **bague** ring **25**
une **baguette** *long, thin loaf of French
  bread*
une **baignoire** bathtub **21**
un **bain** bath

un **bain de soleil** sunbath **5**
  un maillot de bain bathing
    suit **A, 25**
  une salle de bains bathroom
    21
baisser to lower
un **bal** dance
un **ballon** ball
une **banane** banana **9**
un **banc** bench
des **bandes** *f.* **dessinées** comics **16**
un **bandit** thief
la **banlieue** suburbs **21**
une **banque** bank
bas (basse) soft; low
  en bas at the bottom; downstairs
basé based
une **basilique** basilica
le **basket (ball)** basketball **A**
les **baskets** *m.* high tops **25**
une **bataille** battle
un **bateau** *(pl.* bateaux*)* boat
une **batte** (baseball) bat
se **battre** to fight
battu beaten, defeated
bavard talkative
le **bavardage** chatter, gossip
beau (bel, belle; beaux) good-
  looking, beautiful **2**
  il fait beau it's nice (weather)
    A
beaucoup (de) (very) much, a
  lot, many **12**
un **beau-père** stepfather **1**; father-
  in-law
les **beaux-arts** *m.* fine arts
beige beige **25**
bel good-looking, beautiful **26**
belge Belgian **1**
la **Belgique** Belgium **29**
belle good-looking, beautiful **2**
une **belle-mère** stepmother **1**;
  mother-in-law
ben . . . well . . .
les **béquilles** *f.* crutches
un **berger allemand** German
  shepherd
besoin: avoir besoin de to need
  3
bête stupid, dumb, silly **2**
une **bête** animal
la **bêtise** stupidity, foolishness
le **beurre** butter **9**
une **bibliothèque** library **A**; bookcase
une **bicyclette** bicycle
un **bidon** (gas) can
bien well **27**; indeed, very much **R**
  bien à toi yours *(at the end of
    a letter)* **14***
  bien entendu of course **I7***
  bien sûr of course **13**

eh bien well . . .
ou bien or else
vouloir bien to want *(used to accept an offer)*, to accept, agree **R**
bientôt soon **I6***
à bientôt see you soon (in a few days)
la **bière** beer
une **bifurcation** fork
un **bijou** *(pl.* **bijoux)** jewel, jewelry **25**
une **bijouterie** jewelry store **I7***
un **bijoutier** jeweler **I7***
un **billet** ticket **I1***, **13**
un billet (de métro) subway ticket **5**
un billet d'avion (de train) plane (train) ticket **29**
la **biologie (bio)** biology **R**
blague: sans blague! really?
blanc (blanche) white **25**
un **blazer** blazer **25**
blessé hurt
un **blessé, une blessée** injured person
bleu blue **25**
bleu clair light blue **25**
bleu foncé dark blue **25**
blond blond
bloqué blocked
un **blouson** jacket **A, 25**
le **boeuf** beef, ox, steer
* **boire** to drink **11**
le **bois** wood
une **boisson** beverage, drink **9**
une **boîte** box, can **12**
bon (bonne) good **2**
ah bon? really?
bon marché *inv.* cheap, inexpensive **25**
des **bonbons** *m.* candy
le **bonheur** happiness
un **bonhomme de neige** snowman
bonjour hello, good morning, good afternoon
un **bonnet** (wool) hat
le **bord** shore
au bord de at the edge of **I2***
botanique botanical
des **bottes** *f.* boots **25**
un **boubou** traditional Senegalese costume
une **bouche** mouth **17**
une **boucherie** butcher shop
des **boucles d'oreilles** *f.* earrings **25**
bouddhiste Buddhist
le **boudin blanc** meatless milk-based sausage
la **bouillabaisse** fish chowder
un **boulanger, une boulangère** baker

une **boulangerie** bakery
les **boules** *f.* bowling
un **boulevard** boulevard
une **boum** (informal) party **A**
la **Bourgogne** Burgundy *(province in central France)*
un **bout** end
au bout de after **I3***
une **bouteille** bottle **12**
une **boutique** boutique, shop **A, 25**
une boutique de soldes discount shop **25**
un **bracelet** bracelet **25**
la **branche** branch
un **bras** arm **17**
le **Brésil** Brazil **29**
brésilien (brésilienne) Brazilian
la **Bretagne** Brittany *(province in western France)*
un **bricoleur, une bricoleuse** mechanically inclined person
brièvement briefly
un **brigand** robber
une **brioche** *type of French bread with a sweet, light dough*
la **brique** brick
britannique British
la **broderie** embroidery
bronzer to tan **5**
une **brosse à cheveux** hairbrush **19**
une **brosse à dents** toothbrush **19**
se **brosser** to brush **19**
un **bruit** noise **I2***
brûler to burn
brun dark-haired; dark brown
brusquement suddenly
Bruxelles Brussels
bu *(p. p. of* **boire)** **11**
un **bureau** office **1**; desk **A, 21**
un **bus** bus **5**

C

c' *(see* **ce)**
ça that **9**
ça fait combien? how much does that cost? **9**
ça ne fait rien that doesn't matter, no problem
ça, par exemple! wow!; what do you know!
ça va I'm fine **17**
ça va? how are you? **17**
et avec ça? anything else? **9**
une **cabine téléphonique** telephone booth
caché hidden **I8***
se **cacher** to hide
un **cadeau** *(pl.* **cadeaux)** gift, present **14**

un **cadre** frame
le **café** coffee **9**
un **café** café **A, 5**
un **cahier** notebook
la **caisse** cashbox
une **calculatrice** calculator
une **calebasse** gourd
un **calendrier** calendar
calmement calmly **26**
un **camarade, une camarade** classmate **1**; friend
un(e) camarade de chambre roommate
le **Cambodge** Cambodia **29**
cambodgien (cambodgienne) Cambodian **1**
un **cambriolage** burglary
cambriolé burglarized
une **caméra** movie camera **A**
camerounais Cameroonian
un **camion** truck **33**
une **camionnette** (small) van **33**
la **campagne** country, countryside **29**
à la campagne in the country **5**
le **camping** camping **29**
faire du camping to go camping **29**
le **Canada** Canada **29**
canadien (canadienne) Canadian **1**
un **canard** duck **5**
une **canne** cane
une **cantine** cafeteria
un **canton** canton, district
le **caoutchouc** rubber **25**
une **capitale** capital (city)
le **capot** hood *(of a car)* **33**
capter to capture
car since, because
un **car scolaire** school bus
caraïbe Caribbean
une **caravane** camping trailer **29**
un **carnet** small notebook
un carnet d'adresses address book **I3***
une **carotte** carrot **9**
carreau: à carreaux checked **25**
une **carrière** career
une **carte** card **16**; map **29**
les cartes (playing) cards
une carte postale postcard **16**
un **cas** case
dans ce cas in that case **I6***
en cas de in case of
une **case** box
un **casque** helmet, headphones, **A**
une **casquette** cap **25**

casser to break **I8***
  se casser (la jambe) to break (one's leg)
une casserole pot, pan **29**
une cassette cassette **A**
cause: à cause de because of
une cave cellar **21**
une caverne cave
un CD compact disc **A**
un CD vidéo laserdisc
ce it, that **A**
  ce que what
  c'est that's, it's, he's, she's **2**
  c'est-à-dire that is (to say)
  c'est le (3 janvier) it's (January 3rd) **A**
  c'est tout? is that all? **9**
  qu'est-ce que c'est? what is it? what's that? **R**
ce (cet, cette; ces) this, that, these, those **A**
  ce . . . -ci this (over here) **A, 28**
  ce . . . -là that (over there) **A, 28**
ceci this
céder to give up
une ceinture belt **25**
  une ceinture de sécurité seat belt **33**
cela that
célèbre famous
célébrer to celebrate
le céleri celery **9**
célibataire single **1**
celle the one **28**
  celle-ci this one **28**
  celle de the one of/belonging to/from **28**
  celle-là that one **28**; the latter
celles these, those **28**
  celles-ci these **28**
  celles de the ones of/belonging to/from **28**
  celles-là those **28**
celtique Celtic
celui (celle) the one **28**
  celui-ci this one **28**
  celui de the one of/belonging to/from **28**
  celui-là that one **28**
  celui que the one(s) that/whom **28**
  celui qui the one(s) who/whom **28**
cent one hundred **A, 26**
un cent or **un centime** 1/100 of a euro
  pour cent percent
centième hundredth **26**
un centre center
  au centre (de) in the center (of)

un centre commercial shopping center **A**
le centre-ville downtown **21**
cependant however **I9***
les céréales f. cereal **9**
une cérémonie ceremony
une cerise cherry **9**
certain certain
  certains some
certainement certainly
un certificat diploma
ces these, those **A**
cesser de to stop **30**
c'est (see **ce**)
c'est-à-dire that is (to say)
cet this, that **A**
cette this, that **A**
ceux (celles) these, those **28**
  ceux-ci these; the latter **28**
  ceux de the ones of/belonging to/from **28**
  ceux-là those **28**
chacun each one, each person
une chaîne chain **25**
une chaîne hi-fi hi-fi set **A**
une chaîne stéréo stereo set **A**
une chaise chair **A, 21**
une chambre (à coucher) room; bedroom **5**
un chameau (pl. **chameaux**) camel
un champ field **5**
la Champagne Champagne (province in northeastern France)
des champignons m. mushrooms **9**
un champion, une championne champion
la chance luck
  avoir de la chance to be lucky **3**
  tenter sa chance to try one's luck **I9***
chanceux (chanceuse) lucky
la Chandeleur Candlemas
un changement change
changer (de) to change
une chanson song **13**
chanter to sing **A**
un chanteur, une chanteuse singer **13**
un chapeau (pl. **chapeaux**) hat **25**
chaque each **23**
un char float (in a parade)
une charcuterie delicatessen
chargé de in charge of
la chasse hunting; hunt **I8***
un chat cat
un château (pl. **châteaux**) castle
chaud warm, hot **27**
  avoir chaud to be warm, hot **3**
  il fait chaud it's hot (weather) **A**

le chauffage heat
des chaussettes f. socks **A, 25**
des chaussures f. shoes **A, 25**
une chauve-souris bat
un chef chef, head; chief, leader
un chemin path
  un chemin de fer railroad
  un chemin de terre dirt path
une cheminée fireplace; chimney
une chemise shirt **A, 25**
un chemisier blouse **A, 25**
  cher (chère) expensive **25**; dear **14***
  chercher to get, pick up **4**; to look for **I2*, 15**
un chercheur seeker
chéri darling
un cheval (pl. **chevaux**) horse **5**
  à cheval on horseback **5**
les cheveux m. hair **17**
chez home, at home, at the house (office, shop, etc.) of, to the house of **R**
  chez moi (toi, lui . . .) (at) (my, your, his, her . . .) home **R**
un chien dog
les chiffres m. statistics, numbers
la chimie chemistry **R**
chimique chemical
un chimiste, une chimiste chemist
la Chine China **29**
chinois Chinese **1**
un chocolat cocoa, hot chocolate **9**
choisir to choose, pick **A**
un choix choice
  au choix choose one, your choice
une chorale choir
une chose thing **A**
  quelque chose something **7**
la choucroute sauerkraut
chouette great, terrific, neat
une chouette owl **I6***
ci: ce . . . -ci this (over here) **28**
le cidre cider
le ciel heaven; sky **I8***
le cimetière cemetery
un cinéaste, une cinéaste filmmaker **1**
un ciné-club film club
le cinéma movies
  au ciné at/to the movies **5**
un cinéma movie theater **A**
un cinéphile movie lover
cinq five **A**
une cinquantaine about fifty
cinquante fifty **A**
cinquième fifth **26**
un cintre hanger **28***
une circonstance circumstance
la circulation traffic, circulation **I8***

circuler   to get around
un citoyen, une citoyenne   citizen
un citron pressé   lemon juice
   clair   clear, light
      bleu clair   light blue 25
une clarinette   clarinet
une classe   class R
      en classe   to class, in class
      première classe   first class 29
      seconde classe   second class
         29
un classement   ranking
   classique   classical
le clavier   keyboard (computer) A
une clé   key I3*, 21
      fermer à clé   to lock 21
un client, une cliente   client,
      customer
le clignotant   blinker 33
des clips *m.*   music videos
une cloche   bell
un club de théâtre   drama club
un cochon   pig 5
le code de la route   highway code
un coeur   heart 17
un coffre   trunk *(of a car)* 33
un coiffeur   hairdresser
un coin   corner, spot
des collants *m.*   tights, pantyhose
         25
   collectionner   to collect
un collège   junior high school R
un collier   necklace 25
une colline   hill
un colon   colonist
une colonie   colony
      une colonie de vacances
         (summer) camp
une colonne   column
   combattre   to fight
   combien   how much 12
      combien de fois?   how many
         times?
une comédie   comedy 13
      une comédie musicale
         musical comedy 13
   commander   to order 9; to
         command
   comme   like; for, as 9; since I6*;
         as well as
   commémorer   to commemorate
le commencement   beginning
   commencer   to start, begin I3*,
         13
      commencer à + *inf.*   to begin
         to 30
   comment?   how?; what? R
      comment est-il/elle?   what's
         he/she like? what does
         he/she look like?
un commentaire   comment

un commerçant, une commerçante
      shopkeeper, merchant
le commerce   business
   commercial   commercial 1
 * commettre   to commit I7*
une commode   dresser
   commun   common
la communauté   community
un (disque) compact (un compact,
      un CD)   compact disc A
une compagnie   company
un compagnon   friend, companion
une comparaison   comparison
   comparer   to compare
   complément: un pronom
      complément   object
      pronoun
   complet (complète)   full
   complètement   completely
   compléter   to complete
   composer   to compose, write; to
      dial
 * comprendre   to understand 6; to
      include
   compris   included 9
      y compris   including
un comptable, une comptable
      accountant 1
   compter   to count I3*; to intend
le comptoir   counter
un comptoir   trading post
un concert   concert 13
      un concert de rock   rock
         concert 5
un concierge, une concierge
      concierge (building
      superintendent)
un concours   contest
un conducteur, une conductrice
      driver 24
 * conduire (*p. p.* conduit)   to drive
      33
      un permis de conduire
         driver's license 33
la conduite   driving 33
une conférence   lecture
la confiture   jam 9
le confort   comfort
   confortable   comfortable
   confus   ashamed, embarrassed I1*
un congrès   congress, convention
   conjuguer   to conjugate
   connaissance: faire la connais-
      sance de   to meet 15
 * connaître (*p.p.* connu)   to know,
      be acquainted or familiar with
      15; (*in passé composé*)   to
      make the acquaintance of 15;
      (*p.p. or* connu)   known
   conquérir   to conquer
se consacrer   to devote oneself

   consciencieux (consciencieuse)
      conscientious 2
un conseil   piece of advice, council
      14*
   conseiller   to advise 14*
un conseiller   adviser
   conséquent: par conséquent
      consequently, therefore
   conserver   to keep
un constat   report
   consterné   dismayed
   constitué (par)   made up (of)
un constructeur   manufacturer
 * construire   to build
   contact: mettre le contact   to
      turn on the ignition
   contenir   to contain
   content   happy, content 2
   contenu   contained
un continent   continent 29
   continuer (à)   to continue; to go
      on 30
le contraire   opposite
      au contraire   on the contrary
une contravention   traffic ticket
   contre   against
un contrebandier   smuggler
   contrôler   to control, to check
un contrôleur, une contrôleuse
      inspector
   convenable   suitable
   convient: qui convient   (that is)
      appropriate
   convoquer   to call together
un copain   pal, friend 1
une copine   pal, friend 1
un coquillage   shellfish
la Corée   Korea 29
   coréen (coréenne)   Korean 1
une corde   rope
le corps   body, corps 17
   correspondant   corresponding
un correspondant, une
      correspondante   pen pal
   correspondre   to correspond
la Corse   Corsica *(French island off
      the Italian coast)*
un cosmonaute   astronaut
   costaud   strong, strapping
un costume   suit 25
la côte   coast, shore; hill
un côté   side
      à côté (de)   beside, next to R
le coton   cotton 25
      en coton   made of cotton 25
le cou   neck 17
   couchage: un sac de couchage
      sleeping bag 29
se coucher   to go to bed 19; to set
      (the sun)
une couleur   color 25

de quelle couleur est . . . ?
what color is . . . ? **25**
un **couloir** corridor **21**
un **coup** stroke, blow
    un **coup de chance** stroke of
    luck
    un **coup de téléphone**
    telephone call
    un **coup de tonnerre**
    thunder clap
    un **coup d'oeil** glance
    coupable guilty **I5***
un **coupable, une coupable** guilty
    one **I5***
une **coupe** cup, trophy
    couper to cut
    se **couper** to cut oneself
la **cour** court(yard) **R**
    courageux (courageuse)
    courageous
    courant running; current
un **coureur** racer, runner **26***
* **courir** (*p. p.* **couru**) to run **I2***,
    17
la **couronne** crown
    couronner to crown
le **courrier** mail
le **courrier électronique** e-mail,
    electronic mail **A**
un **cours** course **R**
    suivre un cours to take a
    course (*class*) **33**
une **course** race **26***; ride
les **courses** *f.* shopping **9**
    faire les courses to go
    shopping, do the shopping, to
    do errands **3**
    court short **25**
    un **court métrage** short film
un **cousin, une cousine** cousin **1**
un **couteau** knife **9**
    coûter to cost **13**
une **coutume** habit, custom
un **couturier, une couturière**
    fashion designer
une **couverture** blanket **29**
* **couvrir** (*p. p.* **couvert**) to cover
    21
    craindre to fear
une **cravate** tie **A, 25**
un **crayon** pencil **A**
    créer to create, set up
la **crème** custard
    la **crème glacée** ice cream
    (*Canadian*)
une **crémerie** dairy store
le **créole** Creole (*French dialect
    spoken in the Caribbean*)
une **crêpe** pancake
une **crêperie** pancake shop
une **crevaison** flat tire

criard tacky, loud
crier to shout, yell, scream **I1***
critique critical
* **croire (à, que)** (*p.p.* **cru**) to
    believe (in, that) **18**
    je crois que I believe that **18**
une **croisière** cruise
un **croissant** crescent; crescent roll **9**
une **croix** cross
    la **Croix-Rouge** Red Cross
un **croque-monsieur** grilled ham
    and cheese sandwich **9**
    croustillant crisp, crusty
    cru (*p. p. of* **croire**) **18**
    cubain (cubaine) Cuban **1**
une **cuillère** spoon **9**
le **cuir** leather **25**
    cuire to cook
la **cuisine** cooking **9**
    faire la cuisine to cook, do
    the cooking **3**
une **cuisine** kitchen **9**
un **cuisinier** cook
une **cuisinière** range, stove **21**; cook
le **cuivre** copper **I8***; brass
    cultiver to cultivate
    curieux (curieuse) curious **2**
les **cybernautes** people who like to
    use the Internet
    cycliste cycling (*adj.*)

D

d' (*see* **de**)
d'abord first, at first **6**
d'accord! okay, all right **13**
    être d'accord avec to agree
    with **2**
une **dame** woman, lady
dangereux (dangereuse)
    dangerous
dans in, into; inside **R**
la **danse** dance
danser to dance **A**
d'après according to **18**
    d'après moi according to me
    18
la **date** date **1**
    **quelle est la date
    aujourd'hui?** what's the
    date today? **A**
d'autres other(s) **12**
de of, from; any; with **R**
débarquer to land
le **début** beginning
décamper to leave (*fam.*)
une **décapotable** convertible **33**
décembre December **A**
décider (de) to decide (to) **25,
    30**
une **décision** decision

déclencher (l'alarme) to set off
    (the alarm) **I8***
décorer to decorate
* **découvrir** (*p. p.* **découvert**) to
    discover **21**
* **décrire** to describe **16**
déçu disappointed; deceived **I9***
dedans into; inside
défense de + *inf.* do not . . .
un **défi** challenge, dare **I6***
un **défilé** parade
défini definite
défoncé bashed in
défunt deceased
se **dégonfler** to become deflated
déguisé disguised
dehors outside **I6***
une **déité** deity
déjà already; before, ever **6**
le **déjeuner** lunch **9**
    le **petit déjeuner** breakfast **9**
    déjeuner to have (eat) lunch **9**
délicieux (délicieuse) delicious
le **deltaplane** hang gliding
demain tomorrow **7**
    à demain see you tomorrow
demander (à) to ask, ask for **16**
démarrer to start (*a car*) **34***
le **déménagement** moving
demi half
    . . . heure(s) et demie half
    past . . . **A**
un **demi-frère** half brother **1**
une **demi-heure** half-hour
une **demi-soeur** half sister **1**
un **demi-tour** about-face, U-turn
    démonstratif (démonstrative)
    demonstrative
se **dénoncer** to confess
le **dentifrice** toothpaste **19**
un **dentiste, une dentiste** dentist **1**
une **dent** tooth **17**
    avoir mal aux dents to have
    a toothache **I4***
un **départ** departure; start
un **département** department
    (*administrative division of
    France*)
se **dépêcher** to hurry **19*, 20**
dépend: ça dépend that depends
dépenser to spend
un **déplacement** move
se **déplacer** to move, go out of one's
    way
déporté deported
depuis since **4**
    depuis combien de temps?
    for how long? **4**
    depuis quand? since when? **4**
    depuis que since
le **dérangement** turmoil

dernier (dernière) last I1*, 7
derrière behind, in back (of) R
des (de + les) some 10; of (the), from (the) R
dès as early as, upon
désagréable unpleasant
un **désavantage** disadvantage
descendre to go down 5
le **désert** desert
désert (e) deserted
désespéré desperate, hopeless
se **déshabiller** to get undressed
désigner to designate
un **désir** wish
désirer to wish, desire; to want 9
désobéir to disobey I9*
la **désobéissance** disobedience, failure to obey I9*
désolé sad; very sorry 13
   je suis désolé(e) I am sorry 1
un **dessert** dessert 9
le **dessin** art class R
un **dessin** pattern, design 25; drawing I8*
   un dessin animé cartoon 13
un **dessinateur, une dessinatrice** designer, draftsperson 1
dessinées: des bandes f. **dessinées** comics 16
destiné intended
la **destinée** destiny
détaillé detailed
détester to hate, dislike 9
* **détruire** to destroy
le **deuil** mourning I4*
deux two
deuxième second 26
deuxièmement secondly 26
devant in front (of) R
développer to develop
* **devenir** (p. p. **devenu**) to become 4
deviendra (fut. of **devenir**) 31
deviner to guess
une **devinette** guessing game
une **devise** motto
un **devoir** homework assignment 3
* **devoir** (p.p. **dû**) must, to have to, owe R
dévoré eaten up
devra (fut. of **devoir**) 31
d'habitude usually 23
un **diable** devil
un **diabolo-menthe** lemonade with mint
un **dialecte** dialect
un **diamant** diamond I7*
un **dieu** god
Dieu: mon Dieu! my goodness!
difficile difficult, hard 27

dimanche m. Sunday, on Sunday A
le **dîner** dinner 9
dîner to have (eat) dinner, supper A, 9
un **diplôme** diploma
* **dire (à)** (p.p. **dit**) to say, tell 16
   à vrai dire to tell the truth I7*
   vouloir dire to mean
directement directly
un **directeur, une directrice** director, principal
diriger to steer, direct
dis donc hey!; I say
une **discothèque** disco
un **discours** speech
discret (discrète) discreet 26
discuter to discuss
disparaître to disappear I7*
la **disparition** disappearance I7*
dispersé spread, scattered
disputé fought, held
disputer to compete in
un **disque** record A
   un disque laser CD A
   un disque optique CD-ROM disc A
une **disquette** floppy disc A
une **distance** distance
une **distraction** pastime
dites donc! hey! I say I7*
divers various
divisé divided
divorcé divorced 1
dix ten A
dix-huit eighteen A
dix-neuf nineteen A
dix-sept seventeen A
une **dizaine** about ten
un **docteur** doctor 1
un **doigt** finger 17
un **dollar** dollar
un **domaine** domain
le **domicile** place of residence
dommage: (c'est) dommage! what a pity! that's too bad!
donc therefore, so I2*
donner (à) to give 14
dont whose
* **dormir** to sleep 8
un **dortoir** dormitory
un **dos** back 17
   un sac à dos backpack, knapsack 29
doubler to pass 34*
une **douche** shower 21
doué gifted
une **douzaine** about twelve, a dozen 9
douze twelve A
un **drame** scene, drama

un **drame psychologique** psychological drama 13
un **drapeau** flag
une **drogue** drug
droit right 17
   à droite (de) to the right (of) R
le **droit** law, right
drôle funny
   ça, c'est drôle! that's funny!
drôlement extremely
du (de + le) of (the), from (the) R; some 10
dû (p. p. of **devoir**) 10
durant during
la **durée** duration, length
durer to last
dynamique dynamic, energetic

E

e-mail e-mail, electronic mail
l' **eau** f. (pl. **eaux**) water 9
l' **eau minérale** mineral water 9
un **échange** exchange
une **échelle** ladder
échouer to fail
un **éclair** (flash of) lightning I2*
éclater to break out
une **école** school R
l' **économie** economics R
économique economical
l' **écorce** f. bark
écouter to listen to A
un **écran** screen (computer)
* **écrire (à)** (p. p. **écrit**) to write (to) 16
un **écriteau** notice
un **écrivain** writer 1
un **écureuil** squirrel 15
l' **éducation** f. **physique** physical education R
effet: en effet in fact; indeed, as a matter of fact I9*
efficace efficient
effrayer to frighten I6*
égal (pl. **égaux**) equal
également also
l' **égalité** equality
une **église** church A
égoïste selfish 2
l' **Égypte** f. Egypt 29
égyptien (égyptienne) Egyptian 1
eh bien well . . .
électrique electric, electrical
électroménager: des appareils m. **électroménagers** household appliances
l' **électronique** f. electronics
élégamment elegantly 26
élégant elegant 25

un **élève, une élève** student
élevé high, raised
élever (des animaux) to raise (animals)
elle she, it; her **R**
elles they, them **R**
élu elected
embarquer to take on
embarrassant embarrassing
embrasser to embrace, kiss **14***
je t'embrasse love and kisses *(at the end of a letter)* **14***
une **émeraude** emerald
émigrer to emigrate
une **émission (de télé)** (TV) show
emménager to move in
un **emplacement délimité** marked campsite
un **employé (une employée) de bureau** office worker **1**
employer to use
emporter to carry away
un **emprunt** borrowed thing, loan
emprunter (à) to borrow (from) **16**
en some, any, from there, of (about) it/them **18**
en in, by, to **A**
en + *pres. part.* while, on, upon, by . . . ing **34**
en (argent, coton) made of (silver, cotton) **25**
en autobus (avion, bateau) by bus (plane, boat) **A**
en semaine during the week **A**
encerclé encircled
enchanté(e) glad to meet you **1**
encore still, yet **I4***; again
encore une fois once more **I5***
endommagé damaged **I9***
endormi sleepy, asleep
un **endroit** place; spot **A, 5**
l' **énergie** *f.* energy
l' **enfance** *f.* childhood
un **enfant, une enfant** child **1**
un (une) enfant unique only child **1**
enfin at last **6**
s' **engager** to enlist
enlever to take off **34***
ennuyeux (ennuyeuse) boring **2**
énorme enormous, huge **I3***
une **enquête** inquiry, survey
enregistré recorded
l' **enseignement** *m.* teaching
ensemble together
un grand ensemble high-rise complex
ensuite then, after **6**
entendre to hear **A, 13**; to understand

entendre parler to hear about
entier (entière) whole, entire
entouré surrounded
un **entracte** intermission
s' **entraîner** to train
entre between, among **R**
une **entreprise** company
entrer to enter **8**
une **enveloppe** envelope; bag
envelopper to wrap
s'envelopper to wrap oneself up
enverra *(fut. of* envoyer*)* **31**
envers toward(s)
l' **envie** *f.* envy
avoir envie de to feel like, want **3**
environ approximately
environnant neighboring
s' **envoler** to fly off **I6***
* **envoyer** to send **11**
l' **épaisseur** *f.* thickness
l' **épaule** *f.* shoulder **17**
une **épicerie** grocery, grocery store
les **épinards** *m.* spinach
un **épisode** episode
une **époque** period, time
une **épreuve** competition, hardship, test
l' **équilibre** *m.* balance
un **équipage** team, crew
une **équipe** team **13**
équipé equipped
l' **équipement** *m.* equipment **21**
l' **équitation** *f.* horseback riding **17**
une **erreur** mistake **I3***
faire erreur to make a mistake **I7***
escalader to climb
un **escalier** staircase **21**
les escaliers stairs **I3*, 21**
un **escargot** snail
l' **esclavage** *m.* slavery
un **esclave, une esclave** slave
l' **Espagne** *f.* Spain **29**
espagnol Spanish **1**
l' **espagnol** *m.* Spanish *(language)* **R**
espérer to hope **11**
l' **espoir** *m.* hope **I9***
un **esprit** spirit, mind
essayer to try, try out, try on **25**
essayer de to try to **30**
l' **essence** *f.* gas **33**
l' **essentiel** *m.* important thing
l' **essuie-glace** *m.* windshield wiper **33**
l' **est** *m.* east **29**
est-ce que *phrase used to introduce a question* **R**
estimer to estimate
l' **estomac** *m.* stomach **17**

et and **R**
établir to establish
un **étage** floor, story **I3*, 21**
une **étagère** bookshelf **21**
étant *(pres. part. of* être*)*
une **étape** stage, lap **I8***
l' **état** state, government
un **état** state **29**; condition
en bon état in good shape (condition) **I8***
les **États-Unis** *m.* United States **29**
été *(p. p. of* être*)* **7**
l' **été** *m.* summer **A**
éteindre to turn off **21**
étendu spread out, extensive
une **étoile** star
étonné surprised; astonished
étrange strange
étranger (étrangère) foreign **29**
à l'étranger abroad **29**
être *(p.p.* été*)* to be **2**
être à to belong to **2**
être à l'heure to be on time **2**
être d'accord (avec) to agree (with) **2**
être de retour to be back
être en avance to be early **2**
être en bonne santé to be in good health **17**
être en forme to be in shape **17**
être en retard to be late **2**
être en train de to be in the midst of **2**
une **étrenne** New Year's gift
étroit tight **25**
l' **étude** *f.* study **R**
un **étudiant, une étudiante** student
étudier to study **A**
eu *(p. p. of* avoir*)* **7**
euh . . . er . . . , uh . . .
un **euro** euro
l' **Europe** *f.* Europe **29**
européen (européenne) European
eux them **R**
eux-mêmes themselves
un **événement** event **23**
évidemment obviously **I9***
évident evident, obvious
un **évier** kitchen sink **21**
évoquer to evoke, recall
exactement exactly
exagérer to exaggerate
exaltant exciting
un **examen** exam **A**
s' **excuser** to apologize **20**
un **exemple** example
ça, par exemple! what do you mean!; what do you know!
par exemple for example
exercer to do, carry out, perform

une **exigence** demand
un **exode** exodus
expliquer to explain **I3***
 s'expliquer to be explained
un **exploit** exploit, feat
un **explorateur, une exploratrice**
 explorer
un **explosif** explosive
un **exportateur** exporter
une **exposition** exhibition, exhibit
 13
une **expression** expression
 d'expression française
 French-speaking
exprimer to express **18**
 s'exprimer to express oneself
expulser to expel
un **extrait** extract
extraordinaire extraordinary,
 unusual
extrêmement extremely

F ▰▰▰▰▰▰▰▰▰▰▰▰▰▰▰▰▰

la **fabrication** manufacturing
fabriqué made
face: en face (de) across (from),
 opposite **I8***
fâché (contre) angry, upset
 (with)
se **fâcher** to get angry
facile easy **27**
faciliter to facilitate, make easy
une **façon** manner, way
facultatif (facultative) optional
faible weak **27**
faim: avoir faim to be hungry **3**
 * **faire** *(p. p.* **fait)** to do, make **3**; to
 manage
 faire attention (à) to pay
 attention (to), be careful
 (about) **3**
 faire de + *activity* to play,
 participate in, study, learn,
 learn to play, be active in **3**
 faire des achats to go
 shopping **5**
 faire des économies to save
 money
 faire du camping to go
 camping **29**
 faire du mal to hurt
 faire du [40] to wear size
 [40] **25**
 faire la connaissance de to
 meet **15**
 faire la cuisine to cook, do
 the cooking **3**
 faire la queue to stand in line
 faire la vaisselle to do
 (wash) the dishes **3**

faire le plein to fill the tank **33**
faire les courses to go
 shopping, do the shopping **3**
faire ses devoirs to do one's
 homework **3**
faire ses valises to pack
 one's suitcase **29**
faire une promenade (à pied,
 en auto) to go for a walk, go
 for a ride **3**
faire une randonnée to take
 a hike, a long ride **5**
faire un match to play a game
faire un pique-nique to have
 a picnic **5**
faire un séjour to spend
 some time **29**
faire un tour to take a walk,
 ride **5**
faire un voyage to go on a
 trip, take a trip **29**
un **faire-part** announcement
fais: ne t'en fais pas don't worry
fait: au fait by the way
 en fait in fact
fait: ça ne fait rien that doesn't
 matter, no problem
 il fait beau (bon, mauvais,
 chaud, froid) it's nice
 (pleasant, bad, hot, cold)
 (weather) **A**
 quel temps fait-il? how's the
 weather? **A**
un **fait** fact
falloir to be necessary
fameux (fameuse) notorious,
 famous; great
familial *(pl.* **familiaux)** family
familier (familière) familiar
une **famille** family **1**
un **fan, une fan** fan
un **fantôme** ghost
fasse *(subj. of* **faire) 36**
fatigué tired **I2***, **17**
fauché broke (without money)
faut: il faut one has to (must,
 should), you should (need to,
 have to), it is necessary **12**
une **faute** fault, mistake
un **fauteuil** armchair **21**
 un fauteuil roulant wheelchair
faux (fausse) wrong, false
favori (favorite) favorite
féliciter to congratulate
féminin feminine
une **femme** woman; wife **1**
une **fenêtre** window **21**
fera *(fut. of* **faire) 31**
férié: un jour férié holiday **I4***
une **ferme** farm **5**
fermer to close **21**

fermer à clé to lock **21**
un **fermier (une fermière)** farmer
féroce ferocious **I8***
un **festin** feast
une **fête** holiday, feast; name day,
 party, festival
 la fête du Travail Labor Day
 (May 1)
un **feu** fire **I2***
 faire un feu to build a fire
 le feu d'artifice fireworks
 un feu de joie bonfire
un **feu arrière** taillight
un **feu rouge** red light
une **feuille** leaf **5**
 une feuille de papier piece
 of paper
un **feuilleton** soap opera, series
février February **A**
un **fiancé, une fiancée** fiancé(e)
se **fiancer** to get engaged
fidèle faithful
fier (fière) proud **I9***
une **figure** face **17**
un **fil** wire
une **fille** girl; daughter **1**
un **film** movie **5**
 un film d'aventures action
 movie **13**
 un film d'horreur horror
 movie **13**
 un film policier detective
 movie **13**
 un film de science-fiction
 science fiction movie **13**
un **fils** son **1**
la **fin** end **I8***
 en fin de at the end of **I2***
finalement finally **6**
finir to finish, end **A**
 finir de to finish **30**
fixe specific
le **flamand** Flemish *(language)*
une **flèche** arrow
une **fleur** flower **5**
 à fleurs flowered **25**
un **fleuve** river
flipper: jouer au flipper to play
 pinball **5**
la **fois** time **I1***, **13**
 à la fois at the same time
 combien de fois? how many
 times?
 deux fois twice **13**
 plusieurs fois several times
 13
 une fois once, one time **23**
fonctionner to work, function
fond: au fond (de) at the back
 (of) **28***
le **fondateur** founder

fonder to found
fondre to melt
la **fondue** melted cheese dish
le **foot(ball)** soccer **A**
    le **football américain** football
la **force** strength
une **forêt** forest **5**
une **forme** form
    en **forme** in shape **17**
formidable terrific, super
formuler to formulate
fort strong **27**
fou (fol, folle) crazy, mad **I2***
un **foulard** scarf **25**
un **four** oven **21**
    un **four à micro-ondes**
      microwave **21**
une **fourchette** fork **9**
la **fourrure** fur **25**
frais (fraîche) fresh, cool
une **fraise** strawberry **9**
une **framboise** raspberry
un **franc** franc *(former currency of France, Belgium, and Switzerland)*
français French **1**
le **français** French *(language)* **R**
la **France** France **29**
franco-américain French-American
francophone French-speaking
frapper to knock
la **fraternité** brotherhood
le **frein** brake **33**
fréquenter to keep company with, visit
un **frère** brother **1**
frire to fry
frisé curly
les **frites** *f.* French fries **9**
froid cold **27**
    avoir froid to be cold **3**
    il fait froid it's cold (weather) **A**
le **fromage** cheese **9**
une **frontière** border
un **fruit** fruit **9**
fumé smoked
la **fumée** smoke
fumer to smoke
les **funérailles** *f.* funeral
furieux (furieuse) furious, mad; upset, angry
une **fusée** rocket
le **futur** future

G

gagner to win; to earn **A**
une **galerie** gallery, tunnel
une **galette** cake

une **gamme** range
un **gant** glove **25**
un **garage** garage **5**
un **garagiste** mechanic
un **garçon** boy; waiter
    un **garçon de courses** errand boy
un **garde-boue** fender
garder to keep **15**
une **gare** station **A**
un **gars** guy, fellow
le **gâteau** *(pl. gâteaux)* cake **9**
un **gâteau sec** biscuit
gauche left **17**
    à **gauche (de)** to the left (of) **R**
gazeux (gazeuse) carbonated
un **gendarme** police officer
la **gendarmerie** highway police
généalogique genealogical
général *(pl. généraux)* general
    en **général** in general
généreux (généreuse) generous **2**
génial *(pl. géniaux)* great
un **génie** genius
un **genou** knee **17**
un **genre** type, kind, gender **13**
    quel genre de film est-ce? what type of film is it? **13**
les **gens** *m.* people **1**
gentil (gentille) nice **27**
la **gentillesse** kindness **I8***
la **géographie (géo)** geography **R**
géographique geographic
gigantesque gigantic
la **glace** ice cream **9**; mirror **21**; ice
le **golfe** gulf
la **gomme** chewing gum *(Canadian)*
un **gourmand** glutton
la **gourmandise** gluttony
goûter to taste, try **I3***
une **goutte d'eau** drop of water
gouverné governed
grâce à thanks to **I7***
grand tall, big **2**; great
    un **grand magasin** department store **25**
grandir to grow
une **grand-mère** grandmother **1**
un **grand-père** grandfather **1**
les **grands-parents** *m.* grandparents
une **grange** barn
un **gratte-ciel** skyscraper
gratuit free of charge
grave serious
un **graveur** engraver
grec (grecque) Greek
un **grenier** attic **21**
le **gril (du four)** broiler
une **grille** grid

un **grille-pain** toaster **21**
grimper to climb
un **grimpeur, une grimpeuse** climber
la **grippe** flu **17**
gris gray **25**
gros (grosse) fat, big **I3***
grossir to gain weight, get fat **A**
un **groupe** band **13**
le **gruyère** Swiss cheese
la **Guadeloupe** Guadeloupe *(French island in the West Indies)*
le **Guatemala** Guatemala **29**
une **guerre** war
un **guichet** ticket window
un **guidon** handlebars
une **guitare** guitar **A**
la **Guyane française** French Guiana
le **gymnase** gymnasium
la **gymnastique** gymnastics **17**

H

s' **habiller** to get dressed **19**
un **habitant** inhabitant
habiter to live **A, 22**
une **habitude** habit, custom **I4***
    d'habitude usually **23**
habituel (habituelle) usual **23**
habituellement usually **23**
haïtien (haïtienne) Haitian
hanté haunted
les •**haricots verts** *m.* (green) beans **9**
la •**hâte** hurry, haste
•**haut** high
    en **haut** at the top
•**hein?** huh?
•**hélas** unfortunately
un **hélicoptère** helicopter
helvétique Swiss
l' **herbe** *f.* grass
hésiter à to hesitate, be hesitant about **30**
l' **heure** *f.* time, hour, o'clock **A**
    à l'**heure** on time **2**; per hour
    à quelle **heure?** at what time? **A**
    à . . . **heures** at . . . o'clock **A**
    . . . **heure(s) (cinq)** (five) past . . . **A**
    . . . **heure(s) et demie** half past . . . **A**
    . . . **heure(s) et quart** quarter past . . . **A**
    . . . **heure(s) moins (cinq)** (five) of . . . **A**
    . . . **heure(s) moins le quart** quarter of . . . **A**

il est . . . heure(s) it is . . . (o'clock) **A**

quelle heure est-il? what time is it? **A**

heureusement fortunately **8***

heureux (heureuse) happy **2**

heurter to run into **24**

hier yesterday **6**

l' **histoire** *f.* history **R**

une **histoire** story **16**

historique historical

l' **hiver** *m.* winter **A**

•**hollandais** Dutch

un **homme** man

un homme (une femme) d'affaires business person **1**

honnête honest

l' **honneur** *m.* honor

un **hôpital** hospital

un **horaire** schedule **29**

les•**hors-d'oeuvre** *m.* appetizers **9**

hospitalier (hospitalière) welcoming **18***

un **hôte, une hôtesse** host, hostess; flight attendant

un **hôtel** hotel **A**

l' **huile** *f.* oil **33**

•**huit** eight **A**

à (mardi) en huit see you a week from (Tuesday)

une **huître** oyster

humain human

humeur: de bonne humeur in a good mood

de mauvaise humeur in a bad mood **19***

humoristique humorous

I

ici here

idéaliste idealistic

une **idée** idea

identifier to identify

ignorer to not know

il he, it **R**

il faut que + *subjunctive* it is necessary that **35**

il n'y a pas there is no, there aren't any **R**

il y a there is, there are **R**

il y a eu there was **7**

il y a + *time* time ago **7**

il y avait there had been **23**

qu'est-ce qu'il y a? what's up?; what's wrong? what's the matter? what's going on? **R**

une **île** island

illustré illustrated

ils they **R**

imaginatif (imaginative) imaginative **2**

imaginer to imagine

imbattable unbeatable

immédiatement immediately

un **immeuble** apartment building **14***, 21**

immigré immigrant

immobiliser to immobilize

immortaliser to immortalize

l' **imparfait** *m.* imperfect *(tense)*

s' **impatienter** to get impatient

l' **impératif** *m.* imperative *(command)* mood

un **imperméable (imper)** raincoat **A, 25**

importance: cela n'a pas d'importance that doesn't matter **17***

impoli impolite **2**

impressionné impressed

une **imprimante** printer **A**

impulsif (impulsive) impulsive **2**

inauguré inaugurated

inclus gratuitement included at no extra cost

incolore colorless **15***

inconnu unknown **18***

incroyable unbelievable, incredible

l' **Inde** *f.* India **29**

indéfini indefinite

indemne unhurt

indien (indienne) Indian **1**

indiquer to indicate, point out

indiscret (indiscrète) indiscreet

un **individu** individual

individuel (individuelle) individual **17**

infini infinite

un **infinitif** infinitive

un **infirmier, une infirmière** nurse **1**

un **informaticien, une informaticienne** computer specialist **1**

l' **informatique** *f.* computer science **R**

s' **informer** to find out, make inquiries

un **ingénieur** engineer **1**

un **ingrédient** ingredient **9**

injuste unfair **2**

innocent: faire l'innocent to act innocent **17***

inquiet (inquiète) worried, concerned

s' **inquiéter** to worry

* **inscrire** to write *(in a notebook)*

s'inscrire to join

un **inspecteur, une inspectrice** inspector

s' **installer** to settle

instituer to set up

l' **instruction** *f.* civique civics **R**

intellectuel (intellectuelle) intellectual **2**

intelligent smart, intelligent

intention: avoir l'intention de to intend to, plan to

une **interdiction** prohibition

interdit forbidden, illegal **18***

intéressant interesting

intéresser to interest

s'intéresser (à) to be interested (in)

l' **intérieur** *m.* interior

à l'intérieur inside **18***

les **internautes** people who like to use the Internet

Internet the Internet

interrogatif (interrogative) interrogative

interroger to interrogate

interrompre to interrupt

interviewer to interview

intriguer to puzzle

introduire to introduce

intuitif (intuitive) intuitive **2**

inutile useless; unnecessary **27**

inverse: en sens inverse in the opposite direction

à l'inverse conversely

l' **inversion** *f.* inversion

un **invité, une invitée** guest

inviter to invite **A**

ira *(fut. of* **aller)** **31**

l' **Irlande** *f.* Ireland **29**

irrégulier (irrégulière) irregular

irriter to irritate

isolé alone, separate

l' **Israël** *m.* Israel **29**

israélien (israélienne) Israeli **1**

issu de from

l' **Italie** *f.* Italy **29**

italien (italienne) Italian **1**

un **itinéraire** itinerary, route

l' **ivoire** *m.* ivory

J

j' *(see* **je)**

jaloux (jalouse) jealous

jamais: ne . . . jamais never **6**

une **jambe** leg **17**

le **jambon** ham **9**

janvier January **A**

le **Japon** Japan **29**

japonais Japanese **1**

un **jardin** garden **21**

jaune yellow **25**

je I **R**

un **jean** (pair of) jeans **25**

jeter to throw

un **jeu** *(pl.* **jeux)** game

les jeux électroniques computer games **A**

les jeux télévisés TV game shows

jeudi Thursday, on Thursday **A**

jeune young **1**

les jeunes *m.* young people

la jeunesse youth

le jogging jogging **17**

joli pretty **2**

c'est bien joli, ça that's all well and good

un jongleur, une jongleuse juggler

jouer to play **R**

jouer à + *sport, game* to play **R**

jouer de + *instrument* to play **R**

jouer un tour (à) to play a joke (on)

qu'est-ce qu'on joue? what's playing (at the movies)? **13**

un joueur, une joueuse player **13**

un jour day **A, 23**

un journal *(pl.* **journaux)** newspaper; diary, journal **16**

un journaliste, une journaliste journalist **1**

une journée (whole) day

bonne journée! have a good day!

joyeux (joyeuse) joyous

judicieux (judicieuse) judicious, discerning

juger to judge

juillet July **A**

juin June **A**

des jumeaux *m.* twins

une jupe skirt **A, 25**

le jus juice

le jus de fruits fruit juice

le jus de pomme apple juice **9**

le jus d'orange orange juice **9**

le jus de raisin grape juice **9**

jusqu'à until, up to; as far as

juste fair **2**

justement as a matter of fact; precisely, exactly **I9***

K

le karaté karate

le ketchup ketchup **9**

un kilo kilo(gram) **9**

un kilomètre kilometer

un klaxon horn **33**

klaxonner to honk (the horn) **34***

L

l' *(see* **le, la)**

la the **R**; her, it **15**

là there **28**

ce . . . -là that (over there) **28**

là-bas over there **5**

oh là là! oh dear! wow! whew!

le laboratoire laboratory

un lac lake **5**

la laine wool **25**

laisser to leave **15**; to let

laisser le soin à quelqu'un . . . to leave it up to someone to **28***

le lait milk **9**

le lambi conch

une lampe lamp **21**

une lampe de poche flashlight **I6*, 29**

lancer to throw **I6***; to launch

une langue language **R**

un lapin rabbit **5**

laquelle which one **28**

large wide, baggy **25**

un lavabo sink **21**

laver to wash **5**

se laver to wash (oneself), wash up **19**

une machine à laver washing machine **21**

un lave-vaisselle dishwasher **21**

le the **R**; him, it **15**

une leçon lesson

un lecteur reader, player

un lecteur de cassettes cassette deck **A**

un lecteur de CD vidéo laserdisc player

un lecteur de disques compacts compact disc player **A**

un lecteur optique interne internal CD-ROM player **A**

la lecture reading

légal legal **1**

une légende legend

léger (légère) light **27**; minor

un légume vegetable **9**

le lendemain the next day **I4***

lent slow **27**

lentement slowly **27**

lequel (laquelle) which one **28**

les the **R**; them **15**

lesquels (lesquelles) which ones **28**

une lettre letter **14*, 16**

leur their **A**; (to) them **16**

se lever to get up **17**; to rise

lèvres: le rouge à lèvres lipstick **19**

le Liban Lebanon **29**

libérer to liberate

la liberté liberty

une librairie bookstore

libre free **I3*, 13**

un lieu place, area **1**

au lieu de instead of

avoir lieu to take place **24**

les lieux premises

une ligne line; figure

la limitation de vitesse speed limit

la limonade lemon soda **9**

* **lire** *(p. p.* **lu)** to read **16**

lisiblement legibly

un lit bed **21**

un litre liter **12**

la littérature literature

un living informal living room **21**

un livre book **A**

une livre metric pound **9**

une location rental

un logement lodging

loger to stay (have a room) **29**

le logiciel software **A**

logique logical

loin (de) far (from), far away from **R**

de loin by far

lointain distant

un loisir leisure-time activity

long (longue) long **25**

le long de along

longtemps (for) a long time **27**

la longueur length

lorsque when **I9***

la loterie lottery

louer to rent **29**

un loup wolf

lourd heavy **27**

le Louvre *museum in Paris*

le loyer rent

lu *(p. p. of* **lire)** **16**

une lueur flash of light, glimmer, glow

lui him **R**; (to) him, (to) her **16**

lui-même himself

une lumière light **I5***

lumineux (lumineuse) illuminated

lundi Monday, on Monday **A, 7**

la lune moon

des lunettes *f.* glasses **A, 25**

des lunettes de soleil sunglasses **A, 25**

la lutte struggle

un Luxembourgeois, une Luxembourgeoise native of Luxembourg

un lycée high school **R**

un lycéen, une lycéenne high school student

M

M. Mr.

m' *(see* **me)**

ma my **A**

mâcher to chew
une machine à laver washing machine **21**
Madame (Mme) Mrs., ma'am
Mademoiselle (Mlle) Miss
un magasin store **A, 5**
    faire les magasins to go shopping
    un grand magasin department store **25**
le magasinage shopping *(Canadian)*
magasiner to go shopping *(Canadian)*
un magazine magazine **16**
le Maghreb French-speaking northern Africa
un magnétophone tape recorder
un magnétoscope VCR **A**
magnifique magnificent
mai May **A**
maigrir to lose weight, get thin **A**
un maillot jersey, athletic T-shirt **26***
un maillot de bain bathing suit **A, 25**
une main hand **17**
    maintenant now **7**
un maire mayor
mais but
le maïs corn
une maison house **A, 21**
    à la maison at home **5**
    une Maison des Jeunes youth center
    une maison individuelle single-family home **21**
un maître master
    mal badly, poorly
    avoir mal à la tête to have a headache **17**
    où est-ce que tu as mal? where does it hurt? **17**
malade sick **17**
un(e) malade patient
maladroit clumsy
la malchance bad luck
un malfaiteur evildoer; criminal **I7***
malgré despite, in spite of **I8***
malheureusement unfortunately **8***
malheureux (malheureuse) unhappy **2**
malhonnête dishonest
Mamie grandma, nana
manger to eat **A**
    une salle à manger dining room **21**
une manière manner, way
un mannequin fashion model **1**
les manoeuvres *f.* maneuvers
manque: il manque . . . . . . is missing **I5***
un manuel manual, guidebook

un manteau *(pl.* **manteaux)** coat **A, 25**
m'appelle: je m'appelle my name is **A**
se maquiller to put on make-up **19**
un marchand, une marchande merchant, storekeeper
la marche march, course, progress
    la marche à pied hiking **17**
    mettre en marche to start (a car)
une marche step
un marché market **9**; deal
    bon marché *inv.* cheap; inexpensive **25**
    meilleur marché cheaper **27**
    un marché aux puces flea market
    un marché en plein air outdoor market
marcher to walk **A, 5**; to function
mardi Tuesday, on Tuesday **A, 23**
    le mardi on Tuesdays **23**
    un mardi one Tuesday **23**
la margarine margarine **9**
un mari husband **1**
le mariage marriage, wedding
marié married **1**
un marié groom
une mariée bride
se marier (avec) to marry (someone), get married
marin sea *(adj.)*
un marin sailor
le Maroc Morocco
marocain Moroccan
une marque make, brand name
marqué (par) marked (with)
marrant funny
marron brown **25**
mars March **A**
la Marseillaise *French national anthem*
un marteau *(pl.* **marteaux)** hammer
un Martiniquais, une Martiniquaise *person from Martinique*
la Martinique Martinique *(French island in the West Indies)*
une mascotte mascot
un masque mask
masqué masked
un match game, match **13**
    faire un match to play a game
    un match de foot soccer game **5**
matériel (matérielle) material
maternel (maternelle) maternal
les maths *f.* math **R**
la matière material **25**
les matières *f.* school subjects **R**
le matin morning, in the morning **R**

ce matin this morning **7**
du matin in the morning, A.M. **A**
(lundi) matin (on) (Monday) morning
une matinée (whole) morning; afternoon performance
mauvais bad **2**
    il fait mauvais it's bad (weather) **A**
la mayonnaise mayonnaise **9**
me me, to me **14**; myself **19**
un mécanicien, une mécanicienne mechanic
mécanique mechanical
méchant nasty, mean **27**
une médaille medal **25**
un médecin doctor **1**
médical *(pl.* **médicaux)** medical **1**
des médicaments *m.* drugs, medicine
la Méditerranée Mediterranean Sea
meilleur better **27**
    le (la) meilleur(e) the best **27**
    meilleur marché *inv.* cheaper **27**
    un meilleur ami, une meilleure amie best friend **1**
    un meilleur copain, une meilleure copine best friend **1**
un melon melon **9**
    un melon d'eau watermelon *(Canadian)*
un membre member
même same; even **I8***; exactly
    le (la) même the same one
    même si even if
    tout de même all the same **I4***
une mémoire memory
ménager household *(adj.)*
mener to lead **I6***
un mensonge lie **16**
mentionner to mention
mentir to lie **I1***
la mer sea **29**
merci thank you
mercredi Wednesday, on Wednesday **A**
une mère mother **1**
une merveille wonder
    merveilleux (merveilleuse) marvelous
mes my **A**
la messagerie vocale voice mail
la messe Mass
les mesures *f.* measurements **28***
la météo weather forecast
un métier profession
un mètre meter
le métro subway **5**

métropolitaine: la France métropolitaine *France with the exception of its overseas territories*

* **mettre** *(p. p.* **mis)** to put, place **6**; to put on, to wear *(clothing)* **25**; to turn on *(the radio)* **21**; to set *(the table)* **9**

   mettre la table to set the table **9**

   mettre la ceinture to fasten one's seatbelt **34***

   se mettre à to begin, start **I6***

un **meuble** piece of furniture **21**

mexicain Mexican **1**

le **Mexique** Mexico **29**

midi noon **A**

mieux better **17**

le **mieux** the best

mignon (mignonne) cute **2**

une **migraine** headache, migraine

milieu: au milieu (de) in the middle (of) **I6***

militaire military

mille one thousand **A, 26**

un **mille** mile

milliers: des milliers thousands

un **million** million **26**

mince thin

une **mini-chaîne** compact stereo **A**

un **minivan** minivan **33**

minuit midnight **A**

mis *(p. p. of* **mettre) 7**

mixte mixed, coed

Mlle Miss

Mme Mrs.

le **mobilier** furniture **21**

une **mobylette** moped

moche plain, unattractive **25**

la **mode** fashion

   à la mode in fashion **25**

un **modèle** model

moderne modern **21**

modifier to modify, alter

moi me **R**

   moi non plus neither do I, "me neither"

moins less, minus **A**

   au moins at least **I2***

   . . . heure(s) moins (cinq) (five) of . . . **A**

   le (la, les) moins . . . the least . . . **27**

   . . . moins le quart quarter of . . . **A**

   moins . . . que less . . . than **27**

un **mois** month **A**

la **moitié** half

un **moment** moment

   au moment où when

---

mon (ma; mes) my **A**

une **monarchie** monarchy

le **monde** world

   beaucoup de monde many people **I1***

   du monde (many) people

   tout le monde everybody, everyone **I2*, 12**

mondial *(pl.* **mondiaux)** world

un **moniteur, une monitrice** counselor

la **monnaie** change (coin)

   une pièce de monnaie coin

Monsieur (M.) Mr., sir

la **montagne** mountain(s) **29**

la **montée** climb

monter to go up **8**; to get on *(a bus, subway)* **8**; to put up

une **montre** watch **A**

montrer (à) to show (to) **14**

un **monument** monument

se moquer de to make fun of

un **morceau** piece **12**

mort *(p. p. of* **mourir)**

un **mot** word

   un mot apparenté cognate, related word

un **moteur** motor, engine **33**

   un moteur à quatre temps four-stroke engine

une **moto** motorcycle

mouillé wet

mourir to die

un **moustique** mosquito **I2***

la **moutarde** mustard **9**

mouvementé action-packed

moyen (moyenne) middle

   en moyenne on the average

un **moyen** means, resources

le **Moyen-Orient** Middle East **29**

muet (muette) silent

un **mufle** "clod," muzzle, snout

le **multimédia** multimedia

un **mur** wall **21**

musclé muscular, brawny

un **musée** museum **A, 13**

musicien (musicienne) musical **2**

la **musique** music **R**

musulman Moslem

myope nearsighted

mystérieux (mystérieuse) mysterious

N

n' *(see* **ne)**

nager to swim **A**

naïf (naïve) naive **2**

la **naissance** birth **1**

naître to be born

---

la **natation** swimming **17**

une **nationalité** nationality **1**

nature plain *(of food)* **9**

naturel (naturelle) natural **2**

naturellement naturally **26**

nautique: le ski nautique waterskiing **17**

un **navet** turnip; a flop

ne: ne . . . aucun not any, no **I7***

   ne . . . jamais never **6**

   ne . . . pas not **R**

   ne . . . personne no one, nobody, not anyone **7**

   ne . . . plus no longer, no more, not anymore

   ne . . . presque jamais almost never **18**

   ne . . . rien nothing, not anything **7**

   n'est-ce pas? no? isn't it so? right? **A**

né *(p. p. of* **naître): je suis né(e)** I was born **1**

nécessaire necessary

négatif (négative) negative

la **neige** snow

neige: il neige it's snowing **A**

neiger to snow

   il neigeait it snowed **23**

nerveusement nervously

nerveux (nerveuse) nervous

n'est-ce pas? no? isn't it so? right? **A**

netsurfer to "surf the net"

nettoyer to clean **5**

neuf nine **A**

neuf (neuve) brand new **26**

   toute neuve brand new

neuvième ninth **26**

un **neveu** *(pl.* **neveux)** nephew **1**

un **nez** nose **17**

ni . . . ni . . . neither . . . nor . . .

une **nièce** niece **1**

nier to deny **I7***

un **niveau** *(pl.* **niveaux)** level

les **noces** *f.* wedding festivities

Noël *m.* Christmas

noir black **25**

   il faisait noir it was dark

une **noix de coco** coconut

un **nom** name, last name **1**; noun

   un nom de famille last name

un **nombre** number

nombreux (nombreuse) numerous

nommer to name

non no

   non plus neither

non-alcoolisé nonalcoholic

le **nord** north **29**

   le nord-est northeast **29**

le **nord-ouest** northwest **29**
normal (*pl.* **normaux**) normal **26**
normalement normally **26**
la **Normandie** Normandy (*province in northwestern France*)
nos our **A**
une **note** note, grade; bill **I4***
noter to mark (write) down, note
notre (*pl.* **nos**) our **A**
la **nourriture** food **9**
nous we **R**; us **R**; to us **14**; ourselves **19**; each other, one another **19**
nouveau (**nouvel, nouvelle; nouveaux**) new **2**
à nouveau again **I3***
nouvel new **26**
nouvelle new **2**
une **nouvelle** news item
les **nouvelles** the news
la **Nouvelle-Angleterre** New England
la **Nouvelle-Écosse** Nova Scotia
novembre November **A**
un **nuage** cloud
la **nuit** night, at night
il fait nuit it's nighttime, it's dark
un **numéro** number **1**
le **numéro de téléphone** phone number **1**
le **nylon** nylon **25**

O

obéir (à) to obey
obéissant obedient
les **objectifs** *m.* objectives
un **objet** object **A**
les **objets trouvés** lost and found
obligatoire compulsory, required
obligé obliged
l' **obscurité** *f.* darkness
* **obtenir** to get, obtain
une **occasion** occasion; opportunity
d'occasion second-hand
occidental (*pl.* **occidentaux**) western
une **occupation** activity
occupé busy **13**
s' **occuper (de)** to take care of someone, keep busy **28***
occupe-toi (de tes oignons) mind you own business
l' **Océanie** *f.* South Pacific
octobre October **A**
un **oeil** (*pl.* **yeux**) eye **17**
un **oeuf** egg **9**
des oeufs sur le plat fried eggs **9**

une **oeuvre** work
offenser to offend
* **offrir** to offer, give
un **oiseau** (*pl.* **oiseaux**) bird **5**
une **ombre** shadow
une **omelette** omelet **9**
on one, you, people, they, we **A**
un **oncle** uncle **1**
onze eleven **A**
onzième eleventh **26**
opérer to operate
une **opinion** opinion **18**
optimiste optimistic
l' **or** *m.* gold **25**
un **orage** storm
oralement orally
orange orange (*color*) **25**
une **orange** orange **9**
le jus d'orange orange juice **9**
une orange pressée fresh orange juice
un **orchestre** orchestra, band **13**
ordinal: un nombre ordinal ordinal number
un **ordinateur** computer **A**
l' **ordre** *m.* order
les **ordures** *f.* garbage
une **oreille** ear **17**
avoir mal aux oreilles to have an earache **17**
des boucles *f.* **d'oreilles** earrings **25**
un **orfèvre** silversmith
organiser to organize **A**
original (*pl.* **originaux**) original **2**
une **origine** origin, beginning
orner to adorn **I7***
oser to dare
ôter to take off **I8***
ou or **R**
où? where? **R**
n'importe où anywhere
ouais yeah, yup
oublier (de) to forget (to) **15**
l' **ouest** *m.* west **29**
oui yes
un **outil** tool
outre-mer overseas
la France d'outre-mer *overseas territories of France*
une **ouvreuse** usherette **I4***
un **ouvrier, une ouvrière** worker
* **ouvrir** (*p.p.* **ouvert**) to open **I4***, **21**
un **OVNI (Objet Volant Non-Identifié)** UFO

P

le **pain** bread **9**
le pain grillé toast

la **paix** peace
un **palais** palace
un **pamplemousse** grapefruit **9**
une **pancarte** sign
la **panique** panic
une **panne** breakdown
en panne out of order
une panne d'électricité power failure
un **panneau** (*pl.* **panneaux**) (traffic) sign **24**
un **pantalon** pants **A, 25**
le **pape** pope
la **papeterie** stationery store
le **papier** paper
Pâques *m.* Easter
un **paquet** package, pack **12**
un paquet-cadeau gift-wrap
par by, through; per **13**
par conséquent consequently, therefore
par exemple for example
le **parachutisme** parachuting
paraître to appear **I7***
il paraît it seems
le **parapente** parasailing
un **parapluie** umbrella **25**
un **parc** park
parce que because
parcourir to cover, travel
un **parcours** route **I8***
pardon excuse me
le **pare-brise** windshield **33**
une **parenthèse** parenthesis
les **parents** *m.* parents, relatives **1**
paresseux (**paresseuse**) lazy **2**
parfait perfect
parfois sometimes **18**
le **parfum** perfume
une **parfumerie** perfume store
parie: je parie I bet
un **parking** parking lot
parler (à) to speak, talk **A, 16**
tu parles! no way!; you're telling me!
parmi among
une **paroisse** parish
parole: prendre la parole to speak, take the floor **I7***
partager to share
un(e) **partenaire** partner
un **participe** participle
participer (à) to participate, take part (in)
particulier (**particulière**) specific
en particulier in particular
une **partie** part **17**
faire partie de to be part of
* **partir** to leave **8**
à partir de beginning with

partitif: l'article partitif partitive article
partout everywhere I8*
un **parvis** square
pas not R, no
  ne . . . pas not R
  (pas) encore still (not) 19*
  pas possible! that can't be!
un **pas** step
un **passage** route
un **passager, une passagère** passenger
un **passant** passer-by
le **passé** past
le **passé composé** compound past tense
un **passe-partout** passkey I7*
un **passeport** passport 29
passer to spend *(time)* 5; to pass, come by, go by 8
  passer un examen to take a test
  qu'est-ce qui se passe? what's happening?
  qu'est-ce qui s'est passé? what happened?
  se passer to take place, happen
un **passe-temps** pastime
passionnant exciting
passionner to excite, interest greatly
une **pastèque** watermelon
une **patate douce** sweet potato
patiemment patiently 26
le **patinage artistique** figure skating
un **patineur, une patineuse** skater
le **patin à roulettes** roller-skating 17
le **patinage** skating 17
des **patins** *m.* **à glace** ice skates
une **pâtisserie** pastry shop
le **patrimoine** heritage
un **patron, une patronne** boss 1; patron saint
une **patte** foot, paw *(of animal or bird)*
pauvre poor 2
payer to pay, pay for 9
un **pays** country 29
le **paysage** landscape I8*
la **peau** skin I5*
la **pêche** fishing 5
  aller à la pêche to go fishing 5
un **pédalier** pedal shaft
le **pédalo** pedal boat
un **peigne** comb 19
se **peigner** to comb one's hair 19
peindre to paint
un **peintre** painter I4*
la **peinture** painting

une **pellicule** roll of film
pendant during, for 6
  pendant les vacances during vacation
  pendant que while
pénible boring, "a pain"; painful, unpleasant 2
une **péniche** barge
penser (que) to think (that) 18
  penser à to think about
  penser de to think of
perdre to lose A
  perdre son temps to waste one's time
un **père** father 1
perfectionner to perfect
* **permettre** to let, allow, permit 6
un **permis** license
  un permis de conduire driver's license 33
une **perquisition** search
persévérant persevering
la **personnalité** personality 2
personne: ne . . . personne no one, nobody, not anyone 7
une **personne** person 1
personnel (personnelle) personal
peser to weigh
pessimiste pessimistic
la **pétanque** *French bowling game*
pétillant sparkling
petit short, small 2
le **petit déjeuner** breakfast 9
la **petite-fille** granddaughter 1
le **petit-fils** grandson 1
les **petits pois** *m.* peas 9
le **pétrole** oil
peu (de) little, not much, few, not many 12
  un peu a little; some 12
un **peuple** people
peuplé populated
peur: avoir peur to be afraid 3
peut-être maybe, perhaps
un **phare** headlight 33
une **pharmacie** pharmacy
un **pharmacien, une pharmacienne** pharmacist 1
la **philosophie (la philo)** philosophy R
une **photo** photograph, picture
un **photographe, une photographe** photographer 1
un **photo-roman** "photo novel" *(novel in comic-book format, illustrated with photographs)*
une **phrase** sentence
la **physique** physics R
physiquement physically
une **pièce** room *(in general)* 21; coin; part
  une pièce de monnaie coin

une **pièce de rechange** spare part I9*
une **pièce de théâtre** play 13
un **pied** foot 17
  à pied on foot 5
la **pierre** stone; rock
une **pile** battery
  à (huit) heures pile at (eight) on the dot
un **pique-nique** picnic A
  faire un pique-nique to have a picnic 5
piquer to sting
une **pirogue** canoe
pis: tant pis! too bad! I9*
une **piscine** swimming pool A, 5
une **piste d'atterrissage** landing area
pittoresque picturesque
une **pizza** pizza 9
un **placard** closet 21
des **placards** *m.* cabinets 21
une **place** place, square; seat 13
  à la place de instead of
le **plafond** ceiling 21
une **plage** beach A
une **plaine** plain
plaisanter to joke
plaisent: est-ce que [ces lunettes] vous plaisent? do you like [these glasses]? 25
  ils/elles (ne) me plaisent (pas) I (don't) like them 25
le **plaisir** pleasure 13
  avec plaisir with pleasure 13
plaît: s'il te (vous) plaît please
  est-ce que [ce pull] vous plaît? do you like [this sweater]? 25
  il/elle (ne) me plaît (pas) I (don't) like it 25
un **plan** plan; (street) map
une **planche** board
la **planche à neige** snowboard
  la planche à roulettes skateboard 17
  la planche à voile windsurfer 17
une **plante** plant 5
une **plaque** baking sheet
le **plastique** plastic 25
un **plat** dish, course *(of a meal)* 9
  le plat principal main dish
un **plateau** tray I7*
un **plâtre** plaster cast
plein full
  faire le plein to fill the tank 33
pleurer to cry
pleut: il pleut it's raining A
* **pleuvoir** to rain
  il pleuvait it rained 23

plier   to bend, fold **17**
la **plongée sous-marine**   scuba diving
un **plongeoir**   diving board
plu: il a plu   it rained
la **pluie**   rain
la **plupart**   majority
plus   more **27**
  de plus en plus   more and more **I6***
  le (la, les) plus   the most, the . . .-est **27**
  moi non plus   neither do I, "me neither"
  ne . . . plus   no longer, no more, not anymore
  plus . . . que   more . . . than, . . . er than **27**
  plus tard   later **1**
plusieurs   several **12**
  plusieurs fois   several times **13**
plutôt   rather **I6***
un **pneu**   tire **33**
une **poche**   pocket **I7***
  l'argent *m.* **de poche**   allowance, pocket money
  une lampe de poche   flashlight **I6*, 29**
une **poêle**   frying pan **29**
un **poème**   poem **16**
la **poésie**   poetry
un **poète**   poet
une **poignée**   handle
un **point**   period, point; direction
  les points cardinaux   compass points
pointu   sharp
la **pointure**   shoe size **25**
une **poire**   pear **9**
pois: les petits pois *m.*   peas
  à pois   dotted, polkadotted **25**
un **poisson**   fish **5**
  un poisson rouge   goldfish
le **poivre**   pepper **9**
poli   polite **2**
policier: un film policier   detective movie **13**
un **policier**   police officer
poliment   politely **26**
la **politesse**   politeness
politique   political
un **polo**   polo shirt **25**
le **polyester**   polyester **25**
la **Polynésie française**   French Polynesia
une **pomme**   apple **9**
une **pomme de terre**   potato **9**
ponctuel (ponctuelle)   punctual **2**
un **pont**   bridge
le **porc**   pork **9**

une **porte**   door **21**
un **porte-bagages**   luggage rack
un **portefeuille**   wallet **25**
un **porte-monnaie**   coin purse
porter   to bring; to wear **A, 25**; to carry **A**
  porter du [40]   to wear size [40] **25**
le **porte-parole**   spokesperson
portoricain   Puerto Rican **1**
le **portugais**   Portuguese *(language)*
le **Portugal**   Portugal **29**
poser   to pose, to ask *(a question)*
posséder   to own
possessif (possessive)   possessive
postale: une carte postale   postcard **16**
la **poste**   post office **A**
un **pot**   jar **12**
  prendre un pot   to have a drink
la **poterie**   pottery
une **poule**   hen **5**
le **poulet**   chicken **9**
  le poulet rôti   roast chicken **9**
les **poumons** *m.*   lungs
une **poupée**   doll
pour   for; in favor of **R**
  pour + *inf.*   (in order) to **34**
  pour cent   percent
un **pourboire**   tip **I4***
un **pourcentage**   percentage
pourquoi?   why? **R**
pourra   *(fut. of* **pouvoir)** **31**
pourtant   however, nevertheless
* **pouvoir** *(p. p.* **pu)**   can, may, to be able, to be allowed **R, 10**
  je pourrais   I could **R**
une **prairie**   meadow **5**
pratique   practical
pratiquer   to practice, play, take part in, participate in **17**
précédent   preceding
précipitamment   quickly
se **précipiter**   to dash into
précis   precise, well-defined
des **précisions** *f.*   detailed information
* **prédire**   to predict
préféré   favorite **9**
préférer   to prefer **R**
premier (première)   first **I1*, 26**
  le premier (mars)   (March) first **A**
premièrement   first **26**
* **prendre** *(p. p.* **pris)**   to take, have, eat, drink **9**; to get, pick up **5**
  prendre la direction [Balard]   to take the subway toward [Balard] **5**

  prendre la parole   to speak, take the floor **I7***
  prendre le petit déjeuner   to have breakfast **9**
  prendre les mesures de quelqu'un   to take someone's measurements **28***
un **prénom**   first name **1**
se **préoccuper**   to worry
des **préparatifs** *m.*   preparations
préparer   to prepare, fix **A**
une **préposition**   preposition
près (de)   near **R**
le **présent**   present
présenter . . . à   to introduce . . . to **14**
  je te présente   I introduce to you **1**
  je voudrais vous présenter . . .   I would like to introduce . . . to you **1**
presque   almost
pressé   in a hurry **19***
prêt (à)   ready **I2*, 29**
prétendre   to try, claim **I7***
prêter . . . à   to loan to, lend **14**
  prêter serment   to pledge allegiance
* **prévenir**   to warn, tell in advance **I3***
prévu   planned
une **prière**   prayer
primaire   primary
la **prime**   reward **I8***
principal *(pl.* **principaux)**   principal, main
une **principauté**   principality
un **principe**   principle
  en principe   in principle
le **printemps**   spring **A**
une **priorité**   priority, right of way
  pris *(p. p. of* **prendre) 7**
prisonnier (prisonnière)   captive
privé   private **R**
  en privé   in private **I5***
un **prix**   prize; price
un **problème**   problem **14***
un **procédé**   procedure, process
prochain   next **I1*, 7**
proche de   close to
un **producteur**   producer
* **produire**   to produce
un **produit**   product **I5***
un **professeur**   teacher, professor
une **profession**   profession **1**
professionnel (professionnelle)   professional
profiter   to take advantage
programmer   to program (a computer)

un programmeur, une programmeuse programmer 1

progrès: faire des progrès to make progress

un projet plan 13
    faire des projets to make plans

une promenade walk, drive
    faire une promenade (à pied, en auto) to go for a walk, go for a ride 3
    promener to walk *(a dog, etc.)*
    se promener to take a walk, a ride 19

une promesse promise
* **promettre** to promise 6
promouvoir to promote

un pronom pronoun
    un pronom complément object pronoun

un pronostic forecast
proposer (à) to propose, suggest
propre own; clean

un propriétaire, une propriétaire landlord/landlady; owner

la propriété property
prospère prosperous
protéger to protect
provençal *(pl.* **provençaux)** from Provence

la Provence Provence *(province in southern France)*
prudemment carefully
prudent careful; advisable, prudent
pu *(p. p. of* **pouvoir)** 10
public (publique) public **R**
    en public in public
publicitaire advertising

la publicité advertising, advertisement
publié published
puis then; moreover
puisque since I2*
puissant powerful

un pull sweater **A, 25**
punir to punish
pur pure

les Pyrénées *f.* Pyrenees *(mountains between France and Spain)*

Q ▬▬▬▬▬▬

qu' *(see* **que)**
une qualité quality
quand? when? **R**
    depuis quand? since when? 4
une quantité quantity, amount 12
quarante forty **A**

quart: ...heure(s) et quart quarter past ... **A**
    ...heure(s) moins le quart quarter of ... **A**

un quartier district, neighborhood **A, 21**
quatorze fourteen **A**
quatre four **A**
quatre-vingt-dix ninety **A**
quatre-vingts eighty **A**
que that, whom, which **22;** than **27;** what

les Québécois *m.* people of Quebec
qu'est-ce que what **R**
    qu'est-ce que c'est? what is it? **R**
    qu'est-ce que tu as? what's wrong with you? 3
    qu'est-ce qui est arrivé? what happened? 24
    qu'est-ce qu'il y a? what's up?; what's wrong? what's the matter? what's going on? **R**
    qu'est-ce qui se passe? what's happening?
    qu'est-ce qui s'est passé? what happened?
quel (quelle) what, which **A**
    à quelle heure? at what time? **A**
    quel + *noun!* what (a) ...!
    quel temps fait-il? how's the weather? **A**
    quelle est la date aujourd'hui? what's the date today? **A**
    quelle heure est-il? what time is it? **A**
quelque chose something 7
    quelque chose d'autre something else 25
quelquefois sometimes 18
quelque part somewhere I8*
quelques some, a few 12
quelques-uns some
quelqu'un (de) someone, somebody 7
une querelle quarrel
qu'est-ce que? what? **R**
qu'est-ce qui? what? **R**
une question question
une queue tail
    faire la queue to stand in line
    tirer la queue to pull the tail
qui who(m) **R;** that, which; people 22
    à qui? to whom? **R**
    avec qui? with whom? **R**
    qu'est-ce qui? what?
    qui est-ce qui? who? **R**
quinze fifteen **A**

quinze jours two weeks 29
quitter to leave
    ne quittez pas hold on *(on telephone)* 1
quoi? what? **R**
quotidien (quotidienne) daily I4*

R ▬▬▬▬▬▬

raccompagner to take back (home)
raconter to tell *(a story)*; to tell about 16
un radiateur radiator
une radio radio
une radiocassette boom box **A**
un radis radish
du raisin grapes
une raison reason
    avoir raison to be right 3
raisonnable reasonable
ralentir to slow down 34*
un rallye rally
ramener to bring back, take home I1*
un rang row
ranger to put away, to pick up 5
râpé grated
rapide rapid; fast 27
rapidement rapidly, quickly
rappeler to call back 1; to remind I4*
    je rappellerai I will call back 1
un rapport relationship, report
rapporter to bring back I8*
une raquette racket
rarement rarely 18
se raser to shave 19
un rasoir razor 19
rassurer to reassure
rater to fail *(an exam)*, to miss *(a train)*
ravi delighted I9*
un rayon department *(in a store)* 25; spoke *(of a wheel)*
rayure: à rayures striped 25
réagir to react
réaliser to achieve, fulfill, see come true, carry out
réalité: en réalité in reality
récemment recently
une recette recipe
* **recevoir** *(p.p.* **reçu)** to receive, get, entertain *(people)* 30
recevra *(fut. of* **recevoir)** 31
rechange: une pièce de rechange spare part I9*
un réchaud (portable) stove 29
la recherche research
rechercher to search for

un **récipient** container
la **réciprocité** reciprocity, mutual exchange
réciproque reciprocal
réclamer to ask for
reçoit: il reçoit he welcomes, receives **30**
la **récolte** harvest
recommander to recommend
* **reconnaître** to recognize **15**; to survey
reconstituer to reorganize
une **reconstitution** reenactment
* **reconstruire** to rebuild
la **récréation** recess
reçu (*p. p. of* recevoir) **30**
reculer to back up, back down **I6***
la **rédaction** drawing up, writing
réel real
réfléchi reflexive
réfléchir to think over, reflect **I5***, **25**
refléter to reflect
un **réfrigérateur** refrigerator **21**
un **refus** refusal
refuser to refuse, say "no"
refuser de to refuse to **30**
se **régaler** to have a great time
regarder to look at, watch **A**
se **regarder** to look at oneself
un **régime** diet
une **région** region **29**
une **règle** rule
réglé taken care of, settled
regretter to be sorry **13**
régulier (régulière) regular
régulièrement regularly
une **reine** queen
rejoindre to join
relatif (relative) relative
se **relayer** to take turns
relier to join, to link
religieux (religieuse) religious
remarquer to notice, remark
remercier (de) to thank (for)
* **remettre** to put back
remis recovered
un **rempart** rampart
remplacer to replace
remplir to fill (in)
remporter to win
une **rencontre** meeting
rencontrer to meet **A**
un **rendez-vous** date, appointment, meeting place **I4***
avoir rendez-vous to have a date **I1***
rendre (à) to give back, return **14**; to make
rendre visite (à) to visit (*a person*) **16**

se **rendre à l'évidence** to face facts
renouveler to renew
un **renseignement** information **I4***
renseigner to inform, tell
la **rentrée** opening of school, back to school
rentrer (à, de) to go home, return, come back **A, 8**
rentrer dans to run (bump) into
renvoyer to fire (an employee) **I5***
une **réparation** repair **I9***
réparer to fix, repair **I9***
réparti divided
un **repas** meal **9**
répéter to repeat
répondre (à) to answer **A, 16**
une **réponse** answer, reply **14***
un **reportage** news story
se **reposer** to rest **19**
repousser to push away
un **représentant** representative
une **reprise** rerun, review
à (trois) reprises on (three) occasions
réservé reserved
le **réservoir** gas tank **33**
la **résidence** residence **21**
résoudre to solve
respirer to breathe
se **ressembler** to resemble one another
une **ressource** resource
un **restaurant** restaurant **A**
rester to stay **A, 8**; to remain
restituer to return
un **résultat** *m.* result
un **résumé** résumé, summary
rétablir to reestablish
retard: de retard delay
être en retard to be late **2**
réticulé reticulate
retirer to take out
un **retour** return
être de retour to be back
retourner to return, go back
la **retraite** retirement
un **retraité, une retraitée** retired person
retrouver (des amis) to meet (friends) at an arranged time and place **A**; to recover
se **retrouver** to meet again
un **rétroviseur** rearview mirror **33**
une **réunion** meeting
se **réunir** to get together
réussir to succeed **A**
réussir à to succeed in **30**
réussir à un examen to pass a test **A**

un **rêve** dream
se **réveiller** to wake up **19**
le **réveillon** Christmas Eve party
* **revenir (de)** to come back (from) **4**
rêver (de) to dream (about) **I2***, **30**
reviendra (*fut. of* revenir) **31**
une **révision** review
revoir to see again
au revoir good-bye
se **révolter** to revolt, to rebel
révolutionner to revolutionize
une **revue** magazine **16**
le **rez-de-chaussée** ground floor **21**
un **rhume** cold **17**
riche rich **2**
un **rideau** (*pl.* rideaux) curtain **21**
ridicule ridiculous **25**
rien nothing **7**
ça ne fait rien that doesn't matter, no problem
ne . . . rien nothing, not anything **7**
* **rire** to laugh
risquer to risk, venture
une **rivale** rival
une **rivière** river **5**
le **riz** rice **9**
une **robe** dress **A, 25**
un **rocher** rock
le **rock** rock-and-roll
un **roi** king
un **rôle** role, part
le **roller** rollerblading **17**
romain Roman
un **roman** novel **16**; story
le **romanche** Romansh (*language spoken in a section of Switzerland*)
rond round
un **rond-point** traffic circle
le **rosbif** roast beef **9**
rose pink **25**
une **roue** wheel **33**
rouge red **25**
le **rouge à lèvres** lipstick **19**
rougir to blush
rouler to roll along, drive
roulettes: le patin à roulettes roller-skating **17**
une **roulotte** trailer
une **route** highway, road; way
roux (rousse) red (*hair*)
un **royaume** kingdom
un **ruban** ribbon
un **rubis** ruby **I7***
une **rue** street **A**
une **rumeur** rumor
russe Russian **1**
la **Russie** Russia **29**

s' (see **se**) (see **si**)
sa his, her, its; one's **A**
le **sable** sand
un **sac** bag; sack **A, 12**
    un **sac à dos** backpack, knapsack **29**
    un **sac de couchage** sleeping bag **29**
sachant (pres. part. of **savoir**)
sage: être sage to be good, well-behaved
sain healthy
saint holy
le **Saint-Laurent** St. Lawrence River
une **saison** season **A**
la **salade** salad **9**
le **salaire** salary
sale dirty
une **salle** large room; concert hall **I1***
    une **salle à manger** dining room **21**
    une **salle de bains** bathroom **21**
    une **salle de réunion** conference room
    une **salle de séjour** living room
un **salon** (formal) living room **21**
saluer to greet, hail
salut hi
samedi Saturday, on Saturday **A**
    samedi dernier last Saturday **6**
des **sandales** f. sandals **25**
un **sandwich** sandwich **9**
le **sang-froid** cool
sans without **34**
    sans engagement at no obligation
santé: en bonne santé in good health, healthy **17**
un **sapin** pine tree
satisfait satisfied **I7***
des **saucisses** f. sausages
le **saucisson** sausage **9**
sauf except **I8***
le **saumon** salmon **9**
saura (fut. of **savoir**) **31**
sauter to jump
sauvé saved **I9***
la **savane** savannah
un **savant, une savante** scientist
la **Savoie** Savoy (province in eastern France)
* **savoir** (p.p. **su**) to know, know how to **16**
le **savon** soap **19**
une **scène** scene, stage

les **sciences** f. science **R**
scolaire academic **R**
la **scolarité** schooling
un **scooter** motorscooter
se himself, herself, oneself, themselves; each other, one another **19**
une **séance** performance **13**
séché dried
le **secours** help
un **secrétaire, une secrétaire** secretary **1**
seize sixteen **A**
un **séjour** stay
    faire un séjour to stay **29**
    une **salle de séjour** living room
le **sel** salt **9**
une **selle** seat
selon (moi) according to (me) **18**
une **semaine** week **A**
    en semaine during the week **A**
semblable similar
semblant: faire semblant to pretend
sembler to seem, appear **I3***
le **Sénégal** Senegal **29**
un **sens** sense, meaning
    le **bon sens** common sense
la **sensibilité** sensitivity
sensible sensitive **2**
sentir to smell; to feel
    se **sentir (bien)** to feel (well) **17**
séparer to separate
sept seven **A**
septembre September **A**
sera (fut. of **être**) **31**
sérieusement seriously **26**
sérieux (sérieuse) serious **2**
serrer to shake
serti set
un **serveur, une serveuse** waiter, waitress
le **service** service, change, tip **9**; favor
une **serviette** napkin **9**
servir to serve
    se **servir** to help or serve oneself **I5***
ses his, her, its; one's **A**
seul alone, by oneself, only **I5***
    un **seul** only one person **I5***
seulement only **I2***
sévère strict, severe
le **shampooing** shampoo **19**
un **short** shorts **25**
si if, whether **31**
    même si even if
    s'il te (vous) plaît please **9**

si! so, yes! (to a negative question)
un **siècle** century **I6***
un **siège** seat **33**
signaler to signal, indicate
un **signe** sign
une **signification** meaning
signifier to mean
s'il te (vous) plaît please **9**
simuler to fake **I7***
un **singe** monkey
sinon otherwise, if not, or else
une **sirène** siren
situé located
    être situé to be (situated, located)
six six **A**
le **ski** skiing **17**
    le **ski nautique** waterskiing **17**
skier to ski
snob snobbish, stuck-up
une **société** society
un **soda** carbonated soft drink **9**
une **soeur** sister **1**
un **sofa** sofa **21**
soi himself, herself, oneself
la **soie** silk **25**
soif: avoir soif to be thirsty **3**
le **soir** evening **A**, in the evening **23**
    à ce soir see you tonight
    ce soir this evening, tonight **7**
    du soir in the evening **A**
    tous les soirs every evening **23**
une **soirée** (whole) evening, evening party
sois be **2**
soit (subj. of **être**) **36**
soixante sixty **A**
soixante-dix seventy **A**
le **sol** ground **21**
solaire solar
un **soldat** soldier
un **solde** sale
    en solde on sale **25**
la **sole** sole **9**
le **soleil** sun
    des **lunettes** f. de soleil sunglasses **A, 25**
    un **bain de soleil** sunbath **5**
solennel (solennelle) solemn
une **somme** sum
    sommeil: avoir sommeil to be sleepy **3**
un **sommet** top, summit, peak
son (sa; ses) his, her, its; one's **A**
un **sondage** poll, survey
sonner to ring (the bell) **I3***
la **sonnette** bell
un **sorcier** sorcerer

une **sorte** sort, type, kind **13**
* **sortir** to go out; to take out **8**
 sortir de to get out of
une **soucoupe volante** flying saucer
 soudain all of a sudden
 souffler to blow
* **souffrir** to suffer
un **souhait** wish
 souhaiter to wish
 souligné underlined
se **soumettre** to submit
la **soupe** soup **9**
le **souper** dinner *(Canadian)*
* **sourire** to smile **I3***
une **souris** mouse (computer) **A**
 un tapis (de) souris mousepad **A**
 sous under; in **R**
 sous-marin underwater
un **sous-marin** submarine
le **sous-sol** basement **21**
la **soustraction** subtraction
 souterrain underground
un **souvenir** remembrance
*se **souvenir (de)** to remember **20**
 souvent often **18**
 soyez be *(subj. of* être) **2**
 soyons let's be **2**
 spacial *(pl.* **spaciaux)** space
 spacieux (spacieuse) roomy
les **spaghetti** *m.* spaghetti **9**
 spécialisé specialized
une **spécialité** specialty
 spécifique specific **23**
le **spectacle** show **13**
un **spectateur, une spectatrice**
 spectator
 spirituel (spirituelle) witty **2**
 spontanément spontaneously **26**
le **sport** sports **R**
 sportif (sportive) athletic, who
 likes sports; active in sports **2**
un **sportif, une sportive** person
 who likes sports, athlete
un **squelette** skeleton
un **stade** stadium **A, 5**
 stage: faire un stage to train
une **station de ski** ski resort
 stationnement: en
 stationnement parked
une **station-service** gas station **33**
un **steak-frites** *m.* steak with French
 fries **9**
un **studio** studio apartment
un **stylo** pen **A**
 su *(p. p. of* savoir) **16**
le **subjonctif** subjunctive (mood)
le **sucre** sugar **9**
le **sud** south; southern **29**
 le sud-est southeast **29**
 le sud-ouest southwest **29**
la **Suède** Sweden

 suédois Swedish
 suffit enough
 suggérer to suggest
 suisse Swiss **1**
la **Suisse** Switzerland **29**
la **suite** continuation **I8***
 à la suite following
 tout de suite right away,
 immediately **19**
 suivant following
 suivant le cas accordingly
* **suivre** to follow **33**
 à suivre to be continued
 suivre un cours to take a
 course (class) **33**
un **sujet** topic, subject
 un pronom sujet subject
 pronoun
 super super **25**
le **superlatif** superlative
un **supermarché** supermarket **A**
 supplémentaire extra
 supplier to beg **I6***
 sur on; about **R**
 sûr sure, certain
 bien sûr of course
 sûrement surely
le **surf** surfboarding **17**
le **surnaturel** supernatural
 surtout especially, above all,
 mainly
un **survêtement (un survêt)**
 jogging suit, track suit **A, 25**
 survivre to survive
un **sweat** sweatshirt **A, 25**
 sympathique (sympa) nice **2**

T

 t' *(see* te)
 ta your **A**
le **tabac** tobacco
une **table** table **A, 9**
 à table at the table
un **tableau** *(pl.* **tableaux)** painting,
 picture **21**
un **tablier** smock
une **tache** spot
le **tahitien (tahitienne)** Tahitian
la **taille** (clothing) size **25**
un **tailleur** suit **25**
*se **taire** to be quiet **20**
 tais-toi be quiet **20**
 taisez-vous be quiet **20**
un **tambour** drum
une **tampoura** Indian stringed
 instrument
 tant: en tant que as
 tant pis! too bad! **I9***
une **tante** aunt **1**
 taper (à la machine) to type

un **tapis** rug **I3*, 21;** doormat
un **tapis (de) souris** mousepad **A**
 tard late **I1*, 27**
 plus tard later **1**
la **tarte** pie **9**
des **tas** *m.* **(de)** lots (of)
une **tasse** cup **9**
un **taureau** bull
 te you, to you **14;** yourself **19**
un **technicien, une technicienne**
 technician **1**
 technique technical **1**
un **tee-shirt** T-shirt **25**
 tel (telle) such
la **télé** TV **A**
 téléphoner (à) to call, phone **A,**
 16
un **téléviseur** TV set **A**
la **télévision** television
 tellement that, very; so
 je n'aime pas tellement . . .
 I don't like . . . that much **9**
 tellement de so much, so
 many
un **témoin** witness **24;** best man
une **tempête** storm
 une tempête de neige
 blizzard
le **temps** weather **A;** time **13**
 de temps en temps once in a
 while; from time to time **18**
 depuis combien de temps?
 for how long? **4**
 quel temps fait-il? how's the
 weather? **A**
 tout le temps all the time **12**
 tenez! look!
* **tenir** to hold
des **tennis** *m.* sneakers **A, 25**
le **tennis** tennis
une **tente** tent **29**
 tenter to try
 tenter sa chance to try one's
 luck **I9***
 termes: en bons termes on
 good terms
une **terminaison** ending
 terminer to end
un **terrain** grounds
 un terrain de camping
 campground
la **terre** earth
 terrestre land *(adj.)*
la **terreur** terror
un **territoire** territory
 tes your **A**
une **tête** head **17**
 avoir mal à la tête to have a
 headache **17**
 en tête (de) at the top (of)
les **textiles** *m.* textiles

R52 French–English

le **thé**   tea **9**
    le **thé glacé**   iced tea **9**
un **théâtre**   theater **13**
    théorique   theoretical
le **thon**   tuna **9**
un **ticket de métro**   subway ticket **5**
    tiens!   look! hey!
le **Tiers-Monde**   Third World
un **timbre**   stamp
    timide   timid, shy **2**
le **tir à l'arc** *m.*   archery
    tiré   taken
un **tiroir**   drawer **I7***
le **tissu**   fabric **25**
    titre: à titre divers   in different ways
    toc, toc, toc!   knock, knock!
    toi   you **R**
une **toile**   canvas, linen **25**
    une **toile d'araignée**   spider's web **I6***
la **toilette**   washing and dressing **19**
les **toilettes** *f.*   toilet **21**
un **toit**   roof **21**
une **tomate**   tomato **9**
    tomber   to fall **8**
    tomber en panne   to have a breakdown
la **tombola**   raffle
    ton (ta; tes)   your **A**
    tondre (la pelouse)   to mow the lawn
une **tonne**   ton
le **tonnerre**   thunder
    tort: avoir tort   to be wrong **3**
une **tortue**   turtle
    tôt   early **I1***, **27**
    toujours   always; still **19***
    tour: à votre tour   it's your turn
      le **tour du monde**   trip around the world
      tour à tour   one after the other
une **tour**   tower
la **Touraine**   Touraine *(province in central France)*
    touristique   touristy
le **tournage**   filming
    tourner   to turn
un **tournoi**   tournament
    tous (toutes)   all, every **12**
      tous les jours   every day **23**
      tous les (mardis)   every (Tuesday) **23**
la **Toussaint**   All Saints' Day
    tout   all, everything, any **12**
    tout (toute)   all, every **12**
      à tout âge   at any age **18***
      à tout de suite   see you (meet you) right away
      après tout   after all
      pas tout à fait   not quite

    tout de suite   right away, immediately **19**
    tout d'un coup   suddenly **I2***
    tout (toute) le   the whole **12**
    tout le monde   everybody, everyone **12**
    tout le temps   all the time **12**
la **trace**   tracks
    traditionnel (traditionnelle)   traditional
  * **traduire**   to translate
un **trafiquant**   (drug) trafficker
    train: être en train de   to be in the midst of **2**
un **train**   train **A**
    en train   by train **A**
    traîner   to lie around
un **traité**   treaty
une **tranche**   slice **12**
    tranquille   quiet
    être tranquille   to relax, be calm
un **transistor**   transistor radio
  * **transmettre**   to transmit
    transmis   transmitted
le **transport**   transportation
    transporter   to transport **29**
une **trappe**   trap door, bulkhead door
le **travail**   work
    la **fête du Travail**   Labor Day (May 1)
    travailler   to work **A**
    travailleur (travailleuse)   hardworking
un **travailleur, une travailleuse**   worker
un **traveller's chèque**   traveler's check
    travers: à travers   across **I6***
    traverser   to cross **24**
    treize   thirteen **A**
un **tremblement de terre**   earthquake
    trente   thirty **A**
    très   very **2**
un **trésor**   treasure **I8***
une **tribu**   tribe
    triste   sad **2**
    trois   three **A**
    troisième   third **I1***, **26**
se **tromper**   to be mistaken, make a mistake
une **trompette**   trumpet
    trop (de)   too much, too; too many **2**
    tropical *(pl.* **tropicaux)**   tropical
une **troupe**   troop
    trouver   to find **15**; to think **18**
    se trouver   to find oneself; to be (located)
    trouver le temps long   to be impatient

    trouvés: les objets *m.* **trouvés**   lost and found
un **truc**   thing, knick-knack
    tu   you **R**
    tuer   to kill
une **tunique**   tunic
la **Tunisie**   Tunisia
le **tunnel routier**   highway tunnel
la **Turquie**   Turkey
un **type**   guy, fellow **I9***
    typique   typical
    typiquement   typically

U

    un   one; a, an **R**
    une   a, an **R**
    uni   solid *(color)* **25**; close, united
l' **Union Soviétique** *f.*   Soviet Union
    uniquement   only
une **unité**   unit
une **université**   university
    urbain   urban
l' **usage** *m.*   use
une **usine**   factory
un **ustensile**   utensil
    utile   useful **27**
    utilisant: en utilisant   (by) using
    utiliser   to use **I2***, **29**

V

les **vacances** *f.*   vacation **29**
    en vacances   on vacation
    pendant les vacances   during vacation **A**
un **vaccin**   vaccine
une **vache**   cow **5**
un **vainqueur**   winner
    vaisselle: faire la vaisselle   to do (wash) the dishes **3**
la **valeur**   value **I8***
une **valise**   suitcase **29**
une **vallée**   valley
    valoir   to be worth
la **vanille**   vanilla **9**
    varier   to vary
les **variétés** *f.*   variety show
    vas-y!   go on! go ahead! keep going! **18**
    vaut: il vaut mieux   it is better **I2***
le **veau**   veal **9**
    vécu *(p. p. of* **vivre) 22**
une **vedette**   star
un **véhicule**   vehicle
la **veille**   eve, day before **I4***
le **vélo**   cycling **17**
un **vélo**   bicycle **A**
    à vélo   by bicycle **5**
    un vélo tout terrain   mountain bike **A**

le **vélo-cross**   dirt bike (circuit)
un **vélomoteur**   moped, motorbike
le **velours**   velvet **25**
   le **velours côtelé**   corduroy **25**
un **vendeur, une vendeuse**
   salesperson **1**
   vendre   to sell **A**
   à vendre   for sale
   vendredi   Friday, on Friday **A**
* **venir**   to come **4**
   venir de + *inf.*   (to have) just **4**
le **vent**   wind
une **vente**   sale
le **ventre**   stomach **17**
   avoir mal au ventre   to have
   a stomach ache **17**
   vérifier   to check **33**
   véritable   true, real **I8***
la **vérité**   truth **16**
   verra (*fut. of* **voir**) **31**
un **verre**   glass **9**
des **verres de contact**   contact lenses
   vers   toward(s), around **I2***
un **vers**   line (of poetry), verse
   vert   green **25**
une **veste**   jacket **A**, **25**
des **vestiges** *m.*   ruins, remains
des **vêtements** *m.*   clothes **A**, **25**
un **vétérinaire**   veterinarian
   veuillez m'adresser   please send
   me
la **viande**   meat **9**
une **victoire**   victory
   victorieusement   victoriously
   vide   empty **I6***
une **vidéo**   video
un **vidéodisque**   laserdisc, videodisc
   A
la **vie**   life **R**; living
   la vie de tous les jours   daily
   life
   vieil   old **2**
   vieille   old **2**
   viendra (*fut. of* **venir**) **31**
le **Vietnam**   Vietnam **29**
   vietnamien (vietnamienne)
   Vietnamese **1**
   vieux (vieil, vieille; vieux)   old **2**
une **villa**   country house, villa **29**
un **village**   town, village **21**
une **ville**   city **A**, **21**
   en ville   downtown **5**
le **vin**   wine
le **vinaigre**   vinegar
la **vinaigrette**   French dressing

   vingt   twenty **A**
une **vingtaine**   about 20
   violet (violette)   purple **25**
un **violon**   violin
un **visa**   visa **29**
un **visage**   face
la **visibilité**   visibility
une **visite**   visit
   rendre visite (à)   to visit (a
   person) **A**, **16**
   visiter   to visit (*a place*) **A**
un **visiteur, une visiteuse**   visitor
   vite   quickly, fast **27**
la **vitesse**   speed
   à toute vitesse   full speed **19***
   en vitesse   very quickly, fast
   I2*
une **vitre**   window pane
la **vitrine**   store window **I7***
   vivant   lively
   vive . . . !   hurray for . . . !
* **vivre** (*p.p.* **vécu**)   to live **22**
le **vocabulaire**   vocabulary
   voici   this is, here's, here comes
   R
une **voie**   lane
   voilà   there's, that is **R**
la **voile**   sailing **17**
une **voile**   sail
   la planche à voile   windsurfing **17**
* **voir** (*p.p.* **vu**)   to see **5**
   se voir   to see one another
un **voisin, une voisine**   neighbor **1**
une **voiture**   car **A**, **5**
   en voiture   by car **A**
   une voiture de sport   sports
   car **33**
une **voix**   voice
un **vol**   flight **I4***; theft **I7***
un **volant**   steering wheel **33**
   au volant   at the wheel
   voler   to fly
un **voleur**   thief **I7***
   au voleur!   stop thief!
un **volet**   shutter
le **volley**   volleyball
   volontaire   voluntary
la **volonté**   will
   volontiers!   sure! I'd love to! **13**
   vos   your **A**
   voter   to vote
   votre (*pl.* **vos**)   your **A**
   voudra (*fut. of* **vouloir**) **31**
   voudrais: je voudrais   I would

   like **R**
* **vouloir** (*p.p.* **voulu**)   to want; to
   wish **10**
   vouloir bien   to want (*used to
   accept an offer*); to accept,
   agree **R**
   vouloir dire   to mean
   vous   you **R**; to you **14**; yourself,
   yourselves, each other, one
   another **19**
   vous-même   yourself
un **voyage**   trip **29**
   bon voyage!   have a nice trip!
   faire un voyage   to go on a
   trip, take a trip **29**
   voyager   to travel **A**
un **voyageur, une voyageuse**
   traveler
   voyons!   come on!
   vrai   true, right
   à vrai dire   to tell the truth **I7***
   vraiment   really, truly **I9***
le **VTT (vélo tout terrain)**
   mountain bike **A**
   vu (*p. p. of* **voir**) **7**
la **vue**   view

W ▬▬▬▬▬▬▬▬▬▬▬

les **WC** *m.*   toilet **21**
un **weekend**   weekend **A**
   le weekend   on (the) weekends

Y ▬▬▬▬▬▬▬▬▬▬▬

   y   there, (in) it, (about) them **18**
   allons-y!   let's go! **18**
   il n'y a pas   there is no, there
   aren't any **R**
   il y a   there is, there are **R**
   il y a + *time*   time ago **7, 8**
   on y va?   should we go? are
   we going? **18**
   qu'est-ce qu'il y a?   what's
   up?; what's wrong? what's the
   matter? what's going on? **R**
   vas-y   go on! go ahead! keep
   going! **18**
le **yaourt**   yogurt **9**
les **yeux** *m.*   eyes **17**

Z ▬▬▬▬▬▬▬▬▬▬▬

   zéro   zero **A**
   zut (alors)!   darn! rats!

VOCABULARY: English–French

The English–French vocabulary contains active vocabulary as well as words introduced in the **Mots utiles** sections of the Lectures and Interludes.

The numbers following an entry indicate the first lesson in which the word or phrase is activated. The following abbreviations have been used:
- **A** Appendix A
- **R** Reprise
- **I** Interlude

An asterisk (*) after the lesson or unit number indicates that the word or phrase is presented in the **Mots utiles** section of the reading.

Nouns: If the article of a noun does not indicate gender, the noun is followed by *m. (masculine)* or *f. (feminine)*. If the plural *(pl.)* is irregular, it is given in parentheses.

Verbs: Verbs are listed in the infinitive form. An asterisk (*) in front of an active verb means that it is irregular. (For forms, see the verb charts in the Appendix.)

Words beginning with an **h** are preceded by a bullet (•) if the **h** is aspirate; that is, if the word is treated as if it begins with a consonant sound.

A

a, an un, une **R**
  a few quelques **12**
  a little un peu; un peu de **12**
  a lot beaucoup (de) **12**
able: to be able (to) *pouvoir **10**
about: about it/them y, en **18**
  about whom (what)? de qui (quoi)? à qui (quoi)? **R**
  to be careful about faire attention à **3**
  to be hesitant about hésiter à **30**
  to dream about rêver de **30**
  to tell about raconter **16**
  to think about penser à
above: au-dessus **I3***
  above all surtout
abroad à l'étranger **29**
to **accelerate** accélérer **34***
accelerator un accélérateur **33**
to **accept** accepter (de) **30**; vouloir bien **R**
  accessory un accessoire **25**
  accident un accident **24**
  according to d'après, selon **18**
  accountant un (une) comptable **1**
  acquainted: to be acquainted with *connaître **15**
  across (from) en face (de) **I8***; à travers **I6***
  act: to act innocent faire l'innocent **I7***
  action movie un film d'aventures **13**

active actif (active) **2**
  active in sports sportif (sportive) **2**
actively activement **26**
actor un acteur **1**
actress une actrice **1**
address une adresse **1**
  address book un carnet d'adresses **I3***
to **admit** avouer **I8***
to **adorn** orner **I7***
advance: to tell in advance *prévenir **I3***
adventure une aventure
advice: piece of advice un conseil **14***
advisable prudent
to **advise** conseiller **14***
aerobics l'aérobic *m.* **17**
afraid: to be afraid avoir peur **3**
Africa l'Afrique *f.* **29**
after après **6**; ensuite **6**; au bout de **I3***
  after all après tout
afternoon l'après-midi *m.* **A, 7**
  in the afternoon l'après-midi, de l'après-midi **A**
  on (Tuesday) afternoon (mardi) après-midi
  this afternoon cet après-midi **7**
again à nouveau **I3***
against contre
age l'âge *m.* **3**
  at any age à tout âge **18***
ago il y a + *elapsed time* **7**

to **agree** accepter (de) **30**; vouloir bien **R, 10**
  to agree with être d'accord avec **2**
agreeable agréable
airplane un avion **A**
  airplane ticket un billet d'avion **29**
  by airplane en avion **A**
alarm: to set off the alarm déclencher l'alarme **I8***
alive: to be alive *vivre **22**
all tout **12, 18***; tout (toute; tous, toutes) **12**; tous (toutes) les **23**
  all right d'accord! **13**
  all the tous (toutes) les **23**
  all the time tout le temps **12**
  is that all? c'est tout? **9**
to **allow** *permettre **6**
allowed: to be allowed to *pouvoir **10**
alone seul **I5***
along: to bring/take along *(mainly people)* amener **11**; *(things)* apporter **A, 14**
already déjà **6**
also aussi
always toujours
ambitious ambitieux (ambitieuse) **2**
America: North America l'Amérique *f.* du Nord **29**
  South America l'Amérique *f.* du Sud **29**
American américain **1**
among entre **R**

amount une quantité 12
amusing amusant
an un, une R
anchovies les anchois *m.* 9
and et R
angry furieux (furieuse)
    angry (with) fâché (contre)
animal un animal *(pl.* animaux) 5
to announce annoncer
announcement un faire-part
another un (une) autre 12
    another (one) un (une) autre 12
answer une réponse 14*
to answer répondre (à) A, 16
any du, de la, de l', des, *(in negative*
    sentences) de (d') R; en 18
    any other d'autres 12
    is there any . . . est-ce qu'il y a
    . . . R
    not any ne . . . aucun I7*
    not any longer ne . . . plus
    there aren't any il n'y a pas de R
anymore: not anymore ne . . . plus
anyone: not anyone ne . . .
    personne 7
anything: not anything ne . . . rien
    7
    anything else? et avec ça? 9
apartment un appartement 21
    apartment building un
    immeuble I4*, 21
to apologize s'excuser 20
to appear apparaître I1*; avoir l'air 3;
    paraître I7*; sembler I3*
appetizers les •hors-d'oeuvre *m.* 9
apple une pomme 9
    apple juice le jus de pomme 9
appliance un appareil 21
appointment un rendez-vous I4*
to approach s'approcher (de)
April avril *m.* A
architect un (une) architecte
are *(see* to be)
    there are il y a R
    there aren't any il n'y a pas de R
area un lieu 1
Argentina l'Argentine *f.* 29
arm un bras 17
armchair un fauteuil 21
around autour (de) I8*; *(time)*
    vers I2*
to arrive arriver (à, de) 8
art class le dessin R
as *(in comparisons)* que; comme 9
    as . . . as aussi . . . que 27
    as a matter of fact en effet
    I9*; justement
    as far as jusqu'à
ashamed confus I1*
Asia l'Asie *f.* 29
to ask (for) demander (à) 16

aspirin l'aspirine *f.*
at à R
    at . . . (o'clock) à . . . heure(s) A
    at (home) chez R
    at first d'abord 6
    at last enfin 6
    at least au moins I2*
    at the house (office, shop,
    etc.) of chez R
    at what time? à quelle heure? A
athletic sportif (sportive) 2
    athletic T-shirt un maillot 26*
to attend assister à 5
attended: well-attended fréquenté
attention: to pay attention (to)
    faire attention (à) 3
attic un grenier 21
August août *m.* A
aunt une tante 1
Australia l'Australie *f.* 29
autumn l'automne *m.* A
    in the autumn en automne
avenue une avenue
away: right away tout de suite 19
awful affreux (affreuse) 25

B

back un dos 17
    at the back of au fond de 28*
    in back (of) derrière 17
    to come back rentrer (à, de) A,
    8
    to come back (from) *revenir
    (de) 4
    to give back rendre 14
    to go back rentrer A, 8
    to have a sore back avoir mal
    au dos 17
to back up, back down reculer I6*
backpack un sac à dos 29
bad mauvais 2
    in a bad mood de mauvaise
    humeur I9*
    it's bad (weather) il fait
    mauvais A
    that's too bad! c'est dommage!
    too bad! tant pis! I9*
badly mal
bag un sac A, 12
    sleeping bag un sac de
    couchage 29
baggy large 25
bakery une boulangerie
banana une banane 9
band un orchestre, un groupe 13
bank une banque
basement le sous-sol 21
basketball le basket A
bathing suit un maillot de bain A,
    25

bathroom une salle de bains 21
bathtub une baignoire 21
to be être 2; être situé, se trouver
    be quiet! tais-toi! taisez-vous! 20
    to be . . . (years old) avoir . . .
    ans 3
    to be able *pouvoir 10
    to be acquainted (familiar)
    with *connaître 15
    to be active in faire de +
    pastime 3
    to be afraid avoir peur 3
    to be alive *vivre 22
    to be allowed to *pouvoir 10
    to be careful (to) faire
    attention à 3
    to be cold avoir froid 3
    to be early (late, on time)
    être en avance (en retard, à
    l'heure) 2
    to be going to *(do something)*
    aller + *inf.* 4
    to be hesitant about hésiter à
    30
    to be hot avoir chaud 3
    to be hungry avoir faim 3
    to be in good health être en
    bonne santé 17
    to be in shape être en forme
    17
    to be in the midst of être en
    train de 2
    to be lucky avoir de la chance 3
    to be named s'appeler 1
    to be quiet *se taire 20
    to be ready être prêt 19*
    to be right avoir raison 3
    to be sleepy avoir sommeil 3
    to be supposed to *devoir 10
    to be thirsty avoir soif 3
    to be warm avoir chaud 3
    to be wrong avoir tort 3
beach une plage A
beans: green beans des •haricots
    (verts) 9
beautiful beau (bel, belle; beaux)
    2, 26
because car, parce que
to become *devenir 4
bed un lit 21
    to go to bed se coucher 19
bedroom une chambre 5
beef: roast beef le rosbif 9
beer la bière 6
before avant 6; avant de 34
to beg supplier I6*
to begin commencer I3*, 13; se
    mettre à I6*
    to begin to commencer à + *inf.*
    30
behind derrière R

beige beige **25**
Belgian belge **1**
Belgium la Belgique **29**
to **believe** *croire (à, que) **18**; penser **18**
bell: to ring the bell sonner **I3***
to **belong to** *être à **2**
belonging to: the one(s) belonging to celui, celle (ceux, celles) de **28**
belt une ceinture **25**
beside à côté (de) **R**
best: best friend un meilleur ami, une meilleure amie **1**
the best le meilleur, la meilleure **27**
better meilleur **27**; mieux **17**
it's (it would be) better il vaut (il vaudrait) mieux **I2***
between entre **R**
beverage une boisson **9**
bicycle un vélo **A**; une bicyclette
by bicycle à vélo (bicyclette) **5**
big grand **2**, gros (grosse) **I3***
bill l'addition *f.* **9**; une note **I4***
biology la biologie **R**
bird un oiseau *(pl.* oiseaux) **5**
birth la naissance **1**
birthday un anniversaire **A**
black noir **25**
blanket une couverture **29**
blazer un blazer **25**
blinker le clignotant **33**
blond blond
blouse un chemisier **A, 25**
blue bleu **25**
dark blue bleu foncé **25**
light blue bleu clair **25**
boat un bateau *(pl.* bateaux)
by boat en bateau
body le corps **17**
book un livre **A**
bookshelf une étagère **21**
boom box une radiocassette **A**
boots des bottes *f.* **25**
boring pénible **2**; ennuyeux **2**
born: I was born je suis né(e) **1**
to **borrow (from)** emprunter (à) **16**
boss un patron, une patronne **1**
bottle une bouteille **12**
boulevard un boulevard
boutique une boutique **A, 25**
box une boîte **12**
boy un garçon
bracelet un bracelet **25**
brake le frein **33**
Brazil le Brésil **29**
bread le pain **9**
to **break** casser **I8***
to break *(one's leg)* se casser (la jambe)
breakdown une panne

breakfast le petit déjeuner **9**
to have breakfast prendre le petit déjeuner **9**
bride une mariée **1**
to **bring (along)** *(mainly people)* amener **11**; *(things)* apporter **A**
to bring back ramener **I1***, rapporter **I8***
to bring . . . to apporter . . . à **14**
broke *(without money)* fauché
brother un frère **1**
half brother un demi-frère **1**
brown marron *(inv.)* **25**
dark brown brun
to **brush** *(one's teeth)* se brosser (les dents) **19**
building: apartment building un immeuble **I4*, 21**
to **bump into** rentrer dans
bus un autobus, un bus **5**
by bus en autobus
businessperson un homme (une femme) d'affaires **1**
busy occupé **13**
but mais
butcher shop une boucherie
butter le beurre **9**
to **buy** acheter **11**
to buy for acheter à **16**
by: by . . . -ing en + *pres. part.* **34**
by boat (bus, car, plane, train) en bateau (autobus, auto [voiture], avion, train) **A**
by oneself seul **I5***
to come by passer (par) **8**

c ▬▬▬▬▬▬▬▬▬▬

cabinets des placards *m.* **21**
café un café **A, 5**
cake le gâteau *(pl.* gâteaux) **9**
calculator une calculatrice
calendar un calendrier
to **call** téléphoner **A, 16**; appeler
I'll call back je rappellerai **1**
calm calme
calmly calmement **26**
Cambodia le Cambodge **29**
Cambodian cambodgien (cambodgienne) **1**
camera un appareil-photo *(pl.* appareils-photo) **A**
movie camera une caméra **A**
camping le camping **29**
camping trailer une caravane **29**
to go camping faire du camping **29**
can une boîte **12**
can *pouvoir **10**
Canada le Canada **29**
Canadian canadien (canadienne) **1**

canvas la toile **25**
cap une casquette **25**
car une auto, une voiture **A, 5**
by car en auto (voiture) **A**
card une carte **16**
(playing) cards les cartes
careful attentif (attentive) **26**; prudent
to be careful (about) faire attention (à) **3**
careless imprudent
carrot une carotte **9**
cartoon un dessin animé **13**
case: in that case dans ce cas **I6***
cassette une cassette **A**
cassette deck un lecteur de cassettes **A**
cat un chat
to **catch sight of** *apercevoir **30**
CD player un lecteur de CD **A**
CD-ROM un disque optique **A**
ceiling le plafond **21**
celery le céleri **9**
cellar une cave **21**
cent *(1/100 of a euro)* un cent, un centime
center: in the center of au centre de
Central America l'Amérique centrale *f.* **29**
century un siècle **I6***
cereal les céréales *f.* **9**
certain sûr
chain une chaîne **25**
chair une chaise **A, 21**
challenge un défi **I6***
to **change** changer (de)
cheap bon marché *(inv.)* **25**
cheaper meilleur marché **27**
check l'addition *f.* **9**
to **check** vérifier **33**
checked à carreaux **25**
cheese le fromage **9**
chemistry la chimie **R**
cherry une cerise **9**
chicken le poulet **9**
child un (une) enfant **1**
only child un (une) enfant unique **1**
China la Chine **29**
Chinese chinois **1**
chocolate: hot chocolate un chocolat **9**
chocolate ice cream une glace au chocolat **9**
to **choose** choisir **A**
church une église **A**
city une ville **A, 21**
civics l'instruction *f.* civique **R**
class un cours **R**; une classe **R**
first class première classe **29**

second class seconde classe **29**
classmate un (une) camarade **1**
to **clean** nettoyer **5**
climbing: mountain climbing l'alpinisme *m.*
to **close** fermer **21**
closet un placard **21**
clothes des vêtements *m.* **A, 25**
coat un manteau *(pl.* manteaux) **A, 25**
cocoa un chocolat **9**
coffee le café **9**
cold froid **27**
    it's cold il fait froid **A**
    to be cold avoir froid **3**
cold un rhume **17**
    to have a cold avoir un rhume **17**
color une couleur **25**
    what color is . . . ? de quelle couleur est . . . ? **25**
colorless incolore **I5★**
comb un peigne **19**
to **comb one's hair** se peigner **19**
to **come** arriver (à, de) **8;** ★venir **4**
    to come back rentrer (à, de) **A, 8;** ★revenir (de) **4**
    to come by passer **8**
comedy une comédie **13**
    musical comedy une comédie musicale **13**
comics des bandes dessinées *f.* **16**
to **commit** ★commettre **I7★**
compact disc un CD **A,** un compact disque **A,** un disque laser **A**
computer un ordinateur **A**
    computer games les jeux électroniques **A**
    computer specialist un informaticien, une informaticienne **1**
concerned inquiet (inquiète)
concert un concert **13**
    rock concert un concert de rock **5**
condition: in good condition en bon état **I8★**
conscientious consciencieux (consciencieuse) **2**
content content **2**
continent un continent **29**
continuation la suite **I8★**
to **continue** continuer (à) **30**
to **contradict** ★contredire
convertible une décapotable **33**
to **cook** faire la cuisine **3**
cooking la cuisine **9**
    to do the cooking faire la cuisine **3**
copper le cuivre **I8★**

corduroy le velours côtelé **25**
corridor un couloir **21**
to **cost** coûter **13**
    how much does that cost? ça fait combien? **9**
cotton le coton **25**
    made of cotton en coton **25**
could: I could je pourrais **R**
to **count** compter **I3★**
country un pays **29**
    country house une villa **29**
    in the country à la campagne **5**
country(side) la campagne **29**
courageous courageux (courageuse)
course un cours **R;** *(of a meal)* un plat **9**
    of course bien sûr **13,** bien entendu **I7★**
    to take a course suivre un cours **33**
cousin un cousin, une cousine **1**
to **cover** couvrir **21**
cow une vache **5**
crazy fou (folle) **I2★**
crescent roll un croissant **9**
criminal un malfaiteur **I7★**
to **cross** traverser **A**
Cuban cubain (cubaine) **1**
cuisine la cuisine **9**
cup une tasse **9**
curious curieux (curieuse) **2**
curtain un rideau *(pl.* rideaux) **21**
custom une habitude **I4★**
cute mignon (mignonne) **2**
cycling le vélo **17**

D

daily quotidien (quotidienne) **I4★**
damaged endommagé **I9★**
to **dance** danser **A**
dangerous dangereux (dangereuse)
dare un défi **I6★**
dark: dark blue bleu foncé **25**
    dark brown brun
    dark-haired brun
data processing l'informatique *f.* **R**
date *(on the calendar)* une date **1;** un rendez-vous **I4★**
    date of birth la date de naissance **1**
    to have a date avoir rendez-vous **I1★**
    what's the date today? quelle est la date aujourd'hui? **A**
daughter une fille **1**
day un jour **A, 23**
    day before la veille **I4★**
    every day tous les jours **23**
    the next day le lendemain **I4★**

(whole) day une journée
dear cher (chère) **14★**
December décembre *m.* **A**
to **decide (to)** décider (de) **25**
delighted ravi **I9★**
dentist un (une) dentiste **1**
to **deny** nier **I7★**
department *(in a store)* un rayon **25**
department store un grand magasin **25**
to **describe** ★décrire **16**
design un dessin **25**
designer un dessinateur, une dessinatrice **1**
to **desire** désirer **9**
desk un bureau *(pl.* bureaux) **A, 21**
despite malgré **I8★**
dessert un dessert **9**
to **destroy** ★détruire
detective movie un film policier **13**
diamond un diamant **I7★**
diary un journal **16**
to **die** mourir
difficult difficile **27**
dining room une salle à manger **21**
dinner le dîner **9**
    to have (eat) dinner dîner **A, 9**
to **disappear** disparaître **I7★**
disappearance la disparition **I7★**
disappointed déçu **I9★**
discount shop une boutique de soldes **25**
to **discover** ★découvrir **21**
discreet discret (discrète) **26**
dish un plat **9**
    main dish le plat principal
dishes: to do (wash) the dishes faire la vaisselle **3**
dishwasher un lave-vaisselle **21**
to **dislike** détester **9**
disobedience la désobéissance **I9★**
to **disobey** désobéir **I9★**
district un quartier **A, 21**
divided highway une autoroute **I8★**
divorced divorcé **1**
to **do** ★faire *(a pastime)* **3;** faire de + *pastime* **3**
    to do one's homework faire ses devoirs **3**
    to do the cooking faire la cuisine **3**
    to do the dishes faire la vaisselle **3**
    to do the shopping *(for food)* faire les courses **3;** faire des achats **5**
doctor un médecin **1;** un docteur **1**

dog   un chien
dollar   un dollar
door   une porte **21**
dotted   à pois **25**
down: to go down   descendre **5**
downtown   en ville **5**; le centre-ville **21**
dozen   une douzaine **9**
drama: psychological drama   un drame psychologique **13**
drawer   un tiroir **I7★**
drawing   un dessin **I8★**
to dream (about)   rêver (de) **I2★, 30**
dress   une robe **A, 25**
dressed: to get dressed   s'habiller **19**
  to get undressed   se déshabiller
drink   une boisson **9**
to drink   ★boire **25**, ★prendre **6**
to drive   ★conduire **33**
driver   un conducteur, une conductrice **24**
  driver's license   un permis de conduire **33**
driving   la conduite **33**
  driving school   une auto-école **33**
druggist   un pharmacien, une pharmacienne **1**
duck   un canard **5**
dumb   bête **2**; idiot
during   pendant **6**
  during the week   en semaine **A**

E

e-mail   e-mail, le courrier électronique **A**
each   chaque **23**
  each one, each person   chacun
  each other   nous, vous, se **19**
ear   une oreille **17**
  to have an earache   avoir mal aux oreilles **17**
early   tôt **I1★, 27**
  to be early   être en avance **2**
to earn   gagner **A**
earrings   des boucles f. d'oreilles **25**
earth   la terre
east   l'est m. **29**
easy   facile **27**
to eat   manger **A**; ★prendre **6**
  to eat dinner   dîner **9**
  to eat lunch   déjeuner **9**
economics   l'économie f. **R**
edge: at the edge of   au bord de **I2★**
egg   un oeuf **9**
  fried eggs   des oeufs sur le plat **9**
Egypt   l'Égypte f. **29**

Egyptian   égyptien (égyptienne) **1**
eight   ●huit **A**
eighteen   dix-huit **A**
eighty   quatre-vingts **A**
eighty-one   quatre-vingt-un **A**
elegant   élégant **25**
elegantly   élégamment **26**
eleven   onze **A**
eleventh   onzième **26**
else: anything else?   et avec ça? **9**
  something else   quelque chose d'autre **25**
empty   vide **I6★**
end   un bout; la fin **I8★**
  at the end of   en fin de **I2★**
to end   finir **A**
engaged: to get engaged   se fiancer
engine   un moteur **33**
engineer   un ingénieur **1**
England   l'Angleterre f. **29**
English   anglais **1**
English (language)   l'anglais m. **R**
enormous   énorme **I3★**
enough   assez **2**; assez de **12**
to enter   entrer **8**
to entertain (people)   ★recevoir **30**
equipment   l'équipement m. **21**
error   une erreur **I3★**
especially   surtout
euro   un euro
Europe   l'Europe f. **29**
eve   la veille **I4★**
even   même **I8★**
  even if   même si
evening   le soir **A**
  in the evening   le soir **23**; du soir **A**
  on (Wednesday) evening   (mercredi) soir
  this evening   ce soir **7**
  (whole) evening   une soirée
event   un événement **23**
ever   déjà **6**
every   tout (toute; tous, toutes) **12**; tous (toutes) les **23**
  every day   chaque jour **23**, tous les jours **23**
everybody, everyone   tout le monde **I2★, 12**
everything   tout **12**
everywhere   partout **I8★**
evidently   évidemment **I9★**
exactly   justement **I9★**
exam   un examen **A**
except   sauf **I8★**
exhibition   une exposition **13**
expensive   cher (chère) **25**
to explain   expliquer **I3★**
explanation   une explication
to express   exprimer **18**
  to express oneself   s'exprimer
eye   un oeil (pl. yeux) **17**

F

fabric   le tissu **25**
face   une figure **17**
fact: as a matter of fact   en effet **I9★**; justement
failure to obey   la désobéissance **I9★**
fair   juste **2**
to fake   simuler **I7★**
fall   l'automne m. **A**
  in the fall   en automne
to fall   tomber **8**
false   faux (fausse)
familiar: to be familiar with   ★connaître **15**
family   une famille **1**
famous   célèbre
far, far away (from)   loin (de) **R**
  as far as   jusqu'à
farm   une ferme **5**
fashion: in fashion   à la mode **17**
fast   (adv.) vite **27**; (adj.) rapide **27**; en vitesse **I2★**
faster: to go faster   accélérer **34★**
fat: gros (grosse) **I3★**
  to get fat   grossir **A**
father   un père **1**
favor: in favor of   pour **R**
favorite   préféré **9**
feast   une fête
February   février m. **A**
feel: to feel like (having)   avoir envie de **3**
to feel (well)   se sentir (bien) **17**
fellow   un type **I9★**
ferocious   féroce **I8★**
few   peu de **12**
  a few   quelques **12**
fiancé(e)   un fiancé, une fiancée
field   un champ **5**
fifteen   quinze **A**
fifth   cinquième **26**
fifty   cinquante **A**
to fill   remplir
  to fill the tank   faire le plein **33**
film   un film **5**
filmmaker   un (une) cinéaste **1**
finally   finalement **6**
to find   trouver **15**
fine: it's fine (weather)   il fait bon **A**
  I'm fine   ça va **17**
fine   une amende **I8★**
finger   un doigt **17**
to finish   finir **A**; finir de **30**
finished   fini
fire   le feu **I2★**
to fire (an employee)   renvoyer **I5★**
first   premier (première) **I1★, 26**; premièrement **26**

first name le prénom **1**
(at) first d'abord **6**
(March) first le premier (mars) **A**
fish un poisson **5**
fishing la pêche **5**
to **fit: do these pants (shoes) fit you?** est-ce que ce pantalon (ces chaussures) vous va (vont)? **25**
  it doesn't fit il/elle ne me va pas **25**
  it fits well il/elle me va bien **25**
  they (don't) fit ils/elles (ne) me vont (pas) **25**
five cinq **A**
to **fix** préparer **A**; réparer **I9***
flash: flash of lightning un éclair **I2***
flashlight une lampe de poche **I6***, **29**
flight un vol **I4***
floor un étage **I3***, **21**
  ground floor le rez-de-chaussée **21**
  second floor le premier étage **21**
floppy disc une disquette **A**
flower une fleur **5**
flowered à fleurs **25**
flu la grippe **17**
  to have the flu avoir la grippe **17**
to **fly off** s'envoler **I6***
to **fold** plier **17**
to **follow** *suivre **33**
following suivant
food la nourriture **9**
foot un pied **17**
  on foot à pied **5**
for pour **R**; pendant **6**; depuis **4**; comme **9**
  for a long time longtemps **27**
  for how long? depuis combien de temps? **4**
forbidden interdit **I8***
foreign étranger (étrangère) **29**
forest une forêt **5**
to **forget** oublier **15**
  to forget to oublier de **30**
fork une fourchette **9**
formal living room un salon **21**
former ancien (ancienne) **21**
fortunately heureusement **8***
forty quarante **A**
four quatre **A**
fourteen quatorze **A**
franc un franc *(former currency of France, Belgium, and Switzerland)*
France la France **29**
free libre **I3***, **13**

French français **1**
French (language) le français **R**
French fries des frites *f.* **9**
Friday vendredi *m.* **A**
  on Friday vendredi **7**
  on Fridays le vendredi **23**
friend un ami, une amie **1**; un copain, une copine **1**
  best friend un meilleur ami (copain), une meilleure amie (copine) **1**
fries: French fries des frites *f.* **9**
to **frighten** effrayer **I6***
from de **R**
  from time to time de temps en temps **18**
  from there en **18**
front: in front (of) devant **R**
fruit un fruit **9**
  fruit juice le jus de fruits **9**
frying pan une poêle **29**
full plein **33**
  full speed à toute vitesse **19***
fun: to have fun s'amuser **20**
funny drôle **2**
fur la fourrure **25**
furious furieux (furieuse)
furniture le mobilier **21**
  piece of furniture un meuble **21**

G ━━━━━━━━━━━

to **gain weight** grossir **A**
game un match **13**
  to play a game faire un match
garage un garage **5**
garden un jardin **21**
gas l'essence *f.* **33**
  gas station une station-service **33**
  gas tank le réservoir **33**
generally généralement
generous généreux (généreuse) **2**
geography la géographie (géo) **R**
German allemand **R**
Germany l'Allemagne *f.* **29**
to **get** chercher **4**; *recevoir **30**; *obtenir
  to get dressed s'habiller **19**
  to get on, into (a bus, subway) monter **5**
  to get out (of) sortir (de) **8**
  to get up se lever **17**
gift un cadeau *(pl.* cadeaux) **14**
to **give** donner (à) **14**; *offrir
  to give back rendre (à) **14**
glad content
  glad to meet you enchanté(e) **1**
glass le verre; *(for drinking)* un verre **9**
glasses des lunettes *f.* **A, 25**

glove un gant **25**
to **go** *aller **4**; passer **8**
  go on! go ahead! keep going! vas-y! **18**
  let's go! allons-y! **18**
  should we go? are we going? on y va? **18**
  to be going to aller + *inf.* **4**
  to go back rentrer **A, 8**; retourner
  to go (camping) faire du (camping) **29**
  to go down descendre **5**
  to go faster accélérer **34***
  to go fishing aller à la pêche **5**
  to go for a ride faire une promenade (en auto) **35**
  to go for a walk faire une promenade (à pied) **35**
  to go get aller chercher **4**
  to go home rentrer (à, de) **A, 8**
  to go in entrer **8**
  to go on continuer à **30**
  to go on a trip faire un voyage **29**
  to go out *sortir **8**
  to go shopping (for food) faire les courses **3**; faire des achats **5**
  to go to bed se coucher **19**
  to go to stores aller dans les magasins **5**
  to go up monter **8**
going: what's going on? qu'est-ce qu'il y a? **R**
gold l'or *m.* **25**
good bon (bonne) **2**
  in a good mood de bonne humeur
  in good health en bonne santé **17**
  it's good il est bon, c'est bon
  good-looking beau (bel, belle; beaux) **2**
granddaughter la petite-fille **1**
grandfather un grand-père **1**
grandmother une grand-mère **1**
grandparents les grands-parents *m.*
grandson le petit-fils **1**
grapefruit un pamplemousse **9**
grapes du raisin
  grape juice le jus de raisin **9**
gray gris **25**
green vert **25**
  green beans des •haricots (verts) **9**
groom un marié **1**
ground le sol **21**
ground floor le rez-de-chaussée **21**
Guatemala le Guatemala **29**
guilty coupable **I5***
  guilty one un coupable, une coupable **I5***

guitar une guitare **A**
guy un type **I9★**
gymnastics la gymnastique **17**

H

habit une habitude **I4★**
hair les cheveux *m.* **17**
hairbrush une brosse à cheveux **19**
half: it's half past . . . il est . . .
   heure(s) et demie **A**
   half brother un demi-frère **1**
   half sister une demi-soeur **1**
hall une salle
ham le jambon **9**
   grilled ham and cheese sand-
   wich un croque-monsieur **9**
hand une main **17★**
hanger un cintre **28★**
to **happen** arriver **8**, se passer
   happened: what happened?
   qu'est-ce qui est arrivé (s'est
   passé)? **24**
   happening: what's happening?
   qu'est-ce qui se passe?
happy content **2**; heureux
   (heureuse) **2**
hard difficile **27**
has: one has to il faut **12**
hat un chapeau *(pl.* chapeaux) **25**
to **hate** détester **9**
to **have** ★avoir **3**; ★prendre **6**
   to have a headache avoir mal
   à la tête **17**
   to have a picnic faire un pique-
   nique **5**
   to have a sore back avoir mal
   au dos **17**
   to have breakfast prendre le
   petit déjeuner **9**
   to have dinner dîner **A, 9**
   to have fun s'amuser **20**
   to have just venir de + *inf.* **4**
   to have lunch déjeuner **9**
   to have the flu avoir la grippe
   17
   to have to ★devoir **10**
   you have to il faut **12**
he il **R**
he's c'est **R**; il est
head une tête **17**
headache: to have a headache
   avoir mal à la tête **17**
headlight un phare **33**
health: in good health en bonne
   santé **17**
healthy en bonne santé **17**
to **hear** entendre **A**
heart un coeur **17**
heavy lourd **27**
to **help** aider **A**

to **help oneself** se servir **I5★**
hen une poule **5**
her elle; la **15**; son, sa, ses **A**
   (to) her lui **16**
here ici
   here is, here comes voici **R**
   this . . . (over here) ce . . . -ci
   A, 28
herself se **19**
hesitant: to be hesitant about
   hésiter à **30**
to **hesitate** hésiter à **30**
hey! tiens!, dites donc! **I7★**
hidden caché **I8★**
to **hide** cacher
hi-fi set une chaîne hi-fi **A**, une
   chaîne stéréo **A**
high school un lycée **R**
high tops *(shoes)* des baskets *f.* **A,**
   25
highway une route
   divided highway une autoroute
   I8★
hike: to take a hike faire une
   randonnée **5**
hiking la marche à pied **17**
him lui **R**; le **15**
   (to) him lui **16**
himself se **19**
his son, sa, ses **A**
history l'histoire *f.* **R**
to **hold** ★tenir
   hold on ne quittez pas **1**
holiday une fête, un jour férié **I4★**
home: (at) home chez + *stress*
   pronoun **R**; à la maison **A, 5**
   to go home rentrer (à, de) **A, 8**
homework: to do one's homework
   faire (préparer) ses devoirs **3**
to **honk (the horn)** klaxonner **34★**
hood (of a car) le capot **33**
hope l'espoir *m.* **I9★**
to **hope** espérer **11**
horror movie un film d'horreur **13**
horse un cheval *(pl.* chevaux) **5**
horseback riding l'équitation *f.* **17**
   on horseback à cheval **5**
hospital un hôpital
hot chaud **27**
   hot chocolate un chocolat **9**
   it's hot il fait chaud **A**
   to be hot avoir chaud **3**
hotel un hôtel **A**
house une maison **A, 21**
   at/to the house of chez +
   person **R**
   country house une villa **29**
   single-family house une
   maison individuelle **21**
how: for how long? depuis
   combien de temps? **4**

how? comment? **R**
how are you? ça va? **17**,
   comment allez-vous?, comment
   vas-tu?
how many? combien (de)? **12**
how many times? combien de
   fois?
how much? combien? **12**
how's the weather? quel
   temps fait-il? **A**
to know how to ★savoir **16**
to learn how to apprendre à +
   inf. **6**
however cependant **I9★**
huge énorme **I3★**
hundred cent **A, 26**
   (one) hundred and one cent
   un **A**
   two hundred deux cents **A**
   hundredth centième **26**
hungry: to be hungry avoir faim **3**
hunting la chasse **I8★**
hurry: in a hurry pressé **19★**
to **hurry** se dépêcher **19**
hurt: where does it hurt? où est-
   ce que tu as (vous avez) mal? **17**
husband un mari **1**

I

I je **R**
   I would like je voudrais **R**;
   j'aimerais
ice cream la glace **9**
   vanilla (chocolate) ice cream
   une glace à la vanille (au
   chocolat) **9**
iced tea le thé glacé **9**
idiotic idiot
if si **31**
   even if même si
illegal interdit **I8★**
imaginative imaginatif
   (imaginative) **2**
immediately tout de suite **19**
impolite impoli **2**
important important
impulsive impulsif (impulsive) **2**
in à; en **18**; dans **R**
   in a good (bad) mood de
   bonne (mauvaise) humeur **I9★**
   in a hurry pressé **19★**
   in back (of) derrière **R**
   in favor of pour **R**
   in front (of) devant **R**
   in good health en bonne santé
   17
   in it/them y **18**
   in (my) opinion à (mon) avis
   18
   in order to pour + *inf.* **34**

English-French Vocabulary

in shape   en forme **I7**
in the middle (of)   au milieu (de) **I6***
in the morning (afternoon, evening)   le matin (l'après-midi, le soir) **23**
in the (mornings)   le (matin) **23**
in the past   autrefois **23**
in the spring   au printemps
in the summer (autumn, winter)   en été (automne, hiver)
included   compris **9**
indeed   bien; en effet **I9***
India   l'Inde *f.* **29**
Indian   indien (indienne) **1**
individual   individuel (individuelle) **17**
inexpensive   bon marché *(inv.)* **25**
information   un renseignement **I4***
ingredient   un ingrédient **9**
innocent: to act innocent   faire l'innocent **I7***
inside   dans **R**; à l'intérieur **I8***
insurance   l'assurance *f.* **I7***
intellectual   intellectuel (intellectuelle) **2**
intelligent   intelligent
interested: to be interested (in)   s'intéresser (à)
into   dans **R**
to **introduce (to)**   présenter (à) **1**
intuitive   intuitif (intuitive) **2**
to **invite**   inviter **A**
Ireland   l'Irlande **29**
is *(see* **to be***)*
    isn't it so?   n'est-ce pas? **A**
    there is   il y a **R**
    there is no   il n'y a pas de **R**
island   une île
Israel   Israël *m.* **29**
Israeli   israélien (israélienne) **1**
it   il/elle **A**; le/la **15**
    (in) it   y **18**
    it's   c'est **A**
    it's . . . (o'clock)   il est . . . heure(s) **A**
    it's (easy) to   il est (facile) de + *inf.*
    it's (five) of (four)   il est (quatre) heures moins (cinq) **A**
    it's (five) past (two)   il est (deux) heures (cinq) **A**
    it's half past . . .   il est . . . heure(s) et demie **A**
    it's (it would be) better   il vaut (il vaudrait) mieux **I2***
    it's (January 3rd)   c'est le (3 janvier) **A**

it's necessary to   il faut **12**
it's nice (bad, hot, cold) (weather)   il fait beau (mauvais, chaud, froid) **12**
it's noon (midnight)   il est midi (minuit) **A**
it's a quarter of . . .   il est . . . heure(s) moins le quart **A**
it's a quarter past . . .   il est . . . heure(s) et quart **A**
it's raining   il pleut **A**
it snowed (rained)   il a neigé (plu)
it's snowing   il neige **A**
Italian   italien (italienne) **1**
Italy   l'Italie *f.* **29**
its   son, sa, ses **A**

J

jacket   une veste **A, 25**; un blouson **A, 25**
    ski jacket   un anorak
jam   la confiture **9**
January   janvier *m.* **A**
Japan   le Japon **29**
Japanese   japonais **1**
jar   un pot **12**
jealous   jaloux (jalouse)
jeans   un jean **25**
jeweler   un bijoutier **I7***
jewelry   les bijoux *m. pl.* **25**
    jewelry store   une bijouterie **I7***
jogging   le jogging **A, 17**
    jogging suit   un survêtement (un survêt) **A, 25**
journal   un journal **16**
journalist   un (une) journaliste **1**
juice: apple juice   le jus de pomme **9**
    fruit juice   le jus de fruits
    grape juice   le jus de raisin **9**
    orange juice   le jus d'orange **9**
July   juillet *m.* **A**
June   juin *m.* **A**
just: (to have) just   venir de + *inf.* **4**

K

to **keep**   garder **15**
    to keep a promise   tenir une promesse
ketchup   le ketchup **9**
key   une clé **I3*, 21**
kilogram   un kilo **9**
kilometer   un kilomètre
kind *adj.*   gentil (gentille) **27**
kind *n.*   un genre **13**, une sorte **13**
kindness   la gentillesse **I8***

kisses: love and kisses *(at the end of a letter)*   je t'embrasse . . . **14***
kitchen   une cuisine **21**
    kitchen sink   un évier **21**
knapsack   un sac à dos **29**
knee   un genou **17**
knife   un couteau **9**
to **know**   *connaître **15**; *savoir **16**
    to know how to   *savoir **16**
Korea   la Corée **29**
Korean   coréen (coréenne) **1**

L

lake   un lac **5**
lamp   une lampe **21**
landscape   un paysage **I8***
language   une langue **R**
lap *(of a race)*   une étape **I8***
large   grand **2**
    large room   une salle
last   dernier (dernière) **I1*, 7**
    at last   enfin **6**
    last (Monday)   (lundi) dernier **7**
late   tard **I1*, 27**
    to be late   être en retard **2**
later   plus tard **1**
lawyer   un avocat, une avocate **1**
lazy   paresseux (paresseuse) **2**
to **lead**   mener **I6***
leaf   une feuille **5**
to **learn**   *apprendre **6**
    to learn *(a subject)*   faire de + *subject* **3**
    to learn how to   apprendre à + *inf.* **6**
    to learn to play *(an instrument)*   faire de + *instrument*
least: at least   au moins **I2***
    the least . . .   le/la/les moins + *adj.* **27**
leather   le cuir **25**
to **leave**   quitter; *partir **8**; *(a place)* partir de; *(someone or something behind)* laisser **15**
    to leave for *(a place)*   partir à
    to leave it up to someone (to)   laisser le soin à quelqu'un (de) **28**
left   gauche **17**
    to the left (of)   à gauche (de) **R**
leg   une jambe **17**
lemon soda   la limonade **9**
to **lend (to)**   prêter (à) **14**
less . . . than   moins . . . que **27**
to **let**   *permettre **6**; laisser
    let's go!   allons-y! **18**
letter   une lettre **14*, 16**
lettuce   la salade
library   une bibliothèque **A**

license: driver's license un permis de conduire **33**
lie un mensonge **16**
to **lie** mentir **I1***
life la vie **R**
light léger (légère) **27**
   light blue bleu clair **25**
light une lumière **I5***
to **light** allumer **I2*, 21**
lightning: flash of lightning un éclair **I2***
like comme **9**
to **like** aimer **R**
   do you like [these glasses]? est-ce que [ces lunettes] vous plaisent? **25**
   do you like [this sweater]? est-ce que [ce pull] vous plaît? **25**
   I (don't) like it il/elle (ne) me plaît (pas) **25**
   I (don't) like them ils/elles (ne) me plaisent (pas) **25**
   I would like je voudrais **R**; j'aimerais
linen la toile **25**
lipstick le rouge à lèvres **19**
to **listen to** écouter **A**
liter un litre **12**
little peu (de) **12**
   a little un peu **12**
   a little (+ sing. noun) un peu de **12**
to **live** (in a place) habiter **A, 22**; (in a given place, in a certain way) *vivre **22**
living room un salon **21**, une salle de séjour
   formal living room un salon **21**
   informal living room un living **21**
to **loan (to)** prêter (à) **14**
to **lock** fermer à clé **21**
long long (longue) **25**
   for a long time longtemps **27**
   for how long? depuis combien de temps? **4**
to **look** avoir l'air **3**
   look! tiens!
   to look at regarder **A**
   to look for chercher **I2*, 15**
to **lose** perdre **A**
   to lose weight maigrir **A**
lot; a lot beaucoup **12**
love l'amour *m.* **I4***
   love and kisses (at the end of a letter) je t'embrasse . . . **14***; amicalement **14***
to **love** adorer **9**
   I'd love to! volontiers! **13**

luck la chance
   to try one's luck tenter sa chance **I9***
lucky: to be lucky avoir de la chance **3**
luggage les valises *f.* **29**
lunch le déjeuner **9**
   to have (eat) lunch déjeuner **9**

M

machine un appareil **21**
   washing machine une machine à laver **21**
mad furieux (furieuse); fou (folle) **I2***
made of (silver) en (argent) **25**
magazine un magazine **16**, une revue **16**
to **make** *faire **3**
make-up: to put on make-up se maquiller **19**
man un homme
many beaucoup (de) **12**
   how many combien (de) **12**
   many people beaucoup de monde **I1***
   so many tellement de
   too many trop (de) **12**
map une carte **29**
   (street) map un plan
March mars *m.* **A**
margarine la margarine **9**
market un marché **9**
match une allumette; (game) un match **13**
material la matière **25**
math les maths *f.* **R**
matter: as a matter of fact en effet **I9***; justement
   that doesn't matter cela n'a pas d'importance **I7***
   what's the matter? qu'est-ce qu'il y a? **R**
May mai *m.* **A**
may *pouvoir **10**
maybe peut-être
mayonnaise la mayonnaise **9**
me moi **R**; me **14**
   to me me **14**
meadow une prairie **5**
meal un repas **9**
mean méchant **27**
to **mean** vouloir dire
measurement: to take someone's measurements prendre les mesures de quelqu'un **28***
meat la viande **9**
mechanic un mécanicien, une mécanicienne
medal une médaille **25**

to **meet** faire la connaissance de **15**; (by chance) rencontrer **A**; (at an arranged time and place) retrouver **A**
   glad to meet you enchanté(e) **1**
   meeting place un rendez-vous **I4***
melon un melon **9**
meter un mètre
metric pound une livre **9**
Mexican mexicain **1**
Mexico le Mexique **29**
microwave oven un four à micro-ondes **21**
middle: in the middle (of) au milieu (de) **I6***
Middle East le Moyen-Orient **29**
midnight: it's midnight il est minuit **A**
midst: to be in the midst of être en train de **2**
mile un mille
milk le lait **9**
million un million **26**
mineral water l'eau *f.* minérale **9**
minivan un minivan **33**
minute une minute
mirror une glace **21**
Miss Mademoiselle (Mlle)
mistake une erreur **I3***
   to make a mistake *faire (une) erreur **I7***
missing: . . . is missing . . . manque **I5***
model: fashion model un mannequin **1**
modern moderne **21**
Monday lundi *m.* **A**
   on Monday lundi **7**
   on Mondays le lundi **23**
money l'argent *m.* **A**
month un mois **A**
   monthly par mois **13**
mood: in a good (bad) mood de bonne (mauvaise) humeur **I9***
moped une mob (mobylette), un vélomoteur
more plus **27**
   more and more de plus en plus **I6***
   more . . . than plus . . . que **27**
   no more ne . . . plus
   once more encore une fois **I5***
morning le matin **A, 7**
   in the morning le matin
   on (Monday) morning (lundi) matin
   this morning ce matin **7**
mosquito un moustique **I2***
most: the most . . . le/la/les plus + *adj.* **27**

mother une mère **1**
motor un moteur **33**
motorbike une mob (mobylette),
   un vélomoteur
motorcycle une moto
mountain(s) la montagne **29**
mountain bike un VTT (un vélo
   tout terrain) **A**
mountain biking le VTT **17**
mountain climbing l'alpinisme *m.*
mourning le deuil **I4***
mouse (computer) une souris **A**
   mousepad un tapis (de) souris **A**
mouth une bouche **17**
movie un film **5**
   action movie un film
      d'aventures **13**
   at (to) the movies au ciné **5**
   detective movie un film
      policier **13**
   horror movie un film d'horreur
      13
   science fiction movie un film
      de science-fiction **13**
movie camera une caméra **A**
movie theater un cinéma **A**
much beaucoup **12**
   how much combien (de) **12**
   not much peu (de) **12**
   so much tellement de
   that much tellement **9**
   too much trop (de) **12**
museum un musée **A, 13**
mushroom un champignon **9**
music la musique **R**
musical musicien (musicienne) **2**
   musical comedy une comédie
      musicale **13**
must *devoir **10**
   one must il faut **12**
mustard la moutarde **9**
my mon, ma, mes **A**
myself me **19**

N

naive naïf (naïve) **2**
name un nom **1**
   first name le prénom **1**
named: to be named s'appeler **1**
napkin une serviette **9**
nasty méchant **27**
nationality une nationalité **1**
natural naturel (naturelle) **2**
naturally naturellement **26**
near près (de) **R**
necessary nécessaire
   it's necessary to il faut **12**
neck un cou **17**
necklace un collier **25**; une chaîne
   25

to need avoir besoin de **3**
   you need to il faut **12**
neighbor un voisin, une voisine **1**
neighborhood un quartier **A, 21**
nephew un neveu (*pl.* neveux) **1**
never ne...jamais **6**
   almost never ne...presque
      jamais **18**
new neuf (neuve) **26**; nouveau
   (nouvel, nouvelle, nouveaux) **2**
newspaper un journal **16**
next prochain **I1***, **7**
   next (Monday) (lundi) prochain **7**
   next to à côté de **R**
   the next day le lendemain **I4***
nice sympathique **2**; aimable **2**;
   gentil (gentille) **27**
   it's nice (weather) il fait beau **A**
niece une nièce **1**
night la nuit
   on (Thursday) night (jeudi)
      soir
nine neuf **A**
nineteen dix-neuf **A**
ninety quatre-vingt-dix **A**
ninety-one quatre-vingt-onze **A**
ninth neuvième **26**
no non; ne...aucun **I7***
   no? non?; n'est-ce pas? **A**
   no one personne, ne...
      personne **7**
   to say no refuser **30**
nobody ne...personne **7**
noise un bruit **I2***
noon: it's noon il est midi **A**
normal normal (*pl.* normaux) **26**
normally normalement **26**
north le nord **29**
North America l'Amérique *f.* du
   Nord **29**
nose le nez **17**
not ne...pas **R**
   not (*+ inf.*) ne pas + *inf.*
   not any ne...aucun **I7***
   not anyone ne...personne **7**
   not anything ne...rien **7**
   not many, not much peu (de)
      12
to note *s'apercevoir (de) **I9***; noter
   notebook un cahier
   small notebook un carnet
nothing rien, ne...rien **7**
to notice remarquer; *s'apercevoir
   (de) **I9***
novel un roman **16**
November novembre *m.* **A**
now maintenant **7**
number un nombre; un numéro **1**
   phone number le numéro de
      téléphone **1**
nurse un infirmier, une infirmière **1**

nylon le nylon **25**

O

to obey obéir (à)
   failure to obey la
      désobéissance **I9***
object un objet **A**
to obtain *obtenir
obviously évidemment **I9***
o'clock heure(s) **A**
   at...o'clock à...heure(s) **A**
   it's...o'clock il est...
      heure(s) **A**
October octobre *m.* **A**
of de **R**
   it's (five) of (four) il est
      (quatre) heures moins (cinq) **A**
   it's a quarter of... il est...
      heure(s) moins le quart **A**
   of it/them en **18**
office un bureau **1**
   at/to the office of chez **R**
   office worker un employé (une
      employée) de bureau **1**
often souvent **18**
okay d'accord **13**
oil l'huile *f.* **33**
old âgé **1**; vieux (vieil, vieille;
   vieux) **2**; ancien (ancienne) **21**
   to be...years old avoir...
      ans **3**
omelet une omelette **9**
on sur **R**
   on...-ing en + *pres. part.* **34**
   on foot à pied **5**
   on Monday lundi **7**
   on Monday morning
      (afternoon, evening, night)
      lundi matin (après-midi, soir)
   on (Mondays) le (lundi) **23**
   on the weekend, on (the)
      weekends le weekend
   on time à l'heure **2**
once une fois **13**
one un, une **R**
   one time une fois **13**
   one-way ticket un aller simple
      29
one (*you, they, people*) on **A**
   another one un (une) autre **12**
   one another nous, vous, se **19**
   one has to (must) il faut **12**
   that one celui-là (celle-là) **28**
   the one celui (celle) **28**
   the one(s) of/belonging
      to/from celui, celle (ceux,
      celles) de **28**
   the one(s) that celui que **28**
   the one(s) who/whom celui
      qui **28**
   the same one le/la même

the same ones les mêmes
this one celui-ci (celle-ci) 28
oneself se 19
  by oneself seul I5*
only seulement I2*; seul I5*
  only child un (une) enfant unique 1
to **open** *ouvrir I4*, 21
opinion un avis 18, une opinion 18
  in (my) opinion à (mon) avis 18; d'après (moi) 18
opposite en face (de) I8*
or ou R
orange *(color)* orange 25
orange une orange 9
  orange juice le jus d'orange 9
orchestra un orchestre 13
order: in order to pour + *inf.* 34
to **order** commander 9
to **organize** organiser A
original original *(pl. originaux)* 2
other autre 12
  (any) other d'autres 12
  others d'autres 12
our notre, nos A
  ourselves nous 19
out: to get out (of) sortir (de) 8
  to try out essayer 25
outside dehors I6*
oven un four 21
  microwave oven un four à micro-ondes 21
over: over there là-bas 5
  that . . . (over there) ce . . . -là A, 28
  this . . . (over here) ce . . . -ci A, 28
to **owe** *devoir 10
owl une chouette I6*

P

Pacific: South Pacific l'Océanie *f.*
pack un paquet 12
to **pack one's suitcase** faire ses valises 29
package un paquet 12
pain: "a pain" pénible 2
painful pénible 2
painter un peintre I4*
painting un tableau *(pl. tableaux)* 21
pal un copain, une copine 1
pan une casserole 29
  frying pan une poêle 29
pants un pantalon A, 25
pantyhose des collants *m.* 25
paper le papier
parents les parents *m.* 1
park un parc
part une partie 17, une pièce

spare part une pièce de rechange I9*
  to take part (in) participer (à)
to **participate (in)** participer (à)
  to participate in *(a sport)* faire de + *sport* 3, 17
party une boum A; une soirée, une fête
  (evening) party une soirée
to **pass** *(in a car)* doubler 34*
  to pass a test réussir à un examen A
  to pass by passer 8
passkey un passe-partout I7*
passport un passeport 29
past: in the past autrefois 23
  it's (five) past (two) il est (deux) heures (cinq) A
  it's half past . . . il est . . . heure(s) et demie A
  it's a quarter past . . . il est . . . heure(s) et quart A
patiently patiemment 26
pattern un dessin 25
to **pay (for)** payer 9
  to pay attention (to) faire attention (à) 3
pear une poire 9
peas des petits pois *m.* 9
pen un stylo A
  pen pal un correspondant, une correspondante
pencil un crayon A
people les gens *m.* 1; on A; du monde
  many people du monde, beaucoup de monde I1*
  young people les jeunes *m.*
pepper le poivre 9
per par 13
performance une séance 13
perhaps peut-être
to **permit** *permettre 6
person une personne 1
personal belongings des affaires *f.* 5
personality la personnalité 2
pharmacist un pharmacien, une pharmacienne 1
philosophy la philosophie R
phone un téléphone
to **phone** téléphoner (à) A, 16
photograph une photo
photographer un photographe, une photographe 1
physical education l'éducation *f.* physique R
physics la physique R
piano un piano A
to **pick** choisir A
  to pick up *(go get)* chercher 4; *(tidy up)* ranger 5
picnic un pique-nique A

to have a picnic faire un pique-nique 5
picture une photo; un tableau *(pl. tableaux)* 21
pie une tarte 9
piece un morceau 12
  piece of furniture un meuble 21
pig un cochon 5
pinball: to play pinball jouer au flipper 5
pink rose 25
pity: what a pity! c'est dommage!
pizza une pizza 9
place un endroit A, 5; un lieu 1
  meeting place un rendez-vous 14*
  to take place avoir lieu 24, se passer
to **place** *mettre 6
plain moche 25; *(of food)* nature 9
plan un projet 13
  to make plans faire des projets
plane un avion A
  by plane en avion A
plant une plante 5
plastic le plastique 25
plate une assiette 9
play une pièce de théâtre 13
to **play** jouer R
  to (learn to) play *(an instrument)* faire de + *instrument*
  to play *(a musical instrument)* jouer de R
  to play *(a sport)* faire de + *sport* 3
  to play *(a sport or a game)* jouer à R
  to play a game faire un match
player un joueur, une joueuse 13
  what's playing? qu'est-ce qu'on joue? 13
pleasant aimable 2
  it's pleasant (weather) il fait bon A
please s'il te (vous) plaît 9
pleasure le plaisir 13
pocket une poche I7*
poem un poème 16
polite poli 2
politely poliment 26
polka-dotted à pois 25
polo shirt un polo 25
polyester le polyester 25
pool une piscine A
poor pauvre 2
poorly mal
pork le porc 9
portable stove un réchaud 29
Portugal le Portugal 29
postcard une carte postale 16
poster un poster, une affiche A

English–French Vocabulary

post office   la poste **A**
pot   une casserole **29**
potato   une pomme de terre **9**
pound: metric pound   une livre **9**
precisely   justement **I9***
to prefer   aimer mieux; préférer **11**
to prepare   préparer **A**
present   un cadeau *(pl.* cadeaux) **14**
pretty   joli **2**
price   un prix
private   privé
   in private   en privé **I5***
   private school   une école privée
      R
prize   un prix
problem   un problème **14***
product   un produit **I5***
profession   une profession **1**
professor   un professeur
programmer   un programmeur,
   une programmeuse **1**
to promise   *promettre **6**
proud   fier (fière) **I9***
prudent   prudent
public   public (publique)
   public school   une école
      publique **R**
Puerto Rican   portoricain **1**
punctual   ponctuel (ponctuelle) **2**
purple   violet (violette) **25**
to put   *mettre **6**
   to put away   ranger **5**
   to put on *(clothing)*   *mettre **6**
   to put on make-up   se
      maquiller **19**

science les sciences *f.* **R**
  science fiction movie un film de science-fiction **13**
to **scream** crier **I1***
sea la mer **29**
season une saison **A**
seat un siège **33**; une place **13**
  seat belt une ceinture de sécurité **33**
second deuxième **26**
  secondly deuxièmement **26**
secretary un secrétaire, une secrétaire **1**
to **see** *voir **5**; *apercevoir **30**
  see you tomorrow! à demain!
to **seem** sembler **I3***, avoir l'air **3**
selfish égoïste **2**
to **sell** vendre **A**
to **send** envoyer **11**
Senegal le Sénégal **29**
sensitive sensible **2**
September septembre *m.* **A**
serious sérieux (sérieuse) **2**
seriously sérieusement **26**
service charge le service **9**
to **set** *(the table)* *mettre la table **6**
  to set off the alarm déclencher l'alarme **I8***
seven sept **A**
seventeen dix-sept **A**
seventy soixante-dix **A**
seventy-one soixante et onze **A**
seventy-two soixante-douze **A**
several plusieurs **12**
  several times plusieurs fois **13**
shampoo le shampooing **19**
shape: in shape en forme **17**
  in good shape en bon état **I8***
  to be in shape être en forme **17**
to **shave** se raser **19**
she elle **R**
she's c'est **R**
shirt une chemise **A, 25**
  T-shirt un tee-shirt
shoes des chaussures *f.* **A, 25**
shop une boutique **A, 25**
  at/to the shop of chez **R**
  discount shop une boutique de soldes **25**
shopping les courses *f.* **9**
  to go (do the) shopping *(for food)* faire les courses **3**; faire des achats **5**
  shopping center un centre commercial **A**
short petit **2**; court **25**
shorts un short **25**
should: you should il faut **12**
  you should not il ne faut pas **12**
shoulder l'épaule *f.* **17**
to **shout** crier **I1***

show un spectacle **13**
to **show (to)** montrer (à) **14**
shower une douche **21**
shy timide **2**
sick malade **17**
sight: to catch sight of *apercevoir **30**
sign *(traffic)* un panneau **24**
silk la soie **25**
silly bête **2**
silver l'argent *m.* **25**
since car; depuis **4**; depuis que; comme **I6***; puisque **I2***
  since what time? depuis quelle heure?
  since when? depuis quand? **4**
to **sing** chanter **A**
singer un chanteur, une chanteuse **13**
single célibataire **1**
sink un lavabo **21**
  kitchen sink un évier **21**
sister une soeur **1**
  half sister une demi-soeur **1**
to **sit down** *s'asseoir **I4*, 20**
  sit down! assieds-toi! asseyez-vous! **20**
six six **A**
sixteen seize **A**
sixty soixante **A**
size *(clothing)* la taille **25**; *(shoe)* la pointure **25**
  to wear size [40] faire (porter) du [40] **25**
skateboarding la planche à roulette **17**
skating le patinage **17**
  roller-skating le patin à roulettes **26**
to **ski** faire du ski, skier
skiing le ski **17**
  waterskiing le ski nautique **17**
skin la peau **I5***
skirt une jupe **A, 25**
sky le ciel **I8***
to **sleep** *dormir **8**
sleeping bag un sac de couchage **29**
sleepy: to be sleepy avoir sommeil **3**
slice une tranche **12**
slow lent **27**
to **slow down** ralentir **34***
slowly lentement **27**
small petit **2**
smart intelligent
to **smile** *sourire **I3***
sneakers des tennis *m.* **A, 25**
  high top sneakers des baskets *m.* **A, 25**
to **snow** neiger
  snowed: it snowed il a neigé

snowing: it's snowing il neige **A**
  it was snowing il neigeait **23**
so alors; donc **I2***; si; tellement
  so much (many) tellement de
soap le savon **19**
soccer le foot **A**
  soccer game un match de foot **5**
socks des chaussettes *f.* **A, 25**
soda *(carbonated soft drink)* un soda **9**
  lemon soda la limonade **9**
sofa un sofa **21**
sole la sole **9**
solid *(color)* uni **25**
some des **R**; du, de la, de l', des **10**; quelques **12**; en **18**; un peu (de) **12**
somebody quelqu'un **7**
someone quelqu'un **7**
something quelque chose **7**
  something else quelque chose d'autre **25**
sometimes parfois **18**; quelquefois **18**
somewhere quelque part **I8***
son un fils **1**
song une chanson **13**
soon bientôt **I6***
  see you soon à bientôt
sore: to have a sore . . . avoir mal à + *part of body* **17**
sorry: very sorry désolé **13**
  I'm sorry je suis désolé **1**
  to be sorry regretter **13**
sort une sorte **13**
soup la soupe **9**
south le sud **29**
South America l'Amérique *f.* du Sud **29**
spaghetti les spaghetti *m.* **9**
Spain l'Espagne *f.* **29**
Spanish espagnol **1**
Spanish (language) l'espagnol *m.* **R**
spare part une pièce de rechange **I9***
to **speak** parler **A**; prendre la parole **I7***
specific spécifique **23**
speed: full speed à toute vitesse **19***
to **spend** dépenser
  to spend *(time)* passer **5**; faire un séjour **29**
spider's web une toile d'araignée **I6***
spite: in spite of malgré **I8***
spontaneously spontanément **26**
spoon une cuillère **9**
sports le sport **R**

active in sports sportif (sportive) 2

sports car une voiture de sport 33

spot un endroit A, 5

spring le printemps A

in (the) spring au printemps

squirrel un écureuil 15

stadium un stade A, 5

stage une étape I8*

staircase un escalier 21

stairs des escaliers *m.* I3*, 21

to **start** commencer 13; démarrer 34*; se mettre à I6*

state un état 29

station une gare A

gas station une station-service 33

to **stay** rester A, 8; faire un séjour 29; loger 29

steak with French fries un steak-frites 9

steering wheel un volant 33

stepfather un beau-père 1

stepmother une belle-mère 1

stereo set une chaîne stéréo A

compact stereo une mini-chaîne A

still encore 19*; toujours 19*

stomach le ventre 17, l'estomac *m.* 17

to have a stomach ache avoir mal au ventre 17

to **stop** s'arrêter 20; arrêter de 30; cesser de 30

to stop the engine arrêter le moteur 34*

store un magasin A, 25

department store un grand magasin 25

story une histoire 16; *(floor)* un étage I3*, 21

stove une cuisinière 21

(portable) stove un réchaud 29

strawberry une fraise 9

street une rue A

street map un plan

striped à rayures 25

strong fort 27

student *(high school)* un élève, une élève

studies les études *f.* R

to **study** étudier A

to study *(a subject)* faire de + *subject* 3

stupid bête 2

subject: school subjects les matières *f.* R

suburbs la banlieue 21

subway le métro 5

subway ticket un billet/un ticket (de métro) 5

to **succeed** réussir A

to succeed in réussir à 30

suddenly tout d'un coup I2*

sugar le sucre 9

suit un costume 25, un tailleur 25

bathing suit un maillot de bain A, 25

jogging (track) suit un survêtement (un survêt) A, 25

suitcase une valise 29

to pack one's suitcase faire ses valises 29

summer l'été *m.* A

in (the) summer en été

summer vacation les grandes vacances *f.*

sun le soleil

sunbath un bain de soleil 5

Sunday dimanche *m.* A

on Sunday dimanche 7

on Sundays le dimanche 23

sunglasses des lunettes *f.* de soleil A, 25

super formidable, super 25

supermarket un supermarché A

supper le dîner 9

to have (eat) supper dîner A, 9

supposed: to be supposed to *devoir 10

sure sûr; volontiers! 13

surfboarding le surf 17

sweater un pull A, 25

sweatshirt un sweat A, 25

to **swim** nager A

swimming la natation 17

swimming pool une piscine A

Swiss suisse 1

Switzerland la Suisse 29

T ━━━━━━━━━━━

table une table A, 9

to **take** *prendre 5

to take (along) *(mainly people)* amener 11

to take (along) *(things)* apporter A

to take a course (class) suivre un cours 33

to take a hike faire une randonnée 5

to take a trip faire un voyage 29

to take a walk (ride) se promener 19; faire un tour 5; faire une randonnée 5

to take care of someone s'occuper de quelqu'un 28*

to take home ramener I1*

to take off enlever 34*, ôter I8*

to take place avoir lieu 24; se passer

to take someone's measurements prendre les mesures de quelqu'un 28*

to take the subway toward [Balard] prendre la direction [Balard] 5

to **talk** parler A

to talk to s'adresser à, parler à 16

tall grand 2

to **tan** bronzer 5

tank: to fill the tank faire le plein 33

tape recorder un magnétophone

to **taste** goûter I3*

tea le thé 9

iced tea le thé glacé 9

to **teach** apprendre 6

teacher un professeur

team une équipe 13

technician un technicien, une technicienne 1

teeth les dents *f.* 17

to **telephone** téléphoner (à) A, 16

television la télé A

television set un téléviseur A

to **tell** *dire 16

to tell *(a story)* renseigner, raconter 16

to tell (about) raconter 16

to tell in advance *prévenir I3*

ten dix A

tent une tente 29

test un examen A

to pass a test réussir à un examen A

than *(in comparisons)* que 27

thank: thank you merci

thanks to grâce à I7*

that cela (ça) 9; qui, que 22; ce (cet, cette) A

that . . . (over there) ce . . . -là A, 28

that one celui-là (celle-là) 28

that's c'est R, voilà R

the le, la, l', les R, A

theater un théâtre 13

theft un vol I7*

their leur, leurs A

them eux, elles R; les 15

(in) it/them y 18

(to) them leur 16

themselves se 19

then alors; ensuite 6

there là 5; y 18

from there en 18

over there là-bas 5

that . . . (over there) ce . . . -là A, 28

there is (are) il y a R; voilà R
there is no (there aren't any) il n'y a pas de R
therefore donc I2*
these ces A; ceux (celles) 28, ceux-ci (celles-ci) 28
they ils/elles R; on A
thief un voleur I7*
thin: to get thin maigrir A
thing une chose A
things des affaires f. 5
to **think** penser 18; *croire; réfléchir I5*, 25; trouver (que) 18
to think about penser à
to think of penser de
third troisième I1*, 26
thirsty: to be thirsty avoir soif 3
thirteen treize A
thirty trente A
this ce, cet, cette A; ceci
this (Friday) ce (vendredi)
this is voici R
this . . . (over here) ce . . . -ci A, 28
this morning (afternoon, evening) ce matin (cet après-midi, ce soir)
this one celui-ci (celle-ci) 28
those ces A; ceux (celles) 28, ceux-là (celles-là) 28
those are ce sont R
thousand mille A, 26
three trois A
to **throw** lancer I6*
Thursday jeudi m. A
on Thursday jeudi 7
on Thursdays le jeudi 23
ticket un billet I1*, 13
airplane (train) ticket un billet d'avion (de train) 29
one-way ticket un aller simple 29
round trip ticket un aller et retour 29
subway ticket un billet/un ticket de métro 5
tie une cravate A, 25
tight étroit 25
tights des collants m. 25
time l'heure f. A; le temps 13; *(occasion)* la fois I1*, 13
all the time tout le temps 12
at what time? à quelle heure? A
(for) a long time longtemps 27
from time to time de temps en temps 18
it's only a matter of time ce n'est qu'une affaire de temps I7*
on time à l'heure 2
one time (several times) une fois (plusieurs fois) 13

to spend some time faire un séjour 29
what time is it? quelle heure est-il? A
timid timide 2
tip le service 9; un pourboire I4*
tire un pneu 33
tired fatigué I2*, 17
to à A; en 18; *(in order to)* pour + *inf.* 34
to the house (office, shop, etc.) of chez R
to the left/right (of) à gauche/droite (de) R
to whom? à qui? R
toaster un grille-pain 21
today aujourd'hui 7
toilet les toilettes f. 21; les WC m. 21
toll road une autoroute I8*
tomato une tomate 9
tomorrow demain 7
see you tomorrow à demain
tonight ce soir 7, cette nuit
too aussi; trop 2, 25
that's too bad! c'est dommage!
too bad! tant pis! I9*
too many trop (de) 12
too much trop (de) 12
tooth une dent 17
toothbrush une brosse à dents 19
toothpaste le dentifrice 19
toward *(a place)* vers I2*
town une ville A, 21; un village 21
track suit un survêtement (un survêt) 25
traffic la circulation I8*
trailer *(camping)* une caravane 29
train un train A
by train en train A
train ticket un billet de train 29
to **transport** transporter 29
to **travel** voyager A
tray un plateau I7*
treasure un trésor I8*
tree un arbre 5
trip: to go on (take) a trip faire un voyage 29
truck un camion 33
true vrai; véritable I8*
truly vraiment I9*
trunk *(of a car)* un coffre 33
truth la vérité 16
to tell the truth à vrai dire I7*
to **try** goûter I3*
to try one's luck tenter sa chance I9*
to try (out, on) essayer 25
to try to essayer de + *inf.* 30
T-shirt un tee-shirt 25
athletic T-shirt un maillot 26*
Tuesday mardi m. A

on Tuesday mardi 7
on Tuesdays le mardi 23
tuna le thon 9
to **turn** tourner
to turn off éteindre 21
to turn on *(the radio, etc.)* *mettre 6
TV la télé A
TV set un téléviseur A
twelve douze A
twenty vingt A
twice deux fois 13
two deux A
type un genre 13; une sorte 13

U

umbrella un parapluie 25
unattractive moche 25
uncle un oncle 1
under sous R
to **understand** *comprendre 6
unfair injuste 2
unfortunately malheureusement 8*; hélas
unhappy malheureux (malheureuse) 2
United States les États-Unis m. 29
university une université
unknown inconnu I8*
unnecessary inutile 27
unpleasant désagréable; pénible 2
until jusqu'à
up: to get up se lever 19
to go up monter 5
to wake up se réveiller 19
to wash up se laver 19
upon: upon . . . -ing en + *pres. part.* 34
upset furieux (furieuse)
us nous R
to us nous 14
to **use** utiliser I2*, 29
useful utile 27
useless inutile 27
usherette une ouvreuse I4*
usual habituel (habituelle) 23
usually d'habitude 23; habituellement 23

V

vacation les vacances f. 29
during vacation pendant les vacances A
summer vacation les grandes vacances f.
van une camionnette 33
value la valeur I8*
vanilla ice cream une glace à la vanille 9

VCR un magnétoscope **A**
veal le veau **9**
vegetables les légumes *m.* **9**
velvet le velours **25**
very très **2**; bien
  very much beaucoup **12**
  very sorry désolé **1**
Vietnam le Vietnam **29**
Vietnamese vietnamien
  (vietnamienne) **1**
villa une villa **29**
village un village **21**
visa un visa **29**
to **visit** *(place)* visiter **A**; *(people)*
  rendre visite (à) **16**
volleyball le volley **A**

W

to **wait (for)** attendre **A**
to **wake up** se réveiller **19**
walk: to go for a walk faire une
  promenade (à pied) **5**
  to take a walk se promener
    19; faire un tour **5**
to **walk** aller à pied **5**; marcher **A,** **5**
wall un mur **21**
wallet un portefeuille **25**
to **want** *vouloir **10**; avoir envie de **3**;
  désirer **9**
  I want je veux **R**
  to want to vouloir bien **R**
warm chaud **27**
  to be warm avoir chaud **3**
to **warn** *prévenir **I3***
to **wash** laver **5**
  to wash (oneself), wash up se
    laver **19**
  to wash the dishes faire la
    vaisselle **3**
washing machine une machine à
  laver **21**
watch une montre **A**
to **watch** regarder **A**
water l'eau *f.* **9**
  mineral water l'eau minérale **9**
waterskiing le ski nautique **17**
we nous; on **R**
weak faible **27**
to **wear** porter **A, 25**; *mettre **6**
  to wear size [40] faire (porter)
    du [40] **25**
weather le temps **A**
  how's (what's) the weather?
    quel temps fait-il? **A**
  it's nice (bad, hot, cold)
    (weather) il fait beau
    (mauvais, chaud, froid) **A**
Wednesday mercredi *m* **A**
  on Wednesday mercredi **7**
  on Wednesdays le mercredi **23**

week une semaine **A**
  during the week en semaine **A**
  two weeks quinze jours **29**
weekend un weekend **A**
  on the weekend, on (the)
    weekends le weekend
weekly par semaine **13**
weight: to gain weight grossir **A**
  to lose weight maigrir **A**
welcoming hospitalier
  (hospitalière) **I8***
well bien **27**
west l'ouest *m.* **29**
what: about what? de quoi? à
  quoi? **R**
  at what time? à quelle heure? **A**
  what? qu'est-ce que? **R**; comment?
    R; que? qu'est-ce qui? quoi? **R**
  what (a) . . . ! quel + *noun!*
  what a pity! c'est dommage!
  what happened? qu'est-ce qui
    est arrivé (s'est passé)? **24**
  what is it? qu'est-ce que c'est? **R**
  what's the date today? quelle
    est la date aujourd'hui? **A**
  what's the weather? quel
    temps fait-il? **A**
  what's wrong (the matter, going
    on)? qu'est-ce qu'il y a? **R**
  what time is it? quelle heure
    est-il? **A**
wheel une roue **33**
when quand; lorsque **I9***
  since when? depuis quand? **4**
  when? quand? **R**
where? où? **R**
whether si **31**
which quel (quelle) **A**; qui, que **22**
  which one, which ones lequel,
    laquelle, lesquels, lesquelles **28**
while pendant que
  while . . . -ing en + *pres. part.* **34**
white blanc (blanche) **25**
who qui **A, 22**
  who? qui? qui est-ce qui? **22**
whole: the whole tout le, toute la
  12
  whole day (evening, morning,
    year) une journée (soirée,
    matinée, année) **7**
whom que, qui **22**
  about whom (what)? de qui
    (quoi)?, à qui (quoi)? **R**
  to whom? à qui? **R**
  whom? qui? qui est-ce que? **R**
  with whom? avec qui? **R**
why? pourquoi? **R**; pour quelle raison?
wide large **25**
wife une femme **1**
to **win** gagner **A**
window une fenêtre **21**

store window la vitrine **I7***
windshield le pare-brise **33**
  windshield wiper l'essuie-
    glace *m.* **33**
windsurfing la planche à voile **17**
winter l'hiver *m.* **A**
to **wish** désirer **9**; *vouloir **10**
with avec **R**
  with what? avec quoi?
  with whom? avec qui? **R**
without sans **34**
witness un témoin **24**
witty spirituel (spirituelle) **2**
woman une femme
wool la laine **25**
word un mot
to **work** travailler **A**; *(function)*
  fonctionner
  worker: office worker un employé
    (une employée) de bureau **1**
  would: I would like je voudrais **R**;
    j'aimerais
  it would be better il vaudrait
    mieux
to **write** *écrire **16**
writer un écrivain **1**
wrong faux (fausse)
  to be wrong avoir tort **3**
  what's wrong? qu'est-ce qu'il y
    a? **R**; qu'est-ce que tu as? **3**

Y

year un an
  last year l'année dernière **7**
  this year cette année **7**
  to be . . . years old avoir . . .
    ans **3**
  (whole) year une année **A**
yearly par an **13**
to **yell** crier **I1***
yellow jaune **25**
yes oui; *(in answer to a negative*
  question) si
yesterday hier **6**
yet encore **I4***
yogurt le yaourt **9**
you tu, vous **R**; toi, vous **R**; on **A**; te,
  vous **14**
  to you te, vous **14**
  you should il faut **12**
  you should not il ne faut pas **12**
young jeune **1**
your ton, ta, tes; votre, vos **A**
  yours *(in a letter)* bien à toi **14***
  yourself te, vous **19**
  yourselves vous **19**

Z

zero zéro **A**

Photo Credits